Netzwerkforschung

Herausgegeben von
R. Häußling, Aachen, Deutschland
C. Stegbauer, Frankfurt am Main, Deutschland

Weitere Bände in dieser Reihe
http://www.springer.com/series/12621

In der deutschsprachigen Soziologie ist das Paradigma der Netzwerkforschung noch nicht so weit verbreitet wie in den angelsächsischen Ländern. Die Reihe „Netzwerkforschung" möchte Veröffentlichungen in dem Themenkreis bündeln und damit dieses Forschungsgebiet stärken. Obwohl die Netzwerkforschung nicht eine einheitliche theoretische Ausrichtung und Methode besitzt, ist mit ihr ein Denken in Relationen verbunden, das zu neuen Einsichten in die Wirkungsweise des Sozialen führt. In der Reihe sollen sowohl eher theoretisch ausgerichtete Arbeiten, als auch Methodenbücher im Umkreis der quantitativen und qualitativen Netzwerkforschung erscheinen.

Herausgegeben von
Prof. Dr. Roger Häußling
Institut für Soziologie
RWTH Aachen

Prof. Dr. Christian Stegbauer
Goethe-Universität Frankfurt am Main

Sören Petermann

Persönliches soziales Kapital in Stadtgesellschaften

PD Dr. Sören Petermann
Martin-Luther-Universität Halle-Wittenberg
Halle
Deutschland

ISBN 978-3-658-05417-5   ISBN 978-3-658-05418-2 (eBook)
DOI 10.1007/978-3-658-05418-2

Die Deutsche Nationalbibliothek verzeichnet diese Publikation in der Deutschen Nationalbibliografie; detaillierte bibliografische Daten sind im Internet über http://dnb.d-nb.de abrufbar.

Springer VS
© Springer Fachmedien Wiesbaden 2014
Das Werk einschließlich aller seiner Teile ist urheberrechtlich geschützt. Jede Verwertung, die nicht ausdrücklich vom Urheberrechtsgesetz zugelassen ist, bedarf der vorherigen Zustimmung des Verlags. Das gilt insbesondere für Vervielfältigungen, Bearbeitungen, Übersetzungen, Mikroverfilmungen und die Einspeicherung und Verarbeitung in elektronischen Systemen.

Die Wiedergabe von Gebrauchsnamen, Handelsnamen, Warenbezeichnungen usw. in diesem Werk berechtigt auch ohne besondere Kennzeichnung nicht zu der Annahme, dass solche Namen im Sinne der Warenzeichen- und Markenschutz-Gesetzgebung als frei zu betrachten wären und daher von jedermann benutzt werden dürften.

Gedruckt auf säurefreiem und chlorfrei gebleichtem Papier

Springer VS ist eine Marke von Springer DE. Springer DE ist Teil der Fachverlagsgruppe Springer Science+Business Media
www.springer-vs.de

Danksagung

Die vorliegende Arbeit entstand während meiner Tätigkeiten am Institut für Soziologie und am Sonderforschungsbereich 580 der Martin-Luther-Universität Halle-Wittenberg sowie am Max-Planck-Institut zur Erforschung multireligiöser und multiethnischer Gesellschaften in Göttingen. Sie wäre ohne tatkräftige, finanzielle und emotionale Unterstützung, freundliche Ratschläge und anregende Diskussionen sicherlich nicht zustande gekommen. Ich möchte deshalb allen Personen und Institutionen danken, die mich während meiner Forschungsarbeiten und der Erstellung dieses Buches unterstützt haben.

Mein Dank gilt im Besonderen Prof. Heinz Sahner und Prof. Reinhold Sackmann. Beide eröffneten mir als Lehrstuhlassistent die Möglichkeit, mein Vorhaben umzusetzen. Heinz Sahner schaffte als Leiter des SFB-Teilprojekts A4 und der Bürgerumfragen Halle die notwendigen Voraussetzungen für den umfangreichen empirischen Teil meines Forschungsvorhabens. Er gewährte mir insbesondere für die umfangreichen Erhebungen zum Sozialkapital freie Hand. Reinhold Sackmann förderte kontinuierlich mein Forschungsvorhaben. Ich danke ihm für seine fachliche Begleitung, die kritische Durchsicht der Arbeit und die wertvollen Hinweise.

Profitiert habe ich von der freundlichen Atmosphäre und der guten Zusammenarbeit am Institut für Soziologie insbesondere unter den Kolleginnen und Kollegen des Arbeitsbereichs Sozialstruktur und des Teilprojekts A4 im SFB 580. Für die zahlreichen Diskussionen, kritischen Anregungen und Verbesserungen zu Teilen des Manuskripts danke ich Jens Aderhold, Walter Bartl, Michael Bayer, Bernadette Jonda, Christian Koll, Katarzyna Kopycka, Katja Pähle, Dominika Pawleta und Christian Rademacher.

Den empirischen Schwerpunkt der vorliegenden Arbeit bilden zwei Befragungen, die von der Deutschen Forschungsgemeinschaft und der Stadt Halle maßgeblich finanziert wurden. Diesen Institutionen sei für die finanzielle Unterstützung gedankt. Den knapp 5.000 Befragten möchte ich für ihre Teilnahme danken. Bei den Analysen der Datensätze war mir Susanne Täfler eine äußerst wertvolle Hilfe.

Prof. Steven Vertovec möchte ich für die Möglichkeit danken, die vorliegende Arbeit am Max-Planck-Institut in Göttingen fertigzustellen. Die gemeinsamen Diskussionen mit Karen Schönwälder und Thomas Schmitt im Rahmen unseres Forschungsprojekts lieferten wertvolle Anregungen in der Endphase der Arbeit. Bei der Layout-Gestaltung und der

Korrektur der Endfassung haben mir Theresa Funke, Christian Jacobs, Birgitt Sippel, Anna Wiese und Laura Miehlbradt geholfen.

Schließlich danke ich meiner Familie einerseits für die gewährten Freiräume, die intensives Arbeiten ermöglichten, und andererseits für eingeforderte Freizeiten, die erholsame Ablenkung und erfrischenden Ausgleich boten.

Leipzig, im Juli 2013   Sören Petermann

Inhaltsverzeichnis

1 **Gegenstand und Fragestellung** 1
   1.1 Was ist soziales Kapital? 2
   1.2 Sozialstrukturanalyse und soziales Kapital 5
   1.3 Eingebettetes, vertrauensvolles Handeln und soziales Kapital 9
   1.4 Fragestellungen und Überblick 13

2 **Soziale Ressourcen als Kapital** 19
   2.1 Klassische Kapitaltheorie 20
   2.2 Humankapital 25
   2.3 Soziales Kapital 28
   2.4 Formen und Aspekte des sozialen Kapitals 35
   2.5 Individueller Nutzen aus sozialem Kapital 43
   2.6 Kollektive Folgen aus sozialem Kapital 47
   2.7 Zusammenfassung 50

3 **Handlungskomponente des Sozialkapital-Modells** 53
   3.1 Soziologische Handlungstheorie 54
   3.2 Grundelemente der Handlung im Sozialkapital-Modell 56
   3.3 Die Handlung im Sozialkapital-Modell 64
   3.4 Zusammenfassung 80

4 **Strukturkomponente des Sozialkapital-Modells** 83
   4.1 Sozialstrukturelle Bedingungen 84
   4.2 Ressourcenausstattung und soziales Kapital 93
   4.3 Sozialstrukturelle Ressourcenverteilung und soziales Kapital 102
   4.4 Sozialer Kontext und soziales Kapital 110
   4.5 Stadträumlicher Kontext und soziales Kapital 118
   4.6 Zusammenfassung 130

5	**Zugang und Mobilisierung sozialen Kapitals**	133
	5.1 Zugang zu sozialem Kapital	136
	5.2 Mobilisierung des sozialen Kapitals	145
	5.3 Zusammenfassung	150
6	**Operationalisierung und Messung des sozialen Kapitals**	151
	6.1 Operationalisierung sozialen Kapitals	151
	6.2 Die Messung: Erhebungstechniken und Messinstrumente	158
	6.3 Die Analysestrategie: Merkmale und Regressionsmodelle	165
	6.4 Zusammenfassung	171
7	**Soziales Kapital in Groß- und Mittelstädten**	173
	7.1 Datengrundlage	174
	7.2 Analysen des sozialen Kapitals als Varietät der Ressourcenzugänge	180
	7.3 Analysen des sozialen Kapitals als Dimensionen	187
	7.4 Analysen der Sozialkapitaldimensionen nach Personenkreisen	198
	7.5 Zusammenfassung	208
8	**Soziales Kapital städtischer Bevölkerungen**	213
	8.1 Datengrundlage	213
	8.2 Analysen der Sozialkapitaldimensionen nach Personenkreisen	224
	8.3 Zusammenfassung	236
9	**Mobilisierungsbeispiele des sozialen Kapitals**	239
	9.1 Soziales Kapital und Arbeitslosigkeit	240
	9.2 Soziales Kapital und freiwilliges Engagement	250
	9.3 Zusammenfassung	266
10	**Zusammenfassung der Ergebnisse und Ausblick**	269
	10.1 Begriff und Eigenschaften sozialen Kapitals	270
	10.2 Aufbau und Nutzung persönlichen Sozialkapitals	271
	10.3 Stadtraum und persönliches Sozialkapital	274
	10.4 Messung und Dimensionen persönlichen Sozialkapitals	276
	10.5 Ausblick	277
Literatur		281

Abbildungsverzeichnis

Abb. 4.1	Monatsnettoeinkommen in Euro westdeutscher Haushalte	106
Abb. 4.2	Allgemeine Schulabschlüsse in Deutschland	107
Abb. 4.3	Handlungsautonomie von Erwerbspositionen in Deutschland	107
Abb. 5.1	Das Sozialkapital-Modell	134
Abb. 5.2	Hypothesen zu Kapitalakkumulation und -kompensation	141
Abb. 6.1	Messung der Personenkreise Egos	168
Abb. 7.1	Verteilung der Anzahl der Ressourcenzugänge	183
Abb. 8.1	Stadtteile und Stadtviertel der Stadt Halle (Saale)	221

Tabellenverzeichnis

Tab. 2.1	Kapitalarten im Vergleich	51
Tab. 6.1	Das soziale Kapital Egos als Alteri * Ressourcen-Tabelle	152
Tab. 6.2	Typologie von Sozialkapitaldimensionen	166
Tab. 7.1	Univariate Statistiken sozialstruktureller Lebensbedingungen	176
Tab. 7.2	Merkmale der Städte	179
Tab. 7.3	Soziales Kapital als Ressourcenzugänge	182
Tab. 7.4	Logit-Modell der Anzahl der Ressourcenzugänge	185
Tab. 7.5	Skalierungsparameter der fünf Sozialkapitaldimensionen	188
Tab. 7.6	Univariate Statistiken der fünf Sozialkapitaldimensionen	190
Tab. 7.7	Logit-Modelle der fünf Sozialkapitaldimensionen	191
Tab. 7.8	Ressourcenzugänge nach Personenkreis in Prozent	200
Tab. 7.9	Univariate Statistiken der Ressourcenzugänge nach Personenkreis	202
Tab. 7.10	Mehrebenen-Logit-Modelle der fünf Sozialkapitaldimensionen	203
Tab. 7.11	Übersicht der Hypothesentests	210
Tab. 8.1	Univariate Statistiken sozialstruktureller Lebensbedingungen	215
Tab. 8.2	Die Gebietsgliederung Halles	219
Tab. 8.3	Merkmale der Stadtteiltypen	220
Tab. 8.4	Ressourcenzugänge nach Personenkreis in Prozent	225
Tab. 8.5	Skalierungsparameter der vier Sozialkapitaldimensionen	226
Tab. 8.6	Univariate Statistiken der Ressourcenzugänge nach Personenkreis	227
Tab. 8.7	Mehrebenen-Logit-Modelle der vier Sozialkapitaldimensionen	229
Tab. 8.8	Übersicht der Hypothesentests	237
Tab. 9.1	Logit-Modell der informationellen Unterstützung	246
Tab. 9.2	Logit-Modell der finanziellen Unterstützung	248
Tab. 9.3	Logit-Modell des freiwilligen Engagements	264

Gegenstand und Fragestellung 1

Ziel dieser Arbeit ist die Entwicklung und empirische Überprüfung eines Modells, das Aufbau und Nutzung sozialen Kapitals beschreibt und erklärt. Soziales Kapital wird als die sozialen, einer Person verfügbaren Ressourcen verstanden. Diese spezifische Form sozialen Kapitals wird deshalb persönliches Sozialkapital genannt.[1] Die theoretische Erklärung erfolgt über die Modellierung von Erwerb und Nutzung persönlichen Sozialkapitals. Neu ist die Integration beider Teilaspekte in einem theoretischen Modell. Grundlegende handlungstheoretische Annahme dieses Modells ist der soziale Ressourcenaustausch. Dieser wird durch sozialstrukturelle Lebensbedingungen beeinflusst, in deren Folge soziales Kapital in unterschiedlichem Maße aufgebaut und genutzt werden kann. Besondere Aufmerksamkeit wird dem Einfluss von Urbanität und stadträumlichen Kontexten in diesem Sozialkapital-Modell gewidmet. Für die empirische Überprüfung des Modells persönlichen Sozialkapitals wird ein innovatives Messinstrument entwickelt, das in zwei quantitativen Datensätzen umgesetzt wird.

Im folgenden Abschnitt wird der Forschungsgegenstand anhand von vier Beispielen aus der soziologischen Literatur vorgestellt. Diese Auswahl soll die Vielfältigkeit sozialen Kapitals illustrieren. Daran anschließend wird aufgezeigt, wie der hier verfolgte Ressourcenansatz mit zwei soziologischen Diskussionssträngen in Verbindung gesetzt werden kann. Im letzten Abschnitt werden die spezifischen Fragestellungen erörtert, die in dieser Arbeit untersucht werden.

---

[1] Die Begriffe soziales Kapital, Sozialkapital, persönliches Sozialkapital und individuelles Sozialkapital werden synonym für das in dieser Arbeit zentrale Konzept des persönlichen Sozialkapitals verwendet.

1.1 Was ist soziales Kapital?

Soziales Kapital ist ein soziologischer Begriff, der in jüngerer Zeit in der öffentlichen Diskussion auf Interesse stößt und bereits seit mehr als zwei Jahrzehnten wachsende Aufmerksamkeit in vielen sozialwissenschaftlichen Disziplinen erfährt. Dies lässt sich durch das exponentielle Wachstum der einschlägigen Literatur belegen (vgl. Putnam und Goss 2001, S. 18). In den letzten Jahren wurden mehrere Überblicksbände zum Stand der Forschung publiziert (zum Beispiel Blockland und Savage 2008; Castiglione et al. 2008; Franzen und Freitag 2007; Lin und Erickson 2008; Lin et al. 2001; Ostrom und Ahn 2003). Sozialkapital verdankt seine Popularität der hohen Akzeptanz des Begriffs in mehreren Sozialwissenschaften und des äußerst breiten Spektrums der Fragestellungen, auf die das Konzept des sozialen Kapitals angewandt wird (Adam und Roncevic 2003, S. 156 f.). Die drei „Väter" des Sozialkapitalkonzepts sind unterschiedlichen Sozialwissenschaften zuzurechnen: Bourdieu (1983a, 1986) ist ursprünglich Ethnologe, Coleman (1988, 1995) steht einer der Ökonomie verbundenen Sozialwissenschaft nahe und Putnam (1993, 1995a) ist Politikwissenschaftler. Anwendungen des Konzepts werden in den verschiedensten sozial- und erfahrungswissenschaftlichen Disziplinen, wie Ethnologie, Kulturwissenschaft, Medienwissenschaft, Politikwissenschaft, Wirtschaftswissenschaft, Soziologie, Psychologie, Gesundheitswissenschaft, Erziehungswissenschaft und Geographie diskutiert. Zum sozialen Kapital gehören so verschiedene Phänomene wie die Erziehung der Kinder durch ihre Eltern, das Vertrauen in Mitmenschen oder in Politiker, Referenzen für Bewerbungen um Projekte oder um Arbeitsplätze, der Verkauf so genannter Bückware in der DDR, soziale Normen der Kooperation und der Fairness, wie sie durch verschiedene Kulturen und Religionen geprägt werden, die Leistungsfähigkeit von Wirtschaftsunternehmen oder von politischen Institutionen, der Wandel sozialer Beziehungen durch neue Technologien aber auch die Mafia, die Integration von Einwanderern oder die relative Isolation von Erwerbslosen.

Ganz allgemein und Disziplinen übergreifend werden mit sozialem Kapital soziale Handlungen erfasst, in denen die beteiligten Akteure in einer gegebenen Struktur persönlicher Sozialbeziehungen direkt oder indirekt verbunden sind. Es ist so umfassend, dass der Begriff bisweilen mit dem „Sozialen" gleichgesetzt wird (Euler 2004). Gelegentlich wird dem Konzept deshalb der analytische Gehalt abgesprochen. Beispielsweise wird es als ein „umbrella concept" (Adler und Kwon 2002) oder als eine inkohärente „laundry list" (Foley und Edwards 1999, S. 144) charakterisiert, womit der Begriff des sozialen Kapitals „als Opfer dieses ‚conceptual streching' allmählich jede klare Bedeutung verliert" (Deth 2001, S. 280). Eine derart pessimistische Sicht auf soziales Kapital wird nicht geteilt. Stattdessen wird das Ziel verfolgt, ein eigenständiges Konzept zu entwickeln und empirisch zu testen, das sich in bestehende soziologische Diskussionen einordnen lässt und auf Stadtgesellschaften angewandt werden kann. Zunächst jedoch illustrieren einige Beispiele aus der Arbeitsmarktforschung, der Partizipationsforschung und der Stadtsoziologie, was insbesondere im deutschsprachigen Raum unter sozialem Kapital verstanden wird.

1.1 Was ist soziales Kapital?

Viele soziologische Arbeitsmarktstudien stimmen darin überein, dass ein nicht unerheblicher Teil von Arbeitsplätzen über soziale Beziehungen besetzt wird. Jüngere Studien belegen, dass nicht allein die Stärke der Beziehung und damit eine strukturelle Eigenschaft des persönlichen Netzwerks, sondern vor allem der soziale Status der Kontaktperson einer schwachen Beziehung einen entscheidenden Einfluss auf die Besetzung beruflicher Positionen hat (Voss 2007). Als soziales Kapital wird in diesem Kontext der soziale Status der Kontaktperson eines Arbeit suchenden Arbeitnehmers verstanden, wobei die Kontaktperson quasi als Brücke Informationen zwischen Arbeitnehmer und Arbeitgeber vermittelt. Soziales Kapital ist in diesem Beispiel eine Ressource einer konkreten sozialen Verbindung zwischen Arbeitnehmer, Vermittler und Arbeitgeber, die zu einem bedeutenden Handlungsziel beiträgt.

Diewald (2007) untersucht die Wirkungen von Belohnungen und Belastungen eines Arbeitsplatzes auf die Verfügbarkeit sozialen Kapitals. In diesem Beispiel ist soziales Kapital ein individuelles Gut, das durch Gegebenheiten am Arbeitsplatz geformt wird. Er versteht unter sozialem Kapital im positiven Sinne emotionale und instrumentelle Unterstützung und im negativen Sinne Streit. Beide Formen sozialen Kapitals resultieren aus dem persönlichen Netzwerk einer Erwerbsperson. Erwartet wird, dass Belohnungen des Arbeitsplatzes Unterstützung fördern und andererseits Belastungen des Arbeitsplatzes zu Streitigkeiten beitragen. Diewalds Analyse des sozio-ökonomischen Panels (SOEP) von 2006 belegt einerseits, dass Belohnungen wie hohes Berufsprestige sowohl positives Sozialkapital in Form von emotionaler und instrumenteller Unterstützung der Erwerbsperson als auch negatives Sozialkapital in Form von Streit und belastenden Konflikten mit sich bringen. Andererseits verursachen die Belastungen am Arbeitsplatz (Arbeitsplatzunsicherheit, unregelmäßige Arbeitszeit, Arbeitsdruck, Entfernung zum Arbeitsort) nicht die gefürchteten Erosionen sozialen Kapitals. Zwar verhindern ausgedehnte Arbeitszeiten vor allem emotionale Unterstützung, aber negative Wirkungen der Entfernung zur Arbeitsstelle, von Arbeitsplatzunsicherheit und schlechten Aufstiegschancen bleiben aus. Ambivalent sind schließlich die Ergebnisse zum Arbeitsdruck, weil sowohl Streit als auch Unterstützung zunehmen. Die zwiespältigen Wirkungen von Belohnungen und Belastungen am Arbeitsplatz belegen, dass komplexe Mechanismen zum Aufbau sozialen Kapitals beitragen.

Einen großen Anwendungsbereich des Sozialkapitalkonzepts findet man in der Forschung zur politischen Partizipation. Stellvertretend für die mittlerweile zahlreichen Veröffentlichungen wird eine Untersuchung des European Social Survey (ESS) von 2002/2003 vorgestellt (Lippl 2007). Zur Erklärung politischer Beteiligungen hat sich soziales Kapital als dritter Faktor neben sozio-ökonomischen Ressourcen und politischen Motivationen etabliert. Unterstellt wird eine generell positive Wirkung sozialen Kapitals auf verschiedene Formen politischer Beteiligung. Gründe für diese Annahme liegen in positiven Erfahrungen zur Lösung gemeinsamer Probleme, im höheren Druck und höherer Motivation zur politischen Mitwirkung, in geringeren Kosten der Informationsbeschaffung und in einfacherer Verständigung über politische Themen durch die Einbindung in Netzwerke, Vereine und Organisationen. Ferner fördern allgemeine prosoziale Verhaltensweisen wie intensiver Kontakt mit Freunden und gelegentliche Hilfen für andere Menschen die politische Partizipation. Schließlich fördern prosoziale Aspekte, die auf den Gemeinsinn zielen, etwa Geselligkeit und Vertrauen in Mitmenschen, politische Aktivitäten (Lippl 2007, S. 427 ff.). Lippl verwendet in Anlehnung an van Deth (2003) ein Konzept sozialen Kapitals, das auf einer strukturellen und einer kulturellen Komponente beruht. Die strukturelle Komponente besteht aus sozialen Beziehungen und persönlichen Netzwerken sowie dem sozialen Engagement in Vereinen und Organisationen. Die kulturelle Komponente bezieht sich dagegen auf prosoziale Wertorientierungen, Gemeinsinn und Verpflichtungen gegenüber der Gemeinschaft. Die Mehrheit der Sozialkapitalindikatoren belegen zwar den vermuteten positiven Effekt auf politische Aktivitäten, allerdings ist der Einfluss des sozialen Kapitals auf die verschiedenen Beteiligungsformen unter Kontrolle der sozio-ökonomischen Ressourcen und politischer Einstellungen unterschiedlich. Während die Wahlbeteiligung praktisch nicht vom sozialen Kapital beeinflusst wird, ist der Sozialkapitaleffekt auf die Teilnahme an illegalen Protestaktionen beträchtlich. In diesem dritten Beispiel ist soziales Kapital ein mehrdimensionales soziales Gebilde, das Wege in die politische Partizipation ebnet. Die Wirkungen des sozialen Kapitals sind spezifisch im Hinblick auf die unterschiedlichen Aspekte sozialen Kapitals als auch im Hinblick auf die jeweilige konkrete Beteiligungsform.

Ein viertes Beispiel behandelt soziales Kapital in Wohngebieten (Friedrichs und Oberwittler 2007). Die Autoren gehen der Frage nach, welche Relevanz das Konzept des sozialen Kapitals für die interdisziplinäre Stadtforschung hat. Dabei konzentrieren sie sich auf die kollektive Bedeutung des Konzepts für die Produktion von Kollektivgütern in abgrenzbaren Sozialräumen, wie zum Beispiel Sicherheit, Ordnung und geringe Kriminalität. Zudem treffen sie eine interessante Unterscheidung zwischen manifesten (soziale Bindungen) und latenten (Vertrauen, Erwartungen an kollektives Handeln) Dimensionen sozialen Kapitals.

In einem Überblick empirischer Befunde belegen sie, dass manifeste Dimensionen sozialen Kapitals zwar individuell stark schwanken, aber keine oder nur geringe Unterschiede zwischen Wohngebieten feststellbar sind. Entsprechend invariant und erklärungsuntauglich ist das manifeste Sozialkapital der Wohngebiete für die Produktion von Kollektivgütern. Ein anderes Bild ergibt sich für die latente Dimension sozialen Kapitals der collective efficacy. In einer Studie über benachteiligte Stadtteile in Köln können starke negative Einflüsse der collective efficacy auf die wahrgenommene Unordnung im Wohngebiet nachgewiesen werden, wobei ursprünglich bestehende Unterschiede zwischen „guten" und „schlechten" Nachbarschaften durch die latente Dimension des sozialen Kapitals erklärt werden. In diesem letzten Beispiel ist soziales Kapital eine qualitative Eigenschaft von Sozialräumen, die zu sozialer Ordnung beiträgt.

Bereits diese wenigen Beispiele verdeutlichen, dass soziales Kapital ein vielschichtiger Begriff ist (Haug 1997, S. 9). Obwohl der Begriff nicht einheitlich definiert ist, wird durch die vier Beispiele deutlich, dass er sich auf Ressourcen bezieht, die durch soziale Netzwerke vermittelt werden. Die sozialen Netzwerke zwischen Personen bilden eine Struktur, die einen einfachen, schnellen, vertrauensvollen Austausch von Gütern, Dienstleistungen, Informationen und Emotionen ermöglicht. Auf dieser Basis scheinen individuelle und kollektive Handlungen möglich zu sein, die ohne soziales Kapital wahrscheinlich scheitern oder nicht in Angriff genommen werden. Anders ausgedrückt erhöht soziales Kapital Lebenschancen.

Auch wenn soziales Kapital nicht in eine formale Theorie eingebettet ist (vgl. Diekmann 1993, S. 23), lässt sich die Sozialkapitalforschung an zwei allgemeine soziologische Diskussionen anbinden. Erstens bietet der Ressourcencharakter Anschluss an die kontextorientierte Sozialstrukturanalyse und die Frage, welche sozialstrukturellen Lebensbedingungen zur sozialen Differenzierung und damit zur sozialen Ungleichheit beitragen. Sozialkapital kann hierbei ein bedeutender Baustein sozialer Differenzierung sein. Zweitens kann der Ressourcenaustausch innerhalb stabiler sozialer Netzwerkstrukturen mit dem Einbettungsargument sozialen Handelns und der Frage, wie effiziente Kooperation erreicht werden kann, verknüpft werden. Sozialkapital eröffnet damit eine spezielle Lösungsmöglichkeit für das Problem sozialer Ordnung. Mit den Bezügen zur Einbettung und zur effizienten Kooperation bieten sich Verallgemeinerungen des Konzepts persönlichen Sozialkapitals auf einer abstrakteren Ebene soziologischer Handlungstheorie an. Diese struktur- und handlungssoziologischen Verallgemeinerungen der Sozialkapitalforschung und deren Anschlussmöglichkeiten für breitere soziologische Themen werden in den beiden folgenden Abschnitten erörtert.

1.2 Sozialstrukturanalyse und soziales Kapital

Seit den 1980er Jahren wurden Prozesse des gesellschaftlichen und sozialen Wandels in Deutschland, wie die Anhebung des materiellen Lebensstandards, die Bildungsexpansion und Veränderungen in der Familien- und Haushaltsstruktur, als Zeichen einer vergrößerten Optionenvielfalt für Lebensentwürfe sowie einer Erweiterung zahlreicher Handlungsmöglichkeiten interpretiert. In der Soziologie wird dies unter den Stichworten Pluralisierung der Lebensformen und Individualisierung charakterisiert, diskutiert und gedeutet (Beck 1986). Die These der Pluralisierung von Lebensformen beschreibt Prozesse der „Zunahme von gruppen-, milieu- und situationsspezifischen Ordnungsmustern zur Organisation von Lebenslage, Ressourcen und Lebensplanung" (Zapf et al. 1987, S. 18). Die Individualisierungsthese beschreibt Prozesse zunehmender Wahlfreiheiten und wachsender Chancen zu flexiblerer Verwirklichung individueller Interessen in selbstgewählten sozialen Referenzen und Mitgliedschaften aber auch Prozesse der Entsolidarisierung (Beck 1986). In vielfältigen Handlungssituationen sollten somit individuelle Faktoren im Vergleich zu gesellschaftlichen Zwängen an Bedeutung gewinnen. Zwar bestehen weiterhin gravierende sozio-ökonomische Unterschiede, die erhebliche restriktive Wirkungen entfalten, aber diese würden zunehmend ergänzt durch erweiterte Handlungsoptionen zur Erreichung der Lebensziele (Friedrichs 1998, S. 36 ff.; Geißler 2006, S. 116 ff.; Kreckel 1998, S. 40). Mit dieser größeren Autonomie über die individuelle Zeit- und Geldverwendung, Beziehungswahl und die Ausgestaltung von Lebensentwürfen ist zugleich ein partieller Verlust traditioneller Wertvorstellungen, verbindlicher Normen, Sinnstrukturen und

Deutungsmustern sowie verlässlicher Handlungskonzepte für alltagsweltliche Entscheidungen verbunden (Tönnies 2005, S. 77). Als Folge geringerer Verbindlichkeit und gestiegener Unsicherheit steigt der Bedarf an Informationen und entsprechend die Suche nach zuverlässigen Informationsquellen (Hitzler 1994, S. 38 f.). Insgesamt deuten die empirisch nachweisbaren Veränderungsprozesse gesellschaftlicher Strukturen und die behaupteten Individualisierungs- und Pluralisierungsprozesse auf eine Komplexitätssteigerung nicht nur der deutschen Gesellschaft.

Es ist die Aufgabe der Sozialstrukturanalyse, den strukturellen Aufbau und die Differenzierung sozialer Positionen dieser zunehmend komplexeren Gesellschaften, die Bevölkerungsverteilung über diese Positionen sowie die daraus resultierenden Handlungs- und Lebenschancen für die Gesellschaftsmitglieder zu erforschen. Klassen- und Schichtungsansätze stehen verstärkt in der Kritik, weil sie „die soziale Differenzierung, die sich mit einem erhöhten Lebensstandard für die Mehrheit der Bevölkerung, mit der Absicherung durch den Wohlfahrtsstaat und der Bildungsexpansion immer weiter ausbildete" (Burzan 2007, S. 66), nicht hinreichend beschreiben können (Beck 1986; Berger und Hradil 1990; Hradil 1999; Kohler 2005; Kreckel 1990). In der soziologischen Sozialstruktur- und Ungleichheitsdebatte werden aber auch moderne Milieu- und Lebensstilansätze kontrovers diskutiert, weil sie im Bezug zum sozialen Handeln der betroffenen Akteure, in ihrer Angemessenheit und in ihrer Erklärungskraft variieren. Im Ergebnis zahlreicher empirischer Sozialstrukturanalysen zeigt sich die nach wie vor hohe Bedeutung der meritokratischen Triade (von Bildung, beruflicher Position und Einkommen, vgl. dazu Kreckel 1983) für die Erklärung von Einstellungen und Verhalten, zugleich sind hierarchische Konzeptionen um weitere Differenzierungskriterien zu ergänzen (Geißler 1996, 2006, S. 116 ff.; Müller 1996, 2001; Otte 2005; auch Häußermann und Siebel 1987; Dangschat und Diettrich 1999). In dieser Arbeit wird dafür plädiert, das Konzept persönlichen Sozialkapitals in Sozialstrukturansätze zu integrieren, damit diese angemessener und erklärungskräftiger werden.

Die insbesondere in der deutschsprachigen Soziologie etablierte Lebensstilforschung zeigt Ansätze für eine solche Integration. Lebensstile sind raum-zeitlich strukturierte Muster der Lebensführung, die von materiellen und kulturellen Ressourcen, der Familien- und Haushaltsform und Werthaltungen abhängen (Müller 1992, S. 376). Sie sind Ausdruck individueller Gestaltungsleistungen (Spellerberg 2007, S. 184) aufgrund dauerhafter, nicht spontaner Verhaltensweisen. Diese Verhaltensweisen sichern Handlungsroutinen und bieten eine Handlungsorientierung im Alltag. Da auf Verhalten fokussiert wird, steht eben nicht nur die ungleiche Ressourcenausstattung von Personen, sondern auch die tatsächliche Nutzung dieser Ressourcen im Mittelpunkt (Klocke 1993, S. 143; Spellerberg 1996, S. 58). Müller (1992, S. 376–378) operationalisiert Lebensstile über vier Dimensionen: eine expressive (ästhetisch-expressive Stilisierungen wie Konsumverhalten, Kleidung, Ernährung und Freizeitverhalten), eine evaluative (Wertorientierungen, Einstellungen, Traditionen und allgemeine Präferenzen), eine kognitive (Wahrnehmung der sozialen Welt, Selbstreflexion) und eine interaktive, die sich auf die soziale Kompetenz bezieht und Interaktionsmuster, Kontaktintensitäten, Heiratsverhalten und Verkehrskreise umfasst.

1.2 Sozialstrukturanalyse und soziales Kapital

Das Konzept persönlichen Sozialkapitals lässt sich über die interaktive Dimension in den Lebensstilansatz integrieren. Allerdings sind die Messinstrumente dieser Dimension keinesfalls mit sozialem Kapital gleichzusetzen. Beispielsweise nennt Spellerberg (1996, S. 79) lediglich einzelne strukturelle Komponenten des sozialen Kapitals wie Anzahl der Freunde, Kontaktintensität und Organisationsmitgliedschaften. In den empirischen Lebensstilanalysen werden aber selbst diese Merkmale kaum berücksichtigt.

Sowohl Bourdieu als auch die Arbeitsgruppe Interdisziplinäre Sozialstrukturforschung (agis) um Vester legten interessante moderne Sozialstrukturansätze vor, die Klassen-, Milieu- und Lebensstilkonzeptionen miteinander verbinden. Ziel ihrer Ansätze ist eine sozialkulturelle Ausdifferenzierung der Sozialstruktur in einer nach Kapitalien gegliederten Klassengesellschaft. Bourdieus Ansatz (1982) verknüpft die ungleichen Lebensbedingungen der sozialen Positionen mit kulturellen Aspekten der Lebensführung. Er unterscheidet eine strukturelle Ebene, eine Ebene der zentralen Lebensorientierung und eine Ebene des alltäglichen Verhaltens.

Die strukturelle Ebene ist der soziale Raum objektiver sozialer Positionen. Die gesellschaftlichen Ressourcen, mit deren Hilfe materielle Güter und Distinktionsgewinne erworben werden, sind die drei Kapitalarten des ökonomischen Kapitals, des kulturellen Kapitals und des sozialen Kapitals.[2] Soziale Positionen bestimmen sich durch das Kapitalvolumen, die Kapitalstruktur und die soziale Laufbahn. Die Position einer Person im sozialen Raum ergibt sich nicht nur durch das Kapitalvolumen, also der quantitativen Menge der Kapitalsorten, sondern „durch die Struktur von Beziehungen zwischen allen relevanten Merkmalen" (Bourdieu 1982, S. 182). Die soziale Laufbahn als dritter Faktor differenziert Gruppen nach typischen Lebensverläufen: Aufsteiger, Absteiger oder heterogene Verläufe. Typische Positionen im sozialen Raum werden zu gesellschaftlichen Klassen zusammengefasst.

Die Verknüpfung des sozialen Raumes und des Lebensstils erfolgt auf der zweiten Ebene der zentralen Lebensorientierungen über den Habitus. Der Habitus ist eine Grundhaltung, die klassenspezifische Werte und Normen zusammenfasst. Er ist durch bestimmte kollektive Wahrnehmungs-, Denk- und Handlungsschemata gekennzeichnet, die klassenspezifisch erzeugt werden. Der Habitus ist handlungsleitend, d. h. es werden diejenigen Handlungen ausgeführt, die mit den jeweils vorhandenen objektiven Ressourcen und Kapitalvolumina übereinstimmen (Bourdieu 1982, S. 278).

Der klassenspezifische Habitus bestimmt wiederum auf der dritten Ebene des Verhaltens die Lebensstile der Individuen. Bourdieu versteht unter Lebensstilen alltägliche Handlungspraxen, symbolische Ausdrucksformen und Geschmacksausprägungen. Jeder Klasse im sozialen Raum der Positionen kann ein Lebensstil zugeordnet werden. Bourdieu identifiziert den legitimen oder Luxusgeschmack der herrschenden Klasse, den mittleren oder prätentiösen Geschmack der Mittelklasse und den populären oder Notwendigkeitsgeschmack der Volksklasse. Die Alltagspraktiken werden genutzt, um die soziale Position

---

[2] Hartmann (1999, S. 94), Kraemer (1998, S. 107–119) und Müller (1989, S. 65) problematisieren die Zulässigkeit, den primär ökonomisch gefassten Kapitalbegriff zu erweitern.

in ihrer distinktiven Kraft zu entwickeln, zu erhalten und zu symbolisieren. Die soziale Position ergibt sich nicht nur über die materielle Ausstattung mit Kapitalien, sondern wird auch über an Wertvorstellungen orientierten Handlungsweisen reproduziert.

Bourdieus Argumentation basiert auf dem Fortbestand primär vertikal strukturierter Klassen und der Erweiterung dieser Strukturierung um sozio-kulturelle Dimensionen. Er hinterfragt kritisch, ob in modernen Gesellschaften Leistung der einzig legitime Maßstab der Statuszuweisung ist, und argumentiert, dass soziales Kapital neben anderen Kapitalsorten zu sozialen Ungleichheiten in Leistungsgesellschaften beiträgt. Kritisch ist anzumerken, dass Bourdieu soziales Kapital zwar als zentrale Kapitalsorte charakterisiert, es aber in der Konstituierung des sozialen Raums und in seiner empirischen Untersuchung keine Rolle spielt. An dieser Stelle lässt sich das Konzept persönlichen Sozialkapitals verorten. Zum Einen besteht die Möglichkeit, das Konzept in einen allgemeinen Sozialstrukturansatz zu integrieren. Zum Anderen kann mit der empirischen Prüfung des in dieser Arbeit entwickelten Sozialkapital-Modells gleichsam eine Lücke in Bourdieus Sozialstrukturansatz geschlossen werden.

Inspiriert von Bourdieus Analyse der französischen Gesellschaft, legten Vester und Kollegen (2006) eine umfangreiche Milieuanalyse für Deutschland vor. Sie stützen sich empirisch auf die Sinus-Milieus, stellen diese aber auf eine umfassende theoretische Grundlage. Sie sehen in den Milieus „Nachfahren der früheren Stände, Klassen und Schichten" (2006, S. 146), die sich entlang der Herrschaftsachse nach Bildung, Macht und Besitz vertikal strukturieren und entlang der Differenzierungsachse nach Mentalitäten horizontal unterscheiden. Rössel (2005, S. 250 f.) kritisiert am Milieuansatz von Vester und Kollegen eine fehlende relationale Komponente, die eine verstärkte Binnenkommunikation der Milieus oder zumindest eine vergleichbare Ausstattung mit sozialem Kapital berücksichtigt. Weil eine solche Komponente fehlt, sollten die identifizierten Bevölkerungsgruppen eher als Wertetypen statt als Milieus bezeichnet werden.

Für die sozialstrukturelle Analyse einer Gesellschaft ergeben sich Vorteile, wenn das Konzept persönlichen Sozialkapitals integriert wird. Erstens ist soziales Kapital neben ökonomischem und kulturellem Kapital eine weitere Dimension, die hierarchisch strukturierte Bevölkerungsgruppen stärker differenziert, wodurch eine bessere Erklärung von Lebenschancen erreicht werden kann. Ein Erkenntnisinteresse liegt auf der angemessenen sozialstrukturellen Beschreibung und Erklärungskraft sozialen Kapitals, insbesondere auf den Wechselwirkungen mit anderen Lebensbedingungen. Zweitens vermeidet das Konzept eine zu kurz greifende Operationalisierung sozialer Ressourcen, wie sie in manchen Lebensstilkonzeptionen üblich ist. Schließlich wird dafür plädiert, persönliches Sozialkapital als eigenständige Dimension der Sozialstruktur und nicht als Bestandteil bestimmter typischer Bevölkerungsgruppen zu analysieren, denn eine gezielte Veränderung bestimmter Lebensbedingungen ist dann nicht darstellbar und somit sozialpraktisch nicht umsetzbar. Wie das Konzept persönlichen Sozialkapitals mit sozialstrukturellen Lebensbedingungen verknüpft werden kann, wird hauptsächlich im vierten Kapitel theoretisch vertieft und ab dem siebten Kapitel empirisch geprüft.

1.3 Eingebettetes, vertrauensvolles Handeln und soziales Kapital

Das Konzept persönlichen Sozialkapitals lässt sich auch an soziologische Handlungstheorien anbinden. So ist soziales Kapital sowohl mit dem Einbettungsargument Granovetters als auch mit eigeninteressiertem kooperativem Handeln eng verknüpft. Während das Einbettungsargument darauf verweist, in verschiedenen Handlungstheorien stärker die soziale Umgebung der Handelnden zu berücksichtigen, ist die eigeninteressierte Kooperation ein spezieller Lösungsmechanismus für das Problem sozialer Ordnung. Im Folgenden sollen die Bezugspunkte des Konzepts persönlichen Sozialkapitals zu diesen zwei allgemeinen Aspekten sozialen Handels dargestellt werden.

Granovetter (1985, 1992) macht auf eine Problematik von Handlungstheorien in unterschiedlichen Sozialwissenschaften aufmerksam. In den Wirtschaftswissenschaften orientieren sich klassische und neo-klassische Handlungsmodelle am rationalen, eigeninteressierten Handeln. Handlungen werden nur minimal durch soziale Beziehungen beeinflusst. Granovetter bezeichnet deshalb die wirtschaftswissenschaftlichen Handlungsmodelle als „untersozialisiert" (vgl. auch Bourdieu 1983a, S. 183). Die untersozialisierten Handlungsmodelle unterstellen einen idealen Zustand, der den Gedanken-Experimenten von Hobbes' „state of nature" (1994) oder Rawls' „original position" (1993) nahekommen. Nach Granovetter lassen die theoretischen Modelle ökonomischen Handelns den Einfluss sozialer Strukturen oder sozialer Beziehungen auf Angebot und Nachfrage eines Wettbewerbsmarktes unberücksichtigt. Der ideale Markt mit vollständiger Information und vollständigem Wettbewerb ist ein selbstregulierendes theoretisches Modell, d. h. es können sich nur die Marktteilnehmer durchsetzen, die sich marktkonform verhalten. Entsprechend werden für die handlungstheoretische Erklärung von Erfolgschancen der beteiligten Akteure keine sozialen Strukturen oder soziale Beziehungen benötigt. In der Soziologie orientieren sich nach Granovetter die Handlungsmodelle überaus stark an sozial reguliertem Handeln. Die Akteure reagieren in diesen Handlungsmodellen sensibel auf die Meinungen, Vorgaben und Normen der Gemeinschaft bzw. Gesellschaft. Darauf hin entwickelt sich im Konsens aller ein Normen- und Wertesystem. Jeder folgt dem Diktat dieses Normen- und Wertesystems, ohne dass der Gehorsam als Zwang empfunden wird. Granovetter bezeichnet diese Handlungsmodelle als „übersozialisiert". Die beiden kontroversen Ansichten fasste Duesenberry (1960, S. 233) in dem Satz zusammen: „Economics is all about how people make choices; sociology is all about how they don't have any choices to make".

Granovetter (1985, S. 485, 1992, S. 30) weist trotz der deutlichen Differenzen beider Konzeptionen auf eine paradoxe Gemeinsamkeit hin. In beiden Handlungstheorien werden Handlungen von vereinzelten, von sozialer Struktur losgelösten, gleichsam atomisierten Akteuren ausgeführt. In der untersozialisierten Konzeption resultiert die Atomisierung aus dem Selbstinteresse in perfekten Wettbewerbsmärkten und in der übersozialisierten Konzeption aus der Internalisierung von Verhaltensmustern, wobei bestehende soziale Beziehungen nur marginale Effekte haben. Es spielt dabei keine Rolle, dass die internalisierten Verhaltensregeln sozialen Ursprungs sind. Mit seinem Einbettungsargument bietet Granovetter eine Erweiterung für beide Handlungskonzeptionen an, die soziales Handeln auf bestehende soziale Strukturen der Akteure bezieht. Granovetter argumentiert, dass Akteure weder als Atome außerhalb eines sozialen Kontexts entscheiden und handeln, noch dass sie sich sklavisch an ein Skript halten, das für sie aufgrund ihrer Zugehörigkeit zu sozialen Kategorien geschrieben wurde. Stattdessen sind ihre Handlungen eingebettet in konkrete, bestehende Strukturen sozialer Beziehungen, so dass es ein schwerwiegendes Missverständnis ist, sie als unabhängig vom Beziehungskontext zu konstruieren (Granovetter 1985, S. 487). Das Einbettungsargument betont insbesondere die Rolle konkreter persönlicher Beziehungen und Netzwerke solcher Beziehungen für soziales Handeln. Bestehende Handlungsmodelle werden realistischer und informativer, wenn sie die Einbettung sozialen Handelns berücksichtigen. Das Einbettungsargument weist deutliche Parallelen zum Konzept persönlichen Sozialkapitals auf. Weil Akteure in soziale Strukturen eingebunden sind, eröffnen sich ihnen Handlungsspielräume durch die zugänglichen sozialen Ressourcen, während ihnen in anderen Handlungssituationen Restriktionen auferlegt werden. Eine handlungstheoretische Modellierung sozialen Kapitals sollte sowohl die möglichen Handlungsoptionen als auch die Beschränkungen des Handlungsspielraums offenlegen. Aufgrund der Verknüpfung des Konzepts persönlichen Sozialkapitals mit Granovetters Einbettungsargument kann man verallgemeinern, dass die handlungstheoretische Grundlage sozialen Kapitals zwischen über- und untersozialisierten Handlungstheorien einzuordnen ist.

Granovetter (1985, S. 487) argumentiert, dass durch die Einbettung sozialen Handelns unter- und übersozialisierte Handlungstheorien nicht nur realistischer und informativer, sondern auch erklärungskräftiger werden. Diese beiden Handlungskonzeptionen haben Probleme, effiziente Koordination sozialen Handelns zu erklären: „Individuell-rationales Verhalten und die unsichtbare Hand führen bei Markttransaktionen keineswegs zwangsläufig zu effizienter Koordination" (Raub 1999, S. 255), da diese durch Anreize für opportunistisches Handeln fehlschlagen kann. Ebenso können sich in der übersozialisierten Handlungskonzeption Normen und Werte zwischen einer Gemeinschaft und der Gesellschaft bzw. zwischen Gesellschaften widersprechen. Auch dann wäre keine effiziente Koordination des Verhaltens möglich. Effiziente Verhaltenskoordination verweist auf das Problem sozialer Ordnung (Hobbes 1994; Durkheim 1988; Parsons 1968).[3] Das Problem liegt darin, dass zwar alle beteiligten Akteure einer sozialen Handlungssituation von effizienter Verhaltenskoordination profitieren können, aber zugleich Anreize für die beteilig-

---

[3] Hobbes wirft zunächst die Frage auf, wie ein geordnetes Zusammenleben eigeninteressierter Akteure möglich sein kann. Da sich Individuen im Naturzustand nicht friedlich verhalten werden, schlägt Hobbes einen übergeordneten Souverän – den Leviathan – vor, dem jeder seine Rechte per Gesellschaftsvertrag abtritt. Er übt das Gewaltmonopol zur Durchsetzung friedlicher Zustände aus. Durkheim (1988, S. 256 ff.) und Parsons (1968, S. 89 ff.) kritisieren Hobbes' Lösung des Problems. Solche Gesellschaftsverträge sind empirisch nicht nachweisbar und Akteure haben einen Anreiz, den Gewaltverzicht der anderen auszunutzen. Beide schlugen deshalb eine alternative Lösung vor, wonach soziale Ordnung entsteht, weil Akteure über Sozialisationsprozesse an kooperative und integrierende Normen und Werte gebunden sind.

1.3 Eingebettetes, vertrauensvolles Handeln und soziales Kapital

ten Akteure bestehen, die eigenen Leistungen zur Entwicklung und Durchsetzung sozialer Ordnung nicht oder nicht vollständig zu erbringen.

Diese Risiken und Probleme sind insbesondere in solchen Handlungssituationen zu erwarten, in denen die Akteure nicht gänzlich entgegengesetzte Interessen aber auch nicht vollständig übereinstimmende Interessen haben. In diesen riskanten Handlungssituationen ist effiziente Verhaltenskoordination zwar kollektiv rational, sie wird aber durch individuell rationales Verhalten erschwert. Rapoport (1974) weist auf diesen Unterschied zwischen individueller und kollektiver Rationalität hin. Wenn effiziente Verhaltenskoordination gelingt, wird ein kollektiv rationales Ergebnis erzielt. Die beteiligten Akteure können sich besser stellen und die kollektive Wohlfahrt aller beteiligten Akteure wird insgesamt größer. In riskanten Handlungssituationen verhindert individuelle Rationalität mindestens eines Akteurs die effiziente Verhaltenskoordination. Verfehlte Verhaltenskoordination führt zu Pareto-suboptimalen, kollektiv ineffizienten Ergebnissen. Die kollektive Wohlfahrt aller beteiligten Akteure bleibt insgesamt gering. „Individuelle Rationalität und die Erwartung, dass der Partner sich individuell rational verhalten wird, können also zu kollektiv irrationalen Ergebnissen führen" (Raub 1999, S. 253).

Effiziente Verhaltenskoordination in riskanten Handlungssituationen hängt von den Handlungsoptionen der beteiligten Akteure ab. Die Akteure müssen darauf vertrauen, dass jeder kooperiert und keiner seinen opportunistischen Anreizen nachgibt. Diese Situation beinhaltet den Aspekt des Gebens von Vertrauen und den Aspekt des Missbrauchs von Vertrauen. Der antizipierte Vertrauensmissbrauch kann beim potenziellen Treugeber zu der Entscheidung führen, kein Vertrauen zu geben. Durch Vertrauensmissbrauch wird der eigene Vorteil auf Kosten des Handlungspartners erzielt (Raub 1999, S. 242). Individuell rationales, opportunistisches Handeln kann nicht nur durch Selbstinteresse, sondern auch durch betrügerische Absicht bzw. Hinterlist gekennzeichnet sein (Williamson 1975, S. 255). Während vertrauensvolles, vorhersagbares Handeln eine effiziente, kollektiv rationale Verhaltenskoordination ermöglicht, wird diese durch opportunistisches Verhalten verhindert oder zerstört (Raub 1999, S. 255).

In riskanten Handlungssituationen gibt es verschiedene Möglichkeiten, um die aus Opportunismusanreizen resultierenden Risiken zu minimieren, um Vertrauensprobleme zu lösen und um effiziente Verhaltenskoordination zu erreichen (Raub 1999, S. 243; Schmid 2004, S. 74). Sozial bedeutsam sind insbesondere Möglichkeiten, die einerseits selbst anreizorientierte, eigeninteressierte Akteure zu vertrauensvollem Handeln befähigen und anderseits unter sparsamer Verwendung von Erzwingungsstäben, d. h. ohne weitere Verrechtlichung und Kontrollen, Opportunismus vermeiden. Eine derartige Möglichkeit ist die Ex-ante-Modifizierung von Opportunismusanreizen. So können Maßnahmen der Selbstbindung ergriffen werden, „darunter gegenintuitiverweise auch solche, die den eigenen Nutzen in bestimmten Situationen in der Zukunft mindern. So kann es im Fall von sozialen Dilemmas individuell rational sein, die eigenen zukünftigen zu erwartenden Opportunismusanreize z. B. durch die Gewährung von Garantien und Sicherheiten freiwillig zu beseitigen" (Raub 1999, S. 240 f.). Eine andere Möglichkeit liegt darin, opportunistisches Verhalten durch zusätzliche Kosten in anderen Handlungssituationen zu vermeiden.

Dabei ist zu unterscheiden, ob die weiteren Handlungen mit dem gleichen oder mit anderen Akteuren stattfinden.

Im Fall wiederholter Handlungen mit dem gleichen Handlungspartner müssen Akteure ihre kurzfristigen Vorteile aus rücksichtslosem Verhalten gegen langfristige Nachteile abwägen, die sich aus einem Beziehungsabbruch und dem Verlust von zukünftigen Handlungsgelegenheiten ergeben. Unter diesen Umständen kann vertrauensvolles Handeln eine rationale Verhaltensweise sein. Wiederholte Interaktionen etablieren dauerhafte soziale Beziehungen zwischen Akteuren, die deren Kooperationsfähigkeit offenbaren und aus denen Vertrauen erwächst. Beispielsweise ist die Mitgliedschaft in Vereinen und Gemeinschaften auf Dauer angelegt, weil die Mitglieder damit langfristige oder dauerhafte Ziele verfolgen. Zudem müssen die wechselseitigen Handlungen zwischen den Mitgliedern kooperativ und vertrauensvoll verlaufen, damit die Vereins- bzw. Gemeinschaftsziele erreicht werden. In einer solchen Situation wird kurzfristig profitables, aber vereinsschädigendes Verhalten die Ausnahme bleiben, wenn dies den Ausschluss aus dem Verein oder der Gemeinschaft nach sich zieht. Die zukünftige Nutzung der Ressourcen innerhalb des Vereins oder der Gemeinschaft, etwa der Nutzen aus dem Erreichen der gemeinsamen Ziele, bleibt dann dem unkooperativen Mitglied versagt.

Im Fall weiterer Handlungen mit anderen Akteuren können opportunistische Anreize minimiert und Vertrauensprobleme gelöst werden, wenn die Akteure in einem sozialen Netzwerk miteinander verbunden sind. Dann müssen Akteure ihre kurzfristigen Vorteile aus rücksichtslosem Verhalten gegen langfristige Nachteile abwägen, die sich aus Beziehungsabbrüchen der Netzwerkakteure und dem Verlust von zukünftigen Handlungsgelegenheiten mit den Netzwerkakteuren ergeben. Unter diesen Umständen kann vertrauensvolles Handelns eine rationale Verhaltensweise sein. Wiederholte Interaktionen zwischen mehreren Akteuren etablieren soziale Netzwerke, die die Kooperationsfähigkeit aller Akteure offenbaren und aus denen Reputationen und Vertrauen erwachsen (Raub 1999, S. 243). Plant man beispielsweise die Anschaffung hochwertiger Konsumgüter, kann man sich im Freundes- und Bekanntenkreis über potenzielle Verkäufer und deren Zuverlässigkeit, Service und Kulanz erkundigen.

Die beiden letztgenannten Möglichkeiten, Opportunismusanreize zu vermeiden und Vertrauen zu etablieren, setzen dauerhafte soziale Beziehungen oder soziale Netzwerke voraus und können deshalb mit dem Konzept persönlichen Sozialkapitals verknüpft werden. Wenn soziales Kapital ein wesentlicher Mechanismus zur Erzeugung effizienter Verhaltenskoordination ist, dann lässt sich die zunehmende gesellschaftliche Bedeutung effizienter Verhaltenskoordination auf soziales Kapital übertragen. Im Zuge der gesellschaftlichen Entwicklung steigen die Interdependenzen zwischen Akteuren mit unterschiedlichen Interessen und damit die Nachfrage nach effizienter Koordination, Kooperation und Vertrauen (Raub 1999, S. 257).

Verallgemeinernd lässt sich sagen, dass im Sozialkapitalkonzept sowohl zentrale Aspekte des Einbettungsarguments als auch relevante Möglichkeiten zur effizienten Verhaltenskoordination angelegt sind. Dauerhafte soziale Beziehungen und soziale Netzwerke bilden die strukturelle Grundlage sozialen Kapitals. Vertrauensvolles, kooperatives, kollektiv rationales aber nicht opportunistisches, rein individuell-rationales Handeln bestimmt die Handlungskomponente des sozialen Kapitals. Diese Komponente wird im dritten Kapital umfassend konzipiert.

1.4 Fragestellungen und Überblick

Trotz der wachsenden Aufmerksamkeit in vielen sozialwissenschaftlichen Disziplinen und trotz der hohen Bedeutung sozialen Kapitals für zentrale soziologische Forschungsfelder wie Sozialstrukturanalyse und effiziente Verhaltenskoordination bestehen hinsichtlich des Konzepts persönlichen Sozialkapitals noch offene Fragen. Vier dieser Fragestellungen werden in diesem Buch behandelt.

1.4.1 Begriff und Eigenschaften sozialen Kapitals

Bereits die eingangs dargestellten Beispiele zeigen deutlich, dass eine Begriffsbestimmung nicht einfach ist. Ein Problem ist das Fehlen einer einheitlichen Begriffsverwendung. Statt dessen gibt es unterschiedliche Spezialdefinitionen, wie die folgenden Beispiele belegen. Nach Bourdieu (1983a) stützt sich soziales Kapital auf Gruppenmitgliedschaften. Diese bieten den Mitgliedern bestimmte Lebenschancen, die Nicht-Mitgliedern verwehrt sind. Für Fukuyama (1995) gehören soziale Normen dazu, die in bestimmten Werten und Einstellungen verankert sind und von persönlicher Freundschaft bis zu den komplexen Doktrinen des Christentums und des Konfuzianismus reichen. Coleman (1988, 1995) definiert geschlossene Netzwerke, die wechselseitige Sanktionen bei Vertrauensmissbrauch ermöglichen, als eine bestimmte Sozialkapitalform. Schließlich gehören laut Burt (1992) Informationskanäle zum sozialen Kapital, die Akteuren Wettbewerbsvorteile sichern, weil sie zur richtigen Zeit die richtigen Informationen abrufen können (Burt 1992). Diese und weitere Spezialdefinitionen erschweren die Verständigung zwischen Wissenschaftlern unterschiedlicher Disziplinen. Außenstehende können kaum noch zwischen sozialem Kapital und anderen Begriffen, wie bürgerschaftliches Engagement, soziale Normen, politische Kultur oder Sozialisation, unterscheiden. Man muss sich also fragen, was den Kern des sozialen Kapitals ausmacht. Die Vielzahl der Definitionen und Anwendungsbereiche sozialen Kapitals macht es notwendig, sich in der Darstellung des Begriffs auf die Kapitaltheorie zu besinnen. Entsprechend wird im zweiten Kapitel der Bezug zur Kapitaltheorie hergestellt, indem Gemeinsamkeiten aber auch Unterschiede zu anderen Kapitalbegriffen wie dem ökonomischen Kapital und dem Humankapital erörtert werden. So legt die Analogie zum wirtschaftswissenschaftlichen Kapitalbegriff nahe, dass mit sozialem Kapital soziale Produktionsmittel gemeint sind. Neben der Begriffsbestimmung werden im zweiten Kapitel einige Eigenschaften sozialen Kapitals hervorgehoben, wobei Wert auf individuelle und kollektive Folgen gelegt wird, die sich aus dem Besitz sozialen Kapitals ergeben.

1.4.2 Aufbau und Nutzung persönlichen Sozialkapitals

Zweitens werden Erwerb und Nutzung persönlichen Sozialkapitals theoretisch modelliert. Gesucht wird ein theoretisches Design, „das in der Lage ist, die Probleme der Kontexteingebundenheit menschlichen Handelns und der Modellierung der aus diesem Handeln erwachsenden emergenten Effekte zu berücksichtigen" (Jansen 2000, S. 35). Aufgrund der Komplexität des Gesamtmodells benutzten bisherige Forschungen zur Emergenz (kognitive Balance und Austauschtheorie) und zu den Effekten sozialer Netzwerke und sozialen Kapitals unterschiedliche Konzepte, Modelle und Theorien (vgl. Flap 1999, S. 7). Es ist deshalb ein wichtiger Erkenntnisgewinn der vorliegenden Arbeit, beide Teilaspekte sowohl in einem allgemeinen theoretischen Modell abzubilden, als auch nach einem einheitlichen Erklärungskern zu modellieren. Der zeitliche Verlauf von Aufbau und Nutzung sozialen Kapitals, seine handlungstheoretischen Grundlagen und seine sozialstrukturelle Bedingtheit wird in den Kapiteln drei bis fünf erörtert.

Im dritten Kapitel wird ein allgemeines Handlungsmodell auf der Grundlage der Theorie rationalen Handelns und des sozialen Austauschs entwickelt. Es wird angenommen, dass alle Akteure nach der Befriedigung ihrer Lebensbedürfnisse streben. Dies erreichen sie, indem sie Ressourcen erwerben, die sie verwerten können, um ihre Lebenschancen zu erhalten oder zu verbessern. Weil aber die Ressourcen endlich sind und einzelne Akteure nur über begrenzte Ressourcen verfügen, sind Akteure wechselseitig auf ihre Ressourcen angewiesen. Akteure sind in dieser Hinsicht interdependent in der Verfolgung ihrer Ziele. Zugleich eröffnen sich damit Anreizprobleme, die durch vertrauensbasierte Reputation gemildert werden. Hierbei ist theoretisch zu klären, wie Vertrauen im Sozialkapital-Modell berücksichtigt wird. In der bisherigen Forschung zum sozialen Kapital wird Vertrauen als Quelle (Coleman 1988, 1995), als Dimension (Putnam 1995b; Fukuyama 1996; Narayan und Cassidy 2001) oder als Folge von anderen Dimensionen des sozialen Kapitals wie etwa Kooperation konzipiert (Foley und Edwards 1999, S. 162). Der Erklärungskern des Sozialkapital-Modells schließt damit an die soziologisch relevante Thematik effizienter Verhaltenskoordination an.

Ausgehend vom handlungstheoretischen Erklärungskern kann das Sozialkapital-Modell weiterentwickelt werden, indem zusätzliche Komponenten einbezogen werden. In der Sozialkapitalforschung wird das Zusammenspiel von sozialem Kapital und anderen Kapitalarten kontrovers diskutiert (Flap 1999, S. 15). Eine der Debatten richtet sich auf die Frage, ob soziales Kapital die bestehenden sozialstrukturellen Differenzierungen, die sich aus ökonomischem Kapital und Humankapital ergeben, verstärkt oder ihnen kompensatorisch entgegenwirkt. Ebenso ist zu klären, wie Kontaktgelegenheiten soziales Kapital beeinflussen (Flap 1999, S. 16). Diese Frage ist insofern von enormer Bedeutung, weil Kontaktgelegenheiten potenzielle Zugänge für den Aufbau und die Nutzung sozialen Kapitals gewährleisten. Diese fundamentale wie triviale Einsicht bringt Blaus Bonmot auf den Punkt: „we cannot marry Eskimos if there are none around" (1987, S. 79). Die Diskussion

1.4 Fragestellungen und Überblick

dieser Fragen schließt an die oben dargestellte Problematik angemessener Beschreibungen und Erklärungen gesellschaftlicher Sozialstrukturen und sozialer Ungleichheiten an. Im vierten Kapitel wird das Sozialkapital-Modell um eine Strukturkomponente erweitert, wodurch der soziale Austausch mit strukturellen Lebensbedingungen wie Ressourcen und Gelegenheitsstrukturen verknüpft wird.

Nachdem ein einheitliches Modell der Handlungs- und Strukturkomponenten persönlichen Sozialkapitals entworfen wurde, stellt sich die Frage nach der Modellierung des zeitlichen Verlaufs von Aufbau und Nutzung sozialen Kapitals. Im fünften Kapitel wird der Aufbau und die Nutzung sozialen Kapitals im Zeitverlauf dargestellt. Auch wenn mit dieser Modellierung der zeitliche Verlauf in zwei Phasen zerlegt wird, erfolgt die Beschreibung und Erklärung über ein integratives Handlung-Struktur-Modell. Aus dem Modell können sodann Hypothesen abgeleitet werden.

Mit Bezug auf die Aufbauphase des Sozialkapital-Modells lassen sich Fragen nach dem Zugang zu sozialem Kapital (Flap 1999, S. 15; Hofferth et al. 1999, S. 80) und nach der ungleichen Verteilung sozialen Kapitals in Stadtgesellschaften klären (Erickson 2004, S. 27). Ausgehend von der zu prüfenden Annahme, dass soziales Kapital wie jede andere Ressource ungleich in einer Gesellschaft verteilt ist, ergibt sich die Frage, welche Art sozialer Ungleichheit mit sozialem Kapital einhergeht. Eine umfangreiche empirische Prüfung dieser Fragen wird in den Kapiteln sieben und acht vorgenommen.

In der Nutzungsphase wird soziales Kapital als Ressource in einer Handlungssituation eingesetzt, um akteursspezifische Vorteile in der Verfolgung der Handlungszwecke zu erzielen. Anders als die Darstellung der Aufbauphase sind in der Verwertungsphase zahlreiche Handlungssituationen denkbar, die durch soziales Kapital beeinflusst werden. Neben den eingangs genannten Beispielen zur Besetzung von Arbeitsplätzen, zu politischen Beteiligungen und der Sicherheit und Ordnung in Wohngebieten sind erreichter Berufsstatus, Gesundheit, erreichter Bildungsstatus, Entwicklung von Kunst und Wissenschaft oder die Verbreitung von Innovationen nur einige Felder, die durch soziale Netzwerke beeinflusst werden (Flap 1999, S. 6). Um die Wirkung sozialen Kapitals empirisch zu untersuchen, werden exemplarisch zwei inhaltlich verschiedene Handlungssituationen ausgewählt und im neunten Kapitel einer Prüfung unterzogen.

Spannend ist schließlich die Frage, ob nicht nur einzelne Ressourcen oder einzelne Kontakte eine nutzenstiftende Wirkung entfalten, sondern ob das gesamte verfügbare Kapital neben den intendierten positiven Einflüssen nicht auch negative Nebenwirkungen zeigt. In vielen Untersuchungen wird der Fokus zwar auf die Wirkung bestimmter Sozialbeziehungen oder bestimmter Ressourcen gelegt, aber das restliche Sozialkapital der Akteure bleibt ausgeblendet. Insofern können positive und negative Einflüsse des gesamten sozialen Kapitals eines Akteurs nicht abgeschätzt werden. Ein Ziel ist deshalb, nicht die nutzenbringende Wirkung einzelner Beziehungen, sondern des sozialen Kapitals insgesamt abzuschätzen. Die beiden empirischen Beispiele des neunten Kapitels erlauben es, spezifische Wirkungen unterschiedlicher Dimensionen persönlichen Sozialkapitals abzuschätzen.

1.4.3 Stadtraum und persönliches Sozialkapital

Es ist ein besonderes Anliegen des vorliegenden Buches, sich der räumlichen Verteilung sozialen Kapitals zuzuwenden. In der Kultursoziologie gewinnt seit einiger Zeit unter dem Schlagwort „spatial turn" das Interesse an räumlichen Strukturen an Bedeutung (Döring und Thielmann 2008). Umgekehrt öffnet sich die Stadt- und Regionalsoziologie seit geraumer Zeit wieder verstärkt der Sozialstrukturanalyse (vgl. Harth et al. 2000). Gesellschaftliche Veränderungsprozesse erfordern nicht nur eine ausgewogene Beschreibung sozialer Positionen und Lebensbedingungen entlang sozialer, sondern auch entlang räumlicher Differenzierung. Räumliche Differenzierung bezeichnet die Entstehung von sozialen, kulturellen und wirtschaftlichen Unterschieden zwischen Regionen, zwischen Städten, zwischen Stadt und Land bzw. zwischen Großstadt und suburbanem Raum sowie die sozialräumliche Aufgliederung von städtischen Teilgebieten. Im Hinblick auf die Verteilung sozialen Kapitals steht die räumliche Differenzierung zwischen Regionen, zwischen Städten und zwischen Stadtteilen in dieser Arbeit im Fokus, während die räumliche Differenzierung zwischen Stadt und Land bzw. zwischen Großstadt und suburbanem Raum bereits früher untersucht wurde (Petermann 2002). Die politische Entstehungsgeschichte unterschiedlicher räumlicher Einheiten hat ebenso wie die soziale Schichtung eine Bedeutung für die Lebenslage, für Einstellungen und Verhaltensweisen. Insofern müssen die Lebensbedingungen und Lebensperspektiven von Akteuren in unterschiedlichen Regionen bzw. Städten nicht zwangsläufig übereinstimmen (Bertram 1992, S. 125). Bertram plädiert deshalb für die Berücksichtigung der regionalen Vielfalt und regionaler Disparitäten in der Analyse sozialer Ungleichheit.

In dieser Arbeit werden räumliche Ungleichheiten zwischen sowie innerhalb von Städten untersucht. Die Konzentration auf Städte als Untersuchungsobjekte hat mehrere Gründe. Erstens lebt die Mehrheit der Bevölkerung in Städten. Ende 2009 wohnten in Deutschland 27 % der Bevölkerung in Mittelstädten und 31 % in Großstädten (Statistisches Bundesamt 2011, S. 40).[4] Zweitens zeigen sich viele gesellschaftliche Prozesse des sozialen, wirtschaftlichen, politischen und kulturellen Wandels zuerst in den Städten und besonders intensiv in den Großstädten. Daraus resultierend werden entsprechend innovative Lösungen für gesellschaftliche Probleme in Stadtgesellschaften entwickelt (Dangschat und Hamendinger 2007, S. 3). Drittens eignen sich Städte, insbesondere Großstädte, für die Beschreibung der Verteilung sozialen Kapitals besonders gut als Untersuchungsobjekte, weil sich aufgrund der hohen Variabilität und Vielfalt von individuellen Lebensbedingungen und kontextuellen Stadtstrukturen empirische Zusammenhänge sehr gut darstellen lassen (Dangschat und Hamendinger 2007, S. 3). Die Beantwortung der Frage nach dem Einfluss stadträumlicher Gelegenheitsstrukturen auf den Aufbau und die Nutzung sozialen Kapi-

---

[4] Das Statistische Bundesamt weist die Bevölkerung nach Gemeindegrößenklassen aus. Mittelstädte sind Gemeinden mit 20.000 bis 100.000 Einwohnern und Großstädte haben mehr als 100.000 Einwohner. Weitere 26 % der Bevölkerung leben in Gemeinden zwischen 5.000 und 20.000 Einwohnern, die als Kleinstädte bezeichnet werden.

1.4 Fragestellungen und Überblick

tals nimmt deshalb breiten Raum ein. Im vierten Kapitel wird die Raumthese aufgestellt und erläutert und im fünften Kapitel auf die Modellierung des sozialen Kapitals bezogen. Im empirischen Teil der Kapitel sieben bis neun werden die städtischen Gelegenheitsstrukturen für die jeweilige Untersuchungspopulation beschrieben und in ihrer Wirkung analysiert. Schließlich wird mit der empirischen Untersuchung des sozialen Kapitals im Ost-West-Vergleich (siebtes und neuntes Kapitel) der Mangel empirischer Befunde zum sozialen Kapital Osteuropas teilweise gemildert (vgl. Adam und Roncevic 2003, S. 177).

1.4.4 Messung und Dimensionen des persönlichen Sozialkapitals

Eine weitere Herausforderung ist die Operationalisierung und Messung sozialen Kapitals. Aufgrund der zahlreichen Begriffsdefinitionen existieren unterschiedliche Messkonzepte. Diese bilden oftmals nur einen speziellen Ausschnitt aus dem Spektrum sozialen Kapitals ab. Um die Gesamtheit sozialer Ressourcen abzubilden, die einem Akteur zur Verfügung stehen, kann nur auf wenige Messinstrumente zurückgegriffen werden. Operationalisierungs- und Messmöglichkeiten werden im sechsten Kapitel vorgestellt und weiterentwickelt. Dabei wird die Gesamtheit des sozialen Kapitals und nicht nur einzelne Ressourcen oder Beziehungen in den Blick genommen.

In kritischer Auseinandersetzung mit der Frage, ob sich überhaupt ein Sozialkapitalbestand bestimmen lässt, werden mehrere Dimensionen des sozialen Kapitals identifiziert, die in sich homogene Ressourcenarten abbilden. Identifizierungsmöglichkeiten dieser Dimensionen werden im sechsten Kapitel angesprochen. Während für den Aufbau sozialen Kapitals aufgrund der gleichen Dispositionen eines Akteurs eher weniger Unterschiede zwischen den Dimensionen zu erwarten sind, hat die Frage nach den Auswirkungen der verschiedenen Dimensionen auf die individuellen Lebensziele eine hohe Bedeutung. Diese Bedeutung speist sich aus der Frage, welche Dimensionen sozialen Kapitals allgemein nützlich und wertvoll für die Zielerreichung in bestimmten Lebensbereichen sind (Flap 1999, S. 15). Darüber hinaus kann geklärt werden, ob die Verfügbarkeit unterschiedlicher Ressourcen positive, neutrale oder gar negative Effekte auf spezielle Handlungsziele hat. Die empirische Prüfung dieser Fragen wird im neunten Kapitel vorgenommen, während der Aufbau der Sozialkapitaldimensionen in einzelnen Abschnitten der Kapitel sieben und acht empirisch untersucht wird.

Soziale Ressourcen als Kapital 2

Die Bezeichnung sozialer Ressourcen als soziales Kapital schließt an den in der Ökonomie verwendeten Kapitalbegriff an. Als eine bedeutende ökonomische Größe findet er dort Anwendung in der Erklärung von Wirtschaftsprozessen. In diesem Kapitel wird erläutert, inwiefern soziale Ressourcen mit diesem Kapitalbegriff gekennzeichnet werden können und welche spezifischen Eigenschaften sozialer Ressourcen es notwendig machen, einen selbstständigen, vom ökonomischen Kapitalbegriff losgelösten Begriff für soziale Ressourcen zu verwenden.

Zunächst wird im ersten Abschnitt der klassische Kapitalbegriff erörtert. Der zeitliche Verlauf von Erwerb und Nutzung des Kapitals wird ebenso dargestellt wie die individuellen und gesellschaftlichen Folgen der Kapitalakkumulation. Im zweiten Abschnitt wird mit dem Humankapital eine erste Ableitung aus dem klassischen Begriff vorgestellt. Humankapital wird als eine rein personale Ressource eingeführt, die durch den Wandel von arbeitskraftintensiven zu wissens- und kompetenzorientierten Volkswirtschaften eine enorme Bedeutung gewonnen hat. In der Erörterung dieses Begriffs spielen Erwerb und Verwertung eine zentrale Rolle. Neben dieser eher ökonomischen Betrachtungsweise wird die gesellschaftliche Dimension des Begriffs erörtert. Im dritten Abschnitt wird schließlich der soziologische Begriff des sozialen Kapitals definiert und erläutert. Die zentralen Aspekte des Kapitalbegriffs werden mit Eigenschaften des sozialen Kapitals verknüpft. Daran anschließend werden die beiden Sichtweisen sozialen Kapitals als individuelle und kollektive Ressource diskutiert.

Die letzten drei Abschnitte setzen sich detailliert mit den Eigenheiten sozialen Kapitals auseinander und führen in die sozialwissenschaftliche Diskussion dieses Begriffs ein. Im vierten Abschnitt werden spezifische Formen und Aspekte des sozialen Kapitals detaillierter erläutert. Es werden sowohl die strukturellen Grundlagen sozialen Kapitals im Sinne sozialer Beziehungen und sozialer Netzwerke herausgestellt, wie die Stärke von sozialen Beziehungen, die Dichte, Geschlossenheit und Effizienz von Netzwerken, als auch die Eigenschaften der entlang dieser sozialen Strukturen fließenden Ressourcen. Der fünfte Abschnitt ist dem individuellen Nutzen vorbehalten, der sich aus der Einbettung in soziales

Kapital ergibt. Es wird herausgearbeitet, in welchen Handlungssituationen soziales Kapital vorteilhaft ist. Schließlich wird im vorletzten Abschnitt auf die gesellschaftlichen Folgen des sozialen Kapitals Bezug genommen. Das können sowohl kollektive Güter wie die Etablierung von kooperativen Normen und Vertrauen, aber auch kollektive Übel wie Behinderungen im sozialen Aufstieg oder soziale Exklusion sein. Die wesentlichen Aussagen dieser sechs Abschnitte werden am Ende des Kapitels zusammengefasst.

2.1 Klassische Kapitaltheorie

Kapital ist ein Begriff aus der Ökonomie und bezeichnet einen Produktionsfaktor (Woll 1996, S. 260 f.). Er wird im Zusammenhang mit Produktionsfunktionen verwendet. Unter ökonomischem Kapital werden nicht nur finanzielle Mittel, wie Bargeld, Schecks, Spargutshaben, Einlagen und Wertpapiere, sondern auch Sachmittel, wie Rohstoffe, Werkzeuge, Produktionsanlagen, Betriebsgebäude, Verbrauchsmaterialien, und bereits produzierte, für den Absatz bestimmte Güter, Waren und Leistungen subsumiert. Entgegen der ursprünglichen Bedeutung wird Kapital nicht nur mit Geld gleichgesetzt, sondern bezeichnet darüber hinaus das sächliche Gesamtvermögen eines Unternehmens. Ganz allgemein kann man sagen, dass der Bestand an allen sachlichen Produktionsmitteln in Anlagen, Güter- und Finanzvorräten zum Kapital gehört.

Die Grenzziehung zu anderen Produktionsfaktoren ist mitunter fließend. Klassischerweise werden neben Kapital noch die Produktionsfaktoren Boden und Arbeit aufgeführt. In der neueren Volkswirtschaftslehre hat sich Wissen als vierter Faktor etabliert. Der Boden ist für land- und forstwirtschaftliche Unternehmen ein zentraler Produktionsfaktor. Für Akteure anderer Wirtschaftszweige wird etwaiges Grundeigentum dagegen den sächlichen Vermögenswerten und damit dem Faktor Kapital zugerechnet. Der Faktor Arbeit ist insbesondere für das produzierende Gewerbe in Industrie und Handwerk von Bedeutung. Hierunter fallen vor allem manuelle Fähigkeiten und Fertigkeiten der „blue collar"-Arbeitskräfte. Hingegen werden unter dem Faktor Wissen technologischer Sachverstand, Expertenwissen, Erfahrungen und Informationsstände der „white collar"-Arbeitskräfte von Unternehmen sowohl des produzierenden Gewerbes als auch der Dienstleistungsbranche zusammengefasst.

Für entwickelte westliche Gesellschaften ist die Trennung der Ausstattungsfaktoren wirtschaftlicher Unternehmen in ökonomisches Kapital und Humankapital sinnvoll, wobei ökonomisches Kapital alle physischen und finanziellen Vermögenswerte des Unternehmens beschreibt, während Humankapital die Fähigkeiten, Fertigkeiten, Wissensbestände und Erfahrungen aller Arbeitskräfte eines Wirtschaftsunternehmens umfasst. Die Unterscheidung der Kapitalausstattung eines Wirtschaftsunternehmens in finanzielle Mittel und Sachgegenstände ist insofern sinnvoll, als dass beide Kapitalarten unterschiedliche Eigenschaften aufweisen. Finanzielle Mittel sind fungibel. Die Fungibilität des Finanzkapitals ermöglicht einen fast grenzenlosen Einsatz in allen Wirtschaftsräumen und Wirtschaftsfeldern. Sachgegenstände weisen dagegen einen eingeschränkten Grad an Fungibilität auf. Während Immobilien oder Standard-EDV-Technik noch eine gewisse Austauschbarkeit aufweisen, sind spezifische Rohstoffe oder spezielle Industrieroboter nur sehr eingeschränkt austauschbar und nur für bestimmte Wirtschaftsprozesse einsetzbar. Allgemein ist finanzielles Kapital fungibler und damit universeller im Wirtschaftskreislauf einsetzbar als Sachgegenstände. Dafür sind die materiellen Formen des ökonomischen Kapitals sichtbar und erfahrbar. Physisches Kapital manifestiert sich in den Gütervorräten, Produktionsanlagen und produzierten Sachgütern.

Für ein Wirtschaftssystem sind die Institutionen und Produktionsregime von Bedeutung, die zwischen Finanz- und Realkapital vermitteln. Im organisierten Kapitalismus gewähren Banken Kredite für Unternehmen. Diese Kredite werden zu einem fixen Zinssatz über eine lange Laufzeit vergeben. Die Banken kontrollierten über Aufsichtsratssitze die Unternehmensmanager und hielten diese von allzu riskanten Geschäften ab, um ihre langfristigen Kredite abzusichern. Dieses Finanzierungsinstrument ist ein „geduldiges, kontrollierendes und risikoaverses Kapital" (Windolf 2005, S. 22). Im Finanzmarkt-Kapitalismus kaufen sich Investoren über Unternehmensbeteiligungen, wie zum Beispiel Aktien oder Anleihen, in die Unternehmen ein. Insofern Investoren über Investmentfonds Finanzkapital konzentrieren, also große Anteile an den Unternehmen halten, und gleichzeitig den großen Konkurrenzdruck zwischen den Investmentfonds auf die Unternehmensmanager übertragen, geht mit dem Finanzmarkt-Kapitalismus ein Strategiewechsel von der Wachstumsorientierung zur Profitmaximierung einher. Das Finanzkapital hält die Anteile eines Unternehmens in der Regel nur für einen kurzen Zeitraum und versucht, sie so gewinnbringend wie möglich wieder zu verkaufen (Windolf 2005, S. 24).

Ökonomisches Kapital, sei es in der Form des finanziellen oder des physischen Kapitals, lässt sich immer einem konkreten, benennbaren Eigentümer zuordnen. Allerdings lassen sich vor dem Hintergrund des Finanz- und Realkapitals zwei Eigentümer unterscheiden, die unterschiedliche Interessen verfolgen. Der Shareholder ist primär an Profitmaximierung interessiert. Aktienbesitzer und Investmentfonds investieren ihr finanzielles Kapital in die Realökonomie, um in möglichst kurzer Zeit maximalen Profit zu erwirtschaften. Der Stakeholder ist primär am langfristigen Wachstum seines Realkapitals interessiert. Der jeweilige Eigentümer ökonomischen Kapitals kann ein korporativer Akteur, wie ein privates Wirtschaftsunternehmen, der Staat oder eine andere öffentliche Korporation, oder ein individueller Akteur, wie ein Unternehmer oder eine Privatperson, sein. Wenn eine eindeutige Eigentumszuordnung erfolgt ist, hat dieser Akteur einen rechtlich durchsetzbaren Titel an seinem Kapital. Kapital ist damit ein Privatgut. Weil ökonomisches Kapital einen Eigentümer hat, ist es unabhängig von andere Akteuren verfügbar. Sind hingegen mehrere Akteure an einem Unternehmen anteilig beteiligt, etwa als Aktionäre einer Aktiengesellschaft oder als Mitglied eines Joint Venture, können diese unternehmensintern nicht unabhängig voneinander agieren. Dennoch tritt das Unternehmen als ein korporativer Akteur im Wirtschaftsleben auf und versucht, seine produzierten Sachgüter und Dienstleistungen auf einem Markt zu verkaufen. Das ökonomische Kapital wird von den Akteuren besessen, die Produktionsmittel kontrollieren. Gleichzeitig wird zwischen Eigen- und Fremdkapital unterschieden. Nur das Eigenkapital ist tatsächlich Eigentum des

Wirtschaftsunternehmens. Das Fremdkapital stellt hingegen finanzielle Verbindlichkeiten des Wirtschaftsunternehmens gegenüber anderen Unternehmen, zumeist Banken und anderen Geldinstituten, dar.

Der Unternehmer setzt sein ökonomisches Kapital im mehrteiligen Wirtschaftsprozess ein, der sich in Investition, Produktion und Distribution gliedert. Zunächst wird finanzielles Eigen- oder Fremdkapital eines Unternehmens aufgrund einer Entscheidung zielgerichtet und langfristig in physisches Kapital angelegt. Kapital wird zum Erwerb von Investitionsgütern eingesetzt. Investitionen sind etwa der Erwerb von Rohstoffen, der Erwerb neuer bzw. der Unterhalt bestehender Produktionsanlagen aber auch die eigenständige Entwicklung neuer Produkte. Zwei Ziele werden mit Investitionen verfolgt. Entweder wird das Unternehmen durch die Investition überhaupt erst in die Lage versetzt, Sachgüter herzustellen oder Dienstleistungen anzubieten. Dies ist der Fall, wenn sich das Unternehmen neu auf einem bestehenden Markt positioniert oder wenn neue Märkte erschlossen werden. Oder die Investition dient der Rationalisierung der Unternehmensabläufe, um mit gleichem Aufwand mehr Sachgüter zu erzeugen oder mehr Leistungen zu erbringen oder um mit weniger Aufwand ein gleiches Ergebnis zu erzielen. Langfristigkeit bedeutet, dass die Investitionsentscheidung in der Regel Auswirkungen für mehrere Wirtschaftsjahre hat, etwa im Sinne der Abschreibung von Sachinvestitionen über mehrere Jahre. Durch Investitionen wird also finanzielles Kapital in physisches Kapital umgewandelt. In der Folge verändert sich der Kapitalbestand und damit das Produktionspotenzial des Unternehmens. Es lassen sich zwei Investitionsarten unterscheiden. Die so genannte Erweiterungsinvestition dient dem Zuwachs oder der Verbesserung des Produktionsmittelbestandes bzw. Sachkapitals. Dagegen bewirkt die Erhaltungsinvestition die Erhaltung des Produktionsmittelbestandes und den Ersatz verbrauchter Teile. Diese Investition wird Reinvestition genannt. Im zeitlichen Ablauf einer Investition werden zunächst mittels einer Investitionsrechnung die Vorteile investitionspolitischer Maßnahmen geprüft und das für die Zielsetzung des Unternehmens optimale Investitionsprogramm bestimmt. Das Ergebnis der Investitionsrechnung ist Grundlage für die Investitionsentscheidung. Mit dieser Entscheidung geht die langfristige Festlegung vorhandener oder zu beschaffender Finanzmittel in betriebliche Anlage- und andere Sachvermögenswerte einher. Die Verwirklichung des Investitionsprojekts führt zunächst zu einer einmaligen Ausgabe, weil Kosten für den Erwerb von Produktionsmitteln entstehen. In den folgenden Zeiträumen bis zum Ende der wirtschaftlichen Nutzungsdauer des Investitionsobjekts ergibt sich aus der potenziellen Möglichkeit, Sachgüter zu produzieren oder Leistungen anzubieten, der Nutzen für den Unternehmer. Eventuell fallen noch weitere Kosten, z. B. Inspektions- oder Reparaturkosten, während der Nutzungsdauer an. Diese Kosten sind Erhaltungsinvestitionen, die dazu beitragen, die wirtschaftliche Nutzungsdauer der Produktionsmittel zu verlängern. Investitionen werden somit als Vorleistungen getätigt, um zu einem späteren Zeitpunkt die Verwertung des Kapitals in Gang zu setzen.

Der Schwerpunkt unternehmerischer Leistungserstellung liegt in der Produktion. Als Produktion wird die methodische Herstellung von Sachgütern oder das Ausführen von Dienstleistungen durch das Unternehmen bezeichnet. Die Vielfalt der produzierten Sachgüter und Dienstleistungen ist enorm. Dazu gehören beispielsweise die Herstellung von Kleidung in Textilunternehmen, von Fruchtsäften in Nahrungsmittelunternehmen, von Industrierobotern in Werkzeugmaschinenunternehmen, von Solarkraftwerken durch Bauunternehmen, von Nutzholz in Forstunternehmen oder die Vergabe von Verbraucherkrediten durch Banken. Ganz allgemein kann man sagen, dass Kapital eine produktive Ressource ist, mit der Güter und Dienstleistungen erzeugt werden. Unter Kapital sind diejenigen Ressourcen eines Akteurs zu verstehen, die er einsetzt um Güter, Waren oder Leistungen zu erzeugen, die wirtschaftlich wettbewerbsfähig sind, also auf einem Markt gegen einen Gewinn veräußert werden können (Lin 2001, S. 3 ff.). Beispielsweise gehören zum Kapital eines Pkw-Herstellers neben Geld- und Vermögenswerten vor allem Produktionsanlagen, wie Motoren-Werkstätten, Montage-Fließbänder, Industrieroboter, Lackieranlagen, und Verbrauchsmaterialien, wie Bleche, Kunststoffe, Kabel, Schrauben, während für ein Dienstleistungsunternehmen wie eine Bank ein EDV-System, eine Sicherheitsanlage und Büromaterialien als Sachkapital anfallen. Die Beispiele zeigen einerseits, dass die Ausstattung mit physischem Kapital in Abhängigkeit vom Wirtschaftsziel sehr unterschiedlich ausfallen kann. Andererseits wird vom Wirtschaftsziel bestimmt, wie viel Kapital eingesetzt werden muss, also wie kapitalintensiv die Güterproduktion bzw. Dienstleistung ist.

Im Ergebnis hat das Unternehmen produzierte Sachgüter oder erstellte Dienstleistungen, welche auf einem Markt abgesetzt werden. Die Abnehmer der Sachgüter und Dienstleistungen nutzen diese, um ihre Bedürfnisse zu befriedigen. Das Unternehmen produziert demzufolge erfolgreich, wenn seine Waren und Leistungen den Bedürfnissen der anderen Marktteilnehmer gerecht werden. Doch nicht allein der Absatz der produzierten Sachgüter und erbrachten Leistungen auf dem Markt bestimmt den Erfolg des Unternehmens, sondern auch wie effizient die Produktion dieser Waren und Leistungen erfolgt. Eine maßgebende Schwelle ist der Gewinn, also ein positiver Saldo aus Markterlös und Produktionskosten. Denn selbst wenn die Waren und Dienstleistungen nachgefragt werden, kann das Unternehmen scheitern, wenn die Produktionskosten höher sind als der auf dem Markt erzielte Erlös und damit kein Gewinn erzielt wird. Der Gewinn ist ein Indiz für den produktiven Charakter des Kapitals. Durch die Wertschöpfung der Produktion wird Kapital geschaffen. Wird dieses Kapital wiederum investiert, akkumuliert sich Kapital im Wirtschaftsprozess.

Die Aussagekraft des Gewinns ist jedoch gering. So kann aus dem Gewinn nicht die wirtschaftliche Effizienz des Unternehmens abgelesen werden. Aber mit der Produktivität existiert eine Maßzahl, welche die wirtschaftliche Effizienz und damit die Leistungs- und Wettbewerbsfähigkeit eines Unternehmens misst. Produktivität ist das Verhältnis zwischen dem Produktionsergebnis und den Produktionskosten. Bezogen auf das ökonomische Kapital wird die Produktivität auch als Rendite bezeichnet, die das Verhältnis zwischen den Erträgen zum investierten Kapital eines Unternehmens darstellt. Mit der Produktivität eines Unternehmens kommt der produktive Charakter des Kapitals zum Ausdruck. Dies wird deutlich, wenn man den zeitlichen Ablauf des Wirtschaftsprozesses betrachtet. Neue Unternehmen müssen zunächst in Produktionsanlagen und Arbeitskräfte investieren, um ihre Produkt- und Dienstleistungsideen und damit ihr Wirtschaftsziel umzusetzen. Sobald

Produktionsanlagen installiert und Arbeitskräfte angelernt sind, können Sachgüter oder Leistungen für den Markt produziert werden.

Wenn der Gewinn nicht vollständig an die Unternehmer bzw. Gesellschafter ausbezahlt wird, sondern eingesetzt wird, um beispielsweise neue Produkte zu entwickeln, um Produktionskapazitäten auszuweiten oder um neue Märkte zu erschließen, dann erfolgen wiederum Investitionen in das Unternehmen, womit die Produktion in Gang gehalten oder sogar ausgeweitet wird. Wieder eingesetzter Gewinn reproduziert ökonomisches Kapital. Das reproduzierte Kapital geht wiederum in Investitionen ein, um weiteren Gewinn und damit weiteres Kapital zu erzeugen (Lin 2001, S. 7). Kapital ist das Ergebnis der Produktion und wird deshalb produktiver oder derivativer Produktionsfaktor genannt. Ganz allgemein kann Kapital Gewinne produzieren, sich selbst reproduzieren und wachsen. Jedoch benötigt die Akkumulation von Kapital Zeit (Bourdieu 1983a, S. 183). Im zeitlichen Ablauf des Wirtschaftsprozesses wird der Zusammenhang zwischen Kapitalinvestition und Kapitalproduktion deutlich.

Ökonomisches Kapital hat aber auch für gesellschaftliche Prozesse eine enorme Bedeutung. Marx (1989) legte die Beziehungen zwischen Kapitalbesitzern und Besitzlosen dar und erachtete die Produktionsverhältnisse nicht nur als eine wirtschaftliche Triebkraft, sondern auch als eine wichtige gesellschaftliche Entwicklungskraft. Nach seiner Arbeitswerttheorie kann Mehrwert nur durch die Ausbeutung der Arbeitsleistungen der Unternehmensmitarbeiter, nicht aber durch Investitionen in Arbeitsmittel (z. B. Werkzeuge, Maschinen) und Arbeitsgegenstände (z. B. Rohstoffe und Materialien) erzielt werden. Mehrwert ist die Differenz zwischen dem durch die Arbeitsleistung des Arbeitnehmers geschaffenen Wert und dem dafür gezahlten Lohn. Marx beschäftigt sich nicht nur mit Kapitalinvestitionen und Kapitalproduktionen von Unternehmen im Wirtschaftsprozess, sondern er zeichnet auch eine gesellschaftliche Struktur mit Kapitalbesitzern (Bourgeoisie) und Besitzlosen (Proletariat).

Eine empirische Beschreibung entwickelter (Stadt-)Gesellschaften mit der theoretischen Zwei-Klassen-Struktur aus Kapitalbesitzern und Besitzlosen ist problematisch. So ist die Einordnung von Handwerkern, kleinen Gewerbebetrieben und freiberuflich Tätigen ebenso schwierig, wie die Positionsbestimmung von hoch qualifizierten Arbeitskräften oder den Anteilseignern von Aktiengesellschaften, die sich oftmals auch aus der jeweiligen Belegschaft des Unternehmens zusammensetzen. Sinnvoller ist es deshalb, Kapitalbesitz in graduellen Abstufungen zu konzeptualisieren. Dies ist für ökonomisches Kapital, dessen wirtschaftlicher Wert als Marktpreis ausgedrückt werden kann, relativ einfach zu bestimmen. Somit können die materiellen und finanziellen Ausstattungen aller gesellschaftlichen Akteure vergleichend als ökonomisches Kapital bestimmt und ausgedrückt werden.[1]

Auch Bourdieu (1983a) hebt die Bedeutung des ökonomischen Kapitals für die gesellschaftlichen Verhältnisse hervor. Da Kapital als Eigentum akteursgebunden ist, kann über die Besitzverhältnisse die gesellschaftliche Struktur reproduziert werden, denn „[d]ie zu

---

[1] Eine graduelle Abstufung hebt natürlich nicht die stark asymmetrische Verteilung des ökonomischen Kapitals in entwickelten Gesellschaften auf.

einem bestimmten Zeitpunkt gegebene Verteilungsstruktur verschiedener Arten und Unterarten von Kapital entspricht der immanenten Struktur der gesellschaftlichen Welt […]" (Bourdieu 1983a, S. 183). Kapital ist damit eine Kraft, die den objektiven und subjektiven Strukturen innewohnt. Dies wird daran ersichtlich, dass in sozialen Prozessen Kapital zu einer symbolischen Handlungsressource wird, denn Kapital verschafft seinem Eigentümer nicht nur Einkommen, sondern auch Einfluss (Bourdieu 1983a, S. 183). Will man wie Bourdieu den Kapitalbegriff und das Konzept der Kapitalakkumulation in die Analyse der Sozialstrukturen von Gesellschaften einführen, sollte man allerdings die Beschränkungen des wirtschaftswissenschaftlichen Kapitalbegriffs bedenken. Dieser reduziert die Gesamtheit gesellschaftlicher Austauschverhältnisse auf bloßen Güteraustausch, unter Maximierungsbestrebungen des eigenen Gewinns (Bourdieu 1983a, S. 183 f.).

Weiterentwicklungen der Kapitaltheorie basieren immer auf der Grundidee, dass Kapital erst erworben werden muss, um es gewinn- bzw. nutzbringend verwenden zu können (Lin 2001, S. 8). Bei Marx können nur die Besitzer der Produktionsmittel Kapital schaffen und akkumulieren, während die Besitzlosen zwar Lohn für die geleistete Arbeit erhalten, dieser aber nur zur Substitution ausreicht und nicht als Kapital akkumuliert werden kann. Marx rückt damit die Arbeitskräfte oder allgemeiner den Produktionsfaktor Arbeit in den Mittelpunkt der Produktion ökonomischen Kapitals. Die Bedeutung der Fähigkeiten der Arbeitskräfte für den Wirtschaftsprozess wird durch die Weiterentwicklung des Kapitalkonzepts im Hinblick auf das Humankapital deutlich (siehe folgender Abschnitt). Die Sozialstrukturanalyse greift auf das Kapitalkonzept zurück, um die Verteilung von ökonomischem Kapital, ausgedrückt als Einkommen und Vermögen, über Bevölkerungsgruppen zu untersuchen.

Zusammenfassend lässt sich sagen, dass ökonomisches Kapital finanzielle und physische Ausstattungsgegenstände eines wirtschaftlichen Unternehmens darstellt. In diese Produktionsmittel wird investiert, um wirtschaftlichen Gewinn auf Wettbewerbsmärkten zu erzielen. Geld- und Sachkapital wird in Vermögenswerte angelegt, die dem Unternehmen langfristig erhalten bleiben. Das Wirtschaftsunternehmen setzt das Kapital ein, indem in Produktionsanlagen, Rohstoffe, Materialien, Grund und Boden oder in die Berufsausbildung, Fähigkeiten und Fertigkeiten von Arbeitskräften investiert wird. Durch den Einsatz der Produktionsmittel, also durch die Nutzung der Produktionsanlagen und die Ausbeutung der Arbeitskräfte wird Kapital produziert. Insofern dieses ökonomische Kapital wiederum als Investition in den Wirtschaftsprozess eingeht, wird Kapital akkumuliert.

2.2 Humankapital

Der Produktionsfaktor Arbeit ist eine wichtige Inputgröße von Produktionsfunktionen. In der Marxschen Theorie nimmt dieser Faktor den zentralen Platz ein, weil er der einzige Faktor ist, mit dem der Kapitalbesitzer einen Mehrwert produzieren kann. Wurden ursprünglich unter diesem Faktor vor allem die manuellen Fähigkeiten der Arbeitskräfte in der Industrieproduktion verstanden, rücken mit dem Wandel zu Dienstleistungsgesellschaften verstärkt Wissensbestände und Informationsverarbeitungsfähigkeiten in den Vordergrund. In Analogie zum ökonomischen Kapital, das sich in materiellem und finanziellem Besitz niederschlägt, werden Bildung, Fähigkeiten, Fertigkeiten, Wissensbestände, Sachverstand und berufliche Erfahrung der Arbeitskräfte bzw. allgemeiner aller Menschen als Humankapital bezeichnet. Humankapital ist der Bestand an menschlichen Fähigkeiten aufgrund von Anlagen, Erziehung und Ausbildung. Man kann natürliche und erworbene Eigenschaften trennen. Natürliche Eigenschaften sind etwa Aussehen, Charme, Talent und Gesundheit. Erworbene Eigenschaften sind manuelle Fähigkeiten, Fertigkeiten, Allgemeinbildung, Sachverstand, Kompetenzen und ein Erfahrungsschatz. Der Begriff Humankapital wurde von Ökonomen geprägt (Becker 1982, 1993). In kritischer Abgrenzung zum ökonomischen Humankapitalbegriff verwendet Bourdieu zunächst die Bezeichnung kulturelles Kapital (Bourdieu 1983a). Um die volle Universalität von Wissens- und Informationsbeständen zur Geltung zu bringen, greift er später auf den Begriff des Informationskapitals zurück (Bourdieu und Wacquant 1996, S. 151).

Während die Eigentümer von ökonomischem Kapital sowohl individuelle als auch korporative Akteure sein können, sind die Eigentümer des Humankapitals ausschließlich Personen. Humankapital ist eine individuelle Ressource, weil es grundsätzlich körper-gebunden, d. h. dem jeweiligen Besitzer verinnerlicht ist (Bourdieu 1983a, S. 185 f.).[2] Alternativ wird es deshalb als personale Ressource (Lin 2001, S. 42 f.) oder personales Kapital (Becker 1996, S. 2 ff.) bezeichnet. Der Besitz wird über Bildungstitel und Eigentumsrechte, z. B. Urheber- und Patentrechte, institutionalisiert bzw. zertifiziert. Weil das Humankapital einer Person inkorporiert ist, ist es weniger greifbar oder beobachtbar als ökonomisches Kapital. Lediglich über Zertifikate des Bildungserwerbs oder Beurteilungen beruflicher Fertigkeiten ist Humankapital nachweisbar. So sind z. B. schulische Titel ein Zeugnis für kulturelle Kompetenz (Bourdieu 1983a, S. 190). Eine Übertragung des objektivierten Humankapitals etwa als Gemälde, Instrumente oder Maschinen auf andere Akteure ist nur als juristisches Eigentum möglich. Eine Übertragung von kulturellen Fähigkeiten, die den Genuss eines Gemäldes oder den Gebrauch einer Maschine erst ermöglichen, ist ausgeschlossen (Bourdieu 1983a, S. 188). Humankapital ist in unterschiedlichem Ausmaß fungibel. Während Allgemeinwissen in verschiedenen Situationen anwendbar ist, bezieht sich Expertenwissen zumeist auf ein eingeschränktes Spektrum an Handlungssituationen. Beispielsweise benötigt ein Taxifahrer zur Ausübung seines Berufes allgemeine Kenntnisse, etwa über die Straßenverkehrsordnung oder soziale Kompetenzen im Umgang mit Fahrgästen, sowie spezielle Ortskenntnisse, etwa den Straßenplan und die Lage bestimmter Einrichtungen. In einer ihm fremden Stadt wird er die allgemeinen Kenntnisse gebrauchen können, hingegen sind die spezielleren Ortskenntnisse nutzlos.

---

[2] Im Gegensatz dazu kann Wissen individuell und korporativ erzeugt werden. In der Wissensgesellschaft verlagert sich die Wissensproduktion „von nationalstaatlich organisierter Politik zu weltweiten wirtschaftlichen, technologischen und wissenschaftlichen Lernprozessen" (Heidenreich 2003, S. 40). Die korporative Wissensproduktion erfolgt in lernenden mitunter auch transnationalen Organisationen (Heidenreich 2003; Willke 1998).

2.2 Humankapital

Erwerb und Nutzung lassen sich auch für Humankapital bestimmen. Humankapital wird durch Veränderungen von Personen geschaffen, indem Wissen erlernt sowie Fertigkeiten und Fähigkeiten eingeübt werden. Humankapital wird durch finanziellen Einsatz aber vor allem durch zeitliche Aufwand erworben. Der Verinnerlichungsprozess von Humankapital kostet Unterrichts- und Lernzeit. Die Zeit der Wissensaneignung bzw. des Erfahrungserwerbs muss von der jeweiligen Person selbst aufgebracht werden. Das Delegationsprinzip ist ausgeschlossen (Bourdieu 1983a, S. 186). In dieser Zeit kann die betreffende Person keinem Einkommenserwerb nachgehen. Es ist eine Zeit der Entbehrungen, Versagungen und Opfer (Bourdieu 1983a, S. 186). Der damit verbundene Verdienstausfall bzw. Einkommensverzicht lässt sich als Opportunitätskosten des Humankapitalerwerbs darstellen (Becker 1982, 1993). Lohn- und Gehaltsverzicht in der Ausbildungs- und Anlernphase können ebenso als persönliche Opportunitätskosten für den Humankapitalerwerb interpretiert werden. Neben diesem Einsatz von negativem Eigenkapital wird der Bildungserwerb vor allem durch Fremdkapital, insbesondere durch Zuwendungen von Eltern und anderen Verwandten sowie Bildungsdarlehen von Staat, Stiftungen oder Banken, finanziert. Die Zeit des Erwerbs ist das Bindeglied zwischen ökonomischem Kapital und Humankapital (Bourdieu 1983a, S. 188). Anders als beim ökonomischen Kapital wird der Erwerb des Humankapitals nicht durch Eigentumsrechte besiegelt, sondern durch schulische Titel zertifiziert. Das liegt daran, dass Humankapital oder allgemein Wissen und Informationen von mehreren Personen gleichzeitig erworben werden können. Es kann sozusagen vervielfältigt werden. Die Schultitel verleihen dem Kulturkapital institutionelle Anerkennung (Bourdieu 1983a, S. 190).

Der zeitliche Verlauf des Humankapitalerwerbs gestaltet sich in wesentlichen Punkten anders als der des ökonomischen Kapitals. Personen erwerben zunächst ihre allgemeine und später ihre spezielle, berufliche Bildung. Teile des Humankapitalerwerbs unterliegen nicht einer Entscheidung, sondern einem Zwang, z. B. der Schulpflicht. Erst die Wahl der Berufsausbildung erfolgt auf freiwilliger Basis. Gleichwohl ist der Verlauf der Berufsausbildung durch Lehrpläne und Prüfungsordnungen geregelt. Gleiches gilt für weitere Entscheidungen beruflicher oder sonstiger Weiterqualifikation. Der Zeithorizont des Humankapitalerwerbs ist wesentlich größer als der des ökonomischen Kapitals. Die Phase der schulischen und beruflichen Ausbildung kann etwa 10 bis 18 Jahre dauern. Der anschließende Übergang von der Ausbildung in die Erwerbstätigkeit ist vom Aufbau beruflicher Erfahrungen geprägt. Er gehört damit ebenfalls zum Kapitalerwerb, denn diese Phase ist durch diskontiertes Einkommen (Dienstaltermodell) oder durch besondere Anstellungsverhältnisse (Probezeiten, Praktika) geprägt. Mit diesem Übergang geht zugleich der Übergang vom Erwerb zur Nutzung des Humankapitals einher.

In entwickelten westlichen Gesellschaften wird ein großer Teil des Humankapitals als Arbeitskraft auf dem Arbeitsmarkt angeboten. Es wird im Wirtschaftsprozess benötigt, um Maschinen zu bedienen, Sachgüter herzustellen, Dienstleistungen zu erbringen, Produkte zu entwickeln, Märkte zu erschließen, Produkte zu verkaufen usw. Insofern ist Humankapital produktiv. Humankapital wird objektiviert, indem kulturelle Güter, Dienstleistungen, Publikationen, technologische Innovationen usw. erzeugt werden (Bourdieu 1983a,

S. 185). In der Produktionsfunktion ist Humankapital neben dem ökonomischen Kapital der zweite bedeutende Produktionsfaktor. Die Produktionsanlagen und Maschinen gehören dem Produktionsmittelbesitzer. Die Bedienung der Anlagen und Maschinen ist Humankapital, das den Arbeitskräften gehört. Beide sind damit Herrscher und Beherrschte, aber der Produktionsmittelbesitzer kann die Arbeitskräfte in eine Konkurrenzsituation bringen (Bourdieu 1983a, S. 189). Zugleich sind die Träger und Eigentümer des Humankapitals selbst Unternehmer. Sie versuchen, möglichst umfangreiches Humankapital in der Bildungsphase zu erwerben, um im Erwerbsleben ein relativ hohes Arbeitseinkommen zu erzielen. Humankapital wird durch Vermehrung des allgemeinen Wissensbestandes einer Gesellschaft reproduziert. Die Reproduktion bezieht sich nicht nur auf die Erziehung und den Bildungserwerb der Kinder und Jugendlichen, sondern auch auf den Bereich der Forschung und Entwicklung.[3]

Auch wenn sich Wissen vervielfältigen lässt, haben doch nicht alle Akteure gleichermaßen Fähigkeiten und Möglichkeiten Humankapital zu erwerben. Die Folge ist eine Ungleichheit in der gesellschaftlichen Verteilung des Humankapitals. Schultitel zeigen Unterschiede in der Kulturkompetenz an (Bourdieu 1983a, S. 189 f.). In der Folge der ungleichen Verteilung erzielen Akteure mit umfangreichen Kompetenzen Extragewinne (Bourdieu 1983a, S. 187 f.). Damit wird Humankapital für die meisten Gesellschaftsmitglieder zu einer erstrebenswerten Ressource. Bei einem entsprechenden Ausbau der sekundären und tertiären Bereiche des Bildungssystems erfolgt insgesamt eine Höherqualifikation der Bevölkerung, die in der Bildungsforschung unter dem Stichwort Bildungsexpansion diskutiert wird.

2.3 Soziales Kapital

„Will man die Struktur und Dynamik von differenzierten Gesellschaften erklären, muss man davon ausgehen, dass das Kapital viele verschiedene Formen annehmen kann" (Bourdieu und Wacquant 1996, S. 152). Neben ökonomischem Kapital und Humankapital wird das soziale Kapital oft als dritte bedeutende Kapitalform genannt. Zur Definition von sozialem Kapital greifen einige Autoren, wie Bourdieu (1983a), Burt (1992) oder Coleman (1995), explizit auf den Kapitalbegriff zurück und reihen soziales Kapital in eine Systematik von Kapitalien ein. Diese Strategie wird im Folgenden ebenfalls verfolgt. Soziales Kapital ist analog über Besitz, Erwerb, individuelle Nutzung, kollektive Folgen und Austauschbarkeit zu definieren (vgl. Adler und Kwon 2000, S. 93 ff.). Zunächst soll in dieser

---

[3] Am Humankapitalansatz Beckers wurde kritisiert, dass Bildungsaufwendungen auf solche Dinge reduziert werden, die sich in Geld und verwendeter Zeit ausdrücken lassen. Hingegen bleibt die Transmission von Humankapital in der Familie und der Beitrag des Erziehungssystems zur Reproduktion der Sozialstruktur, d. h. die Vererbung des Humankapitals, unberücksichtigt (Bourdieu 1983a, S. 185 f.).

2.3 Soziales Kapital

wirtschaftswissenschaftlichen Terminologie beschrieben werden, wie verschiedene Autoren soziales Kapital konzeptualisieren.

Nach Putnams und Goss' (2001) Recherchen verwendete erstmals Hanifan (1916) den Begriff des Sozialkapitals. Er fordert die Stärkung der solidarischen Netze der Bürger, um die tiefgreifenden gesellschaftlichen, ökonomischen und politischen Probleme der Gemeinde zu lösen bzw. um die Demokratie zu erhalten (Putnam und Goss 2001, S. 16). Soziales Kapital bezieht sich nach Hanifan auf alltägliche Eigenschaften wie guter Wille, Gemeinschaftsgeist, Mitgefühl und geselliger Austausch (Putnam und Goss 2001, S. 16 f.). Allerdings ist in Hanifans Konzept die Analogie zum Kapitalbegriff nicht dargestellt.

Den Bezug des sozialen Kapitals zum ursprünglichen Kapitalbegriff liefert Bourdieu. Er ist damit der Pionier des Sozialkapitalkonzepts in den Sozialwissenschaften. Ihm ging es vorrangig um eine Erklärung sozialer Stratifikation auf der Basis verschiedener Kapitalformen.[4] Bourdieu definiert soziales Kapital als Ausdehnung des Netzes von Beziehungen, die tatsächlich mobilisiert werden können, mal dem Umfang des Kapitals, das diejenigen Beziehungen besitzen (Bourdieu 1983a, S. 191). Für ihn ist soziales Kapital eine Ressource, die über ein dauerhaftes Beziehungsnetz mobilisiert wird. Diese Ressourcen können sowohl individuellen Akteuren als auch Gruppen zugerechnet werden: „Das soziale Kapital ist die Summe der aktuellen oder virtuellen Ressourcen, die einem Individuum oder einer Gruppe aufgrund der Tatsache zukommen, dass sie über ein dauerhaftes Netz von Beziehungen, einer – mehr oder weniger institutionalisierten – wechselseitigen Kenntnis und Anerkenntnis verfügen; es ist also die Summe allen Kapitals und aller Macht, die über ein solches Netz mobilisierbar sind" (Bourdieu und Wacquant 1996, S. 151 f.; vgl. auch Bourdieu 1986, S. 248 f.). Er legt ferner dar, dass die Kernmerkmale des Kapitalbegriffs auch für das soziale Kapital gegeben sind. Das dauerhafte Beziehungsnetz ist „das Produkt individueller und kollektiver Investitionsstrategien, die bewusst oder unbewusst auf die Schaffung und Erhaltung von Sozialbeziehungen gerichtet sind, die früher oder später einen unmittelbaren Nutzen versprechen" (Bourdieu 1983a, S. 192). Diese Passage weist zudem darauf hin, dass der Aufbau sozialen Kapitals nicht immer bewusst vorgenommen wird. Sozialbeziehungen etablieren sich auch aufgrund alltäglicher Interaktionen ohne zielgerichtete Aufbaubemühungen und können trotzdem zu einem späteren Zeitpunkt intendierten individuellen Nutzen für das Gruppenmitglied stiften.

---

[4] Bourdieu benennt neben ökonomischem, kulturellem und sozialem Kapital noch symbolische Macht als eine weitere Kapitalform. Symbolisches Kapital kommt durch gesellschaftliche Erkennungs- und Anerkennungsakte zustande und wirkt als Ruf, Prestige, Ehre, Ruhm, Autorität oder Renommee (Bourdieu 1982, S. 391). Der Ruf von Kompetenz und das Prestige von Ansehen und Ehrbarkeit verleihen dem Träger symbolische Macht (Bourdieu 1982, S. 456). Bourdieu verwendet in seinen frühen Schriften den Begriff eher als eine Unterart des sozialen Kapitals. Später schreibt er dem symbolischen Kapital als eigenständige Kapitalsorte eine größere Bedeutung zu. Ein generelles Problem ist die Unterschiedlichkeit und mangelnde Vergleichbarkeit der Kapitalsorten, die auf unterschiedlichen Ebenen der Wirklichkeit liegen (Rehbein und Saalmann 2009). In der weiter unten entfalteten Theorie wird symbolische Anerkennung nicht als Kapitalform, sondern als Handlungsinteresse konzipiert.

Während Bourdieu den Erwerbsaspekt betont, legt Colemans Definition (1995, S. 392) einen weitgefassten Beziehungsstrukturbegriff zugrunde und betont den Nutzenaspekt. Soziale Beziehungen, die entstehen, wenn Individuen versuchen, ihre Ressourcen auf bestmögliche Art und Weise einzusetzen, müssen nicht nur als Komponenten sozialer Strukturen betrachtet werden, sondern können auch als Ressourcen für die Individuen angesehen werden (Coleman 1995, S. 389). Er definiert soziales Kapital folgendermaßen: „Ich werde diese sozialstrukturellen Ressourcen als Kapitalvermögen für das Individuum bzw. als soziales Kapital behandeln. Soziales Kapital wird über seine Funktion definiert. Es ist kein Einzelgebilde, sondern ist aus einer Vielzahl verschiedener Gebilde zusammengesetzt, die zwei Merkmale gemeinsam haben. Sie alle bestehen nämlich aus irgendeinem Aspekt einer Sozialstruktur, und sie begünstigen bestimmte Handlungen von Individuen, die sich innerhalb der Struktur befinden. Anders als andere Kapitalformen wohnt soziales Kapital den Beziehungsstrukturen zwischen zwei und mehr Personen inne" (Coleman 1995, S. 392, vgl. Coleman 1988, S. S98). Colemans Definition wurde von verschiedenen Seiten kritisiert. Problematisch erscheint der sehr weit gefasste Begriff und der Definitionsversuch über die Funktionen des sozialen Kapitals. Dies kann eine Tautologie sein und führt zu konzeptioneller Konfusion (Adam und Roncevic 2003, S. 168; Häuberer 2011, S. 49 f.; Lin 2001, S. 28). Der Definition liegt ein weit gefasstes Verständnis von Akteuren zugrunde, denn sowohl individuelle Akteure (Personen) als auch korporative Akteure (Organisationen, Kollektive) können über soziales Kapital verfügen. Colemans Definition des Sozialkapitals wird gelegentlich als zu breit für ein Forschungsprogramm befunden (Adam und Roncevic 2003, S. 160).

Auch Putnam führt seinen Sozialkapitalbegriff auf Kapitalerwerb und -nutzung zurück: „Soziale Netzwerke und die damit zusammenhängenden Normen der Gegenseitigkeit lassen sich als soziales ‚Kapital' bezeichnen, weil sie… sowohl individuellen als auch kollektiven Wert schöpfen und weil man in Netzwerke investieren kann" (Putnam und Goss 2001, S. 22). Doch bei ihm findet sich eine deutlich andere Definition des sozialen Kapitals: „Features of social life – networks, norms, and trust – that enable participants to act together more effectively to pursue shared objectives" (Putnam 1995b, S. 664 f.). Der Beziehungsnetzaspekt zielt auf einen umfassenderen Bereich sozialen Lebens. Nicht nur Netzwerke, sondern vor allem soziale Normen spielen als gesellschaftlicher Kitt eine große Rolle. Putnam zielt mit seiner Definition von sozialem Kapital auf die kollektive Wirkung einer Gemeinschaft im Sinne eines Kollektivgutes. Der Nutzenaspekt des gemeinschaftlichen Engagements gilt eher den nicht-intendierten Folgen für die Prosperität dieser Gemeinschaft und darüber hinaus für die gesamte Gesellschaft. Die Definition von Putnam trifft insofern nicht die Analogie zum Kapitalbegriff, als dass keine akteursbezogenen Besitzrechte definiert werden. Engagement für die Gemeinschaft baut Sozialkapital auf, ohne einen konkreten Bezug zu einem Beziehungsnetzwerk herzustellen. Bourdieu und Coleman nennen die sozialen Ressourcen soziales Kapital, weil sie darin eine Analogie zum ökonomischen Kapitalbegriff sehen. Putnam benutzt diese Bezeichnung dagegen, weil er eine Verbindung zur Produktion von Kollektivgütern zieht. Zudem versteht er soziales Kapital als Oberbegriff für vielfältige Phänomene unter anderen aus der Demokratie- und

Politische-Kultur-Forschung. Jungbauer-Gans (2002b, S. 192) kritisiert den Zusammenschluss verschiedener Phänomene wie soziales Netzwerk, bürgerschaftliches Engagement, Freiwilligenarbeit, Gemeinsinn und Partizipation unter einen Oberbegriff. Sinnvoller ist eine sorgfältige Unterscheidung der einzelnen Phänomene, weil sie unterschiedliche Ursachen haben und unterschiedliche zeitliche Entwicklungen durchlaufen (vgl. Foley und Edwards 1999, S. 149). Zudem plädiert sie für einen Verzicht auf die Verwendung des übergreifenden Begriffs soziales Kapital.

Im Hinblick auf die soziale Struktur legt sich Burt in seiner Definition des sozialen Kapitals eindeutig auf Beziehungs- und Kontaktnetzwerke fest: „Social capital is at once the resources contacts hold and the structure of contacts in a network" (Burt 1992, S. 12).[5] In seiner Definition finden sich zunächst die beiden Komponenten der Ressourcen bzw. der Kapitalausstattung von Akteuren und der Kontaktnetzwerke. Offen bleibt in dieser Definition, welche Akteure sich hinter den Kontakten verbergen. Für Burt ist die Beschäftigung mit der Kontaktstruktur wesentlich interessanter als die mit den Ressourcen des Kontakts, weil über die Kontaktstruktur allgemeinere Aussagen möglich sind. Der Einsatz von Ressourcen ist von den konkreten Handlungssituationen abhängig. Burt ist aber an der Identifizierung von Parametern des sozialen Kapitals interessiert, die von spezifischen Handlungssituationen abstrahieren. Darüber hinaus argumentiert er, dass beide Aspekte des sozialen Kapitals hochgradig miteinander korrelieren. Eine sehr ähnliche Definition sozialen Kapitals findet sich bei Lin (2001). Wie bei Burt (1992) bilden bei Lin soziale Netzwerke die Grundlage des sozialen Kapitals. Soziales Kapital ist eine Ressource, die in verschiedene Typen egozentrierter Netzwerke eingebettet ist (2001, S. 25).

Etwas präziser ist die Festlegung auf die verwendeten drei Kapitalsorten als Ressourcen in der Definition sozialen Kapitals von Weesie et al. (1991). Sie definieren soziales Kapital als Zugang zu ökonomischen Ressourcen, Human- und Netzwerkressourcen derjenigen Personen, mit denen ein fokaler Akteur verbunden ist: „Now social capital is the access to the economic, human and network resources of those persons who are linked to the individual" (Weesie et al. 1991, S. 624). Zudem betonen sie, dass soziales Kapital an die soziale Beziehungsstruktur zwischen den Akteuren gebunden und somit kein privates Eigentum eines Akteurs ist. Dieser hat jedoch das Verfügungsrecht über bestimmte Handlungen des Beziehungspartners: „It is defined as the right to control the resources of related actors in the network at hand" (Weesie et al. 1991, S. 625).

Eine jüngere Definition, die sich eng an den Kapitalbegriff anlehnt und den Ressourcencharakter des sozialen Kapitals betont, wird von Flap formuliert: „social networks and the resources of the others an actor can call upon can be considered as a social resource, as another means for that actor to improve or defend his conditions of living" (Flap 1999, S. 7). Soziales Kapital besteht aus sozialen Netzwerken und den zugänglichen Ressourcen der Netzwerkpersonen. Diese sozialen Ressourcen sind für den Fokusakteur ein Mittel, um seine Lebensbedingungen zu verbessern. Auch diese Definition beinhaltet den Dua-

---

[5] Eine sehr ähnliche Definition geben Foley und Edwards (1999, S. 166): „Social capital is best conceived as access (networks) plus resources".

lismus von Ressourcen anderer Akteure und einer sozialen Struktur, die diese Ressourcen zum Fokusakteur übermittelt. Die Grundkonstituenten des sozialen Kapitals sind die Anzahl der Personen in einem individuellen Netzwerk, deren Ressourcen und das Ausmaß, in dem diese Personen bereit oder verpflichtet sind, dem Fokusakteur zu helfen, wenn er danach verlangt (De Graaf und Flap 1988, S. 453). Neu ist der Verweis Flaps auf die Zieldimension des sozialen Kapitals. Die mobilisierbaren Ressourcen des Beziehungsnetzwerks können als Mittel eingesetzt werden, um die Lebensbedingungen des Fokusakteurs zu erhalten oder zu verbessern. Damit ist ein eindeutiger Bezug zur Akteursebene und der Erklärung mikrosozialer Phänomene gegeben. Auf dieser Grundlage entwirft Flap (1999) ein Sozialkapital-Forschungsprogramm mit zwei heuristischen Kernaussagen. Erstens bemühen sich Akteure um soziale Beziehungen zu anderen Personen, in Erwartung eines wahrgenommenen, zukünftigen Wertes der sozialen Ressourcen, die durch diese Beziehungen verfügbar sein können. Zweitens sind Akteure, die besser mit sozialen Ressourcen ausgestattet sind, erfolgreicher in der Verfolgung ihrer Ziele. Damit ergibt sich eine instrumentelle Perspektive auf das soziale Kapital (Flap 1999, S. 8). Soziales Kapital ermöglicht damit eine konzeptionelle Vereinigung theoretischer Aussagen über den Aufbau und die Nutzung sozialer Netzwerke.

Ein individueller Akteur, der soziale Beziehungen aufbaut und erhält, besitzt und verfügt über soziales Kapital (Bourdieu 1983a, S. 191; Coleman 1988, S. S98; Flap 1999, S. 5). Trotz dieser individuellen Verfügbarkeit kann ein Akteur soziales Kapital nicht als Privateigentum betrachten, weil es der Beziehungsstruktur zwischen Akteuren inhärent ist (Coleman 1995, S. 409; Granovetter 1992, S. 43).[6] Mit anderen Worten ist es nicht unabhängig von anderen Personen verfügbar und damit faktisch unveräußerlich (Loury 1987). Die Bindung des sozialen Kapitals an die gegebene soziale Struktur bedeutet zudem, dass es außerhalb dieser Struktur wertlos ist. Eine weitere Besonderheit gegenüber den anderen Kapitalarten liegt in der Rechtsauffassung über soziales Kapital. Die Eigentumsrechte des sozialen Kapitals liegen außerhalb der Verrechtlichung in einer Gesellschaft und sind somit nicht einklagbar. Zudem gibt es keine Möglichkeit, soziales Kapital mit Rechtsmitteln zu sanktionieren (Lin 2001). Wie bei den anderen Kapitalsorten lässt sich demnach ein Eigentümer benennen, der aber einschränkend nur innerhalb einer gegebenen sozialen Struktur und unter Ausschluss von Rechtsmitteln über sein Eigentum verfügen kann. Soziales Kapital ist auch weniger unmittelbar beobachtbar als andere Kapitalsorten, weil es in den Beziehungen zwischen Akteuren existiert.

Aufbau und Erhalt sozialen Kapitals sind im Wesentlichen alle Formen der Beziehungsarbeit. Durch Beziehungsarbeit werden Zufallsbeziehungen in auserwählte Beziehungen mit dauerhaften Verpflichtungen gewandelt (Blau 1964, S. 98). Das Beziehungsnetz ist Ergebnis fortlaufender Beziehungsarbeit (Bourdieu 1983a, S. 192; Lin 2001, S. 24). Der Akteur erwirbt soziales Kapital, indem er seine Energie, Zeit und Geld für den Aufbau und die Erhaltung sozialer Beziehungen ausgibt (Flap 1999). Ein gravierender Unterschied

---

[6] Boissevain (1974) nennt soziales Kapital deshalb indirekte Ressourcen oder Ressourcen zweiten Ranges.

zwischen ökonomischem Kapital und Humankapital einerseits und sozialem Kapital andererseits liegt in der Intention, Kapital zu erwerben. Während Akteure in aller Regel bewusst und zielgerichtet investieren, um ökonomisches Kapital und Humankapital zu erwerben und zu erhalten, gilt dies nur für einen geringen Teil der Beziehungsarbeit. Der größere Teil sozialen Kapitals entsteht als nicht-intendierte Folge absichtsvoller alltäglicher Handlungen (Bourdieu 1983a, S. 192). Der Erwerb sozialen Kapitals erhebt nicht den Anspruch einer intentionalen, berechnenden Investitionslogik. Beispielsweise kann sich zwischen Eltern, deren Kinder gemeinsam eine Schulklasse besuchen, soziales Kapital entwickeln. Soziales Kapital wird geschaffen, indem Beziehungen zwischen Personen verändert werden.

Wird soziales Kapital eingesetzt, können daraus Vorteile erzielt werden. Kann ein Akteur die Ressourcen der Beziehungspartner mobilisieren, erhält er Hilfe und Unterstützung von diesen Beziehungen in der Verfolgung seiner persönlichen Ziele. Soziales Kapital ist nutzenstiftend, weil es bestimmte Handlungen ermöglicht, die ohne soziales Kapital nicht möglich wären (Coleman 1988, S. S98, 1995, S. 392; Herrmann-Pillath und Lies 2001, S. 362). Während mit ökonomischem Kapital im Wirtschaftsleben Sachgüter und Dienstleistungen produziert werden, ergibt sich die nutzenbringende Komponente des sozialen Kapitals allgemeiner durch vielfältige, alltägliche soziale Handlungen zwischen Beziehungspartnern in allen Lebensbereichen. In der Sozialkapitalforschung werden neben den individuellen Vorteilen auch kollektive Vorteile betont. So verwenden nicht wenige Autoren den Begriff Sozialkapital, um das wechselseitige, solidarische und freiwillige Engagement von Personen füreinander als ein nutzenstiftendes Mittel darzustellen. Sozialkapital kann sich sowohl in unsicheren und damit ein bestimmtes Maß an Vertrauen voraussetzenden Handlungssituationen als auch in kollektiven, die persönlichen Ressourcen Einzelner übersteigenden Handlungen als vorteilhaft erweisen. Insbesondere in solchen Handlungssituationen sollte die produktive Kraft des sozialen Kapitals zur Geltung kommen. Soziales Kapital hat oftmals einen ressourcensparenden, insbesondere zeitsparenden Effekt. Der Rückgriff auf soziales Kapital eröffnet somit neue Handlungsgelegenheiten. Beispielsweise hat ein Berufspendler, dessen abgelegener Arbeitsort nur mit einem Auto erreicht werden kann, mindestens drei Alternativen zur Auswahl, falls sein eigenes Fahrzeug ausfällt. Er kann sich erstens als kommerzielle, aber teure Alternative ein Mietfahrzeug leihen. Er kann zweitens in seinem Verwandten- und Freundeskreis fragen, ob ihm jemand ein Fahrzeug überlässt. Er kann drittens mit anderen Pendlern seiner Arbeitsstelle eine Fahrgemeinschaft bilden, um sich die Fahrkosten zu teilen. Die beiden letztgenannten Alternativen nutzen soziales Kapital und sind ressourcensparender und möglicherweise zeitsparender als die kommerzielle Alternative. Die dritte Alternative ist zudem eine kollektive Handlung, die auf der Solidarität in einer Gruppe basiert.

Im Gegensatz zu den anderen Kapitalarten weist die Nutzung des sozialen Kapitals weitere Besonderheiten auf. Soziales Kapital setzt am Renditeterm der Produktionsfunktion an (Burt 1992, S. 8 f.). So erzielen verschiedene Individuen mit gleichwertigem ökonomischem Kapital und Humankapital sehr ungleiche Erträge, in Abhängigkeit von der Fähigkeit, das Kapital anderer Akteure für sich zu mobilisieren. Soziales Kapital übt somit einen Multiplikatoreneffekt auf das tatsächlich verfügbare Kapital aus (Bourdieu 1983a, S. 191).

Zudem unterliegen nicht alle Erträge des sozialen Kapitals einem Gewinnstreben. Manche Gewinne, wie Gefälligkeiten, symbolische Gewinne aus der Mitgliedschaft in einer erlesenen und angesehenen Gruppe, müssen nicht bewusst angestrebt werden (Bourdieu 1983a, S. 192). Schließlich ergibt sich die Produktivität des sozialen Kapitals nicht nur durch den Einsatz sozialer Ressourcen, sondern bereits durch die Zugehörigkeit zu einer sozialen Gruppe, einem Netzwerk oder einer anderen sozialen Struktur. So kann das gesamte Kapital einer Gruppe den Mitgliedern bereits Kreditwürdigkeit und Vertrauen verleihen (Bourdieu 1983a, S. 191).

Ähnlich wie ökonomisches Kapital unterliegt soziales Kapital einem Wertverlust im Laufe der Zeit (Flap 1999, S. 9), wobei dieser wesentlich rascher vonstatten geht als beim ökonomischen Kapital. Der Werterhalt des sozialen Kapitals erfordert deshalb eine unaufhörliche Beziehungsarbeit, für die Energie, Zeit, Geld und andere Ressourcen verausgabt werden (Bourdieu 1983a, S. 193). Soziales Kapital reproduziert sich durch gegenseitige Geschenke, Gefälligkeiten und Besuche. Dieser Einsatz ist nur rentabel, wenn eine besondere Kompetenz in die Beziehungsarbeit einfließt. Die Kompetenz ist die Kenntnis reeller Beziehungen und die Kunst, sie zu nutzen. Dieses Talent der Beziehungsarbeit ist sehr ungleich nach sozialer Klasse und sozialer Herkunft verteilt (Bourdieu 1983a, S. 193 ff.). Vorhandene soziale Beziehungen über die Zeit aufrechtzuerhalten fällt leicht, wenn die Beziehung durch einen institutionellen oder strukturellen Kontext routinisiert ist, wie das unter Verwandten, Arbeitskollegen, Vereinsmitgliedern oder Nachbarn der Fall ist. Aufgrund der durch die Familienaktivitäten, durch den Arbeitsalltag, durch das Vereinsleben oder durch die räumliche Nähe entstehenden Kontakte wird quasi als nicht-intendiertes Produkt permanente Beziehungsarbeit geleistet. Anders verhält es sich bei sozialen Beziehungen, die nicht oder nicht mehr in einen institutionellen Kontext eingebettet sind, wie zum Beispiel Freunde und Bekannte. Der Erhalt dieser sozialen Beziehungen erfordert ebenso den Einsatz von Energie, Zeit und Geld. Er erfolgt durch explizit auf die Beziehungspflege ausgerichtete Handlungen wie gegenseitige Geschenke und Besuche.

Weil der Aufbau sozialen Kapitals unter anderem vom Einsatz anderer, ungleich verteilter Kapitalarten abhängt, ist die ungleiche Verteilung von sozialem Kapital eine erste kollektive Folge. Die soziale Ungleichheit hinsichtlich des sozialen Kapitals ist ein selbstverstärkender Prozess, denn der Ertrag für die Arbeit am sozialen Kapital ist umso größer, je größer das soziale Kapital ist (Bourdieu 1983a, S. 192). Weil nur diejenigen soziales Kapital nutzen können, die Mitglied der sozialen Struktur sind, bewirkt soziales Kapital eine soziale Schließung gegenüber Nicht-Mitgliedern. Gehören die Akteure einer Organisation oder einer freiwilligen Vereinigung an, kann das soziale Kapital der Mitglieder die Erreichung der gemeinsamen Ziele beschleunigen, verzögern oder gar verhindern.

Kollektive Effekte anderer Art beziehen sich auf die Absicherung aber auch auf die Lockerung sozialer Normen. Veränderungen im sozialen Kapital einer Gesellschaft gehen einher mit Veränderungen der Kriminalitätsraten, der Demokratisierung, der wirtschaftlichen Entwicklung und anderen sozialen Phänomenen. Beispielsweise untersucht Putnam (1993, 2002a) Zusammenhänge zwischen sozialem Kapital, politischen Einstellungen und gesellschaftspolitischer Partizipation.

Die Austauschbarkeit sozialen Kapitals ist in dreierlei Hinsicht gegenüber anderen Kapitalsorten eingeschränkt. Erstens ist das soziale Kapital immer an eine soziale Struktur gebunden und kann nicht über die Strukturgrenzen hinweg ausgetauscht werden. Zweitens ist der Wert der sozialen Ressourcen kontextabhängig. „[The] key to understanding how social relations facilitate individual and collective actions lies in a conception of social capital that recognizes the dependence of its ‚use value' and ‚liquidity' on the specific social contexts in which it is found" (Foley und Edwards 1999, S. 146). Kontextabhängigkeit des sozialen Kapitals bedeutet, dass eine bestimmte Form von sozialem Kapital für bestimmte Handlungen günstig und für andere aber nutzlos oder gar schädlich sein kann (Coleman 1995, S. 392). Eine dritte Beschränkung der Fungibilität ergibt sich durch den Austausch eigener Ressourcen gegen die sozialen Ressourcen der Beziehungspartner. Dieser Austausch findet nur statt, wenn die zu tauschenden Ressourcen für den Handlungspartner von Interesse sind und sie freiwillig in den Austausch einwilligen. Es besteht keine Verpflichtung zum Austausch. Dadurch wird es oftmals schwierig, den richtigen Beziehungspartner mit den geeigneten Ressourcen zu finden.

Die Ausführungen zum sozialen Kapital zusammenfassend, lässt sich der in dieser Arbeit verwendete Begriff persönlichen Sozialkapitals als eine Ressource definieren, die nur über eine dauerhafte Struktur sozialer Beziehungen, zumeist ein Netzwerk persönlicher Beziehungen, verfügbar ist und die Ressourcen der Akteure umfasst, die diesem Beziehungsnetzwerk angehören. Ein Akteur kann soziale Beziehungen intendiert und nichtintendiert aufbauen und erwirbt damit soziales Kapital. Ein Akteur nutzt soziales Kapital, wenn er die Ressourcen anderer Netzwerk-Akteure mobilisiert, um seine eigenen Lebensbedingungen zu erhalten oder zu verbessern. Auch wenn ein Individuum Nutznießer des sozialen Kapitals ist, verfügt er nicht über Eigentumsrechte, denn soziales Kapital wohnt der Beziehungsstruktur inne.

2.4 Formen und Aspekte des sozialen Kapitals

Aufgrund der vielfältigen Erscheinungsformen des sozialen Kapitals sind Differenzierungen notwendig, sonst bleibt der analytische Gehalt des Begriffs unbestimmt (vgl. Evers 2002). Im Folgenden werden einige Differenzierungen sozialen Kapitals diskutiert, die in der sozialwissenschaftlichen Sozialkapitalforschung eine bedeutende Rolle spielen. Dazu gehören unterscheidbare theoretische Ansätze, die Fokussierung auf Eigenschaften der Netzwerkstruktur, die Fokussierung auf Eigenschaften der Ressourcen und die Differenzierungen in formelles versus informelles sowie brückenbildendes versus bindendes Sozialkapital.

Sozialkapitalkonzepte unterscheiden sich deutlich in der theoretischen Verankerung sozialen Kapitals. Vor dem Hintergrund der grundlagentheoretischen Frage, ob soziales Kapital eine Eigenschaft der Mikro- oder der Makroebene ist, lassen sich die verschiedenen Sozialkapitalkonzepte zwei theoretischen Ansätzen zuordnen. In der Sozialkapitalforschung haben sich der Netzwerk- und der Kollektivgut-Ansatz etabliert (vgl. Adam und Roncevic 2003, S. 161). Der Netzwerk-Ansatz ist mikroorientiert und egozentrisch. Vertreter dieses Ansatzes argumentieren, dass soziales Kapital eine Mikroeigenschaft ist, weil sich der Zugang zu sozialem Kapital für einen Einzelakteur aus der Kreuzung seiner sozialen Verkehrskreise ergibt. Im Schnittpunkt multipler Zugehörigkeiten (Familie, Verwandtschaft, Freunde, Nachbarschaft, Arbeitskollegen, Vereine usw.) steht in aller Regel nur ein Individuum und keine Gruppe von Individuen (Simmel 1992, S. 466 f.). Zudem ist der Bezug sozialer Ressourcen empirisch zumeist auf die direkten persönlichen Beziehungen begrenzt. Liegt die analytische Perspektive auf einem Einzelakteur, kann soziales Kapital als Mikroeigenschaft angesehen werden. Dieser Ansatz knüpft nahtlos an die gegebene Definition persönlichen Sozialkapitals an und ist gut mit der Ableitung sozialen Kapitals aus der Kapitaltheorie vereinbar. Es ist ein instrumenteller und utilitaristischer, nicht-normativer Ansatz. Er hat einen hohen Operationalisierungsgrad erreicht und die Methodologie sowie Empirie stehen auf einer hohen Entwicklungsstufe. Vertreter dieses Ansatzes betonen individuelle Sozialbeziehungen und persönliche Netzwerke als strukturelle Basis, die einen Zugang zu sozialen Ressourcen erlauben, mit denen sich Akteure Vorteile sichern können. Dieser Ansatz steht im Einklang mit dem Einbettungsargument der „New Economic Sociology" (Granovetter 1995, S. vii). Soziales Kapital wird hauptsächlich als sozialstrukturelles Merkmal konzeptualisiert, wobei es als soziales Netzwerk zwischen Individuen und/oder Organisationen operationalisiert wird (Foley und Edwards 1999, S. 148). Beispielsweise zeigt Burt (1992), dass nicht-redundante Beziehungen bzw. Netzwerke mit strukturellen Löchern akteursspezifische Vorteile sichern, etwa Absatzmarktvorteile für produzierende Unternehmen oder berufliche Aufstiege für Arbeitnehmer innerhalb eines Konzerns. Ebenso ergeben sich Vorteile für Akteure, die Brokerage-Positionen in sozialen Netzwerken einnehmen (Täube 2003). Der Vorteil des struktur-individualistischen Netzwerk-Ansatzes liegt sowohl in der Erklärung individueller Zugänge und Mobilisierungen sozialen Kapitals als auch in der Ableitung kollektiver Folgen. Gesellschaftstheoretisch bedeutend sind die Auswirkungen der Netzwerkstruktur auf die Verhaltensstrategien der Einzelakteure. Wie bereits in Abschn. 1.3 erläutert wurde und weiter unten in Abschn. 3.3 vertiefend diskutiert wird, ermöglichen Netzwerke persönlicher Beziehungen effiziente Verhaltenskoordination. Das Sozialkapital-Modell, das in den Kapiteln drei bis fünf entwickelt wird, basiert auf dem Netzwerk-Ansatz. Dort werden die handlungstheoretischen Grundlagen und strukturellen Bedingungen dieses Ansatzes ausführlicher diskutiert.

Der Kollektivgut-Ansatz ist dagegen makroorientiert und soziozentrisch.[7] Vertreter dieses Ansatzes betrachten soziales Kapital als eine Makroeigenschaft, weil die Mitglie-

---

[7] Das charakteristische Merkmal von Kollektivgütern ist die Nicht-Ausschließbarkeit. Das bedeutet, dass keine Person von der Nutzung des Kollektivgutes ausgeschlossen werden kann, unabhängig davon, ob sie zur Erstellung des Gutes einen Beitrag geleistet hat. Durch die direkten und indirekten Beziehungen im Netzwerk kann theoretisch jedes Mitglied von den Ressourcen aller Mitglieder profitieren. Dies gilt aber nur für Mitglieder des Beziehungsnetzwerks. Nicht-Mitglieder werden ausgeschlossen. Damit stellt das Beziehungsnetzwerk des sozialen Kapitals allenfalls ein Klubgut dar. Die üblichen Schwierigkeiten, Klub- oder Kollektivgüter zu erstellen, sind auch für das soziale Kapital gegeben: Wenn ein Akteur infolge eines Beziehungsabbruchs durch den Beziehungspartner mit dem

2.4 Formen und Aspekte des sozialen Kapitals

der sozialer Vereinigungen Kollektivgüter erstellen, wenn sie gemeinsame Ziele verfolgen und mitunter positive soziale Externalitäten erzeugen. Soziales Kapital ist ein Kollektivgut, weil „Sozialstrukturen und Sozialbeziehungen, die das Funktionieren von Institutionen und Normen ermöglichen, allen Beteiligten einen Gewinn verschaffen, nicht nur denen, die sich dafür engagieren" (Haug 1997, S. 24). Der Grundgedanke des Ansatzes ist, dass es die exogenen Einstellungen, Normen und Werte, wie Vertrauen, Kooperation, Reziprozität und Toleranz ermöglichen (kulturelle Aspekte), gepaart mit sozialen Netzwerken einer Gruppe, einer Gemeinschaft oder einer Gesellschaft (strukturelle Aspekte), kollektive Handlungen auszuführen. Liegt die analytische Perspektive auf einer Gruppe von Akteuren, kann soziales Kapital als Makroeigenschaft angesehen werden. Beim Aufbau sozialen Kapitals gibt es die für Kollektivgüter typischen Probleme der Unterinvestitionen (vgl. Coleman 1988, S. S111; Putnam 1993, S. 170). Die Frage, warum sich Akteure für ein Kollektivgut engagieren sollen, wird mit dem Verweis auf die strukturelle Vernetzung der Akteursgruppe beantwortet. Die spezifische Kollektivgut-Form ist das Klubgut, weil soziales Kapital ein durch die soziale Struktur klar abgrenzbares Gebilde ist, das entsprechend deutlich zwischen In- und Outsidern trennt (Haug 1997, S. 24 f.; Herrmann-Pillath und Lies 2001).

Soziales Kapital ist nicht nur ein Kollektivgut, es trägt auch zur Lösung von Kollektivgutproblemen bei. Kollektivgutprobleme ergeben sich aus dem Umgang mit gemeinsamen Ressourcen, öffentlichen Gütern und wechselseitiger Kooperation (Coleman 1995, S. 403 f.; Diekmann 1993, S. 32; Olson 1968; Ostrom 1994; Putnam 1993, S. 167 ff.). Dichte soziale Netzwerke ermöglichen die rasche Verbreitung von Informationen über kooperative und opportunistische Verhaltensweisen ihrer Mitglieder und schaffen bzw. zerstören damit deren Reputationen, womit zugleich das Kollektiv die Möglichkeit hat, pro-soziale Normen durchzusetzen (Granovetter 1985; Raub und Weesie 1990). Vor allem in der politik- und wirtschaftswissenschaftlichen Sozialkapitalforschung wird der Fokus auf die Zusammenhänge zwischen freiwilligen Vereinigungen, Vertrauen sowie anderen Normen und sich daraus ergebenden sozialen, politischen und wirtschaftlichen Resultaten gerichtet. Der Ansatz basiert auf der Hypothese, dass soziales Kapital und Vereinigungsdichte einen direkten Einfluss auf ökonomische und institutionelle Performanz, auf die Effizienz einer Demokratie oder auf den gesellschaftlichen Zusammenhalt haben (Offe und Fuchs 2001, S. 430 f.). Damit rücken unter diesem Ansatz Analysen gesellschaftlicher Veränderungen in den Mittelpunkt des Interesses, die durch unterschiedliche Niveaus bzw. durch zeitliche Entwicklungen des sozialen Kapitals von Gesellschaften ausgelöst werden (Jungbauer-Gans 2002b; Putnam 2001).[8] Unter gesellschaftstheoretischen Gesichtspunkten ist die Verengung auf ein Netzwerk und die damit einhergehende Trennung von In- und Out-

---

(teilweisen) Verlust seines sozialen Kapitals rechnen muss, obwohl er keine Kontrolle darüber hat, dann ist Zurückhaltung beim Aufbau sozialen Kapitals zu erwarten (Coleman 1995, S. 410).

[8] Allerdings geht Kritikern die Analyse gesellschaftlicher Veränderungen nicht weit genug. Braun (2001, 2002) vermisst beispielsweise im Sozialkapitaldiskurs nach Putnam Verweise auf die Probleme der wachsenden sozialen Ungleichheiten, wie sie sich bei Bourdieu finden.

sidern problematisch. Effiziente Verhaltenskoordination ist damit zwar möglich, aber nur innerhalb des Netzwerks.

Am Kollektivgut-Ansatz kann kritisiert werden, dass der relationale Bezug zum sozialen Kapital vernachlässigt wird. Die Kritik richtet sich vor allem auf diesen konzeptionellen Aspekt, der weitreichende Folgen für Operationalisierungen und Methodologie dieses Ansatzes hat. Wird bei Putnam (1993, 1995a) noch angedeutet, dass soziale Normen (Vertrauen, Reziprozität, Toleranz usw.) durch Face-to-Face-Interaktion innerhalb freiwilliger Assoziationen vermittelt werden, fehlt insbesondere in den, diesem Ansatz folgenden, empirischen Analysen dieser relationale, Akteure verbindende Aspekt (Häuberer 2011, S. 60). Damit verliert aber das soziale Kapital seine direkte Ableitung aus dem Kapitalbegriff.

In der Folge arbeitet dieser Ansatz mit weniger kohärenten Operationalisierungen sozialen Kapitals (Häuberer 2011, S. 78 ff.). Statt relationale Merkmale zu verwenden, werden individuelle Eigenschaften zu Mittelwerten zusammengefasst, um den Grad der gesellschaftlichen Integration zu ermitteln. Ein prototypisches Beispiel ist die Mitgliedschaft in freiwilligen lokalen Vereinigungen[9] (Putnam 1993, 1995a, b, 2002b) oder das daraus resultierende generalisierte Vertrauen bzw. das Vertrauen in Institutionen (Fukuyama 1995; Newton 2001; Paxton 2002). Die Zusammenhänge zwischen Mitgliedschaften in freiwilligen Assoziationen, Vertrauen und gesellschaftlicher Partizipation bleiben jedoch vollständig auf das betreffende Individuum bezogen. Soziales Kapital wird damit weder gemessen noch getestet. Normalerweise erwartet man, dass durch Normen, Vertrauen und bürgerschaftliches Engagement soziale Ressourcen für andere bereitgestellt werden. Dies wird aber zumeist nicht untersucht (Foley und Edwards 1999, S. 149). Zudem werden zivilgesellschaftliche Normen und Werte in hohem Maße durch lokale Sozialstrukturen vermittelt. Ein allgemeines Vertrauen in Mitmenschen sagt wenig über die vertrauenswürdige Umgebung sozialer Gruppen aus (Foley und Edwards 1999, S. 150). Zudem ignoriert der Fokus auf Vertrauen in Personen und Institutionen, wie erfolgreich die Kooperationen tatsächlich verlaufen bzw. ob und wie opportunistisches Verhalten bestraft wird.

Ferner ist an der Diskussion sozialen Kapitals als Kollektivgut die konzeptionelle und operationalisierungsbezogene Vermischung mit anderen kollektiven Phänomenen, wie Systemvertrauen, sozialen Normen oder kultureller Praxis, problematisch. In einigen theoretischen und empirischen Arbeiten (z. B. Putnam und Goss 2001; Paxton 1999) werden diese sozialen Erscheinungen quasi als Alternativen oder Substitute sozialen Kapitals dargestellt oder über gleiche Messinstrumente erhoben. Das Problem ergibt sich durch die Trennung des sozialen Kapitals von den sozialen Interaktionen zwischen Akteuren. Soziales Kapital existiert dann auf der makrosozialen Ebene als ein Phänomen neben anderen, die soziale Integration, Solidarität, Wohlstand, wirtschaftliches Wachstum und Demokratie fördern. Soziales Kapital sollte aber konzeptionell, definitorisch und theoretisch von anderen kollektiven Phänomenen getrennt werden (vgl. Lin 2001, S. 26).

---

[9] Die Mitgliedschaft in Vereinigungen wird im Kollektivgut-Ansatz eher als Quelle des sozialen Kapitals angesehen und weniger als ein Indikator der Präsenz oder der Folge sozialen Kapitals (vgl. Foley und Edwards 1999, S. 148).

2.4 Formen und Aspekte des sozialen Kapitals

Diesbezüglich schlägt Esser (2000, S. 232 f.) vor, soziales von institutionellem und politischem Kapital zu trennen. Institutionen sind sanktionierte soziale Regeln, auf die man sich verlassen kann, wenn sie einmal festgelegt sind. Weil sie ein hohes Maß an Sicherheit für alle Menschen mit sich bringen, können Akteure ihre Aufmerksamkeit anderen Dingen, wie beispielsweise dem Aufbau und der Nutzung sozialen Kapitals widmen. Diese kooperativen Folgen einer gelungenen Institutionalisierung bezeichnet Esser als institutionelles Kapital, dessen sichtbarster Ausdruck bestimmte Rechte sind, die man im Geltungsbereich der betreffenden Institution einklagen kann. „Die Besonderheit des institutionellen Kapitals [insbesondere im Vergleich zum politischen Kapital, SP] besteht dabei darin, dass *alle* Akteure des Geltungsbereichs einer Institution etwas davon haben" (Esser 2000, S. 233, Hervorhebung im Original). Das institutionelle Kapital kommt damit der gesamten Öffentlichkeit zugute; es ist ein öffentliches Gut. Wenn es aber *„spezifischen* Gruppen [gelingt], *eigene* Institutionen der Absicherung *ihrer* Interessen zu bilden und als schlagkräftige *Verbände* zu organisieren", liegt ein Spezialfall institutionellen Kapitals vor: Verbände, Parteien und Vertretungen organisieren spezifische Interessen und dieses spezifische Kapital wird politisches Kapital genannt (Esser 2000, S. 234 f., Hervorhebung im Original). Politisches Kapital ist damit ein Klubgut.

Zwischen den Konzepten des persönlichen Sozialkapitals, des institutionellen und politischen Kapitals bestehen gravierende Unterschiede bezüglich grundlagentheoretischer Fragen. Institutionelles Kapital ist ein universalistisches Konzept, das effiziente Verhaltenskoordination für alle Gesellschaftsmitglieder ermöglicht. Sozialstrukturell wirksame Unterschiede des institutionellen Kapitals bestehen vor allem zwischen Gesellschaften. Politisches Kapital bezieht sich dagegen auf Partikularinteressen und ermöglicht nur für Mitglieder effiziente Verhaltenskoordination. Sozialstrukturelle Unterschiede in der Ausstattung mit politischem Kapital bestehen vor allem zwischen verschiedenen Gruppen innerhalb einer Gesellschaft. Zwischen diesen beiden Kapitalien besteht ein Spannungsverhältnis, weil sich Universal- und Partikularinteressen durchaus widersprechen können. Schließlich ist der Ressourcentausch in Netzwerken persönlicher Beziehungen des persönlichen Sozialkapitals universalistisch, weil er jedem Akteur offensteht und nicht an eine Gruppenmitgliedschaft gebunden ist. Persönliches Sozialkapital ist andererseits aber auch partikularistisch, weil effiziente Verhaltenskoordination durch die Einbettung in persönliche Beziehungen und Netzwerke bedingt ist. Sozialstrukturelle Unterschiede sind vor allem zwischen Akteuren mit und ohne Sozialkapital vorhanden.

Eine zweite Möglichkeit, Sozialkapitalkonzepte zu unterscheiden, bezieht sich auf Eigenschaften der Netzwerkstruktur. Ein Netzwerk sozialer Beziehungen zwischen Akteuren ist eine notwendige Voraussetzung für den Austausch sozialer Ressourcen im Sozialkapital-Modell. Es vermittelt den Zugang zu speziellen sozialen Ressourcen (Foley und Edwards 1999, S. 146). In verschiedenen Sozialkapitalkonzeptionen (insbesondere Burt 1992; Lin 2001) werden Netzwerkstrukturen stärker betont als die sozialen Ressourcen: Das verfügbare soziale Kapital „stems not only from the subjective attributes [...] but more profoundly from emergent and existing social infrastructures which facilitate individual and collective action of many kinds" (Foley und Edwards 1999, S. 154). Die Gründe für das stärkere Interesse an den Netzwerken liegen in deren Dauerhaftigkeit und Aufnahmefähigkeit. Verfestigte Netzwerkstrukturen erlauben den Austausch von zahlreichen sozialen Ressourcen. Zudem beeinflusst ein soziales Netzwerk nicht nur den Nutzwert des sozialen Kapitals, es formt auch die Mittel, mit denen der Zugang zu spezifischen sozialen Ressourcen verteilt und gelenkt wird (Foley und Edwards 1999, S. 146). Solche Netzwerkstrukturen können beispielsweise informelle Netzwerke, der erweiterte Familienkreis, freiwillige Vereinigungen, religiöse Institutionen, Gemeinschaften, Nachbarschaften, Städte, soziale Bewegungen oder Internetforen sein. Da diese Strukturen mit dem Instrumentarium der sozialen Netzwerkanalyse untersucht werden, werden sie allgemein als Netzwerke bezeichnet (vgl. Wellman 1983, S. 155 ff.).

Ein wesentlicher Aspekt sozialer Beziehungen ist deren Stärke. In der Literatur oft als Polarität von starken und schwachen Beziehungen beschrieben, ergibt sich die Beziehungsstärke aus gemeinsam verbrachter Zeit, der Intensität, Intimität und Reziprozität der Beziehung (Granovetter 1973, S. 1361; Marsden und Campbell 1984, S. 483; Schweizer 1996, S. 118). Das Kontinuum zwischen diesen Polen schwacher und starker Beziehungen verläuft von flüchtiger Bekanntschaft bis zur intrinsischen Freundschaft. Die Stärke einer Beziehung kann herangezogen werden, um beispielsweise die Ressourcenmenge oder die Zuverlässigkeit des Ressourcenflusses zu bestimmen. Schwache Beziehungen verbreiten Neuigkeiten zwar langsamer als starke Beziehungen, dafür sind es Neuigkeiten. Die Informationen von starken Beziehungen sind selten wirklich neu (Flap 1999, S. 6).

Die sozialen Beziehungen bilden die Grundlage persönlicher sozialer Netzwerke. Diese Netzwerke lassen sich durch strukturelle Eigenschaften kennzeichnen (Wasserman und Faust 1994). Die Netzwerkgröße gibt beispielsweise Auskunft über die Anzahl sozialer Beziehungen und damit über die potenzielle Menge der Verbindungen, durch die soziales Kapital fließen kann. Ein großes, ausgedehntes Netzwerk ist die beste Garantie, an sozialem Kapital zu partizipieren. Mehr Kontakte können mehr wertvolle Informationen eröffnen und einen schnellen und sicheren Zugriff auf soziale Ressourcen ermöglichen. Außerdem erlaubt ein großes Netzwerk den Aufbau einer Reputation und die Erweiterung von Handlungsgelegenheiten. Allerdings bedeutet ein großes Netzwerk, dass zahlreiche Beziehungen unterhalten werden müssen, was einen hohen Einsatz an Zeit, Energie und Mühe erfordert. Wie groß persönliche Netzwerke tatsächlich sind, ist bisher kaum erforscht. Während Killworth et al. (1990) in einem Überblicksartikel durchschnittliche Netzwerkgrößen von 1000 bis 3500 „bekannten" Personen angeben, dürfte für soziales Kapital wohl nur ein Kernnetzwerk von Bedeutung sein, das etwa 2 bis 30 Personen umfasst (Wellman 2007, S. 350).

Eine der wichtigsten Eigenschaften sozialer Netzwerke ist die Geschlossenheit oder Dichte (Bourdieu 1983a; Coleman 1995, S. 413 ff.; Putnam 1995a). Nur relativ geschlossene oder dichte Netzwerke ermöglichen eine effektive Einhaltung und Absicherung kooperativer Verhaltenserwartungen, sozialer Normen und individueller Vertrauenswürdigkeit. Sie erlauben eine stärkere gegenseitige Kontrolle und die Transparenz des Ressourcenflusses (Coleman 1995, S. 413 ff.; Raub und Weesie 1990). Nur in Folge dichter sozialer Beziehungen sind Sanktionen wirksam, die Verhalten überwachen und leiten. Geschlossenheit und

2.4 Formen und Aspekte des sozialen Kapitals

hohe Dichte bedeuten auch vielschichtige, multiplexe Beziehungen, also einen vielfältigen Ressourcenfluss (Putnam und Goss 2001, S. 26). Die Geschlossenheit ergibt sich durch viele, dauerhafte, starke, häufig frequentierte soziale Beziehungen. Soziale Strukturen, die auf flüchtigen Grußbekanntschaften und zufälligen Begegnungen basieren, sind nicht in der Lage, soziales Kapital aufzubauen und zu erhalten (Putnam und Goss 2001, S. 26). „Es sind offenbar direkte Kontakte und enge Bindungen in nichthierarchischen, heterogenen Netzwerken, die [...] primär die Wirksamkeit des sozialen Kapitals sichern" (Brauer 2005, S. 265).

Im Zusammenhang mit der Netzwerkdichte stehen Brücken zwischen Netzwerkteilen (Granovetter 1973) oder so genannte strukturelle Löcher (Burt 1992). Strukturelle Löcher entstehen, wenn redundante Beziehungen aufgelöst werden.[10] Strukturelle Löcher im Netzwerk werden durch geringe Kohäsion und strukturelle Äquivalenz angezeigt.[11] Sie gestalten ein Netzwerk optimal, weil sie effizient und effektiv sind. Effizienz bedeutet, dass aus wenigen Beziehungen ein maximaler Ressourcenzufluss pro Akteur erzeugt wird. Effektivität bedeutet, dass eine Beziehung zu einem großen Cluster an indirekten Netzwerkbeziehungen pro Akteur führt. Burt argumentiert, dass Akteure mit einem persönlichen Netzwerk, das für strukturelle Löcher optimiert ist, höhere Gewinnraten erzielen, weil sie viele Ressourcen aus einem relativ kleinen und dünnen Netzwerk erhalten. Sie genießen also spezielle Wettbewerbsvorteile.

Erleichternd für den Aufbau von sozialem Kapital sind institutionelle Settings, wie sie typischerweise in allen sozialen Organisationen der Fall sind. Soziale Strukturen, wie Vereine, Bürgerinitiativen, Arbeitskollektive, Parteien, religiöse Gemeinschaften oder Klubs, die zur Verfolgung eines Ziels gegründet wurden, sind nützliches soziales Kapital für alle Mitglieder. Die Organisation bündelt die individuellen Ressourcen der Mitglieder und ermöglicht dadurch die Verfolgung von Handlungszielen, die ohne diese soziale Struktur nicht möglich wären. Darüber hinaus ist die Mitgliedschaft in einer sozialen Organisation für die Verfolgung individueller, nicht auf die Organisation gerichteter Ziele für die Mitglieder nützlich. Zum Beispiel blieb ein Netzwerk, das von Bewohnern einer neuen Siedlung als Initiative gegen die schlechte Bauqualität ihrer Häuser gegründet wurde, nach der Mängelbeseitigung bestehen und ermöglichte eine effektive Versorgung mit Babysittern in der Siedlung (Coleman 1988, S. S108).

Die Zusammensetzung der Netzwerke mit unterschiedlichen Arten von Beziehungen bestimmt die Unterschiede des sozialen Kapitals von Akteuren. Große Netzwerke sind zwar besser als kleine Netzwerke, aber bereits eine Beziehung kann ausreichend sein, um

---

[10] Beziehungen sind redundant, wenn sie zu den gleichen Akteuren und deren Ressourcen führen. Ein dichtes Netzwerk ist ineffizient, wenn es für höhere Kosten die gleichen Ressourcen eines dünnen Netzwerks bereitstellt.

[11] Kohäsion liegt vor, wenn die beiden Kontakte eines Akteurs in einer Akteurstriade durch eine starke Beziehung verbunden sind. Zwei Akteure besetzen strukturell ähnliche oder äquivalente Netzwerkpositionen, wenn sie die gleichen Kontakte haben ohne notwendigerweise selbst miteinander verbunden zu sein. Beispielsweise interagieren zwei Akteure nicht miteinander, aber jeder Akteur ist mit einem zentralen Akteur verbunden, deshalb besetzen beide die gleiche periphere Position.

den Zugang zu einer entscheidenden Ressource zu erhalten (Foley und Edwards 1999, S. 165 f.). Soziale Netzwerke sind eine notwendige, aber keine hinreichende Komponente des sozialen Kapitals. Es kommt auch darauf an, durch soziale Beziehungen Zugang zu möglichst vielfältigen sozialen Ressourcen zu haben. Die durch Netzwerke fließenden sozialen Ressourcen sind mehrdimensional und können verschiedene Formen annehmen. Sie können konkret oder diffus sein, sie können sächliche Gegenstände, praktische Hilfen, Geselligkeit oder Informationen sein. Eine Form sind wechselseitige Verpflichtungen und Erwartungen in sozialen Beziehungen, wobei dem Maß der Vertrauenswürdigkeit und der Menge einzulösender Verpflichtungen eine besondere Rolle zukommt (Coleman 1988, 1995). Diese Form des sozialen Kapitals zeigt sich vor allem in Vertrauensbeziehungen. Eine andere Form nimmt soziales Kapital an, wenn Informationen zwischen den Akteuren ausgetauscht werden (Coleman 1988; Burt 1992). Dann sind nicht Gutschriften wertvoll, sondern schnelle, preiswerte und gezielte Informationen. Informationen sind nur dann soziales Kapital, wenn nicht die primäre Informationsquelle studiert wird, sondern wenn sie über einen Mittler gefiltert und verkürzt aufgenommen werden. Eine dritte Form ergibt sich durch Herrschaftsbeziehungen zwischen Mitgliedern einer sozialen Organisation. Wenn die Organisationsstruktur ein Delegationsprinzip vorsieht, das die Handlungsrechte der Mitglieder in einer oder in wenigen Personen konzentriert, kann dadurch das gesamte soziale Kapital vergrößert werden. Für diese Personen ergibt sich durch die Kapitalkonzentration ein deutlicher Machtgewinn, aber sie müssen die Gruppe repräsentieren können.[12] Ein Idealtyp solcher Personen ist der Adel, aber auch bekannte Leute oder Berühmtheiten (Bourdieu 1983a, S. 193 f.). Aufgrund dieser Herrschaftsbeziehungen können soziale Kooperationsnormen etabliert und durch wirksame Sanktionen gestützt werden.

Neben Eigenschaften der Netzwerkstruktur und der Ressourcen kann man formelles und informelles soziales Kapital (Offe 2002, S. 278) sowie brückenbildendes und bindendes soziales Kapital unterscheiden (Putnam und Goss 2001, S. 25 ff.). Die Unterscheidung des formellen und informellen Sozialkapitals bezieht sich eindeutig auf die Netzwerkstruktur und nicht auf die sozialen Ressourcen. Formelles Sozialkapital geht mit organisierten Strukturen einher, in denen man durch eine Aufnahmeprozedur ordentliches Mitglied werden kann. Die Struktur ist formell organisiert, d. h. es gibt offizielle Funktionäre, Mitgliedsbeiträge, Mitgliedschaftsbedingungen und regelmäßige Sitzungen. Dieses formelle soziale Kapital ist gesellschaftlich institutionalisiert (Bourdieu 1983a, S. 191). Solche formellen Strukturen sind methodisch besser fassbar (Putnam und Goss 2001, S. 25). Informelles Sozialkapital ergibt sich durch persönliche soziale Beziehungen auf der Basis von Verwandtschaft, Freundschaft oder Bekanntschaft. Die Beziehungsstruktur trägt informellen Charakter, wenn Beziehungen auf freiwilligen Wahlen basieren. Putnam ist zuzustimmen, wenn er dem informellen Sozialkapital eine hohe Forschungspriorität einräumt, weil zur Untersuchung des informellen Sozialkapitals die Entwicklung neuer Methoden erforderlich ist (Putnam und Goss 2001, S. 26).

---

[12] Dabei besteht natürlich immer die Möglichkeit der Zweckentfremdung, vor allem je größer die Gruppe ist oder je machtloser die Mitglieder sind (Bourdieu 1983a, S. 194).

Ein letzter Aspekt betrifft die Zugehörigkeit von Akteuren zu Bevölkerungsgruppen, die beispielsweise auf Ethnizität, Alter, Geschlecht oder sozialem Status basieren. Soziales Kapital kann darin unterschieden werden, ob es innerhalb einer Gruppe, d. h. einer Ethnie, einer Altersgruppe oder einer sozialen Schicht besteht oder zwischen mehreren Gruppen, d. h. zwischen mehreren Ethnien, mehreren Altersgruppen oder mehreren sozialen Schichten. Während Woolcock (1998) das soziale Kapital innerhalb einer Gruppe mit „integration" und zwischen den Gruppen mit „linkage" bezeichnet, hat sich die Einteilung in bindendes (bonding) und überbrückendes (bridging) soziales Kapital durchgesetzt, die auf Warren et al. (1999) zurückgeht. Brückenbildendes soziales Kapital verbindet Personen mit unterschiedlichen sozialen Hintergründen, während bindendes soziales Kapital die Beziehungen zwischen Personen mit ähnlichen sozialen Hintergründen stärkt. Da Akteure immer mehreren Bevölkerungsgruppen angehören, können empirisch beide Formen gleichzeitig zutreffen: Menschen sind sich in einigen Merkmalen ähnlich aber in anderen unterschiedlich (Putnam und Goss 2001, S. 29). Die beiden Sozialkapitalarten entfalten aber unterschiedliche Wirkungen auf der gesellschaftlichen Ebene. Während überbrückendes soziales Kapital zumeist positive Auswirkungen auf die Etablierung von Kooperationsnormen und Vertrauen hat, unterliegt bindendes soziales Kapital einem größeren Risiko negativer Auswirkungen im Sinne der Abschottung der Bevölkerungsgruppe und der Exklusion von Mitgliedern anderer Gruppen (Putnam und Goss 2001, S. 29).

2.5 Individueller Nutzen aus sozialem Kapital

Aus der Verwertung sozialen Kapitals resultiert sowohl individueller als auch kollektiver Nutzen. „Soziale Netzwerke und die damit zusammenhängenden Normen der Gegenseitigkeit lassen sich als soziales ‚Kapital' bezeichnen, weil sie […] sowohl individuellen als auch kollektiven Wert schöpfen" (Putnam und Goss 2001, S. 22; vgl. auch Haug 1997). Gelegentlich werden aufgrund dieses doppelten Charakters die individuellen sozialen Ressourcen als Beziehungskapital und die kollektiven sozialen Ressourcen als Systemkapital bezeichnet (Esser 2000, S. 235 ff.). Nutznießer kann eine Einzelperson sein, etwa eine gehbehinderte ältere Person, deren Familienangehörige für sie einkaufen. Nutznießer kann eine Gemeinschaft von Akteuren sein, etwa eine Sportmannschaft, die gemeinschaftlich von einem Sieg profitiert. Einen Nutzen kann es aber auch für die Gesellschaft geben, weil aus dem Engagement in dauerhafte Beziehungen soziale Normen der Kooperation und der Fairness sowie Vertrauen resultieren.

Will man den individuellen Nutzen aus sozialem Kapital beschreiben, ist zunächst zu bedenken, dass soziales Kapital kein vollständiges Privatgut ist. Der Nutzen des sozialen Kapitals ergibt sich erst durch die Kooperation der Netzwerkmitglieder. Deutlich wird dieser Aspekt bei einem Wohnortwechsel. Wenn der Sozialkapitalbesitzer an einen anderen, fernen Ort zieht, kann er sein ökonomisches Kapital und sein Humankapital leicht an den neuen Ort transferieren, weil es personelle Ressourcen sind. Dabei kommt es nicht auf die Mobilität der privaten Güter an. Zwar bleibt eine Immobilie am alten Ort zurück, diese könnte aber verkauft oder vermietet und somit in mobiles ökonomisches Kapital gewandelt werden. Hingegen lässt der Akteur das Sozialkapital am alten Wohnort zurück, weil Verwandte, Freunde und Bekannte dort zurückbleiben. Er erleidet damit, wie die „Daheimgebliebenen", einen Verlust seiner sozialen Ressourcen (Coleman 1995, S. 410).

Wie bereits Bourdieu (1983a) herausgearbeitet hat, kann soziales Kapital die soziale Position des Einzelnen im gesellschaflichen System verbessern oder zumindest bewahren. Entsprechend der Definition sozialen Kapitals ergibt sich der Wert dieser sozialen Ressource aus „the total expected value of the benefits that this individual can obtain from his ties to other individuals" (Snijders 1999, S. 29). Soziales Kapital kann insbesondere dann nützlich sein, wenn knappe, wertvolle Ressourcen in einem unvollkommenen Wettbewerbsmarkt zu verteilen sind (Burt 1992; Lin 2001). Soziales Kapital ist eine Möglichkeit, Zugang zu diesen Ressourcen zu erhalten bzw. über diese Ressourcen zum richtigen Zeitpunkt zu verfügen. Ein weiterer Vorteil ergibt sich durch den Aufbau einer Reputation. Soziales Kapital kann in Situationen von Vorteil sein, die durch weniger Transparenz und mehr Unsicherheit gekennzeichnet sind. Unspezifische Verpflichtungen, unsichere Zeithorizonte und mögliche Verletzungen der Reziprozitätserwartung können durch soziales Kapital abgesichert werden (Portes 1998, S. 4). Das soziale Kapital kann helfen, Vertrauen in Situationen zu platzieren, in denen normalerweise nicht vertraut wird. Anreize für Opportunismus und Fehlverhalten können durch soziales Kapital verringert werden (Putnam und Goss 2001, S. 21).

Durch soziales Kapital erhält man sowohl emotionale Unterstützung (Mitgefühl), Bindung (Wir-Gefühl) und materielle Hilfeleistungen. Insbesondere in Mangel- und Belastungssituationen bzw. bei kritischen Lebensereignissen kann man mit diesem privaten Nutzen des sozialen Kapitals rechnen. Soziales Kapital trägt damit zum subjektiven Wohlbefinden bei (Putnam und Goss 2001, S. 17 ff.). Selbst wenn das soziale Kapital nicht mobilisiert wird, kann es symbolischen Nutzen erzeugen. Allein die Kenntnis über das soziale Kapital kann einem Akteur soziale Anerkennung verschaffen, wenn er beispielsweise Kontakt zu einer einflussreichen oder berühmten Person hat.

Insgesamt ist ein hohes Niveau sozialen Kapitals vorteilhaft, weil es Akteuren Zugang zu privilegierten, flexiblen Ressourcen sowie psychologischer und sozialer Unterstützung gibt, kollektive Handlungen ermöglicht bzw. erleichtert, Betrugsrisiken minimiert und Transaktionskosten senkt (Woolcock 1998, S. 165). Zahlreiche sozialwissenschaftliche Studien belegen die Bedeutung und den Wert sozialer Ressourcen, wie die folgenden Beispiele zeigen. Wie bereits im Einleitungsabschnitt 1.1 angesprochen, haben in der Arbeitsmarktforschung Untersuchungen zur Wirkung sozialer Netzwerke auf die Überwindung von Arbeitslosigkeit, den Verlauf von Karrieren oder die Zufriedenheit mit der Erwerbsarbeit eine lange Tradition (Flap und de Graaf 1986; Granovetter 1974; Lin 1982; 1990; Lin et al. 1981; Preisendörfer und Voss 1988; Voss 2007; Wegener 1989). Während beispielsweise Burt (1992) Vorteile für Manager eines großen US-Konzerns hinsichtlich ihrer Beförderung belegt, untersuchen Lang und Neyer (2004) die Wirkung von Kooperationsnetzwerken auf Hochschulkarrieren. Im Bereich der Bildungsforschung konnte bereits Coleman (1988) geringere Abbruchquoten in der Schulausbildung als Erfolg sozialen Kapitals darstellen. Spätere Untersuchungen stützen seine Ergebnisse und weisen Wechselwirkungen der Effekte von sozialem, ökonomischem und Humankapital nach (Teachman et al. 1997). Aber nicht nur das Abbruchverhalten, sondern auch die schulischen Leistungen sind ein klassisches Beispiel für die Wirkungen sozialen Kapitals, vor allem des Elternhauses (Baumert et al. 2001; Dohle 2002; Jungbauer-Gans 2004; Stecher 2001). Ferner hat die elterliche Unterstützung als innerhäusliches Sozialkapital beim Aufbau des Humankapitals der Kinder positive Folgen für die Arbeitsmarktchancen und damit das Einkommen der Kinder (Raub 1999, S. 257).

In der demographischen Forschung ist es ein weithin gesicherter Befund, dass die materielle Situation eines Paares (Vermögensverhältnisse, Einkommen und Transferleistungen) Fertilität und reproduktive Entscheidungen beeinflusst. Bühler (2007) integriert in das Fertilitätsmodell eine Sozialkapitalkomponente, indem Versorgungs- und Unterstützungsleistungen durch Netzwerkmitglieder wie informelle Kinderbetreuung oder materielle Leistungen, die auf dem Markt nur zu höheren Kosten erworben werden können, bereitgestellt werden. Empirisch ist die positive Wirkung des sozialen Kapitals auf die Entscheidung für ein zweites Kind belegt (Bühler und Philipov 2005; Bühler und Fratczak 2007).

In der Konsumforschung ist nachgewiesen worden, dass wertvolle Güter wie Gebrauchtfahrzeuge oder Häuser zu einem großen Teil über Netzwerke erworben werden (DiMaggio und Louch 1998). Während nachvollziehbar ist, dass auf der Suche nach einem vertrauenswürdigen Anbieter auf Informationen aus dem eigenen Netzwerk zurückgegriffen wird, zeigt sich empirisch auch, dass in vielen Fällen Käufer und Verkäufer über ein Netzwerk verbunden sind. Privater Konsum über Netzwerke hat den Vorteil, dass Risiken aus Informationsasymmetrien und opportunistischen Anreizen kontrolliert werden können. DiMaggio und Louch (1998, S. 632 f.) können bestätigen, dass Netzwerkmitglieder tatsächlich weniger opportunistisch sind. Zwar war das Ausmaß opportunistischen Verhaltens gering, aus Sicht des Käufers reduzierte sich jedoch das Risiko um 50 %.

Eine ähnliche Untersuchung zur sozialen Einbettung wirtschaftlicher Transaktionen führten Abraham und Kropp (2000) durch. Sie analysierten, inwiefern bei der Wohnungssuche soziales Kapital eingesetzt wird. So sind Akteure in der Lage, über ihre sozialen Netzwerke valide Informationen über Wohnungen und dessen Anbieter zu gewinnen. Sie nutzen diese Möglichkeit insbesondere dann, wenn das Schadenspotential groß ist, d. h. wenn der getauschte Wert hoch ist, und wenn sie über viele soziale Ressourcen verfügen. Interessanterweise nutzen Interessenten nicht ihr soziales Kapital, wenn sie unter Zeitdruck eine Wohnung suchen. Das bedeutet, dass die Nutzung sozialen Kapitals mit einem zeitlichen Aufwand verbunden ist, der unter Umständen die positiven Auswirkungen der Nutzung sozialen Kapitals zunichte macht. Darüber hinaus zeigt sich, dass die Heterogenität sozialer Ressourcen keinen Effekt auf die Art der Wohnungssuche hat. Dies deutet darauf hin, dass für die spezifische Nutzung sozialen Kapitals wie etwa die Suche nach einer neuen Wohnung eben nicht ein breites, heterogenes Portfolio an Ressourcen wichtig ist, sondern die spezifischen Informationen eines Netzwerkmitglieds über Wohnungen und deren Anbieter oder zumindest über dritte Personen, die Informationen über Wohnungen und deren Anbieter kennen.

Häußermann (2007) beschreibt die Nutzung personengebundener, vor allem aber sozialer Ressourcen bei der Wohnungsmodernisierung im Zuge der Stadterneuerung. Im Vergleich zweier Beispielfamilien beschreibt er den positiven Einfluss sozialen Kapitals auf die Qualität der Wohnungsmodernisierung und die Wahrung der Mieterinteressen. Abschließend sind noch die positiven Wirkungen sozialen Kapitals auf das allgemeine subjektive Wohlbefinden (Diewald und Lüdicke 2007; Helbig et al. 2006) und die Gesundheit zu nennen. Diewald und Lüdicke (2007, S. 35) kommen aufgrund ihrer umfangreichen Analysen zu dem Schluss, dass nicht zwangsläufig die strukturelle Netzwerkkomponente des sozialen Kapitals, wohl aber die verfügbaren sozialen Ressourcen auch unter Kontrolle anderer Kapitalarten eine hohe Bedeutung für die subjektive Lebensqualität aufweisen. Zudem kompensiert soziales Kapital teilweise materielle und kulturelle Defizite in der Wirkung auf das Wohlbefinden. Interessant daran ist, dass Defizite von unterschiedlichen Komponenten des sozialen Kapitals ausgeglichen werden: Bildungsdefizite werden durch Vertrauen, Einkommensdefizite aber durch instrumentelle Unterstützung kompensiert (Diewald und Lüdicke 2007, S. 48). Medizinsoziologisch relevant sind direkte und Puffereffekte sozialen Kapitals auf die physische und mentale Gesundheit sowie den Genesungsverlauf, die sich vor allem aus der emotionalen Unterstützung insbesondere des Lebenspartners sowie der Familienangehörigen und enger Freunde ergeben (Jungbauer-Gans 2002a; Kana'Iaupuni et al. 2005; Klocke und Becker 2004).

Soziales Kapital erzeugt aber nicht zwangsläufig einen individuellen Nutzen für die Akteure (Rook 1984). Zu viel soziales Kapital hat auch Nachteile, weil durch die Erarbeitung sozialen Kapitals auch Kosten entstehen und weil es hochgradige Abhängigkeiten und Verpflichtungen gegenüber anderen Akteuren erzeugt und damit eigene Handlungsfreiheiten und das eigene Vorwärtskommen einschränkt (Woolcock 1998, S. 158, 165). Durch die analytische Trennung von Aufbau und Nutzung ist nachvollziehbar, dass Akteure mitunter mehr eigene Ressourcen beim Aufbau verausgaben, als sie durch die Nutzung sozialer Ressourcen zurückerhalten. Diese individuellen Risiken beschreibt Müller (1992, S. 271 ff.) als verschiedene Fallen des sozialen Kapitals. Die Beziehungsfalle macht auf das Schwundrisiko aufmerksam. Erbrachte Leistungen werden nicht vom Beziehungspartner erwidert, weil dieser opportunistischen Anreizen nachgibt. Die Statusfalle birgt das Risiko asymmetrischer Reziprozität in Beziehungen mit ungleichem Status. Der Ertrag ist für statusniedrigere Akteure immer geringer als deren Leistung. In der Freundschaftsfalle werden Freundschaftsbeziehungen ausgenutzt, wenn etwas verlangt wird, was sonst niemand verlangen würde. Es ist das Risiko des Unzumutbaren. Diese Fallen beziehen sich direkt auf Aufbau und Nutzung sozialen Kapitals und verdeutlichen, dass Akteure auch mit Ressourcenverlusten rechnen müssen.

Eine zweite Art von negativen Folgen durch soziales Kapital ergibt sich, wenn die sozialen Strukturen die Handlungsfreiheit der Akteure einschränken. Weil soziales Kapital eine sehr heterogene bzw. mehrdimensionale Ressource ist, kann es für ein Handlungsziel wertvoll und nützlich sein, während es für andere Zwecke unbrauchbar oder gar schädlich ist (Flap 1999, S. 15; Putnam und Goss 2001, S. 23). Insbesondere dichte, abgeschottete soziale Strukturen bilden starke wechselseitige Abhängigkeiten, Verpflichtungen, soziale

Kontrolle und strenge Normen aus. Sie erhöhen den Konformitätsdruck unter den beteiligten Akteuren, wodurch in der Folge Freiheiten beschränkt und eigenständige Initiative, Kreativität und Innovationen unterdrückt werden (Portes und Landolt 1996, S. 20). Ferner kann beispielsweise unter Bewohnern eines Armenviertels Solidarität und Hilfsbereitschaft stark ausgeprägt sein (Fernandez-Kelly 1995; Oliver 1988; Portes und Sensenbrenner 1993; Stack 1974). Insofern verfügen diese Bewohner über ein hohes Maß an sozialem Kapital. Die sozialen Beziehungen in Armenvierteln sind aber andererseits Mobilitätsfallen, die den Erwerb von Humankapital verhindern und die soziale Mobilität hemmen, weil erfolgreichere Bewohner von weniger erfolgreichen Bewohnern unter dem Vorwand der Solidarität ausgenutzt werden können (Portes und Landolt 1996, S. 20 f.). Ein weiteres Beispiel sind Immigranten. Mitglieder einer bestimmten Immigrantengruppe haben starke, wechselseitige Beziehungen unter ihresgleichen. Insofern aber die Kultur der Immigrantengruppe, beispielsweise ihre Sprache, Religion und Lebensart, stark von der Kultur der Aufnahmegesellschaft abweicht, erschweren diese starken Gemeinschaften die soziale Integration und die sozialen Aufstiege der Einwanderer.

Soziales Kapital wird damit zu einem zweischneidigen Schwert. Nicht nur der Mangel, sondern auch der Überfluss erschwert die effektive Verfolgung der Handlungsziele. Zudem scheint es unterschiedliche Dimensionen sozialen Kapitals zu geben, deren Wirkung für verschiedene Handlungsziele unterschiedlich ausgeprägt sind. Es ist deshalb eine Frage des optimalen und nicht des maximalen sozialen Kapitals (Woolcock 1998, S. 158 f.). Um die Wirkung des sozialen Kapitals einschätzen zu können, ist das gesamte verfügbare Kapital zu berücksichtigen und nicht nur die einzelne soziale Beziehung, die gerade in Anspruch genommen wird.

2.6 Kollektive Folgen aus sozialem Kapital

Aufbau und Nutzung sozialen Kapitals erzeugen neben individuellen auch kollektive Folgen. Diese kollektiven oder sozialen Folgen sind zumeist nicht von den beteiligten Akteuren intendiert.[13] Eine erste kollektive nicht-intendierte Folge ist die aus der Aggregation persönlichen Sozialkapitals entstehende Systemverteilung. Wenn soziales Kapital eine knappe Ressource ist, die aufgrund anderer knapper, ungleichverteilter Ressourcen erstellt wird, dann kann sich eine ungleiche Verteilung sozialen Kapitals in einer Bevölkerung ergeben.

Eine zweite kollektive Folge kann die Emergenz von Normen der Kooperation, der Fairness, der Reziprozität und des Vertrauens sein. Diese Normen können sich insbesondere dann entwickeln, wenn soziales Kapital auf dichten, geschlossenen Netzwerken dauerhafter sozialer Beziehungen basiert (Putnam und Goss 2001, S. 21; Woolcock 1998, S. 185;

---

[13] Nicht-intendierte Folgen werden gelegentlich als Nebenfolgen bezeichnet. Dies ist insofern irreführend, als dass diese Folgen nicht bloß nebensächlich, sondern gravierend sein können (vgl. die Diskussion zu individueller und kollektiver Rationalität in Abschn. 1.3).

vgl. auch Wellman 1983, S. 163). Vorteilhaft für derartige Normen sind starke Beziehungen und persönliche Kontakte von Angesicht zu Angesicht (Fukuyama 1999, S. 21 ff.). Eine hohe intensive Kontaktdichte erlaubt neben der Entwicklung von Kooperationsnormen deren effektive Sanktionierung. Dies gelingt insbesondere in Netzwerken, die aufgrund irgendeines Aspekts des Zusammenlebens soziale Strukturen ausbilden. Beispielhaft sind Familien, Arbeitskollektive, Nachbarschaftsverbunde, Ortsparteien, lokale Bürgerinitiativen, religiöse Gemeinschaften oder Vereine zu nennen. Diese, aus sozialem Kapital resultierenden Normen sind Kollektivgüter, die den Netzwerkmitgliedern Sicherheit geben und Erwartungen stabilisieren. Sie können sich aber nur in lokalen, freiwilligen Zusammenschlüssen ausbreiten, die gemeinschaftliche Formen annehmen. Gesellschaftliche Interessenorganisationen wie Gewerkschaften und Verbände basieren nicht auf direkten Kontakten von Angesicht zu Angesicht. Entsprechend ist in derartigen Massenorganisationen die Ausbildung des Vertrauens zu Mitmenschen geringer.

Die aus sozialem Kapital hervorgehenden Normen beeinflussen selbst wiederum kollektive Phänomene. Sie können zum Beispiel demokratische Entscheidungsprozesse in der Lokalpolitik bewirken (Cusack 1999; Putnam 1993, 2001), wirtschaftliche Prosperität fördern (Fukuyama 1995, 1996) oder zur Lösung von Kollektivgutproblemen beitragen, etwa wenn im Wohngebiet mit starker Nachbarschaftskontrolle die Kriminalitätsrate niedrig ist (Coleman 1995, S. 389; Friedrichs und Oberwittler 2007; Lüdemann 2006). Während unter dem Kollektivgut-Ansatz die Entstehung sozialer Normen, die Normeneinhaltung und die geringe Anwendung von effektiven Sanktionen noch dem sozialen Kapital zugerechnet werden könnten (vgl. Coleman 1995, S. 410; Gabriel et al. 2002; Putnam und Goss 2001), sind diese kollektiven Phänomene indirekte kollektive Folgen sozialen Kapitals und somit nicht mehr als soziales Kapital zu betrachten. Dies soll ein Beispiel verdeutlichen. Eine niedrige Kriminalitätsrate im Wohngebiet durch hohes soziales Kapital kommt auch Bürgern zugute, die nicht am sozialen Kapital partizipieren (Putnam und Goss 2001, S. 21). Das Kollektivgut ist in diesem Beispiel die Sicherheit im Wohngebiet, nicht Opfer einer kriminellen Handlung zu werden. Diese Sicherheit entsteht unter anderem aus den kooperativen Normen und der sozialen Kontrolle, die Folgen sozialen Kapitals eines lokalen Nachbarschaftsverbundes sind. Sie wird aber auch andere Ursachen haben, wie die Gesetzgebung und deren Durchsetzung mittels eines Erzwingungsstabes (Polizei). Darüber hinaus unterliegt das Argument, dass soziales Kapital aus strikter Normeinhaltung resultiert, der Vorstellung stark internalisierter Normen. Diese übersozialisierte Sichtweise wurde von verschiedenen Seiten bereits seit längerem kritisiert (Granovetter 1985; Wrong 1961; in Bezug auf soziales Kapital Portes 1998, S. 7).

Für Putnam erzeugen insbesondere freiwillige lokale Vereinigungen mit gleichberechtigten Beziehungen zwischen den Mitgliedern und einer Kommunikation von Angesicht zu Angesicht nicht nur Vertrauen und kooperative Normen, sondern auch die Fähigkeit zu bürgerschaftlichem Engagement. Putnam untersucht die Rolle der Bürgertradition und aktiver Bürgerschaft in regionalen und nationalen Kontexten. Er kommt zu dem Ergebnis, dass soziales Kapital die Effizienz einer Gesellschaft verbessert: „Mit einem vielschichtigen sozialen Netzwerk ausgestattete Gemeinschaften und bürgergesellschaftliche Vereinigungen haben Vorteile, wenn es darum geht, Armut und Verwundbarkeit zu begegnen, Konflikte zu lösen und Vorteile aus neuen Möglichkeiten zu ziehen" (Putnam und Goss 2001, S. 19 f.). Putnam argumentiert, dass weder informelle Netzwerke noch große, überregionale oder landesweite Vereinigungen die starken Effekte auf lebendige Demokratien ersetzen können, die von den direkten Beziehungen in Vereinigungen ausgehen (vgl. Foley und Edwards 1999, S. 144 f.). Allerdings ist Putnam dafür kritisiert worden, dass in seinem theoretischen Konzept nicht die Bedingungen spezifiziert werden, unter denen Interaktionen von Angesicht zu Angesicht die wünschenswerten bürgerschaftlichen Züge erzeugen (Edwards und Foley 1998; Foley und Edwards 1999). Auch ist nicht klar, ob bürgergesellschaftliches Engagement und Zivilgesellschaft Elemente enthalten, die keine direkte Verbindung zum sozialen Kapital haben (Adam und Roncevic 2003, S. 173).

Außerdem kann Sozialkapital durch geschickte Führung zur Wohlfahrtssteigerung der Gemeinde eingesetzt werden (Putnam und Goss 2001, S. 17). Beispielsweise konnte Hannemann (2002) einen Zusammenhang zwischen sozialem Kapital und wirtschaftlicher Entwicklung ostdeutscher Kleinstädte nachweisen. Auch Putnams Studie über die wirtschaftliche Entwicklung in Nord- und Süditalien belegt, dass bürgerschaftliches Engagement in einer Region ein guter Indikator der ökonomischen Entwicklung ist. Dieser Indikator ist zudem zuverlässiger als die vergangene ökonomische Entwicklung der Region (Putnam 1993, S. 156). Allerdings bestehen Einwände an der Darstellung, dass soziales Kapital wirtschaftliche Prosperität zur Folge hat (O'Connell 2003). Zunächst ist nicht für jedes bürgerschaftliche Engagement der Bezug zu wirtschaftlichen Aktivitäten bzw. zur ökonomischen Entwicklung gegeben (Adam und Roncevic 2003, S. 173). Darüber hinaus zeigen Analysen, etwa zur wirtschaftlichen Entwicklung im Silicon Valley, dass kein Zusammenhang zwischen Ziviltradition und wirtschaftlicher Entwicklung besteht (Cohen und Fields 2000). Statt einer Tradition der Solidarität oder generalisierter Reziprozität auf Gemeindeebene gibt es einen üppigen Individualismus. In diesem Kontext herrscht Performanz-basiertes Vertrauen (Lesser 2000, S. 10 ff.). Personen, die mit ihren Ideen und Innovationen erfolgreich arbeiten wollen, müssen sich gegenseitig vertrauen und miteinander arbeiten. Ebenso ist ein effizientes Kommunikations- und Interaktionsnetzwerk auf der institutionellen Ebene wichtig. Kooperationen zwischen Forschungsuniversitäten, der Regierung, Investoren, Kanzleien, Wirtschaftsverbänden, der Börse und dem Arbeitsmarkt sind die Grundlagen eines raschen Transfers von Wissen und Innovation. Putnam sieht darin keinen Widerspruch zu seiner These. Zwar spielt die bürgerliche Gemeinschaft keine tragende Rolle, aber die Produktivität der Region hängt vom sozialen Kapital ab, das auf formalen und informellen Netzwerken zwischen Firmen und anderen Institutionen basiert (Putnam 2000, S. 34).

Schließlich sei darauf hingewiesen, dass soziales Kapital zwar für zahlreiche positive Ergebnisse verantwortlich ist, aber deshalb nicht als Allheilmittel für die Krankheiten von Gemeinwesen und Gesellschaften angesehen werden kann. Soziales Kapital ermöglicht Handlungen, die ohne die sozialen Ressourcen nicht und nur unter höheren Kosten möglich sind. Diese Aussage hat keinen normativen Kern. Soziales Kapital ist deshalb nicht per se eine gute Sache (Putnam und Goss 2001, S. 23). Gleichwohl Personen, Gemeinschaften oder Gesellschaften Vorteile aus sozialem Kapital ziehen können, können sich aus sozialem Kapital durchaus extrem negative kollektive Folgen für große Bevölkerungsteile ergeben. Diese negativen kollektiven Folgen bestehen einerseits in sozialer Exklusion und andererseits in negativen Externalitäten (Portes und Landolt 1996).

Geschlossene soziale Netzwerke als strukturelle Basis des sozialen Kapitals tragen zwar zur Entfaltung kooperativer Normen bei, sie können aber auch eine Abschottung der Netzwerkmitglieder und damit einhergehend eine Ausgrenzung von Nichtmitgliedern hervorrufen (Kolankiewicz 1996; Portes 1998, S. 15). Popielarz und McPherson (1995) stellen fest, dass Vereinigungen hinsichtlich Bildung und Alter homogen sind. Solche Vereinigungen stellen eher eine Barriere gegenüber gruppenübergreifenden Interaktionen dar. Problematisch wird diese Exklusion, wenn dadurch soziale Unterschiede erzeugt werden, durch die einige Akteure Privilegien zum Nachteil der anderen genießen (vgl. Berger 2004, S. 355).

Verschärft wird diese Problematik, wenn sich Vereinigungen explizit gegen andere abgrenzen und ihre Wertorientierungen zu Hass und Gewalt beitragen (Fukuyama 1999, S. 22). Beispiele sind Sekten, Jugendbanden, die Mafia, der Ku-Klux-Klan oder Terroristen. Die Mitglieder dieser Vereinigungen haben oftmals starke Beziehungen zu ihresgleichen in stark verbundenen Netzwerken. Die gesellschaftlichen Folgen dieses sozialen Kapitals sind aber negativ zu bewerten, weil sie Verunsicherung hervorrufen, Angst und Schrecken verbreiten sowie zu Intoleranz, Diskriminierung und Korruption beitragen.

2.7 Zusammenfassung

In diesem Kapitel wurde der allgemeine Kapitalbegriff eingeführt. Wesentliche Charakteristiken wurden erörtert, die im Zusammenhang mit dem Kapitalbegriff stehen. Das sind der Kapitaleigner, der Erwerb und Erhalt des Kapitals, der Nutzen, der dem Kapitaleigner durch die Verwendung seines Kapitals entsteht, die kollektiven Folgen der Kapitalakkumulation und die Fungibilität des Kapitals (Tab. 2.1). Ökonomisches Kapital bezeichnet den Besitz von Anlagen, Materialien und Dienstleistungen, die zum Einsatz kommen, um ein Produkt zu erstellen, das gegen Gewinn verkauft werden kann. Für das ökonomische Kapital sind Erwerb und Verwertung eng miteinander verbunden. Es wird nur in solches Kapital investiert, das streng zielgerichtet einen Gewinn verspricht. Ökonomisches Sachkapital wird durch Veränderungen von Material geschaffen. Es ist in Form von Eigentumsrechten institutionalisiert (Bourdieu 1983a, S. 185). In den Wirtschaftswissenschaften spielen vor allem privatwirtschaftliche Unternehmen als Kapitaleigner eine Rolle. Prinzipiell besitzen aber fast alle individuellen und korporativen Akteure ökonomisches Kapital.

In der Entwicklung von arbeitsintensiven zu wissens- und kompetenzorientierten Volkswirtschaften gewann die Qualifikation der Arbeitskräfte an Bedeutung. Dieses Kapital der Arbeitskräfte wird als Humankapital bezeichnet. Anders als ökonomisches Kapital besitzen nur individuelle Akteure Humankapital. Schulbildung und berufliche Qualifikation sowie berufliche Erfahrungen können als Erwerb des Humankapitals begriffen werden. Es wird durch Veränderungen von Personen geschaffen. Nutzenstiftend ist Humankapital

2.7 Zusammenfassung

Tab. 2.1 Kapitalarten im Vergleich

	Ökonomisches Kapital	Humankapital	Soziales Kapital
Bezeichnet	Produktionsanlagen, Maschinen, Gütervorräte, Materialien, Dienstleistungen, Geld	Natürliche persönliche Eigenschaften (Talent, Aussehen) und erworbene persönliche Eigenschaften (Bildung, Erfahrung)	Über Netzwerkstrukturen verfügbares ökonomisches Kapital und Humankapital anderer Akteure
Kapitaleigner	Privatwirtschaftliche Unternehmen	Personen	Netzwerkstruktur, soziale Beziehung
Erwerb und Erhalt	Investitionen in Eigentumsrechte, Instandhaltung	Verinnerlicht, zertifiziert, Fort- und Weiterbildung	Aufbau sozialer Beziehungen, Beziehungspflege
Individueller Nutzen	Produktion von Sachgütern und Dienstleistungen	Erzielung von Arbeitseinkommen	Zugang zu Ressourcen anderer Personen, ermöglicht Handlungen in unsicheren Situationen, bündelt Ressourcen
Kollektive Folgen (gesellschaftliche Verteilung des Kapitals)	Steigerung des Wohlstandes, soziale Ungleichheit	Bildungsexpansion, Bildungsungleichheit	Absicherung sozialer Normen, soziale Schließung
Austauschbarkeit/ Fungibilität	Als Geld sehr fungibel, als physisches Kapital nur eingeschränkt austauschbar	Nicht materiell austauschbar, da körpergebunden, Verfügungsrechte über Humankapital aus Allgemeinbildung fungibler als Humankapital aus Spezialwissen	Nur innerhalb der Netzwerkstruktur fungibel

insofern, als dass höher qualifizierte Arbeitskräfte ein höheres Einkommen erwirtschaften können. Humankapital ist in Form von Schultiteln institutionalisiert (Bourdieu 1983a, S. 185). Aufgrund der personengebundenen Eigenschaft ist nicht das Humankapital selbst austauschbar, wohl aber sind dessen Verfügungsrechte fungibel.

Persönliches Sozialkapital ist definiert als die über eine Netzwerkstruktur verfügbaren Ressourcen anderer Akteure, insbesondere deren ökonomisches Kapital und Humankapital. Im Gegensatz zu den anderen beiden Kapitalarten ist kein Akteur der Kapitaleigner, sondern die Netzwerkstruktur kann als Kapitaleigner angesehen werden. Gleichwohl kann ein individueller Akteur als Nutznießer „seines" sozialen Kapitals angesehen werden. Für das soziale Kapital können ebenso Erwerb und Nutzung unterschieden werden. Der Erwerb erfolgt über den Aufbau sozialer Beziehungen und die Beziehungspflege. Soziales Kapital wird somit durch Veränderungen von Beziehungen geschaffen (Coleman 1988, S. S100). Ein Teil der sozialen Beziehungen ergibt sich als nicht-intendierte Folge alltäglicher Handlungen. Soziales Kapital ist nützlich, wenn durch die Netzwerkstruktur Ressourcen verfügbar sind, die anderweitig nur mit größerem Suchaufwand, höheren Kosten, weniger zielführend oder möglicherweise gar nicht zur Verfügung stünden. Allerdings sind Erwerb und Nutzung nicht derart stark miteinander verknüpft, wie es beim ökonomischen Kapital und beim Humankapital der Fall ist. Dies liegt daran, dass statt des ökonomischen Austauschs der soziale Austausch die handlungstheoretische Basis dieser Kapitalart ist. Insbesondere der diffuse, nicht-kontraktuelle Charakter des sozialen Austauschs erschwert den zielführenden Aufbau sozialen Kapitals, um ganz bestimmte nutzenstiftende Prozesse auszulösen. Zudem hängt soziales Kapital entscheidend von der Hilfsbereitschaft der Beziehungspartner ab. Eine Folge sozialen Kapitals sind kooperative Normen und Vertrauen. Diese sozialen Phänomene haben ihrerseits sozial erwünschte Konsequenzen (Demokratie, Wirtschaftswachstum), aber auch sozial unerwünschte Konsequenzen (Intoleranz, Gewalt, eingeschränkte soziale Mobilität). Schließlich ist das soziale Kapital nur innerhalb der sozialen Beziehungsstruktur fungibel. Außerhalb dieser Netzwerkstruktur ist es praktisch wertlos.

Handlungskomponente des Sozialkapital-Modells

3

Nachdem im vorangehenden Kapitel persönliches Sozialkapital in der Terminologie von Kapitaltheorien rekonstruiert und umfassend definiert wurde, sollen in den folgenden Kapiteln Erwerb und Nutzung sozialen Kapitals modelliert und soziologisch erklärt werden. In seiner programmatischen Schrift beklagt Flap (1999, S. 7) das Fehlen eines integrativen Modells der Sozialkapitalforschung. In den Kapiteln drei bis fünf wird die anspruchsvolle Aufgabe übernommen, ein integratives Sozialkapital-Modell zu entwickeln, das sowohl dem Erwerb als auch der Verwertung sozialen Kapitals Rechnung trägt. Das Modell folgt der allgemeinen soziologischen Erklärung (Coleman 1995, S. 1 ff.; Esser 1993, S. 91 ff.), die im ersten Abschnitt skizziert wird. Es ist ein Handlungs-Struktur-Modell. Die Modellierung erfolgt als zeitlicher Verlauf aus der Perspektive eines individuellen Ego-Akteurs. Eine Handlung wird als Ressourcenaustausch beschrieben, die aufgrund von unterschiedlichen Interessen und unterschiedlichem Besitz über Ressourcen initiiert wird. Während die Grundbausteine der Handlungstheorie (Akteure, Ressourcen, Handlungsziele und Ressourcenkontrolle) im zweiten Abschnitt vorgestellt werden, erfolgt im dritten Abschnitt die Beschreibung des Handlungsablaufs. Handlungstheoretische Grundlage der Modellierung ist der soziale Austausch zwischen zwei Personen, der sich in einigen Aspekten deutlich vom ökonomischen Austausch unterscheidet. Erklärt wird die Emergenz eines Netzwerks persönlicher Beziehungen und die Wirkung dieses Netzwerks als Handlungsbedingung für den Ego-Akteur aus einer Reihe verketteter Austauschhandlungen. Es wird gezeigt, dass im Sozialkapital-Modell ein Vertrauensproblem durch Reputationseffekte zu lösen ist und dass die Wahl von Handlungspartnern durch deren Ressourcenausstattung und durch Ähnlichkeiten zwischen den Handelnden gesteuert wird. Das Kapitel schließt mit einer Zusammenfassung der handlungstheoretisch bedeutenden Komponenten des Sozialkapital-Modells.

3.1 Soziologische Handlungstheorie

Allgemeiner Ausgangspunkt des Sozialkapital-Modells ist eine Form der soziologischen Erklärung, die vor allem in der strukturell-individualistischen Soziologie angewendet wird (Boudon 1980; Coleman 1995; Raub und Voss 1981; Wippler und Lindenberg 1987). Diese soziologische Erklärung besteht aus einer Systemebene und einer Individualebene (Coleman 1995, S. 1 ff.; Esser 1993, S. 91 ff.). Ein zu untersuchendes soziales Phänomen wie die Struktur persönlichen Sozialkapitals städtischer Bevölkerungsgruppen ist auf der Systemebene oder der kollektiven Ebene angesiedelt. Die eigentliche Erklärung von Erwerb und Nutzung sozialen Kapitals durch handelnde Akteure erfolgt aber durch eine Handlungstheorie auf der Individualebene. Auf der Ebene der Akteure finden sich allgemeine Gesetze, die für eine theoretische Tiefenerklärung sozialer Phänomene wie Sozialkapital unerlässlich sind. Auf dieser Ebene liegt demzufolge der theoretische Primat der soziologischen Erklärung (Raub und Voss 1981, S. 32; Esser 1999, S. 14 f.).

Die Entwicklung des Sozialkapital-Modells folgt Lindenbergs Methode der abnehmenden Abstraktion (1993, S. 6 ff.). Nach dieser Methode wird zunächst eine inhaltsleere, abstrakte Handlungstheorie eingeführt. Über Brückenannahmen wird diese heuristische Handlungstheorie schrittweise an die soziale Wirklichkeit angepasst. Diese weiteren theoretischen Bezüge und realistischeren Annahmen werden zuerst sehr einfach sein. Durch Brückenannahmen wird das Erklärungsmodell zunehmend komplexer. Es gibt also einen trade off zwischen der Einfachheit und der Realitätsnähe eines Erklärungsmodells. Die Komplexitätssteigerung des Modells wird gestoppt, wenn durch zusätzliche Brückenannahmen nur noch marginale Erklärungsgewinne erzielt werden. Das Erklärungsmodell ist damit schließlich so einfach wie möglich und so komplex bzw. realistisch wie nötig.

Für das Sozialkapital-Modell liegt es nahe, eine Handlungstheorie des methodologischen Individualismus zu wählen, weil soziales Kapital eine Ressource ist, die einem Akteur aufgrund seiner persönlichen Netzwerbeziehungen zur Verfügung steht und die er in Handlungen einsetzen kann, die ohne soziales Kapital nicht oder nur unter höheren Kosten möglich wären. Eine geeignete abstrakte Handlungstheorie ist die Wert-Erwartungstheorie. Ihr liegt die RREEMM-Theorie zugrunde, die von fünf Eigenschaften der handelnden Akteure ausgeht: Resourceful, Restricted, Expecting, Evaluating, Maximizing Man (Lindenberg 1985, S. 100 f.; Esser 1993, S. 237 ff.). Die Theorie unterstellt, „dass der Akteur sich Handlungsmöglichkeiten, Opportunitäten bzw. Restriktionen ausgesetzt sieht; dass er dabei findig, kreativ, reflektiert und überlegt, also: resourceful, vorgehen kann; dass er immer eine,Wahl' hat; dass diese Selektionen über Erwartungen (expectations) einerseits und Bewertungen (evaluations) andererseits gesteuert sind; und dass die Selektion des Handelns aus den Alternativen der Regel der Maximierung folgt" (Esser 1993, S. 238). Hinter dieser Handlungstheorie verbirgt sich im Handlungskern die Wert-Erwartungstheorie als Variante der Nutzentheorie. Gleichwohl ist diese Handlungstheorie eher eine Heuristik, denn sie stellt lediglich einen Analyserahmen sozialer Handlungen dar, ohne damit Inhalte zu verknüpfen. Sie gleicht einem „leeren Sack" (Lindenberg 1981, S. 26), der durch

3.1 Soziologische Handlungstheorie

systematische Annahmen über die jeweiligen situationsbedingten Handlungsumstände, die Nutzenargumente und die subjektiven Wahrscheinlichkeiten gefüllt werden muss.

Diese Heuristik gibt vor, welche Theorieelemente für das Sozialkapital-Modell zu berücksichtigen sind. Im Kern basiert das Modell auf zwei Elementen: die handelnden Akteure und Ressourcen bzw. Ereignisse. Gesteuert wird eine Handlung über zwei Beziehungen zwischen diesen zwei Elementen: Interessen als Handlungsziele und Kontrolle als Handlungsmöglichkeiten (vgl. Coleman 1995, S. 33 ff.). Akteure haben typischerweise Handlungsziele, die sich als Interessen an bestimmten Ressourcen bzw. Ereignissen definieren lassen. Dies kann der Besitz bestimmter (Rechte an) Ressourcen sein. Ereignisse sind weitergefasst, etwa wenn Akteure ein Interesse an einem bestimmten Geschehen haben, das den Einsatz von Ressourcen impliziert. Das Erreichen eines Handlungsziels bzw. das Verfolgen des Interesses an Ressourcen bzw. Ereignissen setzt voraus, dass der handelnde Akteur die betreffenden (Rechte an) Ressourcen bzw. Ereignisse(n) kontrolliert. Diese Kontrolle über Ressourcen bzw. Ereignisse wird maßgeblich durch die Handlungsmöglichkeiten des handelnden Akteurs bestimmt. Demnach sind im folgenden Abschnitt zunächst die Handelnden, ihre einsetzbaren Ressourcen, ihre Handlungsziele und ihre Handlungsmöglichkeiten zu bestimmen, weil diese vier Elemente des Modells den Handlungsspielraum und damit maßgeblich die Handlungsalternativen eines Akteurs definieren.

In einem weiteren Schritt sind für diese Handlungsoptionen die Erwartungen und Bewertungen der Handlungskonsequenzen zu modellieren. Im Rahmen seines Handlungsspielraums bestimmt der handelnde Akteur, welche Ressourcenarten und Ressourcenmengen er zu welchem Zeitpunkt tauscht. Die Handlungskonsequenzen dieses Austauschs werden vom Akteur in ihrer Eintrittswahrscheinlichkeit beurteilt und in ihrer Nützlichkeit für die Zielerreichung bewertet. Im Abschn. 3.3 wird entsprechend der soziale Ressourcenaustausch als handlungstheoretische Grundlage erläutert und es wird dargestellt, wie die Erwartungen und Bewertungen in das Sozialkapital-Modell integriert werden.

Schließlich erfolgt die Wahl einer Handlungsalternative aufgrund einer bestimmten Regel. Gemäß der RREEMM-Theorie wird angenommen, dass zur Erreichung der Handlungsziele die Handlungsalternative gewählt wird, die den Nettonutzen des handelnden Akteurs maximiert. Damit „reduziert sich die Diskrepanz zwischen Interesse und Kontrolle bis hin zu dem Punkt, an dem ein Gleichgewicht entsteht – d. h. wo kein Austausch mehr stattfinden kann, der die von beiden Akteuren erwartete Verwirklichung von Interessen noch verbessern könnte" (Coleman 1995, S. 48). Mit diesem soziologischen Grunderklärungsmodell ist bereits ein wichtiger Schritt hin zu einem einheitlichen Sozialkapital-Modell getan. Denn soziale Prozesse sind nichts anderes als Ketten bzw. wiederkehrende Abfolgen dieses Grundmodells. Erwerb und Nutzung sozialen Kapitals können als eine solche Abfolge verstanden werden: dem Erwerb folgt zeitlich die nutzen-stiftende Wirkung sozialen Kapitals. Beides wird über die Elemente Akteure und Ressourcen sowie Interesse und Kontrolle des sozialen Ressourcenaustauschs als aufeinander folgende Phasen im Sozialkapital-Modell erklärt.

3.2 Grundelemente der Handlung im Sozialkapital-Modell

3.2.1 Akteure und Ressourcen

Akteure sind handelnde Personen in einem sozialen System. Sie ergreifen zielgerichtete Handlungen, indem sie sich Ressourcen aneignen, tauschen oder verbrauchen. Zur Darstellung und Erklärung von Erwerb und Nutzung sozialen Kapitals werden mindestens zwei Akteure benötigt. Als Ego-Akteur – oder kurz Ego – wird üblicherweise der Akteur bezeichnet, dessen Erwerb, Erhaltung und Nutzung sozialen Kapitals beschrieben wird und aus dessen Perspektive die Handlungen dargestellt werden. Der Akteur, mit dem Ego eine soziale Beziehung eingeht und mit dem er soziales Kapital aufbaut und nutzt, wird Alter genannt. Typischerweise wird Ego zu mehreren Alteri soziale Beziehungen aufbauen und pflegen. Die Beziehungsstruktur, in deren Zentrum sich Ego befindet, und die neben den Beziehungen zwischen Ego und seinen Alteri auch die sozialen Beziehungen zwischen den Alteri berücksichtigt, wird das persönliche Netzwerk von Ego oder das egozentrierte Netzwerk genannt. Ferner gibt es weitere Akteure im sozialen System, mit denen Ego keine sozialen Beziehungen unterhält. Sie stellen praktisch ein Potenzial für weitere soziale Beziehungen dar. Gleichwohl es keine direkten Beziehungen zwischen diesen Personen und Ego gibt, kann Ego indirekt mit diesen Personen über die Alteri und gegebenenfalls weitere intermediäre Akteure verbunden sein.

Akteure sind mit einer Vielzahl unterschiedlicher Ressourcen ausgestattet. Ressourcen können materielle oder immaterielle Dinge aber auch Ereignisse, Zustände, Eigenschaften und Leistungen sein (Esser 1999, S. 38). Zu den wichtigsten Ressourcen des Sozialkapital-Modells gehören unter anderem die im zweiten Kapitel besprochenen Kapitalarten. Unter ökonomischem Kapital sind vor allem materielle und finanzielle Ressourcen zu verstehen. Akteure verfügen über mehr oder weniger Einkommen, Sach- und Finanzvermögen, wie Wohneigentum, Wohnungseinrichtungen, Autos, Bargeld, Wertpapiere, private Sammlungen von Gegenständen, Kleidung, Sportausrüstungen und Freizeitgegenstände.

Unter Humankapital sind die personalen Ressourcen zu verstehen, zu denen neben persönlichen Eigenschaften, wie Talent oder Gesundheit, vor allem Allgemeinbildung, Fachwissen, Titel, Fähigkeiten und Fertigkeiten gehören. Diese persönlichen Ressourcen können zwar nicht wie materielle Ressourcen veräußert werden, wohl aber kann das Recht gehandelt werden, diese Ressourcen zu kontrollieren. Andere Ressourcen sind an Berufspositionen gebunden und stehen nur den Akteuren zur Verfügung, die diese Positionen bekleiden. Solche Ressourcen sind beispielsweise Weisungsbefugnisse, Stimmrechte oder institutionelle Macht. Diese Ressourcen sollen positionelles Kapital genannt werden. Positionelles Kapital kann sich verselbstständigen, indem es nicht nur in Relationen direkter Abhängigkeit zwischen Vorgesetzten und Untergebenen einer Organisation wirkt, sondern auch über den Kreis der Subordinierten hinaus. Ansehen und Prestige als symbolische Komponente des positionellen Kapitals wirken dann als Handlungsgelegenheiten etwa über den beruflichen Kontext hinaus zu anderen Personengruppen oder im Verlauf der Zeit, wenn die betreffenden Akteure gar nicht mehr die Positionen besetzen. Scheiden sie aber aus der Position aus, gelingt es ihnen, mehr oder weniger positionelles Kapital zu erhalten und quasi in symbolisches Kapital zu überführen. Die Besetzung dieser Berufspositionen wird über personale Ressourcen gesteuert, wobei neben schulischen Titeln gerade im Zuge der Bildungsreform spezifische kulturelle Kompetenzen an Wert gewinnen, die auf keiner Schule oder Universität, wohl aber in der Familie vermittelt und nur über ein frühes, langfristiges und oft lebenslanges Training erlernt werden (Bourdieu 1982, S. 31 ff.). Diese kulturelle Kompetenz ist „die Fähigkeit zur sicheren, souveränen und in seinem Rahmen auch verfeinerten und innovativen Beherrschung eines bestimmten kulturellen – ästhetischen, kognitiven, linguistischen und sozialen – Codes, sowie der überlegenen, kreativen und zuweilen strategisch genutzten, ironisch gemeinten oder subtil distanzierten Ausführungen des dazu gehörenden Programms des Handelns, etwa in Mimik, Gestik und Rhetorik" (Esser 2000, S. 226).

Weiterhin ist Ego mit sozialen Ressourcen ausgestattet. Die sozialen Ressourcen Egos sind die über direkte soziale Beziehungen zugänglichen und mobilisierbaren Ressourcen der Alteri. Es muss betont werden, dass nicht nur die ökonomischen, personalen und positionsgebundenen Ressourcen der Alteri zu Egos sozialen Ressourcen zählen, sondern auch deren soziale Ressourcen, also die Ressourcen der Personen, mit denen die Alteri ihrerseits direkt in Beziehung stehen. Damit wird der Ressourcenpool für Ego größer, weil er auf Ressourcen von Akteuren zugreifen kann, mit denen er nur indirekt über die Alteri verbunden ist (vgl. das Netzwerkpostulat bei Lin 2001, S. 75).

Neben ökonomischen, personalen, positionellen und sozialen Kapitalien haben zeitliche Ressourcen eine große Bedeutung im Sozialkapital-Modell. Der Aufbau und die Bestandspflege aber auch die Nutzung sozialen Kapitals benötigt Zeit, viel Zeit. Soziales Kapital lässt sich nicht einfach aufbauen und nutzen, indem mit spärlichem Einsatz soziale Beziehungen etabliert sowie Informationen und Unterstützung bereitgestellt werden. Soziales Kapital bedarf eines intensiveren Kontakts zwischen Ego und Alter, eines sich Einlassens auf den Beziehungspartner, regelmäßiger Treffen oder zumindest regelmäßiger Kontakte. Zeit ist also eine wichtige Ressource für soziales Kapital, und wer sie nicht hat, das heißt wer seine Zeit lieber für andere Dinge verwendet, wird in geringerem Umfang soziales Kapital aufbauen und nutzen können.

Der Wert einer Ressource ergibt sich aus mehreren Faktoren. Erstens bestimmt die Relation zwischen Angebot und Nachfrage im Sozialsystem den Wert einer Ressource. Wenn Ressourcen knapp sind, d. h. wenn sie in relativ geringem Umfang angeboten werden oder wenn sie von relativ vielen Akteuren nachgefragt werden, dann sind sie in aller Regel auch wertvoll. Zweitens bestimmt sich der Wert einer Ressource aus den vielfältigen Einsatzmöglichkeiten in potenziellen Handlungssituationen. Typischerweise sind universell einsetzbare Ressourcen auch relativ wertvoll: „Diejenigen Lebensbedingungen gelten als vorteilhaft, die es dem einzelnen erlauben, so zu handeln, dass er beliebige Ziele erreichen kann" (Hradil 1987, S. 141). Der Besitz solcher fungiblen, wertvollen Ressourcen ist für alle Akteure erstrebenswert. Drittens spielen für den Wert einer Ressource auch historische Erfahrungen sowie geographische und soziale Kontexte eine Rolle. Welche Ressourcen erstrebenswert oder auch vermeidenswert sind, ist von Sozialsystem zu Sozialsystem unterschiedlich und kann sich im Zeitverlauf ändern. Viertens sind in unterschiedlichen sozialen Teilsystemen (Erwerbssystem, Bildungssystem, politisches System, Kultursystem) unterschiedliche Ressourcen erstrebenswert. Diese Faktoren zusammengenommen führen dazu, dass wertvolle Ressourcen ungleich im Sozialsystem verteilt sind. Das bedeutet, dass Akteure in unterschiedlichem Ausmaß mit wertvollen Ressourcen ausgestattet sind. Über die Ressourcenausstattung Egos definiert sich seine Position im sozialen System (Lin 2001, S. 41).

3.2.2 Interesse an Ressourcen: Handlungsziele

Die entscheidende Beziehung zwischen den Akteuren und den Ressourcen ist das Interesse. Akteure haben ein Interesse am Besitz wertvoller Ressourcen bzw. am Geschehen von bestimmten Ereignissen. Um diese Interessen zu verfolgen, führen Akteure zielgerichtete Handlungen aus. Sie verfolgen ihre Interessen so, dass sie ihre Bedürfnisse maximal befriedigen. Ressourcen, an denen Akteure zwar interessiert sind, die sie aber nicht kontrollieren, d. h. besitzen und über sie verfügen können, werden Ziele genannt. Für Erwerb und Nutzung sozialen Kapitals lassen sich zunächst unterschiedliche Ziele benennen. Ego erarbeitet sich soziales Kapital, weil er Interesse am Aufbau und Erhalt einer bestimmten sozialen Beziehung hat. Ego setzt seine sozialen Ressourcen beispielsweise ein, weil er bestimmte Informationen wie einen juristischen Rat benötigt, weil er sich über lokale Politik oder persönliche Angelegenheiten unterhalten möchte oder um Geld für eine Anschaffung zu leihen. Diese verschiedenen Handlungsziele lassen sich auf einer hohen Abstraktionsstufe zusammenfassen, um die letztendlichen Handlungsziele aller Akteure des sozialen Systems zu erfassen.[1] Die Interessenverfolgung kann dabei auf unterschiedliche Weise definiert werden. In einer subjektiven Variante werden Handlungsziele als Wünsche und Interessen verstanden, die Akteure bewusst verfolgen. Individuelle Akteure sind sich demnach ihrer Ziele bewusst und können sie für konkrete Handlungen stets benennen. Allerdings wirft eine solche Definition zahlreiche Probleme auf, die bereits von Hradil (1987, S. 142) benannt wurden: „Menschen können sich irren über die Folgen ihrer Bestrebungen, verfolgen unbedacht oft Nebensächliches mehr als Wichtiges, unterliegen fremden Ideologien und eigenen Rationalisierungen, sind von Traditionen gelenkt, haben ihre Ziele resignativ eingeschränkt oder aus Unkenntnis bestimmte Lebensziele nie entwickelt".

Hradil schlägt deshalb eine Definition vor, die auf gesellschaftlich akzeptierte Interessen abstellt und gleichzeitig einen Wandel der Interessenlage auf lange Sicht zulässt. Demnach sind nur solche Lebensziele relevant, „die sich im Prozeß der politischen Willens-

---

[1] Man beachte die unterschiedliche Bedeutung von Handlungszielen und Lebenszielen. Handlungsziele sind eher kurzfristige, situationsbezogene Ziele einer (einmaligen) Handlung. Unter Lebenszielen sind dagegen eher langfristige, über viele Handlungen bestehende Ziele der Lebensgestaltung zu verstehen. Aufgrund des hohen Abstraktionsgrades des Handlungsmodells fällt diese Unterscheidung jedoch nicht ins Gewicht.

bildung relativ durchgesetzt haben und in Form von ‚offiziellen' oder ‚quasi-offiziellen' Verlautbarungen greifbar sind" (Hradil 1987, S. 143). Problematisch an dieser Definition ist der Bezug zur gesellschaftlichen Öffentlichkeit. Handlungsziele der Privatsphäre bleiben dem politischen Diskurs verborgen. „Es besteht der Verdacht, dass keine zureichenden Informationen über das ‚wahre' bzw. ‚wirkliche' Spektrum von Lebenszielen in die Öffentlichkeit gelangen, dass stattdessen Moden, zufällige Thematisierungen etc. den Prozeß der öffentlichen Auseinandersetzung bestimmen" (Hradil 1987, S. 143). Ebenso sind keineswegs alle Bevölkerungsgruppen an der politischen Willensbildung beteiligt. Randgruppen werden oftmals nicht gehört, weil ihnen eine Stimme fehlt. Es sind eher einflussreiche Gruppen, die ihre Interessen gegenüber anderen Bevölkerungsgruppen durchsetzen und damit bestimmen, welche Lebensziele zu verfolgen sind.

Eine dritte Definition ist auf theoretisch begründete, und damit gleichsam auf objektive Handlungsinteressen gerichtet. Ein verbreitetes Modell ist die fünfstufige Bedürfnispyramide von Maslow (1989). Seine allgemein-menschlichen Grundbedürfnisse beginnen bei den physiologischen Bedürfnissen (Nahrung, Schlaf, sexuelle Betätigung) und gehen über Sicherheitsbedürfnisse (Stabilität, Geborgenheit), soziale Bedürfnisse (Liebe, Zuneigung), Bedürfnisse der Selbstachtung und Achtung hin zu Bedürfnissen nach Selbsterfüllung und Selbstverwirklichung. Diese Bedürfnispyramide ist für die Erklärung von Erwerb und Nutzung sozialen Kapitals einerseits zu komplex und andererseits zu sehr auf physiologische und psychologische Bedürfnisse ausgerichtet, die nur in geringem Maße soziologisch anschlussfähig sind.

Für das Sozialkapital-Modell wird eine weitere Variante berücksichtigt, nämlich das Konzept der sozialen Produktionsfunktionen (Lindenberg 1989, 1990). Weil letztlich jedes Handeln der Versuch der Sicherung von Ressourcen, Ereignissen, Zuständen, Eigenschaften, Gütern und Leistungen ist, um die Reproduktion des Organismus zu gewährleisten, und damit ein Nutzen verbunden ist, kann allgemein Handeln als Nutzenproduktion aufgefasst werden (Esser 1999, S. 86). Die Nutzenproduktion hängt für alle individuellen Akteure prinzipiell von zwei universellen Bedürfnissen bzw. Handlungszielen ab: physisches Wohlbefinden und soziale Anerkennung (Esser 1999, S. 92; Stigler und Becker 1977; auch Granovetter 1992; Lin 2001, S. 45 f.).

„Das Bedürfnis nach physischem Wohlbefinden leitet sich aus den Bedingungen zur Sicherung der biologischen Reproduktion des menschlichen Organismus ab" (Esser 1999, S. 93). Gemeint ist damit in erster Linie, dass man Hunger und Durst stillen, ein Unterkommen und manch anderes mehr haben muss, um als menschlicher Organismus zu funktionieren. Damit ist das Interesse am physischen Wohlbefinden ein natürliches Bedürfnis für alle Menschen. Physisches Wohlbefinden wird aber nicht nur als nackte Existenzsicherung, sondern auch als materieller Wohlstand begriffen. In den entwickelten westlichen Gesellschaften wird dieser maßgeblich durch den Bezug von Erwerbs- oder Transfereinkommen oder durch Vermögen erreicht. Jeder Mensch ist bestrebt, ökonomischen Wohlstand zu erreichen, weil er damit wertvolle Konsumgüter verbrauchen, zahlreiche Dienstleistungen beziehen und ausgedehnte Freizeitaktivitäten ausführen kann, die ihm ein angenehmes Leben bescheren und damit sein physisches Wohlbefinden steigern (Frank 1990; Lindenberg 1993).

Soziale Anerkennung oder Wertschätzung „entsteht aus einer speziellen anthropologischen Besonderheit: Aus der Weltoffenheit des Menschen. Alle Menschen bedürfen dringend und ununterbrochen der Gewinnung von sozial vermittelter Handlungssicherheit, weil es eine genetische Steuerung seines Handelns und seiner Orientierungen in ausreichendem Maße nicht gibt" (Esser 1999, S. 94). Status, Zustimmung, Reputation, Prestige, Respekt, Ehre, Achtung und Würde sind zahlreiche Beispiele für dieses Handlungsziel (Lindenberg 1993, S. 10 f.). Soziale Anerkennung ist erstrebenswert, weil Akteure auf eine soziale Steuerung und Bestätigung ihres Verhaltens angewiesen sind (Esser 1993, S. 161).

Das Zusammenspiel von Ressourcen und den beiden Handlungszielen wird von Bourdieu (1983b) begründet, der sich seinerseits auf Weber bezieht, bei dem die rein soziale Ordnung des Standes, also die Verteilung des Sozialprestiges, je nach Art der Gesellschaften schwächer oder stärker von der ökonomischen Ordnung abhängt. Webers Trennung von Klasse und Stand bringt die konzeptionelle Trennung von Gesellschaft und Kultur zum Ausdruck. Weber unterscheidet „Klassenlage", die ökonomisch nach „Marktchancen" definiert ist, und „ständische Lage", der durch die „Stellung" in der Hierarchie von Ehre und Prestige definiert ist. Als „ständische Lage" bezeichnet Weber „jede typische Komponente des Lebensschicksals von Menschen, welche durch eine spezifische, positive oder negative, soziale Einschätzung der Ehre bedingt ist, die sich an irgendeine gemeinsame Eigenschaft knüpft." (Weber 1990, S. 534). Diese ständische Ehre zeigt sich in seiner/ihrer „Lebensführung", die bestimmte Handlungen zulässt oder sanktioniert.

Bourdieu (1983b, S. 59) selbst spricht von der eigenen Logik symbolischer Beziehungen, die als ein separates vom physischen Wohlbefinden losgelöstes Handlungsziel der sozialen Anerkennung interpretiert werden kann. Die Position in der Sozialstruktur geht mit symbolische Beziehungen und Unterscheidungszeichen der Mitglieder einer Klasse einher – Bourdieu schreibt auch von symbolischer Verdopplung der Positionswerte (Bourdieu 1983b, S. 58). Die Stellung in der Sozialstruktur symbolisieren z. B. Kleidung, Sprache, Manieren, Geschmack und Bildung. Welche Symbole Unterscheidungen und entsprechende Positionszugehörigkeiten vornehmen, ist raum-zeitlichen Schwankungen unterworfen (Mode, technische Gegenstände). Bei symbolischen Zielen geht es nicht ausschließlich um den Besitz von Ressourcen, sondern um die Art, sie zu verwenden und als Mittel der Distinktion einzusetzen. Die Form einer Handlung oder eines Gegenstandes tritt auf Kosten ihrer Funktion in den Vordergrund. „Fundament der symbolischen Auseinandersetzungen um Sein und Schein [...] bildet das durch die Logik der symbolischen Äußerung vermittelte Moment an Freiheit gegenüber der jeweiligen Soziallage" (Bourdieu 1982, S. 392). Sprache, Kleidung, Geschmack und lebensstiltypische Verhaltensweisen sind symbolische Äußerungen, die Distinktionen zwischen Klassen, Schichten und Lagen bewirken. Das Verhältnis zwischen symbolischem Kapital einerseits und ökonomischem, kulturellem und sozialem Kapital andererseits ist jedoch ambivalent. Vermögen (ökonomisches Kapital) und Bildungstitel (kulturelles Kapital) sind Formen des symbolischen Kapitals, sobald sie von Mitgliedern einer Gesellschaft anerkannt werden. Soziales Kapital ist symbolisches

3.2 Grundelemente der Handlung im Sozialkapital-Modell

Kapital, weil es per Definition auf wechselseitige Anerkennung angewiesen ist. Symbolisches Kapital dient der sozialen Legitimierung der ungleich verteilten Kapitalarten. „Alle drei ‚ursprünglichen' Kapitalsorten begründen insgesamt das Ansehen, den guten Ruf, das Renommee, das Prestige einer Person in einer Gesellschaft und bestimmen somit seinen Rang in der Hierarchie" (Joas und Knöbl 2004, S. 540). Anders als bei Bourdieu werden Darstellung, Wahrnehmung und Anerkennung, materieller, finanzieller, personaler, positionaler und sozialer Ressourcen nicht als symbolisches Kapital, sondern als Handlungsziel konzipiert. Die symbolische Dimension des Einsatzes von Ressourcen in Handlungen bezeichnet die Chancen, die zur Gewinnung und Erhaltung von sozialer Anerkennung und sozialem Prestige führen. So kann etwa aus Legitimierung des kulturellen Kapitals soziale Anerkennung gewonnen werden. Ein anderes Beispiel wäre Sponsoring, das dem Besitzer von ökonomischem Kapital zu sozialer Wertschätzung verhilft.

Diese beiden Handlungsziele sind universell und gelten für die Handlungen eines jeden individuellen Akteurs.[2] Beide Bedürfnisse können auf vielen verschiedenen Wegen verfolgt und erreicht werden; zumeist müssen die Akteure etwas tun.[3] Was sie tun, ist aber oftmals begrenzt und kulturell geregelt. Es gibt eine gesellschaftliche Definition darüber, in welchem Maße Ressourcen, Eigenschaften, Güter, Leistungen und Ereignisse zu physischem Wohlbefinden und sozialer Anerkennung führen. Die Wahl zwischen diesen Wegen ist durch soziale Positionen in der Sozialstruktur, insbesondere durch die Kapitalausstattung des Akteurs, bestimmt. Lindenberg nennt die unterschiedlichen Wege soziale Produktionsfunktionen; bei Esser geht es um die Produktion von primären Zwischengütern, die unmittelbar für die Produktion von physischem Wohlbefinden und sozialer Anerkennung geeignet sind (Esser 1999, S. 97 ff.). Soziale Produktionsfunktionen sind standardisierte Handlungsprozeduren, die ausgeführt werden, um ein oder beide Hauptziele zu erreichen (Lindenberg 1993, S. 11). Das physische Wohlbefinden vereint die instrumentellen Handlungsinteressen, die sich im Streben nach materiellem Wohlstand, Luxus und Reichtum und dem Vermeiden von Armut manifestieren. Soziale Anerkennung subsumiert dagegen die expressiven Handlungsinteressen. In der Verfolgung dieses Handlungszieles suchen Akteure nach Respekt, Bewunderung, Zustimmung, Wertschätzung,

---

[2] Durch die Befriedigung der Bedürfnisse nach physischem Wohlbefinden und sozialer Anerkennung wird ein Nutzen für den menschlichen Organismus erzeugt. Es wird angenommen, dass die Produktionsfunktion für den Nutzen des menschlichen Organismus – die Nutzenfunktion – für alle Menschen prinzipiell gleich verläuft, d. h. dass für alle Menschen die gleiche Effizienz der Produktionsfunktion unterstellt wird. Individuelle Differenzen vom allgemeinen Funktionsverlauf ergeben sich nur zufällig. Die Produktionsfunktion erzeugt nicht nur Nutzen im positiven Bereich (pleasure, Vergnügen), sondern auch Schaden im negativen Bereich (pain, Entbehrungen) durch physisches Missbehagen und soziale Missachtung. Zudem ist der Verlauf der Produktionsfunktion nicht linear, sondern folgt dem Gesetz der Sättigung bzw. dem abnehmenden Grenzertrag (Esser 1999, S. 95 ff.).
[3] Die beiden Bedürfnisse stehen in keinem Hierarchieverhältnis zueinander. Beide Bedürfnisse müssen möglichst simultan bedient werden. Es ist immer das Bedürfnis zu befriedigen, das relativ am wenigsten erfüllt ist. Einzige Ausnahme ist der Fall extremer Unterversorgung physischen Wohlbefindens, z. B. bei Hunger, Durst oder Krankheit (Esser 1999, S. 128 ff.; Maslow 1989).

Zuneigung sowie Sympathie und vermeiden Vernachlässigung, Vereinsamung, Ausgrenzung sowie Verachtung.

Soziale Produktionsfunktionen unterscheiden sich in den eingesetzten Mitteln und deren Effizienz. Es ist eine Frage der Passung von Handlungssituation und dem gewählten Weg der Bedürfnisbefriedigung. Ein primäres Zwischengut, etwa der direkte Kontakt zu einer bestimmten, bekannten Persönlichkeit, kann in einer Handlungssituation von Vorteil sein und Achtung hervorrufen, in einer anderen überhaupt nichts bewirken und in einer dritten vor allem Missbilligung erzeugen. Soziale Regeln „steuern die situationsspezifische Effizienz der sozialen Produktionsfunktionen" (Esser 1999, S. 101). „Die Grundlage für die Geltung und die Effizienz ganz bestimmter primärer Zwischengüter sind – ganz allgemein gesehen – die Institutionen der Gesellschaft und der damit jeweils verbundene kulturelle Bezugsrahmen des Handelns" (Esser 1999, S. 103). Die wichtigsten der schier unendlichen primären Zwischengüter sind „um die soziale Differenzierung der Gesellschaft herum organisiert" (Esser 1999, S. 104). Ein Akteur ist vor allem an den Ressourcen interessiert, die mit hoher Effizienz die beiden allgemeinen Bedürfnisse befriedigen. Anders als die beiden Grundbedürfnisse beziehen sich die Interessen an wertvollen effizienten Ressourcen auf die äußere Umgebung eines Akteurs; sie sind nicht allgemein, sondern gesellschaftlich und historisch spezifisch (Esser 1999, S. 126).

Aber die für die Herstellung physischen Wohlbefindens und sozialer Anerkennung wichtigen primären Zwischengüter müssen unter Einsatz knapper Ressourcen wie Energie, Zeit, eigenen Fähigkeiten und auf Märkten erworbenen Gütern und Leistungen erst noch produziert werden. Mit anderen Worten unterliegen die primären Zwischengüter selbst wiederum einer sozialen Produktionsfunktion, für die ebenfalls die Annahmen eines monoton steigenden Verlaufs, negativer Erträge, eines abnehmenden Grenzertrags und der Unterschiede in der Effizienz gelten. Zur Erklärung menschlichen Handelns gehören „die materielle Infrastruktur und darüber auch die technisch bedingten relativen Preise für die Mittel, die benötigt werden, um die primären Zwischengüter zu erzeugen" (Esser 1999, S. 106). Mit Knappheiten und relativen Preisen der Zwischengüter ändern sich die Interessen und Präferenzen der Akteure. Welche Ressourcen, Objekte, Eigenschaften, Ereignisse, Güter und Leistungen primäre Zwischengüter und damit primär interessante Sachverhalte sind, ist gesellschaftlich definiert. Mit ihnen ist ein systematisches Streben aller Akteure einer Gesellschaft verbunden. Um diese Ressourcen entsteht ein Bewertungssystem, das von allen Gesellschaftsmitgliedern geteilt wird (Esser 1999, S. 111).

Für das Sozialkapital-Modell wird angenommen, dass Ego sowohl an physischem Wohlbefinden als auch an sozialer Anerkennung interessiert ist. In den Handlungen mit den Alteri mischen sich wirtschaftliche und soziale Interessen. Die Hilfsbereitschaft Alters wird nicht durch ein rein ökonomisches Motiv sichergestellt. Erwerb und Nutzung sozialen Kapitals sind nicht unabhängig von der zwischenmenschlichen Beziehung der Austauschpartner. Die sozialen Beziehungen zwischen Ego und seinen Alteri haben materielle und symbolische Aspekte, die untrennbar miteinander verknüpft sind. Sie können nur aufrechterhalten bleiben, wenn diese Verknüpfung erkennbar bleibt (Bourdieu 1983a, S. 191). Grundsätzlich unterschiedlich sind aber die Interessen und sozialen Produktionsfunktionen in den beiden Teilphasen sozialen Kapitals. Sozialkapital ist in der Erwerbsphase ein primäres Zwischengut oder das Ziel der sozialen Produktionsfunktion: ein Hilfenetzwerk zu haben, stellt für die meisten Menschen einen Wert an sich dar. Dagegen ist Sozialkapital in der Verwertungsphase ein indirektes Zwischengut oder ein Mittel für eine soziale Produktionsfunktion: ein Mittel, das zur Verfügung steht und für die Produktion eines primären Zwischengutes eingesetzt werden kann. Das Netzwerk persönlicher Beziehungen Egos soll sowohl instrumentelle Hilfen als auch emotionale Unterstützung bereitstellen.

Die Annahme von zwei universellen, objektiven Handlungszielen bzw. Interessen, aus denen sich soziale Produktionsfunktionen ableiten lassen, hat mehrere Vorteile. Erstens unterliegt diese Annahme einer stärkeren theoretischen Systematisierung und Begründung als es bei den subjektiven und gesellschaftlich akzeptierten Interessen der Fall ist. Zweitens ist diese Annahme für ein Sozialkapital-Modell geeignet, das nach der Methode der abnehmenden Abstraktion erstellt wird. Auf Basis der universellen, abstrakten Handlungsziele lassen sich in weiteren Schritten der Modellentwicklung gehaltvollere, realistischere Annahmen aufstellen. Drittens werden subjektive und gesellschaftlich akzeptierte Interessen durch die beiden universellen Handlungsziele gestützt. Dies ermöglicht schließlich, dass auf einer realitätsnäheren Ebene der Modellentwicklung subjektive Interessen und gesellschaftlich akzeptierte Handlungsziele durchaus eine Rolle spielen können.

3.2.3 Kontrolle über Ressourcen: Handlungsmöglichkeiten

Akteure können ihre Interessen nur dann verfolgen, wenn sie Kontrolle über die Ressourcen ausüben, die zu den Handlungszielen führen. Kontrolle meint den eigenen, frei verfügbaren Besitz an Ressourcen und die Rechte über das Geschehen von Ereignissen, insbesondere im Moment des Handelns (vgl. Coleman 1995, S. 34 ff.; Esser 1999, S. 140 ff.). Eine einfache strukturelle Tatsache bewirkt nun, dass Akteure nicht als atomisierte Individuen existieren und nur Kontrolle über die eigenen Ressourcen ausüben ohne andere zu beeinflussen. In den meisten Fällen haben Akteure nämlich nur teilweise oder gar keine Kontrolle über die Ressourcen, an denen sie ein großes Interesse haben, bzw. die Ausübung von Kontrolle über eigene Ressourcen und Ereignisse hat Auswirkungen auf andere Akteure.[4] Dies trifft auf alle Handlungen im Sozialkapital-Modell zu, weil die soziale Beziehung zwischen Ego und Alter in den Mittelpunkt rückt. Die Grundlage von Erwerb und Nutzung sozialen Kapitals ist die wechselseitige Kontrollübertragung von Ressourcen. Die Handlungsmöglichkeiten Egos ergeben sich aus den Kontrollübertragungen für Ressourcen, das heißt aus den sozialen Austauschhandlungen mit den Alteri.

Die Handlungen des Sozialkapital-Modells involvieren, dass Ego einen anderen Akteur als Tauschpartner suchen und finden muss, der nicht nur die Ressource kontrolliert, an

---

[4] Handlungen Egos, in denen er bereits Kontrolle über die ihn interessierende Ressourcen oder Ereignisse ausübt und die keine Auswirkungen auf andere Akteure haben, sind soziologisch bedeutungslos.

der Ego interessiert ist, sondern der auch an Egos zum Tausch angebotenen Ressourcen interessiert ist, also an seinen Ressourcen, die er als Mittel zum Erhalt der ihn eigentlich interessierenden Ressource einsetzen kann. Dieses Interesse des Tauschpartners muss zudem stärker sein als sein Interesse an der eigenen, von Ego nachgefragten Ressource. Damit unterliegen die Handlungsmöglichkeiten ernsthaften Einschränkungen, so dass es fraglich ist, ob die Austauschhandlung überhaupt zustande kommt. Egos Handlungsmöglichkeiten ergeben sich aus seiner Ressourcenausstattung und der Nachfrage nach diesen Ressourcen bei den Alteri. Ego muss für einen Austausch über die von Alter nachgefragten Ressourcen in ausreichendem Maße verfügen. Umfang, Bandbreite und Nachfrage nach seinen Ressourcen erlegen ihm Restriktionen auf, die seine Handlungsmöglichkeiten ernsthaft einschränken können. Ist Alter höchstens geringfügig an den von Ego angebotenen Ressourcen interessiert, wird es allein aufgrund dieser Tatsache nicht zur Handlung kommen. Damit wird deutlich, dass strukturelle Charakteristiken den Handlungsausgang beeinflussen. Im vierten Kapitel wird die Strukturkomponente des Sozialkapital-Modells ausführlich diskutiert. Dort werden noch weitere strukturelle Einschränkungen des Handlungsspielraums besprochen.

Mit dieser abstrakten Darstellung der Grundelemente einer Handlung ist der Ausgangspunkt zur Modellierung des Aufbaus und der Nutzung sozialen Kapitals beschrieben. Im Modell gibt es mit Ego und seinen Alteri Akteure, die jeweils eigene Ressourcen kontrollieren. Hauptsächlich ökonomisches, personales, positionelles, soziales Kapital und Zeit gehören unter anderem zu diesen Ressourcen. Die Akteure verfolgen Interessen, die sich auf physisches Wohlbefinden und soziale Anerkennung zurückführen lassen. Um diese Interessen zu befriedigen, müssen sie Ressourcen und Kapitalien kontrollieren. Da meistens nicht alle zur Interessenbefriedigung benötigten Ressourcen bzw. Kapitalien von Ego kontrolliert werden, muss Ego mit anderen Akteuren Ressourcen austauschen.

3.3 Die Handlung im Sozialkapital-Modell

3.3.1 Handlung und Handlungsoptionen: Ressourcenaustausch

In diesem Abschnitt wird der Ressourcenaustausch als handlungstheoretische Grundlage des Sozialkapital-Modells diskutiert. Ausgehend vom abstrakten Ressourcenaustausch zwischen Akteuren wird die Handlungskomponente schrittweise durch eine Reihe von Präzisierungen, besonderen Charakteristiken und realistischeren Darstellungen des Ressourcenaustauschs angereichert. Will Ego seine Interessen verfolgen, wird er oftmals Ressourcen benötigen, die andere Akteure teilweise oder vollständig kontrollieren. Diese Situation erfordert einen Ressourcenaustausch zwischen Ego und anderen Akteuren. Neben dem dyadischen Ressourcenaustausch zwischen Ego und einem anderen Akteur gibt es zahlreiche kollektive Handlungen, an denen mehr als zwei Akteure beteiligt sind und ein gemeinsames Ziel verfolgen. Mit Bezug zum sozialen Kapital können das beispielsweise informelle Spareinrichtungen (rotating credit associations), Bürgerinitiativen oder

3.3 Die Handlung im Sozialkapital-Modell

gemeinsame Partys sein. Die Akteure der sozialen Handlung werden Ressourcen, die sie zwar kontrollieren, an denen sie aber weniger interessiert sind, gegen die Kontrolle über Ressourcen, an denen sie stark interessiert sind, austauschen. Sobald Ego im Besitz der ihn interessierenden Ressourcen ist, kann er entsprechend seinen Interessen Kontrolle über die betreffenden Ressourcen ausüben. Es ist anzunehmen, dass die Akteure freiwillig handeln, wenn aus dieser Situation eine beiderseitige Wohlfahrtssteigerung resultiert (Blau 1964, S. 91 f.).[5]

Ein entscheidender Punkt für die Modellierung von Erwerb und Nutzung sozialen Kapitals liegt im wiederholten freiwilligen Ressourcenaustausch der beteiligten Akteure. Dies ist typischerweise in sozialen Beziehungen der Fall, nicht aber im Marktaustausch. Anonyme Märkte sind nicht sozialkapitalfähig. Idealtypisch ist ein Marktwettbewerb von Austauschhandlungen geprägt, deren Akteure keine gemeinsame Vergangenheit und keine gemeinsame Zukunft haben. Üblicherweise werden auf einem Markt Ressourcen zwischen zwei Akteuren direkt und unmittelbar ausgetauscht, wobei als Gegenleistung eine Bezahlung (Geld) oder eine andere Ressource, wie Eigentumsrechte, Konsumgüter, Dienstleistungen, Einrichtungsgegenstände oder Kulturgüter, möglich sind. Beispiele sind der Kauf von Möbelstücken, Kleidung, Eintrittskarten oder eines Buchs. Der marktförmige Austausch ist von Effizienzkriterien geprägt. Durch die Zahlung des Marktpreises entledigen sich die Akteure aller Schuld. Weitere Verpflichtungen entstehen darüber hinaus nicht. Zudem werden im marktförmigen Ressourcenaustausch keine weiteren zukünftigen Transaktionen anvisiert.

Diese Anonymität wird in freiwilligen Beziehungen zwischen Ego und Alter aufgegeben. Dadurch kann sich soziales Kapital entfalten. Soziales Kapital basiert auf einer Kenntnis der Vergangenheit und einer Erwartung über das zukünftige Verhalten der Austauschpartner.[6] Gegenseitiges Kennen und Anerkennen ist Voraussetzung und Ergebnis des Austauschs (Bourdieu 1983a, S. 192). Die Aufgabe der Anonymität erlaubt zudem eine zeitliche Verzögerung der wechselseitigen Austauschleistungen von Ego und Alter. Für die Modellierung der Handlungsalternativen Egos im Sozialkapital-Modell kommen deshalb die Akteure des sozialen Systems in Betracht, zu denen entweder eine soziale Beziehung aufgebaut werden soll (Erwerb) oder bereits etabliert ist (Nutzung). Dies ist eine fundamentale Differenz zum ökonomischen Austausch: Auch wenn die Grundlage der sozialen

---

[5] Weesie und Kollegen (1991) entwickeln ein abstraktes theoretisches Modell des Austauschs in Netzwerken, das sich explizit auf soziales Kapital bezieht. Es involviert ein System von Akteuren, die eine eindimensionale Ressource (die Zeit, die man mit einem Akteur verbringt) austauschen. Ein ähnliches Austauschmodell, das sich ebenfalls auf ein System von Akteuren bezieht und sich auf resultierende Statusunterschiede konzentriert, entwickelt Braun (1997).

[6] Vererbungen, die typischerweise die Übertragung von Ressourcen wie physische Gegenstände, Immobilien und finanzielle Mittel auf Nachfahren umfassen (Szydlik 2004), werden als eine mögliche Form des Ressourcenaustauschs aufgrund der Zukunftsunfähigkeit der sozialen Beziehung ausgeschlossen. Zudem ist Vererbung keine Form des Austauschs in dem Sinn, dass Ego zu einem bestimmten Zeitpunkt Ressourcen unter seine Kontrolle bringen kann, die ihn interessieren.

Handlung der Ressourcenaustausch ist, sind die Handlungsoptionen immer Ressourcenbündel repräsentierende Akteure einer sozialen Beziehung.

Eine weitere bedeutende Charakteristik des Ressourcenaustauschs im Sozialkapital-Modell ist die soziale Bindung, die im wiederholten Austausch von Beziehungen involviert sein kann und die erst diffusen Austausch ermöglicht. Soziale Bindung beruht auf intimer Kenntnis voneinander, als unmittelbare Anteilnahme, Sympathie und Empathie. Der Grad der sozialen Bindung einer Beziehung nimmt von der Vergemeinschaftung zur Vergesellschaftung ab. Weber (1990, S. 21) definiert mit Vergemeinschaftung eine soziale Beziehung, die auf subjektiv gefühlter Zusammengehörigkeit der Beteiligten beruht. Vergesellschaftung meint dagegen eine soziale Beziehung, die auf rational motiviertem Interessenausgleich oder Interessenverbindung beruht.[7] Beispielsweise sind Familienkreise oder Freundeskreise Vergemeinschaftungsformen mit sozial verbindenden Beziehungen zwischen den Familienmitgliedern respektive Freunden. Im Gegensatz dazu sind etwa betriebliche Organisationen Vergesellschaftungsformen mit zweckgerichteten Beziehungen zwischen Arbeitgeber und Arbeitnehmern. Beide Formen sind als Idealtypen konstruiert; empirisch hat „die große Mehrzahl der sozialen Beziehungen aber [...] teils den Charakter der Vergemeinschaftung, teils den der Vergesellschaftung" (Weber 1990, S. 22). Für die soziale Bindung einer Beziehung ist bedeutsam, dass Vergemeinschaftung auf affektueller, emotionaler oder traditionaler Grundlage beruhen kann und voraussetzt, dass Akteure der sozialen Beziehung ihr Verhalten aneinander orientieren (Weber 1990, S. 22). Die soziale Bindung der Beziehungen wird im Sozialkapital-Modell insofern berücksichtigt, als dass Ego auch die Handlungskonsequenzen für Alter einkalkuliert (Coleman 1978, S. 81).

Die Übertragung sozialer Ressourcen über sozial bindende Beziehungen bedeutet zugleich, dass soziales Kapital nicht zu den gleichen Konditionen wie ein beliebiges Marktgut erhältlich ist. Statt auf einem mehr oder weniger expliziten, formalen Vertrag zwischen Ego und Alter, der die genauen Arten und die genauen Mengen der auszutauschenden Ressourcen sowie den Zeitpunkt oder den Zeitplan des Austauschs festlegt, basieren die sozial bindenden Beziehungen sozialen Kapitals auf einer mehr oder weniger impliziten, informellen und diffusen Verpflichtung zu einer Gegenleistung, für eine gewährte Übertragung der Kontrolle von Ressourcen durch Ego (vgl. Blau 1964, S. 93). Hierbei erfolgt die Vorleistung Egos gegen eine unbestimmte Gegenleistung zu einem unbestimmten späteren Zeitpunkt. Es werden weder die Arten, noch die genauen Mengen sowie der Zeitpunkt oder der Zeitplan der Übertragung der Kontrolle von Ressourcen durch Al-

---

[7] Weber bezieht sich auf die Gemeinschafts-Gesellschafts-Dichotomie von Tönnies (1920). In einer Gemeinschaft sind Menschen in organischer Weise bejahend gewollt miteinander verbunden. Gemeinschaft ist den Akteuren erlebter Zweck, den zu erreichen sie sich selbst als Mittel verstehen. Sie ist sozial motiviert und basiert auf einer gegenseitig-gemeinsamen, verbindenden Gesinnung. In Tönnies' Konzeption (1920, S. 16) reproduziert sich der Glaube an die Gemeinschaft durch soziale, gemeinschaftsbezogene Handlungen. Gesellschaft bildet hierzu den Gegenpol einer Menge von Individuen, die zwar ebenfalls in zahlreichen bejahend gewollten Verbindungen zueinander stehen, aber doch unabhängig voneinander und ohne gegenseitige innere Einwirkungen bleiben (Tönnies 1920, S. 43). Diese Verbindungen sind Mittel zum Erfolg ihrer individuellen Ziele.

3.3 Die Handlung im Sozialkapital-Modell

ter im Einzelnen festgelegt. Dieser diffuse Austausch gründet somit auf der Übertragung eigener Ressourcen gegen ein implizites „Versprechen" zur zukünftigen Gegenleistung.[8] Aus diesem zeitlichen Verzug der Handlungen erwachsen somit weitere Verpflichtungen. Diese Form des Ressourcenaustauschs ist nur innerhalb von sozialen Beziehungen zwischen Ego und Alter möglich. Soziales Kapital basiert auf der Reziprozitätsnorm (Adloff und Mau 2005; Diekmann 2004; Gouldner 1960; Stegbauer 2002). Diese Norm erfordert, dass man sich dankbar zeigt, indem erhaltene Ressourcen möglichst gleichwertig erwidert werden. „Specifically, I suggest that a norm of reciprocity, in its universal form, makes two interrelated, minimal demands: 1) people should help those who have helped them, and 2) people should not injure those who have helped them" (Gouldner 1960, S. 171). Es besteht somit lediglich die Erwartung in Ego bzw. die Verpflichtung für Alter in Zukunft irgendeine Gegenleistung zu erbringen (Coleman 1988, S. S 102).[9] Alter gerät in die Schuld Egos (vgl. Blau 1976, S. 115).[10] Beispiele für den diffusen Ressourcenaustausch in sozial bindenden Beziehungen sind Informationen über Stellen- oder Wohnungsangebote, instrumentelle Unterstützung im Haushalt oder finanzielle Unterstützung. Die Vor- und Gegenleistungen von Ego und Alter können sich aber gegenseitig verschränken. Beispiele, in denen beide Interaktionspartner gleichzeitig ihre Ressourcen einbringen und somit der Ressourcenaustausch in beide Richtungen verläuft, sind das gemeinsame Besprechen von persönlichen Angelegenheiten, das Diskutieren politischer Standpunkte oder das gesellige Verbringen von Freizeit.

Im diffusen Ressourcenaustausch avanciert das implizite Gegenleistungsversprechen zu einer generalisierten, mehr oder weniger universell einsetzbaren, aber nur innerhalb der sozialen Beziehung anerkannten Verrechnungseinheit.[11] Ein Versprechen wird in der Erwerbsphase sozialen Kapitals erarbeitet und in der Verwertungsphase eingelöst. Das implizite Versprechen wird zum Bindeglied zwischen den zeitlich verzögerten Austauschhandlungen.[12] Allerdings bleibt die universelle Einsatzfähigkeit des Versprechens zumeist

---

[8] Das implizite Versprechen ist keine empirische Beschreibung realer Handlungen, sondern dient der Verbindung zwischen scheinbar uneigennützigen Leistungen zu verschiedenen Zeitpunkten zwischen Ego und Alter in der theoretischen Modellierung.

[9] Ressourcen, die über sozial bindende Beziehungen ausgetauscht werden, haben aus der Perspektive des Empfängers den Charakter eines Geschenks (Offe 2002, S. 273 f.; Portes 1998, S. 5).

[10] Es sei nochmals betont, dass diese Darstellung aus der Perspektive Egos erfolgt. Wenn zunächst Alter die Kontrolle seiner Ressourcen an Ego überträgt, und Ego damit zu einer unspezifizierten Gegenleistung verpflichtet wird, entspricht dies ebenso dem Sozialkapital-Modell. Mit anderen Worten ist es für das Prinzip des Ressourcenaustauschs belanglos, welcher der beiden Akteur in Vorleistung geht.

[11] Im einmaligen ökonomischen Austausch ist Geld das Pendant zum Versprechen. Viele Geldformen sind prinzipiell nichts anderes als Versprechen, allerdings von dritten (korporativen) Akteuren, die eine Zentralinstanz darstellen. Beispielsweise ist dies bei Kreditkarten das kartengebende Institut und beim Papiergeld die Notenbank.

[12] Damit entfällt die Notwendigkeit des Naturalientauschs, einen Austauschpartner zu finden, der nicht nur die nachgefragte Ressourcen bieten kann, sondern gleichzeitig auch ein Interesse an den als Gegenleistung angebotenen Ressourcen hat (vgl. Coleman 1995, S. 153 ff.).

auf die soziale Beziehung zwischen Ego und Alter beschränkt. Darin wird abermals die wesentliche Beschränkung des sozialen Kapitals auf soziale Beziehungen deutlich. Außerhalb der sozialen Beziehung ist das Versprechen und damit das soziale Kapital wertlos.

Neben der Verrechnungseinheit spielt auch der Charakter der benötigten und gewünschten Ressource für den Austausch im Sozialkapital-Modell eine wichtige Rolle. So sind Ressourcen, die sich leicht in Geld transferieren lassen, eher Bestandteil des ökonomischen Austauschs (wie Wohnungskauf, Autokauf, Schuhreparatur, Bahnfahrt, Computeranschaffung, Bildungserwerb) und Ressourcen, die überwiegend einen sozialen Bezug zum Tauschpartner haben, eher Bestandteil des sozialen Austauschs (beispielsweise tauschen Nachbarn Nahrungsmittel, Kinder tauschen Spielzeug, Kollegen fachliche Unterstützung, Diskutanten Ideen, Hausfrauen Rezepte, Bekannte Höflichkeiten). Es gibt aber auch Überschneidungen. Das kann mit einem Beispiel verdeutlicht werden, bei dem Ego eine bestimmte Summe Geld leihen möchte, die er für eine Anschaffung benötigt. Im ökonomischen Austausch wird er eine kreditgebende Bank als Tauschpartner wählen, mit der ein Kreditvertrag abgeschlossen wird, in dem hauptsächlich die Zinsen und ein Tilgungsplan vereinbart werden. Im sozialen Austausch wird Ego hingegen eine Person wählen, welcher Ego verspricht, das Geld zurückzuzahlen oder eine andere Gegenleistung zu erbringen oder er wählt eine Person, die ihm einen Gefallen schuldet. Die Art des Austauschs hängt also nicht von der von Ego benötigten oder gewünschten Ressource (hier Geld leihen), sondern lediglich von den Begleitumständen des Austauschs (Vertrag versus Verpflichtung) und der Gegenleistung (Geld versus Versprechen) ab.

Eine weitere nützliche Folge der Modellierung von Verpflichtungen und Versprechen in diffusen Austauschhandlungen innerhalb sozialer Beziehungen ist, dass die Trennung der klassischen Kapitaltheorie in Erwerb und Nutzung für das soziale Kapital dargestellt werden kann. Zum Erwerb gehören Austauschhandlungen, die Verpflichtungen gegenüber Ego aufbauen. Zur Verwertung gehören Austauschhandlungen, in denen die Alteri ihre Versprechen gegenüber Ego einlösen. Seine individuelle Wohlfahrt im Sinne physischen Wohlbefindens und sozialer Anerkennung wird erhöht. Resultat der Erwerbsphase ist der Zugang zu sozialem Kapital (access). Dieser Zugang zu sozialem Kapital strukturiert die Situation in der Verwertungsphase sozialen Kapitals. Resultat dieser Phase ist die Mobilisierung (mobilization) des sozialen Kapitals (Lin 2001, S. 82). Diese analytische Trennung ermöglicht eine klare Unterscheidung von Ursache und Wirkung im Sozialkapital-Modell.[13]

---

[13] Gleichwohl muss einschränkend angemerkt werden, dass durch die Verkettung zahlreicher Austauschhandlungen die beiden Aspekte durchmischt werden. In einer sozialen Beziehung fortlaufender Austauschhandlungen findet mit jeder Vorleistung Aufbau (durch Ego) und Nutzung (für Alter) sozialen Kapitals statt. Mit der Gegenleistung sind dann die beiden Aspekte sozialen Kapitals aus Akteurssicht vertauscht, d. h. der Aufbau erfolgt durch Alter und die Verwertung für Ego. Zudem sind soziale Systeme nicht linear und unterliegen komplexen Kausalmechanismen. Das kann dazu führen, dass auf der empirischen Ebene eine Trennung von Ursache und Wirkung nur sehr schwer möglich ist (Adam und Roncevic 2003, S. 167). Es zeigt sich aber, dass durch diese Poolung individueller Ressourcen die Wohlfahrt für beide Akteure gesteigert wird, allerdings zu unterschiedlichen Zeitpunkten.

3.3 Die Handlung im Sozialkapital-Modell

Das soziale Kapital Egos ist die Menge der Ressourcen aller Alteri, zu denen er Zugang hat, das heißt mit denen er relativ dauerhafte soziale Beziehungen unterhält. Sowohl der Zugang zu diesen Ressourcen als auch die Mobilisierung dieser Ressourcen erfolgt über soziale Austauschhandlungen. Zunächst muss Ego eigene Ressourcen in den Aufbau sozialen Kapitals und damit in den Aufbau der sozialen Beziehungen zu den Alteri einbringen. Im Austausch erhält er von den Alteri Versprechen über eine unbestimmte zukünftige Gegenleistung. Über diese Verpflichtungen der Alteri etablieren sich soziale Beziehungen zwischen den Akteuren.[14] Um das soziale Kapital zu nutzen, ist wiederum ein sozialer Austausch erforderlich, weil man nicht direkt über die Ressourcen verfügen kann, sondern lediglich Alter darum bitten kann. Jedoch ist Alter in der sozialen Beziehung mehr oder weniger verpflichtet, der Bitte nachzukommen, da Ego in einem früheren sozialen Austausch Kontrolle über seine Ressourcen an Alter übertragen hat. Der Ressourcenaustausch im Sozialkapital-Modell erzeugt Interdependenzen zwischen den beteiligten Akteuren. Dennoch kann Ego nur mit einer bestimmten Wahrscheinlichkeit über das soziale Kapital verfügen. Der Ressourcenaustausch im Sozialkapital-Modell ist problematisch, weil Ego einen vertrauenswürdigen Beziehungspartner finden muss.

Über das Framing-Konzept lässt sich erklären, wie Akteure erkennen, dass sie im Sinne des sozialen Ressourcenaustauschs und nicht etwa im Sinne des ökonomischen Marktaustausch handeln. Der Begriff Frameanalyse geht auf ein sozio-kognitives Konzept von Goffman (1974) zurück. Frames sind demnach Interpretationsschemata, die es dem Einzelnen als Organisationsprinzip für Alltagserfahrungen ermöglichen, soziale Vorkommnisse und Ereignisse zu kategorisieren und sinnhaft zu interpretieren. Frames sind gesellschaftlich verbreitete und individuell angeeignete kulturelle Muster. Esser (2001) hat das Framing-Konzept als eine Handlungstheorie für alle Handlungstypen weiterentwickelt. Framing ist eine innere Aktivität, die nach Passung von Handlungsroutinen für objektiv wahrnehmbare Eigenschaften einer Situationen sucht. Ein unaufwendiger spontaner kognitiver Vorgang der Mustererkennung aktiviert ein im Gedächtnis gespeicherten Bezugsrahmen. Dieser Frame bildet die Grundlage für der Orientierung des Akteurs in der Situation. Ist ein Frame als passend erkannt worden, wird im Reaktionsrepertoire nach einem passenden Skript für den betreffenden Frame gesucht. In Abhängigkeit von der Passung

---

[14] Die Versprechen, die Ego von den Alteri erhält, können selbst als eine Ressource verstanden werden, die Ego kontrolliert und entsprechend tauschen kann. Die Kontrollübertragung von Versprechen erweitert den direkten dyadischen Austausch zwischen Ego und dem jeweiligen Alter zu einem indirekten Ringtausch. Indirekter Austausch (Ringtausch) funktioniert nur, wenn eine Zentralinstanz vorhanden ist, die überwacht, ob alle beteiligten Akteure ihre Verpflichtungen erfüllen (Ekeh 1974) oder wenn in einem Sozialsystem die Reputationen aller Akteure überwacht werden können und die Akteure für lange Zeit dem System angehören (Raub und Weesie 1990) oder in Sozialsystemen mit hochgradig interdependenten Akteuren und einem hohen Vertrauens- und Solidaritätsniveau (Coleman 1988, 1995). Beispiele für solche Sozialsysteme sind kleine, dichte Netzwerke mit langjähriger Lebensdauer wie etwa Familien, kleine Gemeinschaften, Teams und Arbeitskollektive (Weesie et al. 1991, S. 626). Auch wenn die Untersuchung des indirekten Austauschs von Verpflichtungen ein interessantes und spannendes Forschungsfeld darstellt, liegt die Priorität auf dem dyadischen Austausch zwischen Ego und Alter. Dies vor allem deshalb, weil empirisch weit mehr dyadische Austauschhandlungen als Ringtauschhandlungen zu beobachten sind.

der Frames und Skripts geschehen die beiden inneren Selektionen jeweils in einem unterschiedlichen Modus: Gibt es ein Matching von Handlungsroutine und Situation erfolgt die Handlung ohne systematische Beachtung von Folgen, d. h. allein vergangenheitsbestimmt, als spontan-automatische Aktivierung. Gibt es keine passende Handlungsroutine, wird die Handlung mit systematischer Beobachtung von Folgen als reflexiv-kalkulierend ausgeführt (Esser 2001, S. 261 ff.). Passung „ist immer eine automatische, vom Willen und vom Bewusstsein des Akteurs unabhängige Angelegenheit" (Esser 2001, S. 333), an die „sich freilich unter angebbaren Umständen Prozesse der Reflexion und der ‚rationalen' Entscheidung anschließen können" (Esser 2001, S. 329 f.). Bezogen auf das Sozialkapital-Modell lassen sich die Frames des ökonomischen und des sozialen Ressourcenaustauschs unterscheiden. Reframings als Übergange vom ökonomischen zum sozialen Austausch oder umgekehrt setzen den reflexiv-kalkulierender Modus voraus. Für die Suche nach vertrauenswürdigen Beziehungspartnern stehen verschiedene Skripte zur Verfügung.

3.3.2 Erwartungen über die Handlungskonsequenzen

Da die Handlungsbereitschaft der am Ressourcenaustausch beteiligten Akteure nicht vorausgesetzt werden kann und opportunistische Anreize gegeben sein können, stellen sich die erwarteten Handlungskonsequenzen nicht immer ein. Zudem können von Alter nicht vertretbare Umstände eintreten, die einen Austausch verhindern. Die Annahme, dass die von Ego erwarteten und gewünschten Handlungskonsequenzen mit Sicherheit eintreten, ist im Sozialkapital-Modell höchst unrealistisch. Ego handelt also nicht in einer Situation unter Sicherheit, sondern unter Unsicherheit bzw. Ungewissheit.[15] Die Gefahr des Scheiterns der Austauschhandlung ist aufgrund der Verpflichtungsbasis, des Versprechens als Verrechnungseinheit und insbesondere dem zeitlichen Verzug zwischen Leistung und diffuser Gegenleistung[16] im Ressourcenaustausch besonders hoch.

---

[15] Die Unsicherheit der Handlungskonsequenzen unterteilt man in Risiko, Ungewissheit und Unwissen. Ego handelt unter Risiko, wenn ihm sowohl die Handlungsfolgen einer Handlungsalternative als auch die Eintrittswahrscheinlichkeiten dieser Handlungsfolgen bekannt sind. Zugleich sind aber die bekannten Eintrittswahrscheinlichkeiten kleiner als 1, das heißt die Handlungsfolgen treten nicht mit Sicherheit ein. Diese Wahrscheinlichkeiten können sowohl objektiv bekannt sein (Lotteriegewinn) oder auf subjektiven Schätzungen beruhen (Regenwahrscheinlichkeit). Sie beziehen sich aber immer auf Umweltzustände, die nicht durch menschliches Handeln beeinflusst werden. Ego handelt unter Ungewissheit, wenn ihm zwar die Handlungsfolgen einer Handlungsalternative, aber nicht die Eintrittswahrscheinlichkeiten dieser Handlungsfolgen bekannt sind. Dieser Fall der Unsicherheit ist für das Sozialkapital-Modell relevant, denn die Kooperation von Handlungspartnern ist immer ungewiss. Schließlich sind beim Unwissen weder die Handlungsfolgen noch die Eintrittswahrscheinlichkeiten vollständig bekannt (Müller 1993; vgl. dazu auch Esser 1999, S. 254 f.).

[16] Das Scheitern der Austauschhandlung aufgrund des zeitlichen Verzugs ergibt sich aus der geringeren Bedeutung der Zukunft im Vergleich zur Gegenwart. Zum einen tendieren Akteure dazu, zukünftige Leistungen geringer zu bewerten als gegenwärtige. Zum anderen besteht immer eine von null verschiedene Wahrscheinlichkeit, dass beide Akteure in der Zukunft nicht wieder aufeinander treffen (Flap 1999, S. 9).

Einer der wichtigsten Gründe für das Scheitern einer Austauschhandlung liegt in den Anreizen zum opportunistischen Handeln, die sich den Akteuren in jeder Tauschhandlung bieten (vgl. Abschn. 1.3). Zum opportunistischen Handeln gehört, die Kontrollübertragung der eigenen Ressourcen nur in qualitativ und/oder quantitativ geminderter Form, nur verzögert oder gar nicht auszuführen. Im Sozialkapital-Modell unterliegen sowohl Ego als auch Alter opportunistischen Anreizen. Sie können vereinbarte materielle und immaterielle Hilfen zurückhalten, minderwertige Gegenstände dem Handlungspartner zur Verfügung stellen oder gar Fehlinformationen bereitstellen. Eine subtile Form ist das Aufdrängen von Unterstützungsleistungen, um eine bewusste, ausnutzbare Abhängigkeit des Handlungspartners zu erzeugen. Ferner haben beide Akteure die Möglichkeit aufgrund der privaten Informationen, die sie im persönlichen, intimen Umgang miteinander erhalten, den Handlungspartner gegenüber Dritten zu diskreditieren.

Neben den opportunistischen Anreizen, die sich prinzipiell in jeder Austauschhandlung bieten, birgt gerade die Offenheit des sozialen Austauschs, insbesondere der nicht näher spezifizierte Zeitpunkt der Verpflichtungseinlösung, hohe Ungewissheit über die Handlungsfolgen für beide Akteure. Dies gilt insbesondere für die Austauschhandlungen im Sozialkapital-Modell, weil es in der Natur des Versprechens liegt, eine unbestimmte Gegenleistung zu erbringen, und weil ein Versprechen in der Regel beziehungsspezifisch ist und vom Austauschpartner entsprechend ausgenutzt werden kann. Soziales Kapital beinhaltet Situationen des sozialen Austauschs, die „das Risiko der ‚Undankbarkeit' heraufbeschwören; denn es besteht immer die Gefahr, dass die Anerkennung einer Schuldverpflichtung, die angeblich aus einer derartigen vertragslosen Austauschbeziehung entstanden ist, verweigert wird" (Bourdieu 1983a, S. 197). Da keine Abmachungen über die Gegenleistung getroffen werden, setzt sozialer Austausch Vertrauen in die Beteiligten voraus (Blau 1964, S. 91 ff.). Vertrauen ist das Eingehen eines Verlustrisikos in einer sozialen Handlung unter der Erwartung, dass der Handlungspartner opportunistischen Anreizen nicht nachgeben wird.[17] Für den sozialen Austausch von sozialem Kapital ist Vertrauen zwischen den Akteuren eine wichtige Voraussetzung. Beim Aufbau geht Ego eine Vorleistung ein, die es erfordert, dass er der Handlungsbereitschaft Alters vertraut, eine entsprechende Gegenleistung zu erbringen.[18] Bei der Nutzung wird das diffuse Versprechen Alters in einer konkreten Handlung eingelöst. In dieser Situation muss Alter das Vertrauen aufbringen, nicht

---

[17] Coleman vergleicht die Entscheidung, Vertrauen in seinen Partner zu platzieren, mit dem Abschließen einer Wette. Entscheidend für den handelnden Akteur sind der mögliche Verlust (Wetteinsatz oder eingebrachte Güter und Leistungen), der mögliche Gewinn (Wettgewinn oder soziale Unterstützung, Informationen usw.) und die Gewinnchancen. Wenn der Akteur das Risiko nicht scheut und nicht zu risikofreudig ist, sollte er Vertrauen in seinen Partner platzieren, wenn „die Chance zu gewinnen relativ zu der Chance zu verlieren größer ist als das Ausmaß des Verlustes (falls er verliert) relativ zum Ausmaß des Gewinns (falls er gewinnt)" (Coleman 1995, S. 125). Das Problem sind die Gewinnchancen: In den meisten Handlungssituationen gibt es keine Kenntnisse darüber, ob der Treuhänder das Vertrauen tatsächlich rechtfertigen wird (Coleman 1995, S. 130).

[18] Somit ist Ego der Treugeber und Alter der Treuhänder (zur Terminologie: Coleman 1995, S. 121 ff.).

von Ego ausgenutzt zu werden, indem Ego beispielsweise Leistungen von Alter verlangt, die dieser nicht oder nur unter sehr hohen Kosten erbringen kann bzw. die in keinem Verhältnis zur Vorleistung Egos stehen.[19] Aufgrund der opportunistischen Anreize und der Vertrauensproblematik ist es für beide Akteure erwartbar, dass sich die gewünschten Handlungsresultate nicht einstellen. In einer solchen Situation herabgesetzter Erwartungen ist es fraglich, ob sich soziales Kapital überhaupt entwickeln kann. Dafür wäre es von Vorteil, wenn die Vertrauensprobleme sozialen Kapitals wirksam und dauerhaft gelöst werden können. Dies ist mit verschiedenen Mechanismen, wie einklagbare Verträge, Einschaltung von neutralen Treuhändern, moralischen Appellen, Reputationen oder anderem möglich. Allerdings sind diese Mechanismen im Sozialkapital-Modell unterschiedlich erfolgreich, um die Erwartungen an gewünschte Handlungsresultate zu erhöhen. Lösungen des Vertrauens- oder Opportunismusproblems werden als Skripte aufgefasst, die nur in bestimmten Frames zur Anwendung kommen. Während Vertrag und Treuhänder sowie unter Umständen auch Reputation Skripte für den ökonomischen Austausch sind, passen Reputation und Moral als Skripte zum Frame des sozialen Austauschs.

Die Vertragslösung beruht auf schriftlichen, einklagbaren Verträgen, in denen nicht nur die konkreten Leistungen der Handlungspartner, sondern auch Verfahrensweisen und Sanktionierungen bei Abweichungen detailliert geregelt sind. Gibt ein Handlungspartner seinen opportunistischen Anreizen nach, hat der geschädigte Handlungspartner die Möglichkeit, Schadensersatzansprüche zu stellen und gegebenenfalls juristisch einzuklagen. Die Vertragslösung setzt voraus, dass ein schriftlich fixierter, rechtlich einklagbarer Vertrag zwischen beiden Handlungspartnern existiert und ein Rechtssystem mit effektiver Sanktionierung gegeben sein muss. Der klassische Anwendungsfall der Vertragslösung ist der ökonomische Austausch mit Verhandlungen über Garantien und Sicherheiten und deren vertraglicher Fixierung (Raub 1999, S. 248 f.). Bereits für ökonomische Austauschhandlungen ist die Vertragslösung mit einigen Problemen verbunden. Durkheim (1988) weist auf das Problem impliziter und unvollständiger Verträge hin. Bei der Ausführung eines Vertrags können unvorhergesehene oder unvorhersehbare Umstände eintreten, die opportunistisches Verhalten ermöglichen. Zudem verursachen Verhandlungen, die in Verträge münden, und Nachverhandlungen, die Verträge flankieren, Kosten (Raub 1999, S. 253). Ähnliche Überlegungen finden sich in Webers Rechtssoziologie (1990, S. 409). So führen Vertragslücken, langwierige und teure juristische Verfahren sowie ein ungewisser Ausgang der Verhandlungen dazu, dass Verträge faktisch unerzwingbar sind.[20] Für

---

[19] Für die Handlung in der Verwertungsphase kehren sich die Rollen von Ego (nun Treuhänder) und Alter (nun Treugeber) um. Damit besteht ein doppeltes Vertrauensproblem in der Beziehung zwischen Ego und Alter.

[20] Eine Weiterentwicklung der Vertragslösung stellt die Transaktionskostentheorie Williamsons (1975, 1985) dar. Opportunistisches Verhalten wird unterbunden, indem wirtschaftliche Transaktionen nicht auf einem Markt, sondern innerhalb hierarchisch organisierter Firmen abgewickelt werden. Wirtschaftliche Transaktionen mit hohem Unsicherheitspotenzial hinsichtlich des Ergebnisses, die häufig stattfinden und substanzielle transaktionsspezifische Vorleistungen verlangen, werden eher innerhalb hierarchisch organisierter Firmen durchgeführt. Einfache, einmalige Transaktionen

3.3 Die Handlung im Sozialkapital-Modell

das Sozialkapital-Modell ist die Vertragslösung eher ungeeignet, weil der Austausch auf einer informellen Basis erfolgt, die gerade durch das Fehlen schriftlicher Dokumentationen gekennzeichnet ist. Zudem ist eine Schadensbegrenzung kaum möglich, weil implizite Versprechen nicht einklagbar sind. Das bedeutet nicht, dass der Ressourcenaustausch im Sozialkapital-Modell gänzlich ohne schriftliche Dokumentationen stattfindet. Beispielsweise lassen sich Freunde schriftlich bestätigen, dass sie Geld verliehen haben und auch das Ehe-Versprechen wird amtlich dokumentiert. Allerdings weisen diese Verträge Lücken auf, weil die diffuse Gegenleistung zum Zeitpunkt der Vorleistung meist nicht geregelt ist und somit weder die Art, die Menge noch der Zeitpunkt der Gegenleistung fixiert werden kann.

Eine Alternative zum Vertrag ist die Treuhänderlösung. Die Handlungspartner tauschen nicht direkt ihre Ressourcen aus, sondern übergeben zunächst ihre auszutauschenden Ressourcen an einen neutralen Akteur. Dieser Treuhänder reicht die Ressourcen erst an den jeweils anderen Akteur weiter, wenn er von allen Handlungspartnern die auszutauschenden Ressourcen erhalten hat. Die Treuhänderlösung setzt einen neutralen dritten Akteur, ggf. eine Zentralinstanz, und die Gleichzeitigkeit der Austauschhandlungen voraus. Sie hat sich in einigen marktförmigen Austauschhandlungen bewährt. Zum Beispiel kommt diese Lösung bei Internet-Transaktionen zum Einsatz (Berger und Schmidt 2005). Ein Beispiel für einen Treuhänder ist PayPal. Käufer von Produkten, die in Online-Shops verkauft werden, zahlen nicht direkt an den Shop-Betreiber, sondern an PayPal als Treuhänder. Nach Eingang der Zahlung wird die Ware geliefert und die Bezahlung von PayPal zum Shop-Betreiber weitergeleitet. Diese Lösung kommt allerdings für den Austausch im Sozialkapital-Modell nicht in Betracht. Sie setzt einen gleichzeitigen Austausch von Ressourcen voraus. Dies ist aber im Sozialkapital-Modell nicht der Fall, denn Ressourcen werden zeitversetzt übertragen. Das Versprechen zur Gegenleistung wird auch nur implizit gegeben. Es ist keine physisch an den Treuhänder übertragbare Ressource, die diesem erlaubt, den Austausch zu vollenden. Zudem besteht ein gravierendes Folgeproblem. Das Vertrauensproblem wird quasi von den Austauschpartnern auf den Treuhänder übertragen. Die Treuhänderlösung ist nur tragfähig, wenn der Treuhänder selbst keinen Anreizen zum opportunistischen Verhalten unterliegt.

Eine dritte Lösung liegt im Vertrauen auf ein moralisches Verhalten der Akteure. Die Akteure vertrauen darauf, dass sich alle Handlungspartner trotz opportunistischer Anreize

---

ohne beziehungsspezifische Vorleistungen werden zwischen Firmen, also auf dem Markt ausgeführt. Transaktionen in hierarchischen Firmen erfolgen aus zwei Gründen. Erstens können nicht alle zukünftigen Eventualitäten vorhergesehen werden, schon gar nicht in komplexen Transaktionen mit längerfristigen Verträgen (so genannte bounded rationality). Zweitens können die Opportunismusanreize durch die Autoritätsstrukturen eines wirtschaftlichen Unternehmens eingeschränkt werden. Die Transaktionskostentheorie ist von Granovetter (1985) kritisiert worden. So sind viele hierarchisch aufgebaute Konzerne durch multiple Managermitgliedschaften auf der oberen Ebene vernetzt. Diese sozialen Beziehungen können relevanter sein als Autoritäten innerhalb eines Unternehmens. Eine soziale Ordnung und ehrliches, vertrauenswürdiges Handeln ergeben sich eher aus den sozialen Beziehungen der Manager als durch die Organisationsform des Unternehmens.

moralisch verhalten und die getroffenen Vereinbarungen einhalten. Eine allgemeine Moral beinhaltet Vereinbarungen der Rücksicht auf andere. Beispielsweise betont Fukuyama (1999, S. 21 ff.) Normen und Werte, die zu kooperativem Verhalten unter Gesellschaftsmitgliedern führen. Solche Wertorientierungen sind zum Beispiel Vertrauen, Ehrlichkeit, Verlässlichkeit, Fairness und Reziprozität. Akteure verhalten sich moralisch, wenn sie trotz opportunistischer Anreize auf eine individuell rationale Entscheidung zugunsten eines kollektiv rationalen Ergebnisses verzichten. Die Morallösung kann nur dann angewendet werden, wenn vorausgesetzt ist, dass Normen geteilt, internalisiert und bedingungslos befolgt werden. Es müssen also vorab kommunikative Aushandlungsprozesse über gemeinsame Normen stattgefunden haben und ein „Gewissen" bzw. eine Sozialisierung kooperativen Verhaltens bei den beteiligten Akteuren vorausgesetzt werden. Tatsächlich gibt es in der Bevölkerung einen großen Anteil, der sich moralisch verhält. Das zeigen zahlreiche Experimente der behavioral game theory (Camerer 1997; Diekmann 2004; Prosch 2006; Snijders 1996).[21] Da man aber Akteuren eine moralische Verhaltensweise nicht ansehen kann, wird die Morallösung durch das Setzen glaubwürdiger Zeichen der Kooperation gestützt. Akteure signalisieren durch Symbole oder Kommunikation ihre Kooperations- und Vertrauenswürdigkeit. Das grundlegende Vertrauensproblem des Austauschs von sozialem Kapital wird dennoch nicht durch glaubwürdige Zeichen oder Kommunikation gelöst. Nur weil ein Akteur sagt, er sei vertrauenswürdig, wird ihm noch lange nicht vertraut, wenn die Anreize zu opportunistischem Verhalten erhalten bleiben (Dasgupta 1988, S. 50 f.). Die Kommunikation von vertrauensvollen Handlungsabsichten trotz bestehender Opportunismusanreize, wird in den Wirtschaftswissenschaften „cheap talk" genannt. Sicherlich ist ein für beide Seiten vorteilhafter Tausch durch Normen der Reziprozität und Solidarität sozial flankiert (Raub 1999, S. 254), dennoch kann die Morallösung nicht überzeugend das Vertrauensproblem lösen.

Im Austausch wird vielmehr dann Vertrauen platziert, wenn Ego die Fähigkeiten und Dispositionen Alters kennt und daraufhin erwartet, dass Alter kooperieren wird (Dasgupta 1988, S. 50 f.). Damit bietet sich durch die Reputation bzw. den Ruf der Akteure eine vierte Lösung des Vertrauensproblems an. Wenn Ego die Reputation Alters kennt, kann er einschätzen, ob es sich bei Alter um einen vertrauenswürdigen, ehrlichen Partner handelt bzw. ob Kooperation im Interesse von Alter liegt. Die opportunismushemmende Wirkung von Reputation setzt Interaktionen in der Vergangenheit (mit dem gleichen oder mit anderen Beziehungspartnern) mit erkennbaren Handlungsstrategien voraus und benötigt auch eine Zukunftsperspektive. Die Reputation eines Akteurs ergibt sich durch sein in vergangenen Austauschsituationen beobachtetes Verhalten. Sie wird ihm aufgrund seines vergangenen Verhaltens durch seine Austauschpartner zugeschrieben (Raub und Weesie 1990, S. 629) und deshalb auch Schatten der Vergangenheit genannt. Vergangene Austauschhandlungen haben erstens einen Lerneffekt. Aus dem beobachteten Verhalten eines Akteurs wird auf seine unbeobachteten und unbekannten Eigenschaften geschlossen, aus

---

[21] Verschiedene Handlungstheorien dieses Forschungsfeldes berücksichtigen einen Fairness-Term in den Nutzenfunktionen (Bolton und Ockenfels 2000; Fehr und Schmidt 1999).

denen sich die Vertrauenswürdigkeit des Akteurs ableitet (Raub und Weesie 1990, S. 632). Zweitens werden erfolgreiche frühere Austauschhandlungen zu beziehungsspezifischen sozialen Vorleistungen führen. Diese Leistungen „wirken als Commitments und werden die Anreize für opportunistisches Verhalten verringern" (Raub 1999, S. 250). Gleichwohl haben nicht sämtliche Handlungen der Vergangenheit Relevanz für die Reputation eines Akteurs. Für die Reputation spielen Handlungen der jüngeren Vergangenheit eine größere Rolle als weiter zurückliegende Handlungen.

Weil sich die Reputation aus Informationen über das vergangene Verhalten speist, ist sie lediglich ein Indiz, wie ein Akteur bei opportunistischen Anreizen reagieren wird. Ob er tatsächlich vertrauenswürdig ist, stellt sich immer erst in der aktuellen Austauschhandlung heraus. Mit einer Reputation als vertrauenswürdiger Akteur besteht aber ein starkes Motiv, opportunistischen Anreizen nicht nachzugeben. Eine positive Reputation ist eine Ressource, die ein Akteur verliert, wenn er opportunistischen, vertrauensmissbrauchenden Anreizen nachgibt. Dadurch entgeht ihm zukünftiger Nutzen, weil Austauschpartner kaum mit Personen interagieren, die nicht vertrauenswürdig sind (Raub und Weesie 1990). Bei problematischen, nicht zufriedenstellend verlaufenen Austauschhandlungen werden geschädigte Akteure aus Ärger und Rachsucht versuchen, die Reputation des Handlungspartners zu zerstören (Fehr und Gächter 2000). Zukünftige Austauschhandlungen würden durch eine zerstörte positive oder gar eine negative Reputation belastet. Erst dieser Schatten der Zukunft verhindert wirksam Vertrauensprobleme im Ressourcenaustausch. Wenn es einen Schatten der Zukunft gibt, kann mit bedingter Kooperation der Anreiz zu opportunistischem Verhalten gesenkt werden. Die opportunismussenkende Wirkung der Reputation ergibt sich durch die Kombination aus dem Schatten der Vergangenheit und dem Schatten der Zukunft (Raub 1999, S. 251).

Zwar stellt sich hierbei das Problem der Vertrauenswürdigkeit der Informationsquelle, dies kann aber durch die Einbettung in eine soziale Beziehung zwischen Ego und Alter gelöst werden (Granovetter 1985, S. 490, 1992, S. 32 ff.). Durch die so genannte zeitliche Einbettung in eine Beziehung zwischen Ego und Alter haben beide Akteure „eine gemeinsame Vergangenheit und eine gemeinsame Zukunft" (Raub 1999, S. 243). Ego sammelt durch eigene Austauschhandlungen mit Alter Erfahrungen und Informationen über dessen Vertrauenswürdigkeit und zukünftige Handlungswahrscheinlichkeit. Besteht bereits eine soziale Beziehung zwischen Ego und Alter, kennt Ego aus eigener Erfahrung die Reputation und Vertrauenswürdigkeit von Alter. Zudem können in der Vergangenheit beziehungsspezifische Ressourcen ausgetauscht worden sein. Sind diese Leistungen wechselseitig, wird dadurch die Beziehung stabilisiert. Beziehungsspezifische Leistungen machen die Beziehung attraktiver. Sie müssen abgeschrieben werden, wenn die Beziehung beendet wird (vgl. Williamson 1985). Die Erwartung einer gemeinsamen Zukunft kann Vertrauen stabilisieren, wenn bedingt kooperiert wird. „Opportunistisches Verhalten kann abgeschreckt werden durch die Aussicht auf zukünftige Sanktionen. [...] Falls Ego bedingt kooperiert, muss Alter aber die kurzfristigen Vorteile gegen die langfristigen Kosten opportunistischen Verhaltens abwägen. [...] Wenn diese langfristigen Kosten die kurzfristigen Vorteile überwiegen, dann wird Alter opportunistisches Verhalten unterlassen" (Raub

1999, S. 244). Vertrauen basiert damit auf einer persönlichen, intimen Familiarität zwischen Ego und Alter (Granovetter 1985, S. 490, 1992, S. 42).

Gibt es keine soziale Beziehung zwischen Ego und Alter, können Netzwerke zwischen Ego und Akteuren, die ihrerseits Austauschpartner von Alter sind, den gleichen Effekt erreichen. Diese Netzwerkeinbettung ist nicht nur von Vorteil, wenn keine zeitliche Beziehungseinbettung zwischen Ego und Alter vorliegt, sondern auch, um zusätzliche Informationen über den jeweils anderen einzuholen. Ego erhält damit Informationen über Alters vergangenes Verhalten von dritten Akteuren und nutzt somit die Reputation Alters (Granovetter 1985, S. 490, 1992, S. 32 ff.). Allerdings muss Ego bei dieser Reputation durch Netzwerkeinbettung darauf vertrauen, dass die dritten Akteure eine wahrheitsgemäße Reputation Alters berichten. Reputationsinformationen von Dritten sollten nur aus Netzwerken eingeholt werden, die Akteure mit ähnlichem Status und Macht zusammenbringen. Das wird nicht immer gelingen, denn reale Netzwerke weisen zumeist gleichberechtigte, ausbalancierte Sozialbeziehungen als auch hierarchische Abhängigkeitsbeziehungen auf. Für soziales Kapital haben Netzwerke gleichberechtigter Verbindungen eine stärkere Bedeutung, weil sie soziale Beziehungen stabilisieren und damit Opportunismusanreize senken, weil sie Normen der Reziprozität fördern, weil sie Informationen über vergangenes Verhalten der Beziehungspartner bereitstellen und weil sie Kommunikation über normative, symbolische und kulturelle Angelegenheiten und Bezüge ermöglichen (Granovetter 1992, S. 44). Hierarchische Netzwerke haben dagegen eher Potenzial für Ausbeutung und shirking (Putnam 1993, S. 173 ff.).

Damit die Reputationslösung sich entfalten kann, sind dauerhafte, über den einmaligen Austausch hinausgehende soziale Beziehungen zwischen Ego und seinen Alteri oder netzwerkartige Strukturen zwischen Ego, den Alteri und weiteren Akteuren nötig (Raub 1999; Raub und Weesie 1990). Die Reputation wirkt über zwei Mechanismen. Der Schatten der Vergangenheit stellt Informationen über die Vertrauenswürdigkeit aus vergangenen Austauschhandlungen bereit. Der Schatten der Zukunft verhindert opportunistisches Verhalten und Vertrauensbruch durch den antizipierten Verlust zukünftiger Austauschhandlungen als Folge einer negativen Reputation. Er basiert auf zumeist impliziten Sanktionsandrohungen für opportunistisches Verhalten. Für die Sanktionierung opportunistischen Verhaltens bieten sich zwei Mechanismen an. So kann ein Akteur seine Stimme erheben, und Informationen über das opportunistische Verhalten seines Handlungspartners im Netzwerk verbreiten. Dadurch sinkt die Reputation des Handlungspartners. Mit einer schlechten Reputation wird es ihm schwerfallen, neue Kooperationspartner zu gewinnen und bestehende Kooperationspartner zu halten. Er muss also „mit Reaktionen dritter Parteien rechnen" (Raub 1999, S. 244). Diese Sanktionsform wurde von Hirschman (1970) als voice bezeichnet. Wenn ein Alter unkooperativ und unzuverlässig ist, dann kann Ego nicht nur das Netzwerk darüber informieren, sondern er kann die Beziehung zu Alter abbrechen und sich einen anderen Handlungspartner suchen. Alter hat dann einen Beziehungspartner verloren. Diese Sanktionsform wurde von Hirschman (1970) als exit bezeichnet. Um opportunistisches Verhalten mit Drohungen zukünftiger Sanktionierung abzuwenden, müssen die Drohungen nicht explizit geäußert werden. Durch Erfahrungen

3.3 Die Handlung im Sozialkapital-Modell

mit bedingt kooperierenden Akteuren aus der Vergangenheit, wenn man also gelernt hat, dass die Kooperation des Partners von den eigenen Leistungen abhängt, ist es nicht nötig, mit Sanktionen zu drohen oder gar die Drohungen wahrzumachen.

Die Reputation ist nicht nur geeignet, die Vertrauensprobleme im Sozialkapital-Modell zu lösen. Mit der Reputation eines Akteurs kann auch die Entwicklung einer sozialen Vertrauensbeziehung zwischen zwei Akteuren erklärt und der Übergang vom persönlichen Vertrauen zum sozialen Vertrauen dargestellt werden. Am Beginn einer sozialen Beziehung kann Ego zwar (noch) nicht auf eigene Erfahrungen mit Alter zurückgreifen, wohl aber die Netzwerkreputation über vertrauensvolle dritte Akteure nutzen, um die Kooperationswilligkeit und Vertrauenswürdigkeit Alters abzuschätzen. Ist das anfängliche Vertrauensproblem durch die Netzwerkreputation gelöst, entwickelt sich eine Austauschbeziehung, in dem die ersten Austauschhandlungen mit geringen Vorleistungen verbunden sind, so dass das Schadenspotenzial gering ist. Vertrauen ist in dieser Phase von geringer praktischer Relevanz. „In dem Maße, wie die Investitionen der am Austausch beteiligten Personen schrittweise zunehmen, wächst ihre gegenseitige Abhängigkeit, wobei beide gleichzeitig einander Beweise ihrer Vertrauenswürdigkeit liefern" (Blau 1976, S. 115 f.). Dann wird sich Vertrauen in kooperativ verlaufenden Austauschbeziehungen entwickeln (Foley und Edwards 1999, S. 162) und wenn es etabliert ist, stabilisiert es diese Beziehungen. Somit ist die bekannte Reputation als vertrauenswürdiger Akteur, das Entwicklungsstadium und der Charakter der sozialen Beziehung für das gewährte Vertrauen ausschlaggebend.

Zugleich kann mit der Reputationslösung des Vertrauensproblems dargestellt werden, dass sich nicht nur persönliches Vertrauen zwischen Ego und Alter entwickeln kann, sondern auch soziales Vertrauen möglich ist, das nicht in eine dauerhafte Beziehung eingebettet ist. Dies ist ebenfalls durch die Netzwerkeinbettung der Akteure möglich. Wichtige Voraussetzung für die Wirksamkeit der Reputation ist dann das Vertrauen in wahrheitsgemäße Reputationsinformationen durch dritte Netzwerkakteure.[22] Insofern sich Akteure auf die Reputationsverbreitung spezialisieren, kann Vertrauen institutionalisiert werden. Aus dem sozialen Vertrauen der Netzwerkeinbettung entwickelt sich das Systemvertrauen der institutionellen Einbettung. „Damit ist gemeint, dass die Partner vorab (ex ante) Möglichkeiten haben, um selbst ihre späteren (ex post) Risiken wie Anreize und Möglichkeiten für opportunistisches Verhalten zu beeinflussen" (Raub 1999, S. 245). Sie können auf freiwilliger Basis Garantien, Pfänder und Sicherheiten gewähren. Dies schafft und stabilisiert Vertrauen (Raub und Weesie 2000; Snijders 1996). Gerade in Situationen mit unvollständigen Informationen signalisieren Garantien Vertrauenswürdigkeit. Agenturen oder (technische) Überwachungsvereine sind Beispiele für institutionelle Vertrauensakteure, die durch Zertifizierungen oder Gütesiegel die Vertrauenswürdigkeit von Handlungspartnern, deren Güter und Dienstleistungen bescheinigen. Durch die institutionelle

---

[22] Auch wenn es im Interesse aller Akteure ist, dass Informationen über reale und potenzielle Handlungspartner bereitgestellt werden, mag sich jeder einzelne Akteur den anfallenden Kosten der Informationsbereitstellung im Informationsnetzwerk entziehen (Raub und Weesie 1990, S. 648; Williamson 1985, S. 395 f.).

Einbettung werden Entschädigungen geregelt, falls das opportunistische Verhalten des Handlungspartners Schaden angerichtet hat (Raub 1999, S. 245).

3.3.3 Bewertungen der Handlungskonsequenzen

Austausch bedeutet, dass sowohl Ego als auch Alter etwas gewinnen, in dem sie Kontrolle über Ressourcen des anderen erlangen, und dafür Kosten zu tragen haben, in dem sie die Kontrolle über eigene Ressourcen abgeben. Jeder Austausch ist somit durch Nutzen und Kosten der wechselseitigen Kontrollübertragung geprägt (Esser 1999, S. 253). Das Handlungsprinzip besteht darin, dass „kein Austausch stattfindet, wenn nicht beide Parteien zum betreffenden Zeitpunkt der Ansicht sind, dass sie aus ihm Nutzen ziehen werden" (Blau 1976, S. 113 f.). Die Interessen und die vorhandenen Ressourcen müssen von Ego und Alter unterschiedlich bewertet werden, damit eine Motivation zum Handeln besteht. Wenn beide Akteure an derselben Ressource interessiert sind und somit keiner von seinem Anteil etwas abgeben will, wird kein Austausch stattfinden. Andererseits werden beide Akteure mehr von ihren eigenen Ressourcen bereitstellen, wenn sie die Ressourcen wertschätzen, die sie vom anderen erhalten. Der Austausch im Sozialkapital-Modell wird vollzogen, wenn Ego und Alter die Handlungsfolgen höher bewerten als ihren jeweiligen Ressourcenbesitz vor dem Austausch, das heißt wenn für sie ein Nutzen entsteht. Diese Handlungsmotivation kann aber nicht unendlich gesteigert werden. Das Prinzip des abnehmenden Grenznutzens wirkt bremsend. Durch jede zusätzliche Einheit, die ein Akteur von den ursprünglich gewünschten Ressourcen erhält, sinkt sein Bedarf für weitere Mengen an diesen Ressourcen.

Nutzen entsteht durch die sofort oder später erhaltene Kontrolle über Alters Ressourcen. Ist Ego beispielsweise auf der Suche nach einem guten Facharzt, einer 3-Raum-Wohnung oder nach einem geeigneten Gymnasium für sein Kind und Alter kann ihm Informationen über solche Dinge geben, entsteht für Ego ein Nutzen durch den Austausch der Informationen mit Alter. Im Sozialkapital-Modell können neben dem Nutzen aus materiellen Ressourcen auch Nutzen durch die Person entstehen, die Kontrolle an Ego überträgt. Lob für oder Kritik an Egos Verhalten kann für Ego viel wertvoller respektive verheerender sein, wenn es von einer ganz bestimmten Person geäußert wird, wie zum Beispiel dem Lebenspartner oder der Mutter. Zudem kann die Antizipation, in Zukunft noch oft miteinander Ressourcen auszutauschen, ein starkes Nutzenargument für den gegenwärtigen Austausch sein, weil dadurch beziehungsspezifische Leistungen lohnender werden. Ein weiteres Nutzenargument besteht darin, dass der Tauschpartner nicht nur über die gegenwärtig auszutauschende Ressource verfügt, sondern ein Ressourcenbündel repräsentiert. Je mehr wertvolle, diverse Ressourcen Alter in sich vereint, desto attraktiver wird er als Tauschpartner für Ego. Möglicherweise läuft dieser Attraktivität aber eine geringere Hilfsbereitschaft Alters zuwider.

Jede Kontrollübertragung von Ressourcen hat ihren Preis. Die Kosten des Austauschs im Sozialkapital-Modell ergeben sich hauptsächlich aus dem Wert der an Alter zu übertragenden eigenen Ressourcen. Im Rahmen des Erwerbs sozialen Kapitals erwachsen Ego Kosten, wenn er eigene Ressourcen gegen ein Versprechen Alters zur zukünftigen Gegenleistung tauscht. Im Rahmen der Nutzung trägt Ego keine Kosten durch die Übertragung von Kontrolle über eigene Ressourcen. In dieser Phase wird Ego als Leistung entweder ein Versprechen an Alter abgeben oder ein in der Vergangenheit von Alter erhaltenes Versprechen einlösen, das danach nicht mehr gültig ist. Weil ein Versprechen keine Ressource, sondern lediglich ein Recht an einer Ressource ist, entstehen mit dem Vergeben und Einfordern von Versprechen praktisch keine Kosten. Aus dem Geben eines Versprechens in der Nutzungsphase entstehen nur Kosten, die Ego zukünftig an Alter zu übertragen hat. Die Erstattung zukünftiger Kosten kann mit einem Diskontierungsfaktor belegt sein, weil Ego aufgrund des vagen und diffusen Charakters sozialen Austauschs nur mit einer gewissen Wahrscheinlichkeit die zukünftigen Kosten aufbringen muss.

Neben den reinen Kosten der Kontrollübertragung eigener Ressourcen ist der Austausch mit Opportunitätskosten verbunden. Sie ergeben sich aus dem entgangenen Nutzen anderer Handlungsalternativen. Sie stellen damit keine Kosten im eigentlichen Sinn dar, können aber sinnvoll angesetzt werden, wenn mehrere Nutzenargumente mit einer Handlungsalternative verbunden sind und verschiedene Handlungsalternativen dadurch nicht unmittelbar vergleichbar sind. Beispielsweise stellt der Nutzen, der aus einem Alleinstellungsmerkmal einer Handlungsalternative erwächst, zugleich Opportunitätskosten für alle anderen Handlungsalternativen in der betreffenden Handlungssituation dar. Im Austausch spielen die Opportunitätskosten insofern eine Rolle, als dass der Nutzen eben nicht nur aus der materiellen Ressourcenübertragung, sondern auch aus dem Handlungspartner selbst, aus seinem Lob, aus der persönlichen Nähe und Intimität, erwächst.

Darüber hinaus ist der Austausch im Sozialkapital-Modell mit Transaktionskosten verbunden. Diese Kosten entstehen durch die Durchführung des Austauschs. Sie kommen durch begleitende Kommunikationen, durch zu überbrückende Entfernungen oder durch jede Art von Absicherung des Austauschs zustande. Mit den Transaktionskosten wird dargestellt, welchen Aufwand die Handlungspartner betreiben müssen, um ihre Ressourcen auszutauschen. Im Austausch wirkt insbesondere eine gemeinsame Basis für sozialen Austausch transaktionskostensenkend. Zwar müssen die in der konkreten Austauschhandlung eingesetzten bzw. ausgetauschten Ressourcen hinsichtlich ihrer Art, Qualität und Menge komplementär sein, gleichwohl ist ein sozialer Austausch zwischen ähnlichen Akteuren wahrscheinlicher als zwischen unähnlichen Akteuren. Das Anerkennen eines Minimums von objektiver Homogenität unter den Beteiligten wird für die Tauschbeziehungen vorausgesetzt (Bourdieu 1983a, S. 191). Das Prinzip der Homophilie (Lazarsfeld und Merton 1954) bzw. die Like-Me-Hypothese (Laumann 1966) besagt, dass Akteure miteinander interagieren und soziale Beziehungen entwickeln, wenn sie sich in vielen sozialen und psychologischen Eigenschaften ähnlich sind. Sozial ähnliche Menschen, auch wenn sie unabhängige Ziele verfolgen, verbringen ihre Zeit an den gleichen Orten. Aus der sozialwissenschaftlichen Forschung ist bekannt, dass sich dauerhafte soziale Beziehungen zwischen Akteuren entwickeln, die ähnliche soziale Eigenschaften wie Herkunft, Alter, Geschlecht, Religion, Bildung, Einkommen, und Berufstätigkeit haben (Fischer 1982; Laumann 1966;

Lazarsfeld und Merton 1954; Lin 2001; McPherson und Smith-Lovin 1987; McPherson et al. 2001; Petermann 2002; Willmott 1987; Wolf 1996).

Für ähnliche Akteure ergibt sich aus mehreren Gründen eine Kostenreduzierung im Aufbau sozialen Kapitals. Zum Ersten sind bei geringen Altersdifferenzen ähnliche Entwicklungserfahrungen vorhanden, die verbinden. Zum Zweiten schaffen vor allem einschneidende Lebensereignisse (Schicksale), beispielsweise der frühe Verlust eines Elternteils oder eine Ehescheidung, Übereinstimmung. Zum Dritten entsteht gegenseitige Sympathie, wenn die Akteure sich ähnlich sind in Bezug auf Ansichten über bestimmte Sachverhalte oder aufgrund gemeinsamer Erfahrungen. Bei übereinstimmenden Einstellungen, Werten, Weltanschauungen, Erwartungen und Überzeugungen entwickelt sich ein gemeinsames Verständnis um die Bedürfnisse und Wünsche des Anderen. Aufgrund dessen breitet sich ein Wohlgefühl aus, denn man fühlt sich verstanden und angenommen (Lawler 2001). Die Basis einer Interaktion zwischen Akteuren sind Gefühle der Sympathie, des Respekts und der Zuneigung (Homans 1950, S. 37 ff.). Zum Vierten schafft ein ähnlicher sozialgesellschaftlicher Kontext vergleichbare Handlungsmuster, die als Basis stabiler Sozialbeziehungen angesehen werden können. Schließlich bietet eine ähnliche Bildung den Vorteil, dass man sich besser unterhalten kann, weil es keine schwer zu überbrückende Verständniskluft gibt. Dagegen werden Interaktionen zwischen heterophilen Akteuren nicht von Sympathie, gegenseitigen Gefühlen und Verständnis getragen. Entsprechend erfordert der Aufbau sozialen Kapitals größere Anstrengungen und mehr Ressourceneinsatz von Ego, wenn Alter ihm unähnlicher ist. Dadurch steigen die Transaktionskosten.

3.4 Zusammenfassung

In diesem Kapitel wurde die Handlungskomponente des Erwerb und Nutzung integrierenden Sozialkapital-Modells entwickelt. Die Modellierung basiert auf den Akteurseigenschaften, die in der RREEMM-Theorie dargelegt sind. Diese abstrakte Handlungstheorie bildet den Ausgangspunkt, um mit Brückenannahmen ein realitätsnäheres Modell zu konstruieren. Wichtige Punkte sind die Beschreibung des Ego-Akteurs, aus dessen Handlungsperspektive das Modell entwickelt wird, des Alter-Akteurs, die Beschreibung von Ressourcen über verschiedene Kapitalarten, die Beschreibung von Handlungszielen und die Erklärung der Handlung zwischen Ego und Alter aufgrund von Interessen an und Kontrolle über diese Ressourcen als sozialer Ressourcenaustausch.

Grundlegende Unterschiede zwischen ökonomischem und sozialem Austausch wurden beschrieben, etwa die Grundlage des Austauschs (Vertrag versus Verpflichtung), die Verrechnungseinheit des Austauschs (Geld versus Versprechen), die Motive des Austauschs (rein ökonomische versus gemischte Interessen) und die Beziehungsart (anonym versus sozial). Besondere Beachtung findet das Vertrauensproblem von Austauschhandlungen sowie unterschiedliche Lösungswege des Problems. Die Reputation wird nicht nur als eine prädestinierte Lösung angesehen, sondern legt zugleich die enge Verbindung zwischen sozialem Austausch und sozialem Kapital offen. Für die Bewertung der Handlungskon-

3.4 Zusammenfassung

sequenzen spielen Nutzenaspekte, die aus den Interessen an Ressourcen resultieren, und Kostenaspekte, die sich aus der Kontrollübertragung und aus den Transaktionskosten ergeben, eine wesentliche Rolle.

Es ist deutlich geworden, welche Handlungsoptionen Ego im sozialen Austausch bevorzugt: Es sind jene sozialen Beziehungen zu Alteri, die durch ein besonderes Vertrauens- und Verpflichtungsverhältnis gekennzeichnet sind, weil damit die Erwartungen an antizipierte, zielführende, d. h. den Interessen entsprechende Handlungskonsequenzen steigen. Es sind aber auch jene Beziehungen, deren nutzenstiftende Handlungskonsequenzen sich zu einem relativ geringen Preis erkaufen lassen, d. h. deren Transaktionskosten unterdurchschnittlich ausfallen.

Die Handlungskomponente des Sozialkapital-Modells beruht somit auf vier (ungeprüften) Annahmen. Erstens konstituiert sich das Modell aus Akteuren (Ego und Alteri) und aus Ressourcen (vor allem ökonomisches, personales, positionelles, soziales Kapital). Zweitens vermitteln Interessen und Kontrolle zwischen den Elementen Akteur und Ressource. Drittens wird angenommen, dass der Interessenausgleich und die Kontrollübertragung als sozialer Ressourcenaustausch abläuft. Dies setzt relativ dauerhafte soziale Beziehungen zwischen Akteuren voraus. Diese dauerhaften sozialen Beziehungen folgen viertens dem Homophilie-Prinzip, d. h. Akteure mit ähnlichen Eigenschaften, Charakterzügen, Tätigkeiten und Vorlieben gehen wahrscheinlicher Beziehungen miteinander ein als unähnliche Akteure.

Strukturkomponente des Sozialkapital-Modells

4

Nachdem im dritten Kapitel mit der RREEMM-Heuristik eine handlungstheoretische Grundlage für den sozialen Ressourcenaustausch innerhalb sozialer Netzwerkbeziehungen vorgestellt wurde, wird im vierten Kapitel die Modellierung sozialen Kapitals fortgesetzt, indem die Strukturkomponente des Sozialkapital-Modells expliziert wird. Die Strukturkomponente stützt sich auf die „Restricted"-Eigenschaft der RREEMM-Theorie und sucht nach strukturellen Bedingungen für den Ressourcenaustausch. Damit ist gemeint, dass zwar die Auswahl einer Handlungsalternative nach den Bewertungen und Erwartungen jeder einzelnen Alternative erfolgt, aber die Anzahl der Handlungsalternativen (feasable set) durch strukturelle Opportunitäten und Restriktionen bestimmt, d. h. erweitert respektive eingeschränkt wird (Esser 1999, S. 52, 2000).

Diese Strukturkomponente der Modellierung beinhaltet die sozialen Bedingungen, also situativ gegebene, strukturelle Gelegenheiten und Einschränkungen für den sozialen Ressourcenaustausch in sozialen Beziehungen. Mit der Ressourcenausstattung Egos und seinen sozialen, insbesondere auch seinen sozial-räumlichen Handlungskontexten werden vor allem sozialstrukturelle Lebensbedingungen als bedeutende Opportunitäten und Restriktionen für den Aufbau, die Aufrechterhaltung und die Nutzung sozialen Kapitals angesehen. Es sind die verfügbaren Kapitalien, wie ökonomisches, personales, positionelles Kapital oder Zeit, neben den sozialstrukturierten und räumlichen Kontexten, die sozialkapitalrelevanten Austausch und die Entwicklung sozialer Beziehungen und Netzwerke ermöglichen oder behindern. Mögliche strukturelle Lebensbedingungen werden in diesem Kapitel vorgestellt und mit sozialem Kapital in Beziehung gesetzt.

Im ersten Abschnitt werden zunächst einige Klassifizierungen und Zuordnungen vorgenommen, um Anschlüsse an bestehende Sozialstrukturtheorien nachvollziehen zu können. Die im Sozialkapital-Modell zentrale Ressourcenausstattung wird im zweiten und dritten Abschnitt hinsichtlich ihrer strukturellen Eigenschaften wie Verfügbarkeit, Heterogenität, Ungleichheit und Verteilung sowie ihres Einflusses auf das soziale Kapital untersucht. Die Ressourcenausstattung ist aber nicht die einzige Restriktion im Modell. Im vierten und fünften Abschnitt werden deshalb soziale Kontexte diskutiert, die als strukturelle

Lebensbedingungen Erwerb und Nutzung sozialen Kapitals bestimmen. Unter den sozialen Kontexten spielt vor allem der sozial-räumliche Kontext der Interaktionsgelegenheiten eine große Rolle. Entsprechend wird im fünften Abschnitt der Fokus auf die städtische Raumstruktur gelegt. Das Kapitel endet mit einer Zusammenfassung wesentlicher Punkte der Strukturkomponente des Sozialkapital-Modells.

4.1 Sozialstrukturelle Bedingungen

Die soziologische Erklärung des Sozialkapital-Modells basiert auf der RREEMM-Theorie (vgl. Abschn. 3.1). Diese Heuristik gibt fünf Eigenschaften handelnder Akteure vor, von denen vier im vorangehenden Kapitel zur Darstellung der Handlungskomponente des Sozialkapital-Modells ausführlich erörtert wurden. Demnach handelt Ego („Man") im Modell aufgrund seiner Ressourcenausstattung („Resourceful"), indem er einen unter mehreren Alteri für den Ressourcenaustausch auswählt. Diese Auswahl aus mehreren Handlungsalternativen, d. h. mehreren Alteri, basiert auf den Bewertungen der Ressourcenausstattung der Alteri („Evaluating") und den Erwartungen über die Handlungsbereitschaft der Alteri („Expectating"), wobei der Alter gewählt wird, für den der von Ego erwartete Nettonutzen am höchsten ist („Maximizing"). Lediglich auf die „Restricted"-Eigenschaft wurde in der bisherigen Argumentation nicht explizit Bezug genommen. Die Strukturkomponente des Sozialkapital-Modells stützt sich auf diese Eigenschaft der RREEMM-Theorie, die besagt, „dass der Akteur sich Handlungsmöglichkeiten, Opportunitäten bzw. Restriktionen ausgesetzt sieht" (Esser 1993, S. 238).[1]

Während die Handlungskomponente des Sozialkapital-Modells von einem gegebenen Handlungsspielraum ausgeht und innerhalb dieses Möglichkeitsraumes die Auswahl einer Handlungsalternative aufgrund der genannten vier Eigenschaften der RREEMM-Theorie behandelt, stützt sich die Strukturkomponente des Sozialkapital-Modells auf sozialstrukturelle Bedingungen, die den Umfang an Handlungsalternativen, also die Optionsvielfalt im Sozialkapital-Modell bestimmen. Sozialstrukturelle Bedingungen sind Gelegenheiten und Restriktionen. Die Optionsvielfalt der Handlungskomponente wird durch sie stark strukturiert: Was Ego als Tauschressourcen zu bieten hat, bestimmt die Menge verfügbarer Alteri als Handlungsalternativen. Diese Trennung der beiden Modellkomponenten entspricht dem üblichen Vorgehen der strukturell-individualistischen Soziologie, nämlich dass „(a) Hypothesen und Theorien über individuelles Verhalten und Handeln und seine kognitiven, motivationalen u. a. Grundlagen explizit verwendet und (b) die sozialen Be-

---

[1] Gelegenheiten, Möglichkeiten und Opportunitäten sowie Einschränkungen und Restriktionen sind auf die Optionsvielfalt gerichtet und stellen zwei Seiten einer Medaille dar. Beispielsweise wird Mobilität der Stadtbewohner durch ein engmaschiges und gut getaktetes ÖPNV-Netz erhöht, während ein grob gewobenes, zeitlich kaum abgestimmtes ÖPNV-Netz deren Mobilität einschränkt. So kann eine strukturelle Bedingung wie die Mobilität aufgrund des ÖPNV-Angebotes sowohl eine Opportunität bzw. Gelegenheit (erster Fall) als auch eine Restriktion bzw. Einschränkung sein (zweiter Fall).

dingungen individueller Handlungen und kollektiver Folgen dieser Handlungen berücksichtigt werden" (Raub und Voss 1981, S. 9). Sie korrespondiert mit den beiden Teilen des Constrained-Choice-Ansatzes (Franz 1986) und der zweifachen Filterung bei Elster (1987, S. 106 f.).[2]

Zwar ist die Trennung der beiden Komponenten aus analytischen Gründen für das Sozialkapital-Modell entscheidend, dennoch sind beide Komponenten an gleich zwei Stellen der Handlungssituation eng miteinander verzahnt. Erstens ergibt sich durch die Kontrollübertragung eigener Ressourcen für Ego eine Handlungseinschränkung: Er kann nur bis zu dem Wert fremde Ressourcen erwerben, d. h. seine Interessen an fremden Ressourcen befriedigen, bis zu dem er über eigene Ressourcen verfügt, die er im Austausch abzugeben bereit ist. Das ist die klassische Bedingung des Austauschs, in deren Folge Interessen an und Kontrollen über Ressourcen nach dem Austausch im Gleichgewicht sein müssen. Zusätzlich ist zweitens der soziale Ressourcenaustausch im Sozialkapital-Modell vom doppelten Zusammentreffen der Interessen beider beteiligten Akteure abhängig. Ego kann nur unter günstigen situativen Bedingungen einen Austauschpartner finden. Eben weil der Ressourcenaustausch mit sozialen Beziehungen verknüpft ist, bedarf es günstiger Umstände für den Vollzug des Ressourcenaustauschs. Der Austausch hängt insbesondere von der Verfügbarkeit eigener Ressourcen (ökonomisches, personales, positionelles, soziales Kapital, Zeit) und von kontextuellen raum-zeitlichen Gelegenheiten und Beschränkungen ab. Die sozialstrukturellen Bedingungen insgesamt entscheiden maßgeblich über das Gelingen der Handlung und das Erreichen der Handlungsziele.

Die Entwicklung einer Strukturkomponente des Sozialkapital-Modells steht vor der Aufgabe, diese sozialstrukturellen Bedingungen zunächst abstrakt für Erwerb und Nutzung sozialen Kapitals und nicht für konkrete Handlungssituationen zu erarbeiten. Entsprechend wird auf der derzeitigen Entwicklungsstufe des Sozialkapital-Modells von den spezifisch eingesetzten bzw. ausgetauschten Ressourcen sowie den situativen Bedingungen und Strukturen einer bestimmten Handlungssituation abstrahiert. Diese Generalisierungen über Handlungen und Zeiträume erlauben den Einbezug von allgemeinen Lebensbedingungen als strukturelle Determinanten in das Modell. Lebensbedingungen sind „typische Kontexte von Handlungsbedingungen, die vergleichsweise gute oder schlechte Chancen zur Befriedigung allgemein anerkannter Bedürfnisse gewähren" (Hradil 1987, S. 153). Unter Lebensbedingungen werden die allgemeine Ressourcenausstattung Egos und relevante, sozialstrukturelle wie auch sozialräumliche Kontexte verstanden, die relativ stabil und dauerhaft über zahlreiche Handlungen hinweg bestehen. Erwerb und Nutzung

---

[2] Franz (1986) sieht im Constrained-Choice-Ansatz den kleinsten gemeinsamen Nenner individualistischer Erklärungstheorien in der Soziologie. Choice entspricht der Handlungskomponente und Constrained der Strukturkomponente. Elster (1987) betrachtet Handeln als Resultat zweier aufeinander folgender Filterprozesse. „Der erste bewirkt, dass die Menge der abstrakt möglichen Handlungen auf die realisierbare Menge beschränkt wird, das heißt diejenige Menge von Handlungen, die gleichzeitig mit einer Reihe von physischen, technischen, ökonomischen und rechtlich-politischen Rahmenbedingungen vereinbar sind. Der zweite bewirkt, dass eine Möglichkeit aus der realisierbaren Menge als auszuführende Handlung ausgewählt wird" (Elster 1987, S. 106 f.).

sozialen Kapitals finden unter sozial hervorgebrachten, relativ dauerhaften Lebensbedingungen statt, die bestimmten Akteuren die Befriedigung objektiver Handlungsziele besser als anderen erlauben (vgl. Hradil 1987, S. 144).

Diese gesellschaftlich hervorgebrachten und relativ dauerhaften Lebensbedingungen treten in unterschiedlichen Formen und zahlreichen Arten auf. Hierzu zählen vor allem die zugeschriebenen und erworbenen Ressourcen Egos, also sein ökonomisches, personales, positionelles sowie soziales Kapital, die verfügbare Zeit, die das raum-zeitliche Aufeinandertreffen der Akteure steuernden Kontexte (z. B. Familienkontext, Arbeitskontext) und die räumlichen Kontexte (Region, Stadt, Stadtteil). Diese vielfältigen Lebensbedingungen entfalten entsprechend unterschiedliche Wirkungen auf den Handlungsspielraum und damit auf das Sozialkapital. Bevor diese Lebensbedingungen und ihre Wirkungen detaillierter erörtert werden, wird zunächst ein theoretischer Rahmen für die Strukturkomponente eingeführt.

4.1.1 Soziale Produktionsfunktionen

Die Grundidee dieses theoretischen Rahmens besteht darin, dass jedes Handeln nichts anderes als eine Form der Produktion von Nutzen ist (Esser 1999, S. 87 ff.). Erklärt wird damit, was die Menschen letztlich tatsächlich wollen – ohne es zu kaufen bzw. kaufen zu können. Entsprechend lassen sich Handeln und damit auch Erwerb und Nutzung sozialen Kapitals über soziale Produktionsfunktionen erklären. Eine Produktionsfunktion $Y = f(X)$ beschreibt die Beziehung zwischen der Input-Menge x des Produktionsfaktors bzw. des Mittels X und der Output-Menge y des Produktionsgutes bzw. des Zieles Y.[3] Soziales Handeln lässt sich über eine Kette von drei Produktionsfunktionen erklären (Esser 1999, S. 91 ff.). Als oberstes Ziel produziert Ego einen Nutzen für sich, indem er sein Möglichstes tut, um die beiden Bedürfnisse nach physischem Wohlbefinden (PW) und sozialer Wertschätzung (SW) zu befriedigen. Die erste Produktionsfunktion des Nutzens ist damit:

$$U = f_1(PW, SW). \qquad (4.1)$$

Der Nutzen U ist eine Funktion der beiden Produktionsfaktoren physisches Wohlbefinden PW und soziale Wertschätzung SW (Esser 1999, S. 108). Diese Produktionsfunktion ist für alle Menschen gleich. Dinge, die beide Bedürfnisse Egos unmittelbar bedienen, sind „commodities" (Becker 1982) oder „primäre Zwischengüter" (Esser 2000, S. 60). Diese

---

[3] Während die Begriffe Input/Produktionsfaktor und Output/Produktionsgut/Ertrag dem Sprachgebrauch der Wirtschaftswissenschaften entstammen, beziehen sich Mittel und Ziel/Zweck allgemein auf Handlungen von Akteuren. Im Sprachgebrauch der hier verwendeten Handlungstheorie sind die Mittel alle Ressourcen, die Ego kontrolliert und zu tauschen bereit ist. Ferner sind die Ziele diejenigen Ressourcen und Ereignisse, an denen Ego ein Interesse hat, die er aber nicht (vollständig) kontrolliert.

4.1 Sozialstrukturelle Bedingungen

primären Zwischengüter gehen als Produktionsfaktoren in die zweite Produktionsfunktion der Bedürfnisse ein:

$$SW = f_{2.1}(Z) \text{ und} \qquad (4.2)$$

$$PW = f_{2.2}(Z). \qquad (4.3)$$

Physisches Wohlbefinden und soziale Wertschätzung sind Funktionen des primären Zwischengutes Z. Nicht jedes primäre Zwischengut Z befriedigt beide Bedürfnisse. Dies gilt aber für soziales Kapital als primäres Zwischengut, weil Ressourcen und Leistungen zwischen Ego und seinen Alteri über soziale Beziehungen transferiert werden. Welche Ressourcen, Leistungen, Ereignisse, Rechte, Zustände, Eigenschaften und Objekte primäre Zwischengüter sind, ist sozial bestimmt. Die primären Zwischengüter kann man aber nicht einfach haben oder auf einem Markt erwerben, sondern man muss sie sich selbst erzeugen oder eben produzieren – und zwar mit Hilfe indirekter Zwischengüter X, der eigenen Zeit T und den materiellen, insbesondere technischen, sozialen und kulturellen Bedingungen der Umwelt E. Entsprechend beinhaltet die dritte Produktionsfunktion die Produktion dieser primären Zwischengüter. Abstrakt ausgedrückt lautet diese Produktionsfunktion:

$$Z = f_3(X,T,E). \qquad (4.4)$$

Unter den indirekten Zwischengütern X sind bestimmte Ressourcenkombinationen zu verstehen, die Ego teils auf einem Markt unter der Budgetrestriktion seines Einkommens, d. h. seines ökonomischen Kapitals, kaufen kann (Marktgüter) und die teils in der Vergangenheit erworben oder zugeschrieben sind, wie Humankapital, Positionskapital und soziales Kapital. Indirekte Zwischengüter können nicht nur über Einkommen und Vermögen gekauft, sondern auch aufgrund von Statuspositionen besorgt werden. X wird also um Statusmerkmale erweitert, die das Kapital eines Akteurs abbilden. Indirekte Zwischengüter sind damit keineswegs nur Marktprodukte, sondern auch vorproduzierte Ressourcen bzw. Ressourcenbündel. Kurz, mit der Menge X ist die Ressourcenausstattung Egos gemeint. Eine weitere wichtige Größe in der sozialen Produktionsfunktion, insbesondere für den Aufbau sozialer Beziehungen und damit für den Aufbau sozialen Kapitals, ist die verfügbare Zeit T.

Schließlich sind unter den Umweltbedingungen E die sozialstrukturellen Kontexte wie raum-zeitliche Kontaktgelegenheiten für soziale Beziehungen, soziale und kulturelle Bedingungen sowie die Verteilungen struktureller Parameter zu verstehen. Kontexte haben zweierlei Bedeutungen für die Erzeugung primärer Zwischengüter. Zum Einen deuten Kontexte immer auf eine Menge mehrerer Menschen hin, die miteinander interagieren, sei es als Gruppe, Gemeinschaft oder Gesellschaft. Das bedeutet aber auch, dass Kontexte soziale Strukturen sind, deren Dimensionen über Parameter beschrieben werden können und die Effekte auf das soziale Handeln der Menschen haben (vgl. Blau 1978, 1994). Zum

Zweiten sind Kontexte auch Gelegenheitsstrukturen, die effizienten Aufbau und effiziente Nutzung sozialen Kapitals erlauben (vgl. Feld 1981). Beispielsweise sind Ausbildungs- und Arbeitsplätze, Nachbarschaften, Haushaltsstrukturen und Lebensformen und nicht zuletzt Vereins- und Organisationsmitgliedschaften mehr oder weniger institutionalisierte Settings, in denen und durch die sich Gelegenheiten für den Aufbau und die Nutzung sozialen Kapitals ergeben. Änderungen der Kontextbedingungen E beeinflussen die Preise der Produktionsfaktoren X und T und verändern dadurch den relativen Preis eines primären Zwischengutes Z (vgl. Becker 1982, S. 152). Diese Kontextbedingungen bewirken somit unterschiedliche Effizienzen der Produktionsfaktoren. Die dritte und für das Sozialkapital-Modell zentrale soziale Produktionsfunktion berücksichtigt Zeit-, Ressourcen- und Produktivitätsrestriktionen gleichermaßen.

Betont werden muss die Differenzierung der sozialen Produktionsfunktionen für die beiden Teilaspekte im Sozialkapital-Modell. Für den Erwerb stellt soziales Kapital eines dieser primären Zwischengüter dar, die produziert werden. Für die Nutzung ist hingegen soziales Kapital als Ressource für andere primäre Zwischengüter zu modellieren, d. h. als indirektes Zwischengut über das Ego verfügen kann.

4.1.2 Formale Theorie zur restriktiven Wirkung sozialstruktureller Lebensbedingungen

Bevor die strukturellen Restriktionen der Ressourcenausstattung (X und T) und der Kontextbedingungen (E) des Sozialkapital-Modells in den folgenden Abschnitten detaillierter besprochen werden, wird zunächst erläutert, wie durch die Verteilung sozialstruktureller Parameter in der Bevölkerung strukturelle Restriktionen für Interaktionen zwischen Akteuren entstehen. Dazu wird auf eine formale Theorie zurückgegriffen, die sehr abstrakt die Relevanz der durch die Sozialstruktur der Bevölkerung auferlegten Gelegenheiten und Restriktionen beschreibt.

Die Strukturkomponente des Sozialkapital-Modells wird durch sozialstrukturelle Bedingungen bestimmt. Ausgangspunkt der Modellierung sozialstruktureller Bedingungen sind soziale Strukturen eines Sozialsystems. Die Strukturelemente und -relationen werden einfach und konkret definiert. Die Bestandteile einer sozialen Struktur sind Bevölkerungsgruppen bzw. soziale „Positionen von Menschen in verschiedenen Gruppen und Schichten" (Blau 1978, S. 203). Diese Gruppen können aufgrund ganz verschiedener Merkmale differenziert werden. Zum Beispiel gibt es Berufsgruppen, Einkommensgruppen, ethnische Gruppen, Altersgruppen, Zugehörigkeiten zu Familien, Parteien oder Geschlechtern. Soziale Struktur ist damit zunächst die Bevölkerungsverteilung auf soziale Positionen. Diese sozialen Positionen bestimmen die sozialen Beziehungen der Positionsinhaber. Die Strukturrelationen zwischen und innerhalb der Bevölkerungsgruppen „sind die sozialen Beziehungen der Menschen, die in ihrer sozialen Interaktion und Kommunikation Ausdruck finden" (Blau 1978, S. 203). Eine Bevölkerungsgruppe bezeichnet eine Klasse von

4.1 Sozialstrukturelle Bedingungen

Akteuren, die zwar aufgrund ihrer Gruppenzugehörigkeit stärker miteinander interagieren als mit Akteuren anderer Gruppen, die aber keineswegs alle direkt miteinander in Kontakt stehen.

Da sich Menschen in vielerlei Hinsicht unterscheiden, ist es Aufgabe der Sozialstrukturanalyse, analytische Elemente aus dem sozialen Leben zu abstrahieren, um die bedeutsamen Differenzierungsarten und deren Implikationen in Bezug auf das Sozialkapital-Modell zu erklären. Eine sozialstrukturelle Bedingung „ist jenes Kriterium, das den von Menschen und ihren sozialen Beziehungen vorgenommenen sozialen Unterscheidungen implizit ist" (Blau 1978, S. 204).[4] Sozialstrukturelle Bedingungen differenzieren eine Bevölkerung hinsichtlich verschiedener relevanter Gruppen. Blau (1978, S. 205 ff., 1994, S. 13 f.) unterscheidet in seiner formalen Theorie sozialstrukturell differenzierter Bevölkerungsstrukturen nominale und graduale Lebensbedingungen.

Graduale Lebensbedingungen differenzieren Bevölkerungsgruppen aufgrund hierarchischer Unterschiede im Status, weshalb graduale Lebensbedingungen mit Statusungleichheit einhergehen. Diese Statusungleichheit verläuft kontinuierlich ohne Grenzen, gleichwohl kann die empirische Verteilung hierarchische Grenzen widerspiegelnde Diskontinuitäten aufweisen, wie Klassen oder Schichten. Beispielsweise kann für ökonomisches Kapital (Einkommen und Vermögen), personales Kapital (Schul- und Berufsausbildung, kulturelle Kompetenz, Berufserfahrung), positionelles Kapital (Handlungsautonomie im Beruf) und soziales Kapital eine Rangordnung zum Vergleich von Bevölkerungsgruppen herangezogen werden. Die Ressourcenausstattung einer Bevölkerungsgruppe kann im Vergleich zu einer anderen Bevölkerungsgruppe hoch oder niedrig sein.

Nominale Lebensbedingungen trennen die Bevölkerung dagegen in exakt begrenzte Gruppen oder Klassen, wobei diese Gruppen aus sich heraus nicht durch Rangunterschiede geprägt sind. Beispiele nominaler Lebensbedingungen sind Beruf, Geschlecht, ethnische Herkunft, Religionszugehörigkeit, Parteimitgliedschaft, Haushaltszugehörigkeit oder Wohnort (vgl. Blau 1978, S. 205). Nominale Differenzierung resultiert nicht in Statusungleichheit, sondern in Heterogenität. Heterogenität variiert sowohl mit der Anzahl der Gruppen als auch mit der Verteilung der Bevölkerung auf diese Gruppen. Je mehr Bevölkerungsgruppen es gibt oder je gleichmäßiger die Bevölkerung über die Gruppen verteilt ist bzw. je weniger sich die Bevölkerung auf eine dieser Gruppen konzentriert, desto größer ist die Heterogenität. Beispielsweise sind die Wohnlagen in Großstädten, wie Innenstadt-

---

[4] Blau (1978) verwendet den Begriff struktureller Parameter. Aufgrund der expliziten Verknüpfung von Handlungs- und Strukturkomponenten im Sozialkapital-Modell wird der synonym gebrauchte Begriff sozialstrukturelle Bedingung bevorzugt. Damit wird zudem gegenüber dem neutralen Begriff Parameter zum Ausdruck gebracht, dass unter den beinahe unendlichen Differenzierungsmöglichkeiten sozialer Strukturen nur die bedeutsamen Handlungs- und Lebensbedingungen untersucht werden. Strukturelle Parameter oder sozialstrukturelle Lebensbedingungen deuten zwar auf Individuen charakterisierende Merkmale, in die strukturelle Analyse fließen sie aber als Variation individueller Merkmale unter Personen ein und beschreiben damit ein Charakteristikum der sozialen Struktur.

lage, Gründerzeitviertel, Plattenbausiedlungen, Genossenschaftsbauten, Industriegebiete, Eigenheimgebiete und Stadtrandlagen, aufgrund der Anzahl der Gruppen vielfältiger als die Wohnlagen in Dörfern, wie Höfe und Mehrfamilienhaussiedlungen. Andererseits ist die Wohnort-Heterogenität einer Großstadt geringer, wenn 80 % der Einwohner in Genossenschaftsbauten und die restlichen 20 % in den anderen Wohnorten leben, gegenüber einer gleichmäßigeren Verteilung der Bevölkerung über die Wohnorte.

Die Statusungleichheit der gradualen Lebensbedingungen variiert auf andere Art. Aufgrund der kontinuierlichen Statusrangordnung sind Akteure, die unterschiedliche Positionen hinsichtlich einer sozialstrukturellen Bedingung einnehmen, nicht nur unterschiedlich, d. h. im Status ungleich, sondern es kann zusätzlich noch bestimmt werden, welche Position mehr Status hat. Statusungleichheit variiert durch die empirische Verteilung von Status über die sozialen Positionen. Hierbei lassen sich zwei widersprüchliche Arten von Ungleichheit unterscheiden, die sich beide von absoluter Gleichheit abheben. Einerseits variiert Statusungleichheit mit der Statuskonzentration in bestimmten Positionen und damit einhergehender großer Statusdistanz. Eine geringe Ungleichheit ergibt sich trotz großer Statusdistanz auch dann, wenn die große Masse der Bevölkerung ungefähr gleich viel Status besitzt. Statusungleichheit speist sich dann aus der Statusdistanz zwischen entweder Elite und Masse, wenn sich Status bei einer kleinen Bevölkerungsgruppe (Elite) konzentriert, oder Masse und Unterprivilegierten, wenn sich Status bei einer großen Bevölkerungsgruppe (Masse) konzentriert. Andererseits variiert Statusungleichheit über „eine Vielfalt von Statuspositionen und impliziert eine Vielzahl von Statusunterschieden" (Blau 1978, S. 207). Bei dieser Betrachtungsweise ergibt sich eine geringe Ungleichheit, wenn sich der Status zwischen den Positionen nur inkrementell erhöht und die maximale Statusdistanz nur eine geringfügige Spannweite aufweist. Je größer die Differenz im Besitz bestimmter Ressourcen bzw. Kapitalien ist und je mehr die Ressourcen bzw. Kapitalien in nur wenigen Händen konzentriert ist, desto größer ist die Ungleichheit.

Allerdings ist eine Bevölkerung nicht nur durch eine, sondern durch vielfache Lebensbedingungen sozialstrukturell differenziert. Da nominale und graduale Differenzierungsmerkmale parallel auftreten, kommt es zu Gruppenüberschneidungen. Simmel (1992) hat dies als Kreuzung sozialer Kreise bezeichnet. Jeder einzelne Akteur gehört gleichzeitig vielen verschiedenen sozialstrukturell relevanten Bevölkerungsgruppen an. Diese Kombinationen der Gruppenzugehörigkeit können für eine Menge von Akteuren entweder ganz ähnlich und typenbildend sein oder aber vielfältig und damit einzigartig. Wenn sozialstrukturelle Bedingungen, insbesondere aber solche der Statusungleichheit, hochgradig miteinander korrelieren und damit sehr ähnliche Gruppenkombinationen oder Typen erzeugt werden, liegt Konsolidierung der Gruppengrenzen vor (Blau 1978, S. 227 ff.). Dann gibt es durch die Überschneidungen der korrelierenden Merkmale deutliche Grenzen zwischen Bevölkerungsgruppen. Das prototypische Beispiel sind Berufsgruppen, die im engen Zusammenhang mit erforderlichen Bildungsleistungen (Humankapital), zu erzielendem Einkommen (ökonomisches Kapital) und formalen Abhängigkeiten bzw. Verantwortlichkeiten (Positionskapital) stehen und damit soziale Schichten ausbilden. Wenn aber die

4.1 Sozialstrukturelle Bedingungen

Heterogenitäts- und/oder Statusungleichheitsbedingungen vollkommen unkorreliert sind, dann vervielfältigen sich die Gruppenkombinationen nach allen logischen Möglichkeiten, wodurch das Ausmaß der Intersektion bzw. Diversität maximal wird, d. h. Größe und Anzahl homogener Bevölkerungsgruppen sinken. Dadurch schwächen sich die Gruppengegensätze ab, weil die Grenzen durchlässiger und weniger bindend sind. Konsolidierung und Intersektion sind die Pole von Gruppenüberschneidungen.

Eine Grundannahme der Blauschen Differenzierungstheorie ist, „that the population structure, conceptualized as people's distributions in a multidimensional space, exerts independent effects on social relations by circumscribing the opportunities and limiting the choices in a population" (Blau 1994, S. 28). Die formale Differenzierung einer Bevölkerungsstruktur nach Statusungleichheit, Heterogenität und Gruppenüberschneidung bildet Gelegenheiten und Restriktionen für persönliche Kontakte und damit für den Aufbau und die Nutzung sozialen Kapitals. In Bezug auf das Sozialkapital-Modell wird angenommen, dass die durch sozialstrukturelle Lebensbedingungen bestimmten Unterschiede der Gruppenzugehörigkeit und der Statusungleichheit die sozialen Beziehungen, also die sozialen Interaktionen und Kommunikationen, beeinflussen. Hinsichtlich der nominalen Lebensbedingungen kann erwartet werden, dass soziale Beziehungen innerhalb von Gruppen häufiger vorliegen als zwischen Personen unterschiedlicher Gruppen. Bezüglich der gradualen Lebensbedingungen wird angenommen, dass soziale Beziehungen bei Statusnähe zwischen Personen häufiger vorkommen als bei Statusunterschieden zwischen den Beziehungspartnern. Es ist Blau (1978, S. 206) zuzustimmen, dass sich die Bedeutung sozialstruktureller Lebensbedingungen aus der Stärke des Zusammenhangs zu den sozialen Beziehungen der Personen ergibt. Einzelnen Lebensbedingungen der sozialstrukturellen Differenzierung sind damit bedeutende Restriktionen für soziale Beziehungen und damit auch für Aufbau und Nutzung sozialen Kapitals.

Multiple Heterogenität hat zur Folge, dass strukturelle Zwänge erwachsen, soziale Beziehungen auch mit Fremdgruppenmitgliedern zu unterhalten. Nimmt man nicht nur an, dass soziale Beziehungen häufiger innerhalb als zwischen Gruppen vorkommen, sondern auch dass soziale Beziehungen zu Fremdgruppen der Isolation vorgezogen werden, dann schwächt multiple Heterogenität die Behinderungen und Restriktionen, die aus eindimensionalen Heterogenitäten erwachsen. Mit steigender Diversität erhöhen sich die Gelegenheiten und Möglichkeiten zufälliger Begegnungen von Personen aus verschiedenen Gruppen (Blau 1978, S. 212). Beispielsweise vereinen die gemeinsamen Interessen an einer sicheren Wohnumgebung Einwohner unterschiedlichen Alters, verschiedener ethnischer Herkunft und diverser Lebensformen miteinander in Bürgerinitiativen. Arbeitnehmer verschiedener Berufe partizipieren in Gewerkschaften, um ihre gemeinsamen Interessen zu organisieren und zu vertreten. „Nur sich überschneidende Gruppenzugehörigkeiten zwingen Personen, unter ihren verschiedenen Eigengruppenpräferenzen zu wählen und einige zu vernachlässigen, um zugunsten anderer bestimmte Beziehungen zwischen Gruppen aufzunehmen" (Blau 1978, S. 215). Einzig der Wohnort als sozialstrukturelle Lebensbedingung unterminiert diese Wirkung zunehmender Diversität, weil die für soziale Beziehungen notwendigen Face-to-Face Interaktionen zwischen Gruppen durch physische Distanz erschwert werden bzw. nicht zustande kommen.

Eine ähnliche Wirkung hat Statusvielfalt auf soziale Beziehungen. Statusunterschiede hemmen zwar soziale Interaktion und Kommunikation. Dies gilt vor allem für Interaktionen zwischen sehr hohen und sehr niedrigen sozialen Positionen, aber die geringen Distanzen zwischen benachbarten sozialen Positionen fördern die Interaktionen zwischen Personen mit verschiedenem Status. Bei Statuskonzentration verringern sich die Distanzen zwischen Angehörigen der Masse und zugleich wachsen deren Möglichkeiten und Gelegenheiten für wechselseitige soziale Interaktionen innerhalb der sozialen Position aufgrund der Größe stark an.

Der strukturelle Zwang zu Fremdgruppenkontakten und der Abbau von Interaktionshindernissen entfaltet sich nur durch die Intersektion von Gruppen- und Statusunterschieden. Korrelieren dagegen sozialstrukturelle Lebensbedingungen stark miteinander, ist die soziale Struktur konsolidiert. Dann ändert sich die Untergruppen- und Statusvielfalt in wenige Großgruppen, die sich stark unterscheiden und wenig Gemeinsames haben. Zwar wird dann die Eigengruppensolidarität gestärkt, aber die soziale Integration der gesamten Bevölkerung wird geschwächt, weil die dafür bedeutsamen Verbindungen zwischen den Gruppen nicht in ausreichendem Maße vorhanden sind.

Blau stellt soziale Strukturen in den Mittelpunkt der Analyse sozialer Beziehungen. Er betont die spezifische Wirkung formaler Verteilungen einzelner Bevölkerungsgruppen für soziale Beziehungen. Von großer Bedeutung ist die ungleiche Verteilung von sozialem Status über die gradualen Positionen einer Bevölkerungsstruktur, die Heterogenität von Bevölkerungsgruppen und vor allem die Gruppenüberschneidungen, die sich aus Statusungleichheit und Heterogenität ergeben und durch Korrelationen nominaler und gradualer sozialstruktureller Lebensbedingungen bestimmt werden können. Schon allein diese sozialstrukturellen Eigenschaften bedingen Erwerb und Nutzung sozialen Kapitals. Sie stellen eine einflussreiche Strukturkomponente der Handlungen im Sozialkapital-Modell dar.

Die differenzierenden Lebensbedingungen gehen als strukturelle, den Handlungsspielraum erweiternde Gelegenheiten oder einengende Restriktionen des sozialen Austauschs in die Modellierung von Aufbau und Nutzung sozialen Kapitals ein. Die sozialstrukturellen Lebensbedingungen bestimmen, wer welche sozialen Ressourcen hat und wie nützlich diese sind (Flap 1999, S. 8). Die formale Trennung von gradualen und nominalen Lebensbedingungen abstrahiert allerdings zu stark von tatsächlich relevanten sozialstrukturellen Merkmalen und realen empirischen Verteilungen. Um soziologische Thesen aufzustellen, ist zu klären, welche Lebensbedingungen im Sozialkapital-Modell relevant sind, wie diese Lebensbedingungen verteilt sind und wie die verschiedenen Lebensbedingungen auf den Aufbau und die Nutzung sozialen Kapitals einwirken. In den folgenden Abschnitten wird die formale Theorie schrittweise um realitätsnähere Annahmen ergänzt. Zunächst werden die disponiblen Ressourcen (X und T in der sozialen Produktionsfunktion) und anschließend die sozialstrukturellen Kontexte (E in der sozialen Produktionsfunktion) beschrieben und in ihrem Zusammenhang zum sozialen Kapital erklärt.

4.2 Ressourcenausstattung und soziales Kapital

In entwickelten westlichen Gesellschaften erhalten die sozialstrukturellen Lebensbedingungen der meritokratischen Triade aus Einkommen, Bildung und Beruf zentrale Bedeutung.[5] Diese Lebensbedingungen korrespondieren mit hoch bewerteten Ressourcen, die sich als ökonomisches, personales und positionelles Kapital eines Akteurs darstellen lassen. Einkommen und Vermögen (ökonomisches Kapital) sind wertvoll, weil sie äußerst fungibel sind und über Arbeitsleistungen bzw. Kapitalerträge vermehrt werden können. Bildung, Kompetenz und Erfahrung (personales Kapital) sind ebenfalls hoch bewertete Güter, weil damit Arbeitsleistungen effizient erstellt werden können. Hohe Berufspositionen (positionelles Kapital) sind hochbewertete Ressourcen, weil sie mit Verantwortung, Macht und Privilegien ausgestattet sind. Im Einklang mit der im zweiten Kapitel entwickelten Ressourcenperspektive gehen Egos Kapitalien als wichtige und wertvolle Lebensbedingungen in das Sozialkapital-Modell ein.

4.2.1 Ökonomisches Kapital

Mit ökonomischem Kapital sind Einkommen und Vermögen einer Person gemeint (vgl. Abschn. 3.2). Das Einkommen wird zu einem großen Teil durch menschliche Arbeit erzielt. Neben der Erwerbstätigkeit gibt es weitere Einkommensquellen wie wohlfahrtsstaatliche, familiäre oder sonstige Transferleistungen aber auch Renten und Gewinne aus Vermietung, Verpachtung oder Kapitalanlagen. Vermögen kann eine Person durch eigene Leistungen, Erbe, Spielgewinn oder Schenkung erworben haben. Vermögen drückt sich nicht nur durch finanzielle Reserven, sondern auch durch den Besitz wertvoller Sachgüter aus, wie zum Beispiel Immobilien und Grundstücke.

Bezogen auf die soziale Produktionsfunktion primärer Zwischengüter ist ökonomisches Kapital dem Produktionsfaktor X zuzurechnen, mit dem indirekte Zwischengüter im direkten ökonomischen Tausch erworben werden. Indirekte Zwischengüter im Sozialkapital-Modell sind beispielsweise Geschenke, Nahrungs- und Genussmittel für gemeinsame Abendessen mit Freunden oder Transportmittel, um Verwandte, Freunde oder Vereinsveranstaltungen zu besuchen. Auch Ausrüstungen, Bekleidung und Materialien für Hobbys und Interessen, denen man gemeinschaftlich mit Freunden und Bekannten nachgeht, zählen dazu. Darunter ist die feine Abendgarderobe der Opernfreunde ebenso zu subsumieren wie die Mannschaftskleidung des Fußballvereins oder der Fundus der Theater-

---

[5] Bereits Weber (1990, S. 177 ff., 531 ff.) betont die Lebensbedingungen Besitz und Erwerb (Marktverwertungschancen von Gütern und Leistungen), wobei positive und negative Privilegien in der sozialen Schätzung auf der Lebensführungsart, der formalen Erziehungsweise und dem Abstammungs- und Berufsprestige gründen. Während Klassen über die Wirtschaftsordnung mit Besitz verknüpft sind, korrespondieren Stände mit Ehre und Parteien mit Macht.

gruppe. Aus verfügbarem ökonomischem Kapital erwächst Ego eine erste Restriktion, die der Budgetrestriktion der herkömmlichen Konsumententheorie entspricht:

$$EC = I_w + V = \sum p_i x_i \qquad (4.5)$$

wobei EC das verfügbare ökonomische Kapital, das sich aus dem Geldeinkommen der Erwerbstätigkeit I_w und dem Vermögen V zusammensetzt, und p_i die Preise der indirekten Zwischengüter x_i bezeichnet. Aus dieser Budgetrestriktion folgt, dass Ego durch sein verfügbares ökonomisches Kapital und den Preisen der indirekten Zwischengüter in seinem Verhalten (Aufbau und Nutzung sozialen Kapitals) eingeschränkt wird.[6] Steigen einerseits die Preise der indirekten Zwischengüter x_i bei gleichbleibendem ökonomischem Kapital, wird Ego weniger indirekte Zwischengüter zur Produktion primärer Zwischengüter bereitstellen können. Steigt andererseits sein ökonomisches Kapital bei unveränderten Preisen, wird er mehr für den Erwerb primärer Zwischengüter einsetzen können. Da für den Erwerb soziales Kapital das primäre, zu erzeugende Zwischengut ist, kann Ego mehr soziales Kapital herstellen, wenn er über umfangreiches ökonomisches Kapital verfügt. Die ceteris paribus Bedingung unveränderter Preise kann derart interpretiert werden, dass von zwei Personen eines Handlungssystems, in dem für alle Personen die gleichen Preise gelten, derjenige mehr soziales Kapital erwerben kann, der über mehr ökonomisches Kapital verfügt.

4.2.2 Personales Kapital

Die zweite bedeutende Ressource ist das personale Kapital. Damit sind alle personenbezogenen Ressourcen gemeint. Es bezieht sich nicht nur auf das arbeitsmarktverwertbare Humankapital, sondern schließt auch Allgemeinbildung, Manieren, Fähigkeiten, Fertigkeiten und Geschick ein (vgl. Abschn. 3.2). Für die soziale Produktionsfunktion primärer Zwischengüter stehen zunächst die produktiven Dimensionen des personalen Kapitals im Vordergrund, also die vererbte und erworbene Kultur, Kompetenzen, Bildung und gewonnene Erfahrungen einer Person. Im weitesten Sinne setzt es sich „zusammen aus einer ererbten Menge und einer durch Investitionen erworbenen Menge; darüber hinaus ist die investierte Menge teilweise durch das Erbteil determiniert" (Becker 1982, S. 290):

$$PC = E + F \qquad (4.6)$$

wobei E den durch eigene Anstrengungen, vor allem Bildungsanstrengungen, erworbenen Teil und F den zugeschriebenen, durch die soziale Herkunft bestimmten, vor allem von der

---

[6] Diese Budgetrestriktion lässt sich dahingehend spezifizieren, dass Teile des ökonomischen Kapitals zunächst für die eigene Lebenshaltung (essen, trinken, wohnen, Aufwendungen um einer Erwerbsarbeit nachzugehen, Vorsorgeausgaben usw.) ausgegeben werden und nur vom verbleibenden Teil etwas für den Erwerb und Erhalt sozialer Ressourcen zur Verfügung steht.

4.2 Ressourcenausstattung und soziales Kapital

Familie ererbten Teil des gesamten verfügbaren Personkapitals PC bezeichnet. In die soziale Produktionsfunktion fließt personales Kapital insofern ein, als dass Wissen, Kompetenzen und Erfahrung gebraucht werden, um indirekte Zwischengüter effizient zu verarbeiten. Personales Kapital kann die Effizienz oder Produktivität von Tätigkeiten erhöhen. Das gilt sowohl für Erwerbs- als auch für Freizeittätigkeiten. Dadurch wird die Bedeutung von Verarbeitungsleistungen gegenüber den bloßen indirekten Zwischengütern hervorgehoben. Es kann als Ressource zwar zum Produktionsfaktor X in Gl. 4.4 gerechnet werden, jedoch wird die Eigenständigkeit der Verarbeitungsleistungen durch den Faktor PC herausgestellt. Personales Kapital, das im Sozialkapital-Modell indirekte Zwischengüter und andere Ressourcen effizient verarbeitet, sind beispielsweise Geschick, um Haushaltsgeräte zu reparieren, spezielles Wissen auf medizinischen, politischen, juristischen oder anderen Gebieten, um Ratschläge und Tipps zu geben, bestimmte Talente und Fähigkeiten, wie die Kochkunst oder der Torinstinkt des Fußballstürmers. Auch scheinbar triviale kognitive Fähigkeiten gehören zum personalen Kapital. Für das Sozialkapital-Modell sind zwei dieser kognitiven Restriktionen hervorzuheben. Der soziale Ressourcenaustausch zwischen Ego und seinen Alteri erfordert gemeinsame Kommunikation und damit das Beherrschen einer gemeinsamen Sprache. Insofern Akteure nicht eine gemeinsame Sprache beherrschen, besteht damit eine ernsthafte Barriere für Aufbau und Nutzung sozialen Kapitals. Eine zweite kognitive Restriktion liegt in der Fähigkeit, eine größere Anzahl von sozialen Beziehungen führen zu können. Allerdings zeigen empirische Befunde, dass in dieser Hinsicht nicht von einer ernsthaften Restriktion gesprochen werden kann. Im Durchschnitt unterhält eine Person knapp 300 soziale Beziehungen (McCarty et al. 2001), wobei für einzelne Personen auch deutlich größere Netzwerke nachgewiesen wurden (Boissevain 1974).

Um die restriktive Wirkung des personalen Kapitals in der sozialen Produktionsfunktion angeben zu können, schlägt Becker (1993) vor, über das ökonomische Kapital Schattenpreise des Humankapitals zu bestimmen.[7] Dieser Weg wird jedoch nicht eingeschlagen, weil dadurch personales Kapital auf Humankapital reduziert wird. Personales Kapital wird umfassend verstanden und enthält sowohl marktrelevante als auch nicht-marktrelevante Anteile, während Humankapital nur auf die marktrelevante Verwertung abstellt (vgl. Bourdieu 1983a, S. 185 f.). Zudem ist dieser Weg für den Humankapital-Ansatz relevant.

---

[7] Ego kann sein ökonomisches Kapital EC für indirekte Güter und Dienstleistungen x_i als auch für den Aufbau seines Humankapitals aufwenden. Die Budgetrestriktion hat dann zwei Bestandteile:

$$EC = \sum p_i x_i + p_E * E$$

wobei p_i Preise für indirekte Zwischengüter x_i und p_E den Preis für die Erzeugung jeder Einheit des Humankapitals E bezeichnet. E kann durch Gl. 4.6 ersetzt werden, wodurch sich folgende Gleichung ergibt:

$$X = EC + p_E * F = \sum p_i x_i + p_E * PC$$

Mit X werden die Gesamtressourcen Egos bezeichnet, also sein ökonomisches Kapital und der Wert des Humankapitals, das er durch die Grundausstattung zugeschriebenen und ererbten Humankapitals hat, umgerechnet in Geldeinkommen über die Preise p_E für den Erwerb von Humankapital. Die rechte Seite drückt aus, wie die Gesamtressourcen ausgegeben werden, nämlich in indirekte Zwischengüter x_i und Humankapital PC.

Im Sozialkapital-Modell wird aber nicht der Erwerb von Humankapital, sondern die restriktive Wirkung des Humankapitals als verfügbare Ressource untersucht. Diese restriktive Wirkung ergibt sich aus der effizienteren Produktion primärer Zwischengüter, wenn man Wissen, Kompetenzen, Erfahrungen und Geschick hat, indirekte Zwischengüter zu verarbeiten. Ein zweites Argument für die restriktive Wirkung liegt im Wert der Ressource begründet. Akteure, die reich an personalem Kapital sind, werden im sozialen Austausch stärker als Tauschpartner nachgefragt, weil man vermutet, dass sie am ehesten geeignet sind, die gerade benötigte Hilfe und Unterstützung bereitzustellen.

4.2.3 Positionelles Kapital

Positionskapital ist eine Ressource, die eng mit Personkapital verbunden ist, sich jedoch aufgrund der Inhaberschaft einer Berufsposition entwickelt (Lin 2001, S. 42 f.). Diese organisationalen Positionen gründen auf legitimen Machtverhältnissen. Sie verleihen dem Positionsinhaber Privilegien, Einfluss und Macht. Zu diesen positionellen Ressourcen gehören beispielsweise Dienstwagen mit oder ohne Chauffeur, Verantwortung gegenüber untergebenen Mitarbeitern, Handlungsautonomie bei Sachentscheidungen, Weisungsbefugnis, Stimmrechte, Entscheidungsmacht über Einzelpersonen und Kollektive (vgl. Abschn. 3.2). Positionelles und personales Kapital sind eng miteinander verknüpft. Aufgrund ihres personalen Kapitals besetzen Akteure Berufspositionen und können damit über das Kapital dieser Positionen verfügen. Die berufliche Stellung ist zugleich auch die dritte Lebensbedingung der meritokratischen Triade.

Positionelles Kapital ist ein weiterer Teil der Ressourcenausstattung Egos und geht entsprechend in die soziale Produktionsfunktion primärer Zwischengüter ein. Es entfaltet restriktive Wirkungen über seine begrenzte Verfügbarkeit für Ego, d. h. Ego kann nur über die Menge an positionellem Kapital verfügen, die an die eingenommene Position gebunden ist: Fließbandarbeiter, Verkäufer, Krankenschwestern und Bürofachkräfte verfügen in der Regel weder über Dienstwagen noch eine Sekretärin, wohl aber Bankdirektoren. Auch im Sozialkapital-Modell ergeben sich Restriktionen hinsichtlich des positionellen Kapitals. Nicht nur weil der Bankdirektor seine Privilegien nutzen kann, um sein soziales Kapital zu erweitern, sondern auch weil man gemeinhin annimmt, dass Bankdirektoren aufgrund ihrer beruflichen Position einen großen Kreis an Bekanntschaften haben, deren Ressourcen einmal nützlich sein können und auch weil das bloße Wissen, Kontakte zu einem Bankdirektor zu haben, das eigene Ansehen erhöht, sind die Möglichkeiten, soziales Kapital aufzubauen und zu nutzen, für den Bankdirektor größer als für Verkäufer oder Krankenschwestern. Diese restriktive Wirkung ergibt sich aus ganz ähnlichen Argumenten, wie sie für das personale Kapital angeführt wurden. Auch mit positionellem Kapital ist eine effizientere Produktion primärer Zwischengüter möglich, wenn man Privilegien und Macht hat, indirekte Zwischengüter zu verarbeiten. Zweitens lässt sich die restriktive Wirkung dieses Kapitals durch den Wert der Ressource begründen. Akteure mit hohem Positionskapital werden im sozialen Austausch stärker als Tauschpartner nachgefragt, weil man vermutet, dass sie am ehesten geeignet sind, die gerade gesuchte Hilfe und Unterstützung bereitzustellen.

4.2.4 Soziales Kapital

Soziales Kapital kann ebenso wie die anderen Kapitalien als sozialstrukturelle Lebensbedingung und damit als weitere Ressource in der sozialen Produktionsfunktion primärer Zwischengüter aufgefasst werden. Soziales Kapital ist, wie in den Abschn. 2.3 bis 2.6 ausführlich erörtert, die über ein Netzwerk persönlicher sozialer Beziehungen potenziell verfügbare Ressourcenmenge, also die für Ego zugänglichen und mobilisierbaren ökonomischen, personalen und positionellen Kapitalien seiner Alteri. Beispiele sind die Stellenbesetzungen über informelle Netzwerke, Beistand und emotionale Unterstützung in kritischen Lebenssituationen wie schwerwiegende Krankheit oder längere Arbeitslosigkeit, gemeinschaftliche Freizeitaktivitäten oder Freundschaftsdienste.

Das soziale Kapital Egos entfaltet restriktive Wirkungen in der sozialen Produktion primärer Zwischengüter. Die indirekten Zwischengüter X in Gl. 4.4 werden um die Ausstattung mit sozialem Kapital erweitert. In seiner Theorie sozialer Wechselwirkungen hat Becker (1982) mit dem sozialen Einkommen ein Konzept entwickelt, das den Nutzen aus sozialen Beziehungen und damit soziales Kapital berücksichtigt. Die Menge der sozialen Beziehungen, die Ego unterhält, wird mit R bezeichnet, wobei R auch die Eigenschaften der Alteri impliziert. Die sozialen Beziehungen R bestehen nach Becker (1982, S. 287) aus zwei Teilmengen:

$$R = D_{ego} + h, \qquad (4.7)$$

nämlich einer Grundausstattung D_{ego}, die sich Ego nicht selbstständig und bewusst erarbeitet hat, etwa die Beziehungen zu seiner Familie oder Beziehungen, die sich aus alltäglichen Routinen ergeben haben. Die zweite Teilmenge h sind die selbst erworbenen sozialen Beziehungen, die sich Ego bewusst erarbeitet hat. Ego kann sein Geldeinkommen I für kommerzielle Güter und Dienstleistungen X als auch für den Aufbau sozialer Beziehungen aufwenden. Entsprechend kann seine Budgetrestriktion geschrieben werden als:

$$p_x * x + p_r * h = I_{ego} \qquad (4.8)$$

wobei p_x den Preis für indirekte Zwischengüter X und p_r den Preis für die Erzeugung jeder Einheit der sozialen Beziehungen R bezeichnet. Ersetzt man h in Gl. 4.8 durch Gl. 4.7 ergibt sich:

$$p_x * x + p_r * R = I_{ego} + p_r * D_{ego} = S_{ego} \qquad (4.9)$$

Der Ausdruck S bezeichnet das soziale Einkommen Egos, also sein Geldeinkommen und sein Beziehungseinkommen, das er durch die Grundausstattung sozialer Beziehungen hat, umgerechnet in Geldeinkommen über die Preise p_r für den Aufbau der sozialen Beziehungen. Die linke Seite drückt aus, wie das gesamte Einkommen ausgegeben wird, nämlich in indirekte Zwischengüter X und soziale Beziehungen R. Welche Kombination aus indirekten Zwischengütern und Beziehungen die richtige Mischung ist, hängt von den Interessen Egos ab. Ego muss sich genau überlegen, ob er seine Ressourcen für den Erwerb sozialen Kapitals einsetzt, weil Aufbau und Erhalt sozialer Beziehungen mit Kosten verbunden sind. Anderseits ergibt sich aus Gl. 4.9, dass Egos Geldeinkommen von seinem sozialen Einkommen abweicht, selbst wenn Ego überhaupt nicht die Absicht hat, soziales Kapital zu erwerben. Diese Erkenntnis ist für die Trennung der Teilaspekte Erwerb und Nutzung sozialen Kapitals von Bedeutung. Egos Sozialkapitalbestand entfaltet restriktive Wirkungen für die Produktion primärer Zwischengüter, auch wenn, wie beim Erwerbsaspekt, soziales Kapital selbst das primäre Zwischengut ist. Bei diesem Teilaspekt geht es zwar um den Aufbau sozialen Kapitals, aber bestehendes Sozialkapital setzt Restriktionen. Insofern soziales Kapital vorhanden ist oder aufgebaut wurde und zum Zeitpunkt t_1 verfügbar ist, stellt es eine restriktive Bedingung für weitere Handlungen zum Zeitpunkt t_2 dar.

Ferner lässt sich aus Gl. 4.9 ableiten, dass jede Veränderung der Preise (sowohl für Güter als auch für Beziehungen) und jede Veränderung des Einkommens (sowohl des Geldeinkommens als auch aus der Grundausstattung der Beziehungen) die Möglichkeiten für die Kombinationen, indirekte Zwischengüter oder Beziehungen zu erwerben, verändern. Steigt der Preis für den Aufbau von Beziehungen im Vergleich zum Preis für indirekte Zwischengüter an, wird Ego weniger Beziehungen und stärker indirekte Zwischengüter erwerben. Preissteigerungen für den Aufbau sozialen Kapitals ergeben sich beispielsweise infolge eines abgesenkten allgemeinen Vertrauens in Mitmenschen oder weil Mitmenschen allgemein weniger an sozialen Beziehungen interessiert sind. Einkommenssteigerungen der Grundausstattung mit sozialem Kapital ergeben sich durch erleichterten Zugang zu bestimmten Mitmenschen, wie den Freunden der Alteri oder durch Wertsteigerungen der Ressourcen bestehender sozialer Beziehungen, d. h. wenn die Alteri ihre eigenen für Ego mobilisierbaren Ressourcen mehren.

4.2.5 Zeit als Ressource

Im Sozialkapital-Modell spielt die Zeit neben dem Ressourcenbesitz eine bedeutende Rolle. Relativ viel Zeit muss für Aufbau und Erhalt sozialen Kapitals aufgewendet werden: Eine soziale Beziehung entwickelt sich in der Regel erst über mehrere wechselseitige Austauschhandlungen. Zudem ist soziales Kapital erst in etablierten Beziehungen nutzenstiftend. Zeit kann als Ressource betrachtet werden, wobei die Knappheit eine der hervorstechendsten Eigenschaften ist. Zeit kann, genau wie Einkommen nur einmal verwendet werden. Ego muss sich genau überlegen, ob er sie für den Aufbau und die Nutzung sozialen Kapitals oder für andere Tätigkeiten nutzt. Diese Knappheit entfaltet, genau wie andere knappe Ressourcen, eine restriktive Wirkung auf die Nutzenproduktion sozialen Kapitals (Weesie et al. 1991). Der Zeit kommt aber eine besondere, nicht nur restriktive Bedeutung zu, weil sie weder vermehrt noch gespeichert und zu einem späteren Zeitpunkt verwendet werden kann. Eine Stunde hat nur 60 min und ein Tag nur 24 h, völlig unabhängig von der sonstigen Ressourcenausstattung Egos. Die reale Zeit ist eine grundsätzlich begrenzte

4.2 Ressourcenausstattung und soziales Kapital

und damit auch knappe Ressource. Zeit wird für verschiedene Tätigkeiten aufgewendet. Grob lassen sich Zeiten für Erwerbstätigkeit, Hausarbeit, physiologische Regeneration wie Schlafen und Essen sowie „freie" Tätigkeiten wie Hobbys und Muße unterteilen. Prinzipiell kann die freie Zeit aber auch Teile der Erwerbszeit und Essenszeit für soziale Beziehungen aufgewendet werden. Generell steht diese Zeit für Beziehungsarbeit aber in Konkurrenz zu anderen Tätigkeiten (Esser 2000, S. 62).

Die Budgetrestriktion ergibt sich somit aus der Restriktion durch die Kapitalien und durch die Zeit. Becker (1982, S. 97 ff.) hat eine allgemeine Theorie entwickelt, wie sich die Restriktionen zu einer einzigen Gesamtrestriktion verbinden lassen. Die Ressourcenrestriktion ökonomischen Kapitals entspricht dem gesamten Geldeinkommen I, welches sich aus dem Erwerbseinkommen W, wie zum Beispiel Lohn, Gehalt und Honorar für geleistete Erwerbsarbeit, und dem sonstigen Einkommen V, wie zum Beispiel Transferleistungen, Lottogewinn, Wertpapiergewinne und Zahlungen der Eltern, zusammensetzt. Das Erwerbseinkommen W entspricht der auf dem Arbeitsmarkt verbrachten Erwerbszeit T_w multipliziert mit der Lohnrate w pro Zeiteinheit. Für das gesamte Geldeinkommen I kann eine maximale Menge an Marktgütern x_i zum jeweiligen Marktpreis p_i gekauft werden. Die Budgetrestriktion für den Erwerb der Marktgüter ist demzufolge:

$$\sum p_i x_i = I = V + T_w w \qquad (4.10)$$

Die Zeitrestriktion entspricht der gesamten verfügbaren Zeit T, die sich aus der Erwerbszeit T_w und der freien Zeit oder Konsumzeit T_c zusammensetzt: $T = T_w + T_c$.[8] Da Zeit nur einmal verbra(u)cht werden kann, stehen Erwerbsarbeit und Konsumzeit in Konkurrenz. Die gesamte Konsumzeit T_c ist die Summe aller Zeiten, die für den Konsum der commodities Z_i verausgabt wird:

$$\sum T_i = T_c = T - T_w \qquad (4.11)$$

Die Produktionsfunktion für die Erzeugung einer bestimmten Menge z_i des Gutes Z_i wird durch den Zeitaufwand $T_i = t_i z_i$ (erforderliche Zeit t_i mal Menge der Einheiten z_i) und durch den Aufwand an Marktgütern $x_i = b_i z_i$ (Menge der Marktgüter b_i mal Menge der Einheiten z_i) beschrieben. Mit T_i und x_i sind der Aufwand an Zeit und Marktgütern zur Herstellung eines nutzenstiftenden Gutes Z_i bestimmt und beides ist begrenzt. Beckers Argument ist nun, dass es im Grunde nur eine Restriktion gibt, weil die Gln. 4.10 und 4.11 nicht unabhängig voneinander sind. Im Prinzip wird die gleiche Lohnrate, die für die Erwerbsarbeitszeit angesetzt wird, auf die gesamte verfügbare Zeit ausgedehnt. Die Gesamtressourcen-Restriktion S ergibt sich, wenn Ego seine gesamte Zeit als Erwerbszeit

---

[8] Die Konsumzeit bzw. die Nicht-Erwerbszeit kann nicht völlig für den sozialen Austausch im Sozialkapital-Modell veranschlagt werden. Sinnvoll erscheint der Abzug von Zeiten der physiologischen Regeneration (schlafen, Mahlzeiten). Die Berücksichtigung dieser Zeiten schmälert aber nicht Beckers Argument über den Wert der Zeit.

nutzen würde und somit für die Konsumzeit T_c über die Lohnrate w ein Schatteneinkommen berechnet werden kann. S kann als Gesamteinkommen interpretiert werden. Es setzt sich dann aus dem Geldeinkommen I und dem Konsumzeiteinkommen $T_c w$ zusammen:

$$S = I + T_c w = V + T_w w + T_c w = V + Tw = \sum p_i x_i + \sum T_i w \qquad (4.12)$$

Konsumzeit kostet genau das Geldeinkommen, das man mit Erwerbstätigkeit hätte verdienen können, wenn man die Zeit dafür aufgewendet hätte.[9] Die Opportunitätskosten der Zeit können aus dem Äquivalent des Einkommens aus der Erwerbsarbeit berechnet werden. Zeit ist zwar über die Akteure gleichverteilt, aber nicht gleich teuer. Das Gesamteinkommen lässt eine weitere Interpretation zu. Ego verkauft seine Zeit auf dem Arbeitsmarkt, indem er einer Erwerbstätigkeit nachgeht, die ihm Geldeinkommen einbringt, das er für den Erwerb indirekter Zwischengüter einsetzen kann, die für ihn nutzenstiftend sind. Bestimmte indirekte Zwischengüter bzw. Dienstleistungen erlauben es Ego, Zeit zu kaufen: der Handwerker und die Reinigungskraft, Kochbücher und Fertiggerichte, Mobiltelefone und High Speed Internet, Autos und Automechaniker usw. Insofern sich der Preis der Erwerbstätigkeit pro Zeiteinheit verändert, werden Alternativen mehr oder weniger attraktiv und entsprechend ändern sich die Interessen und das Handeln der Akteure (Esser 2000, S. 62 f.). Wenn das Einkommen der Erwerbsarbeit steigt, steigt auch der Schattenpreis der Zeit. Veränderungen der Schattenpreise für die Zeit haben einen direkten Effekt auf die Preise für die Beziehungsarbeit. Für die Zeit, die Ego für den Aufbau seines sozialen Kapitals verwendet, gibt es immer auch Opportunitätskosten für Alternativen, die kein soziales Kapital hervorbringen. Das hat negative Auswirkungen auf die Beziehungsarbeit und somit auf die Verfügung über soziales Kapital. „Mit dem materiellen Wohlstand und mit der Mehrung der Chancen […] für eine lukrative Erwerbsarbeit und für den Erwerb von Kapital, das kein soziales Kapital ist, werden die Beziehungen zu anderen Menschen also teurer: Weil der Preis der Zeit ansteigt und weil Beziehungen meist viel an Zeit kosten" (Esser 2000, S. 247).

4.2.6 Restriktive Wirkung der Ressourcenausstattung

Ihre strukturell-restriktiven Wirkungen auf den sozialen Ressourcenaustausch im Sozialkapital-Modell entfalten alle Ressourcen und insbesondere ökonomisches, personales, positionelles, soziales Kapital und Zeit, weil Ego in qualitativer und quantitativer Hinsicht nur über eine endliche Menge dieser Ressourcen verfügt. Die theoretischen Abhängigkei-

---

[9] Damit lässt sich aber auch der Gesamtpreis eines Gutes wie soziales Kapital ausrechnen. Mit den beiden Gleichungen für den Einsatz von Zeit $T_i = t_i z_i$ und Marktgütern $x_i = b_i z_i$ für das primäre Zwischengut Z_i ergibt sich: $S = \sum p_i (b_i z_i) + \sum (t_i z_i) w = \sum (p_i b_i z_i + t_i z_i w) = \sum (p_i b_i + t_i w) z_i$. In dieser Gleichung spiegelt $p_i b_i$ den direkten über den Marktpreis entstandenen Aufwand und $t_i w$ den Zeitaufwand für die Herstellung des primären Zwischengutes wider.

4.2 Ressourcenausstattung und soziales Kapital

ten zwischen den Ressourcen belegen zwei Aspekte dieser strukturell-restriktiven Wirkung. Zum Einen spielt die individuell verfügbare Ressourcenmenge eine Rolle. Dieser individuelle Aspekt der Ressourcenrestriktion mündet in die Akkumulationsthese (siehe unten). Zum Anderen ergeben sich restriktive Wirkungen durch Veränderungen der Preise für indirekte Zwischengüter. Dieser Aspekte hängt wesentlich von der Ressourcenverteilung in einer Population ab und mündet in die Kompensationsthese, die im folgenden Abschnitt erläutert wird.

Ego kann seine Interessen nur in dem Maße befriedigen, wie er über Ressourcen verfügt, deren Kontrolle er an Alter übertragen kann. Ego kann nur eine bestimmte Menge seiner ökonomischen, personalen, positionellen und sozialen Kapitalien für einen Austausch mit den Alteri also für die soziale Produktionsfunktion primärer Zwischengüter einsetzen. Wenn diese verfügbaren Kapitalien nicht ausreichen, dann findet kein Austausch statt, dann kann die soziale Produktionsfunktion nicht bedient werden, dann kann nicht soziales Kapital als primäres Zwischengut erworben werden und dann kann nicht soziales Kapital nutzenstiftend für andere primäre Zwischengüter mobilisiert werden.[10] Egos Handlungsspielraum ist somit durch seine eigenen, für den Austausch verfügbaren Ressourcen eingeschränkt. Ressourcenreiche Akteure, die über umfangreiche ökonomische, personale, positionelle, soziale Kapitalien und Zeit verfügen können, sind in wesentlich geringerem Maße in Aufbau und Nutzung sozialen Kapitals eingeschränkt als ressourcenarme Akteure (Böhnke 2008; Crow 2004; Diewald 1986; Petermann 2002). Aufgrund des sozialen Ressourcenaustauschs und der restriktiven Wirkung der Ressourcenausstattung Egos für die sozialen Produktionsfunktionen ergibt sich die Akkumulationsthese des Sozialkapital-Modells:

Die *Akkumulationsthese* besagt, dass je mehr ökonomisches, personales, positionelles, soziales Kapital und Zeit Ego in den sozialen Ressourcenaustausch einspeisen kann, desto mehr soziales Kapital kann er aufbauen bzw. desto besser kann er mit sozialem Kapital seine Interessen befriedigen.

Bourdieu argumentiert im Sinne der Akkumulationsthese, wenn er das Prinzip der Erhaltung von Energie bei den Kapitalumwandlungen betont, wobei Gewinne beim Aufbau von sozialem Kapital notwendigerweise Ressourcenverluste bei den anderen Kapitalarten verursachen (Bourdieu 1983a, S. 196). Ego verausgabt Ressourcen, also Energie, Geld und Zeit, für den Aufbau sozialen Kapitals. Zu diesen Ressourcen gehören beispielsweise Transportkosten, der gemeinsame Konsum von Waren und Dienstleistungen oder die Aufrechterhaltung eines Status, der für bestimmte Sozialbeziehungen notwendig ist, aber auch die eigenen Ressourcen und Unterstützungsleistungen, die Ego Alter zur Verfügung stellt

---

[10] Diese individuelle Knappheit kann laut Handlungsmodell durch die Beschaffung der benötigten Ressourcen mittels sozialem Austausch gelöst werden – natürlich nur im Rahmen des gesamten verfügbaren Ressourcenbestands. Wenn Ego nicht die erforderlichen Ressourcen besitzt, deren Kontrolle er im Austausch mit Alter1 übertragen muss, dann besteht eine Lösung der individuellen Knappheit darin, dass Ego in einen weiteren Austausch mit Alter2 tritt, um sich die von Alter1 gewünschten Ressourcen zu beschaffen. Eine andere Lösung der individuellen Knappheit ist ein Ringtausch von Ressourcen von Ego zu Alter2 zu Alter1 zu Ego.

bzw. für ihn erbringt (Andreß et al. 1995, S. 303). Dieser Einsatz ist nur rentabel, wenn eine besondere Kompetenz in die Beziehungsarbeit eingebracht wird. Die Kompetenz ist die Kenntnis reeller Beziehungen und die Kunst, sie zu nutzen. Dieses Talent der Beziehungsarbeit ist sehr ungleich verteilt nach sozialer Klasse und sozialer Herkunft (Bourdieu 1983a, S. 193). Auch für Lin (2001, S. 64 f.) ist eine bessere soziale Position, die durch den Besitz wertvoller Ressourcen definiert ist, vorteilhaft beim Aufbau sozialen Kapitals. Für Lin ist die These konsistent mit herkömmlicher Strukturtheorie, die den strukturellen Vorteil für Ego reflektiert. Die Akkumulationsthese erweitert den strukturellen Effekt auf soziales Kapital (Lin 2001, S. 65).

Ressourcenreiche Akteure haben größere Chancen, soziales Kapital aufzubauen, zu unterhalten und zu nutzen. Sie haben nicht nur mehr Ressourcen für den Aufbau sozialen Kapitals zur Verfügung, ihnen wird auch oftmals wegen ihrer umfangreichen Ressourcen mehr Vertrauen entgegen gebracht als ressourcenarmen Akteuren. Wegen ihrer Vertrauenswürdigkeit werden sie häufiger als Austauschpartner nachgefragt, womit es ihnen leichter fällt, soziales Kapital zu nutzen. Zudem ergeben sich für den ressourcenreichen Ego durch die direkten Verbindungen zu ressourcenreichen Alteri indirekte Verbindungen zu weiteren ressourcenreichen Akteuren (Lin 2001, S. 65).

Ressourcenarme Akteure sind vergleichsweise schlechter in der Lage, soziales Kapital aufzubauen, zu unterhalten und zu nutzen. Aus Verlegenheit oder aus Mangel an finanziellen Ressourcen reduziert Ego seine Beziehungen zu Personen außerhalb seines Haushalts; er zieht sich zurück. Dies trifft offenbar insbesondere dann zu, wenn sich Problemlagen (kein Bildungsabschluss, Arbeitslosigkeit, Bezug staatlicher Transferleistungen usw.) kumulieren. Allein die Erwartung ressourcenarmer Akteure, stigmatisiert, sozial missachtet bzw. diskriminiert zu werden, reicht aus, sich aus dem sozialen Leben zurückzuziehen (Andreß et al. 1995, S. 303). Im Sozialkapital-Modell unterliegen ressourcenarme Akteure stärkeren restriktiven Bedingungen als ressourcenreiche Akteure.

4.3 Sozialstrukturelle Ressourcenverteilung und soziales Kapital

Die Akkumulationsthese besagt zunächst nichts anderes, als dass im Sozialkapital-Modell ressourcenarme Akteure stärkeren Handlungsrestriktionen unterworfen sind als ressourcenreiche Akteure. Damit wird ein intuitives Verständnis über die Erklärung von Handlungen durch die Ressourcenausstattung der beteiligten Akteure ausgedrückt. In diesem Abschnitt werden weitere Implikationen des Zusammenhangs von Ressourcenausstattung und Handlungsgelegenheiten bzw. -restriktionen für Erwerb und Nutzung sozialen Kapitals herausgearbeitet. Zwei Punkte erscheinen für eine soziologische Erklärung besonders diskussionswürdig. Erstens wird der klassische Ressourcenansatz über ökonomisches Kapital hinaus um weitere Kapitalarten erweitert, woraus sich die Frage ergibt, welchen Stellenwert ökonomisches Kapital im Vergleich zu den anderen Ressourcen hat. Zweitens ist zu klären, wie die empirische Verteilung der Ressourcen im Sozialkapital-Modell wirkt.

4.3 Sozialstrukturelle Ressourcenverteilung und soziales Kapital

Wie die Erklärungsanlage und Argumentation im vorangehenden Abschnitt, insbesondere zu den sozialen Ressourcen und zu zeitlichen Restriktionen, gezeigt haben, hat ökonomisches Kapital in den sozialen Produktionsfunktionen für Erwerb und Nutzung sozialen Kapitals einen zentralen Stellenwert (Bourdieu 1983a, S. 196; vgl. Portes 1998, S. 4). Diese Bedeutung hebt auch Bourdieu in seinen Ausführungen zu Kapitalien hervor: Soziales Kapital kann wie andere Kapitalarten auch durch ökonomisches Kapital erworben werden, aber nur um den Preis eines mehr oder weniger großen Aufwandes an Transformationsarbeit (Bourdieu 1983a, S. 195).[11] Gleichwohl dieser Aufwand im Erwerb verschiedener Kapitalarten schwanken wird, sieht Bourdieu letztlich das ökonomische Kapital als Basis für andere Kapitalsorten. Allerdings räumt er ein, dass die Transformation der Kapitalarten nie vollständig gelingt: „Man muß somit von der doppelten Annahme ausgehen, dass das ökonomische Kapital einerseits allen anderen Kapitalarten zugrundeliegt, dass aber andererseits die transformierten und travestierten Erscheinungsformen des ökonomischen Kapitals niemals ganz auf dieses zurückzuführen sind, weil sie verbergen [...], dass das ökonomische Kapital ihnen zugrundeliegt und insofern, wenn auch nur in letzter Instanz, ihre Wirkung bestimmt" (Bourdieu 1983a, S. 196).

Aufbau und Nutzung sozialen Kapitals ist also zu einem gewissen Grad von ökonomischem Kapital entkoppelt, weil soziales Kapital eben nicht zu Marktbedingungen erworben bzw. gekauft werden kann, sondern unter Einsatz weiterer Ressourcen entsprechend einer sozialen Produktionsfunktion erarbeitet werden muss. Neben personalem und positionellem Kapital kommt dabei der Zeit für die Arbeit an sozialem Kapital, insbesondere für Aufbau und Pflege sozialer Beziehungen, eine besondere Bedeutung zu. Wie die obigen Ausführungen zur sozialen Produktionsfunktion primärer Zwischengüter gezeigt haben, ist von einem gewissen Gegensatz von verfügbarem ökonomischen Kapital und Zeit auszugehen, weil Einkommen zu einem großen Teil über Erwerbstätigkeit erzielt wird und für diese Erwerbstätigkeit Zeit benötigt wird, die dann in der Regel nicht für soziales Kapital ausgegeben werden kann. Aufgrund dieses Gegensatzes wird bei steigendem ökonomischem Kapital die relative Abnahme des Grenznutzens Ego veranlassen, Zeit zu sparen und stattdessen vergleichsweise stärker Geld zu nutzen. Becker (1982, S. 157) bemerkt dazu: „Es gibt die Behauptung, dass wohlhabende Haushalte ihre relativ geringe Wertschätzung ihres Geldes dadurch deutlich machen, dass sie ‚leichtfertig' Geld für ‚unwichtige' Annehmlichkeiten ausgeben. Aber diese Ausgaben können auch als effiziente Substitution ihrer relativ knappen Ressource Zeit durch zeitsparende und (in Geld) teure Annehmlichkeiten interpretiert werden".

Weil die sozialen Produktionsfunktionen des Sozialkapital-Modells sowohl eigene Ressourcen als auch Zeit beanspruchen, kann es vorkommen, dass Ego trotz einer umfangreichen Ressourcenausstattung vergleichsweise weniger soziales Kapital aufbaut und nutzt, weil ihm die notwendige Zeit fehlt. Andererseits sind ressourcenreiche Akteure in

---

[11] Bourdieus Idee der Kapitaltransformationen unter entsprechender Transformationsarbeit entspricht einer sozialen Produktionsfunktion, die indirekte Zwischengüter und Arbeitskraft einsetzt, um ein primäres Zwischengut zu produzieren.

wesentlich geringerem Umfang auf soziales Kapital angewiesen, d. h. sie haben weniger Bedarf an sozialem Kapital, weil sie ihre Bedürfnisse und Handlungsziele über die eigene Ressourcenausstattung abdecken können (Coleman 1988, S 103). Ihnen steht natürlich in größerem Maße der Weg offen, Ressourcen, an denen sie interessiert sind, im ökonomischen Austausch zu erwerben. Damit kann erwartet werden, dass Akteure mit besonders umfangreicher Kapitalausstattung vergleichsweise weniger soziales Kapital aufbauen und nutzen, weil sie bereits über ausreichend Ressourcen verfügen und entsprechend weniger Bedarf an weiterem Sozialkapital haben und weil ihnen die Zeit für Aufbau und Nutzung sozialen Kapitals entweder fehlt oder zu kostspielig ist.

Für ressourcenarme Akteure ist das Gegenteil der Fall. Sie verfügen zwar über weniger Ressourcen für einen sozialen Ressourcenaustausch aber auch über mehr Zeit, die sie für Erwerb und Nutzung sozialen Kapitals einsetzen können. Zur Befriedigung der Bedürfnisse nach physischem Wohlbefinden und sozialer Anerkennung können ressourcenarme Akteure nur in begrenztem Maße auf ökonomisches, personales und positionelles Kapital zurückgreifen. Weil sie diese Restriktionen nicht über marktförmigen Austausch ausgleichen können, werden sie auf den sozialen Ressourcenaustausch ausweichen und damit verstärkt auf soziales Kapital zurückgreifen. Unter den gegebenen Restriktionen der Ressourcenausstattung versuchen diese Akteure, soziales Kapital intensiver aufzubauen und zu nutzen, als es ressourcenreiche Akteure tun. Ressourcenarme Akteure verwenden nicht nur mehr Zeit für den Aufbau und die Pflege sozialer Beziehungen, sie verfügen oftmals auch über mehr Zeit. Ressourcenarme Akteure benutzen soziales Kapital im Rahmen ihrer Möglichkeiten als Kompensation für die Defizite ihrer Kapitalausstattung (Böhnke 2008). So lässt sich beobachten, dass sie häufig nicht isoliert, sondern gut eingebunden sind.

Sie profitieren allerdings insgesamt nicht stärker von ihren Netzwerken, weil weniger soziale Ressourcen unter ihresgleichen verfügbar sind (Fernandez-Kelly 1995; Portes und Landolt 1996; Stack 1974). Diese Restriktionen führen dazu, dass ressourcenschwache Akteure vor allem in den Ressourcenbereichen erfolgreich soziales Kapital aufbauen, die ein großer Teil der Bevölkerung anbieten kann, etwa emotionale Unterstützung oder kleinere handwerkliche Dienstleistungen und Gefälligkeiten, die keine speziellen Kenntnisse und Fähigkeiten erfordern. Portes und Sensenbrenner (1993) zeigen, dass Minoritäten aufgrund ihrer begrenzten Alternativen eine „bounded solidarity" entwickeln. Minoritäten verfügen über vergleichsweise hohes soziales Kapital, weil sowohl der ökonomische Druck (Granovetter 1983, S. 213) als auch der Wille zur gegenseitigen Unterstützung größer ist als in anderen Bevölkerungsgruppen. Ein weiterer Grund für die höhere Intensität bei Aufbau und Nutzung sozialen Kapitals liegt in der größeren Hilfsbereitschaft für ressourcenarme Akteure begründet. Diese Bereitschaft ist größer, weil die Bedürftigkeit anerkannt wird. Da Aufbau und Nutzung sozialen Kapitals auf sozialem Ressourcenaustausch basieren, ist zwar ökonomisches Kapital ein wichtiger Input für die soziale Produktionsfunktion, aber nicht der einzige. Nicht nur Geld, sondern auch Zeit und Energie muss für die Beziehungsarbeit aufgewendet werden. Zugleich ergibt sich aus der Ressourcenausstattung ein unterschiedliches Ausmaß an Bedarf nach sozialem Kapital. Beide Argumentationslinien führen dazu, dass im Sozialkapital-Modell zwar die Ressourcenausstattung eine deutliche

Wirkung hat (Akkumulationsthese) aber dieser Effekt für ressourcenreiche Akteure abgeschwächt und für ressourcenarme Akteure verstärkt wird. Es tritt also eine Kompensation der Ressourcenausstattung ein.

4.3.1 Knappheit und Ungleichheit

Sozialstrukturell-restriktive Wirkungen der Ressourcenausstattung ergeben sich aber nicht nur durch die Höhe und die Balance zwischen verfügbaren Ressourcen, sondern auch durch deren Wert. Diese restriktive Wirkung für Egos Handlungsspielraum basiert auf der Knappheit und Ungleichheit verfügbarer Ressourcen. Beides sind Verteilungseigenschaften von Ressourcen in einem Sozialsystem.

Nicht nur Ego, sondern jeder Akteur eines Sozialsystems verfügt nur über eine begrenzte Menge an einsetzbaren Ressourcen. Entsprechend sind alle austauschbaren Ressourcen aller Akteure eines Sozialsystems endlich. Im Allgemeinen können Ressourcen nicht beliebig vermehrt werden. Diese Endlichkeit der Ressourcen spielt aber im Alltagsleben eines Akteurs kaum eine Rolle, weil diese Restriktion für den Einzelnen kaum spürbar ist. Dies ändert sich aber, wenn Ressourcen nicht nur endlich begrenzt, sondern auch knapp sind. Knappheit einer Ressource liegt vor, wenn nicht alle Interessen der Akteure an dieser Ressource befriedigt werden können. Die Nachfrage nach der Ressource ist größer als das Angebot, wodurch der entsprechende Wert für die Ressource steigt. Knappheit ist demnach eine relative Eigenschaft in einem Sozialsystem. Es geht nicht um Knappheit als absolute Eigenschaft losgelöst von jeglichen Handlungsinteressen und -kontrollen. Aufgrund der Wertsteigerung durch Knappheit ist die Konkurrenz um knappe Ressourcen höher als um ausreichend vorhandene Ressourcen. Knappe, wertvolle Ressourcen werden über einen entsprechend hohen Preis in sozialen Produktionsfunktionen dargestellt. Bei einer gleichbleibenden Ressourcenausstattung lassen sich mehr Ressourcen zu niedrigen Preisen erwerben als zu hohen Preisen. Eine knappe, wertvolle Ressource schränkt natürlich nur dann den Handlungsspielraum Egos ein, wenn er die Ressource nicht kontrolliert bzw. wenn er deren Kontrolle nicht übertragen will.

Es wird angenommen, dass die für den sozialen Ressourcenaustausch im Sozialkapital-Modell benötigten Ressourcen (ökonomisches, personales, positionelles und soziales Kapital) knapp sind. Um diese Annahme zu belegen, sei bezüglich des ökonomischen Kapitals – also hinsichtlich einkommens- und vermögensrelevanter Ressourcen – auf gewerkschaftlich organisierte Streiks für Lohnerhöhungen, auf politische Debatten um die Höhe wohlfahrtsstaatlicher Transfereinkommen, um Mindestlöhne und Lohnabstände, und auf Kreditklemmen für klein- und mittelständige Unternehmen hingewiesen. Auch personales Kapital in Gestalt von zertifizierten Bildungsabschlüssen ist knapp und wird hart umkämpft, wie die Bewerberzahlen für Gymnasien, Lehrstellen und Studienplätze belegen. Dies gilt ebenso für positionelles Kapital. Positionen, die den Inhabern Macht, Einfluss und Privilegien versprechen, sind knapp, weil es mehr Anwärter als Positionen gibt,

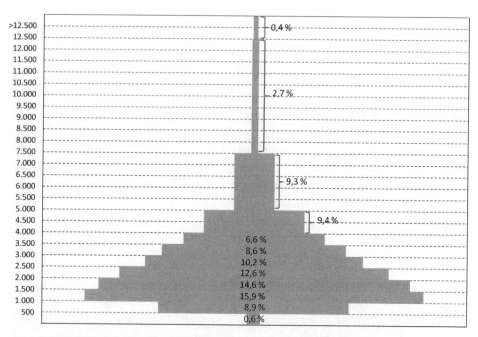

Abb. 4.1 Monatsnettoeinkommen in Euro westdeutscher Haushalte

wie die Arbeitslosenstatistik oder das Kandidaten-Mandats-Verhältnis bei Bundes- und Landtagswahlen belegen. Schließlich ist soziales Kapital schon allein deshalb eine knappe Ressource, weil es als Zugang zu den knappen ökonomischen, personalen und positionellen Kapitalien der Alteri definiert ist.

Neben der Knappheit einer Ressource kann diese ungleich über die Akteure eines Sozialsystems verteilt sein.[12] Eine Ressource ist gleichmäßig über alle Akteure verteilt, wenn jeder Akteur entsprechend seinen Interessen einen gleichen Anteil an der Ressource hält. Ungleichheit bedeutet, dass ein Akteur quantitativ mehr von einer Ressource besitzt als ein anderer Akteur des Sozialsystems. Die Gesamtmenge der Ressource im Sozialsystem spielt für die Ungleichheit der Ressource keine Rolle. Die Verteilung der Gesamtmenge kann beispielsweise ein pyramidaler Aufbau sozialer Positionen sein, die auf einer Rangordnung wertvoller Ressourcen basieren (Lin 2001, S. 56). Für die relevanten Ressourcen des Sozialkapital-Modells wird jedoch angenommen, dass die Statusungleichheiten einer mehr oder weniger ausgeprägten Zwiebelform folgen. Mit den Verteilungen des Einkommens (ökonomisches Kapital), der Schulbildungsabschlüsse (personales Kapital) und der beruflichen Handlungsautonomie (positionelles Kapital) in Deutschland wird nachgewiesen, dass diese Annahme realistisch ist (vgl. Abb. 4.1, 4.2, und 4.3).

---

[12] An dieser Stelle geht es nur um die analytische Trennung der beiden Aspekte restriktiver Wirkung von Ressourcen. Empirisch sind sie sicherlich nicht unabhängig. Vielmehr ist zu erwarten, dass vor allem wertvolle, knappe Ressourcen auch ungleich verteilt sind.

4.3 Sozialstrukturelle Ressourcenverteilung und soziales Kapital

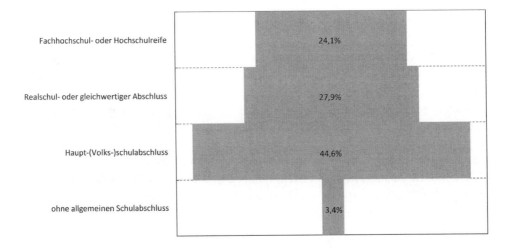

Datenbasis: Mikrozensus, n=60.949; Quelle: Datenreport 2008: 70, eigene Berechnungen

Abb. 4.2 Allgemeine Schulabschlüsse in Deutschland

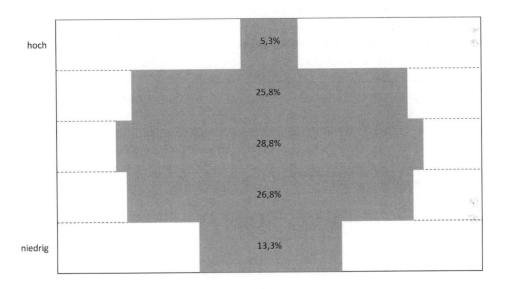

Datenbasis: ALLBUS 2008, n=3.267; Quelle: eigene Berechnungen

Abb. 4.3 Handlungsautonomie von Erwerbspositionen in Deutschland

Die ressourcentypischen Zwiebelformen weisen in der Regel unterschiedliche Ausprägungen einer Dreiteilung auf: eine große Bevölkerungsgruppe mit mittlerer Ressourcenausstattung und jeweils kleineren Bevölkerungsgruppen, die entweder über viele wertvolle Ressourcen oder über wenige wertvolle Ressourcen verfügen und damit an der Spitze respektive am Boden der sozialen Positionshierarchie stehen. Ressourcen bestimmen zwar die soziale Position eines Akteurs, aber die Hierarchie der Positionen ist nicht individuell, sondern strukturell durch die jeweilige Verteilung bestimmt.

4.3.2 Restriktive Wirkung der empirischen Ressourcenverteilung

Die empirische Ressourcenverteilung mit den Eigenschaften Statuskonzentration, Statusvielfalt, Knappheit und Ungleichheit ist somit eine strukturelle Restriktion, die weitreichende Folgen für das Sozialkapital-Modell hat. Blau (1994, S. 22 ff.) weist der empirischen Verteilung von Parametern sozialer Strukturen eine zentrale Bedeutung für soziale Beziehungen zu. Die Bedeutung ergibt sich aus der Existenz von Bevölkerungsgruppen, die über Zeit und Raum variieren, und vor allem aus der Größe der Bevölkerungsgruppen. Sein Konzept basiert auf zwei Annahmen und mehreren Theoremen, die für das Sozialkapital-Modell adaptiert werden. Erstens nimmt Blau an, dass die Wahrscheinlichkeit für eine persönliche Beziehung von den Opportunitäten eines Kontaktes abhängt, weil Beziehungen nur dann entstehen können, wenn es überhaupt zu Kontakten kommt. Zweitens geht Blau von der Annahme aus, dass Nähe die Wahrscheinlichkeit für das Entstehen von Beziehungen erhöht. Nähe kann dabei eine räumliche oder eine soziale Nähe sein (Blau 1994, S. 29 f.). Die zweite Annahme korrespondiert mit dem in Abschn. 3.3 vorgestellten und vielfach bestätigten Homophilie-Prinzip, wonach sich soziales Kapital überwiegend unter Akteuren mit gleicher oder ähnlicher Ressourcenausstattung entwickelt.

Zentral für die erste Annahme ist die ungleiche Verteilung von Bevölkerungsgruppen, wobei es für Blau zunächst belanglos ist, ob sich die Bevölkerungsgruppen aufgrund der empirischen Verteilung von Ressourcen konstituieren oder anderen Bestimmungsgründen unterliegen. Die Wahrscheinlichkeit von Intergruppenbeziehungen variiert mit den relativen Größen der Gruppen, aus denen die Population besteht (Theorem 1). Wenn die relativen Größen stark asymmetrisch zwischen den Bevölkerungsgruppen verteilt sind, sind die ressourcenreichen und ressourcenarmen Minoritäten oftmals gezwungen, Intergruppenbeziehungen zur Majorität zu unterhalten, auch wenn die Mitglieder der Minoritäten eigentlich endophile Beziehungspräferenzen haben. Eine solche Assimilation kleiner Gruppen in der Nähe von größeren Gruppen lässt sich immer wieder beobachten. Während die Rate der Intergruppenbeziehungen für die Minoritäten relativ groß ist, ist sie für die Majorität aus strukturellen Gründen gezwungenermaßen relativ klein. Die Majorität muss wegen ihrer Größe unter sich bleiben – die Minoritäten haben gar nicht die Kapazitäten, um Intergruppenbeziehungen von allen Mitgliedern der Majorität zu verkraften. Gleichen sich jedoch die Gruppengrößen an, können die Mitglieder der jeweiligen Gruppe zwar unter sich bleiben, zugleich steigen aber auch die Chancen für Intergruppenkontakte.

Unter der Annahme der Zufallsverteilung sind die Chancen für einen Intergruppenkontakt P_{IC} für drei Gruppen A, B und C gleich dem Produkt aus der Anzahl der Gruppen und P_i, den drei Anteilen der Gruppen an der Gesamtpopulation: $P_{ic} = r(P_a{}^* P_b{}^* P_c)$. Sind die drei Gruppen gleich groß (jeweils ein Drittel), dann beträgt die Chance auf einen Intergruppenkontakt maximal 0,11. Mit zunehmender Abweichung von der Gleichverteilung, wie sie etwa durch die Zwiebelform repräsentiert wird, nimmt die Chance auf einen Intergruppenkontakt ab.

Wie weiter oben in Abschn. 4.1 dargelegt wurde, können sozialstrukturelle Bedingungen in graduale und nominale Bedingungen getrennt werden, wobei nominale Strukturparameter die Heterogenität von Bevölkerungsgruppen und graduale Strukturparameter die Statusungleichheit in der Bevölkerung bestimmen. Aus der Heterogenität und der Statusungleichheit ergeben sich kombinierte Strukturparameter der Gruppenüberschneidungen. Für diese drei Arten von Strukturparametern leitet Blau (1994, S. 30 ff.) weitere Theoreme über die Wahrscheinlichkeit von Intergruppenbeziehungen ab. Mit der Heterogenität einer Population steigt die Wahrscheinlichkeit für Intergruppenbeziehungen (Theorem 2). Mit der Ungleichheit einer Population steigt die Wahrscheinlichkeit für Beziehungen zwischen statusfernen Gruppen (Theorem 3). Beide Theoreme leiten sich aus der ersten Annahme und Theorem 1 ab. Wenn sich in einer Population das Statusspektrum oder die Bevölkerungsgruppen ausdifferenzieren oder wenn Status- oder sonstige Bevölkerungsgruppen sehr ungleich verteilt sind, dann steigt die Wahrscheinlichkeit der Intergruppenkontakte. Dieser Zusammenhang ergibt sich, weil aufgrund der Ausdifferenzierung und asymmetrischer Verteilung von Statuspositionen und Bevölkerungsgruppen kleinere Gruppen existieren und diese Minoritäten zu mehr Intergruppenkontakten gezwungen sind. Schließlich erhöhen Gruppenüberschneidungen die Wahrscheinlichkeit für Intergruppenbeziehungen (Theorem 4). Bei geringer Konsolidierung der Gruppengrenzen bzw. hoher Intersektion der Gruppenzugehörigkeiten haben allein schon die Angehörigen einer einzigen Bevölkerungsgruppe durch ihre gruppeninternen Kontakte notwendigerweise auch Intergruppenkontakte, weil sie zugleich auch in einer anderen Dimension mehreren Gruppen angehören. Zwar sind Akteure frei in der Wahl ihrer Beziehungen (2. Annahme), aber nicht in der Wahl der Kombinationen von Eigenschaften einer Person oder der Häufigkeit der Gruppenüberschneidungen in einer Bevölkerung (Blau 1994, S. 34 f.). Diese drei Theoreme leiten sich zwar logisch aus Verhältnissen von Gruppen in Sozialsystemen ab, aber sie widersprechen der Intuition, unter anderem deshalb, weil sie dem Homophilie-Prinzip entgegengesetzt sind. Aber im Hinblick auf sozialstrukturelle Bedingungen geht es um Populationsparameter und Kontaktwahrscheinlichkeiten und diese führen unter den beiden Annahmen zu den Theoremen.

Wie stark diese restriktiven Wirkungen auf Kontaktwahrscheinlichkeiten und damit für den Aufbau und die Nutzung sozialen Kapitals sind, hängt im Wesentlichen von den empirischen Verteilungen der relevanten Ressourcenausstattung in der Bevölkerung ab. Wie bereits dargestellt, nehmen ungleiche empirische Verteilungen von Ressourcen in der Regel eine Zwiebelform an. Mit der Zwiebelform sind ungleiche Gruppengrößen verbunden, woraus mehr Intergruppenkontakte der ressourcenreichen und ressourcenarmen Minoritäten resultieren. Unter der Annahme des Homophilie-Prinzips werden Intergruppenkontakte vor allem zu benachbarten, nahen bzw. ähnlichen Statusgruppen und damit zur Majorität der Mitte gesucht und eingegangen. Zwar unterhalten beide Minoritätengruppen Intergruppenkontakte zur gleichen Bevölkerungsgruppe (Majorität der Mitte), aber es ergeben sich unterschiedliche Wirkungen dieser Intergruppenkontakte für ressourcenreiche und ressourcenarme Akteure. Während ressourcenarme Akteure von den vergleichsweise besser ausgestatteten Akteuren der Majorität profitieren können (Aufwärtsorientierung), bedeuten die Intergruppenkontakte der ressourcenreichen Akteure zur Majorität eine negative Ressourcenasymmetrie (vgl. Lin 2001, S. 73). Weil aufgrund der ungleichen Verteilung von Ressourcen in der Bevölkerung ressourcenarme und ressourcenreiche Akteure für den sozialen Ressourcenaustausch im Sozialkapital-Modell verstärkt Intergruppenkontakte eingehen müssen, ergibt sich eine strukturelle kompensatorische Wirkung der eigenen Ressourcenausstattung.

Die beiden Argumente dieses Abschnitts lassen sich in einer These zusammenfassen, die auf die Kompensation der Nachteile von Ressourcenarmut und der Vorteile von Ressourcenreichtum zielt. Aufgrund der durch soziale Produktionsfunktionen zum Ausdruck gebrachten, notwendigen Transformationsarbeit, die eben nicht nur konsumtive Ausgaben, sondern auch Energie, Zeit und weitere Kapitalien erfordert, und aufgrund der aus empirischen Verteilungen von Kapitalien in der Bevölkerung resultierenden restriktiven Wirkungen ergibt sich die Kompensationsthese des Sozialkapital-Modells:

Die *Kompensationsthese* besagt, dass sich die Wirkung des Ressourcenbesitzes auf soziales Kapital sowohl für ressourcenreiche als auch für ressourcenarme Akteure abgeschwächt wird. Ressourcenreiche Akteure können relativ weniger und ressourcenarme Akteure relativ mehr soziales Kapital aufbauen bzw. ihre Interessen durch die Nutzung sozialen Kapitals schwächer respektive stärker befriedigen. Entsprechend ist ein nivellierender Effekt im Sozialkapital-Modell zu erwarten.

Die mit der Akkumulationsthese formulierte Wirkung der Ressourcenausstattung auf den Aufbau und die Nutzung sozialen Kapitals kann durch die gesellschaftliche Ressourcenverteilung gedämpft oder verstärkt werden. Während die Akkumulationsthese einen proportionalen, linear steigenden Zusammenhang zwischen der Ressourcenausstattung Egos und dem Aufbau und der Nutzung sozialen Kapitals postuliert, wird mit der Kompensationsthese dieser Zusammenhang derart abgeschwächt, dass bei niedriger Ressourcenausstattung mehr soziales Kapital und bei hoher Ressourcenausstattung weniger soziales Kapital aufgebaut bzw. genutzt wird, als durch die Akkumulationsthese erwartet. Gleichwohl bleibt der positive Zusammenhang bestehen, er ist nur nicht mehr monoton proportional.

4.4 Sozialer Kontext und soziales Kapital

Mit den empirischen Ressourcenverteilungen in der Bevölkerung im vorangehenden Abschnitt ist bereits der Übergang von rein individuellen zu kontextuellen Erklärungen für den Aufbau und die Nutzung sozialen Kapitals vollzogen worden. In diesem Abschnitt werden weitere kontextuelle Faktoren des Sozialkapital-Modells behandelt, wobei durch die Bedeutung der Handlungsgelegenheiten und -restriktionen in den sozialen Produktionsfunktionen des Sozialkapital-Modells das Hauptaugenmerk auf die gelegenheitsstrukturelle Wirkung sozialer Kontexte gelegt wird. Die sozialen Produktionsfunktionen des Sozialkapital-Modells enthalten neben der Ressourcenausstattung die Umweltbedingungen E, welche die Wirkungen sozialer Kontexte für den Aufbau und die Nutzung sozialen Kapitals anzeigen (vgl. Gl. 4.4). Diese sozialen Kontexte stellen sozialstrukturelle Bedingungen für Egos Handlungsspielraum dar, die praktisch dafür sorgen, dass Ego überhaupt

4.4 Sozialer Kontext und soziales Kapital

mit anderen Akteuren in Kontakt treten kann, um soziales Kapital aufzubauen und zu nutzen. Die Kontexte, in denen sich Ego für gewöhnlich aufhält, d. h. in denen er seinen Alltag verbringt, sind wesentliche Opportunitäten oder Restriktionen für die Verfolgung seiner Handlungsziele (Burger und Buskens 2009). Die Fokustheorie von Feld (1981) beschreibt die Wirkung sozialer Kontexte für soziale Beziehungen. Die Wahrscheinlichkeit, eine soziale Beziehung aufzubauen, zu unterhalten und zu nutzen, erhöht sich, wenn Ego und Alter einem gemeinsamen Fokus angehören. Ein Fokus ist eine soziale, physisch-räumliche, rechtliche oder psychologische Entität, in welcher soziale Aktivitäten organisiert sind (Feld 1981, S. 1016). Zu den zahlreichen Fokussen gehören unter anderem die Familie, die Nachbarschaft, eine Schule, ein Büro, ein Arbeitsplatz, Freizeiteinrichtungen wie Hobbytreffs und Vereine, Orte, an denen man ausgeht, wie eine Diskothek und ein Theater, oder ein öffentlicher Platz. Ein Fokus ist ein Ort alltäglicher Kontaktgelegenheiten. Sie sind die Substanz oder der „Stoff" aus dem soziale Beziehungen sind (Wegener 1987, S. 281).

Ganz allgemein können Kontexteffekte über drei Mechanismen theoretisch erklärt werden. Kontexte bieten erstens Gelegenheiten für das Handeln der Akteure. Sie bilden zweitens spezielle soziale Milieus, in denen spezifische institutionelle Regeln gelten. Drittens sind Kontexte wirksam, weil Akteure Identifikationen und Orientierungen an ihnen ausrichten (Esser 1999, S. 452). Die Wirkung der sozialen Kontexte bzw. der Fokusse im Sozialkapital-Modell wird durch verschiedene Faktoren vermittelt, wobei insbesondere raum-zeitliche Kongruenzen als auch die Institutionalisierung einer sozialen Beziehung hervorgehoben werden.

Wie bereits im vorangehenden Abschnitt implizit dargelegt, entfalten Gelegenheitsstrukturen strukturelle Restriktionen. Sie bestimmen zwar nicht, welche soziale Position Ego einnimmt und mit welchen Alteri Ego interagiert, sondern geben nur die entsprechenden Wahrscheinlichkeiten an. Aber die wahrscheinlichen Effekte der sozialen Strukturen und damit der individuellen Differenzen haben realen Einfluss auf das Leben der Menschen (Blau 1994, S. 9). Für den sozialen Ressourcenaustausch im Sozialkapital-Modell kommt es auf die raum-zeitliche Zusammenkunft der involvierten Akteure an. Fokusse sind typische Kontexte, in denen Personen am gleichen Ort zur gleichen Zeit aufeinandertreffen, womit ideale Bedingungen für einen Kontakt als Voraussetzung für den Aufbau und die spätere Nutzung sozialen Kapitals geschaffen sind. Bereits in der Fokustheorie deutet sich an, dass räumliche Strukturen und Gegebenheiten von großer Bedeutung sind. Fokusse sind Orte, an denen man sich begegnet und an denen man Ressourcen austauschen kann. Indem sich Ego in einem Fokus aufhält, erhöht er seine Chancen, mit Akteuren zu interagieren, die sich ebenfalls im Fokus aufhalten. Sozialräumliche Kontexte wie Regionen, Städte und Stadtteile variieren in den sozialstrukturellen Lebensbedingungen, wodurch Egos Erwerbs- und Nutzungschancen sozialen Kapitals erweitert oder eingeengt werden.

Die gelegenheitsstrukturelle Wirkung sozialer Kontexte im Sozialkapital-Modell ergibt sich aber nicht nur aus der räumlichen Nähe von Ego und seinen Alteri, sondern auch durch das zeitliche Aufeinandertreffen dieser Akteure. Dieser Aspekt kontextueller Wirkung ist ausführlich in der Zeitgeographie Hägerstrands (1970, 1975) beschrieben. Ego und seine Alteri müssen sich nicht nur am gleich Ort aufhalten, sondern auch zur gleichen Zeit. Die Möglichkeiten des Aufeinandertreffens in sozialen Kontexten wird in Hägerstrands Konzept durch coupling constraints eingeschränkt. Diese strukturellen Restriktionen bestimmen, wann und wo individuelle Zeitpfade zusammenlaufen. Dies geschieht insbesondere in Fokussen. Je mehr Zeit Ego in einem Fokus verbringt, desto höher ist die Wahrscheinlichkeit, durch diesen Fokus soziales Kapital aufzubauen und zu nutzen.

Beispielsweise wird die raum-zeitliche Kongruenz im sozialen Kontext der Familie typischerweise wochentags in den Nachmittags- und Abendstunden und ganztags an den Wochenenden im gemeinsamen Haushalt hergestellt. Zugleich ist der Familien- und Haushaltskontext ein Hort zahlreicher Kontaktgelegenheiten zu weiteren Verwandten, für Eltern von Schulkindern zu Lehrern, anderen Schülern und anderen Eltern, zu den Nachbarn sowie allgemein zum Freundes- und Bekanntenkreis aller zum Haushalt gehörenden Personen. Der soziale Kontext der Nachbarschaft ist räumlich auf die unmittelbare Wohnumgebung fokussiert. Auch wenn der Raumbezug (auf der Straße oder im Treppenhaus) im Vordergrund steht, ist auch die Tageszeit (in der Regel morgens und nachmittags/abends) für Kontakte relevant. Besondere Relevanz für soziales Kapital hat der Kontext des Ausbildungs- und Arbeitsplatzes. Räumlich ist dieser auf eine Schule, ein Büro, eine Werkhalle u.ä. fokussiert. Die zeitliche Zusammenkunft beschränkt sich in der Regel auf die wochentägliche Ausbildungs- oder Arbeitszeit. Soziale Kontexte, in denen Akteure gemeinsam ihre Freizeit verbringen, sind lokalräumlich auf Wohnviertel zumeist in einem Vereinslokal, in einer Sportanlage oder in Hobbyräumen fokussiert. Die Akteure treffen sich dort in der Regel wochentags in den Nachmittags- und Abendstunden und am Wochenende zu verschiedenen Tageszeiten.

Die eben erwähnten Beispiele sozialer Kontexte verdeutlichen, dass sie nicht nur Kontaktgelegenheiten sind, die Ego mit anderen Akteuren zusammenführen. Vielmehr ergibt sich die gelegenheitsstrukturelle Wirkung in den sozialen Produktionsfunktionen durch die verfügbaren Ressourcen in den verschiedenen sozialen Kontexten. Die Beispiele verdeutlichen, dass diese Ressourcen nicht gleichmäßig in allen sozialen Kontexten, in denen sich Ego aufhält, aufgebaut und genutzt werden. Mit anderen Worten: soziales Kapital ist kontextspezifisch.

Soziale Kontexte sind mehr als zeitlich und räumlich verschränkte Handlungsgelegenheiten. Sie haben auch spezifische institutionelle Regeln und bieten Identifikation und Orientierung. Die Wahrscheinlichkeit, dass Ego einen Tauschpartner aus einem gemeinsamen Fokus wählt, hängt vom Ausmaß festgelegter, institutionalisierter Interaktionen im Fokus ab (Webster et al. 2001). Stark institutionalisierte Beziehungen ergeben sich, weil sie innerhalb einer gegebenen sozialen oder normativen Struktur bestehen. Beispielsweise helfen Eltern ihren Kindern bei den Schulaufgaben im Rahmen ihrer Erziehungsaufgaben. Institutionalisierte Beziehungen ergeben sich darüber hinaus durch vorgegebene Organisationsstrukturen, wie dies am Arbeitsplatz und bei Mitgliedschaften in freiwilligen Vereinigungen, also etwa in Gewerkschaften, Sportvereinen oder religiösen Gemeinschaften der Fall ist (Offe 2002). Freie Beziehungen existieren außerhalb solcher institutionalisierten Bahnen, man spricht dann von Freunden oder Bekannten. Weniger institutionalisierte

Beziehungen finden sich beispielsweise in Fokussen der Nachbarschaftshilfe, in dessen Rahmen man sich gelegentlich dringend benötigte Lebensmittel oder Werkzeuge leiht, in Fokussen der Freizeitgestaltung (Theater, Diskothek) oder lokalen Orten (öffentliche Plätze).[13]

In diesem Zusammenhang spielt die gängige Unterscheidung formaler und informeller Beziehungen eine wichtige Rolle, die vor allem im Rahmen von Organisationsanalysen hervorgehoben wird (Knoke und Kaufman 1990). Während sich formale Beziehungen aufgrund der Organisationsstruktur ergeben, zum Beispiel zwischen einem Sachbearbeiter und seinem unmittelbaren Vorgesetzten, ergeben sich informelle Beziehungen oftmals quer zur Organisationsstruktur, zum Beispiel die des Sachbearbeiters zu Mitarbeitern anderer Abteilungen. Im Sinne der Fokustheorie handelt es sich um institutionalisierte Beziehungen, weil eine Organisationsstruktur als gemeinsamer Fokus zugrunde liegt. Innerhalb der Organisationsstruktur entwickeln sich die Beziehungen entweder institutionalisiert (formale Beziehung) oder frei (informelle Beziehung). Über alle Fokusse hinweg postuliert die Fokustheorie einen positiven Zusammenhang zwischen dem Ausmaß festgelegter Interaktionen und der Wahrscheinlichkeit, dass Ego und Alter soziales Kapital austauschen. Dennoch lässt die Institutionalisierung einer sozialen Beziehung noch einen großen Spielraum für den Austausch im Sozialkapital-Modell.[14]

Die Argumentation zu sozialen Kontexten als relevante Umweltbedingungen in den sozialen Produktionsfunktionen sozialen Kapitals zeigt aber auch die Grenzen für ein allgemeines Sozialkapital-Modell auf. Zwar ist deutlich geworden, dass soziale Kontexte, flankiert durch die jeweils vorherrschenden institutionellen Regeln, günstige Kontaktgelegenheiten bieten können und damit die Wahrscheinlichkeiten für Aufbau und Nutzung sozialen Kapitals erhöhen, wenn Ego und seine Alteri einem gemeinsamen Fokus angehören oder sich gemeinsam in einem sozialen Kontext bewegen. Es zeigt sich aber auch, dass sich aufgrund der Besonderheiten einzelner sozialer Kontexte, die durch jeweils unterschiedliche Ressourcenverteilungen, durch vorherrschende institutionelle Regeln und durch identifikatorische Bindungen zustande kommen, differenziertes bzw. spezifisches soziales Kapital aufbauen und nutzen lässt. Für das allgemeine Sozialkapital-Modell kommt es darauf an, nicht die jeweilige Spezifik einzelner sozialer Kontexte herauszuarbeiten, sondern die zugrundeliegenden sozialstrukturellen Gemeinsamkeiten in den Blick zu nehmen.

---

[13] Dabei ist die Grenzziehung zwischen freien und institutionalisierten Beziehungen alles andere als exakt bestimmbar. Dies lässt sich insbesondere an der Nutzung des Internets belegen. Man kann sagen, dass Internet-Nutzergruppen frei sind, weil praktisch kein Mitgliedsbeitrag erhoben wird und weil es keine regelmäßigen Sitzungen gibt. Legt man aber ein weites Verständnis von institutionalisierten Beziehungen zugrunde, reicht die oftmals übliche Nutzerregistrierung aus, um diesen Gruppen einen formellen Status zuzuweisen.

[14] Mit einem quasi-experimentellen Design können Webster und Kollegen (2001) nachweisen, dass Interaktionsmuster von Organisationsmitgliedern ähnlich sind, wenn die Handlungen weniger eingeschränkt sind (gemeinsames Mittagessen und gemeinsame Treffen von Bewohnern eines Studentenwohnheims) aber unähnlicher sind, wenn die Handlungen starken Einschränkungen unterliegen (restringierte Arbeitsabläufe und freie gemeinsame Freizeitgestaltung von Restaurantmitarbeitern).

In die sozialen Produktionsfunktionen des Sozialkapital-Modells werden deshalb keine konkreten Kontexte, sondern raum-zeitlich relevante Strukturen von Kontexten einbezogen. So wird maßgeblich durch die Lebensphase und den Lebensraum bestimmt, in welchen konkreten Kontexten Ego sich bewegt. Soziale und räumliche Lebenskontexte und die Wechsel zwischen diesen Kontexten sind immer ein Teil individueller Lebensverläufe (Blossfeld und Huinink 2001, S. 8). Die Lebensphase bezieht sich stärker auf die zeitlichen Strukturen für Kontaktgelegenheiten, während sich der Lebensraum auf den räumlichen Aspekt von Kontaktgelegenheiten bezieht. Beide sozialstrukturellen Lebensbedingungen bedingen zu großen Teilen alltägliche und relativ dauerhafte Handlungsroutinen und damit auch, in welchen sozialen Kontexten und Fokussen sich Ego aufhält. Demzufolge wirken sich diese beiden Lebensbedingungen auf den Aufbau und die Nutzung sozialen Kapitals aus. Die Wirkung relevanter sozialer Kontexte im Sozialkapital-Modell wird durch die Lebensphasenthese (in diesem Abschnitt) und die Raumthese (im nächsten Abschnitt) postuliert.

4.4.1 Restriktive Wirkung der Lebensphasen bedingten sozialen Kontexte

Beschreibungen und Erklärungen der Ressourcenakkumulation im Lebensverlauf haben seit jüngerer Zeit Konjunktur (DiPrete und Eirich 2006). Gleichwohl davon auszugehen ist, dass soziales Kapital unterschiedlich intensiv im Verlauf des Lebens aufgebaut und beansprucht wird und zu einer breiteren Sichtweise sozialer Ungleichheiten beiträgt (McDonald und Mair 2010; O'Rand 2006), ist wenig über die Lebensphasenmuster von sozialem Kapital bekannt. Ressourcenzunahmen und -abnahmen ergeben sich durch Alterungsprozesse. Sie sind Folgen sowohl der Alterung als auch unterschiedlicher Ereignisse und Erfahrungen wie Bildungserwerb, Erwerbstätigkeit, Familiengründung und Kinder großziehen sowie Ruhestand. Die Phasen und ihre Übergänge sind nicht zufällig im Lebenslauf angeordnet, sondern grundlegend durch das Lebensalter strukturiert (O'Rand 2006). „It is not only ‚getting old' that matters, but also the kinds of contexts that young, middle-aged, and elderly individuals take part in that are consequential for the accumulation and decline of social capital" (McDonald und Mair 2010, S. 355).

Altern ist ein lebenslanger Prozess. Er ist pfadabhängig und kumulativ, denn der Lebenslauf ist durch verschiedene Ereignisse des Erwerbs- und Familienlebens strukturiert und Menschen sammeln Erfahrungen, Fähigkeiten und Ressourcen mit dem Alter (Elder 1985; Elder und Shanahan 2006; O'Rand 2006). Lebensphasen werden im Sinne von Positionssequenzen verstanden, die Bestände sozialer Ressourcen strukturieren (Kohli 1985, S. 3). Lebensphasen sind markante Abschnitte des Lebenslaufs, die unterschiedliche Gelegenheiten zum Aufbau und Nutzung des sozialen Kapitals darstellen. Für gewöhnlich wird der Lebenslauf entlang des Alters aufgrund kritischer Übergänge in der Erwerbstätigkeit und der familiären Lebensform gegliedert. Der klassische institutionalisierte Lebenslauf in den entwickelten westlichen Gesellschaften ist stark vom Erwerbssystem geprägt und lässt sich in drei Abschnitte einteilen. In Kindheit und Jugend wird man durch primäre Sozialisation und Bildungsprozesse auf die Phase gesellschaftlich produktiver Tätigkeit vorbereitet. Das jüngere und mittlere Erwachsenenalter ist durch Erwerbstätigkeit geprägt. Es ist die Phase der aktiven Teilnahme am Arbeitsmarkt. Das Alter ist eine Ruhestandsphase, die durch konsumtive und Freizeitaktivitäten gekennzeichnet ist (Kohli 1985, S. 8 ff.; auch Abels et al. 2008). Die Konstituierung der Altersgrenzen ist stark durch zentrale Leistungssysteme wie Bildungs- und Altersversicherungssysteme aber auch durch den Familienzyklus geprägt (Kohli 1985, S. 6 ff.). Während die erste Lebensphase der Kindheit und Jugend durch schulische und auch berufliche Ausbildung und das Zusammenleben mit den Eltern geprägt ist, wird der Übergang in die zweite Lebensphase in der Regel durch die Beendigung der formellen Schulbildung, die Aufnahme einer Erwerbsarbeit, das Verlassen des Elternhauses, die Gründung eines eigenen Haushalts und oftmals auch durch eine Heirat markiert. Der Übergang ins Erwachsenenleben findet etwa zwischen dem 18. und 25. Lebensjahr statt. Die Erwachsenenphase ist neben der Erwerbstätigkeit durch das Familienleben geprägt. Der Übergang in die Altersphase etwa zwischen dem 60. und 65. Lebensjahr ist durch den Austritt aus der Erwerbstätigkeit und dem Bezug von Ruhestandsgeld geprägt. Dieser Übergang wurde erst möglich, nachdem ein großer Teil der Bevölkerung überhaupt dieses Lebensalter erreicht und sich ein Alterssicherungssystem ausbreitete, das es erlaubt, ohne Erwerbsarbeit ein auskömmliches Leben zu führen.

Ausgehend von dieser Dreiteilung hat sich keine tiefere Gliederung durchgesetzt, die einheitlich in den Sozialwissenschaften anerkannt ist. Die Phase der Kindheit und Jugend wird in zahlreiche Subphasen eingeteilt, mit denen die kindlichen und jugendlichen Entwicklungen von kognitiven Fähigkeiten, sozialen Kompetenzen und Identitäten abgebildet werden (Hurrelmann 2007). Innerhalb der Erwachsenenphase wird oftmals die sogenannte Rush-Hour-des-Lebens (Bittman und Rice 2000) und die Empty-Nest-Phase unterschieden. Die Rush-Hour-Phase reicht vom Abschluss der Berufsausbildung bis zur Lebensmitte. In diese Zeit fällt die Phase der Familiengründung. Sie ist durch die Verdichtung zahlreicher, immer wieder problematisch aufeinander stoßender Ereignisse wie berufliche Konsolidierung, mögliche Erwerbslosigkeit, Beziehungsintensität, Kinder großziehen und die Pflege der Eltern gekennzeichnet (BMFSFJ 2006, S. 244). In der Empty-Nest-Phase, mit der „die zweite Lebenshälfte" (Kohli und Künemund 2005) beginnt, bedürfen die eigenen Kinder immer weniger der familiären Unterstützung. Zudem ist sie zunehmend durch Erwerbslosigkeit geprägt. Da sich mit der Modernisierung die Altersphase durch steigende Lebenserwartungen, allgemein bessere Gesundheitszustände und ein Absinken des Ruhestandsüberganges stark erweitert hat, wird in der Literatur eine Trennung zwischen den jungen Alten und dem hohen Alter vorgenommen, wobei die nicht unstrittige Grenze etwa beim 80. Lebensjahr liegt (Baltes und Smith 1999; Wahl und Rott 2002). Auch wenn sich in einem historischen Prozess die institutionalisierte Dreiteilung des Lebenslaufs ausgeprägt hat, gibt es aufgrund gesellschaftlicher Entwicklungen immer auch Veränderungen in der Dauer der Lebensphasen und bei den kritischen, Übergänge markierenden Ereignissen. Diese Veränderungen indizieren eine schleichende Krise des institutionalisierten Lebenslaufs (Sackmann 2003). So hat sich der Übergang ins Erwachsenenleben durch längere Bildungsphasen stark ausgedehnt, Familien werden verzögert oder überhaupt nicht gegründet, das Erwachsenenalter wird durch brüchige Erwerbsverläufe geprägt und der Übergang in die Altersphase kann gewollt (Vorruhestand) oder ungewollt (Erwerbslosigkeit) vorgezogen werden.

Die verschiedenen Lebensphasen sind sozialstrukturelle Lebensbedingungen, die im Wesentlichen über zwei Mechanismen den Aufbau und die Nutzung sozialen Kapitals bewirken. Einerseits gehen Lebensphasen mit verschieden großen Zeitvolumina für soziale Beziehungen einher. Andererseits strukturieren die Lebensphasen das Angebot und den Bedarf an sozialen Beziehungen. Lebensphasen typische Fokusse und Gelegenheiten ermöglichen es, spezifische soziale Kontakte zu unterhalten.

In den verschiedenen Lebensphasen hat Zeit einen unterschiedlichen Wert. Ego wird in Phasen, in denen Zeit einen hohen Wert hat, versuchen, diese durch preiswertere Produktionsmittel zu ersetzen. Für junge, noch in Ausbildung befindliche Personen ist der Zeitumfang für soziales Kapital relativ am größten. Die verfügbare Zeit kann freier eingeteilt und intensiver genutzt werden, weil berufliche, familiäre oder anderweitige zeitraubende Verpflichtungen nicht oder in vergleichsweise geringem Maße bestehen. In der Jugend und im frühen Erwachsenenalter hat Zeit damit einen relativ geringen Wert und ökonomisches Kapital einen vergleichsweise hohen Wert. Entsprechend ist zu erwarten, dass Personen in dieser Lebensphase zeitintensive aber kaum geldintensive Tätigkeiten zur Produktion ihrer primären Zwischengüter ausüben. Während der Erwerbstätigkeit ändert sich dieses Verhältnis und es lässt sich beobachten, dass mehr gearbeitet und weniger Zeit für Muße und soziale Kontakte aufgewendet wird (Weick 2004, S. 415). Die Gruppe der Erwerbstätigen hat vergleichsweise wenig Zeit für Sozialkontakte. In Lebensphasen, in denen aufgrund von Arbeitslosigkeit oder des Ruhestandes nicht oder bedeutend weniger gearbeitet wird, zeigt sich eine Verschiebung hin zu weniger zeitsparendem Verhalten (Becker 1982, S. 159). Allerdings ist damit noch nicht gesagt, das weniger zeitsparendes Verhalten mit dem Aufbau und der Nutzung sozialen Kapitals verbunden ist. Erst wenn dieses Verhalten den kontextbedingten Kontakt zu anderen Menschen involviert, eröffnen diese Lebensphasen Chancen und Gelegenheiten für soziales Kapital.

Die Gelegenheiten für den Aufbau und die Nutzung sozialen Kapitals gestalten sich in einzelnen Phasen des Lebenslaufs unterschiedlich (Baas 2008; Lang 2003; Mewes 2010, S. 111 ff.). In den ersten Lebensjahren ergibt sich der Aufbau vor allem durch Familien- und Verwandtschaftsbeziehungen. Mit der Schulausbildung entwickeln sich dann vor allem Kontakte zu Peer-groups. Während der Jugend und dem Übergang in das Erwachsenenalter bestehen die meisten Chancen, frei gewählte Kontakte aufgrund bestimmter Interessen und Neigungen zu wählen. Akteure dieser Lebensphase haben im Vergleich zu älteren Akteuren mehr Gelegenheiten, weil sie weniger häusliche Verpflichtungen haben, generell mehr Zeit für soziale Kontakte haben und sich öfter außer Haus aufhalten. Vor allem die Schule, aber auch Sportvereine, Jugend- und Freizeittreffs sind in dieser Lebensphase wesentliche Fokusse, in denen soziales Kapital aufgebaut und genutzt wird.

Mit dem Übergang in die Erwerbstätigkeit ergeben sich neue Gelegenheiten für soziale Kontakte. Akteure, die sich in Ausbildungs- und Erwerbsphasen befinden, haben aufgrund ihrer Ausbildung und Erwerbstätigkeit mehr Gelegenheiten für den Aufbau und die Nutzung sozialen Kapitals als erwerbslose Akteure oder Akteure im Ruhestand, denen solche routinierten außerhäuslichen Kontakte fehlen (Andreß et al. 1995, S. 303). Personen in Ausbildung haben zahlreiche Kontaktgelegenheiten, zu altersgleichen bzw. altersähnlichen Mitmenschen. Durch die Erwerbstätigkeit ergeben sich Kontaktmöglichkeiten zu Personen mit ähnlichen beruflichen Hintergründen. Für beide Gruppen führt also durch die Ausbildungs- bzw. Arbeitsstelle ein bestimmter Fokus zu homophilen Mitmenschen. Erwerbslose Akteure und Akteure im Ruhestand sind aufgrund des Fehlens eines solchen unterstützenden Fokus in ihren Gelegenheiten eingeschränkt. Andererseits reduziert sich durch Erwerbstätigkeit die verfügbare Zeit für Beziehungspflege (Bidart und Lavenu 2005).

Das Erwachsenenleben ist neben der Erwerbstätigkeit vor allem durch das Zusammenleben in Familien geprägt. Mit der Familiengründung wird der Fokus verstärkt auf familiäre und verwandtschaftliche Kontakte gelegt. Größe und Zusammensetzung des familiären Haushalts bieten unterschiedliche Arten von Gelegenheiten für soziales Kapital. Vor allem große Mehr-Generationen-Haushalte stellen einen Fokus für familien- und verwandtschaftszentriertes Sozialkapital dar. Kinder erhöhen den Zeitaufwand für innerfamiliäre Tätigkeiten. Durch Kinder im Haushalt wird ein großer Teil der sozialen Ressourcen im eigenen Haushalt gebunden (Andreß et al. 1995, S. 303). Zugleich eröffnet Elternschaft neue kinderbezogene Sozialbeziehungen über die Freunde der Kinder, deren Eltern, die Kinderbetreuung, informelle Spielgruppen, kinder- oder elternbezogene freiwillige Organisationen oder schul- und ausbildungsrelevante Beziehungen (McDonald und Mair 2010, S. 341). Die Lebensphase nach der Familiengründung ist zumeist mit stark sinkender Umzugsneigung und großer Sesshaftigkeit verbunden, wodurch sich in der Folge vor allem nachbarschaftliches Sozialkapital bildet. Mehr-Generationen-Haushalte bieten somit Gelegenheiten für sowohl innerfamiliäre als auch spezifische außerhäusliche Kontakte. Für Personen in Single-, Paar- bzw. Ein-Generationen-Haushalten ist der Haushalt selbst zwar kein sozialkapitalstrukturierender Fokus, aber den Akteuren dieser Haushaltsformen bieten sich vor allem Gelegenheiten für freiwilliges, stärker interessengeleitetes soziales Kapital, weil sie kaum einschränkenden familiären Verpflichtungen unterliegen (Andreß et al. 1995, S. 303).

In der zweiten Lebenshälfte am Ende der Erwachsenenphase und in der Altersphase wird kaum noch neues soziales Kapital aufgebaut. Vielmehr verfestigen sich bestehende soziale Beziehungen, so dass vorrangig das vorhandene soziale Kapital gepflegt und genutzt wird. Auch wird in diesen Lebensphasen der Bedarf an neuen sozialen Kontakten geringer sein. Einige Personen werden, nachdem die eigenen Kinder den Haushalt verlassen haben oder nachdem sie in den Ruhestand getreten sind, in Ehrenämtern und freiwilligen Vereinigungen aktiv (Cornwell et al. 2008). Generell ist der Ruhestand weniger durch Tätigkeiten mit Verpflichtungscharakter als durch freiwilliges Engagement oder freizeitorientierte Aktivitäten geprägt. Ferner sind ältere Personen immobiler als jüngere. Ein Indikator dafür ist die im Haushalt verbrachte Zeit, die mit dem Lebensalter beträchtlich zunimmt. Während 20–39 jährige Personen etwa 9 h pro Tag außer Haus verbringen sind es bei den über 60 Jährigen nur etwa 5 h (Engstler et al. 2004, S. 236 f.). Zusammenfassend sind junge Personen, Personen in Ausbildung und Erwerbstätigkeit und Personen aus großen Mehr-Generationen-Familien Bevölkerungsgruppen, die vergleichsweise viel Zeit und/oder viele Gelegenheiten haben, soziales Kapital aufzubauen und zu nutzen.

Die *Lebensphasenthese* besagt, dass die typischen Abschnitte des Lebenslaufs in unterschiedlichem Maße Zeit und Gelegenheiten bieten, soziales Kapital aufzubauen und zu nutzen, weil sie die sozialen Kontexte bedingen, in denen sich Ego alltäglich aufhält.

4.5 Stadträumlicher Kontext und soziales Kapital

Eine zweite Form der kontextuellen Lebensbedingungen sind sozialräumliche Gelegenheitsstrukturen für Aufbau und Nutzung sozialen Kapitals. Darunter wird vor allem der räumliche Kontext verstanden, in dem Ego lebt und sein soziales Kapital gestaltet. Es sind also vorrangig seine Raumerfahrungen und sein Raumhandeln, die als kontextuelle Gelegenheitsstrukturen sein soziales Kapital prägen. Mit der Modellierung räumlicher Strukturen wird ein Desiderat sozialwissenschaftlicher Forschung aufgegriffen. Unter dem Schlagwort der Raumblindheit wird seitens der Regional- und Stadtsoziologie auf die Vernachlässigung räumlicher Bedingungen in der Logik des sozialen Handelns hingewiesen (Bertels 1997, S. 24; Dangschat 1996, S. 99; Läpple 1991, S. 163). Diese Kritik richtet sich darauf, dass in der soziologischen Theorie, in der Sozialstrukturanalyse und in der soziologischen Ungleichheitsforschung räumliche Fragen häufig ausgespart bleiben oder lediglich als Umweltbedingung in die Theoriebildung eingehen (Dangschat 1996, S. 109; Dangschat und Hamendinger 2007, S. 12; Noller 2000, S. 26 ff.). Dieser Vorwurf kann nicht für empirische Studien erhoben werden. Zwar wird in unzähligen empirischen Arbeiten auf räumliche Bedingungen Bezug genommen, aber der städtische oder ländliche Raum fungiert oftmals nur als Rahmen ohne Rückbindung an die soziale Bedeutung der Raumstruktur. Trotz dieses von Raumsoziologen beklagten Mangels lassen sich zumindest in den allgemeinen Sozialtheorien von Giddens (1988) und Bourdieu (1991) Bezugspunkte einer Soziologie des Raumes ausfindig machen.

In seinem handlungstheoretisch begründeten Strukturierungsansatz weist Giddens (1988, S.169 ff.) dem Raum eine zentrale Bedeutung zu. Durch das Aufeinandertreffen von Personen in Orten (locales) wird ihr Handeln bestimmt. „In Orten […] wird der Raum als Bezugsrahmen für Interaktion verfügbar gemacht" (Giddens 1988, S. 170). Orte werden üblicherweise durch eine Kombination aus Eigenschaften der materiellen Welt und menschlichen Artefakten beschrieben (Giddens 1988, S. 170). Aufgrund des Zusammenhangs zwischen Räumen und Interaktionen entwickelt Läpple seine Vorstellung vom gesellschaftlichen Raum, der durch vier analytisch unterscheidbare, jedoch faktisch nicht trennbare Komponenten gekennzeichnet ist (Läpple 1991, S. 196 f.). Erstens gibt es die materiell-physische Struktur. Das sind die den Raum füllenden physischen Objekte, wie Gebäude, Anlagen, sonstige Bauwerke, ferner die Nutz- und Brachflächen, das heißt der Kultur- respektive Naturraum, und schließlich Lebewesen. Für die gesellschaftliche Praxis sozialer Handlungen und Interaktionen sind vor allem Wohnungen, Arbeitsstätten,

Einkaufsmöglichkeiten, Freizeit-, Sport-, Kultur-, Jugend- und Senioreneinrichtungen, Erholungsräume und öffentliche Anlagen relevant. Zweitens gibt es gesellschaftliche Interaktions- und Handlungsstrukturen. „Sie umfassen die gesellschaftliche Praxis der mit der Produktion, Aneignung und Nutzung des physisch-materiellen Substrats beschäftigten Menschen" (Klee 2001, S. 74). Die gesellschaftliche Praxis umschreibt die Handlungen der Menschen, die den Raum konstituieren. Der Raum ist somit eine handlungsermöglichende wie auch restriktive Gelegenheitsstruktur (Giddens 1988, S. 169; Noller 2000, S. 35). Soziales Handeln in einem lokalen Gebiet hängt von kognitiven Fähigkeiten ab, etwa die Vertrautheit mit dem lokalen Gebiet und die Fähigkeit, eigene und fremde Nutzungsvorstellungen in Einklang zu bringen. Es hängt ebenso von kulturellen Fähigkeiten ab, etwa dem ästhetischen Anspruch an den physisch-materiellen Raum und die kulturelle Vertrautheit mit dem Raum. Schließlich ist das soziale Handeln im Raum vom Bedarf an und dem Besitz von physisch-materiellen Raumanteilen geprägt (Klee 2001, S. 74). Die gesellschaftliche Praxis ist damit von der Verfügbarkeit raumbezogener ökonomischer, personeller, kultureller und sozialer Ressourcen abhängig.

Die dritte Komponente ist ein institutionalisiertes und normatives Regulationssystem für das soziale Handeln der Menschen im Raum. Dazu gehören vor allem rechtliche Regelungen, Macht- und Kontrollstrukturen sowie soziale, kulturelle und ästhetische Normen. Dieses Regulationssystem hat starken handlungsbestimmenden Charakter, nicht nur für den Umgang der Personen miteinander, sondern auch in ihrem Verhältnis zum Raum. Satzungen zur Raumplanung und Raumgestaltung können dabei ebenso das soziale Handeln beeinflussen wie typische Verhaltensweisen oder Verhaltensnormen bestimmter Bevölkerungsgruppen. Durch Normen beeinflusst, werden Personen bestimmte Lokalitäten aufsuchen und andere meiden, um damit eine persönliche Identität zu sichern oder sich bewusst von anderen Personen abzugrenzen (Klee 2001, S. 77). Schließlich ist ein Zeichen-, Symbol- und Repräsentationssystem die vierte Komponente des gesellschaftlichen Raumkonzepts. Einzelne Bestandteile der physisch-materiellen Struktur, wie Gebäude, architektonische Details oder Schaufenster, sind Träger von Zeichen und Symbolen. Diese Raumbestandteile gewinnen durch die Zeichen und Symbole eine spezifische Bedeutung, die Identifikationsmöglichkeiten bietet und damit die Ortsbindung fördert (Bertels 1997, S. 68 f.; Klee 2001, S. 75). Die Gestaltung des Raumes hat damit Einfluss auf die Wahrnehmung des Raumes, das soziale Handeln im Raum und die Ausbildung von räumlichen alltagskulturellen Identitäten (Keim 2000; Klee 2003).

Während Läpple vier Aspekte wechselseitiger Beeinflussung von räumlicher Struktur und allgemeiner sozialer Struktur aufzeigt, richtet Bourdieu die Aufmerksamkeit vor allem auf die zweite Komponente der gesellschaftlichen Interaktions- und Handlungsstrukturen des Raumhandelns. Differenzierungen im Raum aufgrund dieser Komponente verbindet er mit den drei zentralen Kapitalarten. Bourdieus grundlegende These lautet, dass sich die Position eines Menschen im sozialen Raum durch Prozesse der Raumaneignung im geographischen Raum widerspiegelt (Bourdieu 1991, S. 26). Für Bourdieu erfolgt sowohl die Aneignung als auch die Nutzung des geographischen Raumes gemäß der über gesellschaftliche Chancenverteilung zur Verfügung stehenden ökonomischen, kulturellen und sozialen Kapitalien. Die gesellschaftliche Praxis bestimmt sich nicht nur durch den sozialen, sondern auch durch den physischen Raum: „Der soziale Raum ist somit zugleich in die Objektivität der räumlichen Strukturen eingeschrieben und in die subjektiven Strukturen, die zum Teil aus der Inkorporation dieser objektivierten Strukturen hervorgehen" (Bourdieu 1991, S. 28). Während der soziale Raum in Form der Verteilungsstruktur der verschiedenen Arten von Kapital erfasst werden kann, manifestiert sich „der auf physischer Ebene realisierte […] soziale Raum […] als die im physischen Raum erfolgte Verteilung unterschiedlicher Arten gleichermaßen von Gütern und Dienstleistungen wie physisch lokalisierter individueller Akteure und Gruppen […] mit jeweils unterschiedlichen Chancen der Aneignung dieser Güter und Dienstleistungen" (Bourdieu 1991, S. 29). Diese Chancen richten sich nach ihrem jeweiligen Kapital und nach ihrer physischen Nähe oder Ferne zu den Gütern und Dienstleistungen (Bourdieu 1991, S. 28 f.). Lokalisationsprofite kommen nach Bourdieu durch die Nähe zu seltenen und begehrten Dingen und zur Distanz zu unerwünschten Dingen zum Ausdruck (Bourdieu 1991, S. 31). Konzentrationen von Ressourcenreichtum an bestimmten Orten des physischen Raumes (erste Adresse) und von Ressourcenarmut an anderen Orten (Ghetto) basieren auf Segregationsprozessen, die sich allerdings aus den jeweiligen besonderen Kapitalien eines Feldes ergeben. Antrieb ist die jeweilige Distinktion innerhalb eines Feldes, wobei sich die jeweils höchsten Positionen eines Feldes an bestimmten Orten konzentrieren, während sich die jeweils niedrigsten Positionen eines Feldes an bestimmten anderen Orten konzentrieren (Bourdieu 1991, S. 29). Als Beispiel nennt er die Ansiedlung und räumliche Konzentration von Innenarchitekten einerseits und Kunsttischlern andererseits in verschiedenen Stadtteilen von Paris.

Schließlich ermöglicht Raumbesitz, in der Nähe erwünschter Dinge (großräumige Wohnungen, soziale und kulturelle Infrastruktureinrichtungen, Transportgelegenheiten, geringe Umweltbelastungen, Erholungsmöglichkeiten) und erwünschter Menschen (eine bestimmte Nachbarschaft impliziert Sicherheit) zu siedeln und sich von unerwünschten Dingen und unerwünschten Menschen fern zu halten bzw. diese auszugrenzen. Gesellschaftliche Strukturen manifestieren sich in Form spezifischer Raummuster, die anhand der Wohnorte abgelesen werden können. Ressourcenarmut wird als Restriktion im physischen Raum erfahren. Ressourcenarme Akteure sind gleichsam an den Ort gekettet. Hingegen sichert Ressourcenreichtum nicht nur die physische Nähe und Präsenz zu den Orten der seltenen Güter und Dienstleistungen, sondern erweitert auch den territorialen Anspruch und die Raumaneignung durch die Nutzung von Transport- und Kommunikationsmitteln (Bourdieu 1991, S. 30). So können sich räumlich weit gefächerte Beziehungen und Netzwerke ergeben, die sich relativ unabhängig von lokalen Strukturen entfalten.

4.5.1 Restriktive Wirkung des Raumes

Die Zusammenhänge zwischen räumlichen und sozialen Strukturen bei Giddens, Läpple und Bourdieu können in zwei gegenläufigen Richtungen interpretiert werden, die Herlyn (1998) als raumwirksame Sozialstruktur und als sozialwirksame Raumstruktur bezeich-

4.5 Stadträumlicher Kontext und soziales Kapital

net.[15] Letztere ist für die zu formulierende Raumthese relevant. Sie verdeutlicht den restriktiven Charakter räumlicher Gelegenheitsstrukturen für den Aufbau und die Nutzung sozialen Kapitals. Daraus lässt sich die Raumthese ableiten.

Die *Raumthese* besagt, dass Knappheit und Ungleichheit der Raumqualitäten für den Aufbau und die Nutzung des sozialen Kapitals von Ego eine wesentliche Rolle spielen.

Der Raum beeinflusst durch seine infrastrukturellen Einrichtungen, seine geographische Lage, seine städtebauliche Struktur und sein Image die Möglichkeiten des Aufbaus, des Erhalts und der Nutzung sozialen Kapitals. Räume mit umfangreicher Infrastruktur stellen Kontexte dar, in denen mehr soziales Kapital aufgebaut werden kann als in Räumen mit geringer Infrastruktur. Bezüglich des Aufbaus und der Nutzung sozialen Kapitals ist der Raum eine disponible und strategisch nutzbare Gelegenheitsstruktur.

Es liegt nahe, dass sich der konkrete Raumbezug Egos durch die Lage seiner Wohnung ergibt. Diese Lokalisierung bestimmt die Erreichbarkeit und Nutzbarkeit von Ausbildungs- und Arbeitsstätten, von Infrastruktureinrichtungen und von Naherholungsmöglichkeiten sowie das Ausmaß der Selbstbestimmung über Territorien. Der Wohnort bestimmt damit Möglichkeiten, Kontakte zu knüpfen und soziales Kapital aufzubauen bzw. zu nutzen. Insbesondere soziales Kapital aus sozialen Beziehungen zu Nachbarn, zu Arbeitskollegen oder zu Vereinsmitgliedern hat zumeist einen deutlichen Raumbezug zum Wohnort und ist durch persönlichen Kontakt geprägt (Dangschat und Hamendinger 2007, S. 12). Mit zunehmender Entfernung vom Wohnort ändern sich die Kontakt- und Kommunikationsmöglichkeiten für soziale Beziehungen. Sie werden seltener für den Ressourcenaustausch in Anspruch genommen und seltener im persönlichen Kontakt aufrechterhalten. Der Wohnort prägt damit die soziale Erfahrungswelt und den Sozialisationsprozess der Bewohner. Dies impliziert aber auch, dass sich einige Ressourcen und Eigenschaften, insbesondere soziales Kapital, nur durch längeres Wohnen an einem Ort und durch kontinuierlichen Umgang mit seinen legitimen Bewohnern erwerben lassen (Bourdieu 1991, S. 33). Mit anderen Worten eröffnen und beschränken nicht allein der Wohnort, sondern auch die Wohndauer Gelegenheiten für den Aufbau und die Nutzung sozialen Kapitals.

Die Wirkung der kontextuellen Gelegenheitsstrukturen des Wohnortes auf das soziale Kapital entfalten sich für städtische Bevölkerungen in unterschiedlich großen Raumbezügen, wovon zwei in dieser Arbeit untersucht werden. Dies sind durch ihren spezifischen Charakter geprägte Städte und der lebensweltliche Nahbereich der Stadtteile. Sowohl

---

[15] Vergleiche hierzu auch Löws Idee eines „relationalen" Raummodells (2001). Der relationale Ansatz richtet seinen Fokus auf die „(An)Ordnungen" von Menschen und sozialen Gütern und untersucht, wie Raum in Wahrnehmungs-, Erinnerungs- oder Vorstellungsprozessen hergestellt wird und sich als gesellschaftliche Struktur manifestiert. Die Schreibweise (An)Ordnung vereint „Ordnung" (Strukturdimension, Räume sind geordnet) und „Anordnung" (Handlungsdimension, Räume sind Ergebnis eines Prozesses des Anordnens) (2001, S. 131). Löw unterscheidet zwei Prozesse der Raumkonstitution: das Spacing als errichten, bauen, positionieren, also Konstitution durch das Plazieren von sozialen Gütern und Menschen und deren symbolische Markierung und die Syntheseleistung als Wahrnehmungs- Vorstellungs- oder Erinnerungsprozesse, in denen soziale Güter und Menschen zu Räumen zusammengefasst werden (2001, S. 158 ff.).

Städte als auch Stadtteile umfassen spezifische Siedlungs- und Infrastrukturen, die sich im Hinblick auf ihre Ausstattung und soziale Zusammensetzung als privilegierte oder benachteiligte Räume charakterisieren lassen. In der Raumsoziologie wird dies unter dem Stichwort Spaltung der Städte diskutiert. „Unsere Städte erleben eine doppelte Spaltung: einmal zerbricht das bislang einheitliche Muster städtischer Entwicklung in zwei einander entgegengesetzte Typen. Einigen wenigen Städten, die noch das gewohnte Bild von wachsendem Wohlstand, neuen Arbeitsplätzen und spektakulären Neubauten bieten, stehen stagnierende oder gar schrumpfende Städte gegenüber. Zum anderen vollzieht sich innerhalb jeder einzelnen Stadt eine Spaltung, nicht ganz so sichtbar noch, aber doch nicht weniger tiefgreifend: die Spaltung zwischen jenen mit sicheren Arbeitsplätzen mit gesicherter Lebensperspektive und den an den Rand Gedrängten, den Ausländern, den Armen, den dauerhaft Arbeitslosen" (Häußermann und Siebel 1987, S. 8). Diese „Ungleichheitsstrukturen – anschaulich mit Begriffen wie ‚Dualisierung', ‚Spaltung' der Stadt oder räumliche ‚Exklusion', ‚Ausgrenzung' beschrieben – lassen sich nicht nur in den USA, sondern zunehmend auch in Europa feststellen" (Tönnies 2005, S. 74; vgl. auch Marcuse und Kempen 2002). Weil die Spaltung der Städte Auswirkungen auf das soziale Zusammenleben in den Städten und nicht zuletzt auf das soziale Kapital der Stadtbewohner hat, kommt Geiling zu dem Schluss: „Die Integrationsmaschine Stadt funktioniert nicht mehr" (Geiling 2003, S. 91). Ob das zutreffend ist, sei dahingestellt. Zumindest bieten die städtischen Strukturen sowohl im Vergleich der Städte als auch innerhalb der Stadt zwischen den Stadtteilen differenzierende Gelegenheitsstrukturen für Ego, soziales Kapital aufzubauen und zu nutzen. Mit dem Raum sind also ungleiche Nutzungs- und Aneignungsmöglichkeiten und mehr oder weniger beschränkte Verfügungsmöglichkeiten über Ressourcen verbunden.

Für beide Raumbezüge ist zu klären, welche Strukturmerkmale restriktive Wirkungen entfalten. Generell lassen sich mehrere Dimensionen der Strukturmerkmale unterscheiden. Hoffmeyer-Zlotnik (2000, S. 64) identifiziert beispielsweise räumliche, wirtschaftliche, soziale, familiale, sozio-ökonomische und Verflechtungsdimensionen, die einen Raum konstituieren und Räume, wie zum Beispiel Städte oder Stadtteile, gegenseitig abgrenzen. Die restriktiven Wirkungen von regionalen Kontexten und von städtischen Kontexten treten im Sozialkapital-Modell mit unterschiedlichen Gewichtungen auf. Auf der Stadtebene sind andere Schwerpunkte des Raumhandelns zu erwarten als auf der Stadtteilebene. Im Folgenden werden deshalb zunächst die wichtigen Gelegenheitsstrukturen auf der Stadtebene und anschließend auf der Stadtteilebene diskutiert.

4.5.2 Raumthese und Städte in Regionen

Unterschiedliche Gelegenheitsstrukturen zum Aufbau und zur Nutzung sozialen Kapitals zwischen Städten basieren vor allem auf der vorhandenen materiell-physischen Struktur der Städte und deren gegenwärtigen gesellschaftlichen Interaktionsstrukturen aber auch auf einem natürlich gewachsenen Regulationssystem im Sinne kulturhistorischer Differenzierungen. Die historisch gewachsenen Unterschiede spiegeln nicht so sehr stadttypi-

4.5 Stadträumlicher Kontext und soziales Kapital

sche als vielmehr regionale Disparitäten wider. Bertram (1992) führt aus, dass historische, ökonomische, politische, soziale und kulturelle Entwicklungen in Städten und Regionen insgesamt zu regionaler Vielfalt und regionalen Disparitäten ihrer sozialen Struktur führen. Während beispielsweise die Religion dauerhafte und relativ systemunabhängige regionale Effekte auf das Bildungsniveau hat (Bertram 1999, S. 5), ergeben sich durch die industrielle Entwicklung, insbesondere im Zuge der De-Industrialisierung, oder durch die Ausdünnung der wohlfahrtsstaatlichen Sicherungsnetze wieder wachsende regionale Unterschiede. So sind regional differenzierte kulturelle Traditionen, Lebenserfahrungen und Muster politischer Orientierungen Teil der deutschen Kultur (Bertram 1999, S. 3).

Wenn „Regionen tatsächlich jene kulturelle Vielfalt der Bundesrepublik widerspiegeln, ist anzunehmen, dass sie […] aufgrund der historisch gewachsenen wirtschaftlichen, politischen und kulturellen Strukturen die Handlungsmöglichkeiten der Individuen in diesen Regionen bestimmen" (Bertram 1995, S. 124). Bertram (1999, S. 4) vermutet, dass es nicht die klassischen sozialstrukturellen Merkmale Bildung, Beruf und Einkommen sind, die Personen aus unterschiedlichen Regionen unterscheiden, sondern ihre Mentalitäten, Orientierungen, Einstellungen und Lebensstile. Man kann zudem behaupten, dass sie sich aufgrund ihres sozialen Kapitals unterscheiden, denn empirisch werden zumindest Interaktionsmuster innerhalb der Familie direkt durch den regionalen Kontext beeinflusst (Bertram 1995, S. 143 ff.). Räume mit vergleichbaren Strukturmerkmalen bzw. mit gleicher Entwicklung werden als Regionen abgegrenzt (Sodeur und Hoffmeyer-Zlotnik 2005). Typische deutsche regionale Disparitäten ergeben sich zwischen Nord und Süd (Friedrichs et al. 1986), seit der Wiedervereinigung dominierend zwischen Ost und West (Bertram 1999, S. 9) sowie zwischen peripheren und zentralen Städten oder auch zwischen großen urbanen Dienstleistungszentren und eher ländlichen Regionen (Bertram 1995, S. 146; allgemein zu regionalen Disparitäten Gatzweiler und Irmen 1997; Habich und Spellerberg 2008). Im Folgenden werden die Ost-West-Differenzierungen sowie die Stadtunterschiede ausführlich diskutiert.

Ost-West-Differenzen sind vor allem historisch-gesellschaftssystemische Unterschiede. Sie sind geprägt durch die unterschiedlichen wirtschaftlichen, gesellschaftspolitischen und demokratischen Entwicklungen beider ehemaliger deutschen Staaten (Häußermann und Neef 1996; Sahner 2004; Strubelt et al. 1996). „Es ist auch deswegen von zwei unterschiedlichen Landesteilen zu sprechen, weil die ganz unterschiedlichen Lebenserfahrungen vor, während und nach der Wende in Ost- und Westdeutschland zu so deutlichen strukturellen Unterschieden geführt haben, dass von einer Einheitlichkeit der Lebensbedingungen oder auch Ähnlichkeiten der Lebensführungen keine Rede sein kann" (Bertram 1995, S. 146). So haben sich in beiden Landesteilen unterschiedliche Werte herausgebildet. Im Ost-West-Vergleich haben Ostdeutsche ein Staatsverständnis ausgeprägt, das stark auf Versorgungsleistungen und weniger Eigenverantwortung ausgerichtet ist. Sie schätzen die Verantwortung der Stadt bzw. der Gesellschaft für wohlfahrtsstaatliche Belange höher ein als Westdeutsche (Besier 2007, S. 34). Westdeutsche sind eher eigenständig, eigenverantwortlich und tendieren mehr zur Selbstentfaltung bzw. politischer Teilhabe. Ostdeutsche schätzen dagegen sozialstrukturelle Gleichheit höher ein als Selbstentfaltung (Meulemann

2002).[16] Andererseits wurden Ostdeutsche über die Einbindung in (Arbeits-)Kollektive zu Solidarität und Zusammengehörigkeit sozialisiert (Besier 2007), mussten aber mit der gesellschaftlichen Transformation einen Verlust dieser Solidargemeinschaft hinnehmen (Scheller 2002). Bedrohlich für den Aufbau sozialer Kontakte war das kommunistische Regime. In einem permanent kontrollierenden, Eigeninitiative unterdrückenden, willkürlich handelnden Staat entwickeln die Bürger nicht nur ein profundes Misstrauen in staatlich kontrollierte Institutionen (Janmaat 2006); es führt auch dazu, dass man im Umgang mit anderen Menschen nicht vorsichtig genug sein kann (Uslaner 2003, S. 81). Verluste alter solidarischer Werte und Freisetzungen sozialer Kontakte gepaart mit geringerer Eigeninitiative führt zur These, dass Ostdeutsche weniger soziales Kapital aufbauen und nutzen können als Westdeutsche.

Zudem bestehen sozialkapitalwirksame infrastrukturelle Unterschiede. In Ostdeutschland setzen erst nach der Wende stadtsoziologische Prozesse wie Suburbanisierung, Gentrification und eine spürbare Segregation ein. Dies hat seine Ursachen in der Abschaffung der staatlichen Wohnraumzuweisung und der Modernisierung der Bausubstanz. In Ostdeutschland sind Großwohnsiedlungen verbreiteter und befinden sich vorwiegend an den Stadträndern (Schneider und Spellerberg 1999, S. 190). Der Anteil der Mehrfamilienhäuser ist höher und der Anteil bewohnten Wohneigentums geringer (Schneider und Spellerberg 1999, S. 191). Damit gibt es eigentlich mehr raumbedingte Kontaktgelegenheiten in ostdeutschen Städten, wodurch sich die Ost-West-These relativiert.

Neben den regionalen Unterschieden, die stärker durch kulturhistorische Prozesse bedingt sind und vor allem deshalb unterschiedliche Bedingungen für Aufbau und Nutzung sozialen Kapitals setzen, wirken vor allem wirtschaftspolitische Prozesse und gesellschaftliche Siedlungs-, Interaktions- und Handlungsstrukturen zwischen kleineren räumlichen Einheiten differenzierend. Für Erwerb und Nutzung sozialen Kapitals sind vor allem die räumliche Dimension mit siedlungsstrukturellen Indikatoren wie Größe, Dichte, Infrastrukturangebot, Zentralität bzw. Verflechtungen, die wirtschaftliche Dimensionen mit Indikatoren der Wirtschafts- und Arbeitsmarktstruktur sowie die soziale Dimension mit Indikatoren der sozio-ökonomischen Struktur und Vielfalt der Bewohner relevant (Hoffmeyer-Zlotnik 2000, S. 64).

Erstens unterscheiden sich die gesellschaftlichen Interaktions- und Handlungsstrukturen zwischen Städten bereits aufgrund der räumlichen Dimension mit siedlungsstrukturellen Merkmalen wie Größe, Dichte, Vielfalt, Zentralität und Stadt-Umland-Verflechtung (Böltken 2005).[17] Großstädte bieten im Vergleich zu Mittelstädten eine größere Vielfalt an

---

[16] Es bleibt anzumerken, dass das berufliche Leistungsmotiv im Osten stärker ausgeprägt ist als im Westen (Meulemann 2002, S. 17).

[17] Die deutsche Regionalforschung hat zur Kategorisierung der Gemeinden drei Schemata entwickelt. Neben 9 Gemeindegrößenklassen, die sich an der Einwohnerzahl einer Gemeinde in ihren administrativen Grenzen ausrichten, gibt es BIK-Regionen, die in ihrer Zehner-Systematik neben der Gemeindegröße auch die Stadt-Umland-Beziehungen über die Pendlerverflechtung sowie die funktionale Strukturierung über die Einwohner- und Arbeitsplatzdichte erfassen. Als dritte Typisierung haben sich die siedlungsstrukturellen Gemeindetypen des BBR etabliert, dessen 17 Kategorien

4.5 Stadträumlicher Kontext und soziales Kapital

Gelegenheitsstrukturen für soziale Handlungen. Zunächst nimmt mit zunehmender Einwohnerzahl die Möglichkeit ab, mit allen Einwohnern Bekanntschaften zu pflegen (Weber 1990, S. 727). Andererseits verkürzt die Dichte Wege und ermöglicht ein effizientes Transportsystem. Dies trägt zu erleichterten Austauschmöglichkeiten zwischen den Bewohnern bei. Städte sind „Märkte", die ihre Infrastruktur und Versorgungsleistungen überlokal auch für das Umland anbieten. Ein Ort ist umso urbaner, je mehr er mit seiner zentralen Ausstattung nicht nur die Stadtbewohner, sondern auch das Umland versorgt und Bedeutung erlangt und daraus folgend durch starke Pendlerströme mit dem Umland verflochten ist. Differenzen ergeben sich zwischen Groß-, Mittel- und Kleinstädten in der Ausstattung mit Bildungseinrichtungen (z. B. Hochschulen, Fachschulen, Sonderschulen, Volkshochschulen, Fachbibliotheken, öffentlichen Bibliotheken), Kultureinrichtungen (z. B. Oper, Theater, Orchester, Kino, Tierpark, Museen, Kulturhäuser), Sporteinrichtungen (z. B. Stadion, Sportplatz, Sporthalle, Großschwimmhalle, Hallen- und Freibad), Gesundheitseinrichtungen (z. B. Universitätskliniken, Spezialkrankenhäuser, Behindertenhilfe, medizinische Regelversorgung), Handelseinrichtungen (z. B. Großbanken, Versicherungen, Großkaufhäuser, spezialisierte Dienstleistungen, Fachgeschäfte, Filialen, Hotels, Kongress- und Tagungseinrichtungen), öffentliche Einrichtungen (z. B. Oberlandes-, Landes-, Amtsgerichte, Landesbehörden, Kreisverwaltungen) und Verkehrsanbindungen (z. B. Autobahn, Luftverkehr, Eisenbahnknoten, Intercity-Halt, Fernstraßennetz) (Böltken 2005, S. 79 ff.).

Zweitens werden gesellschaftliche Interaktions- und Handlungsstrukturen durch eine wirtschaftliche Dimension beeinflusst. Städte werden durch den wirtschaftlichen Wandel von der Industrie- zur Dienstleistungsgesellschaft und durch die Globalisierung wirtschaftlicher Beziehungen und Märkte geprägt. Ferner sind Liberalisierungstendenzen der Kommunalpolitik zu nennen, beispielsweise die Deregulierungen der Wohnungspolitik und die zunehmend privatwirtschaftliche Ausrichtung städtischer Infrastruktur- und Versorgungseinrichtungen. Aufgrund ihrer vor allem wirtschaftspolitischen Entwicklungen können Städte etwa in internationale Zentren Europas (etablierte Hauptstädte, neu definierte Hauptstädte, Wissenszentren), Fachzentren (Nationale Dienstleistungszentren, Zentren des Wandels, Gateways, moderne Industriezentren, Forschungszentren, Besucherzentren) und Regionalzentren (de-industrialisierte Städte, regionale Marktzentren, Regionalzentren öffentlicher Versorgungsleistungen, Satellitenstädte) klassifiziert werden (Europäische Union 2007).

Schließlich hat drittens die soziale Dimension eine Bedeutung für gesellschaftliche Interaktions- und Handlungsstrukturen. Durch das Zusammenleben vieler Menschen an einem Ort bestehen Chancen für die Entwicklung spezieller Interessen und Vorlieben. In Großstädten bietet die Vielfalt der Gelegenheitsstrukturen die nötige Distanz für die Entwicklung von Subkulturen oder interessengeleiteten Nischen. Rein aufgrund der Größe ist in Großstädten oftmals die kritische Masse vorhanden, spezielle Interessen zu artikulieren und auszuleben. Andererseits ist in Großstädten die Öffentlichkeit nicht mehr überschau-

---

aufgrund von Raumverdichtungen bzw. einem System zentraler Ort (mit Versorgungsleistungen) gebildet werden (Arbeitsgruppe Regionale Standards 2005; BIK Aschpurwis + Behrens 2001).

bar. Diese geringe soziale Kontrolle, Unverbindlichkeit und Anonymität der Großstädte bietet die nötige Distanz und damit gute Chancen für die Entwicklung vieler Subkulturen und Nischen. Zusätzlich zu ihrer eigenen großen Zahl an Einwohnern sind Großstädte zentrale Orte, die Menschen aus anderen Räumen anziehen. Sie sind eher Plätze des wirtschaftlichen und kulturellen Austauschs als andere Orte. Dies eröffnet ebenso Gelegenheiten für soziales Kapital. Schließlich lässt die höhere Siedlungsdichte in größeren Städten die Bewohner näher zusammenrücken. Diese räumliche Nähe senkt generell Transaktionskosten und somit auch in Bezug auf soziales Kapital.

Sozialstrukturelle Folgen der Differenzen zwischen Städten sind bereits nachgewiesen worden. So bieten Großstädte bessere Bedingungen als Mittelstädte für einen geselligkeitsorientierten Lebensstil (Schneider und Spellerberg 1999, S. 192). Individualisierungstendenzen lassen sich vor allem für große städtische Kulturen nachweisen, während sie für ländliche Gegenden sowie Klein- und Mittelstädte eher nicht zutreffen (Bertram 1992, S. 135 f.). Zu vermuten sind deshalb auch Differenzen zwischen Groß- und Mittelstädten im Hinblick auf soziales Kapital. In großen Städten bieten sich den Bewohnern auch größere Wahlmöglichkeiten für ihre sozialen Beziehungen (Mollenhorst et al. 2005). Dort haben sie eine Vielfalt heterogener Gruppen zur Auswahl, die sie in Mittel- und Kleinstädten nicht finden. Damit ist zunächst die Heterogenität sozialer Kontexte gemeint. In großen Städten finden sich neben überwiegend vorgegebenen und damit eher restriktiven sozialen Kontexten, wie Familie, Verwandtschaft, Nachbarschaft und Arbeitskollektiv, auch freier wählbare und auf gemeinsamen Interessen beruhende Beziehungen aus sozialen Kontexten wie Freundschaften, Vereinigungen, Clubs usw. (Schenk 1983, S. 97). Darüber hinaus wächst mit der Größe der Stadt auch die Vielfalt dieser freiwillig nutzbaren Kontexte, weil sich in Großstädten die kritische Masse für spezifische Interessengruppen findet. Insgesamt lässt sich aus den drei Dimensionen folgern, dass nicht nur Unterschiede in Aufbau und Nutzung sozialen Kapitals zwischen Groß- und Mittelstädten zu erwarten sind, sondern dass konkret Großstädte die besseren Chancen hierfür bieten.

4.5.3 Raumthese und Stadtteile

Die Gelegenheitsstrukturen differieren nicht nur zwischen Städten, sondern auch innerhalb der Städte. Die Relevanz der Stadtteile als Gelegenheitsstrukturen ergibt sich unter anderem daraus, dass viele Akteure einen erheblichen Teil ihrer Freizeit im Stadtteil, in dem sie wohnen, verbringen. Der Stadtteil als Raumbezug ist insbesondere für Akteure wichtig, die mit geringeren Ressourcen ausgestattet sind oder deren Ressourcen schwinden (Friedrichs und Oberwittler 2007, S. 453). Es wird aber keineswegs angenommen, dass die Bewohner eines Stadtteils ausschließlich oder mehrheitlich ihre Interaktionen aufeinander beziehen. Der Stadtteil fungiert als Gelegenheitsstruktur für allgemeine Lebenschancen der Bewohner (Herlyn et al. 1991; Kapphan 2002), wobei zwei Effekte diskutiert werden: ein Quartierseffekt und ein Konzentrationseffekt (Friedrichs und Blasius 2000; Häußermann 2003; Kronauer 2007). Sowohl Eigenschaften des Quartiers als auch

4.5 Stadträumlicher Kontext und soziales Kapital

Konzentrationen städtischer Bevölkerungsgruppen sind Gelegenheitsstrukturen für den Aufbau und die Nutzung sozialen Kapitals, weil das Sozialkapital-Modell ein Spezialfall allgemeiner Lebenschancen städtischer Bevölkerungen ist.

Der Quartierseffekt betont die Wirkung der physisch-materiellen Infrastruktur, der institutionellen Ausstattung und damit insgesamt der Wohnortqualität auf das soziale Zusammenleben in den Stadtteilen (Häußermann 2003, S. 149; Kronauer 2007, S. 75; Sampson et al. 2002, S. 458). Zur Charakterisierung der Stadtteile im Hinblick auf ihre restriktive Wirkung im Sozialkapital-Modell sind verschiedene Faktoren bedeutsam. Erstens ist die Nutzungsvielfalt relevant. Die Nutzungsmischung wird durch das parallele Vorhandensein von Wohn- und Arbeitsstätten, Freizeiteinrichtungen, Einkaufs- und Naherholungsmöglichkeiten ausgedrückt. Das ermöglicht vielschichtige Begegnungen zu unterschiedlichen Tageszeiten. Nutzungsgemischte Stadtteile „erweitern die routinemäßigen Interaktionen der Bewohner und Gewerbetreibenden um zusätzliche Erfahrungen, die als Folge beiläufiger und schwacher Kontakte mit der Umgebung entstehen können" (Läpple und Walter 2007, S. 117). Zweitens sind die institutionellen und infrastrukturellen Angebote im Stadtteil wichtig. Zu diesen Angeboten gehören Kindertageseinrichtungen, Schulen für unterschiedliche Bildungsstufen und Begabungen, Berufsbildungsstätten, Beratungsstellen, Bibliotheken, Volkshochschulen, Musikschulen, Sportstätten, Freizeiteinrichtungen, lokale und kulturelle Vereine, medizinische Vor- und Versorgungseinrichtungen und weitere Einrichtungen sozialer Infrastruktur, Einkaufsmöglichkeiten, Unternehmerstammtische, politische Ortsvereine, Religionsgemeinschaften, Treffpunkte der Subkultur, Arbeitsstätten für Gewerbetreibende und Unternehmen (vgl. Pahl 1975). Diese Einrichtungen sind Kontexte oder Fokusse, die Menschen mit ähnlichen Interessen zusammenbringen. Drittens spielt es eine Rolle, ob Stadtteile durch öffentliches Leben geprägt sind (Bahrdt 1974). In Stadtteilen mit einer typischen Öffentlichkeit des Bürgersteigs, die durch Ladenstraßen, Plätze, verkehrsberuhigte Fußgängerbereiche, Cafés, Kneipen, Spezialitätenrestaurants, Kinos und andere Kultureinrichtungen, Szenetreffs, Spielplätze sowie öffentliche Plätze und Anlagen mit einem bestimmten Flair geprägt sind (Jacobs 1963), gelingt es viel besser als in Stadtteilen zurückgezogener Privatheit, eher beiläufige und schwache Kontakte aufzunehmen. Die Gelegenheiten und Fokusse für flüchtige Begegnungen gibt es vor allem in öffentlichen, nutzungsgemischten Stadtteilen, weil dies Orte von Fremden sind. Stadtteile, die ihren Bewohnern eine derartige Öffentlichkeit anbieten, die Kommunikation, Interaktion und Ressourcenaustausch zwischen sonst fremden Personen zulässt, bieten ihren Bewohnern mehr Handlungsoptionen und damit bessere Lebensbedingungen als andere Stadtteile. Viertens sind die Erreichbarkeit, ausgedrückt durch die Zentralität im Stadtgebiet und die Verkehrsanbindung sowie die Dichte der Wohngebäude wichtig für das Sozialkapital-Modell, weil dadurch Transaktionskosten gesenkt werden. Andere Merkmale der materiell-physischen Struktur der Stadtteile wie die Beeinträchtigungen durch Immissionen (Lärm, Staub, Geruch), der bauliche Zustand oder der landschaftliche Charakter (Frei- und Grünflächen) haben eher geringe Auswirkungen auf die Gestaltung des sozialen Kapitals. Stadtteile mit gemischter Nutzung, vielfältigen Einrichtungen und Angeboten, einer hohen Öffentlichkeit und günstiger Erreichbarkeit bieten den Bewohnern und Nutzern mehr und vielfältigere Gelegenheiten für den Aufbau und die Nutzung sozialen Kapitals als Stadtteile mit schlechteren Ausstattungsmerkmalen (Kronauer 2007).

Der Konzentrationseffekt besagt, dass mit zunehmender Konzentration ressourcenreicher oder ressourcenarmer Bevölkerungsgruppen im Stadtteil die Bevorteilung respektive Benachteiligung durch den Stadtteil verstärkend wirkt (Wilson 1996). „Durch die vorherrschenden Überzeugungen und das dominante Verhalten der Bewohner entsteht eine lokale ‚Kultur' bzw. ein Milieu, dem sich auch diejenigen nicht entziehen können, die ihm bisher nicht angehörten" (Häußermann 2003, S. 149). Ein Stadtteil bietet Chancen der Aneignung der verfügbaren materiellen, kulturellen und sozialen Ressourcen. Aneignung und Nutzung dieser Raumressourcen hängen jedoch spezifisch vom individuellen Ressourcenbesitz der jeweiligen Stadtteilbewohner ab. Bestimmte Stadtteile verschaffen soziales und symbolisches Kapital über den Klubeffekt. Dieser Effekt sozialer Schließung ergibt sich aus der dauerhaften Zusammensetzung der ressourcenreichsten Personen in einem Stadtteil, der damit zur ersten Adresse bzw. zur noblen Gegend wird. Diese Konzentration erzeugt soziales Kapital, indem all jene ausgeschlossen werden, die keine erwünschten Ressourcen oder die unerwünschte Ressourcen aufweisen. Diese Stadtteile schließen nicht nur bestimmte Personen aus, sondern erlauben es den Bewohnern, am akkumulierten Kapital aller Einwohner teilzuhaben. Der Ghettoeffekt bewirkt das Gegenteil des Klubeffekts. Das Ghetto ist Sammelbecken der Ressourcenärmsten. In ihm werden die Stadtteilbewohner symbolisch degradiert und stigmatisiert, wodurch sich vertiefte Deprivation und gesellschaftliche Exklusion kumulieren (Bourdieu 1991, S. 32 f.). Die jüngere Armutsdebatte verweist auf die zunehmende Bedeutung der Probleme dieses Ghettoeffekts (Alisch und Dangschat 1998; Friedrichs und Blasius 2000; Siebel 1996). Dieser Effekt führt zu einem neuen Phänomen sozialer Ungleichheiten in großen Städten, das nicht nur auf einer vertikalen Strukturierung basiert, sondern eine „Spaltung der Gesellschaft zwischen drinnen und draußen" darstellt (Siebel 1996, S. 59). Ressourcenarme Akteure sind in stärkerem Maße an ihren Stadtteil gebunden. Ihnen fehlen für eine ausgedehnte räumliche Mobilität die finanziellen Mittel. Arbeitslose bzw. generell Nicht-Erwerbstätige haben aufgrund des fehlenden Arbeitsplatzes weniger Grund, den Stadtteil zu verlassen. Arme und Arbeitslose sind daher stärker auf die Ressourcen des Stadtteils angewiesen als Bessergestellte (Hamm 2000; Kronauer 2007). Bleiben Arme und Arbeitslose sozialräumlich isoliert, bilden sie kaum soziales Kapital aus, das sie in die Erwerbsarbeit (zurück-)führt. Auch die Jugendlichen im Stadtteil verlieren den Kontakt zu Erwerbstätigen, wodurch die räumliche Konzentration der Benachteiligung generationsübergreifend und damit dauerhaft wirkt (Wilson 1996). Insbesondere Akteure mit geringer Ressourcenausstattung und aus sozial, ökonomisch und infrastrukturell benachteiligten Stadtteilen sind auf das Wohngebiet als Erfahrungsraum angewiesen (Häußermann 2000). In Stadtteilen mit hoher räumlicher Konzentration ressourcenarmer Bevölkerungsgruppen bestehen zusätzliche benachteiligende Charakteristiken, wie verschiedene Formen abweichenden Verhaltens, zunehmende Ausländerfeindlichkeit (Heitmeyer und Anhut 2000), eher radikale Wertmuster der Bewohner, negative Stereotype und Images (Dangschat und Hamendinger 2007, S. 7; auch Breckner 1995; Mutschler 1995).

4.5 Stadträumlicher Kontext und soziales Kapital

Die Konzentration ressourcenreicher Akteure und ressourcenarmer Akteure in separaten Stadtteilen geht einher mit der materiell-physischen Struktur der Stadtteile. Das heißt, die Quartiers- und Konzentrationseffekte überschneiden sich typischerweise in den Stadtteilen. So konstatiert Klee (2003, S. 68) Zusammenhänge zwischen Lebensstil und der Lage der Wohnung zum Stadtzentrum, der Bebauungsstruktur sowie des Wohnwertes. Ressourcenreiche Akteure konzentrieren sich in nutzungsgemischten, infrastrukturell gut ausgestatteten, zentralen oder zumindest gut erreichbaren Stadtteilen mit vorwiegend sanierter oder neu errichteter Bausubstanz. Ressourcenarme Akteure konzentrieren sich in Stadtteilen mit geringer Nutzungsvielfalt, schlechterer Bausubstanz, städtebaulichen Mängeln, schlechten Wohnbedingungen, geringerer infrastruktureller Ausstattung und schlechter Erreichbarkeit, aber nicht zwangsläufig wenigen institutionellen Einrichtungen und Angeboten. Das liegt an den Interventionen des Sozialstaats mit einer Vielzahl von Projekten mit sozialpolitischen Zielen in sozialen Brennpunkten (Häußermann 2003, S. 147). Darüber hinaus begünstigen Stadtteile soziales Kapital, wenn für einzelne Interessengruppen spezifische Angebote vorgehalten werden. Die Vielfalt der Angebote für gemeinsame Interessen bezieht sich dabei nicht nur auf einzelne Lebensphasen zum Beispiel Freizeit- und Kultureinrichtungen für Jugendliche, kindgerechte Angebote für Familien und allein Erziehende, sondern vor allem auf spezifische Interessengruppen zum Beispiel für Gewerbetreibende einer Ladenstraße, für Arbeitslose, für Senioren, für verschiedene Subkulturgruppen. Stadtteile schaffen insofern lokale Integrationsangebote für Bevölkerungsgruppen, die durch hochspezialisierte Arbeitsteilung sowie soziale und kulturelle Heterogenität gekennzeichnet sind.

Die Herausforderung an Stadträume besteht darin, „sowohl Räume für lokale und sich selbst stützende Gemeinschaften zu schaffen als auch Verbindungen zwischen verschiedenen sozialen Gruppen und Ressourcen zu unterstützen. Es geht sowohl um explizite Kooperationen zwischen Akteuren, die sich durch wechselseitiges Vertrauen und ein gemeinsames Zugehörigkeitsgefühl zu einer Wertegemeinschaft ergeben, als auch darum, einen Pool an spezialisierten und komplementären Ressourcen zu unterstützen, auf den verschiedene Akteure gemeinsam zugreifen können" (Läpple und Walter 2007, S. 118). Dies gelingt eher in Stadtteilen mit hoher Konzentration ressourcenreicher Akteure und in nutzungsgemischten, zentralen, infrastrukturell und institutionell gut ausgestatteten Stadtteilen mit hoher Wohnqualität, wobei dem kumulierten Vorliegen von Konzentrations- und Quartierseffekt eine hohe Bedeutung zukommt. In Anlehnung an das Szenario der dreigeteilten Stadt (Siebel 2001, S. 234 f.) ergeben sich drei Stadtteiltypen mit unterschiedlich restriktiven Gelegenheitsstrukturen für soziales Kapital. Der erste Stadtteiltyp mit den schlechtesten bzw. restriktivsten Gelegenheiten für soziales Kapital ist durch ortsgebundene Armutsmilieus von prekär Beschäftigten, dauerhaft Arbeitslosen, Ausländern, immobilen alten Menschen ebenso geprägt wie durch ein schlechtes bauliches Gesamtbild, geringe Nutzungsvielfalt, wenige Einrichtungen und Angebote für sozialen Austausch und schlechte Erreichbarkeit. Stadtteilbedingte Benachteiligungen in Form von langfristigem Ausschluss von Erwerbsarbeit, Stigmatisierungen, Barrieren beim Zugang zum gesellschaftlichen Institutionengefüge und sozialer Vereinsamung bis hin zur Isolation finden sich vor allem in Großwohnsiedlungen (Geiling 2007; Häußermann 2003; Läpple und Walter 2007). Ein zweiter Stadtteiltyp weist teilweise restriktive und teilweise ermöglichende Gelegenheiten für soziales Kapital auf. Er besteht zumeist aus Orten der integrierten Mittelschicht. Zudem können vereinzelte Konzentrationen von Akteuren mit gleicher Ressourcenausstattung auftreten, ohne dass dies mit einem bestimmten Quartierseffekt einhergeht. Schließlich wird der dritte Stadtteiltyp von Orten gebildet, in denen ressourcenreiche Akteure wohnen und deren infrastrukturelle und institutionelle Ausstattung überdurchschnittlich ist. Es sind vor allem offene, nutzungsgemischte Stadtteile, die zahlreiche Kontaktmöglichkeiten bieten. Es sind typischerweise innenstadtnahe Viertel und Gründerzeitgebiete (Läpple und Walter 2007). Empirisch wird es derartig homogene Stadtteile in der Regel nicht geben. Vielmehr „kommt es zu zahlreichen sozioökonomischen und soziokulturellen Konfliktlinien sowie zu unerwünschten Nachbarschaften" (Tönnies 2005, S. 75).

4.6 Zusammenfassung

Ziel dieses Kapitels war die Identifikation der zentralen sozialstrukturellen Lebensbedingungen, die für den Aufbau, den Erhalt und die Nutzung des sozialen Kapitals bedeutend sind. Diese Lebensbedingungen stellen Restriktionen für den sozialen Ressourcenaustausch dar. Vier Thesen über die Entfaltung restriktiver Wirkungen im Sozialkapital-Modell werden postuliert: die Akkumulationsthese, die Kompensationsthese, die Lebensphasenthese und die Raumthese. Die Akkumulations- und die Kompensationsthese beziehen sich auf Ressourcenausstattungen, die Lebensphasenthese auf soziale Kontexte und die Raumthese auf stadträumliche Kontexte.

Ökonomisches, personales, positionelles und soziales Kapital werden im Sozialkapital-Modell als Ressourcen betrachtet, die einerseits knapp und wertvoll und andererseits ungleich verteilt sind. Mit der Akkumulationsthese wird ein positiver Zusammenhang zwischen der Ressourcenausstattung und dem Aufbau und der Nutzung sozialen Kapitals aufgestellt. Je umfangreicher die Ressourcenausstattung Egos ist, desto mehr Ressourcen kann er für den Erwerb sozialen Kapitals einsetzen und desto nutzbringender ist soziales Kapital für ihn. Dieser Effekt wird allerdings für die ressourcenärmsten und ressourcenreichsten Akteure gedämpft, weil die Verteilungen der Ressourcen in der Bevölkerung die Handlungswahrscheinlichkeiten bestimmen. Mit der Kompensationsthese wird erwartet, dass ressourcenarme Akteure verhältnismäßig viel und ressourcenreiche Akteure verhältnismäßig wenig eigene Ressourcen für den Aufbau und die Nutzung sozialen Kapitals verwenden. Der mit die Akkumulationsthese formulierte positive Zusammenhang bleibt trotz der Kompensationsthese weiterhin bestehen, aber der Zusammenhang ist nicht mehr proportional.

Soziale Kontexte spielen eine ganz wesentliche Rolle in der Strukturierung von Handlungen und damit auch für die Handlungsprozesse sozialen Kapitals. Zwei Arten von Kontexten können unterschieden werden: Lebensphasen und Lebensräume. Lebensphasen

4.6 Zusammenfassung

bedingte soziale Kontexte und stadträumliche Kontexte stellen Kontaktgelegenheiten für den Aufbau und die Nutzung sozialen Kapitals dar. Der Zusammenhang zwischen den Lebensphasen und sozialem Kapital wird über die verfügbare Zeit für soziale Beziehungen und das Angebot an sozialen Beziehungen vermittelt und in der Lebenphasenthese zum Ausdruck gebracht. Demnach erweitern bestimmte Lebensumstände wie Erwerbstätigkeit, große Mehrgenerationen-Familien oder niedriges Alter den Handlungsspielraum für soziales Kapital, während andere Lebensumstände wie Erwerbslosigkeit oder hohes Alter den Handlungsspielraum einengen.

Schließlich wurden räumliche Kontextbedingungen des Wohnortes in das Sozialkapital-Modell aufgenommen. Die Raumthese besagt, dass mit dem Wohnort Gelegenheitsstrukturen für den Aufbau und die Nutzung sozialen Kapitals verbunden sind. Sowohl Differenzierungen zwischen Städten als auch zwischen Stadtteilen bieten vielfältige Gelegenheiten für soziales Kapital oder schränken diese Gelegenheiten ein. So ist zu erwarten, dass die Bevölkerungsgruppen in Großstädten im Vergleich zu denen in Mittelstädten sowie die in westdeutschen Städten im Vergleich zu denen in ostdeutschen Städten bessere Bedingungen für Aufbau und Nutzung sozialen Kapitals vorfinden. Bezüglich verschiedener Stadtteiltypen geht die Raumthese davon aus, dass Erwerb und Verwertung sozialen Kapitals in innenstadtnahen und Gründerzeitvierteln den günstigsten Bedingungen ausgesetzt ist, während Großwohnsiedlungen eher restriktiv wirken.

Zugang und Mobilisierung sozialen Kapitals 5

Der soziale Ressourcenaustausch als handlungstheoretische Grundlage des sozialen Kapitals erlaubt die Trennung von Erwerb und Nutzung durch die zeitlich zuerst stattfindende Vorleistung und die spätere Gegenleistung. Die Vorleistung kann als Einsatz Egos in den Aufbau der sozialen Beziehung verstanden werden. Sie ist mit einer Gabe und einem Vertrauensvorschuss verbunden. Alter geht zu diesem Zeitpunkt mit einem diffusen Versprechen zur Gegenleistung eine Verpflichtung ein. Zum Zeitpunkt der Gegenleistung wird das soziale Kapital für Ego nutzenstiftend. Er erhält die Gegenleistung von Alter und damit zugleich eine Information über dessen Vertrauenswürdigkeit. Mit der Gegenleistung löst Alter seine Verpflichtung gegenüber Ego ein. Der zeitliche Ablauf der Erwerbs- und Nutzungsphasen sozialen Kapitals ist in Abb. 5.1 dargestellt. Zum Zeitpunkt t_0 sind alle Akteure mit ihren Ausgangsressourcen ausgestattet, das heißt sie kontrollieren jeweils die Ressourcen, die in ihrem Besitz sind. Es wird angenommen, dass die ökonomischen, personalen, positionellen und sozialen Kapitalien quantitativ und qualitativ ungleich über die Akteure verteilt sind.

Soziales Kapital ist eine wertvolle Ressource, die zur Verfolgung zweier Handlungsziele eingesetzt werden kann. Materieller Wohlstand und damit physisches Wohlbefinden wird gesichert, wenn in bestimmten sozialen Notsituationen wie etwa Arbeitslosigkeit oder Krankheit soziale Unterstützung bereitgestellt wird. Materieller Wohlstand wird ausgebaut, wenn über Netzwerkverbindungen entscheidende Informationen oder Kontakte zu einem Arbeitsplatz führen, der gute intrinsische (Arbeitsplatzzufriedenheit) und extrinsische (Bezahlung) Vergütungen bereitstellt. Die materiell-instrumentelle Komponente des sozialen Kapitals dient dem physischen Wohlbefinden und der Sicherung und dem Ausbau materiellen Wohlstands. Soziale Anerkennung ergibt sich durch soziales Kapital in vielfältigen Situationen, etwa wenn man einen geselligen Abend mit sympathischen Menschen verbringt oder wenn man emotionale Unterstützung bei persönlichen Problemen erhält. Die expressiv-emotionale Komponente des sozialen Kapitals dient der Befriedigung sozialer Anerkennung.

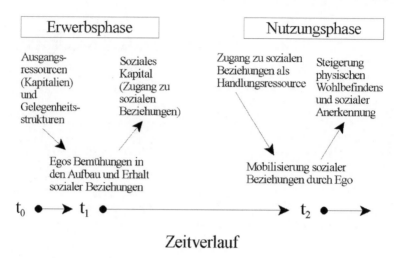

Abb. 5.1 Das Sozialkapital-Modell

Weil soziales Kapital physisches Wohlbefinden und soziale Anerkennung gewährleistet, ist Ego am Aufbau sozialen Kapitals interessiert. Wenn er soziales Kapital nicht oder nicht in ausreichendem Maße kontrolliert, dann hat er ein Interesse, (weiteres) soziales Kapital zu erwerben. In der Aufbauphase sozialen Kapitals stellt Ego seine Zeit, Energie, sein ökonomisches Kapital, seine personalen und positionellen Ressourcen zur Verfügung, um soziale Beziehungen zu anderen Akteuren herzustellen und zu erhalten (Hofferth et al. 1999, S. 82). Beziehungsaufbau und Beziehungspflege tragen zu seinem sozialen Kapital bei, denn durch soziale Beziehungen zu den Alteri erhält Ego Zugang zu deren Ressourcen. Die Bemühungen Egos werden neben seiner eigenen Ressourcenausstattung von Gelegenheiten zum Beziehungsaufbau bestimmt. Aus der Beziehungsarbeit resultiert zum Zeitpunkt t_1 eine Umverteilung der Ressourcen zwischen den Akteuren, wobei Ego über mehr soziales Kapital verfügt als zum Zeitpunkt t_0, gleichwohl aber einige seiner Ausgangsressourcen nicht mehr kontrolliert. Das Ergebnis der Erwerbsphase ist die Kontrolle über soziales Kapital zum Zeitpunkt t_1, das in der Nutzungsphase als Ressource eingesetzt werden kann.

In der Nutzungsphase werden die durch soziale Beziehungen zugänglichen sozialen Ressourcen tatsächlich mobilisiert und in Ressourcen umgewandelt, an denen Ego zum Zeitpunkt t_2 interessiert ist. Mobilisierung bedeutet, dass Ego auf sein soziales Kapital zugreift, also die Ressourcen seiner sozialen Beziehungen nutzt, um seine Interessen an physischem Wohlbefinden und sozialer Anerkennung zu befriedigen. Insofern entfaltet soziales Kapital durch die Mobilisierung seine produktive Kraft. Die bessere Verfolgung der Interessen Egos gelingt, wenn Ego beispielsweise Informationen überhaupt erst durch seine sozialen Beziehungen erhält oder wenn sie schneller und ausführlicher zu ihm gelangen. Besonders vorteilhaft ist soziales Kapital, wenn Ego dadurch Ressourcen und Ereignisse kontrolliert, die er auf anderen Wegen, beispielsweise durch ökonomischen Tausch in einer anonymen Marktbeziehung, nur erschwert oder gar nicht unter seine Kontrolle bringen kann.

Aus der Modellierung der Erwerbs- und Nutzungsphasen sozialen Kapitals können einige Schlussfolgerungen gezogen werden. Der Sozialkapitalbestand Egos ist abhängig von seinen Austauschgelegenheiten und seinen Möglichkeiten der Beziehungsarbeit, die durch die eigene Ressourcenausstattung vorgegeben sind. Die Austauschgelegenheiten sind an lokale Gegebenheiten, normative Bindungen und alltägliche Interaktionen gekoppelt. Die sozialen Beziehungen von Ego zu den Alteri bilden eine soziale Struktur, die es Ego erlaubt, seine Bedürfnisse nach physischem Wohlbefinden und sozialer Anerkennung besser zu befriedigen. Die Nutzung des sozialen Kapitals ist für Ego aber nur dann möglich, wenn zumindest ein Alter die benötigte Ressource besitzt und zum Austausch dieser Ressource bereit ist. Die nutzenstiftende Wirkung sozialen Kapitals setzt immer zeitlich die richtigen Aufbaubemühungen in soziale Beziehungen voraus, die zu einem späteren Zeitpunkt erst benötigt werden. Da soziales Kapital der Struktur sozialer Beziehungen innewohnt, ist die Erwerbshandlung eines Akteurs immer mit dem Verwertungseffekt für den Beziehungspartner verbunden. Insofern der soziale Austausch erfolgreich für beide Akteure verläuft, wird zugleich die Beziehung gefestigt und soziales Kapital aufgebaut. In einer Kette von Austauschhandlungen führt dies dazu, dass sich soziales Kapital selbst vermehrt. Dies gilt insbesondere dann, wenn in der Nutzungsphase Ego ein Versprechen zur zukünftigen Gegenleistung abgibt, anstatt ein von Alter in der Vergangenheit gegebenes Versprechen einzulösen. Akteure, die soziales Kapital haben, können tendenziell auch mehr soziales Kapital akkumulieren. Eine soziale Beziehung wird sich typischerweise von Low-Cost- zu High-Cost-Situationen entwickeln. Denn erst wenn sich kooperatives Verhalten in Low-Cost-Situationen bestätigt, verfügen die Akteure über soziales Kapital, das Kooperationen in High-Cost-Situationen absichern kann.

Aus dem integrierten Sozialkapital-Modell lassen sich weitere Schlussfolgerungen separat für den Erwerb und für die Nutzung ziehen. Die getrennte Behandlung ergibt sich, weil soziales Kapital die Wirkung in der Erwerbsphase aber die Ursache in der Nutzungsphase ist. Damit ergeben sich zwei separate soziale Produktionsfunktionen. In der Erwerbsphase ist soziales Kapital das primäre, zu erstellende Zwischengut. In der Nutzungsphase ist soziales Kapital dagegen ein indirektes, zu verwendendes und einsatzbereites Zwischengut. Zudem ist zwischen dem Potenzial sozialer Ressourcen, das sich aufgrund der Beziehungsarbeit ergibt, und dem viel kleineren Teilbereich der tatsächlich genutzten sozialen Ressourcen zu trennen. Modelliert wird im nächsten Abschnitt der Aufbau sozialen Kapitals an dessen Ende ein Bestand an sozialen Ressourcen steht, über den Ego verfügen kann. Damit wird zugleich eine soziale Netzwerkstruktur geschaffen, die für zeitlich folgende Handlungen, insbesondere für die Nutzung des sozialen Kapitals, eine Handlungsressource darstellt. Im übernächsten Abschnitt wird mit dieser strukturellen Handlungsressource die Nutzung sozialen Kapitals modelliert, an dessen Ende sich Ego in einer vorteilhaften Position befindet und somit seinen allgemeinen Handlungszielen näher gekommen ist.

5.1 Zugang zu sozialem Kapital

Egos Beziehungsarbeit umfasst alle sozialen Austauschhandlungen, die eine Ressourcenübertragung von Ego gegen ein Versprechen zur Gegenleistung durch Alter beinhalten und in einer dauerhaften sozialen Beziehung zu Alter resultieren. Eine dauerhafte soziale Beziehung ergibt sich somit aus einer Kette sozialer Austauschhandlungen, die Beziehungspflege oder Beziehungsarbeit genannt wird. Der Aufbau des sozialen Kapitals ist aber nur möglich, wenn die Abfolge der Interaktionen in hinreichend kurzen Zeitintervallen erfolgt und ein gegenseitiges Wiedererkennen der Handlungspartner möglich ist. Beziehungen können nur dann zum richtigen Zeitpunkt eingesetzt werden, wenn sie seit langem etabliert und lebendig gehalten worden sind. Dies muss vor dem Zeitpunkt der Nutzung sozialen Kapitals geschehen sein. Die Beziehungsarbeit muss notwendigerweise langfristig angelegt sein: die Beziehungsdauer bestimmt unter anderem den Wandel einer einfachen und direkten Schuld in ein allgemeines Schuldanerkenntnis „ohne Titel und Vertrag" (Bourdieu 1983a, S. 195). Ohne Beziehungspflege würden Kontakte in Vergessenheit geraten und sich das Netzwerk im Lauf der Zeit auflösen. Soziales Kapital unterliegt damit auch ohne Nutzung einem schleichenden Wertverlust (Flap 1999). Soziales Kapital wird also bereitgestellt, indem man sich fortlaufend engagiert und ein dauerhaftes Beziehungsnetz aufbaut und pflegt.

Ökonomische, personale und positionelle Kapitalien werden wohlüberlegt für den Aufbau sozialer Beziehungen eingesetzt, wodurch das soziale Kapital anwächst (Portes 1998, S. 4; Weesie et al. 1991, S. 624 f.). Der Sinnbezug der Austauschhandlungen Egos ist bei einer bewusst getätigten, also intendierten Bemühung auf die Kontaktsuche zu Mitmenschen ausgerichtet. Intendierte Beziehungsarbeit Egos ist von einem Handlungsziel geleitet, das er nur mit Partnern erreichen kann. Beispiele sind Kontaktanzeigen für die Suche nach einem Lebenspartner oder Einladungen zum Abendessen.

Neben solchen intendierten Bemühungen ist der Aufbau sozialen Kapitals zumeist eine nicht-intendierte Folge absichtsvollen Handelns, mit dem andere Handlungsziele verfolgt werden (Bourdieu 1983a, S. 192, 195, Fußnote 21; Diekmann 1993, S. 32). Dies können Alltags- oder Routinehandlungen sein, die im Zuge der Erwerbstätigkeit, der Haushaltsarbeit oder der Freizeitgestaltung ausgeführt werden. Der Vorteil nicht-intendierter Beziehungsarbeit ist eine „scheinbar kostenlose Verausgabung von Zeit, Aufmerksamkeit, Sorge und Mühe" (Bourdieu 1983a, S. 196). Kapitalerwerbsarbeit kann sich an der Institutionalisierung von Gruppen orientieren, die gewöhnlich eine Quelle für andere Handlungsziele sind (Portes 1998, S. 3). Einem Verein tritt man beispielsweise bei, weil man seine Freizeit sinnvoll nutzen möchte und weil man Interessen hat, die mit dem Vereinsziel in Einklang stehen, etwa Sport treiben oder soziales Engagement. Durch das Engagement im Verein ergeben sich soziale Beziehungen zu anderen Vereinsmitgliedern quasi von allein.

Auch wenn der Erwerb sozialen Kapitals sowohl intendierte als auch nicht-intendierte Prozesse der Beziehungsformation einschließt, bedeutet das nicht, dass Verhaltensintentionen bedeutungslos sind. Vielmehr ist Beziehungsbildung als ein zweistufiger Prozess des „Meeting" und „Mating" anzusehen (Verbrugge 1977, S. 577). Meeting beschreibt die

Wahrscheinlichkeit, dass zwei Fremde miteinander Kontakt haben. Es ist eine Funktion ihrer sozialen und räumlichen Nähe. Der Meeting-Prozess konvertiert einige Fremde aus der sozialen Umgebung Egos in Bekannte. Mating bezieht sich dagegen auf die Entwicklung stabiler freundschaftlicher Beziehungen als Funktion gegenseitiger Anziehung und Kontaktgelegenheiten. Mating konvertiert einige der Bekannten in Freunde. Verbrugge nimmt an, dass Kontakt zwischen Personen wahrscheinlicher ist, wenn dieser unter Bedingungen der räumlichen Nähe und der Statusähnlichkeit stattfindet (Meeting). Sie nimmt weiterhin an, dass diese Kontakte sich zu stabilen sozialen Beziehungen weiterentwickeln, wenn räumliche Nähe und wiederholte Interaktionen fortbestehen und gemeinsam mit gegenseitiger Anziehung verbunden sind (Mating): „While meeting depends on opportunities, mating depends on both attraction and opportunities. How readily an acquaintance is converted to close friendship depends on how attractive two people find each other and how easily they can get together" (Verbrugge 1977, S. 577). Deshalb folgen die beiden Prozessphasen unterschiedlichen Regelmäßigkeiten: Meeting basiert vor allem auf Kontaktgelegenheiten während Mating auch durch direkte, aufeinander bezogene Entscheidungen beeinflusst wird. Zugleich sind aber ähnlicher sozialer Status und räumliche Nähe wichtige Einschränkungen für Kontaktverhalten und Beziehungsentwicklung. Beziehungen entwickeln sich, wenn Kontaktgelegenheiten gegeben sind und deshalb relativ günstig etabliert werden können und wenn es keine Widersprüche in Form sozialer Distanzen oder Wertdivergenzen gibt (Esser 1991, S. 780). Der Erwerb sozialen Kapitals hängt zunächst von dem Personenkreis ab, mit dem Ego potenziell in sozialen Ressourcenaustausch treten kann. Im Rahmen des über Fokusse allgemein zugänglichen Personenkreises bestimmt Ego das Ausmaß seines Kapitalerwerbs durch den zu erwartenden Nutzen und die eintretenden Kosten seines Engagements.

Zum Zeitpunkt des Erwerbs ist es allerdings für Ego schwierig zu wissen, welche konkreten Ressourcen er im Bedarfsfall benötigt. Ein gezielter Erwerb sozialen Kapitals wird zudem noch durch das diffuse Versprechen zu einer Gegenleistung durch Alter erschwert. Insofern hat Ego nur sehr allgemeine und vage Bezugspunkte für den zu erwartenden Nutzen aus dem Aufbau einer sozialen Beziehung. Einerseits wird er sich in der Regel um soziale Beziehungen bemühen, die über allgemein wertvolle und knappe Ressourcen verfügen. Andererseits wird er soziale Beziehungen an sich binden, die qualitativ und quantitativ reichhaltige Ressourcen besitzen. Schließlich kann man davon ausgehen, dass aufgrund einer gewissen Konstanz gegenwärtig benötigte soziale Ressourcen den Ausschlag für die weitere Beziehungsarbeit geben. Es wird deshalb angenommen, dass Ego eher soziale Beziehungen aufbaut, die über allgemein wertvolle, knappe und zugleich qualitativ und quantitativ reichhaltige Ressourcen verfügen, die Ego zum Erwerbszeitpunkt stark wertschätzt. Dennoch bleibt der Nutzen der Beziehungsarbeit relativ schwer bestimmbar.

Dies gilt aber nicht für die Kosten des Erwerbs, denn sie fallen sofort an. Die Kosten setzen sich aus den Ressourcen Egos zusammen, deren Kontrolle er an Alter überträgt, und aus den Transaktionskosten. Während die Ressourcenübertragung nicht zwischen den möglichen Alteri variiert, fallen Transaktionskosten beziehungsspezifisch an. Ego ist bestrebt, diese Transaktionskosten zu minimieren. Aus Beziehungen zu ähnlichen Akteuren und aus Interaktionen im Rahmen eines gemeinsamen Fokus ergeben sich implizit Kostenvorteile. Die Entfernung zwischen Ego und Alter spielt eine entscheidende Rolle. Räumliche Nähe, wie sie in den meisten Fokussen gegeben ist, senkt die Transaktionskosten.

Während die Erwerbskosten für Ego sofort anfallen, kann er aufgrund des Charakters der Gegenleistung durch Alter nicht sicher sein, ob sich die Beziehungsarbeit für ihn auszahlt. Weil das Versprechen Alters nur eine diffuse, nicht spezifizierte Gegenleistung beinhaltet, weil die Vertrauenswürdigkeit Alters nie hundertprozentig feststeht und weil Verpflichtungen mit der Zeit verblassen, muss Ego mit einem möglichen Ausfall seines Einsatzes rechnen.[1] Die Höhe dieses möglichen Ausfalls – das Schadenspotenzial – bestimmt das Erwerbsverhalten Egos. Die mögliche Schadenshöhe lässt sich in Low-Cost- und High-Cost-Situationen unterscheiden. Ist die Schadenshöhe gering, wird Ego keine großen Vorkehrungen unternehmen, um sich die Kooperation Alters zu sichern. Der Suchaufwand nach einem geeigneten Beziehungspartner ist gering, simplerweise wird Ego Alter Vertrauen entgegenbringen. Ego lernt aus der jeweiligen Austauschsituation und adaptiert entsprechend sein Verhalten. Die Sozialbeziehung entwickelt sich so in einem langsamen Prozess. Mit jeder Austauschhandlung wird das Vertrauen in Alter aufgebaut und getestet. Anfangs werden nur geringe Einsätze getätigt, um das Schadenspotenzial klein zu halten. Mit dem systematischen Aufbau des sozialen Kapitals wird auch Vertrauen aufgebaut, das es erlaubt, das Schadenspotenzial von Austauschhandlung zu Austauschhandlung zu erhöhen. In High-Cost-Situationen wird Ego seine Beziehungsarbeit planvoller tätigen. In solchen Situationen wird Ego soziales Kapital nur mit solchen Alteri aufbauen, die eine Reputation als stark vertrauenswürdige Akteure haben. Die Reputation gibt nicht nur Informationen über vergangenes Verhalten preis. Ego kann implizit drohen, die positive Reputation Alters zu zerstören.[2] Schließlich hat Ego immer die Möglichkeit, bei einem Vertrauensbruch durch Alter, seine Bemühungen einzustellen und die Beziehung zu beenden.

Das Ausmaß des Kapitalerwerbs hängt also von den Gelegenheiten zu Interaktionen (Fokusse), dem zu erwartenden Nutzen des Zugangs zu wertvollen Ressourcen, den damit verbundenen Kosten, insbesondere durch heterophile Beziehungen, und dem Vertrauen in den Austauschpartner ab. Diese Faktoren erklären, in welchem Umfang Ego soziales Kapital erwirbt. Das Ausmaß der Beziehungsarbeit bestimmt die Stärke der Beziehung (Granovetter 1973, 1983; Marsden und Campbell 1984). Je mehr Zeit, Energie und Geld

---

[1] An dieser Stelle wird die Bedeutung der analytischen Trennung von Erwerb und Nutzung sozialen Kapitals deutlich. Es ist nicht ausgeschlossen, dass Ego mehr eigene Ressourcen in der Beziehungsarbeit einsetzt, als nützliche soziale Ressourcen in der Verwertungsphase tatsächlich an ihn zurückfließen. Die Beziehungsarbeit ist dennoch lohnend, weil sie meistens eine nicht-intendierte Folge ist und ohne große Kosten erbracht wird und weil Art und Menge der sozialen Ressourcen zum Zeitpunkt der Mobilisierung als besonders wertvoll erachtet werden.

[2] Die Drohung besteht darin, dass zukünftige Austauschhandlungen Alters entfallen, die aufgrund seiner Reputation zustande gekommen wären.

Ego für eine soziale Beziehung aufwendet, desto stärker ist diese Beziehung. Schwache Beziehungen sind entsprechend das Resultat geringer Beziehungsarbeit.

Aus dem Erwerb sozialen Kapitals lassen sich einige Schlussfolgerungen ziehen. Durch stetige Erwerbsbemühungen von beiden Akteuren etabliert sich eine dauerhafte soziale Beziehung und soziales Vertrauen. Andererseits bilden sich durch die entstehenden, unausgeglichenen Verpflichtungen informelle Statusunterschiede (Blau 1976, S. 115). Werden bestehende soziale Beziehungen nicht mehr gepflegt, entfällt also die Beziehungsarbeit durch Ego, wird die Beziehung praktisch beendet. Dies kann Folge mangelnder Gelegenheiten und bestehender Restriktionen sein oder direkte Folge eines Vertrauensbruchs. Wenn soziale Beziehungen abgebrochen werden, steht das damit verbundene soziale Kapital nicht mehr zur Verfügung. Unausgeglichene Ressourcenüberträge entfallen dann ersatzlos. Schließlich weist Flap (1999, S. 7) auf ein Problem vieler Theorien der Entstehung sozialen Kapitals hin. Sie sind nicht in der Lage, Konflikte zu erklären: Warum werden problematische Beziehungen aufrechterhalten, während befriedigende abgebrochen werden (vgl. Rusbult und Martz 1995)? Dies hat verschiedene Ursachen. Zunächst verfolgen Akteure mit ihren Handlungen oftmals mehrere Ziele. So stellen soziale Beziehungen oftmals nicht-intendierte Folgen absichtsvollen Handelns dar. In solchen Fällen ist es unter Umständen lohnend, auch problematische Beziehungen fortzuführen. Andererseits unterliegen Handlungen wie der Erwerb sozialen Kapitals starken Restriktionen, die so einschneidend sein können, dass befriedigende soziale Beziehungen dennoch abgebrochen werden.

Aus der Erwerbsphase lässt sich Egos Zugang zu sozialem Kapital zu einem beliebigen Zeitpunkt beschreiben. Mit dem Zugang zu sozialem Kapital werden alle Erwerbsbemühungen Egos als statischer Querschnitt erfasst. Damit verbunden ist ein Perspektivwechsel vom zeitlichen Verlauf der Erwerbs- und Nutzungsphasen zwischen Ego und einem Alter zum Zustand potenzieller Ressourcenzugänge Egos aus all seinen sozialen Beziehungen zu einem Zeitpunkt. Da der Zugang zu sozialem Kapital ein Ergebnis von Austauschhandlungen zwischen Ego und seinen Alteri ist, wird die Menge verfügbarer sozialer Ressourcen über die Komponenten des sozialen Ressourcenaustauschs bestimmt, wie sie im dritten Kapitel erläutert wurden. Die Untersuchung des Zugangs zu sozialem Kapital ist aus mehreren Gründen von Bedeutung. So ergibt sich aus einem breiten Zugang zu diversen sozialen Ressourcen, dass die Wahrscheinlichkeit, im Bedarfsfall auf eine Beziehung mit der benötigten Ressource zurückgreifen zu können, größer ist als ohne diesen breiten Zugang. Zudem gründet ein vielfältiger Zugang zu sozialem Kapital auf einem Engagement in verschiedene Beziehungsarten, mit verschiedenen Menschen und in zahlreichen Situationen. Diese Komplexität ist eine wichtige Quelle persönlicher Stärke, Selbstbewusstsein und größerer Kontrolle über das eigene Leben (Erickson 2003, 2004). Mit dem Perspektivwechsel vom Prozesscharakter einzelner sozialer Beziehungen zur Zustandsbeschreibung sozialen Kapitals rücken die Handlungsmöglichkeiten in den Mittelpunkt, die sich Ego insgesamt bieten. Sie werden durch sozialstrukturelle Lebensbedingungen repräsentiert, vor allem durch die im vierten Kapitel erläuterten. Entsprechend lassen sich Hypothesen über die Wirkung dieser strukturellen Lebensbedingungen auf den Zugang zu sozialem Kapital aufstellen.

Aufgrund der Akkumulationsthese (vgl. Abschn. 4.2) kann erwartet werden, dass Personen mit hohen ökonomischen, personalen und positionellen Kapitalien besseren Zugang zu sozialem Kapital haben, weil sie es aufgrund dieser Ressourcen besser aufbauen und erhalten können (Diewald 2003, S. 215). In Verbindung mit dem Homophilieprinzip, d. h. der Neigung mit ähnlichen Personen soziale Beziehungen zu unterhalten, haben ressourcenreiche Personen entsprechend auch Kontakte zu anderen ressourcenreichen Personen, während ressourcenarme Personen vorwiegend soziale Netzwerke mit ressourcenarmen Personen haben (Lin 1982, S. 134 f., Lin 2001, S. 38 ff.). Zudem sind ressourcenreiche Akteure als Tauschpartner attraktiv, weil sie viele Ressourcen zu bieten haben (Diewald 2003, 2007; Lin 1982; Erickson 2004, S. 30). Diese These sichern zahlreiche empirische Befunde über verschiedene Länder hinweg, insbesondere in Bezug auf Bildung (personales Kapital) und Beruf (positionelles Kapital), aber auch Einkommen (ökonomisches Kapital). In Europa finden sich beispielsweise Bestätigungen der Akkumulationsthese in Deutschland (Andreß et al. 1995; Diewald 2007; Völker und Flap 1999; Wolf 2006, S. 267), Belgien (Lannoo 2009, S. 13), den Niederlanden (Völker et al. 2008), Frankreich (Degenne et al. 2004)[3], Ungarn (Angelusz und Tardos 2001, 2008) und in der EU (Böhnke 2008). Nordamerikanische Studien belegen den Zusammenhang für Kanada (Erickson 2004; Wellman und Wortley 1990) und die USA (Fischer 1982; Lin 2000). Allerdings belegen Hofferth et al. (1999) für die USA zwar einen positiven Effekt der Bildung (personales Kapital) auf Ressourcenzugänge in Verwandtschaftsbeziehungen, aber keinen Einfluss des Einkommens (ökonomisches Kapital) auf den Ressourcenzugang von Familien mit minderjährigen Kindern. Schließlich gibt es Bestätigungen des proportionalen Zusammenhangs zwischen der Kapitalausstattung und dem Zugang zu sozialem Kapital für China (Bian 2008; Lin 2001), die Mongolei (Johnson 2008) und Taiwan (Lin et al. 2001).

> *Akkumulationshypothese H1* Je mehr Ego mit Ressourcen (ökonomische, personale und positionelle Kapitalien) ausgestattet ist, desto mehr Zugang zu sozialem Kapital hat Ego.

Allerdings ist nicht zu erwarten, dass der Zusammenhang linear ist. Weil der Erwerb sozialen Kapitals mit Transformationsarbeit verbunden ist, in der neben ökonomischem Kapital auch Zeit, Energie und andere Ressourcen verarbeitet werden, und weil die dafür benötigten Ressourcen knapp und ungleich über die Bevölkerung verteilt sind, ergibt sich eine kompensierende Wirkung von Ressourcenarmut und Ressourcenreichtum auf das soziale Kapital. Mit der Kompensationsthese wird angenommen, dass der ungleiche Besitz ökonomischen, personalen und positionellen Kapitals einen gewissen Ausgleich für den Zugang zu sozialem Kapital schafft. Ressourcenarme Personen haben einen relativ besseren und ressourcenstarke Personen einen relativ schlechteren Zugang zu sozialem Kapital als mit dem linearen Zusammenhang der Akkumulationshypothese erwartet wird.

---

[3] Die Studie von Degenne et al. (2004) bezieht sich auf die Netzwerkgröße und nicht auf den Ressourcenzugang.

Abb. 5.2 Hypothesen zu Kapitalakkumulation und -kompensation

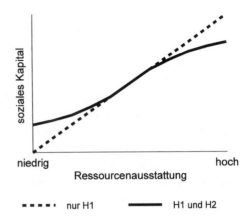

Die dämpfende Wirkung von Ressourcenarmut und Ressourcenreichtum transformiert den linearen Zusammenhang der Akkumulationshypothese in einen nicht-linearen, s-förmigen Zusammenhang zwischen Ressourcenausstattung und sozialem Kapital (Abb. 5.2).

Empirische Befunde zu dieser These sind allerdings mehr als dürftig und auch nicht eindeutig (Diewald 2007, S. 189). Dies ist auch aufgrund der Neuartigkeit der These nicht anders zu erwarten. Andreß et al. (1995) zeigen, dass der Umfang von Sozialkontakten und die Menge empfangener Hilfeleistungen zwar durch Einkommensunterschiede erklärt werden können, diese aber im Vergleich zu anderen Einflussfaktoren relativ gering sind. Ebenso finden Boisjoly et al. (1995, S. 626 ff.) keinen Zusammenhang zwischen Einkommen und sozialem Kapital. Das gilt auch für Bildung und verwandtschaftliches, nicht aber aus Freundschaften resultierendes Sozialkapital. Degenne et al. (2004) können zwar nicht für Personen mit geringem Einkommen (unterstes Quintil) eine Kompensation feststellen, wohl aber haben Personen mit hohem Einkommen (oberstes Quintil) keinen zusätzlichen Einkommenseffekt auf den Zugang zu sozialem Kapital. Insgesamt ist aber zu konstatieren, dass die bisherigen Befunde weder konsistent noch zufriedenstellend gemessen noch umfassend dokumentiert sind. Entsprechend ist die dürftige Datenlage ein weiterer Grund, die folgende Hypothese zu testen.

Kompensationshypothese H2 Wenn Egos Ressourcenausstattung (ökonomische, personale und positionelle Kapitalien) von der durchschnittlichen, mittleren Ressourcenausstattung abweicht, dann wirkt sie kompensierend auf den Zugang zu sozialem Kapital.

Die Lebensphasenthese postuliert Einflüsse von bestimmten, Kontakte fördernden Strukturen als Handlungsgelegenheiten. Fokusse sind typische Handlungskontexte, die das Meeting fördern (Feld 1981; Mollenhorst et al. 2008; Verbrugge 1977). Menschen, die sich relativ dauerhaft in vielen unterschiedlichen oder intern heterogenen sozialen Kreisen und Situationen bewegen, haben damit mehr Gelegenheiten und Möglichkeiten, Kontakte zu knüpfen und soziale Beziehungen aufzubauen, um Zugang zu sozialem Kapital zu erhalten. Solche Gelegenheiten ergeben sich beispielsweise durch eine langfristige, mehrstufige

Ausbildung und Erwerbstätigkeit, durch das Lebensalter, durch eine gewisse Familien- und Haushaltsstruktur oder durch die Sesshaftigkeit bzw. Migration.

Höher gebildete Personen durchlaufen mehrere Bildungsinstitutionen und insbesondere höhere Bildungseinrichtungen, wie zum Beispiel Hochschulen, die eine größere Heterogenität der Lernenden und Lehrenden aufweisen. Erwerbstätigkeit in einer arbeitsteiligen Gesellschaft weist darauf hin, dass man zumindest mit einigen anderen Personen am Arbeitsplatz zusammentrifft. Höhere Berufspositionen sind eher auf Personen (Geschäftspartner, Führung von Mitarbeitern) als auf Güterproduktion und Leistungserstellung fokussiert und werden auf heterogenere Personenkreise treffen. Andererseits wandeln sich ehemals stabile Beschäftigungsverhältnisse in Arbeitsgesellschaften hin zu mehr Diskontinuität und Unsicherheit. Sennett (1998) äußert Befürchtungen, wonach Diskontinuitäten und Risiken auf dem Arbeitsmarkt (Unsicherheiten, unstetige Erwerbsverläufe, Arbeitsdruck, Mobilitätsanforderungen) zur Erosion enger, langfristiger Bindungen im privaten Leben führen. Zudem können lange Arbeits- und Wegezeiten die für den Erwerb sozialen Kapitals benötigte Zeit erheblich einschränken. Der Einsatz von Zeit und Energie für beruflichen Erfolg kann sich negativ auf den Erwerb sozialen Kapitals außerhalb des Berufslebens auswirken (Bertram 2000).

Personen mit Lebenspartner und/oder Kindern haben ebenfalls durch die Kontakte des Partners und der Kinder Zugang zu vielfältigeren sozialen Kreisen (Erickson 2004, S. 29). Vielfältige Unterstützungsleistungen aus dem persönlichen Umfeld werden insbesondere allein Erziehenden zuteil (Holz 2004, S. 54). Zeitliche Gelegenheiten bestehen kurzfristig durch täglich verfügbare Zeit und langfristig durch lokale Verwurzelung, erworbene Kenntnisse und Erfahrungen. Während Zeiten der Ausbildung und Erwerbstätigkeit oder Kinder im Haushalt den Aufbau bestimmter sozialer Beziehungen (zu Kommilitonen und Kollegen oder zu Freunden und Eltern der Kinder) prägen, behindern sie zugleich den Aufbau von Beziehungen zu anderen Personen aus anderen sozialen Kreisen wie zum Beispiel Vereinen.

Empirische Ergebnisse zu Effekten von Erwerbstätigkeit sind ambivalent. Hofferth et al. (1999) sowie Erickson (2004) können keine Effekte des Erwerbsstatus nachweisen. Völker et al. (2008) belegen einen positiven Effekt für bezahlte Arbeit in den Niederlanden, während Johnson (2008) für Männer keinen Effekt einer Beschäftigung nachweist, überraschenderweise aber einen negativen Effekt für Frauen. Diewalds Analysen des SOEP (2007) zeigen zwiespältige Wirkungen von Belastungen und Belohnungen am Arbeitsplatz auf das soziale Kapital. Empirische Ergebnisse zum Lebensalter deuten zwar stärker in Richtung eines negativen Effekts, weisen aber auch andere Wirkungen auf. Boisjoly et al. (1995) sowie Angelusz und Tardos (2008) belegen, dass ältere Personen isolierter von sozialem Kapital sind als jüngere Personen. Freundschaftsnetzwerke werden kleiner, wenn Menschen altern (Kalmijn 2003; Wellman et al. 1997). Degenne et al. (2004) weisen einen starken negativen Alterseffekt auf die Netzwerkgröße nach. Erickson (2004) belegt einen kurvenförmigen Effekt, mit dem meisten Sozialkapital in den 40er Jahren. Hofferth et al. (1999) sowie Bian (2008) und Johnson (2008) können keinen Alterseffekt nachweisen. Lin's (2001, S. 113) Befunde weisen einen positiven Alterseffekt aus. Das gilt auch für die

Studie von Völker et al. (2008), wobei sich die Altersspanne auf 18- bis 65-jährige Personen beschränkt. Die Datenlage zur Familien- und Haushaltsstruktur ist dürftig. Kappelhoff (1989, S. 48 f.) belegt, dass Frauen mit 2 oder mehr Kindern unter 6 Jahren kleinere Netzwerke haben, wobei insbesondere Freundschaftsbeziehungen reduziert werden. Die geographische Mobilität spielt hinsichtlich des Zeitaspektes aus langfristiger Perspektive eine Rolle. So können mobile Personen in geringerem Maße auf soziales Kapital aus der Verwandtschaft zugleich aber auf mehr soziales Kapital aus Freundschaften zugreifen (Boisjoly et al. 1995, S. 623; Hofferth et al. 1999, S. 98). Anderseits haben Migranten mehr Zugang zu sozialem Kapital, wenn sie in jüngeren Jahren immigrieren (Völker et al. 2008). Dagegen weisen Bians Daten (2008) einen deutlichen Vorteil für Sesshafte im Vergleich zu Zugewanderten im Zugang zu sozialem Kapital aus.

Lebensphasenhypothese H3 Wenn Phasen des Lebenslaufs vielfältige und institutionalisierte Kontaktmöglichkeiten bieten, dann hat Ego mehr Zugang zu sozialem Kapital. Vielfältige und institutionalisierte Kontaktmöglichkeiten bieten sich zum Beispiel eher für junge, in Ausbildung befindliche Personen, für erwerbstätige Personen, für Personen aus großen (Kinder-) Haushalten, aber seltener für ältere, arbeitslose Personen, Personen im Ruhestand oder aus kleinen Haushalten.

Die vierte These hebt die Bedeutung von Raumstrukturen für das Sozialkapital-Modell hervor. Regionen, Städte und Stadtteile sind differenzierte räumliche Einheiten, die unterschiedliche Entwicklungsprozesse durchlaufen haben, mit unterschiedlichen Infrastrukturen ausgestattet sind und aus unterschiedlichen Bevölkerungsgruppen zusammengesetzt sind. Eine aus diesem Konglomerat resultierende räumliche Lebensweise beeinflusst als Gelegenheitsstruktur den Zugang zu sozialem Kapital. Ein lebendiger öffentlicher Raum mit Geschäften, kulturellen und Freizeiteinrichtungen, gepflegten öffentlichen Anlagen, Straßencafés und anderem fördert den Zugang zu sozialem Kapital ebenso wie eine ressourcenreiche Nachbarschaft. Auch spielt die Stabilität der Nachbarschaft eine Rolle. Dauerhafte soziale Beziehungen, aus denen der Zugang zu sozialem Kapital resultiert, ergeben sich erst durch eine gewisse Verwurzelung im Raum. Somit wirkt sich die Migration in einer räumlichen Einheit aus. Während die sesshaften Bewohner soziales Kapital aufbauen, gelingt dies dem mobilen Teil der Bevölkerung nur in geringerem Maße (Erickson 2004, S. 31). Es ist aber anzunehmen, dass mobile Personen bessere Dispositionen zum Aufbau sozialen Kapitals haben. Beide Effekte wiegen sich gegenseitig auf, so dass letztendlich der Nettoeffekt den Ausschlag für den Einfluss der Migration gibt.

Bisherige empirische Befunde weisen keine eindeutigen Zusammenhänge auf. Hofferth et al. (1999) können keine Nachbarschaftseffekte für den Ressourcenreichtum und die Stabilität der Nachbarschaft nachweisen. Auch Boisjoly et al. (1995, S. 623) berichten, dass konzentrierte Armut in der Nachbarschaft keinen Effekt auf verwandtschaftliches Sozialkapital hat. Zugleich aber weisen sie nach, dass soziales Kapital aus Freundschaften in armen Nachbarschaften hilfreich ist. Erickson (2004) weist nach, dass in armen und migrationsstabilen Regionen Kanadas mehr soziales Kapital verfügbar ist. Im Vergleich zwischen ländlichen und städtischen Gebieten, schneiden die ländlichen Gebiete besser ab (Erickson 2004). Eine Erklärung liegt in der geringeren Auswahlmöglichkeit homophiler Kontakte auf dem Land. Einen gegenteiligen Effekt des Wohnorts auf den Zugang zu sozialem Kapital finden Lannoo et al. (2011) für belgische Studenten. Sie belegen, dass Studenten aus den Zentren der Kernstädte über mehr soziales Kapital verfügen als Studenten aus Vororten, Pendlergemeinden oder ländlichen Gemeinden. Degenne et al. (2004) können keinen Ortsgrößeneffekt auf die Netzwerkgröße belegen. Bian (2008) belegt signifikante Unterschiede zwischen fünf chinesischen Millionenstädten, wobei ein tendenziell positiver Zusammenhang hinsichtlich der wirtschaftlichen Lage der Städte (Wirtschaftskraft, Durchschnittseinkommen) und dem sozialen Kapital erkennbar ist. In die gleiche Richtung zielen die Ergebnisse von Johnson (2008), allerdings auf innerstädtischer Ebene mit schlechterem Zugang zu sozialem Kapital in ärmeren Stadtgebieten.

Stadtraumhypothese H4 Wenn stadträumliche Kontexte vielfältige Kontaktmöglichkeiten bieten, dann hat Ego mehr Zugang zu sozialem Kapital. Vielfältigere Kontaktmöglichkeiten bieten sich zum Beispiel eher in zentralen Stadträumen mit hoher Dichte institutioneller und infrastruktureller Einrichtungen und öffentlicher Räume sowie einer ressourcenreicheren Bewohnerschaft, aber seltener in peripheren Stadträumen mit geringer Dichte institutioneller und infrastruktureller Einrichtungen und öffentlicher Räume sowie ressourcenärmerer Bevölkerung.

Diese Hypothesen werden im siebten und achten Kapitel empirisch geprüft. Dabei ist zu beachten, dass die postulierten Wirkrichtungen natürlich nicht mit den verwendeten Querschnittsdaten festgestellt werden. Es ist sogar zu bezweifeln, dass die kausale Wirkung eindeutig nur von den Restriktionen und Gelegenheiten zum Zugang zu sozialem Kapital verläuft. Bildungsgrade, Erwerbsstatus, berufliche Stellung, Einkommen, Wohnorte sind selbst Resultate von Handlungen, die wiederum Restriktionen und Gelegenheiten und somit auch sozialem Kapital unterliegen. Sowohl das eigene theoretische Modell (Nutzung sozialen Kapitals) als auch zahlreiche empirische Studien belegen dann auch die umgekehrte Kausalität: soziale Unterstützung aus persönlichen Netzwerken beeinflusst Lebenschancen. Beispielsweise wirkt sich die Gestaltung der Eltern-Kind-Beziehung auf schulischen Erfolg und entsprechende Bildungsentscheidungen aus (Allmendinger et al. 2007, Stecher 2001). Im Bereich der Arbeitsmarktforschung zeigt sich, dass der Status einer entfernten Bekanntschaft dazu beiträgt, dass bestimmte berufliche Positionen erreicht werden (Ioannides und Loury 2004; Lin 2001; Voss 2007).

Es ist deshalb plausibel anzunehmen, dass die Kausalität zwischen den Restriktionen und Gelegenheiten einerseits sowie dem sozialen Kapital andererseits zumindest in beide Richtungen wirkt. Explizit sind beide Wirkrichtungen im theoretischen Modell sozialen Kapitals angelegt. Der Unterschied liegt jedoch darin, dass im Zugang zu sozialem Kapital der gesamte Bereich verfügbarer sozialer Ressourcen abgebildet und erklärt wird, während die Mobilisierung sozialen Kapitals nur durch sehr spezifische Beziehungen unter sehr spezifischen Bedingungen erfolgt (Diewald 2007, S. 190). Der Zugang zu sozialem Kapital bildet das gesamte Spektrum sozialer Ressourcen und Hilfen ab, über die Ego potenziell verfügen kann. Für das eher allgemeine Sozialkapital bietet es sich unter der Argumentation der Erwerbsphase an, die aus ökonomischem, personalem und positionellem Kapital erwachsenden Restriktionen sowie die individuellen und räumlichen Gelegenheiten als Ursachen für den Zugang zu sozialem Kapital plausibel anzunehmen.[4]

5.2 Mobilisierung des sozialen Kapitals

In der Nutzungsphase wird das soziale Kapital mobilisiert, um primäre Zwischengüter zu erhalten, die Bedürfnisse nach physischem Wohlbefinden und/oder sozialer Anerkennung befriedigen. Der soziale Austausch zur Nutzung des sozialen Kapitals findet statt, indem Ego von konkreten Alteri Hilfe, Rat und Unterstützung erhält. Stellt Alter seine eigenen Ressourcen zur Verfügung, kann Ego sein soziales Kapital mobilisieren. Diese beiden Elemente des sozialen Austauschs legen wiederum die Trennung der Erwerbs- und Nutzungsphasen nahe, denn der Zugang determiniert nicht die Mobilisierung sozialen Kapitals: „Not all persons accessed with rich social capital are expected to take advantage of or be able to mobilize social capital for the purpose of obtaining better socioeconomic status. An element of action and choice should also be significant" (Lin 2001, S. 92). Ego nutzt sein soziales Kapital, wenn Ressourcen auf ihn übertragen werden, die im Besitz der Alteri sind. Durch diese Mobilisierung bzw. Inanspruchnahme von sozialen Ressourcen kann sich die Produktivität des sozialen Kapitals entfalten, denn ohne soziales Kapital wird Ego seine Handlungsziele und Interessen in der Regel nicht oder nur zu höheren Kosten verwirklichen können. Darüber hinaus kann angenommen werden, dass diejenigen, die über mehr soziales Kapital verfügen, besser in der Lage sind, ihre Ziele zu verfolgen und ihre Interessen zu verteidigen (Flap 1999, S. 8).

Im Zusammenhang mit sozialem Ressourcenaustausch gewährleistet die Mobilisierung des sozialen Kapitals Nutzen-, Kosten- und Vertrauensvorteile für Ego. Mehrere Nutzenvorteile lassen sich anführen. Durch den Einsatz sozialer Ressourcen wird es mitunter erst möglich, bestimmte Handlungsziele zu erreichen. So können bestimmte Güter und Dienstleistungen nur durch Beziehungs- und Verpflichtungskapital erworben werden (Bourdieu 1983a, S. 195). Nutzen wird nicht nur durch zusätzlichen Informationsfluss, sondern auch durch einen Informationsvorsprung ermöglicht. Ein soziales Netzwerk kann dann nützliche Informationen über Gelegenheiten und Handlungsoptionen bereitstellen, die auf anderem Weg nicht und nur schwerlich erreichbar sind. Zudem können Akteure diese Informationen oftmals schneller über soziale Beziehungen erhalten (Burt 1992, S. 14; Lin 2001, S. 19 f.). Ein weiterer Nutzenaspekt ergibt sich für Ego, wenn er durch sein soziales Kapital Einfluss auf Akteure ausübt, die eine wichtige Rolle in Entscheidungsprozessen spielen. Ist Ego selbst nicht direkt an Entscheidungen beteiligt, kann er soziale Ressourcen mobilisieren, um solche Entscheidungen zu seinen Gunsten zu beeinflussen. Ein

---

[4] Natürlich kann die Wirkrichtung durch entsprechende Längsschnittanalysen auch empirisch geprüft werden. Derartige Daten über soziales Kapital im hier verwendeten Sinn liegen bislang aber nicht vor.

weiteres Nutzenargument liegt im Gewinn von Empfehlungen durch soziales Kapital. Dies ermöglicht insbesondere, seinen Handlungsrahmen auszuweiten, in dem Ego neue Akteure und mögliche Austauschpartner kennenlernt. Schließlich zieht Ego Nutzen aus der Mobilisierung sozialen Kapitals durch die Bestätigung und Verstärkung sozialer Identität. Erst die Mobilisierung sozialen Kapitals trägt zur Wahrnehmung und Bestätigung bei, zu einer bestimmten Gruppe von Personen zu gehören. Soziales Kapital ermöglicht eine Kostenreduzierung in bestimmten Handlungssituationen. Beispielsweise können Suchkosten durch soziales Kapital reduziert werden. Je mehr Beziehungskapital ein Akteur hat, desto niedriger fallen seine Kosten aus, die ihm beim Verfolgen seiner Ziele entstehen (Gabriel et al. 2002).

In der Nutzungsphase sozialen Kapitals spielt auch das Vertrauen eine Rolle. Ego ist auf die Hilfsbereitschaft Alters angewiesen. Zwar hat Alter in der Erwerbsphase Ego ein Versprechen gegeben, seine eigenen Ressourcen zur Verfügung zu stellen. Allerdings ist diese Verpflichtung äußerst diffus, weil weder der Zeitpunkt noch die Art und Menge der von Alter an Ego zu übertragenden Ressourcen spezifiziert sind. Aufgrund dieser vagen Übereinkunft besteht eine erhebliche Unsicherheit, ob Alter seine eigenen Ressourcen in der von Ego benötigten Menge und zu einem von Ego bestimmten Zeitpunkt überträgt. Aus der Perspektive Egos ist ein solcher sozialer Austausch misslungen, wenn Alter in der Verfolgung eigener Ziele die Übertragung seiner Ressourcen verzögert oder ganz verhindert und Ego dabei mehr oder weniger bewusst arglistig täuscht und betrügt. Problematisch wird solches opportunistisches Handeln insbesondere dann, wenn es statt eines perfekten Wettbewerbs zwischen den Alteri nur wenige Wettbewerber und hohe Ressourceneinsätze gibt. Dies ist typischerweise in den hier untersuchten Situationen sozialen Ressourcenaustauschs der Fall. Auch für die Nutzung sozialen Kapitals zeichnet sich ab, dass Ego auf vertrauenswürdige Alteri angewiesen ist. Soziale Ressourcen gewährleisten die Kooperationsabsicherung bei opportunistischen Anreizen. Hohes Vertrauen in Mitmenschen reduziert Transaktionskosten, die sonst zur Prävention gegen opportunistisches Verhalten eingesetzt werden müssten (Kunz 2000, S. 205).

Einige Lösungen dieses Vertrauensproblems sind im Abschn. 3.3 zum sozialen Ressourcenaustausch diskutiert worden. Die Reputationslösung des Vertrauensproblems ist bereits im Einbettungsargument Granovetters (1985) angelegt. Das Einbettungsargument betont die Rolle konkreter persönlicher Beziehungen und Netzwerke solcher Beziehungen bei der Erzeugung von Vertrauen und der Verhinderung von Arglist und Betrug. Die Neigung, mit Alteri bekannter Reputation zu interagieren, impliziert, dass Ego sich nicht allein auf eine allgemeine Moral oder auf institutionelle Vereinbarungen verlässt, wenn er Betrug, Arglist und Ärger im sozialen Austausch vermeiden will.

Raub und Weesie (1991) haben das Einbettungsargument Granovetters präzisiert. Sie identifizieren drei Arten sozialer Einbettung. Zunächst unterscheiden sie zwischen struktureller und institutioneller Einbettung. Unter institutioneller Einbettung verstehen sie bestimmte institutionelle Arrangements wie Garantien, Gewährleistungen, Zertifikationen, Bürgschaften, Commitments, unabhängige Gutachten oder Verbändestandards. Diese sozialen Institutionen mindern das Risikopotenzial des Austauschs zwischen Ego und

5.2 Mobilisierung des sozialen Kapitals

Alter. Institutionelle Einbettung liefert damit aber nur standardisierte Informationen über Handlungspartner des ökonomischen Austauschs. Für das eigentliche Einbettungsargument Granovetters kommt es aber nicht auf eine allgemeine Reputation, sondern auf spezifische Informationen über spezifische Handlungspartner an. Die strukturelle Einbettung basiert deshalb auf konkreten sozialen Beziehungen und Strukturen solcher Beziehungen. Sie wird unterteilt in die zeitliche Einbettung und die Netzwerkeinbettung. Die zeitliche Einbettung betont die Rolle der sozialen Beziehungen zwischen Ego und Alter und wird deshalb auch Beziehungseinbettung genannt. Die Netzwerkeinbettung stellt dagegen auf die soziale Struktur sozialer Beziehungen ab. Ego erhält dabei Informationen über die Vertrauenswürdigkeit Alters nicht aus eigenen Handlungen mit ihm, sondern durch andere Alteri, die selbst untereinander in Beziehung stehen. Die größere Bedeutung kommt der Beziehungseinbettung zu, weil die eigenen Erfahrungen und Informationen aus einer gemeinsamen Beziehungsvergangenheit zuverlässiger, billiger, reichhaltiger, detaillierter und akkurater als Informationen durch Dritte sind. Sie sind billig, weil sie quasi als Nebenprodukt des Erwerbs sozialen Kapitals anfallen. Sie sind zuverlässig, reichhaltig und exakt, weil sie aus dem eigenen Erleben generiert werden und unverfälscht zur Verfügung stehen. Zudem werden dauerhafte soziale Beziehungen mit sozialen Inhalten angereichert, die starke Vertrauenserwartungen mit sich bringen (Granovetter 1985, S. 490).

Wenn keine soziale Beziehung zwischen Ego und Alter besteht, kann Ego sich Informationen über das soziale Netzwerk beschaffen, in das beide Akteure eingebunden sind. Hilfreich sind vor allem Informationen über Alter von dessen ehemaligen und gegenwärtigen Beziehungspartnern. Eine wichtige Voraussetzung für den Informationsfluss und die Reputationsverbreitung ist ein dichtes lokales Netzwerk. Ein dichtes Netz sozialer Beziehungen trägt zur schnellen Informationsverbreitung bei.

Aber die Informationen aus der Beziehungs- und Netzwerkeinbettung geben immer nur die Wahrscheinlichkeit der Vertrauenswürdigkeit an. Sie verhindern nicht Arglist, Täuschung und Misstrauen. Vielmehr vergrößern sich durch die Netzwerkeinbettung sogar die Möglichkeiten für opportunistisches Handeln. Für die Eindämmung opportunistischer Anreize sorgt aber der Kontrollaspekt sozialer Einbettung. Die Alteri haben ein Motiv, vertrauenswürdig zu sein, um zukünftige Transaktionen zu ermöglichen. Die Drohung, eine soziale Beziehung abzubrechen oder eine positive Reputation zu zerstören, kann Grund genug sein, sich vertrauenswürdig zu verhalten, wenn man zukünftigen, längerfristigen Nutzen aus der Beziehung bzw. der Reputation ziehen will.

Die Reputationslösung hat demnach einen Informations- und einen Kontrollaspekt. Unter dem Informationsaspekt ist zu verstehen, dass aus vergangenen Handlungen Informationen über die Vertrauenswürdigkeit des Akteurs zur Verfügung stehen. Dieser Aspekt der Reputation wird auch Schatten der Vergangenheit genannt. Unter dem Kontrollaspekt versteht man, dass antizipierte zukünftige Handlungen dem Akteur ein ökonomisches Motiv geben, vertrauenswürdig zu handeln. Dieser Aspekt der Reputation wird auch Schatten der Zukunft genannt. Mit der Reputation eines Akteurs sind noch weitere Eigenschaften verbunden. So ziehen Akteure Rückschlüsse vom beobachteten Verhalten des Austauschpartners auf dessen unbeobachtbaren und unbekannten Eigenschaften. Wenn sich Alter vertrauenswürdig verhält und damit eine positive Reputation aufbaut, schließt Ego daraus, dass er tatsächlich vertrauenswürdig ist. Dieser Rückschluss muss allerdings nicht gerechtfertigt sein, weil Alter ein ökonomisches Motiv hat, eine positive Reputation aufzubauen. Ein weiterer Aspekt der Reputation ist der mit ihr zu erreichende Nutzen. Für die Lösung der im sozialen Austausch bedeutsamen Vertrauensprobleme spielt die positive Reputation Alters eine wichtige Rolle, weil alle beteiligten Akteure davon profitieren. Sind allerdings Verteilungsprobleme zu lösen, kann nur derjenige Akteur mit einer Reputation als „harter Hund" oder „bad guy" profitieren. Eine positive, kooperationswillige oder vertrauenswürdige Reputation ist in solchen Situationen eher hinderlich. Schließlich entstehen Reputationseffekte im engeren Sinne aus der sozialen Beziehung zwischen Ego und Alter. Reputationseffekte im weiteren Sinne liegen vor, wenn Ego und Alter nicht über eine gemeinsame soziale Beziehung verfügen, aber in ein Netzwerk eingebettet und über andere Akteure verkettet sind (Raub und Weesie 1990). Nicht zuletzt aufgrund der Absicherung gegen opportunistische Anreize scheint soziales Kapital in den verschiedensten Handlungssituationen nützlich zu sein (Flap 1999, S. 7; Lin 2001, S. 60 ff.). Entsprechend lässt sich folgende Hypothese formulieren.

Mobilisierungshypothese H5 Je mehr soziales Kapital Ego mobilisieren kann, desto wahrscheinlicher wird Ego erfolgreich handeln.

Mit dieser Hypothese wird allerdings nur ausgesagt, dass Ego im Bedarfsfall durch irgendein Alter mit irgendeiner Ressource unterstützt wird. Wenn Ego einen hohen Bestand an sozialem Kapital hat, steigt entsprechend die Chance auf Mobilisierung dieses Kapitals. Diese Wirkungshypothese sozialen Kapitals ist empirisch gut abgesichert. Allerdings kommt dieser Effekt nur zustande, weil in zahlreichen Studien jeweils die Mobilisierung einzelner aber verschiedener Dimensionen des sozialen Kapitals in unterschiedlichen Handlungskontexten untersucht wird. Diese Hypothese hat mit anderen Worten einen geringen Informationsgehalt. Es ist relativ trivial anzunehmen, dass die Chance auf Unterstützung und erfolgreiches Handeln steigt, wenn Ego über viel soziales Kapital verfügt. Realistischer ist jedoch die Annahme, dass strukturelle Vorteile von der jeweiligen Handlungssituation abhängen (Burger und Buskens 2009, S. 64). Generell können Dimensionen einer Kapitalart durchaus unterschiedliche Wirkungen in einer bestimmten Situation entfalten. Für kulturelles Kapital können beispielsweise unterschiedliche Auswirkungen auf die regionale Mobilität belegt werden (Skrobanek und Jobst 2006). So hat regionsspezifisches kulturelles Kapital eine hemmende und universell anerkanntes kulturelles Kapital eine fördernde Wirkung auf die Migrationsabsicht. Vergleichbare Analysen zur Wirkung von Sozialkapitaldimensionen liegen bisher nicht vor. Es ist demnach zu untersuchen, unter welchen Bedingungen d. h. in welchen Handlungssituationen sich positive, neutrale oder gar negative Effekte der Mobilisierung aller Dimensionen sozialen Kapitals einstellen. Um die nutzenstiftende Wirkung sozialen Kapitals zu untersuchen, reicht es nicht aus, die vorteilhaften Ressourcendimensionen zu identifizieren. Vielmehr sollten alle Sozialkapitaldimensionen in Betracht gezogen werden, d. h. es sollten die Wirkungen aller Dimensionen in einer Handlungssituation untersucht werden, in der die Mobilisierung sozialen

5.2 Mobilisierung des sozialen Kapitals

Kapitals nützlich sein kann. Entsprechend ist in der Modellierung der Nutzungsphase auf die Ziel- und Kontextspezifität der Dimensionen sozialen Kapitals zu achten.

Dimensionshypothese H6 Wenn Ego eine zielspezifische Dimension sozialen Kapitals mobilisieren kann, dann hat sie eine stärkere Wirkung auf Egos Handlungserfolg als andere Dimensionen sozialen Kapitals.

Um die Wirkung der Dimensionen sozialen Kapitals zu beschreiben, ist es sinnvoll, primäre Handlungsziele – d. h. bestimmte Handlungssituationen – auszuwählen und exemplarisch zu untersuchen. Für die Auswahl exemplarischer Handlungssituationen spielt neben sozialer Bedeutung für die Lebenschancen und der Nähe zum sozialen Austausch vor allem die Zielorientierung bzw. Handlungsmotivation eine wesentliche Rolle. Soziales Handeln orientiert sich an den beiden Zielen physisches Wohlbefinden und soziale Anerkennung. Deshalb werden exemplarisch zwei Situationen ausgewählt: In einer Situation ist die Sicherung des materiellen Wohlstandes und des physischen Wohlbefindens das leitende Handlungsmotiv, während in der zweiten Situation soziale Anerkennung als vordergründiges Handlungsmotiv angenommen werden kann.

Das erste Beispiel behandelt die Nutzung sozialen Kapitals nach einem Arbeitsplatzverlust. Die Sicherung des erreichten ökonomischen Wohlstands steht in dieser Situation zentral. Dies ist eine Lebenssituation, in der Egos physischer und materieller Wohlstand bedroht ist, weil zumindest vorübergehend mit Einkommenseinbußen trotz möglicher wohlfahrtsstaatlicher Transferleistungen zu rechnen ist. In einer solchen Situation wird Ego versuchen, kurzfristige Engpässe zu überbrücken und langfristige Einkommenssicherheit wiederherzustellen. Dies wird ihm durch finanzielle Unterstützungen und Informationen über Hilfs- und Arbeitsangebote gelingen, die er durch sozialen Austausch erhalten kann. Hierbei handelt es sich um freiwillige Leistungen für Ego, die unabhängig von bzw. zusätzlich zu wohlfahrtsstaatlichen Transfers bezogen werden. Ob Ego diese Leistungen erhält, hängt maßgeblich von seiner Ressourcenausstattung und seinen kontextuellen Lebensbedingungen ab. Im Abschn. 9.1 wird modelliert und geprüft, wie die Mobilisierung sozialen Kapitals finanzielle und informationelle Unterstützung nach einem Arbeitsplatzverlust beeinflusst.

Im zweiten Beispiel wird die Nutzung sozialen Kapitals in Situationen des freiwilligen Engagements für eine Gemeinschaft oder für gesellschaftliche Belange untersucht. In dieser Situation ist soziale Anerkennung das vordergründige Handlungsmotiv. Unterschiedliche Grade des Engagement erzeugen entsprechende soziale Anerkennung. Die Anerkennung selbst muss dabei nicht von dem engeren Personenkreis gegeben werden, der vom Engagement profitiert. Soziale Anerkennung erhält Ego auch von Personen, die von seinem Engagement erfahren. Ego mobilisiert sein soziales Kapital, um etwas über für ihn geeignete Möglichkeiten freiwilligen Engagements zu erfahren oder um Kollektivgüter für eine Vereinigung zu erstellen. In welchem Ausmaß sich Ego freiwillig engagiert, hängt auch in dieser Handlungssituation maßgeblich von seiner Ressourcenausstattung und seinen kontextuellen Lebensbedingungen ab. Im Abschn. 9.2 wird modelliert und geprüft, wie die Mobilisierung sozialen Kapitals freiwilliges Engagement beeinflusst.

5.3 Zusammenfassung

Die Trennung von Vor- und Gegenleistung des sozialen Ressourcenaustauschs trägt zur Unterscheidung von Erwerb und Nutzung sozialen Kapitals bei. Der Erwerb ist maßgeblich eine nicht-intendierte Folge absichtsvoller Handlungen, die Akteure in ihrem Lebensalltag ausführen. Soziales Kapital wird eher zu Mitmenschen aufgebaut, mit denen man in einem gemeinsamen Fokus agiert. Darüber hinaus entwickelt sich soziales Kapital zu ähnlichen Personen. Die Nutzung sozialen Kapitals kann ebenfalls als sozialer Austausch modelliert werden. Dabei sind zwei Dinge zu beachten. Erstens werden Handlungen erleichtert, weil soziales Kapital vor allem das Risiko opportunistischen Verhaltens senkt, und somit eine Vielzahl von Handlungen erst ermöglicht. Zweitens ist die Wirkung sozialen Kapitals situationsspezifisch. Weil soziales Kapital mehrdimensional ist, kann es in verschiedenen Handlungssituationen vorteilhaft, wirkungslos oder gar nachteilig sein.

Operationalisierung und Messung des sozialen Kapitals

6

Ziel dieses Kapitels ist es, das anzuwendende Messinstrument für soziales Kapital und eine Analysestrategie für den empirischen Teil vorzustellen und zu erläutern. Ausgangspunkt ist eine formale Beschreibung sozialen Kapitals anhand der gegebenen Definition (vgl. Abschn. 2.3), die sich an der Struktur sozialer Beziehungen zwischen Ego und seinen Alteri, den Ressourcen der Alteri und der Bereitschaft zum sozialen Austausch der Ressourcen zwischen Ego und den Alteri orientiert. Dabei erfährt die Summierung über alle Alteri und über alle Ressourcen gewisse Begrenzungen. Zunächst werden einige Erhebungstechniken und mögliche Messinstrumente diskutiert, die sowohl in der sozialen Netzwerkanalyse als auch in der Social-Support-Forschung etabliert sind. Dazu gehören vor allem verschiedene Verfahren der Messung egozentrierter Netzwerke, wie Global-, Namens-, Positions- und Ressourcengeneratoren.

Anschließend werden die konkreten Merkmale sozialen Kapitals beschrieben, die in den empirischen Kapiteln untersucht werden. Aufgrund der Komplexität des sozialen Kapitals ergeben sich mehrere Indikatoren. Ein Globalindikator drückt die Varietät sozialer Ressourcen aus. Darüber hinaus bilden mehrere Zähl-Indizes in sich homogene Ressourcendimensionen sozialen Kapitals ab, die verschiedenen Handlungszielen dienen. Schließlich können diese Indizes nach Personenkreisen differenziert werden. Die Analysemodelle sozialen Kapitals basieren auf gewöhnlichen und teilweise speziellen Logit-Regressionsmodellen, die abschließend besprochen werden. Das Kapitel endet mit einer Zusammenfassung.

6.1 Operationalisierung sozialen Kapitals

Das persönliche Sozialkapital Egos wird definiert als die Summe der Ressourcen, die via sozialen Austausch durch das Netzwerk persönlicher Beziehungen für Ego erreichbar sind (Bourdieu 1983a, S. 191; Bourdieu und Wacquant 1996, S. 152; Flap 1999, S. 7). Gemäß dieser Definition und der Darstellung von Zugang und Mobilisierung sozialen Kapitals

Tab. 6.1 Das soziale Kapital Egos als Alteri * Ressourcen-Tabelle

Zeitpunkt = t		Ressourcen					
		1	2	...	j	...	m
Alteri	1	x_{11}	x_{12}	...		...	
	2	x_{21}	x_{22}	...		...	
	...	...	...	...	...	...	...
	i			...	x_{ij}	...	
	...	...	...	...	...	...	...
	n			...		...	x_{nm}

muss sowohl die Beziehungsstruktur Egos als auch der Ressourcenfluss von den Alteri zu Ego über diese Beziehungsstruktur erhoben werden. Eine Operationalisierung und Messung sozialen Kapitals gemäß dieser Definition erfordert demnach neben der Kenntnis aller direkten Beziehungen, die Ego unterhält, auch sämtliche, potenziell über diese Beziehungen zu einem Zeitpunkt erreichbaren oder mobilisierbaren Ressourcen. Soziales Kapital wird gemessen, indem sämtliche Akteure, die Ego erreichen kann, benannt werden und sämtliche Ressourcen, die potenziell zu einem Zeitpunkt über diese Alteri zu Ego fließen können, festgestellt werden. In Anlehnung an Snijders (1999, S. 33 f.) ergibt sich für eine solche Messung des sozialen Kapitals von Ego eine Alteri * Ressourcen-Tabelle pro Zeitpunkt t mit Elementen $x_{ij(t)}$ (Tab. 6.1).

In den Zeilen dieser Tabelle sind alle Alteri des egozentrierten Netzwerks eingetragen. Die Spalten enthalten sämtliche Ressourcen, die potenziell zwischen zwei Akteuren ausgetauscht werden können. Die Menge der Ressourcen entspricht den verschiedenen Arten, Hilfe zu leisten, Unterstützung zu gewähren oder der Menge bereitzustellender Güter (Snijders 1999, S. 33).

Das Zellenelement $x_{ij(t)}$ gibt an, ob durch Alter i die Ressource j zum Zeitpunkt t für Ego erreichbar ist und damit mobilisiert werden kann. Das soziale Kapital Egos ergibt sich somit aus der Aggregation der erwarteten Hilfe über alle Alteri und über alle Ressourcen zum Zeitpunkt t (vgl. Snijders 1999, S. 34):

$$SK_{ego(t)} = \sum_{i=1}^{n} \sum_{j=1}^{m} x_{ij(t)} \tag{6.1}$$

Zur genaueren Bestimmung des Zellenelements $x_{ij(t)}$ muss man sich die Übergabe bzw. Überlassung der Ressource j von Alter i als Handlung vorstellen. In dieser Situation hat die Ressource für Ego einen ganz bestimmten Wert. Allerdings kann darunter nicht der objektive Wert, etwa ein Marktpreis, verstanden werden. Vielmehr ist zu erwarten, dass Ego den Wert der Ressource in der betreffenden Handlungssituation höher einschätzt als in einer Situation, in der er diese Ressource nicht benötigt. Wenn Ego beispielsweise ein gemeinsames Abendessen mit Freunden veranstaltet und in der Vorbereitung dessen bemerkt, dass Zutaten fehlen, die er sich vom Nachbarn erbittet, dann werden diese von Ego höher bewertet als vom Nachbarn selbst, der den Wert höchstens mit dem Kaufpreis der Zutaten

6.1 Operationalisierung sozialen Kapitals

angeben würde. Der Wert einer Ressource ergibt sich dabei aus dem Wert einer Ressourceneinheit und der Menge der mobilisierbaren Ressourceneinheiten zum Zeitpunkt t.

Da es sich um eine soziale Handlung handelt, in der ein Beziehungspartner Egos Ressourcen zur Verfügung stellen soll, hängt das soziale Kapital natürlich auch von der Handlungssituation ab. So muss ein bestimmter Alter für die konkrete Handlung von Ego erreichbar sein. Es muss zum Zeitpunkt t eine Gelegenheit bestehen, bei der Ego seinen Bedarf an Alters Ressource mitteilen und dieser Alter die benötigte Ressource bereitstellen kann. Neben dieser Wahrscheinlichkeit des Aufeinandertreffens hängt die Handlung wesentlich von der Bereitschaft Alters ab, diese Ressource für Ego tatsächlich bereitzustellen (Snijders 1999, S. 34).[1] Das Element $x_{ij(t)}$ ist somit ein Produkt aus den vier Komponenten $w_{ij(t)}$, dem erwarteten Wert einer Ressourceneinheit, die sich zum Zeitpunkt t durch Alter i mobilisieren lässt, $m_{ij(t)}$, der Menge der verfügbaren Ressourceneinheiten, die sich zum Zeitpunkt t durch Alter i mobilisieren lassen, $g_{ij(t)}$, der Gelegenheit, Alter i zum Zeitpunkt t für die Bereitstellung der Ressource j zu erreichen, und $b_{ij(t)}$ der Bereitschaft des Alters i, die Ressource j zum Zeitpunkt t bereitzustellen:

$$SK_{ego(t)} = \sum_{i=1}^{n} \sum_{j=1}^{m} w_{ij(t)} * m_{ij(t)} * g_{ij(t)} * b_{ij(t)} \qquad (6.2)$$

Der Wertebereich des erwarteten Wertes einer Ressourceneinheit ist prinzipiell unbegrenzt ($-\infty \leq w_{ij(t)} \leq +\infty$). Denkbar sind auch negative Werte, dann handelt es sich nicht um ein Gut, sondern um ein Übel, das Egos Lebensqualität mindert. Nimmt eine Ressource einen negativen Wert an, versucht Ego annahmegemäß, diese Ressourcen zu vermeiden. Durch den Laufindex i wird sichergestellt, dass der erwartete Wert einer Ressourceneinheit nicht wie im ökonomischen Austausch ein marktkonstanter Preis ist, sondern vom betreffenden Alteri abhängt. Insbesondere für Ressourcen emotionaler Art ist es für Ego von Bedeutung, wer die Hilfe bereitstellt. Der Wertebereich der Menge der Ressourceneinheiten verläuft im positiven Bereich theoretisch von 0 bis unendlich ($0 \leq m_{ij(t)} \leq +\infty$). Praktisch sind jedoch die Ressourcen eines jeden Alteri begrenzt, so dass für jede Ressource eine endliche Menge unterstellt werden kann.[2] Dies ist aber nur für teilbare quantitative Ressourcen relevant, etwa die Menge geliehenen Geldes oder die Zeit, die für emotionale Unterstützung

---

[1] Diese Bereitschaft Alters, eigene Ressourcen zur Verfügung zu stellen, bezeichnen Weesie und Kollegen (1991, S. 625) als Beziehungsstärke. Sie ist neben der Anzahl der Alter und deren Ressourcen eine weitere bedeutende Dimension sozialen Kapitals. Es gibt unterschiedliche Operationalisierungen für die Beziehungsstärke. Einerseits ergibt sich die Stärke einer Beziehung aus der gemeinsam verbrachten Zeit, der emotionalen Intensität, dem gegenseitigen Vertrauen und reziprokem Austausch (Granovetter 1973, S. 1361). Andererseits lässt sich die Beziehungsstärke am sozialen Kontext der Beziehung ablesen. Neben Familienangehörigen sind vor allem enge Freunde zu den starken Beziehungen zu rechnen, während Bekanntschaften schwache Beziehungen sind (Granovetter 1983, S. 201).

[2] Die Eigenschaften der Knappheit und ungleichen Verteilung von Ressourcen gilt an dieser Stelle entsprechend für die Verteilung der Ressourcen über die Alteri.

aufgebracht wird. Eine Vielzahl der Ressourcen sind jedoch qualitativer Art und damit auf den Bereich zwischen 0 (liegt nicht vor) und 1 (liegt vor) begrenzt. Dies gilt zum Beispiel für die Bereitstellung einer Information oder für Ressourcen, die sich aus Alters Parteimitgliedschaft ergeben. Das Teilprodukt aus dem erwarteten Wert einer Ressourceneinheit und der Menge der Ressourceneinheit über alle Alteri und Ressourcen hinweg entspricht im Gleichgewicht der Austauschhandlungen den Ressourcen Egos, deren Kontrolle er zu übertragen bereit ist. Damit wird der restriktive Charakter seiner eigenen Ressourcen im sozialen Austausch im Sozialkapital-Modell deutlich.

Die Gelegenheit zum Austausch zwischen Ego und Alter und die Handlungsbereitschaft Alters sind Wahrscheinlichkeiten mit Wertebereichen zwischen 0 und 1 ($0 \leq g_{ij(t)} \leq 1$; $0 \leq b_{ij(t)} \leq 1$). Die raum-zeitlichen Gelegenheiten müssen so strukturiert sein, dass Ego im Bedarfsfall einen Alter erreichen und um Ressourcenaustausch bitten kann bzw. dass Alters Ressourcen Ego erreichen. Die zweite Wahrscheinlichkeit drückt die Handlungsbereitschaft Alters aus. Dazu gehört maßgeblich der Wille, das in ihn gesetzte Vertrauen zu bestätigen und nicht zu missbrauchen.

Schließlich kann das soziale Kapital für beliebige Zeitpunkte t ermittelt werden. Der Laufindex t impliziert, dass sich soziales Kapital in der Zeit verändert. Diese Veränderungen sind entsprechend durch mehrere Messzeitpunkte belegbar. Die Beobachtung und Erklärung von Veränderungen im sozialen Kapital Egos ist natürlich außerordentlich interessant, geht aber weit über die Ziele dieser Arbeit hinaus. Es werden lediglich Verteilungen sozialen Kapitals zu einem Zeitpunkt untersucht, denn für Aussagen über die Verteilung sozialen Kapitals über Bevölkerungsgruppen ist ein Zeitpunkt ausreichend. Deshalb wird im Folgenden der Laufindex t nicht berücksichtigt.

Die doppelte Summenbildung über alle Ressourcen und über alle Alteri folgt formal aus der Definition sozialen Kapitals. Sie ist allerdings in ihrer derzeitigen Form äußerst abstrakt und wenig praktikabel für eine Messung (Adam und Roncevic 2003, S. 164). Die Operationalisierung des sozialen Kapitals wird stärker auf die Alltagspraxis des sozialen Ressourcenaustauschs bezogen. Dazu werden einerseits konkrete Ressourcen und Alteri identifiziert und benannt. Andererseits werden durch die größere Realitätsnähe Limitierungen für die Summierung über alle Ressourcen und über alle Alteri aufgezeigt. Zunächst werden Dimensionen und Grenzen der Summierung der Ressourcen diskutiert. Anschließend werden Menge und Summenbildung der Alteri besprochen.

Die Aggregation über Ressourcen erfordert, dass sämtliche Ressourcen auf einer gemeinsamen Skala bewertet und gemessen werden. Während im ökonomischen Austausch Geld eine universelle Bewertungsskala für Ressourcen darstellt, wird im sozialen Austausch oftmals Zeit als Wertmaßstab angenommen. Bourdieu (1983a, S. 196) etwa sieht die universelle Wertgrundlage in der Arbeitszeit. Weesie und Kollegen (1991, S. 625) verwenden in ihrem Modell ebenfalls Zeit als allgemeine Verrechnungseinheit. Soziales Kapital ist aber eine sehr heterogene Ressource. Typische Ressourcen, die zwischen Alter und Ego ausgetauscht werden, sind Pflegeleistungen im Krankheitsfall, das Weitergeben von Informationen über eine Arbeitsgelegenheit, das Leihen von privaten Gegenständen, medizinische oder juristische Ratschläge, Diskussionen persönlicher oder politischer

6.1 Operationalisierung sozialen Kapitals

Angelegenheiten oder das Anlegen gepoolter Ressourcen für Gemeinschaftsgüter. Bereits mit der Aufzählung dieser sehr verschiedenen Ressourcen wird deutlich, dass die Summierung über alle Ressourcen unter messtheoretischen Gesichtspunkten problembehaftet ist (Snijders 1999, S. 36). Es ist unmöglich auf einer solchen Basis alle Formen des sozialen Kapitals zu addieren, „um eine einzige, sinnvolle Zusammenfassung des Sozialkapitals in einer gegebenen Gemeinschaft zu erhalten" (Putnam und Goss 2001, S. 23).

Wenn das ausgedehnte Ressourcenspektrum keine Wertbestimmung auf einer gemeinsamen Skala zulässt, dann ist es notwendig, abgrenzbare Ressourcendimensionen zu eruieren, in denen die Ressourcen sinnvoll aufaddiert werden können. Andererseits ist es keinesfalls hilfreich, jede einzelne soziale Ressource als Ressourcendimension aufzufassen, nur weil die Ressourcen nicht auf einer gemeinsamen Skala zusammengefasst werden können. Die Bildung einzelner Ressourcendimensionen sozialen Kapitals erfolgt auf einem Mittelweg. Sowohl aufgrund theoretischer Überlegungen als auch aufgrund empirischer Fundierung werden die Ressourcendimensionen hinreichend getrennt und einzelne Ressourcenitems sinnvoll zusammengefasst (vgl. Snijders 1999, S. 37 f.). Auf der theoretischen Ebene können für die Unterteilung der Ressourcendimensionen etwa die Knappheit, der allgemeine Wert oder die universelle Einsatzfähigkeit bzw. Austauschbarkeit der Ressourcen herangezogen werden. Die Dimensionen lassen sich dann in universelle und spezielle Ressourcendimensionen einteilen. Ferner sind die Handlungsziele, wie der materielle Wohlstand oder die soziale Anerkennung, für die theoretische Identifizierung der Ressourcenbereiche hilfreich. Die Ressourcendimensionen können danach unterschieden werden, ob sie nur einem oder beiden Handlungszielen dienen.[3] Zur empirischen Fundierung werden Verfahren des sozialen Messens angewendet. Snijders nennt hierbei unter anderem die Faktorenanalyse. Diese identifiziert ein Gebiet von Ressourcen mit hinreichend hohen internen Korrelationen (Snijders 1999, S. 36 f.). Diese Faktoren bezeichnen Dimensionen des sozialen Kapitals.

Innerhalb der theoretisch und empirisch fundierten Dimensionen werden die vorhandenen einzelnen Ressourcen zusammengefasst. Für das Zusammenfassen der Ressourcen einer Dimension stehen mehrere Möglichkeiten zur Verfügung. Die Addition quantitativer Ressourcen kann beispielsweise über Geldäquivalente oder Zeitäquivalente erfolgen. Für qualitative Ressourcen bietet sich eine einfache Zählung der Ressourcen an. Die Bestimmung und Umsetzung der Ressourcendimensionen sozialen Kapitals wird im Abschn. 6.3 vorgestellt.

---

[3] Es gibt weitere Klassifizierungen sozialer Ressourcen. So unterscheiden Foa und Foa (1980) anhand der beiden Achsen Konkretheit versus Symbolismus (Ist die Ressource gegenständlich und mit einer Aktivität verbunden oder über ein Zeichensystem vermittelt?) und Partikularität versus Universalität (Wie stark hängt die Bedeutung einer Ressource von einer spezifischen Person ab?) die sechs Ressourcenklassen Liebe, Status, Information, Dienstleistungen, Geld und materielle Güter. Eine weitere Trennung von Ressourcendimensionen ist die in soziale Unterstützung als Bewältigung von Krisensituationen und Lösung von temporären Problemen (get by) sowie in soziale Lieferung als Zugang zu bestimmten Ressourcen, die die materielle Situation auf lange Sicht bessern (get ahead). Soziale Unterstützung wird durch bonding ties bereitgestellt, während soziale Lieferung über bridging ties abläuft (Kleinhans et al. 2007).

Die Menge der Alteri ist durch die Formel 6.2 weder begrenzt noch festgelegt. Potenziell ist eine unbegrenzte Menge zulässig. Realistischerweise ergeben sich durch die Beziehungskapazität Egos natürliche Begrenzungen. Darüber hinaus ist eine unbegrenzte Menge Alteri für die Operationalisierung des sozialen Kapitals weder erwünscht noch handhabbar. Zur Identifizierung von Alteri und zur Begrenzung des Umfangs sind Operationalisierungen aus dem Bereich der sozialen Netzwerkanalyse hilfreich. Zur Menge der Akteure, die zu einem sozialen Netzwerk gehören, zählen die direkten Interaktionspartner aber auch ein größerer Personenkreis, der von Ego nur indirekt über Intermediäre zu erreichen ist. Lässt man Intermediäre zu, gelangt man zu der Vorstellung eines einzigen Netzwerks, in dem alle mit allen über unterschiedlich lange Pfade verbunden sind. Viele datenanalytische Verfahren der sozialen Netzwerkanalyse können aber nur auf eine begrenzte Menge von identifizierbaren Akteuren angewendet werden. Mögliche Abgrenzungen von Netzwerken, die eine Erstellung von finiten Namenslisten erlauben, sind die Interaktionshäufigkeit oder Intensität der Beziehungen, die Selbstdefinition der Mitgliedschaftsgrenzen durch Akteure wie Gang- oder Cliquenmitglieder, die Grenzen von Ländern, die Grenzen von Organisationen wie Abteilungen, Vereine, Arbeitsgruppen, Schulklassen, Nachbarschaften, Chatforen im Internet und die Teilnahme an Ereignissen wie Nachbarschaftsveranstaltungen, Wahlperioden oder Sitzungen (Laumann et al. 1989). Für die Erstellung von Akteurslisten wird die Positions- und die Reputationsmethode unterschieden. Mit der Positionsmethode werden Personen identifiziert, die vorab vom Forscher festgelegte Positionen besetzen. In einer Untersuchung unter Eliten können das bestimmte Politiker- oder Managerposten sein. Mit der Reputationsmethode stellen Informanten oder Experten die Namensliste zusammen. In der Regel werden sie gebeten, Personen zu nennen, die in einem bestimmten Bereich bedeutend sind. Für die meisten sozialen Netzwerke erhält man durch diese Abgrenzungstechniken wohldefinierte, vollständige Akteursmengen. Kann eine finite Namensliste jedoch nicht bestimmt werden, ergeben sich die Netzwerkgrenzen durch spezielle Stichprobentechniken, zum Beispiel durch das Schneeballprinzip.

Die Namensliste für die Operationalisierung des sozialen Kapitals ergibt sich aus einem egozentrierten Netzwerk. Ein egozentriertes Netzwerk besteht aus einer ausgewählten, zentralen Person (Ego), die zu einer Menge von Akteuren (Alteri) direkte Austauschbeziehungen unterhält.[4] Ego ist der einzige Informant, der über Akteure und Ressourcen des egozentrierten Netzwerks berichtet. Ego informiert über die Namen der Netzwerkakteure, die in einer Liste oder Matrix notiert werden (vgl. Tab. 6.1). Als Begrenzung gilt die Interaktionshäufigkeit oder Intensität der Beziehung. Diese Vorgehensweise zur Begrenzung der Akteursmenge ist zuweilen kritisiert worden, weil die Namensliste allein durch Egos Wahrnehmung des Netzwerkes zustande kommt. Namenslisten egozentrierter Netzwerke erfüllen nicht die Kriterien der Reputationsmethode (Pappi und Wolf 1984; Wasserman und Faust 1994, S. 42).[5] Egozentrierte Netzwerke werden deshalb von einigen Netzwerk-

---

[4] Egozentrierte Netzwerke werden auch persönliche Netzwerke genannt (vgl. Mitchell 1969, S. 13).

[5] Über die Reputationsmethode werden Informationen von mehreren Experten zusammengetragen. Akteure gehören nur dann zum Netzwerk, wenn ihr Name mit einer festgelegten Häufigkeit genannt wird.

6.1 Operationalisierung sozialen Kapitals

forschern nur als Hilfsnetzwerke anerkannt (Wasserman und Faust 1994, S. 9). Namenslisten von Gesamtnetzwerken haben den Vorteil, Informationen über den Ressourcenfluss von allen Netzwerkakteuren zu erhalten. Wechselseitige Beobachtungen oder Aussagen geben Aufschluss über die Güte der Daten. Allerdings ist der Erhebungsaufwand von Gesamtnetzwerken ungleich größer als von egozentrierten Netzwerken, weil Informationen von allen Netzwerkpersonen ermittelt und in Soziomatrizen gespeichert werden müssen.

Für die Operationalisierung sozialen Kapitals ist die Perzeption der sozialen Umwelt durch Ego, wie sie mit egozentrierten Netzwerken gemessen wird, jedoch völlig ausreichend. Denn für die Verfügbarkeit des sozialen Kapitals für Ego ist es nebensächlich, von welchem konkreten Alteri eine Ressource zur Verfügung gestellt wird. Normalerweise wird nur ein Alter benötigt, der die gewünschte Hilfe für Ego bereitstellt. Nur in bestimmten Situationen kann die Unterstützung von mehreren Alteri erforderlich sein. Beispielsweise werden bei einem Umzug mehrere Helfer benötigt, ein geselliger Abend gelingt erst mit einer Gruppe von Freunden oder man ist für das Betreiben einer Mannschaftssportart auf mehrere Sportkameraden angewiesen. In diesen Fällen ist aber die Anzahl der Unterstützer begrenzt, überschaubar und zumeist klein. Mit anderen Worten ist der Grenznutzen zusätzlicher ressourcenmobilisierender Alteri in den meisten Handlungssituationen schnell erreicht (Snijders 1999, S. 34). Die Aggregation über alle Alteri ist praktisch nicht additiv. Der Hauptgrund, mehr als einen Alter als potenziellen Helfer zu haben, liegt in der Unsicherheit, ob die Hilfe tatsächlich bereitgestellt wird. Ein weiterer Grund liegt darin, die Abhängigkeit von einzelnen Alteri zu vermeiden. Daraus folgt, dass zwar Ego eine Ressource potenziell von mehreren Alteri abrufen kann, im Sinne der praktischen Verfügbarkeit des sozialen Kapitals aber von Interesse ist, ob mindestens ein Alter diese soziale Ressource zur Verfügung stellt (Flap et al. 2003; Snijders 1999). Die Wahrscheinlichkeiten, dass die Ressourcen Ego erreichen, sind besser nicht über die Alteri zu summieren. Entsprechend ändert sich Gl. 6.2 in (vgl. Snijders 1999, S. 35):

$$SK_{ego(t)} = \sum_{j=1}^{m} \left(\sum_{i=1}^{n} w_{ij(t)} * m_{ij(t)} \right) * s_{j(t)} \qquad (6.3)$$

In dieser Gleichung ist $s_{j(t)}$ die Wahrscheinlichkeit, die Ressource j von irgendeinem Alter zu erhalten. Diese Wahrscheinlichkeit unterliegt dem Prinzip des abnehmenden Grenznutzens. Sie ist eine degressiv wachsende Funktion der Anzahl der Alteri, die erreichbar sind und Ressourcen an Ego übertragen wollen (Snijders 1999, S. 35). Unter der Wahrscheinlichkeit g_{ij}, dass es eine Gelegenheit zum Austausch zwischen Ego und Alter gibt, und der Wahrscheinlichkeit b_{ij} das Alter i die Ressourcen j für Ego bereitstellt, gilt (vgl. Snijders 1999, S. 35):

$$s_j = 1 - \prod_{i=1}^{n}(1-(g_{ij}*b_{ij})) \qquad (6.4)$$

Diese Verfeinerung der Operationalisierung sozialen Kapitals löst aber nicht das Problem, neben einer vollständigen Namensliste der Alteri auch die Wahrscheinlichkeiten der Erreichbarkeit und der Hilfsbereitschaft jedes einzelnen Alters kennen zu müssen. Praktisch lässt sich dies nur annähernd genau, aber kaum reliabel und valide messen (Snijders 1999, S. 35). Ein Kompromiss liegt in der Identifizierung von Personenkreisen, deren Hilfsbereitschaft man gegebenenfalls für einzelne Ressourcendimensionen abschätzen kann. Ein weiterer Vorteil von Personenkreisen gegenüber ego-spezifischen Namenslisten liegt in der direkteren Vergleichbarkeit zwischen vielen Egos. Die Auswahl von Personenkreisen als Ersatz für eine Liste von Alteri wird im Abschn. 6.3 behandelt.

6.2 Die Messung: Erhebungstechniken und Messinstrumente

Verschiedene sozialwissenschaftliche Erhebungstechniken stehen zur Verfügung, um soziales Kapital zu messen. Im Folgenden wird ein kurzer Überblick über geeignete Erhebungstechniken gegeben. Am häufigsten werden Befragungen zur Messung sozialen Kapitals verwendet (Deth 2003, S. 84; Marsden 1990, S. 440 f.). Befragungen haben den forschungsökonomischen Vorteil, preiswert und in kurzer Zeit die Ressourcenzugänge einer großen Menge befragter Personen zu erheben. Respondenten berichten in Interviews oder Fragebögen über ihre sozialen Beziehungen: Wen sie mögen, respektieren, mit wem sie sich beratschlagen, wessen Rat sie befolgen, mit wem sie ihre Freizeit verbringen, von wem sie etwas leihen usw. Befragungen erlauben nicht nur die Messung der Ressourcenzugänge, sondern auch die Erhebung von Attributen der Alteri sowie eine Gewichtung der Ressourcen über Ratings oder Rankings. Mit zunehmender Komplexität ist die Gesprächsführung durch einen geschulten Interviewer sinnvoll. Fragebögen eignen sich eher für die Messung sozialen Kapitals mit geringem Komplexitätsgrad. Befragungen können im Rahmen konventioneller Auswahl- und Befragungsverfahren (Surveys) eingesetzt werden.

Weniger zur Messung sozialen Kapitals geeignet sind Beobachtungen. Sie bieten sich nur für Face-to-Face-Interaktionen einer kleinen Gruppe an. Die Methode wird oft von Sozialanthropologen und Ethnologen eingesetzt. Zum Beispiel kann beobachtet werden, ob Interaktionen überhaupt stattfinden oder wie lange sie stattfinden. Ein soziologisches Anwendungsbeispiel sind die Konsultationen unter Kollegen einer US-Bundesbehörde, wie sie von Blau (1964, 1976) untersucht wurden. Beobachtungen sind noch am ehesten geeignet, wenn soziales Kapital über Affiliationsnetzwerke zu messen ist. Zum Beispiel kann beobachtet werden, welche Personen an Vereinssitzungen und weiteren Vereinsaktivitäten teilnehmen. Beobachtungen messen zwar soziales Austauschverhalten valider als Befragungen, allerdings werden damit nur unzureichend die Ressourcenzugänge Egos gemessen. Das Führen von Tagebüchern ist eine weitere geeignete Form der (Selbst-)Beobachtung von sozialkapitalrelevanten Interaktionen. Es gibt bisher wenig Erkenntnisse darüber, über welchen Zeitraum ein Tagebuch zu führen ist, um nicht nur regelmäßige Interaktionen zu erfassen. Die Inhaltsanalyse ist dagegen ein ungeeignetes Messinstrument zur Erfassung persönlichen sozialen Kapitals.[6] Da soziales Kapital über sozialen Austausch auf gleichsam informelle, unbürokratische Weise bereitgestellt wird, existieren kaum Dokumente, die eine Erfassung sozialen Kapitals erlauben. Eine Ausnahme bilden Traces im Internet, die Kommunikationen zwischen Nutzern und damit einen Teilbereich sozialen Kapitals dokumentieren.

Aufgrund der Vielfalt theoretischer Konzepte, der Limitierungen der Operationalisierung und der verschiedenen geeigneten Erhebungstechniken existiert eine Vielzahl an Messinstrumenten für Sozialkapital (Adam und Roncevic 2003, S. 163 f.; Deth 2003; Lannoo 2009, S. 3; Narayan und Cassidy 2001; Paxton 1999, S. 90; Sandefur und Laumann 1998). Die in Befragungen eingesetzten Messinstrumente unterscheiden sich hinsichtlich der ausgetauschten Ressourcen, der zugrundeliegenden Netzwerkstrukturen aber auch in ihrem Komplexitätsgrad, d. h. vor allem in der Anzahl der verwendeten Merkmale und in der Verknüpfung dieser Merkmale zu Indizes des sozialen Kapitals. Prinzipiell lässt sich die Komplexität über die Komponente der sozialen Beziehungen zu den Alteri und über die Komponente des Ressourcenaustauschs variieren. Oft führt eine komplexe Modellierung einer Komponente zur Vernachlässigung der anderen Komponente. Komplexe Modellierungen und Operationalisierungen der sozialen Beziehungen und Netzwerkstrukturen sind vor allem Gegenstand der soziologischen Netzwerkforschung. Komplexe Operationalisierungen des Ressourcenaustauschs sind dagegen Gegenstand der sozialpsychologischen Social-Support-Forschung.

Den geringsten Komplexitätsgrad weisen Globalmerkmale des sozialen Kapitals auf. Globalmerkmale sind einfache Kontextmerkmale Egos. Diese Merkmale messen die Verbindung oder auch den Ressourcenaustausch zwischen Ego und einer Gruppe von Alteri. Oftmals wird kein Bezug zu den Alteri hergestellt, sondern nur die Ressourcenaufnahme aus dem sozialen Kontext gemessen, etwa wenn die Hilfe durch Mitmenschen erhoben wird. Somit wird die Einbettung Egos in eine netzwerkartige Beziehungsstruktur vorausgesetzt. Eine verfeinerte Variante ist die Bestimmung einzelner Personenkreise, wie Verwandtschafts-, Freundschafts- oder Bekanntenkreise. Es werden zwar keine konkreten Alteri benannt, aber der soziale Kontext in für soziales Kapital relevante Personengruppen unterteilt. Globalmerkmale beziehen sich auf der Handlungsebene entweder auf eine bestimmte Ressource, etwa die Pflege von Verwandten bei Erkrankung oder Gespräche über persönliche Angelegenheiten, oder einen begrenzten Ressourcenbereich, zum Beispiel die emotionale Unterstützung. Aus diesen Globalmerkmalen wird dann jeweils auf Egos Ausstattung mit sozialem Kapital geschlossen. Beachtet man aber die Komplexität des Konzepts, sind Einzelindikatoren zur Messung des sozialen Kapitals zu einfach und können zu falschen Schlussfolgerungen führen (Adam und Roncevic 2003, S. 162).

Die Komplexität der Operationalisierung sozialen Kapitals nimmt mit so genannten Namensgeneratoren zu. Namensgeneratoren werden zur Erhebung egozentrierter Netz-

---

[6] Nichtsdestotrotz stellt die Inhaltsanalyse eine etablierte Methode zur Erhebung von Gesamtnetzwerken dar. Als Quellmaterial bieten sich zum Beispiel Archivdaten, Sitzungsprotokolle und Internetforen an (Burt 1983; Galaskiewicz et al. 1985).

werke eingesetzt (Campbell und Lee 1991; Pfenning und Pfenning 1987; Pfenning 1995). Sie bilden die Beziehungs- und Netzwerkstruktur des sozialen Kapitals genauer ab als Globalmerkmale (vgl. Hill 1988). Diese Fragen erzeugen eine Liste mit den Namen der Alteri. Im Role Approach besteht eine einfache Variante der Namensgeneratoren. Dabei werden Fragen nach den Einflussmöglichkeiten und der Beeinflussung durch Rollenbeziehungen, wie Familie, Verwandtschaft, Freundschaft und Bekanntschaft, gestellt. Diese Namensgeneratoren stellen soziale Beziehungen zu Personenkreisen fest, mit denen Ego Unterstützung, Informationen oder Meinungen tatsächlich ausgetauscht hat, oder mit denen Ego Unterstützung, Informationen und Meinungen mobilisieren kann (z. B. in Diewald 1995, S. 233). Eine komplexere Variante ermöglicht statt der Rollenbeziehungen die Identifizierung konkreter, namentlich kenntlicher Personen. Dies kann mit einem oder mehreren Namensgeneratoren geschehen. Anzahl und Art der Namensgeneratoren müssen inhaltlich begründet sein. Dabei ist es nicht hilfreich, allgemein nach Personen zu fragen, die man kennt. Studien haben ergeben, dass sich dadurch Listen mit bis zu 1750 Bekannten ergeben (Boissevain 1974, S. 108). Eine nordamerikanische Studie belegt durchschnittlich knapp 300 gehaltvolle Beziehungen (McCarty et al. 2001). Namensgeneratoren haben also auch die Funktion, die Namensliste zu begrenzen. Begrenzungen ergeben sich, indem man nach Personen fragt, die nahe stehen (Affective Approach) oder mit denen Ego Güter und Dienstleistungen austauscht (Exchange Approach). Möglich sind auch Rollenabgrenzungen (Role Approach) oder eine Mischung dieser Zugänge (Sonderen et al. 1990, S. 105). Kritisch muss angemerkt werden, dass oftmals keine hinreichende Trennung zwischen Netzwerkbeziehung und Unterstützung getroffen wird (Flap et al. 2003, S. 3). Zudem stehen in zahlreichen Netzwerkstudien Anzahl und Typ der Namensgeneratoren in einem sehr engen Zusammenhang mit der jeweiligen Forschungsfrage.

Unabhängig von der Art und Anzahl der Namensgeneratoren kann die Namensliste numerisch, zeitlich und/oder räumlich begrenzt werden. Ein Beispiel wäre die Nennung von drei Personen (numerische Begrenzung), mit denen man in den letzten sechs Monaten (zeitliche Begrenzung) persönliche Dinge besprochen hat und die am Wohnort des Befragten leben (räumliche Begrenzung). Für die Analyse egozentrierter Netzwerke werden neben den Namensgeneratoren noch so genannte Namensinterpretatoren erhoben. Es handelt sich hierbei um Attribute der Alteri, etwa deren Alter und Geschlecht. Schließlich ergibt sich eine weitere Komplexitätssteigerung, wenn zusätzlich die Verbundenheit der Alteri untereinander ermittelt wird. Erst mit der Erhebung gegenseitiger Verbundenheit zwischen den genannten Personen der Namensliste wird die Struktur des egozentrierten Netzwerks erhoben. Mit komplexen Namensgeneratoren erhält man sehr detaillierte und informative Beschreibungen des sozialen Kapitals Egos. Man erkauft sich dies aber mit einem forschungsökonomischen Kraftakt. Der Einsatz von Namensgeneratoren ist nicht nur zeitaufwendig, sondern auch schwierig schriftlich ohne den Einsatz von geschulten Interviewern zu erheben (Lannoo 2009, S. 4). Ein weiterer Nachteil komplexer und detaillierter Beschreibungen der sozialen Einbettung Egos besteht im Qualitätsverlust erhobener Daten. Item-Nonresponse zu Angaben über Netzpersonen kann bis zu 37 % betragen (Pappi und Wolf 1984) und ist selbst bei geringerem Ausmaß stark selektiv (Stocké 2005).

6.2 Die Messung: Erhebungstechniken und Messinstrumente

Eine beispielhafte Auswahl von Namensgeneratoren belegt die Vielseitigkeit und damit auch die geringe gegenseitige Vergleichbarkeit. Laumann (1973) fragte nach den drei besten Freunden. In der East York-Studie (Wellman 1979) wurden die Namen von 6 Personen „outside your home that you feel closest to" erfragt. Der Burt-Generator kam erstmals im General Social Survey 1985 zu Einsatz: „From time to time, most people discuss important personal matters with other people. Looking back the past six month – that would be back to last August – who are the people with whom you discuss an important personal matter?" Für die fünf Personen, die zuerst genannt wurden, sind weitere Angaben, wie persönliche Eigenschaften und gegenseitige Verbundenheit erfasst worden (Burt 1984). Fischer (1982) entwickelte einen Namensgenerator, der auf mehrere Beziehungsinhalte abzielt und Elemente des Affective Approach und des Exchange Approach verbindet. Der Typ des Fischer-Generators wurde mehrfach in deutschen Studien zur Bestimmung egozentrierter Netzwerke eingesetzt (Hill 1988; Hoffmeyer-Zlotnik 1987; Petermann 2002; Pfenning 1995; Völker 1995).

Namensgeneratoren wurden vorrangig zur Erhebung egozentrierter Netzwerke eingesetzt. Es sind allerdings kaum Anwendungsfälle bekannt, die komplexe Strukturen des sozialen Kapitals von Ego abbilden. Die mit Namensgeneratoren und Namensinterpretatoren erfassbaren Eigenschaften der sozialen Einbettung Egos, wie die Netzwerkgröße, Heterogenitätsmaße des Netzwerks, Anteile starker und schwacher Beziehungen oder der Unterstützungsarten, sind relativ diffuse Messgrößen für soziales Kapital. Erschwerend zeigt sich bereits beim Einsatz dieses Messinstruments eine Ausdifferenzierung nach Forschungsinteressen. Während die sozialpsychologische Social-Support-Forschung ein differenziertes Instrumentarium für die Vielfalt der Ressourcen und Beziehungsinhalte entwickelt hat, vernachlässigt sie den Strukturaspekt des sozialen Kapitals. Die Netzwerkstruktur der Helfer spielt in dieser Forschungsrichtung eine vergleichsweise geringe Rolle. Eine komplexe Darstellung der Ressourcen und der daraus resultierenden Unterstützung Egos wird durch einen geringeren Komplexitätsgrad in der Darstellung der Beziehungsstruktur der Alteri erkauft.

Dagegen fokussiert die soziologische Netzwerkforschung viel stärker auf Effizienz und Effektivität der Netzwerkstruktur, in die Ego eingebettet ist (Burt 1980, 1992; Granovetter 1973; Lin 2001; Wegener 1987). Konkrete Ressourcen bzw. Beziehungsinhalte rücken in den Hintergrund. Dies kann implizit geschehen, weil die Strukturbeschreibung und Datenanalyse von Netzwerken sehr aufwendig ist. Das kann aber auch explizit geschehen, weil die Strukturen eine notwendige Voraussetzung für den Fluss der Ressourcen sind. Das Forschungsinteresse liegt dann in den relativ dauerhaften, von einzelnen Austauschhandlungen abstrahierenden Verbindungen zwischen den Akteuren (Burt 1992). Die Konzentration auf die Netzwerkstruktur wird ferner mit der Erwartung gerechtfertigt, „ dass unterschiedliche Beziehungstypen mit unterschiedlichen normativen Einstellungen und Verhaltensweisen verknüpft sind" (Diewald 2003, S. 214). Sicherlich bestehen unterschiedliche normative Einstellungen etwa zwischen Verwandtschafts- und Freundschaftsbeziehungen. Aber für Verhaltensweisen, die ja nichts anderes als Ressourcenaustausch sind, ist stark beschränkte wechselseitige Substitution zwischen Netzwerkbeziehungen zu bezweifeln und empirisch auch widerlegt (Diewald 2003).

Für die Untersuchung sozialen Kapitals rückt deshalb der potenzielle Ressourcenaustausch zwischen Ego und den Alteri in den Mittelpunkt. Soziales Kapital wird als mobilisierbare soziale Ressource verstanden. Dies erscheint sinnvoll, weil mit sozialem Kapital bestimmte Handlungen der Akteure erst ermöglicht werden. Namensgeneratoren basieren aber auf retrospektiven Erhebungen der sozialen Ressourcen. Zwar wird dadurch eine gegenüber Globalgeneratoren validere Messung der Netzwerkverbindungen gewährleistet (Pfenning 1995), aber weder ist die Güte der Messung ausreichend (Bernard et al. 1984; Pappi und Wolf 1984) noch wird damit das Unterstützungspotenzial und die Mobilisierungsfähigkeit des sozialen Kapitals gemessen. Zudem sind tatsächlich durchgeführte Ressourcenaustausche „durch Bedarfseffekte konfundiert, und diese Effekte sind um so größer, je spezifischer die erfragten Leistungen sind" (Andreß et al. 1995, S. 304). Für das soziale Kapital sind im Unterschied zu Unterstützungsnetzwerken nicht vergangene und aktuelle Ressourcentranfers, sondern die potenzielle Verfügbarkeit sozialer Ressourcen wichtig. Der Zugang zu sozialem Kapital ist ein umfassenderes Konstrukt als aktuelles Geben und Nehmen von Unterstützungsleistungen (Hofferth et al. 1999, S. 82). Andererseits sind hypothetische Fragen, die zukünftiges Verhalten implizieren, selten valide. Um dieses Dilemma zu umgehen, wird mit dem Positionsgenerator indirekt die Mobilisierung sozialen Kapitals operationalisiert (Kappelhoff 1989; Lin und Dumin 1986; Lin 2001; Lin et al. 2001).

Der Positionsgenerator erhebt Beziehungen zu bestimmten sozialen Positionen, von denen vermutet wird, dass sie über knappe Ressourcen verfügen. Mit dem Positionsgenerator werden soziale Beziehungen zu Personen erhoben, die bestimmte Berufe ausüben. Diese Berufe haben unterschiedliche Prestigewerte. Kappelhoff (1989, S. 41) arbeitet mit einer Liste von 11 Berufen, wobei Fließbandarbeiter den niedrigsten und Lehrer den höchsten Prestigewert aufweisen. Lin (2001, S. 124) stellt eine Liste mit 13 Berufen und 3 politischen Positionen zusammen. Auf dieser Liste hat der Universitätsprofessor den höchsten Prestigewert. Grundschullehrer nehmen eine mittlere Position ein und Dienstmädchen haben den geringsten Prestigewert. Der Positionsgenerator nutzt eine Stichprobe hierarchischer Positionen und fragt nach Kontaktpersonen in diesen Positionen, deren Vornamen bekannt sein müssen. Er ist inhaltsfrei und rollenneutral. Durch den Bezug auf das Berufsprestige kann er unter Kenntnis der jeweiligen Berufsprestigehierarchien in verschiedenen Gesellschaften eingesetzt werden. Mögliche Variablen, die für weitergehende Analysen des sozialen Kapitals genutzt werden, sind der höchste zugängliche Prestigewert, die Differenz zwischen höchstem und niedrigstem zugänglichen Prestigewert, die Summe aller zugänglichen Prestigewerte oder die Anzahl der zugänglichen Positionen (Lin 2001, S. 88). Die Verfügbarkeit der Ressourcen wird durch die Beziehungsstärke kontrolliert, wobei die Beziehungsstärke durch die sozialen Kontexte Familie/Verwandtschaft, Freundschaft und Bekanntschaft indiziert wird. Kennt man mehr als eine Person, dann ist die Person zu wählen, an die man zuerst denkt oder die man am längsten kennt (Lin 2001, S. 124).

Die Einsatzmöglichkeit in Massenumfragen, der sparsamere Erhebungsumfang und die selbstverständlichen Fragen sind Vorteile des Positionsgenerators. Nachteil ist die indirekte

Messung des aktuellen Beziehungsinhalts und der zugänglichen Ressourcen (Lannoo 2009, S. 4). Es wird nicht der Ressourcenfluss ermittelt, sondern lediglich der Zugang zu Positionen, von denen vermutet wird, dass sie über bestimmte Ressourcen verfügen. Zudem werden Ressourcen von Netzwerkpersonen ausgeschlossen, die keine Berufsposition besetzen, wie Hausmänner/-frauen, Rentner, Nicht-Erwerbstätige und noch in der Ausbildung befindliche Personen (Häuberer 2011, S. 141). Der Bezug auf das Berufsprestige der Alteri ist zwar für instrumentelle Handlungen vorteilhaft aber für expressive Handlungen eher nachteilig (Flap et al. 2003, S. 3). Zudem ist nicht gewährleistet, dass die den Positionen anhaftenden Ressourcen und Prestigewerte in der Zeit stabil bleiben.

Eine Weiterentwicklung, die direkt am Zugang zu ganz spezifischen Ressourcen ansetzt, ist der so genannte Ressourcengenerator. Erstmals wurde dieses Instrument 1999 im Social Survey of the Networks of the Dutch (SSND) eingesetzt (Flap et al. 2003; Gaag und Snijders 2005; vgl. auch das Connected Lives Project in Wellman et al. 2006; Bartelski 2010).[7] Im Ressourcengenerator werden die Vorteile des Positionsgenerators (ökonomische Erhebung, interne Validität) und des Namensgenerators (detaillierte Informationen über Ressourcen, Berücksichtigung der Mehrdimensionalität sozialen Kapitals) verbunden. Wie bei umfangreichen Namensgeneratoren erhebt das Instrument zahlreiche Ressourcenzugänge über eine Liste, die konkrete Subsammlungen des sozialen Kapitals aus verschiedenen Lebensbereichen vereint (Flap et al. 2003, S. 4). Anders als bei Namensgeneratoren wird nicht retrospektiv nach tatsächlichem möglicherweise bedarfskonfundiertem sozialem Austausch gefragt. Erhoben werden Egos potenzielle Zugänge zu spezifischen Ressourcen mit hypothetischen Fragen. Diese Fragen werden an konkrete persönliche Beziehungen gekoppelt, um Verzerrungen in der Verfügbarkeit sozialen Kapitals zu vermeiden. Dieser Generator wurde entwickelt, um die allgemeine Verteilung des sozialen Kapitals über eine Population zu bestimmen. Die Entwicklung des Generators zielte vorrangig auf den Zugang Egos zu den Ressourcen, die in die Beziehungen mit seinen Alteri eingebettet sind. Eine geringere Rolle bei der Entwicklung des Generators spielte die individuelle Mobilisierung des sozialen Kapitals (Flap et al. 2003, S. 2; vgl. Lannoo 2009, S. 4).

Wenn das soziale Kapital einer allgemeinen Population über verschiedene Ressourcenbereiche hinweg erfasst werden soll, sind die sozialen Ressourcen über zahlreiche und vielfältige Items zu messen. Die Vielzahl der erfragten Ressourcen werden zu mehreren konsistenten Sozialkapitaldimensionen zusammengefasst. Um auszuschließen, dass möglicherweise nicht alle relevanten Ressourcen erfasst werden, werden neben ganz konkreten Abfragen über Ressourcen für Ego auch weniger spezifische Ressourcen erfasst, die in zahlreichen Handlungssituationen für Ego vorteilhaft sein können. Die Ressourcen werden nicht indirekt über Berufe der Alteri gemessen, wie dies im Positionsgenerator der Fall ist, sondern über eine Itembatterie mehr oder weniger konkreter und direkter sozialer

---

[7] Im Vergleich zu Namensgeneratoren werden wesentlich mehr Ressourcen abgefragt, die sich zu Dimensionen zusammenfassen lassen. Ein Vorläufer des Ressourcengenerators mit aussagekräftigen aber wenigen Einzelressourcen findet sich in Diewald (1995).

Ressourcen. Das Messinstrument ist einfach handhabbar und ergibt eine leicht interpretierbare Repräsentation sozialen Kapitals (Flap et al. 2003, S. 4; Lannoo 2009, S. 4).

Im Ressourcengenerator wird die Beziehungsstärke (Granovetter 1973, 1983) wie auch im Positionsgenerator über soziale Kontexte wie Familie/Verwandtschaft, Freundschaft und Bekanntschaft gemessen. Starke Beziehungen bestehen typischerweise zur Familie. Die Beziehungsstärke zu Familienangehörigen und Verwandten speist sich aus einer normativen Grundlage: „blood is thicker than water" (Wellman und Wortley 1990, S. 572; vgl. auch Hofferth et al. 1999, S. 84). Ebenfalls starke Beziehungen bestehen zu engen Freunden, wobei die Beziehungsstärke auf reziprokem, vertrauensvollem und intensivem Austausch basiert. Dagegen bestehen schwache Beziehungen typischerweise zu Bekannten. Entsprechend dieser Einteilung und der geringeren Bedeutung, welche konkrete Person den Ressourcenzugang gewährt, wird die netzwerkartige Struktur des sozialen Kapitals nicht über ein egozentriertes Netzwerk, sondern über die drei Personenkreise erfasst. Das wird als ausreichend angesehen, weil es nicht so wichtig ist, ob besonders viele Alteri eine bestimmte soziale Unterstützung für Ego bieten können, sondern dass Ego zum Bedarfszeitpunkt die Ressource überhaupt erhält. Zudem können die direkten Ego-Alteri-Beziehungen ausreichend sein, denn Ego nutzt seinerseits immer eine direkte Beziehung, um einen Ressourcenzugang zu erhalten, unabhängig davon, ob Ego die Ressourcen direkt von Alter oder über Alter vermittelt[8] erhält.

Zur Datenqualität des Ressourcengenerators liegen einige Erkenntnisse vor. Hinsichtlich der Reliabilität zeigen sich starke Übereinstimmungen der Dimensionen zwischen verschiedentlich eingesetzten Ressourcengeneratoren (Gaag und Snijders 2005; Häuberer 2008, 2011; Lannoo 2009). Häuberer (2011, S. 228 f.) berichtet von einer zufriedenstellenden Reliabilität der Häufigkeit von Unterstützern aus Familien-, Freundes- und Bekanntenkreis. Es lässt sich nur vermuten, dass die Reliabilität des Ressourcengenerators größer ist, wenn statt der Anzahl potenzieller Helfer nur die Unterstützung pro sozialer Ressource erfragt wird. Hinweise auf die Validität des Ressourcengenerators sind mangels Vergleichsmöglichkeiten kaum gegeben. Gültigkeitstests tschechischer Surveys belegen hohe Konstrukt- und Kriteriumsvalidität (Häuberer 2011, S. 239 ff.). Gaag und Snijders (2005, S. 22) berichten, dass Ressourcen- und Namensgenerator im Vergleich zweier niederländischer Studien sich kaum im Ressourcenzugang unterscheiden. Die hypothetischen Fragen des Ressourcengenerators überschätzen also nicht die Verfügbarkeit sozialen Kapitals im Vergleich zu Messinstrumenten, die explizit auf konkreten Kontakte abstellen. Auch der Wunsch, kein Bild starker Abhängigkeit von anderen zu zeichnen, lässt Befragte nicht zu viele Ressourcenzugänge nennen. Auch die relative Verteilung der Ressourcengenerator-Items zueinander sind plausibel, denn es wurde festgestellt, dass expressive Handlungen (über persönliche Dinge sprechen, Einkauf bei Erkrankung) eher über starke Beziehungen (also Verwandte und Freunde) und häufiger genannt werden, hingegen instrumentelle Handlungen (Referenz für Bewerbungen, juristischer Rat, Medienkontakt) eher über schwache Beziehungen (Bekannte) laufen und entsprechend seltener genannt werden. An-

---

[8] Alter ist in diesem Fall ein Intermediär, der den indirekten Ressourcenfluss zu Ego steuert.

dererseits werden stark frequentierte Kontakte besser erinnert als schwach frequentierte, deshalb werden Ressourcen von Bekannten etwas unterschätzt.[9]

Im Vergleich der unterschiedlichen Messinstrumente scheint der Ressourcengenerator die meisten Vorteile zur Messung sozialen Kapitals aufzuweisen, weil sowohl potenzielle Zugänge zu spezifischen Ressourcen als auch die Ressourcen bereitstellenden Alteri erhoben werden können. Er wird demzufolge in den empirischen Datenerhebungen angewendet, die Erwerb und Nutzung sowie die Verteilung sozialen Kapitals über städtische Bevölkerungsgruppen dokumentieren werden. Die eher allgemeine Darstellung zum Ressourcengenerator wird im folgenden Abschnitt konkretisiert. Es werden sowohl die konkreten Merkmale sozialen Kapitals als auch die spezifischen statistischen Analysemodelle vorgestellt, die in den empirischen Kapiteln verwendet werden.

6.3 Die Analysestrategie: Merkmale und Regressionsmodelle

Wie bereits im Abschn. 6.1 offensichtlich wurde, stellt das Sozialkapitalvolumen als Summe aller Ressourcen über alle Alteri unter Berücksichtigung der einzelnen Ressourcendimensionen und des abnehmenden Grenznutzens einen sehr hohen Anspruch an das Messinstrument. Mit dem Ressourcengenerator kann, erstens, der Gesamtumfang des sozialen Kapitals gemessen als auch, zweitens, Differenzierungen des sozialen Kapitals nach Dimensionen (Bündel von Ressourcen) und, drittens, nach Personenkreisen (Bündel von Alteri) vorgenommen werden. Im Folgenden wird die Entwicklung von Sozialkapitalmerkmalen für diese drei Analyseschritte vorgestellt.

Ein Merkmal des Gesamtumfangs ist die Varietät des sozialen Kapitals. Es wird mit dem Ressourcengenerator über die Gesamtzahl der Ressourcenzugänge gemessen (Flap et al. 2003, S. 4). Es zeigt an, wie vielfältig die sozialen Ressourcen Egos differenziert sind. Die Varietät wird als einfacher ungewichteter Summenindex aller Ressourcenzugänge gebildet. Dieser Index ist leicht handhabbar, praktikabel zu analysieren und gut zu interpretieren. Mit diesem Einzelindikator sind aber auch Nachteile verbunden. So werden die typischen Dimensionen des sozialen Kapitals nicht sichtbar, die unterschiedlichen Handlungszielen dienen oder in spezifischen Kontexten gegeben sind. Zudem wird vorausgesetzt, dass alle Dimensionen auf einer Skala vergleichbar sind. Diese Annahme ist aber gemäß den Ausführungen in Abschn. 6.1 realitätsfern. Darüber hinaus lässt die einfache Anzahl der Ressourcenzugänge die Informationen ungenutzt, welche konkreten Ressourcen verfügbar sind und welche nicht. Entsprechend ist die Analyse dieses Sozialkapitalmerkmals nur der Auftakt und wird durch weitere Analysen differenzierterer Merkmale sozialen Kapitals ergänzt (vgl. Flap et al. 2003, S. 5).

---

[9] An dieser Stelle ist darauf hinzuweisen, dass gegenüber dem ursprünglich von Gaag und Snijders eingesetzten Ressourcengenerator zwei konkrete von ihnen diskutierte Verbesserungsvorschläge für die Antwortkategorien umgesetzt wurden: die Möglichkeit „niemand" zu nennen und die Möglichkeit, Mehrfachantworten bei den Personenkreisen zuzulassen.

Tab. 6.2 Typologie von Sozialkapitaldimensionen

Universalität	Handlungsziele	
	physisches Wohlbefinden	soziale Anerkennung und physisches Wohlbefinden
spezifische Ressourcen/konkrete Austauschhandlungen	Sozialkapital spezieller Fähigkeiten KSF	Unterstützungssozialkapital USK
universelle Ressourcen/vielfältige Austauschhandlungen	Prestige- und Bildungssozialkapital PBK	Politisches und Öffentlichkeitssozialkapital POK

Die Ressourcenzugänge lassen sich in verschiedene theoretisch hergeleitete Dimensionen differenzieren. Für eine erste Differenzierung von Ressourcendimensionen werden zwei Kriterien herangezogen. Das erste Kriterium sind die unterliegenden Handlungsziele. Physisches Wohlbefinden und materieller Wohlstand einerseits sowie soziale Anerkennung und Wertschätzung andererseits waren die beiden Bedürfnisse, die letztendlich durch den Ressourcenaustausch im Sozialkapital-Modell befriedigt werden. Ressourcendimensionen lassen sich danach unterscheiden, welches der beiden Bedürfnisse primär zu befriedigen ist. So gibt es Dimensionen, die primär dem physischen Wohlbefinden dienen, als auch Dimensionen, die gleichzeitig beide Handlungsziele befriedigen. Das zweite Kriterium ergibt sich aus der Spezifität der verschiedenen Kapitalarten und Austauschhandlungen. So lassen sich allgemein wertvolle, universell einsetzbare Ressourcen und sehr spezifische Ressourcen, die in konkreten Austauschhandlungen zum Einsatz kommen, unterscheiden (vgl. Gaag und Snijders 2005, S. 4 f.). Aus der Unterscheidung von Handlungszielen und der Spezifität von Ressourcen und Austauschhandlungen ergeben sich vier Ressourcendimensionen (vgl. Gaag und Snijders 2005, S. 23 f.). Die Typologie der vier Sozialkapitaldimensionen ist in Tab. 6.2 dargestellt.

Die erste Dimension hat eher instrumentellen und informativen Charakter und beruht hauptsächlich auf kommunikativen Aktivitäten zwischen Alter und Ego. Diese Dimension wird Sozialkapital spezieller Fähigkeiten genannt und entspricht der instrumentellen, praktischen, materiellen sozialen Unterstützung sowie der Informationsvergabe der Social-Support-Forschung (Busschbach 1996, S. 26; Veiel 1985; Wellman und Hiscott 1985; Wellman und Wortley 1990). Diese Ressourcen benötigt Ego hauptsächlich in Krisensituationen oder wenn seine Alltagsroutine unterbrochen wird. Sie werden durch Aktivitäten ausgetauscht, die dem Handlungsziel des materiellen Wohlstands dienen. Für die Ressourcen dieser Dimension steht der instrumentelle Tauschcharakter eines Gutes oder einer Dienstleistung im Vordergrund. Es ist weniger wichtig, welche Personen die Ressourcen zur Verfügung stellen.

Die zweite Dimension umfasst emotional-vertrauliche soziale Unterstützungsaktivitäten für Ego. Entsprechend wird diese Dimension als Unterstützungssozialkapital bezeichnet. Sie entspricht der emotionalen, expressiven sozialen Unterstützung der Social-Support-Forschung (Busschbach 1996, S. 26; Veiel 1985; Wellman und Hiscott 1985; Wellman und Wortley 1990). Es sind vor allem Aktivitäten von Personen des engeren Kernnetzwerks

Egos, wie die Pflege im Krankheitsfall oder Gespräche über persönliche Angelegenheiten. Der Wert dieser sozialen Ressourcen speist sich zu einem gewissen Teil aus einem ganz bestimmten Beziehungspartner, weil ein ganz besonderes Vertrauensverhältnis oder ein intimes Verhältnis erforderlich ist. Insbesondere emotionale Unterstützung entfaltet ihre Wirkung erst, wenn sie von einer nahestehenden Person gewährt wird. Die Aktivitäten enthalten instrumentelle und expressive Bestandteile und dienen sowohl der materiellen Sicherung als auch der sozialen Anerkennung Egos.

Die dritte Dimension schließt die wertvollen Ressourcen des ökonomischen und personalen Kapitals ein. Es sind die Ressourcen hoher Statuspersonen, die vor allem in instrumentellen Handlungen eingesetzt werden, um den materiellen Wohlstand Egos zu sichern und zu steigern. Diese Dimension wird Prestige- und Bildungssozialkapital genannt. Diese Dimension reflektiert stärker die materiellen Ressourcen hoher Statuspersonen und weniger deren Einfluss (Gaag und Snijders 2005, S. 23).

Die stärkere Betonung von Einfluss und Macht und damit positionellen und sozialen Kapitals der Alteri ergibt sich durch die vierte und letzte Dimension. Diese Dimension ist das soziale Kapital der politischen und Öffentlichkeitskontakte. Stärker noch als das Prestige- und Bildungssozialkapital geht diese Dimension über das enge Kernnetzwerk Egos hinaus und sichert somit teilweise seine gesellschaftliche Integration. Hierbei geht es weniger um direkte Ressourcenzugänge, sondern um die Einbettung über das engere soziale Umfeld hinaus in einen größeren gesellschaftlichen Kontext, vorrangig zu einflussreichen Personen. Insofern sich diese Kontakte instrumentalisieren lassen, dienen sie dem materiellen Wohlstand. Nicht zu verkennen ist aber die Bedeutung für die soziale Anerkennung Egos allein durch die Kenntnis solcher Kontakte.

Auch wenn nicht sämtliche Ressourcen gemessen werden können, die Ego von seinen Alteri erhält, sollte die Auswahl der Ressourcen zumindest so gefächert sein, dass Spezifität und Charakter dieser Ressourcendimensionen berücksichtigt werden. Andererseits gewinnen die theoretisch identifizierten Ressourcendimensionen erst dann an praktischer Bedeutung, wenn sie auch empirisch durch Methoden des sozialen Messens bestätigt und jeweils in einer separaten Sozialkapitalskala zusammengefasst werden (Flap et al. 2003; Snijders 1999). Eine derartige empirische Prüfung wird in den Abschn. 7.3 und 8.2 vorgenommen.

Die Operationalisierung des sozialen Kapitals legt einerseits nahe, dass aufgrund des abnehmenden Grenznutzens nicht konkrete Alteri identifiziert werden müssen, weil es oftmals ausreichend ist, wenn mindestens ein Alter sein Versprechen einlöst. Andererseits ist die Messung oder Schätzung der Hilfsbereitschaft der Alteri kaum reliabel und valide zu bewerkstelligen. Ein entsprechender Kompromiss sieht vor, nicht namentliche Akteure, sondern lediglich Personenkreise zu identifizieren, deren jeweilige Hilfsbereitschaft abgeschätzt werden kann. Die gewählte Analysestrategie sieht vor, die Indikatoren der einzelnen Ressourcendimensionen, die zunächst unabhängig von den bereitstellenden Alteri untersucht wurden, in einem weiteren Analyseschritt gemäß dem Role Approach nach Personenkreisen zu differenzieren. Nach van der Gaag und Snijders (2005) gehören mit abnehmender Hilfsbereitschaft der Familienkreis, der Freundeskreis und der Bekanntenkreis dazu (Abb. 6.1).

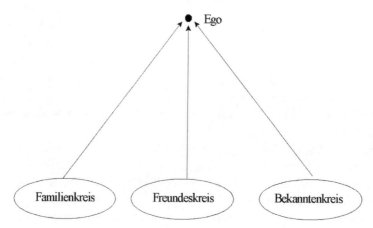

Abb. 6.1 Messung der Personenkreise Egos

Familienbeziehungen sind genealogisch vorgegeben und durch starke normative Bindungen geprägt. Freundschafts- und Bekanntschaftsbeziehungen werden durch wechselseitige Wahlen eingegangen und können entsprechend auch wieder aufgelöst werden. Die gegenseitige Attraktivität basiert auf Neigungen und homophilen Eigenschaften. Freundschaften und Bekanntschaften unterscheiden sich graduell in der Beziehungsstärke und dem Ausmaß wechselseitiger Verpflichtungen.[10] Die Auswahl dieser Personenkreise findet auch eine empirische Fundierung im Netzwerkprojekt Halle (Petermann 2001, 2002). Einerseits werden diese Personenkreise am häufigsten genannt: 35 % der sozialen Beziehungen Egos gehören dem Familienkreis an, 67 % sind Freunde und 38 % Bekannte. Andere Personenkreise sind dagegen nur marginal vertreten (Petermann 2001, S. 82 f.). Andererseits weisen diese Personenkreise distinktive Unterschiede in der Hilfsbereitschaft auf. Mit der Stärke der Beziehung als Indikator zeigt sich, dass im Familienkreis die Hilfsbereitschaft am höchsten ist ($\eta = 0{,}54$), gefolgt vom Freundeskreis und dem Bekanntenkreis ($\eta = -0{,}07$ resp. $\eta = -0{,}27$) (Petermann 2002, S. 156 f.).

Die Analysestrategie sieht vor, empirische Modelle in vier Schritten zu entwickeln. Zunächst wird der Zugang zu sozialem Kapital durch das Einzelmerkmal Varietät des sozialen Kapitals analysiert. Im zweiten Schritt wird der Zugang zu sozialem Kapital über unterschiedliche Ressourcendimensionen gemessen. In einem weiteren Schritt nimmt die Komplexität des Modells zu, indem die Dimensionen sozialen Kapitals nach Personenkreisen differenziert werden. Schließlich werden im vierten Schritt empirische Modelle der Mobilisierung sozialen Kapitals analysiert, die Effekte sozialen Kapitals auf ausgewählte Handlungen anzeigen. Will man den zeitlichen Verlauf von Erwerb und Nutzung sozialen Kapitals in den Analysen berücksichtigen, sind mindestens retrospektive, bestenfalls longitudinale Daten erforderlich. Solche Daten sind leider für den Ressourcengenerator nicht verfügbar und wurden selbst für egozentrierten Netzwerkedaten bisher kaum erhoben.

---

[10] Die beiden Begriffe Freundschaft und Bekanntschaft werden von verschiedenen Bevölkerungsgruppen unterschiedlich verstanden (Hollstein 2001).

6.3 Die Analysestrategie: Merkmale und Regressionsmodelle

Die jeweiligen abhängigen Variablen sind qualitativer Art und erfordern den Einsatz von Logit-Regressionen. Während die Modelle zur Mobilisierung des sozialen Kapitals (9. Kapitel) mit herkömmlichen binär-logistischen Regressionen berechnet werden können, erfordern die Modelle des Zugangs zu sozialem Kapital (7. und 8. Kapitel) den Einsatz von komplexeren Logit-Regressionen, denn die Merkmale des sozialen Kapitals (Varietät, Ressourcendimensionen) sind Zähldaten.[11] Speziell für Zähldaten entwickelte Regressionsmodelle folgen der Poissonverteilung.[12] Allerdings sind diese Regressionsmodelle für die zu präsentierenden Analysen ungeeignet, weil die verwendeten abhängigen Merkmale eine obere Begrenzung des Wertebereichs haben und streng genommen auch nicht innerhalb festgelegter Zeitintervalle gemessen wurden. Für solche binomialverteilten Zähldaten empfehlen Rabe-Hesketh und Skrondal (2005, S. 182) ein Logit- oder Probit-Modell mit einem Nenner n (denominator), welcher der Anzahl der Items entspricht. Die in den folgenden Kapiteln vorgestellten Regressionsmodelle des Zugangs zu sozialem Kapital basieren auf Logit-Regressionen mit einem Nenner.

Zur Bestimmung der Modellgüte wurde ein Nullmodell ohne erklärende Merkmale (M_0) mit dem Gesamtmodell (M_1) auf Basis eines χ^2-verteilten Likelihood-Ratio-Tests verglichen. Dieser Testwert errechnet sich aus:

$$LR\left(\chi^2\right) = 2 * \left(\ln L_{M1} - \ln L_{M0}\right) \tag{6.5}$$

---

[11] Zähldaten nehmen ganzzahlige Werte (0, 1, 2, 3, …) an. Sie sind diskret und haben eine untere Grenze des Wertebereichs. Zähldaten können zwei Verteilungen folgen, der Binomial-Verteilung und der Poisson-Verteilung. Der Unterschied liegt in der oberen Begrenzung des Wertebereichs. Während Binomialdaten durch eine Anzahl n begrenzt sind ($0 \leq y \leq n$), können Poissondaten unbegrenzt alle positiven, ganzzahligen Werte annehmen ($0 \leq y \leq +\infty$). Während Binomialdaten also immer durch die maximale Anzahl n dividiert werden können, um eine Auftretenswahrscheinlichkeit anzugeben, ist dies für Poissondaten nicht möglich. Für Zähldaten sind lineare OLS-Regressionen ungeeignet (Long 1997, S. 38 ff.). So können die geschätzten y-Werte außerhalb des gültigen Wertebereichs liegen, d. h. sie können kleiner als null sein und für binomialverteilte Daten können die geschätzten y-Werte zudem über der oberen Wertebereichsgrenze liegen. Die Anwendung von OLS-Regressionen erfordert die Einhaltung der Homoskedastizitätsannahme, d. h. die Varianz der Fehlerwerte ist für alle Werte der unabhängigen Variablen gleich (Long 1997, S. 13). Aufgrund der Natur binomialverteilter Daten ist der Fehlerterm notwendigerweise heteroskedastisch. Die Folge von Heteroskedastizität sind ineffiziente Schätzungen, in denen der Regressionskoeffizient vom wahren Wert in der Grundgesamtheit abweicht. In Folge dieser fehlerhaften OLS-Regressionen werden sowohl die Regressionskoeffizienten verzerrt als auch die wahren Standardfehler unterschätzt, wodurch die inferenzstatistische Signifikanz überschätzt wird (Cohen et al. 2003, S. 525).

[12] Für diese Verteilung sind Erwartungswert und Varianz gleich dem Mittelwert $\mu = \text{var}(y|x)$. Oft ist aber Overdispersion in den empirischen Daten zu beobachten. Overdispersion bedeutet, dass die Varianz der Zählvariable größer als die durch das Poissonmodell erklärte Varianz ist. Die Gründe für Overdispersion sind zahlreich, wobei hauptsächlich unbeobachtete Heterogenität (wird nicht durch die Kovariaten des linearen Prädiktors erklärt) und positive Korrelationen zwischen individuellen Antworten der abhängigen Variable (individuelle Einheiten gehören einem Cluster an) für Overdispersion verantwortlich sind. Overdispersion kann durch einen Nuisance Parameter (ϕ) im Poissonmodell berücksichtigt werden: $\text{var}(y|x) = \sigma(\mu) = \phi \mu$ (Fahrmeir und Tutz 1994, S. 34 f.). Es gibt komplexere Modelle, die Extravariation in den Daten berücksichtigen (Cameron und Trivedi 1986; Cohen et al. 2003).

wobei lnL den log Likelihood des jeweiligen Modells bezeichnet. Liegt der errechnete Likelihood-Ratio-Wert mit den entsprechenden Freiheitsgraden über dem kritischen Wert, ist das Gesamtmodell (M_1) signifikant vom Nullmodell (M_0) verschieden. Ferner wird das McFadden Pseudo-R^2 angegeben, das sich wie folgt berechnet:

$$\text{McFadden Pseudo-}R^2 = (\ln L_{M0} - \ln L_{M1})/\ln L_{M0} = 1 - (\ln L_{M1}/\ln L_{M0}). \quad (6.6)$$

Die Interpretation der Koeffizienten ist etwas komplizierter als bei der OLS-Regression, weil statt einer linearen Gleichung eine Link-Funktion zwischen der zu schätzenden abhängigen Variable und den unabhängigen Variablen besteht. Die einzelnen Koeffizienten der Regressoren lassen sich auf verschiedene Weise interpretieren (Liao 1994). Die einfachste Form der Interpretation erfolgt über das Vorzeichen und den statistischen Signifikanztest. Für beide Interpretationen kann die Link-Funktion ignoriert werden. Man kann aus den Regressionskoeffizienten eines Logit-Modells über das Vorzeichen die Richtung des Effekts ablesen, wobei Koeffizienten größer als null einen positiven Zusammenhang und Koeffizienten kleiner null einen negativen Zusammenhang darstellen. Aus einem Signifikanztest wird ein Rückschluss von der Stichprobe auf die Grundgesamtheit gezogen. Auf einem vorab festgelegten Signifikanzniveau gibt der Test an, ob der im Logit-Modell gefundene Effekt auch in der Grundgesamtheit Bestand hat. Konventionell wird mit einer Irrtumswahrscheinlichkeit von 5 % bzw. einem Signifikanzniveau von $\alpha \leq 0{,}05$ gearbeitet. Der Signifikanztest ist lediglich inferenzstatistisch von Bedeutung. Er sagt nichts über die Effektstärke und praktische Relevanz eines Regressionskoeffizienten aus.

Für die Beurteilung der Effektstärke bieten sich im Prinzip zwei Möglichkeiten an. Entweder man schätzt die marginalen Effekte einer unabhängigen Variablen, wenn sich diese um eine Einheit ändert, oder man schätzt die Veränderung (der Wahrscheinlichkeit) der abhängigen Variable. Für diese Berechnungen ist die Link-Funktion zu beachten. Die Logit-Link-Funktion schätzt mit den Regressionskoeffizienten die logarithmierten Chancen für das Eintreffen des Ereignisses y, so genannte Logits:

$$\ln\left(\frac{\hat{y}}{n-\hat{y}}\right) = X'\beta \quad (6.7)$$

mit n als Itemanzahl und dem linearen Prädiktor X'β. Letzterer ist die Summe aus den Regressionskoeffizienten β und der jeweiligen unabhängigen Variablen x.[13] Die geschätzten Logits sind aber wenig informativ und praktisch nicht interpretierbar. Die Logits können aber exponiert und damit in Chancen, so genannte Odds, überführt werden.[14] Der marginale Effekt einer unabhängigen Variable um eine Einheit lässt sich über Odds-Ratios ermitteln. Die Odds-Ratio gibt die Veränderung der Chancen an, wenn sich die unabhän-

---

[13] Beispielsweise hat ein linearer Prädiktor mit drei Variablen die Form: $\beta_0 + \beta_1 x_1 + \beta_2 x_2 + \beta_3 x_3$.
[14] Die meisten Datenanalyseprogramme listen deshalb neben den Regressionskoeffizienten auch die exponierten Regressionskoeffizienten auf.

gige Variable x um eine Einheit ändert. Während in den Wirtschaftswissenschaften die Interpretation der Chancen geläufig ist, sind Sozialwissenschaftler eher an der geschätzten Wahrscheinlichkeit bzw. dem geschätzten Wert von y interessiert. Die Regressionskoeffizienten sind entsprechend zu transformieren, so dass die Wahrscheinlichkeit y direkt geschätzt werden kann:

$$\hat{y} = \frac{n * e^{X'\beta}}{1 + e^{X'\beta}} \quad (6.8)$$

Zu beachten ist, dass sich aufgrund der Logit-Link-Funktion keine Einheitseffekte der unabhängigen Variablen ergeben. Mit anderen Worten gilt ein geschätzter y-Wert aufgrund eines bestimmten x-Wertes nur unter Konstanthaltung aller anderen x-Werte, der so genannten ceteris paribus-Bedingung (Liao 1994, S. 6). Um die Effekte einer unabhängigen Variablen darzustellen, müssten deshalb alle möglichen Konstellationen der weiteren unabhängigen Variablen durchgespielt werden. Für eine einfachere Interpretation oder einen Gesamteindruck der Effekte der unabhängigen Variablen bietet es sich jedoch an, einige sinnvoll interpretierbare Sets unabhängiger Variablen zu definieren und für diese Sets die y-Werte zu schätzen.

6.4 Zusammenfassung

Ziel dieses Kapitels ist die Überleitung der theoretischen Überlegungen zum sozialen Kapital auf eine empirisch messbare und prüfbare Ebene. Dazu wird die Definition sozialen Kapitals formalisiert. Es ist die Summe aller Ressourcen aller Alteri, zu denen Ego Zugang hat. Dabei ist es schwierig, ein Wertmaßstab für alle Ressourcen zu finden, weil die Vielfalt aller Ressourcen nicht auf einer Skala messbar ist. Entsprechend werden Ressourcen in vier voneinander relativ unabhängigen Dimensionen zusammengefasst: das Sozialkapital spezieller Fähigkeiten, das Unterstützungssozialkapital, das Prestige- und Bildungssozialkapital sowie das politische und Öffentlichkeitssozialkapital. Auf eine Auflistung sämtlicher Alteri pro Ego wird zugunsten einer Zuordnung von Ressourcen zu drei Personenkreisen (Familie, Freunde, Bekannte) verzichtet. Diese offensichtliche Einschränkung der Definition des sozialen Kapitals liegt im abnehmenden Grenznutzen für zusätzliche Einheiten einer Ressource durch weitere Alteri, in der gleichzeitigen Messung der Hilfsbereitschaft der Alteri und im Einsatz eines weniger komplizierten und forschungsökonomisch günstigeren Messinstruments begründet. Das soziale Kapital wird somit über den Zugang zu zahlreichen Ressourcen gemessen, die sich zu Dimensionen zusammenfassen lassen. Diese Zusammenfassung wird durch einfaches Addieren der für Ego zugänglichen Ressourcen erreicht. Diese Zähldaten erfordern wiederum spezielle Regressionsmodelle, wobei Logit-Modelle mit Nenner geeignet sind.

Soziales Kapital in Groß- und Mittelstädten 7

In diesem Kapitel werden die Wirkungen der Ressourcenausstattung, der Lebensphasen bedingten sozialen Kontexte und der stadträumlichen Kontexte auf den Zugang zu sozialem Kapital mit dem Datenmaterial einer deutschen Bevölkerungsbefragung analysiert. Der Schwerpunkt liegt auf der Prüfung der Hypothesen H1 bis H4 aus dem fünften Kapitel. Ferner zielt dieses Kapitel auf einen Vergleich und auf die Relevanzprüfung der unterschiedlichen Wirkungen von Ressourcenausstattung, Lebensphasen und räumlichem Kontext. Im ersten Abschnitt wird eine reichhaltige Beschreibung der zugrundeliegenden Ausstattung mit ökonomischen, personalen und positionellen Kapitalien, den Lebensphasen und den in ausgewählten Regionen und Städten vorherrschenden Lebensbedingungen aller Bevölkerungsgruppen vorgestellt. Große Bedeutung wird insbesondere dem Vergleich der Bevölkerungen aus unterschiedlichen Stadttypen beigemessen. Im zweiten Abschnitt wird sodann der mit einem Ressourcengenerator gemessene Zugang zu sozialem Kapital erläutert. Diese Beschreibung der gemessenen sozialen Ressourcen erlaubt bereits eine differenzierte Darstellung von weit verbreitetem und knappem sozialem Kapital.

Die Regressionsanalysen zum Zugang sozialen Kapitals verteilen sich über drei Abschnitte, wobei mit jedem Analysemodell unrealistische Modellannahmen fallen gelassen und der im sechsten Kapitel vorgestellten Operationalisierung angenähert werden. Im ersten Analysemodell wird soziales Kapital über die Varietät der Ressourcenzugänge gemessen. Im anschließenden dritten Abschnitt wird soziales Kapital in Dimensionen aufgeteilt. Der Zugang zu diesen Sozialkapitaldimensionen wird entsprechend in separaten Analysemodellen erklärt. Die Komplexität der Sozialkapitalmessung wird im vierten Abschnitt nochmals gesteigert, indem die drei Personenkreise Familienangehörige, Freunde und Bekannte berücksichtigt werden, aus denen die sozialen Ressourcen bezogen werden. Damit wird die mögliche Universalität oder die mögliche Spezialisierung einzelner Personenkreise im Hinblick auf den Zugang zu sozialen Ressourcen dargestellt. Das Kapitel schließt mit einer Zusammenfassung der wichtigsten Ergebnisse dieser Analysen.

7.1 Datengrundlage

Die Analysen in diesem Kapitel basieren auf einer Bevölkerungsbefragung, die 2005 im Rahmen des Teilprojekts A4 „Lokale politisch-administrative Eliten. Lebensverläufe zwischen Ungewissheit, Professionalisierung und Legitimation" des Sonderforschungsbereiches 580 „Gesellschaftliche Entwicklungen nach dem Systemumbruch. Diskontinuität, Tradition und Strukturbildung" durchgeführt wurde (Geißel et al. 2003).[1] Die Bevölkerungsbefragung zeichnet sich besonders dadurch aus, dass sie auf Vergleiche zwischen Ost- und Westdeutschland sowie zwischen verschiedenen Gemeindegrößen angelegt ist. Der erste Vergleich stützt sich auf die Vermutung angeglichener politischer Einstellungen aufgrund der gleichen politischen Struktur in Ost und West. Die zweite Vergleichsebene tangiert die soziologische Gemeindeforschung und untersucht, inwieweit unterschiedliche kommunale Gebiete, insbesondere Groß- und Mittelstädte, einheitliche oder variierende Einstellungen auf der kommunalpolitischen Ebene hervorrufen. Um diesen Vergleichsebenen Rechnung zu tragen, wurden vier Untersuchungsgebiete ausgewählt. Für den Ost-West-Vergleich wurde jeweils ein neues und ein altes Bundesland ausgewählt, um Verzerrungen durch landestypische Besonderheiten weitestgehend zu vermeiden. In den ausgewählten Ländern konnte an bestehende Forschungen angeknüpft werden (Däumer 1997; Laumann und Pappi 1976; Scheuch und Scheuch 1992). Um Auswirkungen der Gemeindegröße verfolgen zu können, wurden jeweils zwei Großstädte (mehr als 100.000 Einwohner) und zwei Mittelstädte (20.000 bis 100.000 Einwohner) ausgewählt.[2] Die Befragung in diesen vier Untersuchungsgebieten basiert auf 1516 telefonischen Interviews (SFB 580-Teilprojekt A4 2005).[3]

---

[1] Zwei dieser gesellschaftlichen Entwicklungen stehen im Teilprojekt A4 zentral: Die Entwicklung von Lebensverläufen lokaler politisch-administrativer Eliten und die Entwicklung politischer Einstellungen, Wissensbestände und Verhaltensweisen der Bevölkerung. Um diese Entwicklungen erforschen zu können, sind Primärdaten von Eliten und Bevölkerung erhoben worden. Ausgangspunkt war die Legitimationsthese der politischen Soziologie. Sie besagt, dass Legitimation der politischen Führungsschicht nur bei weitgehender Übereinstimmung politischer Einstellungen von politischer Führung und Bevölkerung gewährleistet ist. Eine effiziente Nutzung politischer Struktur ist nur unter gegebener Legitimation der politischen Führungsschicht möglich.

[2] Zudem wurden noch pro Bundesland ein Landkreis als Untersuchungsgebiet ausgewählt. Die Bevölkerungsgruppen der Landkreise werden aber hier nicht berücksichtigt.

[3] Die Auswahl der Befragungsteilnehmer folgte einer mehrfach geschichteten Zufallsauswahl von Personen in Telefonhaushalten. Umfangreiche Maßnahmen wurden ergriffen, um eine möglichst hohe Ausschöpfungsquote zu erreichen. Dazu gehören, wie in der einschlägigen Methodenliteratur für telefonische Befragungen vorgeschlagen, intensive Interviewerschulungen, Zeitungsberichte über die Befragung, Bewerbung als wissenschaftliche Umfrage, flexible Argumentation im Einleitungstext beim Erstkontakt und eine erneute Kontaktaufnahme mit den Verweigerern. Dennoch ist die Ausschöpfungsquote von 26 % unterdurchschnittlich im Vergleich zu anderen telefonischen Bevölkerungsbefragungen. Gründe für die geringe Ausschöpfung liegen in der schwierigen Befragungsthematik (Überdruss an politischen Themen kurz nach der Bundestagswahl 2005, Desinteresse an lokalen Politikern) und an den telefonischen Kaltkontakten.
Dies kann negative Konsequenzen für die empirischen Analysen haben. Allerdings gibt es keine mathematisch fundierte Mindestausschöpfung, weil für die Qualität der Aussagen nicht Ausschöpfungen, son-

7.1 Datengrundlage

Mit den Hypothesen H1 bis H4 wurden Zusammenhänge zwischen dem Zugang zu sozialem Kapital und sozialstrukturellen Lebensbedingungen, wie der Ressourcenausstattung, den Lebensphasen und dem stadträumlichen Kontext, postuliert. Die Verteilungsstatistiken dieser sozialstrukturellen Lebensbedingungen sind in Tab. 7.1 aufgeführt. Unter der Ressourcenausstattung Egos ist vor allem sein ökonomisches, personales und positionelles Kapital zu verstehen. Für das ökonomische Kapital wird das monatliche Haushaltsnettoeinkommen als Indikator herangezogen. Es wird – wie in allgemeinen Bevölkerungsumfragen üblich – über mehrere Einkommensklassen in unterschiedlichen Intervallen gemessen. Setzt man den jeweiligen Wert der Klassenmitte ein, ergibt sich bei einer festgelegten Spannweite zwischen 400 und 5000 € ein gruppierter Mittelwert von 2137 €. Die so gewonnene Einkommensvariable hat die für Haushaltseinkommen typische linkssteile bzw. rechtsschiefe Verteilung, die nicht der Normalverteilung entspricht. Eine nicht normalverteilte Variable hat häufig nicht normalverteilte Regressionsresiduen zur Folge. Nicht normalverteilte Residuen verletzen eine der Regressionsvoraussetzungen. Abhilfe könnte das Logarithmieren der Einkommensvariable schaffen (Wolf und Best 2010, S. 632 ff.). Ferner ist es für den statistischen Test der Kompensationshypothese notwendig, nicht-lineare Effekte zu schätzen. Nicht-lineare Effekte lassen sich beispielsweise mit Polynomen, Splines oder anderen Transformationen der Einkommensvariable schätzen (Lohmann 2010).[4] Derartige Variablentransformationen haben Nachteile: Hohe Multikollinearität kann zwischen der ursprünglichen und der transformierten Variablen auftreten und die Effekte sind mitunter umständlich zu interpretieren. Aufgrund fehleranfälliger Eigenschaften und komplizierter Interpretationen transformierter Variablen wird die metrische Einkommensvariable nicht zur Hypothesenprüfung herangezogen. Eine einfache Alternative, nicht-lineare Effekte zu testen, sind Effektschätzungen von mindestens drei Einkommensklassen. Die Festlegung der Einkommensklassen orientiert sich einerseits an der Einteilung in ungefähr gleichgroße Klassen und andererseits an Einkommensgrenzen, die Unstetigkeiten in der empirischen Verteilung der metrischen Variable markieren. Die mittlere Einkommensklasse zwischen 1500 bis 3000 € ist mit 43 % am stärksten vertreten, gefolgt von der einkommensarmen Klasse (unter 1500 €) mit 36 % und den besser Verdienenden (über 3000 €) mit 22 %.

Das personale Kapital wird über das höchste erworbene Bildungszertifikat gemessen. Die erworbenen Bildungszertifikate vom Volksschulabschluss bis zur Promotion wurden

---

dern systematische Verzerrungen von Bedeutung sind. Die Vermutung, dass Verzerrungen mit sinkenden Ausschöpfungen anwachsen, hat sich bisher jedoch nicht bestätigt (Groves 2006, S. 670). Es bleibt also zu prüfen, ob mit Verzerrungen zu rechnen ist. Übliche Vergleiche standard-demographischer Variablen (Geschlecht, Alter, Wohnort) der Befragungsdaten mit dem statistische Bevölkerungsdaten ergaben nur leichte Verzerrungen, die über einen Gewichtungsfaktor ausgeglichen werden können. Darüber hinaus muss betont werden, dass Repräsentativität für Hypothesentests nicht von Bedeutung ist. Das liegt daran, dass Hypothesen testende Zusammenhänge durch Non-Response weniger verzerrt werden als Randverteilungen (Diekmann 1995, S. 364).

[4] Polynome transformieren eine Variable durch potenzieren. Der einfachste Fall ist eine quadrierte Variable. Splines spezifizieren eine metrische Variable abschnittsweise. Für den angestrebten s-förmigen Zusammenhang mit sozialem Kapital käme eine spezielle Form exponentieller Transformation der Einkommensvariable in Frage.

Tab. 7.1 Univariate Statistiken sozialstruktureller Lebensbedingungen

Variable	Min	Max	Mittelwert	Standardabweichung	n
Ökonomisches Kapital					
Monatliches Haushaltsnettoeinkommen in Euro	400	5000	2137,368	1249,668	1.136
HH-Einkommen bis 1500 €	0	1	0,357		1.136
HH-Einkommen bis 3000 €	0	1	0,427		1.136
HH-Einkommen über 3000 €	0	1	0,216		1.136
Personales Kapital					
Allgemeine Bildung					
Bildung bis 10 Klassen	0	1	0,433		1.508
Bildung bis 13 Klassen	0	1	0,277		1.508
Bildung über 13 Klassen	0	1	0,290		1.508
Positionelles Kapital					
Stellung im Beruf					
Keine oder niedrige Stellg. im Beruf	0	1	0,305		1.480
Mittlere Stellung im Beruf	0	1	0,308		1.480
Hohe Stellung im Beruf	0	1	0,386		1.480
Lebensphasen bedingte soziale Kontexte					
Erwerbsstatus					
Noch nicht erwerbstätig	0	1	0,124		1.501
Erwerbstätig	0	1	0,574		1.501
Nicht erwerbstätig	0	1	0,080		1.501
Nicht mehr erwerbstätig	0	1	0,223		1.501
Haushaltsgröße	1	7	2,348	1,179	1.505
Kinderhaushalt	0	1	0,282		1.504
Alter	17	94	44,155	16,407	1.500
Stadträumlicher Kontext					
Großstadt-West	0	1	0,265		1.516
Mittelstadt-West	0	1	0,224		1.516
Großstadt-Ost	0	1	0,278		1.516
Mittelstadt-Ost	0	1	0,233		1.516
Weitere Lebensbedingungen					
Geschlecht (1 = Frau)	0	1	0,553		1.514
Netzwerkdichte	0	1	0,601		1.441

7.1 Datengrundlage

wegen der Vergleichbarkeit von west- und ostdeutschen Bildungsabschlüssen zu drei Kategorien zusammengefasst, wobei sich die Grenzen an markanten Barrieren einer Bildungskarriere orientieren.[5] Es zeigt sich, dass die Befragungsteilnehmer relativ hoch gebildet sind. Allgemeine Schulbildungsabschlüsse unterhalb des Abiturs, also bis zur 10. Klasse, kommen am häufigsten vor (43 %). Abiturienten ohne weiteren allgemeinen Bildungsabschluss sind zu 28 % vertreten. Die dritte Gruppe der höher Gebildeten, die einen das Abitur voraussetzenden Bildungsabschluss absolviert haben, ist zu 29 % vertreten.

Das positionelle Kapital wird über eine komplexe Klassifizierung der Stellung im Beruf erhoben (Hoffmeyer-Zlotnik 2003).[6] Die Stellung im Beruf ist dabei nicht an bestimmte Berufe, sondern an die Handlungsautonomie der beruflichen Tätigkeit gekoppelt. Da sich die sozialen Sicherungssysteme an der Logik des Arbeitsmarktes orientieren, verlängert sich das System der Erwerbsarbeit bis in die Altersversorgung, die soziale Absicherung der Arbeitslosigkeit und die Versorgung bei Krankheit (Dangschat und Hamendinger 2007, S. 6). Entsprechend ist es sinnvoll, nicht nur die Handlungsautonomie der beruflichen Tätigkeit gegenwärtig Erwerbstätiger, sondern auch ehemals Erwerbstätiger (Rentner, Arbeitslose, dauernd Erwerbsunfähige) zu erheben. Die Stellung im Beruf umfasst drei Kategorien, in denen mit jeder Stufe die Handlungs- und Entscheidungsautonomie in der beruflichen Tätigkeit zunimmt. Die größte Gruppe stellen Personen mit (sehr) hoher Handlungsautonomie und umfangreichen Entscheidungsbefugnissen (39 %), gefolgt von der Gruppe mit mittlerer Handlungsautonomie (31 %) und schließlich der Bevölkerungsgruppe mit geringster oder gar keiner Handlungsautonomie (30 %). Daraus lässt sich eine hohe Handlungs- und Entscheidungsautonomie der befragten Personen ablesen.

Die Lebensphasen werden über die drei Komponenten Erwerbsstatus, Haushaltsform und Lebensalter gemessen. Aus diesen Bestandteilen werden allerdings keine Lebensphasen konstruiert. Sie gehen stattdessen als Einzelindikatoren in die Hypothesentests ein. Der Erwerbsstatus wird in vier Kategorien eingeteilt. Personen, die sich noch in der Ausbildungsphase befinden (Schüler, Auszubildende, Studenten) gehören zur Kategorie „noch nicht erwerbstätig". Personen, die vollzeit-, teilzeit- oder stundenweise erwerbstätig sind oder die Wehr- oder Zivildienst leisten, sind der Kategorie „erwerbstätig" zugerechnet worden. „Nicht erwerbstätig" sind Personen, die zur Zeit arbeitslos sind oder als Kurzarbeiter, Umschüler oder in einem Arbeitsbeschaffungsprogramm durch die Bundesagentur für Arbeit gefördert werden. Der vierten Kategorie „nicht mehr erwerbstätig" gehören

---

[5] Zwar ist die Dauer des Bildungserwerbs ein gebräuchlicher Indikator des Humankapitals (Bourdieu 1983a, S. 186), weil aber die höchsten erreichten Bildungsabschlüsse erhoben wurden, verläuft die Dauer des Bildungserwerbs nicht stetig und kann nur wenige Werte annehmen.

[6] Die Variable „Stellung im Beruf" wird aus mehreren Fragen konstruiert. Zunächst wird nach der sozialversicherungstechnischen Zuordnung der beruflichen Tätigkeit gefragt. Diese, zur Bestimmung der Berufsposition irrelevanten Kategorien werden durch weitere Fragen differenziert: bei den Selbstständigen nach Betriebsgröße und bei den abhängig Beschäftigten nach unterschiedlichen, die Handlungsautonomie betreffenden Tätigkeitsmerkmalen. Beamte werden zum Beispiel gefragt, ob sie eine Tätigkeit im einfachen, mittleren, höheren oder gehobenen Dienst ausführ(t)en. Zuordnungsregeln überführen die Antworten in den Index „Stellung im Beruf".

Personen an, die aus der Erwerbstätigkeit ausgeschieden sind, also in erster Linie Rentner und Pensionäre aber auch Vorruheständler, Hausmänner und -frauen sowie Erwerbsunfähige. Die absolute Mehrheit (57 %) ist erwerbstätig. Die zweitgrößte Gruppe sind Personen, die nicht mehr erwerbstätig sind (22 %). 12 % sind noch nicht erwerbstätig und 8 % sind derzeit nicht erwerbstätig. Die Haushaltsform wird über zwei Indikatoren gemessen, die ebenfalls separat in die Analysen eingehen, d. h. es werden keine Lebensformen unterschieden. Ein Indikator ist die Anzahl der Haushaltsmitglieder. Im Durchschnitt setzen sich die Haushalte aus 2,3 Personen zusammen. Die meisten Befragten (38 %) leben in Zwei-Personen-Haushalten, gefolgt von Ein-Personen-Haushalten (26 %). Weitere 18 % leben in Drei-Personen-Haushalten und 13 % in Vier-Personen-Haushalten. Personen aus größeren Haushalten sind nur marginal vertreten (< 5 %). Der zweite Indikator gibt an, ob Kinder unter 18 Jahren zum Haushalt gehören. Dies trifft auf 28 % der befragten Personen zu. Das Lebensalter als dritter Bestandteil der Lebensphasen streut zwischen 17 und 94 Jahren um einen Mittelwert von rund 44 Jahren.[7]

Für den Test der Stadtraumhypothese wird der Wohnort der Befragten herangezogen. Die insgesamt vier Wohnorte liegen in zwei Regionen Ost- und Westdeutschlands und sind jeweils eine Großstadt und eine Mittelstadt. Die Großstädte sind mit 28 % (Ost) und 27 % (West) etwas stärker vertreten als die Mittelstädte (Ost 23 % und West 22 %). Für eine beschreibende Typologie der vier Städte wird der Vorschlag Bertrams (1999, S. 6) aufgegriffen, offizielle Statistiken sozio-kultureller und ökonomischer Indikatoren heranzuziehen. Für die Darstellung der vier Städte werden neben aggregierten Individualdaten auch amtliche Statistiken mit Indikatoren dieser Bereiche herangezogen. Die vier Städte unterscheiden sich in einigen Merkmalen der Kommune und der Bevölkerungszusammensetzung erheblich voneinander (Tab. 7.2).

Die westdeutsche Großstadt ist eine Zuwanderungsstadt. Im Vergleich zu den anderen Städten leben überdurchschnittlich viele junge und erwerbstätige Personen, aber unterdurchschnittlich viele aus dem Erwerbsleben ausgeschiedene Personen in dieser Stadt. Zugleich ist die Kommune sehr stark verschuldet; sie weist unter den vier Kommunen den mit deutlichem Abstand höchsten Schuldenstand auf. Zu bedenken ist aber, dass dieser Schuldenstand durch die Prosperität (starke Zuwanderung, hoher Anteil erwerbstätiger Personen) getragen werden kann.

Die westdeutsche Mittelstadt ist ein attraktiver Wohnort für gut verdienende Erwerbspersonen. Die meisten Merkmalsausprägungen dieser Kommune liegen nahe am jeweiligen Durchschnittswert. Nennenswert ist die geringe Arbeitslosenquote. Dies korrespondiert mit dem höchsten Haushaltseinkommen. Der Ort bietet aber nicht nur gute Chancen auf dem Arbeitsmarkt, er scheint zudem für Familien interessant zu sein, denn er hat die meisten Kinderhaushalte aller Vergleichskommunen.

---

[7] Auf das Quadrieren des Lebensalters wird verzichtet, weil nicht-lineare, auf Lebensphasen zurückzuführende Effekte im Zusammenhang mit dem Erwerbsstatus und der Haushaltsform hinreichend getestet werden können.

Tab. 7.2 Merkmale der Städte

Merkmal	GW	MW	GO	MO
Merkmale der amtlichen Statistik (Stichtag 31.12.2005)				
Arbeitslosenquote	14,8 %	12,6 %[a]	17,7 %	18,1 %
Schulden in Euro pro Einwohner	3.189	1.876	1.278	1.338
Außenwanderungssaldo pro 1000 Einwohner	13,7	−2,0	−2,4	−8,8
Gewerbesaldo pro 1000 Einwohner	3,8	1,5[a]	0,2	1,8
Merkmale der Bevölkerungsbefragung 2005				
Anteil der Abiturienten	35,6 %	27,2 %	29,9 %	16,7 %
Monatliches Haushaltsnettoeinkommen in Euro	2.395	2.549	1.766	1.912
Anteil keine oder niedrige Stellung im Beruf	27,9 %	27,4 %	34,6 %	31,6 %
Anteil hohe Stellung im Beruf	41,8 %	43,5 %	34,4 %	35,6 %
Durchschnittsalter in Jahren	41,7	43,9	43,0	48,6
Anteil noch nicht erwerbstätig	14,4 %	10,1 %	19,1 %	4,2 %
Anteil erwerbstätig	63,5 %	60,7 %	51,1 %	54,7 %
Anteil nicht erwerbstätig	5,8 %	4,5 %	9,3 %	12,2 %
Anteil nicht mehr erwerbstätig	16,2 %	24,7 %	20,5 %	28,8 %
Anteil Kinderhaushalte	24,2 %	35,1 %	30,9 %	22,8 %

GW Großstadt West, MW Mittelstadt West, GO Großstadt Ost, MO Mittelstadt Ost
[a] Angaben des zugehörigen Kreises

Die ostdeutsche Großstadt ist aufgrund wirtschaftlicher Defizite durch eine vergleichsweise hohe Arbeitslosenquote und einen moderaten Wanderungsverlust geprägt. Zugleich ist die Kommune pro Einwohner relativ gering verschuldet. Die Bewohner der ostdeutschen Großstadt sind unterdurchschnittlich mit ökonomischem und positionellem Kapital ausgestattet. Besonders gravierend ist die Unterversorgung beim Einkommen, das im Durchschnitt bei 1766 € liegt. Aber auch bei der Verteilung der Berufspositionen schneidet die ostdeutsche Großstadt am schlechtesten ab. Beim Erwerbsstatus wird häufiger angegeben, dass man noch nicht in das Erwerbsleben eingetreten ist und die Erwerbstätigen sind mit einem kleineren Anteil vertreten. Diese Großstadt ist durch eine überproportional jüngere Bevölkerungsgruppe geprägt, die nach Ausbildungsschluss aber schwieriger einen Arbeitsplatz am Ort finden wird. Deshalb besteht eine Tendenz der jüngeren, gut ausgebildeten Bevölkerungsgruppen, die Stadt zu verlassen.

Schließlich weist die ostdeutsche Mittelstadt vergleichsweise schlechte Lebensbedingungen auf. Sie hat die höchste Arbeitslosenquote und ein geringes Durchschnittseinkommen der Haushalte. Viele Einwohner verlassen den Ort und sorgen somit für die schlechteste Wanderungsbilanz aller vier Städte. Dabei ist der Bevölkerungsschwund stark selektiv. Vor allem jüngere, gut ausgebildete Bevölkerungsgruppen kehren der Stadt den Rücken. Die Folge ist eine Überalterung der Bevölkerung. Insbesondere gibt es dramatisch wenige Abiturienten, kaum Schüler, Auszubildende und Studenten, aber den höchsten Rentner- und Pensionärsanteil. Die Kommune hat zudem die wenigsten Kinderhaushalte. Die Stadt entspricht typischerweise ostdeutschen Mittelstädten, die von Bevölkerungsschwund und -überalterung geprägt sind.

Zwar kann jeder Ort durch seine spezifischen Ausprägungen zentraler Merkmale charakterisiert werden, dennoch gibt es einerseits Merkmalsbündel, die Ost-West-Differenzen aufzeigen, und andererseits Merkmalsbündel, die Großstädte und Mittelstädte separieren. Die bekannten Ost-West-Differenzen in Wirtschaft und Arbeitsmarkt lassen sich auch für die untersuchten Städte belegen. Die ostdeutschen Kommunen haben höhere Arbeitslosenquoten und geringere Haushaltsnettoeinkommen. Das ergibt sich sowohl aus der amtlichen Statistik als auch aus den Befragungsdaten. Ferner sind in den ostdeutschen Städten mehr Personen auf Arbeitssuche und die Stellung im Beruf ist wesentlich schlechter ausgeprägt als in den westdeutschen Städten. So gibt es vergleichsweise mehr Personen in niedrigeren und weniger Personen in höheren beruflichen Stellungen.

Während die Ost-West-Differenzen vor allem auf die unterschiedlichen Zustände der Wirtschaft und des Arbeitsmarkts zurückzuführen sind, bestehen spürbare Großstadt-Mittelstadt-Differenzen vor allem zwischen Bevölkerungsgruppen in unterschiedlichen Lebensphasen. Die Attraktivität der beiden Stadttypen lässt sich vor allem an den Merkmalen der Lebensphasen ablesen. Großstädte weisen eine jüngere Bevölkerung auf und haben entsprechend höhere Anteile unter den Schülern, Auszubildenden und Studenten. Mittelstädte haben dagegen verhältnismäßig mehr Rentner und Pensionäre, also Personen, die nicht mehr aktiv im Erwerbsleben stehen. In Großstädten leben zudem mehr Abiturienten als in Mittelstädten. Offensichtlich bieten die Großstädte vielfältigere Chancen an Ausbildungs- und Arbeitsplätzen als Mittelstädte.

Die schlechtere Arbeitsmarktlage in den ostdeutschen Städten ist eine wesentliche Ursache für die schlechtere Wanderungsbilanz gegenüber den westdeutschen Städten. Zugleich ist für die Wanderung auch die Großstadt-Mittelstadt-Differenz von Bedeutung. Diese lässt sich so interpretieren, dass in beiden Regionen Großstädte attraktiver als Mittelstädte sind. Die realen Differenzen zwischen den untersuchten Orten lassen bessere Möglichkeiten für den Zugang zu sozialem Kapital zunächst in den westdeutschen gegenüber den ostdeutschen Städten und sodann in den Großstädten gegenüber den Mittelstädten erwarten.

7.2 Analysen des sozialen Kapitals als Varietät der Ressourcenzugänge

Das soziale Kapital wurde über einen Ressourcengenerator erhoben (vgl. Abschn. 6.2). Die Eingangsfrage des Ressourcengenerators wurde derart formuliert, dass die Zugangsmöglichkeit Egos zu diesen Ressourcen durch seine direkten sozialen Beziehungen gemessen wird. Entsprechend der Operationalisierung des sozialen Kapitals (vgl. Gl. 6.3) wurde gefragt, ob potenzielle Hilfemöglichkeiten aus diesen egozentrierten Netzwerken bezogen werden können. Der verwendete Ressourcengenerator besteht aus 23 Items. Für die Itemauswahl zur Messung der sozialen Ressourcen wurden vielfältige Anforderungen berücksichtigt. Erstens beziehen sich die Ressourcenzugänge auf die allgemeine Bevölke-

7.2 Analysen des sozialen Kapitals als Varietät der Ressourcenzugänge

rung und nicht nur auf spezielle Gruppen. Damit lässt sich die Verteilung des sozialen Kapitals über Bevölkerungsgruppen hinweg vergleichen. Zweitens ergibt sich das Interesse an sozialen Ressourcen der allgemeinen Bevölkerung aus Lebensbedürfnissen und Handlungszielen. Mit dem Streben nach materiellem Wohlstand und sozialer Anerkennung sind in Abschn. 3.2 zwei allgemeine Handlungsziele genannt, die bei der Ressourcenauswahl berücksichtigt werden. Wenn Ego beispielsweise Zugang zu Personen hat, die ihm eine große Summe Geld borgen können, dient diese soziale Ressource eher materiellen Bedürfnissen (Ressourcenitem 18 in Tab. 7.3). Eher nach sozialer Zustimmung sucht Ego beispielsweise, wenn es Personen gibt, die für ihn da sind, nur um über den Tag zu reden (Item 5). Drittens spielen neben den Handlungszielen auch die Handlungssituationen eine Rolle. Es wurden Ressourcenbeispiele erfragt, die alltägliche Handlungssituationen als auch besondere Notfallsituationen widerspiegeln. Eher alltägliche soziale Unterstützungen sind zum Beispiel Ratschläge und Informationen erteilen oder Gespräche führen (Item 6). Dagegen ist das Angebot einer Unterkunft, weil die eigene Wohnung zeitweilig unbewohnbar ist, eher eine Hilfe in einer Notfallsituation (Item 3). Viertens sind unter Ressourcen nicht nur materielle Güter bzw. besitzanzeigende Eigenschaften zu verstehen, wie etwa die zeitweilige Unterkunft oder die geborgte Bargeldsumme. Ressourcen sind ebenso Handlungen der Alteri für Ego, also Dienstleistungen oder besser Freundschaftsdienste, wie das Reparieren von Haushaltsgeräten (Item 10). Neben Gütern und Dienstleistungen stellt die Versorgung mit Informationen eine dritte Ressourcenart dar, die beispielsweise in den Items 16 (medizinischer Rat) und 15 (juristischer Rat) zum Ausdruck kommt. Eine fünfte Unterscheidung der Ressourcen bezieht sich auf die Spezifität des Ressourceneinsatzes. Einige Ressourcen sind nur in spezifischen Handlungssituationen einsetzbar. Der Einkauf bei Krankheit bezieht sich nur auf den Umstand, dass Ego und gegebenenfalls alle weiteren Haushaltsmitglieder krank sind (Item 2). Diese Ressource ist an einen ganz spezifischen Handlungskontext (die Erkrankung der Haushaltsmitglieder) gebunden. Weniger spezifische Ressourcen sind in verschiedenen Handlungssituationen einsetzbar. So stellt der Hochschulabschluss eines Alters (Item 4) keine spezifische Ressource dar, wohl aber zeugt dies vom hohen personalen Kapital des Alters. Der Zugang zu diesem Humankapital kann für Ego in mehreren Situationen nützlich sein. Ähnlich verhält es sich, wenn Ego eine Person kennt, die im Rathaus arbeitet (Item 23). Über diese Person kann Ego beispielsweise Informationen über aktuelle kommunalpolitische Vorhaben aus erster Hand erhalten oder aber Anfragen, Eingaben oder Beschwerden an die betreffenden Stellen lenken oder Einfluss auf kommunalpolitische Belange ausüben.

In Tab. 7.3 sind die Häufigkeiten der einzelnen Items aufgeführt. Auf den ersten Blick ist eine starke Streuung der Items zwischen 33 und 95 % zu beobachten. Allerdings streuen die Items nicht zufällig über diese Bandbreite, vielmehr lassen sich einige Muster erkennen. Praktisch jedem Befragten (Items über 90 %) werden soziale Unterstützungsressourcen bereitgestellt, die in außergewöhnlichen Handlungssituationen abgerufen werden und deshalb relativ selten in Anspruch genommen werden. Die neun folgenden Nennungen beruhen auf speziellen Kenntnissen oder Fähigkeiten oder beinhalten weitere Unterstützungshandlungen. Diese Items stehen einer deutlichen Mehrheit problemlos zur Verfü-

Tab. 7.3 Soziales Kapital als Ressourcenzugänge

Nr.	Nennung[a]	Kurzbezeichnung	%	n
1	Beim Umzug helfen kann (packen, tragen)	Umzugshelfer	95,1	1.510
2	Einkäufe erledigen kann, sollten Sie und alle anderen Haushaltsmitglieder krank sein	Einkauf bei Krankheit	93,1	1.504
3	Ihnen eine Unterkunft für eine Woche bieten kann, wenn Sie zeitweilig Ihre Wohnung/Ihr Haus verlassen müssen	Unterkunft	93,0	1.494
4	Einen Hochschulabschluss hat	Hochschulabschluss	90,5	1.510
5	Für Sie da ist, nur um über den Tag zu reden	Tagesgespräch	88,4	1.504
6	Mit dem Sie diskutieren können, welche politische Partei Sie wählen werden	Wahldiskussion	88,3	1.492
7	Rat geben kann, wenn es Konflikte gibt, z. B. auf der Arbeit oder in der Familie	Rat im Konfliktfall	83,3	1.493
8	Sie bei ernsthaften Erkrankungen pflegen kann	Pflege bei Erkrankung	82,2	1.473
9	Öfter Theater oder Museen besucht	Theater/Museum	81,0	1.507
10	Geschick hat, um Haushaltsgeräte zu reparieren	Reparatur	77,2	1.507
11	Wissen über finanzielle Angelegenheiten hat (Steuer, Zuschüsse)	Finanzielles Wissen	76,7	1.499
12	Eine Menge über politische Angelegenheiten weiß	Politisches Wissen	75,6	1.492
13	Eine überregionale Tageszeitung liest (FAZ, Süddeutsche, ND o. ä.)	Zeitungsleser	69,2	1.460
14	mehr als 2500 € netto monatlich verdient	Vielverdiener	67,4	1.379
15	In Rechtsangelegenheiten Rat geben kann (z. B. Probleme mit dem Vermieter, Chef, Stadtverwaltung)	Juristischer Rat	64,0	1.503
16	Medizinischen Rat geben kann, wenn Sie unzufrieden mit Ihrem Arzt sind	Medizinischer Rat	62,6	1.499
17	Ihnen eine gute Referenz bieten kann, wenn Sie sich um eine Arbeitsstelle bewerben	Referenz für Bewerbung	62,1	1.376
18	Ihnen eine große Summe Geld borgen kann (z. B. 5000 €)	Geld borgen	58,0	1.430
19	Gelegentlich Menschen beschäftigt	Jobgeber	56,2	1.499
20	Ein Ferienhaus besitzt	Ferienhausbesitzer	46,8	1.495
21	Aktiv in einer politischen Partei mitarbeitet	Parteimitglied	43,9	1.509
22	Gute Kontakte zu einer Zeitung, zum Radio oder Fernsehen hat	Medienkontakte	42,1	1.507
23	Im Rathaus arbeitet	Rathausmitarbeiter	33,1	1.513

[a] Einleitend wurde gefragt: „Kennen Sie jemanden unter Ihren Familienangehörigen, Freunden und Bekannten, der…" Die Reihenfolge der Items ergibt sich aus der absteigenden Häufigkeit. Sie ist nicht mit der Reihenfolge der Abfrage identisch.

7.2 Analysen des sozialen Kapitals als Varietät der Ressourcenzugänge

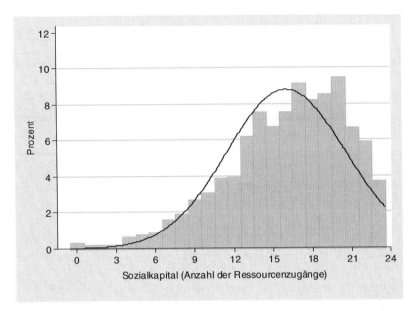

Abb. 7.1 Verteilung der Anzahl der Ressourcenzugänge

gung (Items zwischen 75 und 90 %). Es folgen Nennungen prestigeträchtiger Fähigkeiten, die immerhin noch einer Mehrheit der Befragten zur Verfügung stehen (zwischen 62 und 69 %). Schließlich gibt es sechs Items, die den Befragten nur in geringem Maße zur Verfügung stehen (33 bis 58 %). Es sind vor allem Items, die Zugang zu ökonomischem Sozialkapital und zu politischem und Öffentlichkeitssozialkapital ausdrücken. Diese können aufgrund der geringen Häufigkeiten als knappe soziale Ressourcen bezeichnet werden. Die Häufigkeitsverteilungen sozialer Ressourcen zeigen, dass praktisch jede Person mit sozialen Unterstützungsleistungen rechnet. Einen leichten Zugang findet man auch zu sozialem Kapital, das auf besonderen Kenntnissen, Fähigkeiten und Erfahrungen also auf personalem Kapital basiert. Relativ knapp sind die Zugänge zu ökonomischem Kapital. Schließlich kann nur eine Minderheit auf politische und Öffentlichkeitskontakte zugreifen.

Diese 23 Nennungen bilden die Basis einer Skala, die das gesamte soziale Kapital einer Person misst. Diese Skala orientiert sich an den theoretischen Vorgaben zur Messung sozialen Kapitals, wie sie in Gl. 6.3 ausgedrückt sind. Gleichwohl erfüllt die vorgenommene Messung nicht alle Voraussetzungen, wie sie dort vorgeschlagen werden. Die zu konstruierende Skala sozialen Kapitals basiert deshalb auf einigen vereinfachenden Annahmen. Zum Einen wird jeder Ressourcenzugang in Ermangelung einer Bewertung der Ressourcen gleichgewichtet. Zum Anderen werden zunächst keine Dimensionen sozialen Kapitals unterschieden, sondern alle 23 Ressourcenzugänge in einer Skala zusammengefasst. Der Summenscore „Anzahl der Ressourcenzugänge" schwankt zwischen 0 und 23 (vgl. Abb. 7.1). Der Mittelwert liegt bei 16,0 Ressourcenzugängen bei einer Standardabweichung von 4,5 ($n = 1511$). Reichlich zwei Drittel der Personen (68 %) liegen im Bereich zwischen 11,5 und 20,5 Punkten auf der Sozialkapitalskala. Verhältnismäßig viele Personen nennen 20 und mehr Ressourcenzugänge. Damit kommt zum Ausdruck, dass die Mehrheit der

Befragten gut mit sozialem Kapital ausgestattet ist und lediglich die knappen sozialen Ressourcen für eine Differenzierung zwischen den Personen sorgen.

Dieser Summenscore sozialen Kapitals wird in einem ersten Regressionsmodell zur Prüfung der Hypothesen H1 bis H4 eingesetzt. Tabelle 7.4 enthält die Ergebnisse der Regression, wobei neben den Regressionskoeffizienten und deren Standardfehlern auch die daraus resultierenden geschätzten Anzahlen der Ressourcenzugänge angegeben sind. Ein Ego-Akteur der Referenzgruppe (= Konstante) hat zu 16,9 Ressourcen Zugang. Zur Referenzgruppe gehören Personen mit mittlerem Einkommen, mittlerer Bildung, mittlerer Stellung im Beruf, in Erwerbstätigkeit, im Zwei-Personen-Haushalt ohne Kinder unter 18 Jahren lebend, im Durchschnittsalter von 44 Jahren, aus der westdeutschen Großstadt, die männlich sind und eine geringe Netzwerkdichte haben.

Deutliche, signifikante und relevante Effekte ergeben sich durch die Ressourcenausstattung Egos. Je besser Ego mit ökonomischem, personalem und positionellem Kapital ausgestattet ist, desto mehr Zugänge zu sozialem Kapital stehen ihm zur Verfügung. Für alle drei Ressourcen ergeben sich jeweils signifikante Differenzen von den mittleren Bevölkerungsgruppen sowohl für die ressourcenarmen als auch für die ressourcenreichen Bevölkerungsgruppen. Die Ressourcenzugänge ressourcenreicher Akteure steigen im Durchschnitt um 1,6 für ökonomisches Kapital, um 0,8 für personales Kapital und um 0,7 für positionelles Kapital gegenüber Akteuren mit mittlerer Ressourcenausstattung. Demgegenüber sinken die Ressourcenzugänge ressourcenarmer Akteure um 0,7 für ökonomisches Kapital, um ebenfalls 0,7 für personales Kapital und um 1,0 für positionelles Kapital. Die ungleiche Verteilung von Ressourcen setzt sich im sozialen Kapital fort. Die Akkumulationshypothese H1 wird damit bestätigt.

Um die Kompensationshypothese zu testen, wird analysiert, ob sich die Beträge der Koeffizienten für die ressourcenarmen und für die ressourcenreichen Akteure signifikant voneinander unterscheiden.[8] Dies soll am ökonomischen Kapital demonstriert werden. Der Koeffizient für niedriges Einkommen beträgt – 0,15 und der Koeffizient für hohes Einkommen liegt bei 0,38. Die Differenz zwischen den Beträgen der beiden Koeffizienten ist 0,23 und signifikant von null verschieden. Das bedeutet, dass die Wirkung des ökonomischen Kapitals nicht linear verläuft. Es ergibt sich im Zugang zu sozialem Kapital für die ressourcenarme Bevölkerungsgruppe eine geringere Abweichung von der mittleren Referenzgruppe (– 0,7 Ressourcenzugänge) als für die ressourcenreiche Bevölkerungsgruppe (+ 1,6 Ressourcenzugänge). Trotz geringem Haushaltseinkommen verfügen ressourcenarme Akteure über verhältnismäßig mehr soziales Kapital. Allerdings sind die Differenzen der Koeffizientenbeträge für die Bildung und für die Stellung im Beruf nicht signifikant

---

[8] Der Test der Kompensationshypothese setzt voraus, dass die Akkumulationshypothese bestätigt ist. Das heißt, der Koeffizient für Ressourcenarmut muss signifikant kleiner null und der Koeffizient für Ressourcenreichtum signifikant größer null sein. Sind beide Bedingungen erfüllt, muss der Signifikanztest der Differenz der Beträge beider Koeffizienten zeigen, ob Kompensation vorliegt oder nicht. Ist nur eine Bedingung nicht erfüllt, liegt bereits Kompensation vor (Zugleich gilt die Akkumulationshypothese als bestätigt). Sind beide Bedingungen nicht erfüllt, liegt nur Kompensation vor (Zugleich ist die Akkumulationshypothese widerlegt).

7.2 Analysen des sozialen Kapitals als Varietät der Ressourcenzugänge

Tab. 7.4 Logit-Modell der Anzahl der Ressourcenzugänge

Variable	Koeff. (b)	Standardfehler	Geschätzte Anzahl
Konstante	*1,016*	0,055	16,886
Ökonomisches Kapital			
Niedriges HH-Einkommen bis 1500 €	*−0,147*	0,039	16,204
Mittleres HH-Einkommen bis 3000 €	Referenzkategorie		
Hohes HH-Einkommen über 3000 €	*0,381*	0,043	18,439
Personales Kapital			
Niedrige Bildung bis 10 Klassen	*−0,153*	0,042	16,176
Mittlere Bildung bis 13 Klassen	Referenzkategorie		
Hohe Bildung über 13 Klassen	*0,193*	0,045	17,713
Positionelles Kapital			
Keine oder niedrige Stellung im Beruf	*−0,223*	0,040	15,835
Mittlere Stellung im Beruf	Referenzkategorie		
Hohe Stellung im Beruf	*0,151*	0,037	17,540
Lebensphasen bedingte soziale Kontexte			
Noch nicht erwerbstätig	*0,268*	0,066	18,012
Erwerbstätig	Referenzkategorie		
Nicht erwerbstätig	*−0,337*	0,053	15,261
Nicht mehr erwerbstätig	*−0,179*	0,051	16,050
Haushaltsgröße (zentriert)	*−0,048*	0,019	16,629
Kinderhaushalt (1 = ja)	−0,022	0,047	16,787
Alter (zentriert)	*−0,015*	0,002	15,720
Stadträumlicher Kontext			
Großstadt-West	Referenzkategorie		
Mittelstadt-West	0,001	0,045	16,891
Großstadt-Ost	*−0,365*	0,041	15,116
Mittelstadt-Ost	*−0,402*	0,044	14,924
Weitere Lebensbedingungen			
Geschlecht (1 = Frau)	−0,005	0,030	16,909
Netzwerkdichte	*0,180*	0,031	17,660
Modellstatistik			
Nenner (= Anzahl der Items)	23		
n	1.056		
Freiheitsgrade	17		
LR-χ^2	*1430,277*		
McFadden Pseudo-R^2	0,183		

Kursiv gedruckte und unterstrichene Koeffizienten sind signifikant auf $\alpha \leq 0,05$.
Die geschätzte Anzahl ergibt sich ausgehend von der Referenzgruppe für nominale Variablen aus der Zunahme um eine Einheit und für metrische Variablen (Alter und Haushaltsgröße) aus der Zunahme um die Standardabweichung.

von null verschieden. Somit gibt es lineare Effekte für das personale und das positionelle Kapital. Zwar tritt eine kompensierende Wirkung für den Zugang zu sozialem Kapital auf, aber für die zwei anderen Kapitalarten sprechen die Befunde gegen eine Kompensation. Somit wird die Kompensationshypothese H2 verworfen.

Die drei Komponenten der Lebensphasen wirken sich signifikant auf die Zugänge zu sozialem Kapital aus. Deutliche Effekte haben die Erwerbsphasen. Personen in Ausbildung, die noch nicht dem Arbeitsmarkt zur Verfügung stehen, haben 1,1 Punkte mehr soziales Kapital als die Referenzgruppe der Erwerbstätigen. Einen Malus auf das soziale Kapital erhalten Personen, die nicht mehr dem Arbeitsmarkt zur Verfügung stehen (– 0,8) sowie insbesondere erwerbslose Personen (– 1,6). Diese Effekte des Erwerbsstatus auf die Ressourcenzugänge entsprechen der Lebensphasenhypothese H3. Anders als erwartet, sinkt das soziale Kapital mit zunehmender Haushaltsgröße. Es ist erwartet worden, dass größere Haushalte mehr Kontaktchancen bieten. Der signifikant negative Effekt der Haushaltsgröße widerspricht der Lebensphasenhypothese H3. Vermutlich gilt die Hypothese in Bezug auf die Haushaltsgröße hauptsächlich für instrumentelle und emotionale Unterstützungsleistungen, die aber ohnehin den meisten Befragten zur Verfügung stehen. Das Lebensalter hat praktische Relevanz für den Aufbau sozialen Kapitals. Mit zunehmendem Alter sinkt die Verfügbarkeit von sozialem Kapital. Im Durchschnitt stehen bei einer Alterszunahme um rund 16 Jahre (Standardabweichung der Altersvariable) 1,2 Ressourcenzugänge weniger zur Verfügung. Zwar weisen Erwerbsstatus und Lebensalter in die vorhergesagte Richtung, aber aufgrund des negativen Haushaltseffekts ist die Lebensphasenhypothese H3 zu verwerfen.

Der stadträumliche Kontext hat eine spezifische Wirkung auf das soziale Kapital. Deutlich ist ein Ost-West-Unterschied erkennbar. Ostdeutsche haben ein um rund 2 Punkte geringeres Sozialkapital als Westdeutsche. Sowohl für Großstädte als auch für Mittelstädte ist diese Differenz signifikant. Bemerkenswert ist, dass diese Differenz auch unter Kontrolle zahlreicher Lebensbedingungen signifikant und relevant ist. Hingegen sind keine beachtenswerten Unterschiede zwischen Mittel- und Großstädten zu verzeichnen. Bei den Unterschieden zwischen den vier untersuchten Städten handelt es sich um regionale und nicht um stadttypische Unterschiede. Die Stadtraumhypothese H4 kann aufgrund der relevanten Ost-West-Unterschiede bestätigt werden.

Schließlich kann angemerkt werden, dass die Dichte des persönlichen Netzwerks selbst zur Akkumulation sozialen Kapitals einen positiven Beitrag leistet. Dichte Netzwerke bieten etwa 0,8 Punkte mehr soziales Kapital als lose Netzwerke. Im Vergleich aller Effekte auf den Aufbau sozialen Kapitals zeichnet sich die Ost-West-Differenz und das Lebensalter als Faktoren mit besonderer Relevanz ab. Zugleich sind die drei Ressourcenausstattungen für den Aufbau sozialen Kapitals bedeutend.

7.3 Analysen des sozialen Kapitals als Dimensionen

In diesem Abschnitt wird die Annahme, alle 23 Ressourcen lassen sich auf einer einheitlichen Skala additiv miteinander verknüpfen, zugunsten einer sowohl theorie- als auch realitätsgerechteren Annahme fallen gelassen. Im Abschn. 6.1 zur Operationalisierung des sozialen Kapitals wurde darauf hingewiesen, dass die Aggregation von Ressourcen nur erfolgen kann, wenn die einzelnen Ressourcen auf einer gemeinsamen Skala bewertet und gemessen werden. Realistischerweise ist das für die 23 Ressourcenitems nicht der Fall. Um die Bedingung vergleichbarer Ressourcen zur Konstruktion einer Sozialkapitalskala zu erfüllen, werden – einem Vorschlag Snijders (1999) folgend – geeignete Dimensionen des sozialen Kapitals auf einer theoretischen und empirischen Basis identifiziert. Gestützt auf Faktoren- und Clusteranalysen (vgl. Tab. 7.5) lassen sich fünf verschiedene Dimensionen des sozialen Kapitals aus den 23 Ressourcenzugängen identifizieren: das Unterstützungssozialkapital (USK), das Sozialkapital spezieller Fähigkeiten (KSF), das Bildungssozialkapital (BSK), das Prestigesozialkapital (PSK) sowie das politische und Öffentlichkeitssozialkapital (POK). Die extrahierten Dimensionen korrespondieren deutlich mit den vier theoretisch fundierten Dimensionen aus Abschn. 6.3. Lediglich die theoretische Dimension des Prestige- und Bildungssozialkapitals ist empirisch in zwei separaten Dimensionen extrahiert worden.

Das Unterstützungssozialkapital (USK) vereint die sechs Ressourcenzugänge Einkauf bei Krankheit (2), Umzugshelfer (1), Unterkunft (3), Rat im Konfliktfall (7), Pflege bei Erkrankung (8) und Tagesgespräch (5).[9] Es sind sowohl expressive Ressourcen als auch zeitintensive Hilfen. Die Ergebnisse der Reliabilitäts- und der Faktorenanalysen legen nahe, dass die Items miteinander auf einer Skala vergleichbar sind. Das Unterstützungssozialkapital bezieht sich auf konkrete Austauschhandlungen und ist die emotional-vertrauliche Komponente des sozialen Kapitals. Es beinhaltet soziale Ressourcen, die einer emotionalen und teilweise intimen Basis bedürfen. Der Wert der Ressourcen für Ego ergibt sich nicht allein aus den gewährten Unterstützungsleistungen, sondern zu einem gewissen Teil aus der Beziehungsperson, die diese Unterstützungen bereitstellt. Darüber hinaus muss ein besonders enges Vertrauensverhältnis zwischen den Beziehungspartnern herrschen, weil die Unterstützungsleistungen weit in die Privatsphäre Egos hineinreichen. Da ein Missbrauch bzw. ein Ausnutzen der Privatsphäre weitreichende negative Konsequenzen für Ego hätte, muss dem Beziehungspartner in hohem Maße Vertrauen entgegengebracht werden. Gleichwohl die Unterstützungsleistungen keine spezifischen Kenntnisse und Erfahrungen erfordern und daher praktisch von jedermann bereitgestellt werden können, kommt aufgrund der emotionalen Basis und des Vertrauensverhältnisses nur ein kleiner Personenkreis in Frage, der diese sozialen Ressourcen zur Verfügung stellt. Zudem ist zu erwarten, dass der Austausch dieses sozialen Kapitals in beiden Richtungen einer sozialen

---

[9] Die Aufzählung der Items erfolgt mit absteigender Repräsentationsgüte in der Faktorenanalyse. Die Zahlen in Klammern sind die Itemnummern aus Tab. 7.3.

Tab. 7.5 Skalierungsparameter der fünf Sozialkapitaldimensionen

Dimension	Itemanzahl	Reliabilitätsanalyse: Cronbachs Alpha	Faktorenanalyse: erklärte Varianz (%)
Unterstützungssozialkapital (USK)	6	0,68	39,7
Sozialkapital spezieller Fähigkeiten (KSF)	5	0,58	37,6
Bildungssozialkapital (BSK)	5	0,65	42,0
Prestigesozialkapital (PSK)	4	0,67	50,3
Politisches und Öffentlichkeitskapital (POK)	3	0,48	49,2

Es ergibt sich in allen Faktorenanalysen jeweils ein Faktor mit einem Eigenwert größer 1.

Beziehung erfolgt. Sowohl Ego als auch Alter werden diese Ressourcen für den anderen Beziehungspartner bereitstellen.

Das Sozialkapital spezieller Fähigkeiten (KSF) setzt sich aus den fünf Ressourcenzugängen juristischer Rat (15), finanzielles Wissen (11), medizinischer Rat (16), Referenz für Bewerbung (17) und Reparatur (10) zusammen. Um die Zugehörigkeit der fünf Items zu dieser Dimension zu prüfen, wurden eine Faktorenanalyse und eine Reliabilitätsanalyse berechnet. Wie erwartet ergibt sich in der Faktorenanalyse ein Faktor mit einem Eigenwert größer eins, der 37,6 % der Varianz erklärt. Das Item Reparatur nimmt eine Außenseiterrolle ein. Es fügt sich relativ schlecht in diese Dimension ein. Dies ist auch ein Grund für das relativ geringe Cronbachs Alpha (0, 58) der Reliabilitätsanalyse. Das Sozialkapital spezieller Fähigkeiten ist eine instrumentelle Komponente des sozialen Kapitals. Diese Sozialkapitaldimension versetzt Ego in die Lage, auf der Basis sozialen Austauschs im persönlichen Netzwerk Informationen und soziale Unterstützung zu erhalten, die man ebenso auf der Basis ökonomischen Austauschs in einer Marktbeziehung erhalten könnte. In arbeitsteiligen Gesellschaften werden diese Ressourcen in der Regel über komplementäre Beziehungen ausgetauscht. Diese Dimension umfasst somit Ressourcen, die sich in erster Linie dem Ziel des materiellen Wohlstandes zuordnen lassen. Die zugehörigen Ressourcenzugänge haben für Ego einen instrumentellen Wert.

Die dritte Dimension wird Bildungssozialkapital (BSK) genannt. Es ist die Wissens- und Erfahrungskomponente sozialen Kapitals. Die fünf Items dieser Dimension sind politisches Wissen (12), Zeitungsleser (13), Hochschulabschluss (4), Theater/Museum (9) und Wahldiskussion (6). Abermals zeigen die Skalierungsparameter an, dass die Zusammenfassung dieser Items sinnvoll ist. Diese Aspekte sozialen Kapitals messen indirekt das personale Kapital der Alteri und zeigen somit Wissensbestände, Informationen und Erfahrungen an, auf die Ego im Bedarfsfall zurückgreifen kann. Die Items indizieren ein hohes soziales Prestige für den Alteri. Mit dem Bildungssozialkapital sind keine direkten Austauschhandlungen impliziert. Die Ressourcenausstattung der Alteri wird in einem allgemeineren Sinn erhoben.

Die vierte Dimension beinhaltet das ökonomische Kapital der Alteri. Sie wird deshalb Prestigesozialkapital (PSK) genannt. Zu dieser Dimension gehören die vier Items Vielverdiener (14), Jobgeber (19), Geld borgen (18) und Ferienhausbesitzer (20). Diese Dimension umfasst wertvolle, knappe Güter und Dienstleistungen, die aufgrund des ökonomischen Hintergrundes am ehesten auf einer Skala miteinander vergleichbar sind. Dies wird durch die besten Skalierungsparameter aller fünf Sozialkapitaldimensionen erhärtet. In dieser Dimension werden relativ seltene und prestigeträchtige Ressourcen vereint. Ähnlich der dritten Dimension sind hiermit keine direkten Austauschhandlungen impliziert. Viel mehr handelt es sich um Zugänge zu ökonomischen, personalen und positionellen Kapitalien der Alteri, die vielseitig einsetzbar sind. Das Prestigesozialkapital stellt eher potenziell verfügbare, hochwertige soziale Ressourcen dar. Die Items indizieren hohes wirtschaftliches Prestige für den Besitzer. Die gemessenen Items geben indirekt an, dass Ego Zugang zum kleineren Kreis von Personen hat, die einen hohen ökonomischen Status haben und reich an ökonomischen und vor allem knappen Ressourcen sind. Diese Personen sind eher den oberen Schichten einer Gesellschaft zuzuordnen. Diese Dimension spricht den Zugang zu knappen und ungleich verteilten Ressourcen an. Aufgrund der eher seltenen Nennungen der zugehörigen Items geht mit dieser Dimension eine stärkere Differenzierung einher.

Schließlich werden mit der fünften Dimension des sozialen Kapitals Kontaktmöglichkeiten zusammengefasst, die den Weg in die (politische) Öffentlichkeit ebnen. Diese Dimension wird politisches und Öffentlichkeitssozialkapital (POK) genannt. Sie setzt sich aus den drei Items Parteimitglied (21), Rathausmitarbeiter (23) und Medienkontakte (22) zusammen. Die Vergleichbarkeit der Items auf einer Skala ist theoretisch und hinsichtlich der Faktorenanalyse auch empirisch gewährleistet. Lediglich der Reliabilitätswert (Alpha = 0,48) deutet nicht auf die Vergleichbarkeit hin; allerdings kann der geringe Wert auch der sehr kleinen Itemanzahl geschuldet sein. Mit dieser Dimension wird gemessen, inwiefern Ego Möglichkeiten hat, für Angelegenheiten von allgemeinem öffentlichem Interesse Ressourcen zu mobilisieren bzw. auf diese Angelegenheiten aufmerksam zu machen. Der Wert dieser sozialen Ressourcen liegt also in der Möglichkeit, Kanäle für zivilgesellschaftliches Engagement bereitzustellen. Es stellt eine Art Schlüsselposition zur Mobilisierung gesellschaftlicher Öffentlichkeit dar. Diese Dimension des Sozialkapitals spricht äußerst knappe und damit ebenso ungleich verteilte Ressourcen an. Deshalb trägt diese Dimension, wie das Prestige- und Bildungssozialkapital, zur stärkeren Differenzierung bei.

Die Dimensionen des sozialen Kapitals weisen zumindest akzeptable, in der Regel aber zufriedenstellende Skalierungsparameter auf. Zudem lassen sich sinnvolle Interpretationen für die jeweils zusammengefassten Items finden. Deshalb ist für jede Dimension sozialen Kapitals eine Skala gebildet worden. Diese Skalen werden in separaten empirischen Sozialkapital-Modellen eingesetzt. Die Verteilungsstatistiken dieser Skalen sind in Tab. 7.6 übersichtlich dargestellt. Die Spannweite der Skalen ergibt sich aus der Anzahl der Items; sie variiert zwischen 3 und 6 Items. Die Mittelwerte geben entsprechend an, wie viele Items im Durchschnitt unter der jeweiligen Dimension sozialen Kapitals zur Verfügung stehen. Weil aber die Spannweiten unterschiedlich sind, sind die Mittelwerte nicht direkt miteinander vergleichbar. Die relativen Mittelwerte können dagegen direkt miteinander verglichen werden, denn für sie wird die Spannweite bzw. die Anzahl der Items berücksichtigt. Unterstützungssozialkapital (89 %) und Bildungssozialkapital (81 %) sind weit verbreite-

Tab. 7.6 Univariate Statistiken der fünf Sozialkapitaldimensionen

Variable	Min	Max	Mittelwert	Standard-abweichung	Mittelwert/max	n
USK	0	6	5,373	1,119	0,895	1.430
KSF	0	5	3,464	1,396	0,693	1.350
BSK	0	5	4,068	1,229	0,814	1.417
PSK	0	4	2,302	1,386	0,575	1.310
POK	0	3	1,192	1,024	0,397	1.503

USK Unterstützungssozialkapital, KSF Sozialkapital spezieller Fähigkeiten, BSK Bildungssozialkapital, PSK Prestigesozialkapital, POK Politisches und Öffentlichkeitssozialkapital

te, gut zugängliche Kapitalarten. Das Sozialkapital spezieller Fähigkeiten ist hinreichend verfügbar. Im Durchschnitt kann Ego zu zwei Dritteln (69 %) über diese Ressourcenart verfügen. Als knappe Ressourcen stellen sich vor allem Prestigesozialkapital (57 %) und insbesondere politisches und Öffentlichkeitssozialkapital (40 %) dar.

Für die fünf Sozialkapitaldimensionen sind Logit-Regressionsmodelle mit Denominator berechnet worden (Tab. 7.7). In einem ersten Überblick über alle fünf Modelle zeigt sich, dass die Modellgüte in einem akzeptablen Bereich liegt (McFadden Pseudo-R^2-Werte zwischen 0,08 und 0,18). Die Wirkungsweise der sozialstrukturellen Lebensbedingungen auf den Zugang zu den Sozialkapitaldimensionen ist stark modellabhängig.

Das erste Modell testet die Hypothesen H1 bis H4 für das Unterstützungssozialkapital. Der Zugang zum Unterstützungssozialkapital wird durch ökonomisches, personales und positionelles Kapital in unterschiedlicher Weise gefördert. Für das Haushaltseinkommen gibt es einen positiven Zusammenhang, der die Akkumulationshypothese stützt. Insbesondere die Bevölkerungsgruppe mit hohem Einkommen kann signifikante Zuwächse in dieser Sozialkapitaldimension erzielen. Die Wirkung der Bildung ist anders als erwartet. Personen mit geringerer Bildung haben einen signifikant besseren Zugang zum Unterstützungssozialkapital als Personen mit mittlerer Bildung. Dagegen ist der positive Effekt der höheren Bildungsgruppe gegenüber der mittleren Bildungsgruppe nicht signifikant. Dieser kurvenförmige Effekt der Bildung widerspricht der Akkumulationshypothese. Die Stellung im Beruf hat dagegen keine praktische Relevanz für den Zugang zum Unterstützungssozialkapital. Zwar haben Personen in niedrigen beruflichen Stellungen weniger und Personen in hohen beruflichen Stellung mehr Unterstützungssozialkapital als die Referenzgruppe, aber diese Unterschiede sind nicht signifikant. Aufgrund der Effekte von Bildung und Berufsposition gilt die Akkumulationshypothese H3 im Modell des Unterstützungssozialkapitals als widerlegt.

Dagegen passen die Effekte der Ressourcenausstattung ins Bild der Kompensationshypothese. Das Haushaltseinkommen hat einen nicht-linearen, positiven Effekt auf den Zugang zum Unterstützungssozialkapital. Während die Bevölkerungsgruppe mit hohem Einkommen einen deutlich besseren Zugang als die Gruppe mit mittlerem Einkommen hat, gibt es zwischen den Bevölkerungsgruppen mit niedrigem und mittlerem Einkommen praktisch keinen Unterschied. Die untere Einkommensgruppe kann ihre Ressourcenarmut

7.3 Analysen des sozialen Kapitals als Dimensionen

Tab. 7.7 Logit-Modelle der fünf Sozialkapitaldimensionen

Variable	USK		KSF		BSK		PSK		POK	
Konstante	1,893	(0,167)	0,719	(0,120)	1,923	(0,148)	0,907	(0,135)	−0,319	(0,139)
Ökonomisches Kapital										
Niedriges HH-Einkommen bis 1500 €	0,006	(0,122)	−0,024	(0,088)	−0,340	(0,099)	−0,384	(0,097)	−0,114	(0,106)
Hohes HH-Einkommen über 3000 €	0,514	(0,142)	0,426	(0,094)	0,205	(0,121)	0,620	(0,103)	0,384	(0,101)
Personales Kapital										
Bildung bis 10 Klassen	0,286	(0,133)	0,089	(0,093)	−0,509	(0,109)	−0,465	(0,102)	−0,225	(0,108)
Bildung über 13 Klassen	0,239	(0,137)	0,216	(0,097)	0,552	(0,130)	0,143	(0,108)	0,267	(0,109)
Positionelles Kapital										
Keine oder sehr niedrige Stellung im Beruf	−0,227	(0,126)	−0,227	(0,091)	−0,343	(0,099)	−0,264	(0,101)	−0,249	(0,113)
Hohe Stellung im Beruf	0,200	(0,114)	0,223	(0,081)	0,333	(0,100)	0,124	(0,089)	0,046	(0,093)
Lebensphasen bedingte soziale Kontexte										
Noch nicht erwerbstätig	0,647	(0,260)	0,276	(0,145)	0,557	(0,173)	0,369	(0,154)	0,170	(0,164)
Nicht erwerbstätig	−0,622	(0,154)	−0,516	(0,115)	−0,185	(0,128)	−0,373	(0,136)	−0,573	(0,166)
Nicht mehr erwerbstätig	−0,311	(0,150)	−0,009	(0,117)	−0,053	(0,135)	−0,329	(0,129)	−0,233	(0,140)
Haushaltsgröße (zentriert)	−0,055	(0,061)	0,010	(0,042)	−0,097	(0,049)	−0,101	(0,045)	−0,068	(0,049)
Kinderhaushalt	−0,145	(0,155)	−0,119	(0,103)	0,027	(0,122)	0,126	(0,114)	0,026	(0,122)
Alter (zentriert)	−0,037	(0,005)	−0,025	(0,003)	−0,011	(0,004)	−0,007	(0,004)	−0,005	(0,004)

Tab. 7.7 (Fortsetzung)

Variable	USK		KSF		BSK		PSK		POK	
Stadträumlicher Kontext										
Mittelstadt-West	0,398	(0,147)	−0,144	(0,098)	−0,167	(0,123)	−0,230	(0,109)	0,334	(0,108)
Großstadt-Ost	0,016	(0,126)	−0,368	(0,092)	−0,403	(0,111)	−0,891	(0,101)	−0,388	(0,106)
Mittelstadt-Ost	0,014	(0,133)	−0,451	(0,097)	−0,539	(0,117)	−0,944	(0,109)	−0,298	(0,115)
Weitere Lebensbedingungen										
Geschlecht (1 = Frau)	0,366	(0,094)	−0,005	(0,067)	0,133	(0,079)	−0,265	(0,074)	−0,133	(0,078)
Netzwerkdichte	0,689	(0,097)	0,267	(0,069)	0,124	(0,083)	0,088	(0,077)	0,005	(0,081)
Modellstatistik										
Nenner (= Anzahl der Items)	6		5		5		4		3	
n	1.016		960		997		956		1.050	
Freiheitsgrade	17		17		17		17		17	
LR-χ^2-Test	332,269		303,207		440,599		609,08		236,3	
McFadden Pseudo-R^2	0,141		0,091		0,147		0,177		0,08	

Angegeben sind unstandardisierte Koeffizienten mit Standardfehlern in Klammern. Kursiv gedruckte und unterstrichene Koeffizienten sind signifikant auf $\alpha \leq 0{,}05$.

USK Unterstützungssozialkapital, KSF Sozialkapital spezieller Fähigkeiten, BSK Bildungssozialkapital, PSK Prestigesozialkapital, POK Politisches und Öffentlichkeitssozialkapital

7.3 Analysen des sozialen Kapitals als Dimensionen

im Vergleich zur mittleren Gruppe kompensieren. Der positive Bildungseffekt der Bevölkerungsgruppe mit niedriger Bildung kann als Zeichen einer Überkompensation gewertet werden. Schon allein diese Wirkung spricht für die Kompensationshypothese. Zudem gibt es zwischen den Bevölkerungsgruppen mit mittlerer und höherer Bildung praktisch keinen Unterschied. Beide Gruppen sind gleichermaßen, aber schlechter als die bildungsarmen Bevölkerungsgruppen mit Unterstützungssozialkapital ausgestattet. Schließlich spricht die Insignifikanz der Stellung im Beruf für die Kompensation. Damit lässt sich die Kompensationshypothese H2 für das Unterstützungssozialkapital bestätigen.

Die Lebensphasen – vor allem die Bestandteile Erwerbsstatus und Lebensalter – haben starke Effekte auf das Unterstützungssozialkapital. Personen in Ausbildung verfügen im Vergleich zu erwerbstätigen Personen über deutlich mehr Unterstützungssozialkapital. Erwerbslose Personen sowie Rentner und Pensionäre haben demgegenüber deutlich weniger Zugang zum Unterstützungssozialkapital. Allgemein fällt der Zugang zu dieser Dimension sozialen Kapitals mit steigendem Lebensalter schwerer. Diese Effekte bestätigen die Lebensphasenhypothese H3 für den Zugang zum Unterstützungssozialkapital.

Der stadträumliche Kontext weist mit einer Ausnahme im Prinzip keine Unterschiede im Sozialkapitalzugang auf. Es lassen sich keine Ost-West- oder Großstadt-Mittelstadt-Unterschiede nachweisen. Der Zugang zum Unterstützungssozialkapital weist demnach keine systematischen Differenzen zwischen den untersuchten Städten auf. Lediglich die westdeutsche Mittelstadt hebt sich positiv ab. Den Bewohnern dieser, mit Abstand kleinsten Stadt gelingt es signifikant besser, über Unterstützungssozialkapital zu verfügen als den Bewohnern anderer Kommunen. Insgesamt kann aber die Stadtraumhypothese H4 für das Unterstützungssozialkapital nicht bestätigt werden.

Schließlich fällt es Frauen leichter als Männern, Zugang zu dieser speziellen Dimension sozialen Kapitals zu finden. Daneben gelingt es Personen mit dichten egozentrierten Netzwerken, einen relevanten Vorteil für ihr Unterstützungssozialkapital zu erzielen. Insgesamt zeigt sich, dass der Zugang zum Unterstützungssozialkapital stärker über die Lebensphasen und weitere sozialstrukturelle Lebensbedingungen (Geschlecht, persönliches Netzwerk) geprägt ist als durch die Ressourcenausstattung Egos oder den Stadtraum. Zwar ist mit der Kompensationshypothese erwartet worden, dass die Effekte der Ressourcenausstattung nicht linear verlaufen. Dennoch ist es überraschend, dass Personen mit einem niedrigen Bildungsabschluss einen besseren Zugang zum Unterstützungssozialkapital haben als Personen mit einem mittleren Bildungsabschluss.

Das Sozialkapital spezieller Fähigkeiten ist die zweite Dimension sozialen Kapitals. Es verweist auf die instrumentelle Komponente sozialen Kapitals. Im Unterschied zum Unterstützungssozialkapital ist diese Sozialkapitaldimension nicht für alle Personen leicht zugänglich. Die Effekte der drei Ressourcenausstattungen verlaufen in die von der Akkumulationshypothese vorhergesagte Richtung. Die jeweiligen ressourcenreichen Bevölkerungsgruppen setzen sich in allen drei Kapitalarten deutlich von der Masse ab, wobei der Effekt für das Haushaltseinkommen größer ist als für die Bildung und die Stellung im Beruf. Die ressourcenreicheren Bevölkerungsgruppen können ihren Ausstattungsbonus nutzen, um viel Sozialkapital spezieller Fähigkeiten zu akkumulieren. Die Akkumulationshypothese H1 kann somit für diese Sozialkapitaldimension bestätigt werden. Während die Koeffizienten der Stellung im Beruf einen linearen Effekt anzeigen, sind die Effekte des Haushaltseinkommens und der Bildung nicht linear. Die ressourcenärmeren Bevölkerungsgruppen unterscheiden sich nicht von den jeweiligen mittleren Gruppen in ihrer Ausstattung mit Sozialkapital spezieller Fähigkeiten. Mit anderen Worten, es gelingt den an ökonomischem und personalem Kapital ärmeren Bevölkerungen, diesen Ausstattungsmalus durch die spezifische Art des sozialen Kapitals zu kompensieren. Damit ist die Kompensationshypothese H2 bestätigt.

Die Lebensphasen haben nur durch zwei Merkmale praktischen Einfluss auf den Zugang zu dieser Sozialkapitaldimension. So haben erwerbslose und ältere Personen Schwierigkeiten, über Sozialkapital spezieller Fähigkeiten zu verfügen. Andere Kategorien des Erwerbsstatus und der Haushaltsform haben keine signifikanten Effekte, verlaufen aber tendenziell in die vorhergesagte Richtung. Somit lässt sich insgesamt die Lebensphasenhypothese H3 für das Sozialkapital spezieller Fähigkeiten bestätigen. Das Sozialkapital spezieller Fähigkeiten wird in starkem Maße vom Wohnort beeinflusst. Die Chancen, dieses Sozialkapital aufzubauen, sind in westdeutschen Städten wesentlich günstiger als in ostdeutschen Städten. Dagegen sind Großstädte gegenüber Mittelstädten nur tendenziell besser gestellt. Einen signifikanten oder gar relevanten Unterschied gibt es nicht. Die Bestätigung der Stadtraumhypothese H4 begründet sich somit auf die regionalen Unterschiede. Zudem ergibt sich im Modell ein signifikant-positiver Effekt der Dichte des persönlichen Netzwerks. Der Zugang zum Sozialkapital spezieller Fähigkeiten wird durch ein dichtes persönliches Netzwerk Egos gefördert. Dies erklärt teilweise die Kompensationsleistungen ressourcenarmer Bevölkerungsgruppen, die oftmals kleinere, aber dichte egozentrierte Netzwerke haben.

Als dritte Dimension wurde das Bildungssozialkapital mit einem Regressionsmodell untersucht. Bildungssozialkapital bezieht sich insbesondere auf personales Kapital der Alteri. Durch den Fokus auf das personale Kapital kommt der Bildung aber auch der Stellung im Beruf ein größeres Gewicht zu als dem Haushaltseinkommen. Insgesamt hat die Ressourcenausstattung eine große Bedeutung für den Zugang zum Bildungssozialkapital. Allen voran gibt es einen positiven und starken Effekt der Bildung. Auch die Stellung im Beruf hat einen positiven Einfluss auf den Zugang zum Bildungssozialkapital. Für die beiden Indikatoren des personalen und positionellen Kapitals gibt es signifikante Unterschiede zwischen ressourcenarmen, mittleren und ressourcenreichen Bevölkerungsgruppen. Das Haushaltseinkommen hat ebenfalls einen positiven Effekt, allerdings gibt es keine relevanten Unterschiede zwischen den mittleren und oberen Einkommensgruppen. Somit wird die Akkumulationshypothese H1 durch alle drei Ressourcenausstattungen bestätigt. Die Effekte der Bildung und der beruflichen Stellung verlaufen allerdings linear, d. h. die Differenzen von der mittleren Bevölkerungsgruppe nach oben und nach unten sind annähernd gleich. Lediglich das Haushaltseinkommen hat eine kompensierende Wirkung, weil sich mittlere und obere Einkommensgruppen nicht signifikant im Zugang zum Bildungssozialkapital unterscheiden. Mit diesen Befunden muss die Kompensationshypothese H2 für diese Sozialkapitaldimension fallen gelassen werden.

7.3 Analysen des sozialen Kapitals als Dimensionen

Die Lebensphasen sind beachtenswerte Einflussfaktoren, auch wenn die Wirkung dieser Indikatoren nicht die Bedeutung der Ressourcenausstattung erlangt. Die größte Wirkung geht vom Erwerbsstatus aus. Für Personen in Ausbildung gibt es einen starken Bonus auf das Bildungssozialkapital, der wohlgemerkt unter Kontrolle des ohnehin starken Effekts der Bildung Egos zu verzeichnen ist. Erwerbslose und nicht mehr erwerbstätige Personen haben nur tendenziell weniger Zugang zum Bildungssozialkapital. Mit zunehmender Anzahl der Haushaltsmitglieder steht weniger Bildungssozialkapital zur Verfügung. Dieser signifikante Effekt widerspricht der Erwartung, dass sich durch einen größeren Haushalt mehr Optionen für den Aufbau sozialen Kapitals ergeben. Schließlich haben jüngere Personen bessere Zugänge zu Bildungssozialkapital als ältere Personen. Wegen des negativen Effekts der Haushaltsgröße ist die Lebensphasenhypothese H3 zu verwerfen.

Zwischen den Stadträumen zeigt sich wiederum eine ausgeprägte Ost-West-Differenz. Bewohner ostdeutscher Städte verfügen in geringerem Maße über Bildungssozialkapital als Bewohner westdeutscher Städte. Keine Relevanz hat dagegen die Unterscheidung von Groß- und Mittelstädten. Zwar sind Mittelstadtbewohner tendenziell schlechter mit Bildungssozialkapital ausgestattet als Großstadtbewohner, aber signifikant sind die Unterschiede nicht. Dennoch wird aufgrund der Ost-West-Differenz die Stadtraumhypothese H4 bestätigt.

Das Prestigesozialkapital ist neben dem Bildungssozialkapital eine Dimension, die auf allgemeine Eigenschaften der Alteri abzielt. Allerdings ist es deutlich weniger zugänglich als das Bildungssozialkapital. Diese Dimension bezieht sich auf allgemeine aber prestigeträchtige Güter und Eigenschaften der Beziehungspartner. Entsprechend hat die Ressourcenausstattung Egos eine hohe praktische Relevanz für diese Sozialkapitaldimension. Aufgrund des ökonomischen Charakters dieser Dimension spielt vor allem das Haushaltseinkommen eine große Rolle. So gibt es sehr deutliche Unterschiede zwischen den drei Einkommensgruppen, die einen positiven Zusammenhang zwischen ökonomischem und sozialem Kapital anzeigen. Doch nicht allein mit zunehmendem Haushaltseinkommen erhält man Zugang zum Prestigesozialkapital. Für Bildung und Stellung im Beruf können ebenso positive Zusammenhänge berichtet werden. Allerdings sind es jeweils die Bevölkerungsgruppen mit niedriger Ressourcenausstattung, die über signifikant weniger Prestigesozialkapital verfügen, während es praktisch keine Unterschiede zwischen den mittleren und oberen Bevölkerungsgruppen gibt. Damit wird die Akkumulationshypothese H1 bestätigt. Für das personale und das positionelle Kapital sind die Unterschiede von der mittleren zur niedrigeren und zur höheren Ausstattungsgruppe jedoch nicht gleich. Das verweist auf nicht-lineare Effekte. Die Bevölkerungsgruppen mit höherer Bildung und mit höherer beruflicher Stellung sind gegenüber den mittleren Gruppen nicht in der Lage, aus ihrem Ressourcenreichtum einen Vorteil für den Zugang zu sozialem Kapital zu ziehen. Diese Resultate bestätigen die Kompensationshypothese H2 für das Prestigesozialkapital.

Erwerbsstatus und Haushaltsgröße als Bestandteile der Lebensphasen beeinflussen signifikant das Prestigesozialkapital. Insbesondere der Erwerbsstatus hat relevante Effekte. Personen in Ausbildung erhalten einen Bonus und erwerbslose Personen sowie nicht mehr erwerbstätige Personen einen Malus auf das Prestigesozialkapital. Ausbildungs- und

Arbeitsplätze sind demnach besonders relevante soziale Kontexte für den Zugang zu Prestigesozialkapital. Von geringer Relevanz ist der Effekt der Haushaltsgröße. Er ist jedoch negativ und widerspricht somit der Lebensphasenhypothese. Haushaltsmitglieder bieten gerade keinen kontaktreichen Kontext für den Zugang zum Prestigesozialkapital. Tendenziell zeigt sich der erwartete negative Effekt des Lebensalters, allerdings ohne signifikante Wirkung. Aufgrund des negativen Effekts der Haushaltsgröße muss die Lebensphasenhypothese H3 verworfen werden.

Der stadträumliche Kontext ist ein besonders relevanter Einflussfaktor für das Prestigesozialkapital. Vor allem die regionalen Ost-West-Unterschiede sind gravierend. Bewohner westdeutscher Städte verfügen über wesentlich mehr Prestigesozialkapital als die Bewohner der ostdeutschen Vergleichsstädte. Dies liegt vor allem am Bevölkerungsaufbau. So gibt es in westdeutschen Städten mehr Personen mit hohem ökonomischen Kapital. Entsprechend leichter ist es, solche Personen zu finden und mit ihnen eine soziale Beziehung zu etablieren. Zudem gibt es einen schwachen Unterschied zwischen Großstädten und Mittelstädten, der aber bei weitem nicht die Dimensionen des Ost-West-Unterschieds annimmt. Die Möglichkeiten des Zugangs zu Prestigesozialkapital sind in Großstädten tendenziell besser als in Mittelstädten. Damit wird die Stadtraumhypothese H4 bestätigt. Ferner gelingt es Männern besser als Frauen diese Sozialkapitaldimension aufzubauen. Insgesamt wird das Prestigesozialkapital vor allem durch die Ressourcenausstattung und den stadträumlichen Kontext beeinflusst. Den größten Einfluss auf diese Sozialkapitaldimension hat der Wohnort gefolgt vom Haushaltseinkommen.

Die fünfte Dimension ist das politische und Öffentlichkeitssozialkapital, dessen Verfügbarkeit mit einem Regressionsmodell geprüft wird. Das politische und Öffentlichkeitssozialkapital vereint Kontakte in die weitere Gemeinschaft bzw. zu gesellschaftlichen Schlüsselpositionen in den Bereichen Politik und Medien. Typischerweise ist die Menge der Akteure, die Kontakte in den politischen und öffentlichen Bereich bieten können wesentlich kleiner, als die Menge der Akteure, die soziale Unterstützung bereitstellen können. Dies deutet darauf hin, dass für den Aufbau des politischen und Öffentlichkeitskapitals größere Anstrengungen nötig sind als für andere Sozialkapitalarten. Die Ressourcenausstattung mit ökonomischem, personalem und positionellem Kapital ist ein wichtiger Faktor für den Zugang zu dieser Sozialkapitaldimension. Alle drei Kapitalarten haben einen positiven Effekt auf das politische und Öffentlichkeitssozialkapital. Das Haushaltseinkommen wirkt sich besonders positiv für das reichere Bevölkerungsdrittel aus. Untere und mittlere Einkommensgruppen unterscheiden sich praktisch nicht in der Wirkung auf das Öffentlichkeitssozialkapital. Zwischen den Bevölkerungsgruppen mit niedriger, mittlerer und höherer Bildung liegen jeweils signifikante Zuwächse im politischen und Öffentlichkeitssozialkapital. Hinsichtlich der Stellung im Beruf ergibt sich nur für die unteren Berufspositionen ein Abschlag auf das politische und Öffentlichkeitssozialkapital. Zwischen mittlerer und hoher Stellung im Beruf gibt es keine relevanten Unterschiede. Damit wird die Akkumulationshypothese H1 für diese Sozialkapitaldimension bestätigt. Das Haushaltseinkommen und die Stellung im Beruf weisen kompensatorische Wirkungen auf, während die Bildung einen linearen Effekt hat. Zwischen den Bevölkerungsgruppen mit niedrigem und mittlerem Haushaltseinkommen sowie in mittlerer und hoher beruflicher Stellung gibt es keine signifikanten Unterschiede, so dass jeweils Kompensationen in der Ressourcenausstattung vorliegen. Die Kompensationshypothese H2 kann für das politische und Öffentlichkeitssozialkapital bestätigt werden.

Von den Komponenten der Lebensphasen gehen praktisch keine Effekte aus. Sie haben somit kaum Bedeutung für den Zugang zu politischem und Öffentlichkeitssozialkapital. Einzig die erwerbslosen Personen sind viel weniger in der Lage über Öffentlichkeitssozialkapital zu verfügen als erwerbstätige Personen. Tendenziell haben Personen in Ausbildung umfangreicheres und nicht mehr erwerbstätige Personen weniger Öffentlichkeitssozialkapital. Diese Effekte sind allerdings nicht signifikant. Praktisch keine Rolle spielen die Haushaltsform und das Lebensalter beim Zugang zu dieser Sozialkapitaldimension. Einzig aufgrund des Erwerbsstatus kann die Lebensphasenhypothese H3 bestätigt werden. Der stadträumliche Kontext hat signifikante Effekte. Der Zugang zu politischem und Öffentlichkeitssozialkapital ist in der westdeutschen Mittelstadt am größten, gefolgt von der westdeutschen Großstadt und den ostdeutschen Städten. Wiederum ist ein deutlicher Ost-West-Unterschied festzustellen, der abermals die Benachteiligung der Bewohner ostdeutscher Städte beim Zugang zu sozialem Kapital nachweist. Parallel zur Ost-West-Differenz finden Mittelstadtbewohner eher als Großstadtbewohner Zugang zum Öffentlichkeitssozialkapital. Das gilt in signifikantem Maße für die westdeutsche Mittelstadt. Offenbar erlaubt es die geringere Einwohnerzahl der Mittelstädte, sich leichter Kontakte in politisch-öffentliche Sphären zu erarbeiten. Dieser Aspekt widerspricht der Stadtraumhypothese H4, die damit nicht bestätigt wird. Das politische und Öffentlichkeitssozialkapital wird durch die Ressourcenausstattung und den stadttypischen Kontext geprägt. Die Lebensphasen spielen eine marginale Rolle.

Abschließend werden die Hypothesentests und Effekte zwischen den Modellen der fünf Sozialkapitaldimensionen verglichen. Keine der vier Hypothesen wird in allen Modellen bestätigt oder widerlegt. Dafür sind die identifizierten Dimensionen zu heterogen. Dennoch kann resümiert werden, dass die Ausstattung mit ökonomischem, personalem und positionellem Kapital wie auch die Lebensphasen bedingten sozialen und stadträumlichen Kontexte wichtige sozialstrukturelle Lebensbedingungen im Zugang zu sozialem Kapital sind. Die Akkumulationshypothese schlägt nur beim Unterstützungssozialkapital fehl, insbesondere weil die Bevölkerungsgruppe der niedrig gebildeten Personen Zugang zu mehr Sozialkapital hat als andere Bildungsgruppen. Auch die Kompensationshypothese wird überwiegend bestätigt und nur im Modell des Bildungssozialkapitals widerlegt. Die Lebensphasenhypothese wird für Bildungs- und Prestigesozialkapital widerlegt, weil die Haushaltsgröße in beiden Modellen einen nicht erwarteten negativen Effekt hat. Große Haushalte eröffnen damit nicht mehr Chancen und Kontaktmöglichkeiten im Zugang zu sozialem Kapital. Schließlich wird die Stadtraumhypothese im Wesentlichen von den Ost-West-Differenzen getragen, die nach wie vor substanzielle Benachteiligungen in ostdeutschen Kommunen nahelegen. Die beiden Falsifizierungen der Stadtraumhypothese für das Unterstützungssozialkapital und das politische und Öffentlichkeitssozialkapital gründen auf den Mittelstadt-Großstadt-Unterschieden. Für beide Sozialkapitaldimensionen bietet zumindest eine Mittelstadt bessere Zugangsmöglichkeiten und Kontaktgelegenheiten als die Großstädte.

Im Vergleich der fünf Sozialkapitaldimensionen fällt auf, dass das Unterstützungssozialkapital eine Sonderstellung einnimmt. In dieser Dimension wirken viel stärker die Lebensphasen und die Dichte des persönlichen Netzwerks. Die Ressourcenausstattung ist zwar relevant, insbesondere stehen mehr Zugangsmöglichkeiten offen, wenn man über hohes Haushaltseinkommen verfügen kann. Aber das positionelle Kapital ist bedeutungslos und das personale Kapital wirkt überkompensierend. Stadttypische Kontexteigenschaften erwecken eher den Eindruck der Zufälligkeit und auch der sonst starke Ost-West-Gegensatz spielt gar keine Rolle.

Für die beiden Dimensionen, die explizit konkrete Austauschhandlungen beinhalten (Unterstützungssozialkapital und Sozialkapital spezieller Fähigkeiten), begünstigt ein dichtes Netzwerk den Zugang zu sozialem Kapital. In den anderen Dimensionen spielt die Netzwerkdichte dagegen keine Rolle. Dies deutet darauf hin, dass tatsächliche Unterstützungsleistungen für Ego von dem Teil des persönlichen Netzwerks geleistet werden, in dem enge persönliche Vertrauensbeziehungen zwischen allen Netzwerkmitgliedern herrschen. Dagegen wird der Zugang zu relativ allgemeinen sozialen Ressourcen (ökonomisches und personales Kapital, Öffentlichkeitskontakte) sowohl von diesen engen persönlichen Vertrauensbeziehungen als auch von losen, gelegentlichen Kontakten, die kaum miteinander verbunden sind, gewährleistet. Entsprechend spielt die Netzwerkdichte für diese Sozialkapitaldimensionen keine Rolle. Um dies etwas genauer untersuchen zu können, werden im nächsten Abschnitt die fünf Sozialkapital-Modelle erweitert, indem die Personenkreise einbezogen werden, durch die das soziale Kapital zugänglich ist.

7.4 Analysen der Sozialkapitaldimensionen nach Personenkreisen

Soziales Kapital, wie es in der Gl. 6.3 dargestellt ist, konnte bisher nur unter einschränkenden Bedingungen operationalisiert werden. In diesem Abschnitt wird wieder eine dieser Einschränkungen gelockert. Neben der Festlegung bestimmter Ressourcenbereiche, die eine Vergleichbarkeit der Ressourcenzugänge erlauben, ist die Hilfsbereitschaft der Alteri eine wichtige Bedingung für die Bestimmung des sozialen Kapitals. Zwei Annahmen über die Hilfsbereitschaft der Alteri wurden im bisherigen Vorgehen berücksichtigt. In Abschn. 6.1 wurde argumentiert, dass es letztlich belanglos ist, wie viele Alteri eine bestimmte Ressource zur Verfügung stellen können. Entscheidend ist, ob Ego überhaupt einen Zugang zu irgendeinem Alter hat, der über die gesuchte Ressource verfügt. Mit diesem Argument war implizit eine zweite Annahme verbunden. Bisher wurde unterstellt, dass jeder Alter in gleichem Maße hilfsbereit ist und die betreffende Ressource auch zur Verfügung stellt. Es ist aber realistischerweise nicht zu erwarten, dass soziale Ressourcen unabhängig von der Person zur Verfügung gestellt werden. Die Hilfsbereitschaft der Alteri wird unter anderem durch das Ausmaß ausstehender Verpflichtungen gegenüber Ego beeinflusst. Dieses geht einher mit der Beziehungsstärke, der normativen und der emotionalen Bindung. Alteri, die starke Beziehungen mit hoher normativer und emotionaler Bindung sowie hohen Verpflichtungen zu Ego unterhalten, sind eher bereit, Unterstützung zu gewähren.

Diese Faktoren lassen sich in drei Personenkreisen bündeln. Zu Familienangehörigen und Verwandten liegen hohe normative und emotionale Bindungen gepaart mit hoher Beziehungsstärke vor. An zweiter Stelle folgen die Freundschaften, die ebenfalls auf starken Beziehungen mit emotionaler Bindung basieren. Dagegen sind die Bekanntschaften durch schwache Beziehungen mit nur geringer emotionaler Bindung geprägt. Somit ist zu erwarten, dass die Hilfs- und Unterstützungsbereitschaft ausgehend von Familienangehörigen und Verwandten über Freundschaften hin zu Bekanntschaften abnimmt.

Für die 23 Ressourcenzugänge ist nicht nur der generelle Zugang bekannt, sondern auch inwiefern diese Ressourcen über die drei Personenkreise zur Verfügung stehen (Tab. 7.8). Die Ressourcenzugänge aus dem Familienkreis (6–77%) und aus dem Freundeskreis (8–76%) variieren im gleich großen Umfang. Hingegen ist soziales Kapital aus dem Bekanntenkreis seltener verfügbar (7–51%). Die Verteilung der Personenkreise über die Items verläuft für den Familienkreis und den Freundeskreis parallel zur Gesamthäufigkeit, wenn man von wenigen Ausnahmen absieht. Für den Bekanntenkreis ist diese Parallelität nicht gegeben. Es gibt nur wenige Ressourcenzugänge, die speziell einem Personenkreis vorbehalten sind. Typische Familienressourcen sind Pflege bei Erkrankung (Item 8) und Geld borgen (Item 18). Während es keine typischen Freundschaftsdienste gibt, sind politische Kontakte zu Parteimitgliedern (Item 21) und zu Rathausmitarbeitern (Item 23) vorrangig in Bekanntschaftsbeziehungen zu finden.

An der Bereitstellung von Unterstützungssozialkapital sind nur zwei Personenkreise beteiligt, nämlich der Familienkreis mit etwas Abstand gefolgt vom Freundeskreis. Die Ressourcen des Unterstützungssozialkapitals, vor allem diejenigen mit hohem zeitlichen und materiellen Aufwand (Pflege bei Erkrankung), werden in erster Linie durch den Familienkreis bereitgestellt. Die Ressourcen des Unterstützungssozialkapitals, die auf Kommunikation basieren (Rat im Konfliktfall und Tagesgespräch) werden gleichberechtigt durch den Familien- und den Freundeskreis bereitgestellt. Das Sozialkapital spezieller Fähigkeiten, das Bildungssozialkapital und das Prestigesozialkapital sind über alle drei Personenkreise gleichermaßen zugänglich, wobei sich eine leichte Abstufung vom Familienkreis über den Freundeskreis zum Bekanntenkreis ergibt. Dies gilt vor allem für Ressourcen, die Informationen bereitstellen, wie Referenzen für Bewerbungen, juristische Ratschläge, politisches Wissen und Zeitungsleser. Beinhalten die Ressourcen dagegen einen zeitlichen oder materiellen Aufwand für die Alteri, wie zum Beispiel Reparaturen und insbesondere Geld borgen, wird abermals deutlich der Familienkreis bevorzugt.

Bemerkenswert ist, dass knappes Sozialkapital, wie das politische und Öffentlichkeitssozialkapital und einige Items des Prestigesozialkapitals eher über den Bekanntenkreis als über die Familien- und Freundeskreise zugänglich sind. Auf niedrigem Niveau sind es vor allem die Bekannten, die diese Kontakte in die politische Sphäre bzw. in die Öffentlichkeit bieten. Zusammenfassend lässt sich sagen, dass unterstützende Ressourcen am stärksten durch den Familienkreis getragen werden, dicht gefolgt von den Freundschaftsbeziehungen. Je verpflichtender und aufwendiger diese Ressourcenbereitstellung ist, desto stärker

Tab. 7.8 Ressourcenzugänge nach Personenkreis in Prozent

	Nennung	Gesamt	Familie	Freunde	Bekannte	n
1	Umzugshelfer	95,1	75,5	75,5	51,4	1.505
2	Einkauf bei Krankheit	93,1	60,3	62,3	34,5	1.503
3	Unterkunft	93,0	76,7	60,0	23,0	1.489
4	Hochschulabschluss	90,5	69,0	59,3	49,8	1.508
5	Tagesgespräch	88,4	69,4	60,1	28,4	1.499
6	Wahldiskussion	88,3	67,5	63,4	35,7	1.490
7	Rat im Konfliktfall	83,3	52,2	54,2	28,5	1.493
8	Pflege bei Erkrankung	82,2	75,0	22,8	6,1	1.470
9	Theater/Museum	81,0	51,5	47,7	38,1	1.502
10	Reparatur	77,2	51,8	30,0	26,5	1.505
11	Finanzielles Wissen	76,7	43,6	31,2	30,4	1.495
12	Politisches Wissen	75,6	41,6	37,5	36,5	1.486
13	Zeitungsleser	69,2	44,9	37,5	31,8	1.455
14	Vielverdiener	67,4	42,5	33,6	35,7	1.368
15	Juristischer Rat	64,0	23,6	26,2	29,2	1.500
16	Medizinischer Rat	62,6	30,9	28,1	22,6	1.496
17	Referenz für Bewerbung	62,1	24,1	30,0	38,5	1.365
18	Geld borgen	58,0	48,0	20,3	7,3	1.426
19	Jobgeber	56,2	26,9	24,5	28,0	1.496
20	Ferienhausbesitzer	46,8	17,1	18,6	23,8	1.493
21	Parteimitglied	43,9	10,6	14,7	26,4	1.505
22	Medienkontakte	42,1	12,5	17,9	21,3	1.505
23	Rathausmitarbeiter	33,1	5,8	8,4	23,7	1.508

Die Reihenfolge der Items ergibt sich aus der absteigenden Häufigkeit in der Spalte Gesamt.

wird auf Familienangehörige und desto weniger wird auf Freunde zurückgegriffen. Diese beiden Personenkreise sind vor allem in den Dimensionen sozialen Kapitals präsent, über die praktisch jeder Ego verfügen kann. Bekanntschaften stellen demgegenüber nur relativ wenig soziales Kapital zur Verfügung. Sie sind aber zugleich in den Dimensionen sozialen Kapitals präsent, die knapp und ungleich verteilt sind (politisches und Öffentlichkeitssozialkapital und teilweise Prestigesozialkapital).

Für jeden der drei Personenkreise wurde ein Summenscore aus den 23 Ressourcenzugängen gebildet, wobei alle Items mit dem gleichen Gewicht eingingen (Tab. 7.9). Diese Daten belegen ebenfalls die Dominanz der Familienangehörigen in der Bereitstellung sozialen Kapitals mit durchschnittlich 10 Ressourcenzugängen. Der Freundeskreis hat im Durchschnitt 8,5 Ressourcenzugänge und der Bekanntenkreis 6,6. Beachtlich sind die relativ hohen Varianzen um diese Mittelwerte und die Ausschöpfung praktisch der gesamten

7.4 Analysen der Sozialkapitaldimensionen nach Personenkreisen

Spannweite zwischen keinem und allen 23 Ressourcenzugängen für alle drei Personenkreise. Den größten Streuungsparameter weist der Freundeskreis auf.

Um der Netzwerkstruktur mit den drei Personenkreisen Rechnung zu tragen, wird der Analysefokus von der Ebene des Ego-Akteurs auf die Personenkreis-Ebene gelegt. Analysiert werden die Sozialkapitaldimensionen in fünf Modellen, die pro Ego-Akteur drei Personenkreise ausweisen.

In Tab. 7.9 sind zum Vergleich die Sozialkapitaldimensionen pro Ego-Akteur und pro Personenkreis aufgeführt. Wegen der möglichen Überlappungen der Personenkreise sinken die Mittelwerte der Sozialkapitaldimensionen pro Personenkreis nicht auf ein Drittel, sondern bleiben teilweise deutlich darüber. Der Mittelwert gibt an, wie viele Items im Durchschnitt pro Personenkreis genannt werden, unabhängig davon, ob es sich um den Familien-, den Freundes- oder den Bekanntenkreis handelt. Es ist der Mittelwert über alle Ego-Akteure und alle Personenkreise. Aus diesen Mittelwerten lässt sich wiederum ablesen, dass Unterstützungssozialkapital und Bildungssozialkapital weit verbreitet sind. Dagegen sind Prestigesozialkapital und insbesondere politisches und Öffentlichkeitssozialkapital sehr knappe soziale Ressourcen. Beim Prestigesozialkapital stellen 44 % und beim Öffentlichkeitssozialkapital sogar 66 % der rund 4500 Beziehungen aus den Personenkreisen keine sozialen Ressourcen zur Verfügung. Dies zeigt eine neue Problematik in der Verteilung sozialen Kapitals an. Zwar ist es für einen Ego-Akteur ausreichend, wenn eine bestimmte soziale Ressource durch mindestens eine Beziehung des persönlichen Netzwerks zur Verfügung gestellt wird. Selbst bei knappen Ressourcen scheint das vielen Ego-Akteuren zu gelingen. Auf der Personenkreis-Ebene wird allerdings deutlich, dass oftmals nicht mehr als ein Personenkreis bei knappen Ressourcen zur Verfügung steht. Es ist deshalb interessant zu erfahren, in welchem Ausmaß die drei Personenkreise (knappes) soziales Kapital zur Verfügung stellen können.

In Tab. 7.10 sind abermals fünf Modelle der Sozialkapitaldimensionen aufgeführt. Dies sind Mehrebenen-Logit-Modelle[10], die den Zugang zu den Sozialkapitaldimensionen auf der Personenkreiseebene modellieren. Damit wird nicht mehr die Verfügbarkeit einer Sozialkapitaldimension für Ego erklärt, sondern der Zugang zu einer Sozialkapitaldimension innerhalb eines Personenkreises und damit innerhalb der Beziehungen zwischen Ego und einer bestimmten Gruppe von Alteri. Als erklärende Faktoren werden im Vergleich zu den Modellen in Tab. 7.7 die Art des Personenkreises hinzugefügt.[11] Wie bereits mehrfach dargestellt, werden drei Personenkreise unterschieden: Familien-, Freundes- und Bekanntenkreis. In dieser Reihenfolge nehmen Beziehungsstärke, normative und emotionale Bindung ab. Um Differenzen zwischen den Personenkreisen beschreiben zu können, wer-

---

[10] Die Berücksichtigung dieser Ebenenstruktur erfordert die Berechnung von Mehrebenenmodellen, die sich in der Analyse egozentrierter Netzwerke bewährt haben (Duijn et al. 1999).

[11] Schon allein aufgrund der unterschiedlichen Modellstrukturen sind die Ergebnisse der Sozialkapital-Modelle in den Tab. 7.7 und 7.10 für die jeweilige Sozialkapitaldimension nicht direkt miteinander vergleichbar. Vergleiche werden dennoch angestellt, um die Richtung, Signifikanz und praktische Relevanz der Einflussfaktoren für den Zugang zu sozialem Kapital zu untersuchen.

Tab. 7.9 Univariate Statistiken der Ressourcenzugänge nach Personenkreis

Variable	Min	Max	Mittelwert	Standardabweichung	Mittelwert/max	n
Anzahl der Ressourcenzugänge nach Personenkreis pro Ego-Akteur						
Familienkreis	0	22	10,015	4,477	0,456	1.511
Freundschaftskreis	0	23	8,486	5,443	0,369	1.511
Bekanntschaftskreis	0	22	6,638	4,673	0,302	1.511
Sozialkapitaldimensionen pro Ego-Akteur						
USK	0	6	5,373	1,119	0,895	1.430
KSF	0	5	3,464	1,396	0,693	1.350
BSK	0	5	4,068	1,229	0,814	1.417
PSK	0	4	2,302	1,386	0,575	1.310
POK	0	3	1,192	1,024	0,397	1.503
Sozialkapitaldimensionen pro Personenkreis						
USK	0	6	3,021	2,018	0,503	4.515
KSF	0	5	1,520	1,352	0,304	4.494
BSK	0	5	2,334	1,641	0,467	4.503
PSK	0	4	1,034	1,152	0,258	4.497
POK	0	3	0,469	0,753	0,156	4.518

USK Unterstützungssozialkapital, KSF Sozialkapital spezieller Fähigkeiten, BSK Bildungssozialkapital, PSK Prestigesozialkapital, POK Politisches und Öffentlichkeitssozialkapital

den Freundschaften als Referenzkategorie gewählt. Das sind die einzigen unabhängigen Variablen auf der Personenkreis-Ebene. Alle anderen unabhängigen Variablen sind auf der darüber liegenden Ego-Ebene angesiedelt. In Abb. 6.1 ist diese Mehrebenenstruktur grafisch dargestellt.

Das Unterstützungssozialkapital wird ganz entscheidend durch die Personenkreise der Alteri geprägt. Gegenüber dem Freundeskreis setzen sich die Familienbeziehungen deutlich positiv und die Bekanntschaftsbeziehungen deutlich negativ ab. Damit bestätigt sich eindrucksvoll für diese Sozialkapitaldimension der Einfluss der Art des Personenkreises. Starke, enge Beziehungen mit normativen und emotionalen Bindungen zwischen den Beziehungspartnern fördern das Unterstützungssozialkapital, während losere Kontakte so gut wie gar nicht für dieses Sozialkapital zugänglich sind. Aufgrund dieser starken Effekte der Personenkreise ergeben sich einige Veränderungen in den Effekten im Vergleich zum Modell ohne Personenkreise. Während sich der positive Einfluss des Haushaltseinkommens bestätigt, zeichnet sich im komplexeren Modell ein größeres Gewicht der Stellung im Beruf ab. Wie in der Akkumulationshypothese formuliert, tragen höhere Stellungen im Beruf positiv zum Zugang zu Unterstützungssozialkapital bei, während niedrigere berufliche Stellungen den Zugang erschweren. Eine gravierende Veränderung gibt es beim Bildungseffekt. Der vormals positive Koeffizient der Bevölkerungsgruppe mit niedriger Bildung wird im Mehrebenenmodell zu einem negativen Effekt. Personen mit geringer Bildung

7.4 Analysen der Sozialkapitaldimensionen nach Personenkreisen

Tab. 7.10 Mehrebenen-Logit-Modelle der fünf Sozialkapitaldimensionen

Variable	USK		KSF		BSK		PSK		POK	
Konstante	0,280	(0,102)	−0,995	(0,096)	0,422	(0,119)	−0,918	(0,121)	−1,934	(0,144)
Personenkreis										
Familienkreis	0,603	(0,040)	0,298	(0,044)	0,275	(0,043)	0,541	(0,053)	−0,420	(0,083)
Bekanntenkreis	−1,275	(0,041)	0,045	(0,045)	−0,557	(0,044)	−0,033	(0,056)	0,777	(0,070)
Ökonomisches Kapital										
Niedriges HH-Einkommen bis 1.500 €	−0,025	(0,074)	−0,029	(0,069)	−0,114	(0,086)	−0,315	(0,092)	−0,060	(0,106)
Hohes HH-Einkommen über 3.000 €	0,169	(0,074)	0,169	(0,067)	0,091	(0,086)	0,469	(0,085)	0,320	(0,097)
Personales Kapital										
Bildung bis 10 Klassen	−0,174	(0,077)	−0,048	(0,071)	−0,581	(0,090)	−0,461	(0,092)	−0,219	(0,107)
Bildung über 13 Klassen	−0,076	(0,079)	0,073	(0,072)	0,241	(0,091)	0,109	(0,091)	0,260	(0,104)
Positionelles Kapital										
Keine oder niedrige Stellung im Beruf	−0,164	(0,078)	−0,194	(0,073)	−0,401	(0,092)	−0,239	(0,097)	−0,241	(0,114)
Hohe Stellung im Beruf	0,216	(0,067)	0,208	(0,062)	0,240	(0,077)	0,195	(0,079)	0,054	(0,090)
Lebensphasen bedingte soziale Kontexte										
Noch nicht erwerbstätig	0,203	(0,117)	0,235	(0,107)	0,572	(0,137)	0,296	(0,139)	0,250	(0,161)
Nicht erwerbstätig	−0,222	(0,105)	−0,361	(0,102)	−0,246	(0,122)	−0,283	(0,136)	−0,606	(0,171)
Nicht mehr erwerbstätig	−0,279	(0,098)	−0,102	(0,092)	−0,283	(0,115)	−0,314	(0,120)	−0,274	(0,139)
Haushaltsgröße (zentriert)	−0,012	(0,034)	0,013	(0,032)	−0,023	(0,040)	−0,070	(0,042)	−0,028	(0,048)
Kinderhaushalt	−0,084	(0,086)	−0,090	(0,079)	−0,080	(0,100)	0,067	(0,104)	−0,053	(0,120)
Alter (zentriert)	−0,018	(0,003)	−0,016	(0,003)	0,000	(0,003)	−0,004	(0,003)	−0,002	(0,004)

Tab. 7.10 (Fortsetzung)

Variable	USK		KSF		BSK		PSK		POK	
Stadträumlicher Kontext										
Mittelstadt-West	−0,028	(0,079)	−0,076	(0,071)	*−0,309*	(0,091)	*−0,191*	(0,090)	0,170	(0,102)
Großstadt-Ost	−0,086	(0,075)	*−0,265*	(0,069)	*−0,310*	(0,088)	*−0,666*	(0,090)	*−0,382*	(0,105)
Mittelstadt-Ost	−0,079	(0,081)	*−0,328*	(0,075)	*−0,430*	(0,094)	*−0,775*	(0,098)	*−0,310*	(0,113)
Weitere Lebensbedingungen										
Geschlecht (1 = Frau)	*0,156*	(0,055)	−0,071	(0,051)	0,005	(0,064)	*−0,179*	(0,066)	−0,133	(0,076)
Netzwerkdichte	*0,354*	(0,058)	*0,160*	(0,053)	0,069	(0,067)	0,037	(0,069)	0,032	(0,079)
Modellstatistik										
Nenner (= Anzahl der Items)	6		5		5		4		3	
n (Akteure/Personenkreise)	1.052/3.156		1.048/3.144		1.046/3.138		1.053/3.159		1.052/3.156	
LR-χ^2-Test (Freiheitsgrade)	*3.362,597* (19)		*747,041* (19)		*2.194,059* (19)		*1.386,259* (19)		*605,713* (19)	
McFadden Pseudo-R^2	0,219		0,069		0,169		0,146		0,100	
Varianzterm der Akteursebene	*0,462*	(0,035)	*0,288*	(0,030)	*0,660*	(0,048)	*0,526*	(0,052)	*0,426*	(0,067)

Angegeben sind unstandardisierte Koeffizienten mit Standardfehlern in Klammern. Kursiv gedruckte und unterstrichene Koeffizienten sind signifikant auf α ≤ 0,05.
USK Unterstützungssozialkapital, KSF Sozialkapital spezieller Fähigkeiten, BSK Bildungssozialkapital, PSK Prestigesozialkapital, POK Politisches und Öffentlichkeitssozialkapital

haben nun Nachteile im Zugang zum Unterstützungskapital. Damit bestätigen alle drei Kapitalien die Akkumulationshypothese H1. Einkommens- und Bildungseffekte verlaufen aber nicht linear über die jeweiligen drei Bevölkerungsgruppen. So gibt es praktisch keine Unterschiede zwischen unterer und mittlerer Einkommensgruppe und zwischen mittlerer und oberer Bildungsgruppe. Somit wird die Kompensationshypothese H2 bestätigt.

In der Wirkung der Lebensphasen gibt es nur wenige Veränderungen. Schwierig ist der Zugang insbesondere für erwerbslose Personen, für nicht mehr erwerbstätige Personen und für ältere Personen. Damit basiert die Bestätigung der Lebensphasenhypothese H3 im Wesentlichen auf den Einflüssen des Erwerbsstatus und des Alters. Verschwunden sind die Differenzen zwischen den Stadttypen durch die Berücksichtigung der Personenkreise. Der vormals bestehende positive Effekt der westdeutschen Mittelstadt auf den Aufbau des Kapitals sozialer Unterstützung existiert nun nicht mehr. Damit bleibt die Stadtraumhypothese H4 widerlegt. Nach wie vor verfügen Personen mit dichtem persönlichen Netzwerk über mehr Unterstützungssozialkapital.

Das Sozialkapital spezieller Fähigkeiten ist vor allem über Familienbeziehungen zugänglich, gefolgt von Bekanntschafts- und Freundschaftsbeziehungen. Damit bestätigt sich, dass die stärkeren, intensiveren Beziehungen zum Familienkreis die Verfügbarkeit des Sozialkapitals spezieller Fähigkeiten fördern. Freundes- und Bekanntenkreise weisen dagegen keine Unterschiede auf. Somit gibt es einen Bonus für die engen Beziehungen aus dem Familienkreis im Vergleich zu anderen Personenkreisen beim Zugang zum Sozialkapital spezieller Fähigkeiten. Das Sozialkapital spezieller Fähigkeiten weist für die Ressourcenausstattung, die Lebensphasen und den Siedlungskontext ganz ähnliche Effekte auf wie im entsprechenden Modell ohne Personenkreise. So bestätigen die positiven Effekte des Haushaltseinkommens und der Stellung im Beruf die Akkumulationshypothese H1. Lediglich die Bildung bleibt für den Zugang zum Sozialkapital spezieller Fähigkeiten auf der Personenkreisebene unbedeutend. Neben der Insignifikanz der Bildung hat auch das Einkommen eine kompensatorische Wirkung. Mittlere und untere Einkommensgruppen unterscheiden sich nicht signifikant voneinander in der Ausstattung mit Sozialkapital spezieller Fähigkeiten. Damit wird die Kompensationshypothese H2 bestätigt.

Die Lebensphasen zeigen ebenso erwartete Effekte. Alte und erwerbslose Personen erhalten einen Abschlag auf das Sozialkapital, während Personen in Ausbildung überdurchschnittlich gut mit dem Sozialkapital spezieller Fähigkeiten ausgestattet sind. Auch wenn die Haushaltsstruktur keinen signifikanten Einfluss auf das Sozialkapital hat, bestätigen die Wirkungen des Erwerbsstatus und des Alters die Lebensphasenhypothese H3. Deutlich bestätigt sich wiederum der regionale Ost-West-Unterschied. Zugleich sind die Mittelstadt-Großstadt-Differenzen nur marginal. Insgesamt lässt sich schließlich auch die Stadtraumhypothese H4 bestätigen.

Im Modell des Bildungssozialkapitals ergibt sich bezüglich der drei Personenkreise eine Hierarchie von den Familien- über die Freundes- zu den Bekanntenkreisen. Damit erweisen sich auch für das Bildungssozialkapital enge, starke, vertrauensvolle Beziehungen als vorteilhafter gegenüber losen Kontakten ohne tiefe Bindungen. Entsprechend erweist sich auch für diese Sozialkapitaldimension die Differenzierung der Ressourcenzugänge nach der Art der sozialen Beziehungen als sinnvolle Erklärung. Von der Ressourcenausstattung hat vor allem die eigene Bildung und die berufliche Stellung eine positive Wirkung auf den Zugang zum Bildungssozialkapital. Lediglich das ökonomische Kapital entfaltet keine Wirkung auf das soziale Kapital. Aufgrund der deutlichen Effekte von Bildung und Berufsstellung wird die Akkumulationshypothese H1 für das Bildungssozialkapital bestätigt. Zugleich verläuft der Bildungseffekt nicht linear. Die ressourcenreiche Bevölkerungsgruppe erzielt einen geringeren Vorteil als es bei einem linearen Effekt der Fall wäre. Zudem hat das Haushaltseinkommen keinen Effekt auf das Bildungssozialkapital. Damit wird die Kompensationshypothese H2 bestätigt.

Bei den Lebensphasen ist allein der Erwerbsstatus eine relevante Größe. Personen in Ausbildung haben mehr Zugang und erwerbslose Personen sowie nicht mehr erwerbstätige Personen haben weniger Zugang zum Bildungssozialkapital. Die anderen Bestandteile der Lebensphasen – Haushaltsstruktur und Lebensalter – haben keine signifikanten Wirkungen auf das Bildungssozialkapital. Die Lebensphasenhypothese H3 wird aufgrund des Einflusses des Erwerbsstatus bestätigt. Die Ost-West-Differenz hat einen relevanten Einfluss auf den Zugang zum Bildungssozialkapital. Zusätzlich zum regionalen Unterschied gibt es einen negativen Effekt der westdeutschen Mittelstadt. Dies ist aber keine systematische Großstadt-Mittelstadt-Unterscheidung, sondern ein Effekt, der einen Sonderstatus der westdeutschen Mittelstadt zuweist. Diese stadträumlichen Effekte bestätigen die Stadtraumhypothese H4.

Der Zugang zum Prestigesozialkapital ergibt sich in erster Linie aus dem Familienkreis und dann aus dem Freundes- und Bekanntenkreis. Wie erwartet wirken sich Familienbeziehungen positiv auf das Prestigesozialkapital aus. Dagegen gibt es keine Unterschiede zwischen Freundes- und Bekanntenkreis. Für den Zugang zum Prestigesozialkapital sind also enge, vertrauensvollen Beziehungen von Bedeutung, wie sie im Familienkreis zu finden sind. Mit der Berücksichtigung der Personenkreise verändert sich das Modell des Prestigesozialkapitals kaum in Signifikanz, Richtung und praktischer Relevanz gegenüber dem Modell ohne Personenkreise. Die starken Einflüsse des Haushaltseinkommens, der Bildung und der beruflichen Stellung bestätigen die Gültigkeit der Akkumulationshypothese H1. Zugleich zeigt sich bei der Bildung eine kompensatorische Wirkung, weil es keinen linearen Effekt über die Bevölkerungsgruppen hinweg gibt. Es gibt keinen signifikanten Unterschied zwischen den Bevölkerungsgruppen mit mittlerer und höherer Bildung. Allerdings verlaufen die Effekte des Einkommens und der Stellung im Beruf nahezu linear. Damit wird die Kompensationshypothese H2 verworfen.

Die Lebensphasenhypothese kann sich nur auf die Einflüsse des Erwerbsstatus stützen. Während Personen in Ausbildung vorteilhaft mit Prestigesozialkapital ausgestattet sind, haben erwerbslose und nicht mehr erwerbstätige Personen weniger Zugänge zum Prestigesozialkapital. Das Lebensalter und die Haushaltsstruktur haben keine Effekte auf die Verfügbarkeit des Prestigesozialkapitals. Mit den Einflüssen des Erwerbsstatus wird die Lebensphasenhypothese H3 bestätigt. Markant bleiben die Effekte der Ost-West- und der Großstadt-Mittelstadt-Differenzen. Bewohner aus ostdeutschen Städten und aus Mittelstädten erhalten deutlich weniger Zugang zum Prestigesozialkapital als Bewohner aus westdeutschen Städten respektive aus Großstädten. Die Stadtraumhypothese H4 wird durch diese Befunde bestätigt.

Im fünften Modell des politischen und Öffentlichkeitssozialkapitals erweisen sich abermals die Personenkreise als das trennschärfste und damit relevanteste Merkmal beim Zugang zu sozialem Kapital. Anders als bei den vier anderen Sozialkapitaldimensionen ist nun eine umgekehrte Reihenfolge der Personenkreise zu konstatieren. Der Aufbau des politischen und Öffentlichkeitssozialkapitals basiert nicht auf starken, vertrauensvollen Beziehungen mit engen, normativen und emotionalen Bindungen. Für diese Dimension sozialen Kapitals sind lose, bindungsarme Kontakte eher zielführend. Entsprechend ist Öffentlichkeitssozialkapital über den Bekanntenkreis am besten verfügbar, gefolgt vom Freundeskreis und schließlich dem Familienkreis. Die Besonderheit des politischen und Öffentlichkeitssozialkapitals liegt nicht nur darin, dass diese Sozialkapitaldimension relativ wenigen Personen zur Verfügung steht, sondern auch, dass die Zugänge vor allem über Bekanntschaftsbeziehungen hergestellt werden.

Die Ressourcenausstattung entfaltet ihre erwartete positive Wirkung. Sowohl ökonomisches als auch personales und positionelles Kapital fördern den Zugang zu politischem und Öffentlichkeitssozialkapital. Die Befunde bestätigen die Akkumulationshypothese H1. Zugleich ergeben sich beim Haushaltseinkommen und bei der beruflichen Stellung nicht-lineare Effekte. Die einkommensarme Bevölkerungsgruppe und die Gruppe der hohen Berufspositionen unterscheiden sich nicht signifikant von der jeweiligen Gruppe mit mittlerer Ressourcenausstattung. Damit wird die Kompensationshypothese H2 für diese Sozialkapitaldimension bestätigt.

Die Lebensphasen sind von vergleichsweise geringer Bedeutung. Lediglich erwerbslose und nicht mehr erwerbstätige Personen unterscheiden sich in relevantem Maße von erwerbstätigen Personen im Zugang zu politischem und Öffentlichkeitssozialkapital. Haushaltsstruktur und Lebensalter haben keine signifikante Wirkung. Allein aufgrund des Erwerbsstatus wird die Lebensphasenhypothese H3 bestätigt. Schließlich stellt sich der signifikante regionale Ost-West-Unterschied ein. Ein Mittelstadt-Großstadt-Unterschied ist anders als im Modell ohne Personenkreise nicht zu beobachten. Aufgrund der regionalen Differenzen kann die Stadtraumhypothese H4 bestätigt werden.

Neben den Besprechungen der einzelnen Sozialkapitaldimensionen liefert ein Vergleich der Hypothesen und Effekte über die fünf Modelle hinweg sinnvolle weitere Erkenntnisse. Die zusätzliche Komplexitätssteigerung der Sozialkapital-Modelle durch die Aufnahme von Personenkreisen erbringt eine wichtige Erkenntnis für den Zugang zu sozialem Kapital. Aufgrund normativer und emotionaler Bindungen werden Beziehungen aus dem Familienkreis bevorzugt zum Aufbau und zur Bestandspflege sozialen Kapitals herangezogen. In Dimensionen, die relativ einfach aufzubauen sind bzw. die in der Bevölkerung weit verbreitet sind, wie zum Beispiel Unterstützungssozialkapital und Bildungssozialkapital, wird zudem relativ häufig auf schwache, lose und bindungsarme Beziehungen verzichtet, wie sie zum Bekanntenkreis bestehen. Ist der Zugang zu sozialem Kapital schwieriger, d. h. ist das soziale Kapital nicht so stark verbreitet (Sozialkapital spezieller Fähigkeiten und Prestigesozialkapital), werden zusätzlich Freundes- und Bekanntenkreise als ergänzende

Quellen des betreffenden sozialen Kapitals herangezogen. Hauptquelle bleibt aber der Familienkreis. Lediglich in den Fällen, in denen die Familienbeziehungen praktisch nicht zur Verfügbarkeit sozialen Kapitals beitragen können (politisches und Öffentlichkeitssozialkapital), muss auf den Bekanntenkreis ausgewichen werden. Weil aber für den Zugang zum politischen und Öffentlichkeitssozialkapital Beziehungen aus dem Familienkreis nicht in ausreichendem Maße zur Verfügung stehen und die Beziehungen aus dem Bekanntenkreis weniger bindend und vertrauensvoll sind, wird kaum dieses spezielle soziale Kapital aufgebaut.

Die Berücksichtigung der Personenkreise in Mehrebenenmodellen führt auch insofern zu einer Erklärungsverbesserung, als dass nun in allen fünf Modellen die vier Hypothesen der sozialstrukturellen Lebensbedingungen bis auf zwei Ausnahmen bestätigt werden können. Der Zugang zu sozialem Kapital wird damit auch in den verschiedenen Dimensionen durch die Ressourcenausstattung, durch Kontaktgelegenheiten bietende Lebensphasen und stadträumliche Kontexte gefördert. Zugleich hat die Ressourcenausstattung eine kompensierende Wirkung, die sich durch nicht-lineare Effekte nachweisen lässt. Nicht nachweisbar sind stadträumliche Einflüsse auf das Unterstützungssozialkapital und kompensatorische Wirkungen der Ressourcenausstattung auf das Prestigesozialkapital.

Eine über alle Dimensionen hinweggehende Bedeutung ergibt sich neben den Familienbeziehungen für die Stellung im Beruf und für den Erwerbsstatus. So ergibt sich immer ein positiver Effekt der Stellung im Beruf und ein negativer Effekt für erwerbslose Personen. Zudem muss festgestellt werden, dass die Haushaltsstruktur in allen fünf Sozialkapitaldimensionen keine Wirkung entfalten kann. Darüber hinaus kann festgehalten werden, dass sich die Dimensionen konkreter sozialer Ressourcen (USK und KSF) von den drei Dimensionen allgemeiner sozialer Ressourcen (BSK, PSK und POK) absetzen. In den beiden Dimensionen konkreter Unterstützungsleistungen sind die Wirkungen der Ressourcenausstattungen und der stadträumlichen Kontexte vergleichsweise gering ausgeprägt. Dafür hat das Lebensalter nur in diesen beiden Modellen einen signifikanten und relevanten Effekt. In den drei Modellen allgemeiner sozialer Ressourcen spielt dafür die Ressourcenausstattung und der stadträumliche Kontext eine stärkere Rolle. Beim Bildungssozialkapital wirkt insbesondere die Bildung und beim Prestigesozialkapital insbesondere das Haushaltseinkommen. Zugleich sind es die beiden einzigen Dimensionen, in denen nicht nur der regionale Ost-West-Unterschied eine herausragende Rolle spielt, sondern auch die Großstadt-Mittelstadt-Differenz.

7.5 Zusammenfassung

In diesem Kapitel wurden anhand einer Bevölkerungsbefragung die Verteilung sozialen Kapitals empirisch beschrieben und die ersten vier Hypothesen des Sozialkapital-Modells getestet. Die 23 Items des sozialen Kapitals sind in unterschiedlichem Maße verteilt. Aufgrund der Häufigkeitsverteilung der Items lassen sich zunächst vier Gruppen bilden: Unterstützungsressourcen, die praktisch allen Personen zur Verfügung stehen, spezielle

7.5 Zusammenfassung

Kenntnisse oder Fähigkeiten der Alteri, zu denen der überwiegende Teil der Befragten Zugang hat, prestigeträchtige Fähigkeiten, über die nicht mehr als zwei Drittel der Bevölkerung verfügen können und schließlich Kontakte zu finanzstarken Akteuren und in die weitere Öffentlichkeit, die für höchstens die Hälfte der Bevölkerung zugänglich sind. Schon diese Verteilungen zeigen, dass soziales Kapital in Teilbereichen eine knappe Ressource ist. Es ist deshalb sinnvoll, der Frage nachzugehen, ob soziales Kapital soziale Ungleichheiten ausgleichen kann oder verschärft. Unterzieht man die 23 Items einer Datenreduktion, ergeben sich fünf in sich homogene Dimensionen sozialen Kapitals: Das Unterstützungssozialkapital, das Sozialkapital spezieller Fähigkeiten, das Bildungssozialkapital, das Prestigesozialkapital und das politische und Öffentlichkeitssozialkapital. Die ersten beiden Dimensionen repräsentieren konkrete emotionale bzw. materielle Hilfeleistungen, wobei die Unterstützungsleistungen sehr weit verbreitet sind und praktisch allen Personen zur Verfügung stehen. Das Sozialkapital spezieller Fähigkeiten ist nur eingeschränkt zugänglich, steht aber immer noch etwa zwei Dritteln der Bevölkerung zur Verfügung. Die drei anderen Dimensionen spiegeln Kontakte zu allgemeineren Ressourcen wider, die in einem breiten Spektrum von Handlungen nützlich sein können. Der Zugang zu diesen Dimensionen ist unterschiedlich verteilt. So haben noch die meisten Personen Zugriff auf das personale Kapital ihrer Alteri. Etwa die Hälfte der Bevölkerung kann die ökonomischen Ressourcen ihrer Alteri nutzen, während Kontakte in die (politische) Öffentlichkeit nur einer Minderheit zur Verfügung stehen.

In insgesamt elf Modellen sind die vier Hypothesen zum Einfluss der sozialstrukturellen Lebensbedingungen auf den Zugang sozialen Kapitals getestet worden (Tab. 7.11). Im Vergleich aller elf Modelle zeigt sich, dass der Zugang zum Sozialkapital einer Person maßgeblich durch die Ressourcenausstattung, die Lebensphasen und den stadtgesellschaftlichen Kontext bedingt wird. Allgemein fördert eine ressourcenreiche Ausstattung mit ökonomischem, personalem und positionellem Kapital den Zugang zu sozialem Kapital. Bis auf eine Ausnahme kann die Akkumulationshypothese H1 bestätigt werden. Lediglich im Modell zur Dimension des Unterstützungssozialkapitals kann der Effekt der Kapitalakkumulation nicht nachgewiesen werden, weil die Bevölkerungsgruppe mit niedriger Bildung signifikant mehr Unterstützungssozialkapital zur Verfügung hat. Werden jedoch die Personenkreise berücksichtigt, dann wird dieser widersprüchliche Einfluss der Bildung neutralisiert. Gleichzeitig verlaufen die Effekte des ökonomischen, personalen und positionellen Kapitals größtenteils nicht-linear. In den meisten Modellen kann neben der Akkumulation auch eine kompensierende Wirkung der Ressourcenausstattung nachgewiesen werden. Fehlt zunächst die kompensierende Wirkung im Modell des Bildungssozialkapitals, kann sie im Modell mit Personenkreisen nachgewiesen werden. Umgekehrt kann für das Prestigesozialkapital zunächst eine kompensierende Wirkung der Ressourcenausstattung nachgewiesen werden. Im Modell mit Personenkreisen ist dies aber nicht mehr der Fall. Damit ist der Nachweis erbracht, dass soziales Kapital Ressourcenungleichheiten zumindest leicht abfedern kann. Gleichwohl ist zu konstatieren, dass die Akkumulation deutlich ausgeprägtere Wirkungen entfaltet als die Kompensation.

Die Lebensphasenhypothese H3 kann zwar überwiegend bestätigt werden, jedoch nicht in den Modellen der Anzahl der Ressourcenzugänge, des Bildungs- und des Prestigesozial-

Tab. 7.11 Übersicht der Hypothesentests

	H1	H2	H3	H4
Modell zur Varietät der Ressourcenzugänge				
Anzahl der Ressourcenzugänge	✓	–	–	✓
Modelle der Sozialkapitaldimensionen				
Unterstützungssozialkapital	–	✓	✓	–
Sozialkapital spezieller Fähigkeiten	✓	✓	✓	✓
Bildungssozialkapital	✓	–	–	✓
Prestigesozialkapital	✓	✓	–	✓
Politisches und Öffentlichkeitssozialkapital	✓	✓	✓	–
Modelle der Sozialkapitaldimensionen nach Personenkreisen				
Unterstützungssozialkapital	✓	✓	✓	–
Sozialkapital spezieller Fähigkeiten	✓	✓	✓	✓
Bildungssozialkapital	✓	✓	✓	✓
Prestigesozialkapital	✓	–	✓	✓
Politisches und Öffentlichkeitssozialkapital	✓	✓	✓	✓

H1 Akkumulationshypothese, H2 Kompensationshypothese, H3 Lebensphasenhypothese, H4 Stadtraumhypothese

kapitals. Die Hypothesenfalsifikationen in diesen Modellen basieren allerdings einzig auf den negativen Effekten der Haushaltsgröße. Anders als erwartet bieten große Haushalte in diesen Modellen nicht die sozialen Kontexte für einen besseren Ressourcenzugang. Große Haushalte eröffnen offensichtlich nicht die Kontakte zu prestige- und bildungsreichen Alteri, sondern beschränken die Ressourcenzugänge eher auf den engeren Familienkreis. Werden die Personenkreise in den Sozialkapital-Modellen berücksichtigt, dann wird der vormals negative Haushaltsgrößeneffekt neutralisiert. Die beiden anderen Komponenten der Lebensphasen – Erwerbsstatus und Lebensalter – zeigen dagegen in der Regel, dass es jungen, in einer Ausbildung befindlichen Personen leichter fällt, Zugang zu sozialem Kapital zu gewinnen als älteren Personen, Erwerbslosen und Rentnern bzw. Pensionären.

Schließlich bestätigt sich die Stadtraumhypothese H4 in vielen Modellen, vor allem weil es einen ausgeprägten Ost-West-Unterschied gibt. So verfügen Bewohner westdeutscher Städte über vielfältigeres und in einigen Bereichen umfangreicheres soziales Kapital als Bewohner ostdeutscher Städte. Die vielfältigeren Kontaktgelegenheiten in Großstädten gegenüber Mittelstädten spielen dagegen eine geringere Rolle. Für das Unterstützungssozialkapital kann aber die Stadtraumhypothese nicht bestätigt werden, weil es weder einen regionalen noch einen Unterschied zwischen den Stadttypen gibt. Für das politische und Öffentlichkeitssozialkapital stehen dagegen in Mittelstädten bessere Kontaktmöglichkeiten zur Verfügung als in Großstädten.

Unterschiede zeigen sich zwischen den Sozialkapitaldimensionen mit konkreteren Austauschhandlungen (Unterstützungssozialkapital und Sozialkapital spezieller Fähigkeiten) und denen mit allgemeinen Ressourcenzugängen (Bildungs-, Prestige- und Öffentlich-

7.5 Zusammenfassung

keitssozialkapital). In den beiden Dimensionen mit konkreten sozialen Unterstützungen spielt die Ressourcenausstattung eine geringere Rolle. Auch der stadträumliche Kontext ist in diesen Modellen weniger zwingend. Dagegen fallen die kompensatorischen Wirkungen der Ressourcenausstattung etwas deutlicher aus. Zudem hat das Lebensalter einen signifikanten negativen Effekt und die Dichte des persönlichen Netzwerks entfaltet vor allem in diesen Dimensionen sozialen Kapitals eine positive Wirkung. Schließlich kann konstatiert werden, dass das Bildungs-, Prestige- und Öffentlichkeitssozialkapital deutlich stärker durch ökonomisches, personales und positionelles Kapital sowie durch stadträumliche Kontexte beeinflusst wird.

Soziales Kapital städtischer Bevölkerungen 8

In diesem Kapitel wird die empirische Verteilung des sozialen Kapitals unter städtischen Bevölkerungen untersucht. Empirische Grundlage bilden Befragungsdaten einer ostdeutschen Großstadt. Zunächst wird das Untersuchungsgebiet anhand ausgewählter Daten der Befragung und der amtlichen Statistik beschrieben. Den Schwerpunkt dieser Beschreibungen bilden sozialstrukturelle Lebensbedingungen, die zur Hypothesentestung verwendet werden. Besonderes Augenmerk wird auf urbane Siedlungsstrukturen gelegt. Fünf Stadtteiltypen können in der untersuchten Großstadt identifiziert werden, deren jeweilige Besonderheiten erörtert werden. Den reichhaltigen Beschreibungen schließen sich hypothesentestende Analysen zum sozialen Kapital der städtischen Bevölkerungsgruppen an. Im zweiten Abschnitt des Kapitels werden die sozialkapitalrelevanten Items und Analysen zu den Dimensionen des sozialen Kapitals vorgestellt. In Mehrebenenmodellen werden diese Dimensionen auf unterschiedliche Personenkreise zurückgeführt. Das Kapitel schließt mit einer Zusammenfassung der zentralen Ergebnisse zum sozialen Kapital städtischer Bevölkerungen.

8.1 Datengrundlage

Das in diesem Kapitel verwendete empirische Material basiert auf der Bürgerumfrage Halle 2005. Die Bürgerumfrage ist eine postalische Mehr-Themen-Befragung die seit 1993 im Zwei-Jahres-Rhythmus unter den Bewohnern der Stadt Halle an der Saale durchgeführt wird. Teilnehmer an der Bürgerumfrage sind Personen im Alter von 17 bis 75 Jahren, die mit ihrem Hauptwohnsitz in Halle gemeldet sind. Der Datensatz besteht aus 3.471 Personen. Detaillierte Informationen zur Durchführung und zu den Ergebnissen der Bürgerumfrage Halle 2005 können dem Abschlussbericht (Petermann und Täfler 2006) entnommen werden. Die Bürgerumfrage Halle 2005 basiert auf einer disproportionalen Zufallsstichprobe. Bewohner aus Stadtgebieten mit geringeren Bevölkerungsanteilen haben eine höhere Auswahlwahrscheinlichkeit als Bewohner aus Stadtgebieten mit höheren

Bevölkerungsanteilen. Zum Ausgleich dieser Disproportionalität enthält der Datensatz eine Gewichtungsvariable, die in den folgenden Analysen eingesetzt wird, um korrekte Schätzungen für Mittelwerte und Konfidenzintervalle zu erhalten. Die mit der Stichprobe geschätzten Koeffizienten und berechneten Werte gelten somit auch für die Grundgesamtheit. Die Bürgerumfrage Halle 2005 ist für die Analyse von Lebenschancen bedingenden Ressourcen geeignet, weil neben den regelmäßig erhobenen standarddemographischen Angaben und der kleinräumigen Wohnortmerkmale erstmals eine Itembatterie zum sozialen Kapital erhoben wurde. In diesem Abschnitt werden zunächst die sozialstrukturellen Merkmale der Lebensbedingungen und der Stadtteiltypen beschrieben und überblicksartig in Tab. 8.1 dargestellt. Die Operationalisierungen und zugehörigen Analysen des sozialen Kapitals werden in den folgenden Abschnitten vorgestellt. Dieses Vorgehen ermöglicht eine sukzessive Darstellung der spezifischen und zunehmend komplexeren Operationalisierungen, wodurch die zugehörigen hypothesentestenden Analysen sozialen Kapitals besser nachvollzogen werden können.

Die relevanten sozialstrukturellen Lebensbedingungen des Sozialkapital-Modells sind die Ressourcenausstattung mit ökonomischem, personalem und positionellem Kapital, die Lebensphasen bedingten sozialen Kontexte und die stadträumlichen Kontexte. Das ökonomische Kapital besteht aus den beiden Komponenten Einkommen und Vermögen. Für das Einkommen steht das monatliche Haushaltsnettoeinkommen als Indikator zur Verfügung. Im Durchschnitt liegt das Einkommen bei 1.741 €.[1] Die Einkommensvariable weist eine typische rechtsschiefe Verteilung auf. Für Regressionsanalysen und insbesondere für den Test nicht-linearer, kompensierender Effekte wurde die Variable in drei Klassen eingeteilt. Ein Drittel der Befragten gibt ein Haushaltsnettoeinkommen bis zu 1.200 € an. Ein weiteres, reichliches Drittel (36 %) hat ein Einkommen zwischen 1.200 und 2.100 € zur Verfügung. Die verbleibenden 30 % der Befragten leben in Haushalten, die mehr als 2.100 € im Monat verdienen. Für die Vermögenskomponente des ökonomischen Kapitals stehen leider keine der üblichen Indikatoren, wie Wertpapiere und Barvermögen als finanzielle Vermögenswerte oder Wohneigentum und Kraftfahrzeuge als sachliche Vermögenswerte zur Verfügung. Zur Bestimmung der Vermögenslage wird mit der Pro-Kopf-Wohnfläche ein recht grober Indikator herangezogen. Im Durchschnitt stehen jeder Haushaltsperson 36 m^2 zur Verfügung. Auch diese Variable ist rechtsschief. Wiederum wurde eine Dreiteilung vorgenommen, so dass 34 % der Befragten eine Pro-Kopf-Wohnfläche bis zu 28,4 m^2 haben. Ebenfalls 34 % verfügen über eine Wohnfläche zwischen 28,5 und 39,4 m^2 pro Kopf. In der dritten Gruppe der Vermögenden (32 %) verfügt jedes Haushaltsmitglied über mehr als 39,4 m^2.

Das personale Kapital wird mit zwei Indikatoren gemessen. Der höchste Schulbildungsabschluss ist der Indikator, der den Aspekt des Allgemeinwissens abbildet. In der Erhebung der Bildungsabschlüsse wurden die unterschiedlichen Bildungssysteme in der BRD

---

[1] Das Haushaltsnettoeinkommen wurde in 24 Einkommensklassen erhoben. Über die Mittelwerte der Klassen wurde eine metrische Einkommensvariable errechnet. Aus dieser Variable resultiert der angegebene Mittelwert.

8.1 Datengrundlage

Tab. 8.1 Univariate Statistiken sozialstruktureller Lebensbedingungen

Variable	min	max	Mittelwert	Standard-abweichung	n
Ökonomisches Kapital					
Monatliches Haushaltsnettoeinkommen in Euro	350	3.800	1.740,633	938,704	3.249
HH-Einkommen bis 1.200 €	0	1	0,333	0,471	3.249
HH-Einkommen bis 2.100 €	0	1	0,363	0,481	3.249
HH-Einkommen über 2.100 €	0	1	0,304	0,460	3.249
Wohnfläche pro Kopf	10	110	36,074	15,927	3.322
Wohnfläche pro Kopf bis 28,4 qm	0	1	0,340	0,474	3.322
Wohnfläche pro Kopf bis 39,4 qm	0	1	0,340	0,474	3.322
Wohnfläche pro Kopf über 39,4 qm	0	1	0,320	0,467	3.322
Personales Kapital					
Allgemeine Schulbildung					
Schulbildung bis 10 Klassen	0	1	0,590	0,492	3.403
Schulbildung über 10 Klassen	0	1	0,410	0,492	3.403
Berufliche Qualifikation					
Ohne abgeschlossene berufliche Qualifikation	0	1	0,157	0,364	3.311
Mittlere berufliche Qualifikation: Facharbeiter, Fachschulabschluss	0	1	0,585	0,493	3.311
Hohe berufliche Qualifikation: Meister, HSA, Promotion	0	1	0,257	0,437	3.311
Positionelles Kapital					
Stellung im Beruf					
Keine oder sehr niedrige Stellung im Beruf	0	1	0,196	0,397	3.234
Eher niedrige Stellung im Beruf	0	1	0,283	0,450	3.234
Mittlere Stellung im Beruf	0	1	0,330	0,470	3.234
Hohe Stellung im Beruf	0	1	0,191	0,393	3.234
Lebensphasen bedingte soziale Kontexte					
Erwerbsstatus					
Noch nicht erwerbstätig	0	1	0,136	0,343	3.406
Erwerbstätig	0	1	0,449	0,497	3.406
Nicht erwerbstätig	0	1	0,162	0,368	3.406
Nicht mehr erwerbstätig	0	1	0,253	0,435	3.406
Haushaltsgröße	1	9	2,354	1,048	3.409
Kinderhaushalt	0	1	0,231	0,422	3.463
Alter	17	76	45,627	16,548	3.429
Kurze Wohndauer bis zu 5 Jahren	0	1	0,107	0,309	3.416

Tab. 8.1 (Fortsetzung)

Variable	min	max	Mittelwert	Standard-abweichung	n
Seit der Geburt in Halle wohnhaft	0	1	0,478	0,500	3.444
Stadträumlicher Kontext					
Innenstadt	0	1	0,158	0,365	3.445
Gründerzeitviertel	0	1	0,092	0,289	3.445
Genossenschaftsviertel	0	1	0,133	0,340	3.445
Großwohnsiedlungen	0	1	0,381	0,486	3.445
Dorflagen und Eigenheimgebiete	0	1	0,236	0,425	3.445
Weitere Lebensbedingung					
Geschlecht (1 = Frau)	0	1	0,544	0,498	3.441

und der DDR berücksichtigt. Mit dem höchsten berufsqualifizierenden Abschluss wird personales Kapital gemessen, das auf spezielles Wissen und spezifische Kompetenz für die Erwerbstätigkeit abzielt. Um sowohl die unterschiedlichen Abschlüsse der allgemeinen Schulbildung in Ost und West als auch die Abschlüsse der beruflichen Qualifikationen vergleichen zu können, wurden Dummy-Variablen verwendet, die Bildungsabschlüsse sinnvoll kategorisieren. Die allgemeine Schulbildung wird in zwei Kategorien zusammengefasst. Im Wesentlichen basiert diese Einteilung auf der Hochschulreife, also der Berechtigung, eine höhere Schule zu besuchen. 59 % der Befragten haben maximal bis zur 10. Klasse eine allgemeinbildende Schule besucht. Diese Befragten haben entweder die Schule ohne Abschluss verlassen, einen Volksschul-, Hauptschul-, Realschul- oder POS-Abschluss. Entsprechend haben 41 % eine Schulbildung absolviert, die mehr als 10 Klassenstufen umfasst und mit der Fachschulreife, der fachgebundenen oder der allgemeinen Hochschulreife (Abitur) abschließt. Die berufliche Qualifikation wurde mit drei Kategorien erfasst. 16 % haben keine abgeschlossene Berufsausbildung. Eine deutliche Mehrheit von 58 % hat einen mittleren berufsqualifizierenden Abschluss. In der Regel gehören Facharbeiter und Fachschulabsolventen zu dieser Personengruppe. Schließlich weisen 26 % der Befragten mit einem Meisterbrief, einem Hochschulabschluss oder einer Promotion einen hohen Berufsabschluss auf.

Das positionelle Kapital wird über die Stellung im Beruf nach dem Vorschlag Hoffmeyer-Zlotniks (2003) operationalisiert. Die Stellung im Beruf stellt die Skala der Handlungsautonomie der beruflichen Tätigkeit dar. Sie reicht von einer sehr niedrigen Stellung im Beruf mit praktisch keiner Weisungsbefugnis bis zur hohen Stellung im Beruf mit umfassenden Führungsaufgaben und wird in vier Kategorien zusammengefasst. Befragte, die noch nie einen Beruf ausgeübt haben, werden der niedrigsten Kategorie zugeordnet. Für alle anderen Personen, die aktuell keinen Beruf ausüben, wird die berufliche Stellung der letzten beruflichen Tätigkeit ermittelt. Ein Fünftel der Befragten (20 %) hat keine oder eine sehr niedrige berufliche Stellung, 28 % haben eine eher niedrige, 33 % eine mittlere

8.1 Datengrundlage

berufliche Stellung. Die restlichen 19 % der Befragten sind der höchsten Kategorie zuzuordnen.

Vielfältige und institutionalisierte Kontaktgelegenheiten variieren mit den Phasen des Lebenslaufs. Die Lebensphasen sind mehrdimensionale Konstrukte, die durch die Merkmale Erwerbsstatus, Haushaltsform, Lebensalter und Wohndauer operationalisiert werden. Der Erwerbsstatus wird in vier Kategorien eingeteilt. 14 % der Befragten sind als Schüler, Auszubildende oder Studenten noch nicht in den Erwerbsprozess eingetreten. 61 % der Befragten sind Erwerbspersonen, wovon 45 % erwerbstätig sind. Darunter ist die überwiegende Mehrheit vollzeiterwerbstätig. Für beide Gruppen wird angenommen, dass sie aufgrund ihrer Ausbildung bzw. ihres Arbeitsplatzes vielfältigere und vor allem institutionalisierte Kontaktmöglichkeiten haben. Sie haben damit bessere Dispositionen zum Aufbau sozialen Kapitals. 16 % der Befragten sind derzeit arbeitslos oder aus anderen Gründen nicht erwerbstätig. Schließlich ist ein Viertel (25 %) als Vorruheständler, Rentner oder Pensionär aus dem Erwerbsleben ausgeschieden. Erwerbslose und nicht mehr Erwerbstätige haben vermutlich deutlich weniger Kontaktmöglichkeiten als Personen in Ausbildung oder Arbeit. Aufgrund dieser Einschränkung wird sich für sie der Aufbau sozialen Kapitals schwieriger gestalten.

Das Zusammenleben mit mehreren Personen in einem Haushalt schafft weitere vielfältige Kontaktmöglichkeiten. Sofern es sich um enge Familienbeziehungen, insbesondere Eltern-Kind-Beziehungen, handelt, haben diese Kontaktmöglichkeiten auch eine institutionalisierte Basis. Generell erhöhen sich die Kontaktmöglichkeiten mit der Anzahl der Personen im Haushalt. Insofern Kinder zum Haushalt gehören, gilt dies aber nur für familiennahe Kontaktmöglichkeiten. Die Haushaltsformen werden simplerweise über die Anzahl der Personen im Haushalt gemessen. Die Haushaltsgröße reicht von einer bis maximal neun Personen, wobei durchschnittlich 2,4 Personen zu einem Haushalt gehören. Ein zweiter Indikator ist das Vorhandensein von Kindern im Alter bis 18 Jahre im Haushalt. 23 % der Befragten leben in einem solchen Kinderhaushalt.

Dritte Komponente der Lebensphasen ist das Lebensalter. Im Durchschnitt sind die Befragten 45,6 Jahre alt. Die jüngsten Befragten sind 17 Jahre alt und die ältesten 76 Jahre. Gegenläufig zum erwarteten negativen Alterseffekt etablieren sich mit zunehmender Wohndauer unbeabsichtigte Kontakte, weil man Kenntnisse und Erfahrungen über bestehende Kontaktmöglichkeiten erlangt. Entsprechend wird mit zunehmender Dauer der Aufbau sozialen Kapitals erleichtert. Dieser zeitliche Aspekt wird durch die Wohndauer in der Stadt operationalisiert. Die Wohndauer wird nicht durch die tatsächliche Dauer in Jahren, sondern durch zwei kategoriale Merkmale gemessen. Damit umgeht man das Problem der Multikollinearität zwischen Wohndauer und Lebensalter und bildet zugleich theoretisch sinnvolle und empirisch relevante Bevölkerungsgruppen ab. Ein Kriterium sind erst kürzlich zugezogene Bürger. Ein reichliches Zehntel (11 %) gehört zu den Neubürgern, die in den letzten fünf Jahren vor der Befragung in die Stadt gezogen sind. Das zweite Kriterium trennt generell Einheimische von Zugewanderten. Knapp die Hälfte der befragten Einwohner (48 %) lebt seit der Geburt in der Stadt.

Im Abschn. 4.5 wurde die Bedeutung stadträumlicher Kontexte für den Aufbau des sozialen Kapitals hervorgehoben. Stadträume mit vielfältigen Kontaktmöglichkeiten, d. h. mit umfangreicher Ausstattung an sozialen Infrastruktureinrichtungen und einer prosozialen, aktiven Bevölkerung bieten bessere Chancen für den Aufbau sozialen Kapitals als Stadträume mit einer schlechteren Gelegenheitsstruktur. Halle ist administrativ in 43 Stadtteile bzw. Stadtviertel gegliedert (Tab. 8.2).[2] Zwar könnten die einzelnen Stadtteile in ihrer Ressourcenausstattung und ihren Gelegenheitsstrukturen beschrieben und mit Mehrebenenmodellen analysiert werden. Für die anvisierte Analyse spielen aber nicht der administrative Hintergrund, sondern die typischen Stadtteileigenschaften eine Rolle. Entsprechend bilden diese 43 Stadtteile die Grundlage für eine Typologie. Zur Typenbildung werden Merkmale der Wohnbevölkerung, der Wohngebäude, der sozialen Infrastruktureinrichtungen und der Zentralität bzw. Erreichbarkeit herangezogen (Stadt Halle (Saale) 2006a).[3] Die Stadtteile lassen sich zu fünf Stadtteiltypen zusammenfassen: Kompakte Altbausubstanz in Innenstadtlage, Stadtteile mit überwiegender Gründerzeitbebauung, Stadtteile mit überwiegender Genossenschaftsblockbebauung, Großwohnsiedlungen mit mehrgeschossigen Plattenbauten in Stadtrandlage und schließlich Dorflagen und Einfamilienhausgebiete in Stadtrandlage (Tab. 8.3). Diese Stadtteiltypen sind Generalisierungen. Der jeweils namengebende Wohngebäudetyp überwiegt zwar im Stadtteil, aber alle fünf Stadtteiltypen weisen gemischte Bebauungsstrukturen auf. So finden sich Gründerzeitgebäude auch in den Innenstadtgebieten oder Plattenbauten in einigen Genossenschaftsgebieten. Diese Stadtteiltypen sind räumlich konzentrisch angeordnet (Abb. 8.1). Im Folgenden werden die fünf Stadtteiltypen über charakteristische Merkmale beschrieben.

Die Innenstadtgebiete zeichnen sich durch eine zentrale Lage und beste Erreichbarkeit aus. Es sind die mit Abstand am dichtesten besiedelten Stadtteile. Ihre Fläche ist vergleichsweise klein, wovon aber ein sehr großer Teil für Wohngebäude genutzt wird. Es sind die Stadtteile mit der besten Wanderungsbilanz: auf 1.000 Einwohner kommen 10 Zuziehende mehr als Wegziehende. Die soziale Infrastruktur ist hervorragend: Sowohl bei den Kindertagesstätten als auch bei den niedergelassenen Ärzten liegt dieser Stadtteiltyp an der Spitze. Es sind vor allem junge, gut gebildete und zugezogene Menschen, die in der Innenstadt wohnen. Ein hoher Anteil der Bevölkerung befindet sich in Ausbildung; zumeist sind es Studenten, die in den Innenstadtgebieten wohnen. Zugleich sind es die Gebiete mit relativ wenigen Kinderhaushalten. Bewohner der Innenstadtgebiete sind zu 16 % in der Bürgerumfrage Halle 2005 vertreten.

---

[2] Im Folgenden wird einheitlich von Stadtteilen die Rede sein, weil dieser Begriff zur innerstädtischen Gebietsgliederung geläufiger ist als Stadtviertel. Gemeint sind aber immer die 43 Stadtteile bzw. Stadtviertel Halles.

[3] Dafür wurden Daten der amtlichen und kommunalen Statistik zur Bevölkerungszusammensetzung und zu den physischen Stadtraumstrukturen genutzt. Ungeeignet war jedoch der Mietspiegel von 2006 (Stadt Halle 2006b), weil sich die Mietpreise noch nicht stark genug nach der Wohnlage unterscheiden und das Wohnwertkriterium „Lage" im Mietspiegel nicht berücksichtigt wird.

Tab. 8.2 Die Gebietsgliederung Halles

Nr.†	Stadtviertel	Stadtteil	Stadtteiltyp
101	Altstadt	Halle[a]	Innenstadt
102	Südliche Innenstadt	Halle[a]	Innenstadt
103	Nördliche Innenstadt	Halle[a]	Innenstadt
204	Paulusviertel	Halle[a]	Gründerzeitviertel
205	Am Wasserturm/Thaerviertel	Halle[a]	Gründerzeitviertel
206	Landrain	Halle[a]	Genossenschaftsviertel
207	Frohe Zukunft	Halle[a]	Dorflagen/Eigenheimgebiete
308	Gebiet der DR	Halle[a]	Gründerzeitviertel
309	Freiimfelde/Kanenaer Weg	Halle[a]	Dorflagen/Eigenheimgebiete
310	Dieselstraße	Halle[a]	Dorflagen/Eigenheimgebiete
411	Lutherplatz/Thüringer Bahnhof	Halle[a]	Genossenschaftsviertel
412	Gesundbrunnen	Halle[a]	Genossenschaftsviertel
413	Südstadt	Halle[a]	Großwohnsiedlungen
414	Damaschkestraße	Halle[a]	Genossenschaftsviertel
221	Ortslage Trotha	Trotha[a]	Dorflagen/Eigenheimgebiete
222	Industriegebiet Nord	Trotha[a]	Dorflagen/Eigenheimgebiete
223	Gottfried-Keller-Siedlung	Trotha[a]	Dorflagen/Eigenheimgebiete
230	Giebichenstein	Giebichenstein	Gründerzeitviertel
231	Seeben	Seeben	Dorflagen/Eigenheimgebiete
232	Tornau	Tornau	Dorflagen/Eigenheimgebiete
233	Mötzlich	Mötzlich	Dorflagen/Eigenheimgebiete
340	Diemitz	Diemitz	Dorflagen/Eigenheimgebiete
341	Dautzsch	Dautzsch	Dorflagen/Eigenheimgebiete
342	Reideburg	Reideburg	Dorflagen/Eigenheimgebiete
343	Büschdorf	Büschdorf	Dorflagen/Eigenheimgebiete
344	Kanena/Bruckdorf	Kanena/Bruckdorf	Dorflagen/Eigenheimgebiete
451	Ortslage Ammendorf/Beesen	Ammendorf[a]	Dorflagen/Eigenheimgebiete
452	Radewell/Osendorf	Ammendorf[a]	Dorflagen/Eigenheimgebiete
453	Planena	Ammendorf[a]	Dorflagen/Eigenheimgebiete
460	Böllberg/Wörmlitz	Böllberg/Wörmlitz	Dorflagen/Eigenheimgebiete
461	Silberhöhe	Silberhöhe	Großwohnsiedlungen
571	Nördliche Neustadt	Neustadt[a]	Großwohnsiedlungen
572	Südliche Neustadt	Neustadt[a]	Großwohnsiedlungen
573	Westliche Neustadt	Neustadt[a]	Großwohnsiedlungen
574	Gewerbegebiet Neustadt	Neustadt[a]	Großwohnsiedlungen
581	Ortslage Lettin	Lettin[a]	Dorflagen/Eigenheimgebiete
582	Heide-Nord/Blumenau	Lettin[a]	Großwohnsiedlungen
590	Saaleaue	Saaleaue	Dorflagen/Eigenheimgebiete
591	Kröllwitz	Kröllwitz	Dorflagen/Eigenheimgebiete
592	Heide-Süd	Heide-Süd	Dorflagen/Eigenheimgebiete

Tab. 8.2 (Fortsetzung)

Nr.†	Stadtviertel	Stadtteil	Stadtteiltyp
593	Nietleben	Nietleben	Dorflagen/Eigenheimgebiete
594	Dölauer Heide	Dölauer Heide	Dorflagen/Eigenheimgebiete
595	Dölau	Dölau	Dorflagen/Eigenheimgebiete

[a] Die Stadtteile Halle, Trotha, Ammendorf, Neustadt und Lettin wurden aufgrund ihrer territorialen Größe nochmals in Stadtviertel unterteilt
† Die führende Ziffer der Stadtviertelnummer bezeichnet den Stadtbezirk: 1 = Mitte, 2 = Nord, 3 = Ost, 4 = Süd und 5 = West

Tab. 8.3 Merkmale der Stadtteiltypen

Merkmal	IS	GZ	GN	GW	DE	Gesamt
Merkmale der amtlichen Statistik (Stichtag 31.12.2005)						
Einwohnerzahl	37.331	20.761	30.079	90.232	57.556	235.959
Einwohner pro Hektar	79,1	37,7	38,6	57,2	5,7	17,5
Ausländeranteil	6,9 %	3,5 %	2,1 %	4,9 %	1,8 %	4,0 %
Außenwanderungssaldo pro 1.000 Einwohner	9,9	3,5	−3,4	−6,7	2,1	−0,6
Wohngebäude pro 1.000 Einwohner	104,8	119,9	151,2	54,2	247,6	127,5
öffentliche Spielplätze pro 10.000 Einwohner	3,5	6,3	4,3	1,4	2,3	4,7
Anzahl Kindertagesstätten pro 10.000 Einwohner	7,2	7,2	5,7	5,2	4,0	5,5
niedergelassene praktische Ärzte pro 10.000 Einwohner	9,4	7,7	6,0	5,8	4,9	6,3
Merkmale der Bürgerumfrage Halle 2005						
Anteil der Personen, die maximal seit 5 Jahren in der Stadt wohnen	24,7 %	20,6 %	5,6 %	7,2 %	5,8 %	10,4 %
Anteil der Personen, die seit der Geburt in der Stadt wohnen	41,2 %	39,9 %	56,7 %	45,0 %	55,3 %	48,4 %
Anteil der Abiturienten	56,8 %	65,4 %	40,9 %	26,1 %	44,3 %	41,3 %
monatliches Haushaltsnettoeinkommen in Euro	1.690	1.967	1.817	1.495	2.049	1.765
Anteil keine oder niedrige Stellung im Beruf	24,3 %	20,1 %	13,0 %	21,5 %	17,0 %	19,4 %
Anteil hohe Stellung im Beruf	20,3 %	22,8 %	25,2 %	14,8 %	20,5 %	19,3 %
Durchschnittsalter in Jahren	38,4	40,9	49,4	48,1	46,2	45,6
noch nicht erwerbstätig	24,6 %	21,5 %	8,4 %	9,3 %	13,0 %	13,6 %
erwerbstätig	49,4 %	52,7 %	45,7 %	37,6 %	50,2 %	45,3 %
nicht erwerbstätig	12,9 %	10,9 %	12,4 %	22,3 %	12,0 %	15,7 %
nicht mehr erwerbstätig	13,1 %	14,8 %	33,5 %	30,9 %	24,8 %	25,4 %
Anteil Kinderhaushalte	19,9 %	31,6 %	21,0 %	20,4 %	27,7 %	23,5 %

IS = Innenstadt, GZ = Gründerzeitviertel, GN = Genossenschaftsviertel, GW = Großwohnsiedlungen, DE = Dorflagen und Eigenheimgebiete

8.1 Datengrundlage

Abb. 8.1 Stadtteile und Stadtviertel der Stadt Halle (Saale). (Quelle: Stadt Halle (Saale) 2006a)

Die Gründerzeitgebiete folgen in der Zentralität den Innenstadtgebieten. Sie sind überdurchschnittlich dicht besiedelt, aber dennoch wesentlich dünner als die Innenstadtgebiete. Sie sind die idealen Stadtteile für junge Familien. In ihnen gibt es die meisten öffentlichen Kinderspielplätze und die meisten Kindertagesstätten pro 1.000 Einwohner. Entsprechend weisen diese Stadtteile den höchsten Anteil an Kinderhaushalten aus. Das Durchschnittsalter ist mit knapp 41 Jahren sehr niedrig und wird nur von den Innenstadtgebieten unterboten. Zugleich werden die Gründerzeitgebiete von wohlhabenderen und besser gestellten Bevölkerungsgruppen bewohnt. Es sind die Gebiete mit dem höchsten Anteil erwerbstätiger Personen und dem niedrigsten Anteil erwerbsloser Personen. Dies führt zu einem relativ hohen Durchschnittseinkommen in diesem Stadtteiltyp. Schließlich bevorzugen vor allem zugezogene Personen die Gründerzeitbauten. Lediglich 40 % der Bewohner sind gebürtige Hallenser und 21 % leben weniger als 5 Jahre in Halle. Ähnlich niedrige Wohndauern weisen nur noch die Innenstadtgebiete auf. 9 % der Befragten wohnen in Gründerzeitgebieten.

Während die Gründerzeitviertel sich nördlich und östlich der Innenstadt anschließen, liegen die Genossenschaftsviertel vor allem südlich der Innenstadt und nördlich der Gründerzeitviertel. Sie weisen damit eine ähnliche, leicht geringere Zentralität und Erreichbarkeit auf wie die Gründerzeitviertel. Die Einwohnerdichte ist den Gründerzeitvierteln vergleichbar, weil beide Stadtteiltypen vorrangig mit mehrgeschossigen Mehrfamilien-Miethäusern bebaut sind. Allerdings gibt es etwas mehr Wohngebäude in den Genossenschaftsvierteln, die in der Regel weniger Haushalten Platz bieten als die Wohngebäude der Gründerzeitviertel. Zwar ist die Ausstattung mit sozialer Infrastruktur durchschnittlich, aber schlechter als in den Gründerzeitvierteln. Große Unterschiede zwischen den Gründerzeitvierteln und den Genossenschaftsvierteln gibt es in der Zusammensetzung der Wohnbevölkerung. Die Genossenschaftsviertel werden vor allem von älteren Menschen bewohnt. So weist dieser Stadtteiltyp den höchsten Altersdurchschnitt und den höchsten Anteil Rentner bzw. Pensionäre auf. Dagegen mangelt es dem Stadtteiltyp an Personen in Ausbildung und an Personen in Kinderhaushalten. Zugleich herrscht in den Genossenschaftsvierteln im Vergleich zur Gesamtstadt nur wenig Altersarmut. Diese Interpretation stützt sich auf das überdurchschnittliche Haushaltseinkommen und den höchsten Anteil hoher beruflicher Stellungen. Zudem ist der Stadtteiltyp durch ausgeprägte Sesshaftigkeit gekennzeichnet. Mehr als die Hälfte der Bewohner ist in der Stadt geboren und nicht einmal 6 % sind in den letzten 5 Jahren in die Stadt gezogen. Die Bewohner des dritten innerstädtischen Stadtteiltyps sind mit 13 % im Datensatz vertreten.

Die Großwohnsiedlungen am Stadtrand bilden den vierten Stadtteiltyp. In diesen mehrgeschossigen Plattenbauten der 1960er bis 1980er Jahre gibt es eine hohe Einwohnerdichte bei der geringsten Anzahl an Wohngebäuden pro 1.000 Einwohner. Die soziale Infrastruktur ist unterdurchschnittlich ausgebaut. So gibt es in den Großwohnsiedlungen die niedrigste Anzahl öffentlicher Spielplätze pro Einwohner. Die soziale Zusammensetzung der Bevölkerung in den Großwohnsiedlungen weist durchweg schlechte Werte auf, die auf eine soziale Entmischung hindeuten. So gibt es anteilsmäßig die wenigsten Abiturienten, Erwerbstätigen und Personen in hohen beruflichen Stellungen. Zugleich haben die Großwohnsiedlungen den höchsten Erwerbslosenanteil und das geringste Durchschnittseinkommen. Zudem ist das Durchschnittsalter relativ hoch und es gibt demzufolge nur einen unterdurchschnittlichen Anteil Kinderhaushalte. Die Großwohnsiedlungen sind ein Sammelbecken prekärer Lebenslagen der A-Bevölkerungsgruppen: Alte, Arme, Ausländer und Arbeitslose. Schlechte soziale Infrastruktur und sozialer Niedergang der einstmals präferierten Plattenbauten führen nach der Wiedervereinigung zu einer Wegzugsbewegung der bessergestellten Bewohner, die sich im schlechtesten Wanderungssaldo aller Stadtteiltypen manifestiert. Der Großwohnsiedlungstyp ist bevölkerungsreich und mit 38 % entsprechend stark in der Bürgerumfrage Halle 2005 vertreten.

Die randstädtischen Dorflagen und Eigenheimgebiete bilden den fünften Stadtteiltyp. Dieser Stadtteiltyp hat eher ländlichen Charakter. Es sind zumeist eingemeindete Dörfer oder nach 1990 neu ausgewiesene Eigenheimgebiete, die auf zumeist ungenutzten Flächen oder Ackerland errichtet wurden. Diese Gebiete haben mit Abstand die geringste Einwohnerdichte und den höchsten Wohngebäudebestand pro Einwohner. Die ländliche Ruhe und Beschaulichkeit wird mit Abschlägen bei der sozialen Infrastruktur in Kauf genommen. So sind öffentliche Kinderspielplätze, Kindertagesstätten und niedergelassene Ärzte vergleichsweise selten in diesem Stadtteiltyp zu finden. Die soziale Zusammensetzung weist im Vergleich zum gesamtstädtischen Durchschnitt zwei Besonderheiten auf. Einerseits haben die Bewohner das höchste Durchschnittseinkommen. Dies ist unter anderem darauf zurückzuführen, dass der Anteil erwerbstätiger Personen relativ hoch ist und der Anteil der erwerbslosen Personen relativ niedrig. Andererseits sind die Bewohner überdurchschnittlich sesshaft. 55 % der Befragten sind in der Stadt geboren und knapp 6 % sind erst in den letzten fünf Jahren vor der Befragung zugezogen. 24 % aller Befragungsteilnehmer sind Bewohner von Dorflagen und Einfamilienhausgebieten.

Das Image einzelner Stadtteiltypen lässt sich mit Daten der Bürgerumfrage Halle von 2003 vergleichen. Es zeigt sich, dass die Gründerzeitviertel das beste Image haben. Sie wurden auf einer Notenskala von 1 (sehr gutes Wohngebiet) bis 5 (sehr schlechtes Wohngebiet) mit 2,1 bewertet. Im mittleren Bereich lagen unter anderen Genossenschaftsbauten und Altneubauten der 1950/60er Jahre. Abgeschlagen belegten die Plattenbaugebiete mit einer Note von 3,9 den letzten Platz. Das Selbstimage der Wohngebiete, also die Benotung durch die jeweiligen Bewohner, fällt erwartungsgemäß positiver aus. Erstaunlicherweise bleiben aber die Benotungsverhältnisse bestehen. Bewohner von Gründerzeitvierteln schätzen ihre Wohnlage am besten ein (1,5) und Bewohner der Plattenbaugebiete beurteilen ihre Wohnlage mit 3,3 am schlechtesten (Petermann und Täfler 2004, S. 25 f.). Normalerweise kann man erwarten, dass problematisch beurteilte Stadtteile von ihren Bewohnern akzeptiert und als ein Ort der Zugehörigkeit angesehen werden, mit dem man sich identifiziert (Häußermann 2003, S. 148). Für die Großwohnsiedlungen in Plattenbauweise scheint dies allerdings nur eingeschränkt zu gelten.

Die Daten zur sozialen Infrastruktur, zum Image und zur pro-sozialen, aktiven Bevölkerung liefern den Nachweis, dass die Bewohner der Gründerzeitviertel die besten Voraussetzungen zum Aufbau sozialen Kapitals haben. Ebenfalls gute Gelegenheiten bieten sich den Bewohnern der Innenstadt. Eher durchschnittliche Gelegenheiten für den Aufbau sozialen Kapitals bieten Genossenschaftsviertel sowie Dorflagen und Eigenheimgebiete. Die leichten Vorteile bei der physischen und sozialen Infrastrukturausstattung der Genossenschaftsviertel aufgrund ihrer zentralen Lage und der dichteren Bebauung werden in den Dorflagen und Eigenheimgebieten durch eine mit besseren Ressourcen ausgestatteten Bevölkerung ausgeglichen. Dagegen werden den Großwohnsiedlungsbewohnern die schlechtesten Chancen zum Aufbau sozialen Kapitals eingeräumt. Sowohl die soziale Infrastruktur als auch das Image weisen im Vergleich aller Stadtteiltypen die schlechtesten Werte auf und die soziale Zusammensetzung der Bevölkerung weist eher auf sozial inaktive Bewohner hin. Ausgehend von den Gründerzeitvierteln, über die Innenstadtgebiete, die Genossenschaftsviertel, die Dorflagen und Eigenheimgebiete zu den Großwohnsiedlungen nimmt die Vielfalt der Kontaktmöglichkeiten stadträumlicher Kontexte ab, die für die Tests der Stadtraumhypothese H4 relevant sind.

8.2 Analysen der Sozialkapitaldimensionen nach Personenkreisen

In der Bürgerumfrage Halle 2005 wurde das persönliche Sozialkapital in prinzipiell vergleichbarer Weise wie in der Bevölkerungsbefragung gemessen (vgl. Abschn. 7.2). An die Auswahl der Items wurden die gleichen Anforderungen gestellt: Ressourcenzugänge sollen für die allgemeine Bevölkerung verfügbar sein, sie sollen hinsichtlich der Handlungsziele materieller Wohlstand und soziale Anerkennung, hinsichtlich der Handlungssituationen im Alltag und im Notfall, hinsichtlich der Ressourcenart als Gut, Dienstleistung und Information sowie hinsichtlich der Kontextspezifität variieren. Der Ressourcengenerator der Bürgerumfrage Halle 2005 arbeitet mit 18 Items, um das soziale Kapital zu erheben (Tab. 8.4), wovon 16 Items auch in der Bevölkerungsbefragung 2005 eingesetzt wurden (vgl. Tab. 7.3).

Die 18 erfragten Ressourcen sind auf einer Bandbreite von 14 bis 90 % verfügbar. Die Streuung ist damit noch größer als in der Bevölkerungsbefragung. Die Gruppierung der Items auf dieser Bandbreite ist zwar vergleichbar, allerdings werden Items teilweise deutlich seltener genannt. Soziale Unterstützungsressourcen werden wieder am häufigsten, in der Regel von über 80 %, genannt. Es schließen sich personale Ressourcen an, die in der Regel auf allgemeinen (Hochschulabschluss, Theater- und Museumsbesucher) oder sehr spezifischen (Reparaturgeschick, medizinischer und juristischer Rat) Kompetenzen und Wissensvorräten aufbauen. Diese Items werden von 50 bis 80 % der Befragten genannt; lediglich Hinweise zur PC-Benutzung nennen 90 % der Befragten. Weniger häufig (um 40 %) werden Ressourcen genannt, die das ökonomische Kapital der Alteri umfassen. Schließlich verfügen die wenigsten Personen (14 bis 27 %) über Kontakte, die in die Sphären der (Kommunal-)Politik und der allgemeinen Öffentlichkeit hineinreichen. Diese ohnehin schon nicht sehr verbreiteten Ressourcen werden in der Bürgerumfrage Halle 2005 nochmals deutlich seltener genannt als in der Bevölkerungsbefragung.

Mit einer Faktorenanalyse der 18 Ressourcenitems wurden vier Dimensionen des sozialen Kapitals extrahiert, die sich theoretisch und konzeptionell begründen lassen (vgl. Abschn. 6.3). Ein Vergleich der beiden Datensätze aus Bürgerumfrage Halle 2005 und Bevölkerungsbefragung 2005 ergibt eine hohe Übereinstimmung in den identifizierten Dimensionen des sozialen Kapitals und in der Zuordnung der Ressourcenzugänge zu diesen Dimensionen (vgl. Abschn. 7.3). Die Verknüpfung der Ressourcenzugänge der jeweiligen Dimension erfolgte über einen additiven Index. Somit ist gewährleistet, dass die vier Dimensionen nicht überlappende Teilbereiche des gesamten Sozialkapitals sind.

Die erste Dimension stellt das Unterstützungssozialkapital (USK) dar und repräsentiert die emotional-vertrauliche Komponente. Dazu gehören die fünf Items Einkauf bei Krankheit (2), Rat im Konfliktfall (3), Tagesgespräch (4), Unterkunft (5) und Pflege bei Erkrankung (6).[4] Die zweite Dimension des Sozialkapitals wird durch Items verkörpert, die spezielle Fähigkeiten oder spezielles Wissen vertrauenswürdiger Alteri beinhalten. Zum

---

[4] Die Reihenfolge der Items spiegelt deren Repräsentationsgüte für die jeweilige Dimension wieder. Die Zahlen in Klammern sind die Itemnummern in Tab. 8.4.

8.2 Analysen der Sozialkapitaldimensionen nach Personenkreisen

Tab. 8.4 Ressourcenzugänge nach Personenkreis in Prozent

Nr.	Nennung[a]	Kurzbezeichnung	Gesamt	Familie	Freunde	Bekannte	n
1	Hinweise zur Benutzung eines PC's geben kann	PC-Ratschläge	89,6	61,2	46,6	34,1	3.400
2	Ihre Einkäufe erledigen kann, sollten Sie und alle anderen Haushaltsmitglieder krank sein	Einkauf bei Krankheit	89,3	68,5	47,2	19,6	3.396
3	Ihnen Rat geben kann, wenn es Konflikte gibt, z. B. auf der Arbeit oder in der Familie	Rat im Konfliktfall	88,3	64,6	59,9	20,1	3.398
4	Für Sie da ist, nur um über den Tag zu reden	Tagesgespräch	85,2	65,8	53,6	22,1	3.396
5	Ihnen Unterkunft für eine Woche bieten kann, wenn Sie zeitweilig Ihre Wohnung/Ihr Haus verlassen müssen	Unterkunft	82,1	71,1	42,1	13,2	3.399
6	Sie bei ernsten Erkrankung pflegen kann	Pflege bei Erkrankung	79,4	75,5	16,2	4,1	3.396
7	Einen Hochschulabschluss hat	Hochschulabschluss	78,2	54,6	41,4	39,2	3.398
8	Öfter Theater oder Museen besucht	Theater/Museum	71,5	35,3	36,8	34,0	3.396
9	Geschick hat, um Haushaltsgeräte zu reparieren	Reparatur	63,2	43,2	19,9	17,2	3.403
10	Medizinischen Rat geben kann, wenn Sie unzufrieden mit Ihrem Arzt sind	Medizinischer Rat	62,9	38,9	29,8	20,9	3.396
11	In Rechtsangelegenheiten Rat geben kann (Probleme mit dem Vermieter, Chef, Stadtverwaltung)	Juristischer Rat	59,6	30,9	25,8	26,8	3.396
12	Ihre Kinder babysitten kann	Babysitten	50,4	44,2	27,8	9,8	3.397
13	Ihnen eine gute Referenz bieten kann, wenn Sie sich um eine Arbeitsstelle bewerben	Referenz für Bewerbung	42,0	19,7	21,7	22,0	3.396
14	Monatlich mehr als 2.500 € netto verdient	Vielverdiener	38,2	21,3	14,6	20,1	3.396
15	Ihnen eine große Summe Geld borgen kann (z. B. 5.000 €)	Geld borgen	36,5	32,6	7,6	2,2	3.400

Tab. 8.4 (Fortsetzung)

Nr.	Nennung[a]	Kurzbezeichnung	Gesamt	Familie	Freunde	Bekannte	n
16	Gute Kontakte zu einer Zeitung, zum Radio oder Fernsehen hat	Medienkontakte	26,9	7,1	9,8	15,6	3.396
17	Aktiv in einer politischen Partei mitarbeitet	Parteimitglied	21,1	4,5	6,2	13,6	3.396
18	Im Rathaus arbeitet	Rathausmitarbeiter	13,8	3,4	3,0	8,9	3.396

[a] Einleitend wurde gefragt: „Kennen Sie jemanden unter Ihren Familienangehörigen, Freunden oder Bekannten, der…" Die Reihenfolge der Items ergibt sich aus der absteigenden Häufigkeit. Sie ist nicht mit der Reihenfolge der Abfrage identisch.

Tab. 8.5 Skalierungsparameter der vier Sozialkapitaldimensionen

Dimension	Itemanzahl	Reliabilitätsanalyse: Cronbachs Alpha	Faktorenanalyse: erklärte Varianz (%)
Unterstützungssozialkapital (USK)	5	0,67	44,3
Sozialkapital spezieller Fähigkeiten (KSF)	6	0,65	36,7
Prestige- und Bildungssozialkapital (PBK)	4	0,63	47,6
Politisches und Öffentlichkeitskapital (POK)	3	0,47	48,9

Es ergibt sich in allen Faktorenanalysen jeweils ein Faktor mit einem Eigenwert größer 1.

Sozialkapital spezieller Fähigkeiten (KSF) gehören die sechs Items juristischer Rat (11), Referenz für Bewerbung (13), medizinischer Rat (10), babysitten (12), PC-Ratschläge (1) und Reparatur (9). Die dritte Dimension ist das Prestige- und Bildungssozialkapital (PBK). Wie theoretisch erwartet aber anders als in der Bevölkerungsbefragung empirisch vorgefunden, ergibt sich nun eine Sozialkapitaldimension, die personale und ökonomische Ressourcen der Alteri vereint. Das Prestige- und Bildungssozialkapital wird durch die vier Items Vielverdiener (14), Hochschulabschluss (7), Theater/Museen (8) und Geld borgen (15) repräsentiert. Schließlich bildet die vierte Dimension das politische und Öffentlichkeitssozialkapital (POK) ab. Die drei Items dieser Dimension fokussieren auf Kontakte, die über eine enge Gemeinschaft hinaus Verbindungen in die Gesellschaft offerieren: Parteimitglied (17), Rathausmitarbeiter (18) und Medienkontakte (16).

Um die interne Konsistenz und Eindimensionalität der vier Skalen zu prüfen, wurden Reliabilitätskoeffizienten und Faktorenanalysen berechnet (Tab. 8.5). Für alle vier Dimensionen kann die Eindimensionalität und interne Konsistenz angenommen werden. Cronbachs Alpha liegt zwischen 0,47 und 0,67 und indiziert damit geringe Reliabilität der Skalen (vgl. Wittenberg 1991, S. 79 f.). Lediglich der Reliabilitätswert des politischen

8.2 Analysen der Sozialkapitaldimensionen nach Personenkreisen

Tab. 8.6 Univariate Statistiken der Ressourcenzugänge nach Personenkreis

Variable	min	max	Mittelwert	Standardabweichung	Mittelwert/ max	n
Anzahl der Ressourcenzugänge nach Personenkreis pro Ego-Akteur						
Familienkreis	0	17	7,384	3,563	0,434	3.416
Freundeskreis	0	18	5,072	4,103	0,282	3.416
Bekanntenkreis	0	18	3,416	3,157	0,190	3.416
Sozialkapitaldimensionen pro Ego-Akteur						
USK	0	5	4,243	1,178	0,849	3.396
KSF	0	6	3,676	1,681	0,613	3.396
PBK	0	4	2,244	1,262	0,561	3.396
POK	0	3	0,618	0,838	0,206	3.396
Sozialkapitaldimensionen pro Personenkreis						
USK	0	5	2,145	1,864	0,429	10.200
KSF	0	6	1,802	1,624	0,300	10.200
PBK	0	4	1,132	1,157	0,283	10.200
POK	0	3	0,240	0,548	0,080	10.200

und Öffentlichkeitssozialkapitals ist mit 0,47 als nicht zufriedenstellend einzustufen. Eine Ursache liegt in der geringen Itemanzahl. In allen vier Faktorenanalysen ergibt sich jeweils nur ein Faktor mit einem Eigenwert größer 1. Dies bestätigt die Homogenität der Skalen. Die repräsentierte Varianz liegt zwischen 37 und 49 %. Diese Werte indizieren eine ausreichende Repräsentation der Sozialkapitaldimensionen durch die jeweiligen Items. Überraschend ist die höchste erklärte Varianz für die Dimension des politischen und Öffentlichkeitssozialkapitals. Dies gleicht den relativ schlechten Alphawert der Reliabilitätsanalyse etwas aus, so dass diese Dimension ihre Berechtigung hat. Die Skalierungsparameter deuten wieder die hohe Vergleichbarkeit der Sozialkapitalmessung der beiden in dieser Arbeit verwendeten Befragungen an.

Die Verteilung der Sozialkapitaldimensionen in der Bevölkerung ist damit stark abgestuft (Tab. 8.6). Die meisten Personen verfügen über ausreichend Unterstützungssozialkapital, dicht gefolgt von der Ausstattung mit Sozialkapital spezieller Fähigkeiten. Auch wenn viele Personen über Prestige- und Bildungssozialkapital verfügen, ist doch die verfügbare Menge für einzelne Personen recht unterschiedlich. Schließlich sind die meisten Befragten vom politischen und Öffentlichkeitssozialkapital ausgeschlossen. Im Vergleich zur Bevölkerungsumfrage zeigen sich die gleichen Verhältnisse zwischen den Sozialkapitaldimensionen. Zugleich ist festzustellen, dass auch der Zugang zu den Ressourcendimensionen für die Bevölkerung von Halle in allen Dimensionen geringer ist als in der Bevölkerungsbefragung.

Für jede der 18 Unterstützungsleistungen wurde gefragt, ob die Ressourcen aus dem Familien-, Freundes- oder Bekanntenkreis bereitgestellt werden können (Tab. 8.4). Die Ressourcenzugänge werden in erster Linie von den Familienbeziehungen getragen. Während insgesamt die Ressourcenzugänge zwischen 14 und 90 % schwanken, haben die durch

Familienangehörige und Verwandte zugänglichen Ressourcen eine Spannbreite von 3 bis 76%. Für den Freundeskreis liegen die Häufigkeiten im Bereich von 2 bis 60% und für den Bekanntenkreis ergibt sich ein noch stärker begrenzter Bereich von 2 bis 39%. Die Häufigkeiten der Ressourcenzugänge aus dem Familienkreis und aus dem Freundeskreis, nicht aber aus dem Bekanntenkreis sind tendenziell proportional zu den Häufigkeiten der Ressourcenitems insgesamt. Damit zeichnet sich ein zur Bevölkerungsbefragung 2005 vergleichbares Bild, auch wenn die Maximalwerte der drei Personenkreise sich zwischen beiden Umfragen unterscheiden und für die Bürgerumfrage Halle 2005 teilweise deutlich geringer sind. Vergleichbar zur Bevölkerungsbefragung sind auch die Verteilungen der Sozialkapitaldimensionen über die Personenkreise. Unterstützende Ressourcen werden durch den Familien- und Freundeskreis getragen. Je verpflichtender und aufwendiger diese Ressourcenbereitstellung ist, desto stärker wird auf Familienangehörige und desto weniger wird auf Freunde zurückgegriffen. Kontakte zu Politik und Öffentlichkeit werden vor allem durch Bekannte hergestellt.

Zum Vergleich mit der Bevölkerungsbefragung wurde pro Personenkreis ein Summenindex über alle Ressourcenzugänge gebildet (Tab. 8.6). Im Durchschnitt erhält eine Person 7,4 Ressourcen aus ihrem Familienkreis, das sind rund 43% der maximalen Anzahl an Ressourcenitems. Mit diesen Zahlen ist nachgewiesen, dass Familienangehörige und Verwandte die primären Beziehungen sind, die Ressourcen zur Verfügung stellen. An zweiter Stelle folgen Freunde. Sie stellen durchschnittlich 5,1 Ressourcen zur Verfügung, das sind 28% der Ressourcenitems. Aus dem Kreis der Bekanntschaften stehen im Durchschnitt 3,4 Ressourcen bereit. Dies entspricht lediglich 19% der maximalen Anzahl an Ressourcenitems. Auch wenn die Anzahl der Items in beiden Befragungen unterschiedlich ist, so wird doch deutlich, dass die familiäre Unterstützung noch ein vergleichbares Niveau hat (46% zu 43%), während das Sozialkapital von Freunden (37% zu 28%) und insbesondere von Bekannten (30% zu 19%) in der Bevölkerungsbefragung doch deutlich stärker ausgeprägt ist als in der Bürgerumfrage Halle 2005.

Um sowohl die Differenzierung sozialen Kapitals nach Dimensionen und nach Personenkreisen handhaben zu können, wird im Folgenden soziales Kapital auf der Ebene der Personenkreise untersucht. In Tab. 8.6 sind zum Vergleich die Sozialkapitaldimensionen pro Akteur und pro Personenkreis abgebildet. Da pro Ego drei Personenkreise untersucht werden, hat sich die Anzahl der Fälle verdreifacht. Wie sich zeigt, sind die Mittelwerte pro Personenkreis aber nicht auf ein Drittel gesunken. Das liegt an der möglichen Mehrfachnennung der Personenkreise in der Verfügbarkeit sozialen Kapitals. Mit jedem Personenkreis werden 2,1 Ressourcen des Unterstützungssozialkapitals und 1,8 Ressourcen des Sozialkapitals spezieller Fähigkeiten bereitgehalten. Weniger unterstützend sind die Personenkreise beim Prestige- und Bildungssozialkapital (1,1) sowie beim politischen und Öffentlichkeitssozialkapital (0,2). Die Verhältnisse zwischen den vier Sozialkapitaldimensionen stimmen auf den Ebenen der Ego-Akteure und der Personenkreise überein. Zu beachten ist, dass die Werte pro Personenkreis nicht die Art des Personenkreises berücksichtigen. Inwiefern diese Werte zwischen den drei Personenkreisen variieren, wird aus den Mehrebenen-Logit-Modellen der Tab. 8.7 ersichtlich.

8.2 Analysen der Sozialkapitaldimensionen nach Personenkreisen

Tab. 8.7 Mehrebenen-Logit-Modelle der vier Sozialkapitaldimensionen

Variable	USK		KSF		PBK		POK	
Konstante	−0,235*	(0,091)	−1,008***	(0,077)	−1,153***	(0,085)	−2,820***	(0,149)
Personenkreis								
Familienkreis	1,295***	(0,029)	0,542***	(0,025)	0,641***	(0,032)	−0,295***	(0,071)
Bekanntenkreis	−1,735***	(0,033)	−0,433***	(0,027)	−0,103***	(0,034)	0,879***	(0,059)
Ökonomisches Kapital								
Niedriges HH-Einkommen bis 1.200 Euro	−0,103	(0,057)	−0,112*	(0,048)	−0,187***	(0,054)	−0,093	(0,094)
Hohes HH-Einkommen über 2.100 Euro	0,108	(0,055)	0,068	(0,046)	0,309***	(0,050)	−0,024	(0,087)
Niedrige Wohnfläche pro Kopf bis 28,4 qm	−0,100	(0,055)	−0,126**	(0,046)	−0,243***	(0,051)	−0,282**	(0,091)
Hohe Wohnfläche pro Kopf über 39,4 qm	0,066	(0,054)	0,061	(0,046)	0,116*	(0,050)	0,182*	(0,086)
Personales Kapital								
Höhere Schulbildung über 10 Klassen	0,166**	(0,053)	0,167***	(0,044)	0,530***	(0,048)	0,454***	(0,083)
Ohne abgeschlossene berufliche Qualifikation	−0,134	(0,089)	−0,045	(0,074)	−0,077	(0,084)	0,178	(0,143)
Hohe berufliche Qualifikation	0,033	(0,059)	0,049	(0,049)	0,323***	(0,052)	0,231*	(0,090)
Positionelles Kapital								
Keine oder sehr niedrige Stellung im Beruf	−0,208*	(0,082)	−0,187**	(0,069)	−0,401***	(0,078)	−0,373**	(0,135)
Eher niedrige Stellung im Beruf	−0,200***	(0,057)	−0,129**	(0,049)	−0,359***	(0,054)	−0,368***	(0,099)
Hohe Stellung im Beruf	0,080	(0,063)	0,112*	(0,052)	0,129*	(0,056)	0,223*	(0,094)
Lebensphasen bedingte soziale Kontexte								
Noch nicht erwerbstätig	0,110	(0,100)	−0,034	(0,082)	0,407***	(0,092)	0,174	(0,154)
Nicht erwerbstätig	−0,132	(0,069)	−0,103	(0,058)	−0,160*	(0,066)	−0,222	(0,119)
Nicht mehr erwerbstätig	−0,056	(0,075)	−0,065	(0,064)	−0,168*	(0,070)	−0,422***	(0,127)
Haushaltsgröße (zentriert)	0,041	(0,031)	0,057*	(0,026)	0,068*	(0,028)	0,140**	(0,046)
Kinderhaushalt	−0,049	(0,065)	0,085	(0,053)	−0,103	(0,059)	−0,227*	(0,102)

Tab. 8.7 (Fortsetzung)

Variable	USK		KSF		PBK		POK	
Alter (zentriert)	−0,031***	(0,002)	−0,031***	(0,002)	−0,012***	(0,002)	−0,015***	(0,004)
Kurze Wohndauer bis zu 5 Jahren	−0,136	(0,080)	−0,060	(0,066)	0,088	(0,072)	0,031	(0,118)
Seit der Geburt in der Stadt wohnhaft	0,047	(0,046)	−0,005	(0,038)	−0,142***	(0,042)	−0,163*	(0,075)
Stadträumlicher Kontext								
Gründerzeitviertel	0,142	(0,084)	0,238***	(0,070)	0,126	(0,075)	0,184	(0,119)
Genossenschaftsviertel	0,002	(0,080)	0,072	(0,066)	−0,084	(0,072)	−0,322*	(0,125)
Dorflagen/Eigenheimgebiete	−0,125	(0,068)	−0,030	(0,057)	−0,197**	(0,062)	−0,182	(0,103)
Großwohnsiedlungen	−0,138*	(0,068)	−0,024	(0,057)	−0,329***	(0,063)	−0,344**	(0,107)
Weitere Lebensbedingung								
Geschlecht (1 = Frau)	0,187***	(0,042)	0,047	(0,035)	0,028	(0,039)	−0,130	(0,068)
Modellstatistik								
Nenner (= Anzahl der Items)	5		6		4		3	
n (Akteure/Personenkreise)	2.716/8.148		2.716/8.148		2.716/8.148		2.716/8.148	
LR-χ2-Test (Freiheitsgrade)	12.448,818 (26)***		5.253,582 (26)***		4.369,916 (26)***		1.462,270 (26)***	
McFadden Pseudo-R^2	0,322		0,162		0,174		0,138	
Varianzterm der Akteursebene	0,726	(0,034)	0,474	(0,023)	0,454	(0,028)	0,893	(0,082)

Angegeben sind unstandardisierte Koeffizienten mit Standardfehlern in Klammern. Die Signifikanzniveaus der Koeffizienten sind mit * für α ≤ 0,05, ** für α ≤ 0,01 und *** für α ≤ 0,001 gekennzeichnet.
USK = Unterstützungssozialkapital, KSF = Sozialkapital spezieller Fähigkeiten, PBK = Prestige- und Bildungssozialkapital, POK = Politisches und Öffentlichkeitssozialkapital

8.2 Analysen der Sozialkapitaldimensionen nach Personenkreisen

Diese Modelle basieren auf 8.148 Personenkreisen auf der ersten Ebene und auf 2.716 befragten Ego-Akteuren auf der zweiten Ebene. Die abhängigen Variablen sind die Sozialkapitaldimensionen pro Personenkreis. Mit den Modellen wird also ein Perspektivwechsel von der Akteursebene auf die Personenkreisebene vorgenommen. Die Referenzgruppe sind Freundeskreise von männlichen, erwerbstätigen Personen im Alter von etwa 46 Jahren, die in der Innenstadt wohnen, eine Schulbildung bis zur 10. Klasse absolviert haben, eine mittlere berufliche Qualifikation, ein mittleres Haushaltsnettoeinkommen zwischen 1.200 und 2.100 €, eine mittlere Pro-Kopf-Wohnfläche zwischen 28,4 und 39,4 m^2 haben und in Haushalten mit 2 Personen leben, die alle älter als 18 Jahre sind. Alle vier Modelle tragen zur Vorhersageverbesserung bei. Die Likelihood-Ratio-Tests zeigen an, dass zumindest ein Effekt signifikant von null verschieden ist. Die McFadden Pseudo-R^2 zwischen 0,14 und 0,32 belegen die praktische Relevanz.[5]

Das Unterstützungssozialkapital ist die Dimension, bei der sich die unterschiedlichen Personenkreise am stärksten auswirken. Dies kommt vor allem durch die besondere praktische Relevanz der drei Personenkreise zustande. Für die Referenzgruppe des Freundeskreises ergeben sich 2,2 Ressourcen, die sich auf 3,7 Ressourcen im Familienkreis erhöhen und auf 0,6 Ressourcen im Bekanntenkreis absenken.

Interessanterweise hat das ökonomische Kapital keine praktische Relevanz für den Aufbau des Unterstützungssozialkapitals. So gib es weder Unterschiede zwischen den Einkommensklassen noch zwischen den Pro-Kopf-Wohnflächen. Differenziert ist der Einfluss des personalen Kapital. Einerseits haben Personen mit höherer Schulbildung signifikant mehr Ressourcenzugänge als Personen mit einer Schulbildung unterhalb des Abiturs. Andererseits gibt es keine Unterschiede zwischen den Stufen beruflicher Qualifikation im Zugang zu Unterstützungssozialkapital. Bei der Stellung im Beruf gibt es eine signifikante Trennung zwischen niedrigen beruflichen Stellungen einerseits und den mittleren und höheren beruflichen Stellungen andererseits. Mit den signifikanten Effekten der Schulbildung und der Stellung im Beruf kann die Akkumulationsthese H1 vorläufig bestätigt werden, während mit den nicht signifikanten Effekten des Einkommens, der Pro-Kopf-Wohnfläche und der beruflichen Qualifikation die Kompensationshypothese H2 bestätigt wird.

Hinsichtlich der Indikatoren der Lebensphasen gibt es kaum signifikante Wirkungen auf das Unterstützungssozialkapital zu berichten. Zwar verlaufen Erwerbsstatus, Haushaltsgröße und Wohndauer in die vorhergesagte Richtung, aber praktische Relevanz haben diese Merkmale nicht. Lediglich der starke Alterseffekt ist signifikant. Ältere Menschen haben weniger Ressourcenzugänge als jüngere Menschen. Damit wird die Lebensphasenhypothese H3 bestätigt.

Die Bewohner von Großwohnsiedlungen haben eine signifikant geringere Sozialkapitalausstattung als die Referenzgruppe der Innenstadtbewohner. Am besten sind die Be-

---

[5] Die Logit-Modelle mit der komplexeren Mehrebenenstruktur stoßen mit derzeit möglichen Berechnungsroutinen an Grenzen. So ist es nicht möglich, die disproportionale Stichprobe durch eine Gewichtung auszugleichen. Mit den Ergebnissen der Mehrebenen-Logit-Modelle aus Tab. 8.7 sind daher nur verzerrte Parameterschätzungen für die gesamte Population möglich.

wohner der Gründerzeitviertel mit Unterstützungssozialkapital ausgestattet, wobei die Differenzen zu den Innenstadt- und Genossenschaftsviertelbewohnern nur tendenziell aber nicht signifikant sind. Insgesamt kann die Stadtraumhypothese H4 bestätigt werden.

Für das Sozialkapital spezieller Fähigkeiten kann festgestellt werden, dass diese Ressourcen vor allem aus dem Familienkreis und relativ selten aus dem Bekanntenkreis bereitgestellt werden. Beide Personenkreise heben sich signifikant vom Freundskreis ab. Diese Dimension sozialen Kapitals wird damit vorrangig durch persönliche Beziehungen bereitgestellt, die durch eine hohe Beziehungsstärke, normative und emotionale Bindungen gekennzeichnet sind. Hinsichtlich der Ressourcenausstattung zeigen Haushaltseinkommen, Pro-Kopf-Wohnfläche, Schulbildung und berufliche Stellung eine Bestätigung der Akkumulationshypothese H1 an. Allerdings verläuft lediglich der Effekt der Stellung im Beruf beinahe linear über die vier Kategorien. Hinsichtlich des ökonomischen Kapitals ist interessant, dass sich Personen mit mittlerer Ausstattung von Personen mit hoher Ausstattung nicht unterscheiden. Die berufliche Qualifikation hat keinen signifikanten Effekt. Sowohl die Insignifikanz der beruflichen Qualifikation als auch die Indifferenz zwischen mittlerem und höherem ökonomischem Kapital bestätigen die Kompensationshypothese H2.

Bei den Komponenten der Lebensphasen gibt es einen positiven Haushaltsgrößeneffekt und einen negativen Alterseffekt. Dagegen bleiben der Erwerbsstatus und die Wohndauer bedeutungslos für das Sozialkapital spezieller Fähigkeiten. Da zumindest einige Komponenten nachweisen, dass die Lebensphasen einen Effekt haben, kann die Lebensphasenhypothese H3 bestätigt werden. Hinsichtlich der Siedlungsstruktur kann festgehalten werden, dass die Bewohner der Gründerzeitviertel mehr Ressourcen als Bewohner anderer Stadtteiltypen erhalten. Entsprechend wird die Stadtraumhypothese H4 bestätigt.

Im Bereich des Prestige- und Bildungssozialkapitals zeigen sich deutliche Einflüsse der Personenkreise auf die sozialen Ressourcen. Der Familienkreis stellt deutlich mehr dieser Ressourcen für Ego bereit als der Freundeskreis. Umgekehrt gilt für den Bekanntenkreis eine geringere Bereitschaft, Prestige- und Bildungssozialkapital für Ego bereitzustellen. Auch für diese Dimension sozialen Kapitals verlassen sich die Befragten eher auf starke, normativ und emotional bindende Beziehungen. Auch wenn die Reihenfolge vom Familienkreis über den Freundeskreis zum Bekanntenkreis verläuft, ist die Distanz zwischen Ressourcenzugängen aus dem Familienkreis und dem Freundeskreis viel größer als zwischen dem Freundeskreis und dem Bekanntenkreis.

Im Hinblick auf die Ressourcenausstattung gibt es deutliche positive Effekte. Beim personalen Kapital sind es vor allem die höheren Bildungs- und Berufsabschlüsse, die den Zugang zu dieser Kapitaldimension fördern. Beide Indikatoren des ökonomischen Kapitals tragen positiv zum Zugang zu dieser Sozialkapitaldimension bei. Beim positionellen Kapital ist eine stärkere Trennung zwischen mittleren und höheren beruflichen Stellungen festzustellen. Von der mittleren beruflichen Stellung unterscheiden sich nicht nur die beiden unteren Stufen, sondern auch die obere berufliche Stellung. Damit gibt es eine eindrucksvolle Bestätigung der Akkumulationshypothese H1. Aber auch wenn die Ausstattung mit ökonomischem, personalem und positionellem Kapital in starkem Maße zum

8.2 Analysen der Sozialkapitaldimensionen nach Personenkreisen

Zugang zu dieser Sozialkapitaldimension beiträgt, verlaufen doch nicht alle Effekte linear. So unterscheiden sich die Positionen ohne und mit mittlerer beruflicher Qualifikation nicht signifikant. Für die berufliche Stellung ist die Distanz zwischen hoher und mittlerer Ressourcenausstattung geringer als zwischen mittlerer und niedriger Ressourcenausstattung. Allerdings sind diese Befunde nicht ausreichend, um einen Kompensationseffekt nachzuweisen. Die Kompensationshypothese H2 wird damit widerlegt.

Für die Indikatoren der Lebensphasen ergeben sich mehrere signifikante Effekte auf das Prestige- und Bildungssozialkapital. Personen, die noch nicht in den Erwerbsprozess eingetreten sind, erhalten einen Bonus auf diese Sozialkapitaldimension, während sich diese sozialen Ressourcen für die arbeitslosen Personen und die nicht mehr erwerbstätigen Personen verringern. Die Haushaltsgröße hat einen positiven Einfluss auf den Zugang zu Prestige- und Bildungssozialkapital. In großen Haushalten steht mehr Prestige- und Bildungssozialkapital zur Verfügung. Wie in den anderen Sozialkapitaldimensionen auch, gibt es einen negativen Alterseffekt, d. h. jüngere Personen haben besseren Zugang zu Prestige- und Bildungssozialkapital als ältere Personen. Hinsichtlich der Wohndauer besteht ein negativer Effekt für die Einheimischen. Sie haben im Vergleich zu den Zugezogenen Schwierigkeiten beim Zugang zu dieser Sozialkapitalart. Dagegen spielt die Wohndauer der Zugezogenen keine statistisch signifikante Rolle. Die Effekte von Erwerbsstatus, Haushaltsform und Alter verlaufen in die erwartete Richtung. Damit wird die Lebensphasenhypothese H3 bestätigt.

Am meisten verfügen Bewohner der Gründerzeitviertel über Prestige- und Bildungssozialkapital, gefolgt von Bewohnern der Innenstadt, der Genossenschaftsviertel, der Dorflagen und Eigenheimgebiete sowie der Großwohnsiedlungen. Relevant sind die Unterschiede zwischen Gründerzeitvierteln und der Innenstadt einerseits und den randstädtischen Stadtteiltypen der Dorflagen, Eigenheimgebiete und Großwohnsiedlungen andererseits. Entsprechend dieser Befunde zu den Stadtteiltypen kann die Stadtraumhypothese H4 bestätigt werden.

Schließlich wird der Zugang zu politischem und Öffentlichkeitssozialkapital deutlich durch die Personenkreise beeinflusst. Aufgrund des Charakters dieses Sozialkapitals als Kontaktbrücke zum politischen System und zur Öffentlichkeit stellen vor allem Bekanntschaften dieses Sozialkapital zur Verfügung. Der Familienkreis stellt in wesentlich geringerem Maße diese Sozialkapitalform zur Verfügung. Nicht nur, dass die Reihenfolge der Personenkreise sich komplett geändert hat, auch die Distanzen zwischen den Personenkreisen haben sich verschoben. Der Bekanntenkreis hebt sich deutlich vom Familien- und vom Freundeskreis ab, die beide weniger politisches und Öffentlichkeitssozialkapital zur Verfügung stellen.

Der Zugang zu politischem und Öffentlichkeitssozialkapital wird durch höhere Schulbildung und höhere berufliche Qualifikationen gefördert. Keinen Einfluss hat das Einkommen, während der Zugang zu sozialen Ressourcen durch die zunehmende Pro-Kopf-Wohnfläche gefördert wird. Ebenso trägt eine hohe berufliche Stellung zum Zugang zu dieser Sozialkapitaldimension bei, wobei die beiden unteren Stufen der beruflichen Stellung einen nahezu gleichen Effekt haben. Damit kann die Akkumulationshypothese H1 bestätigt werden. Neben dem nicht signifikanten Einkommenseffekt sprechen die nicht linearen Effekte der beruflichen Qualifikation und der Stellung im Beruf für die Kompensationshypothese H2.

Der Erwerbsstatus ist relevant, weil der Austritt aus dem Erwerbsleben zum Abbau des politischen und Öffentlichkeitssozialkapitals führt. Dagegen gibt es keinen signifikanten Unterschied zwischen erwerbstätigen und arbeitslosen Erwerbspersonen. Die Haushaltsform bestimmt den Zugang zu politischem und Öffentlichkeitssozialkapital mit. Zwar nimmt mit der Haushaltsgröße das soziale Kapital zu, allerdings wird dieser Effekt gemindert, wenn Kinder im Haushalt leben. Auch für ältere Personen steht weniger politisches und Öffentlichkeitssozialkapital zur Verfügung als für jüngere Personen. Schließlich fällt es Einheimischen schwerer als Zugezogenen, dieses soziale Kapital zu akkumulieren, aber die Wohndauer der Zugezogenen spielt keine signifikante Rolle. Diese empirischen Befunde bestätigen somit die Lebensphasenhypothese H3.

Am meisten verfügen die Bewohner der Gründerzeitviertel über dieses Sozialkapital. Dann folgen Bewohner der Innenstadt, der Dorflagen und Eigenheimgebiete, der Genossenschaftsviertel und schließlich der Großwohnsiedlungen. Signifikante Unterschiede gibt es zwischen den mit hohem Sozialkapital ausgestatteten Gründerzeitvierteln und Innenstadtgebieten auf der einen Seite und den sozialkapitalarmen Genossenschaftsvierteln und Großwohnsiedlungen auf der anderen Seite. Damit wird die Stadtraumhypothese H4 bestätigt.

Im Vergleich der vier Modelle wird eine signifikante Rolle der Personenkreise in allen Modellen bestätigt. Des Weiteren können drei der vier Haupthypothesen zur Akkumulation der Ressourcenausstattung, zu den Lebensphasen und zu den Stadtraumkontexten durchweg bestätigt werden. Zur Akkumulationshypothese H1 tragen vor allem personales (Schulbildung) und positionelles Kapital (berufliche Stellung) bei. Unterschiedlich sind die Wirkungen des ökonomischen Kapitals, wobei hervorzuheben ist, dass beide Indikatoren nicht zum Unterstützungssozialkapital beitragen. Die Kompensationshypothese H2 wird – außer im Modell des Prestige- und Bildungssozialkapitals – vor allem durch insignifikante oder nicht lineare Effekte des ökonomischen Kapitals und des personalen Kapitals (berufliche Qualifikation) gestützt.

Die Analysen erlauben neben den reinen Hypothesentests auch Aussagen über die Gemeinsamkeiten und Besonderheiten von Effekten in den vier Modellen der Sozialkapitaldimensionen. So gibt es vier Merkmale, die hauptsächlich Veränderungen in der Ausstattung mit sozialem Kapital bewirken und in allen vier Modellen signifikante, in die erwartete Richtung verlaufende Effekte bewirken. Dies sind der Personenkreis, das Lebensalter, die Schulbildung und die berufliche Stellung. Die Unterscheidung in Familien-, Freundes- und Bekanntenkreise hat die größte Bedeutung für den Zugang zu sozialem Kapital. Mit Ausnahme des politischen und Öffentlichkeitssozialkapitals sind Familienangehörige besonders wertvoll für den Zugang zu sozialem Kapital. Dagegen sind Bekanntschaften eher hinderlich. Sie haben aber ihre Vorteile beim Zugang zu politischem und Öffentlichkeitssozialkapital. Familienangehörige und Freunde können derartiges Sozialkapital nur schwerlich zur Verfügung stellen. An zweiter Stelle folgt das Lebensalter, wobei jüngere

8.2 Analysen der Sozialkapitaldimensionen nach Personenkreisen

Personen im Vergleich zu älteren Personen immer die besseren Chancen haben, über soziales Kapital zu verfügen. Bemerkenswert ist dabei, dass in den Sozialkapitaldimensionen, die konkrete Unterstützungsleistungen ansprechen (USK und KSF), der Alterseffekt größer ist als in den beiden Sozialkapitaldimension, die eher allgemeine Ressourcen (PBK und POK) repräsentieren. Der dritte bedeutende Einflussfaktor ist die Schulbildung. Höher gebildete Personen haben immer bessere Chancen, soziales Kapital zu erwerben, wobei die Effektstärken in den Dimensionen der allgemeinen Ressourcen (PBK und POK) größer sind als in den Dimensionen der konkreten Unterstützungsressourcen (USK und KSF).

Das vierte bedeutende Merkmal ist die berufliche Stellung. Keine und niedrige berufliche Stellungen wirken sich in etwa gleichem Maße negativ auf den Zugang zu allen Sozialkapitaldimensionen aus. Höhere Stellungen im Beruf können sich dagegen meist positiv von den mittleren Stellungen absetzen. Auch für die Stellung im Beruf sind wie für die Schulbildung tendenziell stärkere Effekte in den Dimensionen PBK und POK im Vergleich zu den beiden anderen Dimensionen (USK und KSF) festzustellen.

Die weiteren Indikatoren der Ressourcenausstattung, der Lebensphasen und der Stadtraumkontexte haben teilweise oder vollständig insignifikante Effekte auf die vier Sozialkapitaldimensionen. Beispielsweise wirken die weiteren Indikatoren der Ressourcenausstattung (berufliche Qualifikation, Haushaltseinkommen und Pro-Kopf-Wohnfläche) viel stärker in den Dimensionen PBK und POK, während sie in den Dimensionen konkreter Unterstützungsressourcen weitgehend insignifikant sind. Haushaltsgröße, Erwerbsstatus und Wohndauer als Komponenten der Lebensphasen entfalten ebenfalls in den Dimensionen PBK und POK stärkere Wirkungen als in den Dimensionen konkreter Unterstützungsressourcen. Während die Haushaltsform und der Erwerbsstatus noch in die vorhergesagte Richtung verlaufen, sind die Resultate der Wohndauer doch überraschend. In den beiden Sozialkapitaldimensionen mit allgemeinen Ressourcen (PBK und POK) verfügen Einheimische gegenüber Zugezogenen über signifikant weniger soziales Kapital. Diese Effekte ergeben sich unter Kontrolle des Lebensalters. Erwartet wurde der gegenteilige Effekt. Offensichtlich ist mit den allgemeinen sozialen Ressourcen ein größerer Aktions- und Netzwerkradius verbunden, der es räumlich mobilen Personen erlaubt, über vielfältigere Ressourcenzugänge zu verfügen. Zudem dürfte Selbstselektion eine Rolle spielen. Damit ist gemeint, dass Migranten in der Regel über mehr Ressourcen und damit über bessere Dispositionen zum Aufbau sozialen Kapitals verfügen. Zwar sind die Herkunftsregionen der zugezogenen Befragten nicht bekannt, aber ein nicht unerheblicher Teil dürfte aus Westdeutschland zugewandert sein. Die Analysen im siebten Kapitel belegen eine deutlich bessere Ausstattung mit Bildungs-, Prestige- und Öffentlichkeitssozialkapital der Bewohner westdeutscher Städte.

Bei den stadträumlichen Kontexten gibt es über die vier Sozialkapitaldimensionen keine stringente Reihenfolge der Effekte. Es zeichnet sich aber die in der Hypothese H4 formulierte Reihenfolge ab. So setzen sich Gründerzeitviertel positiv und Großwohnsiedlungen negativ im Zugang zu sozialem Kapital ab. Die Innenstadtgebiete, Genossenschaftsviertel, Dorflagen und Eigenheimgebiete liegen im mittleren Bereich. Allerdings sind die Unterschiede nicht immer signifikant und teilweise von geringer praktischer Relevanz. Sie treten in den Dimensionen sozialen Kapitals hervor, die eher allgemeine Ressourcen und Kontakte ansprechen (PBK und POK). In den Dimensionen, die konkretere Ressourcen und praktische materielle oder emotionale Unterstützungsleistungen ansprechen (USK und KSF), sind die Effekte der Siedlungsstruktur deutlich geringer.

8.3 Zusammenfassung

In diesem Kapitel wurde der Zugang zu sozialem Kapital mit Hilfe eines weiteren Datensatzes analysiert. Der Hauptunterschied gegenüber Kap. 7 besteht darin, dass die Stadtraumhypothese H4 nicht mehr auf unterschiedliche Städte, sondern auf Stadtteile bezogen wird. Darüber hinaus können mit einer weiteren Analyse die bisherigen Ergebnisse erhärtet oder widerlegt werden.

Die 18 erfragten Ressourcen lassen sich in vier separaten aber in sich homogenen Dimensionen sozialen Kapitals zusammenfassen. Das Unterstützungssozialkapital und das Sozialkapital spezieller Fähigkeiten sind zwei Dimensionen, die in der Regel konkretere soziale Unterstützungsleistungen umfassen und auf spezifische Handlungskontexte verweisen. Das Unterstützungssozialkapital ist aus emotionalen und expressiven Komponenten und das Sozialkapital der speziellen Fähigkeiten aus instrumentellen Komponenten zusammengesetzt. Ferner gibt es das Prestige- und Bildungssozialkapital und das politische und Öffentlichkeitssozialkapital. Diese beiden Dimensionen enthalten allgemeinere Ressourcen und Kontakte. Die Dimension des Prestige- und Bildungssozialkapitals besteht aus Items, die das ökonomische und personale Kapital der Alteri in sehr allgemeiner Form, d. h. ohne Bezug zu konkreten Handlungskontexten widerspiegeln. Das Öffentlichkeitssozialkapital ist durch lose Kontakte bestimmt, die aus dem engeren privaten Umfeld hinausführen.

Diese vier Sozialkapitaldimensionen sind unterschiedlich stark in der Bevölkerung verteilt. Große Bevölkerungsteile sind ausreichend mit Unterstützungssozialkapital versorgt. Weit verbreitet ist auch das Sozialkapital spezieller Fähigkeiten, wobei es stärker als das Unterstützungssozialkapital schwankt. Die größte Schwankungsbreite ist in der Ausstattung mit Prestige- und Bildungssozialkapital gegeben. Am geringsten ist die Bevölkerung mit politischem und Öffentlichkeitssozialkapital ausgestattet. Der Zugang zu sozialem Kapital ist insgesamt relativ stark von dichten Netzwerkstrukturen geprägt, während Zugänge zum weiteren gesellschaftlichen Umfeld stark limitiert sind. Entsprechend sind bereits minimale Voraussetzungen, gesellschaftlich etwas zu bewegen bzw. in den politischen Prozess einzuspeisen, stark begrenzt. Der Zugang zu den vier Sozialkapitaldimensionen wurde ferner nach den drei Personenkreisen Familie, Freunde und Bekannte differenziert.

Damit stehen insgesamt vier statistische Modelle zur Prüfung der Akkumulations-, der Kompensations-, der Lebensphasen- und der Stadtraumhypothese bereit. Diese Hypothesentests sind überblicksartig in Tab. 8.8 dargestellt. Auf den ersten Blick zeigt sich eine überwiegende Bestätigung der vier Hypothesen. Allen voran werden die Akkumulationshypothese (H1), die Lebensphasenhypothese (H3) und die Stadtraumhypothese (H4) in

8.3 Zusammenfassung

Tab. 8.8 Übersicht der Hypothesentests

	H1	H2	H3	H4
Modelle der Sozialkapitaldimensionen nach Personenkreisen				
Unterstützungssozialkapital	✓	✓	✓	✓
Sozialkapital spezieller Fähigkeiten	✓	✓	✓	✓
Prestige- und Bildungssozialkapital	✓	–	✓	✓
Politisches und Öffentlichkeitssozialkapital	✓	✓	✓	✓

H1 = Akkumulationshypothese, H2 = Kompensationshypothese, H3 = Lebensphasenhypothese, H4 = Stadtraumhypothese

allen Modellen bestätigt. Dagegen sind die Tests der Kompensationshypothese (H2) nicht eindeutig. Die kompensierende Wirkung tritt vor allem dann ein, wenn es um Dimensionen konkreter Unterstützungsressourcen in spezifischen Handlungskontexten und um das politische und Öffentlichkeitssozialkapital geht. Dagegen stellt sich eine kompensatorische Wirkung nicht ein, wenn der allgemeinere Kapitalcharakter sozialer Ressourcen im Vordergrund steht.

Damit lässt sich allgemein sagen, dass die Ressourcenausstattung, insbesondere personales und positionelles Kapital, die Lebensphasen, vor allem das Lebensalter und die Haushaltsgröße, und die durch den Stadtteil gebotenen Kontaktopportunitäten das individuelle soziale Kapital eines Akteurs formen. Zugleich zeigt sich, dass Sozialkapitaldimensionen, die konkrete Unterstützungsleistungen in spezifischen Handlungskontexten abbilden, eher weniger von der Ressourcenausstattung des Akteurs abhängen, d. h. eine kompensatorische Wirkung der Verteilung von ökonomischem, personalem und positionellem Kapital stärker hervortritt. Auch wenn sich Kapitalakkumulation und -kompensation gleichzeitig nachweisen lassen, wirkt der Akkumulationsaspekt generell deutlich stärker als der Kompensationseffekt, d. h. die kompensatorische Wirkung ist mehr oder weniger stark abschwächend aber nicht ausgleichend.

Neben dieser allgemeinen Aussage gibt es eine Reihe von hervorhebenswerten Besonderheiten. Im Hinblick auf die verschiedenen Kapitalien der Ressourcenausstattung wird nochmals betont, dass es vor allem die personalen und positionellen Kapitalien, also die Schulbildung und die berufliche Stellung, und in geringerem Maße das ökonomische Kapital sind, die Zugänge zu sozialem Kapital beeinflussen. Die Wirkung der Lebensphasen wird vor allem durch den Effekt des Lebensalters getragen. Unabhängig von der Messung sozialen Kapitals zeigt sich immer, dass jüngere Akteure besser in der Lage sind, Zugang zu sozialen Ressourcen zu erhalten. Die im Theorieteil betonte kontextuelle Wirkung der Lebensphasen, die durch die Haushaltsform und den Erwerbsstatus gemessen wurde, zeigt sich nicht durchgängig in allen Modellen. Sie ist stärker in Modellen allgemeiner sozialer Ressourcen zu beobachten. Mit der Wohndauer stand ein zusätzlicher Indikator zur Verfügung, der Sozialisationsprozesse, Aneignungen und Verwurzelungen im räumlichen Kontext widerspiegelt. Erwartet wurde, dass mit zunehmender Wohndauer entsprechend mehr soziale Ressourcen zugänglich sind. Empirisch treffen diese Erwartungen nicht zu.

Zunächst ergeben sich – wie für den Erwerbsstatus und die Haushaltsform auch – signifikante Wirkungen nur in den Sozialkapital-Modellen mit allgemeineren Ressourcen. Allerdings sind dann unerwartete Wirkungen zu beobachten. So haben gerade die Einheimischen trotz ihrer Sesshaftigkeit weniger Zugang zu sozialem Kapital, während für die Zugezogenen die Wohndauer keine Rolle spielt.

Abschließend sei nochmals auf die Kausalitätsproblematik der hier vorgestellten Analysen hingewiesen. Beispielsweise ist es durchaus plausibel, einen umgekehrten Effekt zwischen Sozialkapital und Erwerbstätigkeit anzunehmen. Mit den hier verarbeiteten Querschnittsdaten lässt sich dieses Problem nicht grundlegend lösen. Eine sichere Lösung der Kausalitätsfrage wäre mit Längsschnittdaten möglich, die allerdings für die hier angewendete Operationalisierung sozialen Kapitals nicht vorhanden sind. Würden Daten zur Verfügung stehen, die über einen größeren Zeitraum sowohl Veränderungen im Sozialkapital als auch in der Erwerbstätigkeit abbilden, könnten mit Panelanalysen Kausaleffekte aufgespürt werden. Eine Alternative, die zumindest teilweise die Kausalitätsproblematik löst und mit Querschnittsdaten arbeitet, setzt bei der Prüfung der ursächlichen Mechanismen an, die Effekte zwischen Sozialkapital und zum Beispiel Erwerbstätigkeit bewirken (vgl. Mouw 2003). Für den Zugang zu sozialem Kapital wird Erwerbstätigkeit als sozialer Kontext angesehen, der potenzielle Beziehungspartner für Ego bereitstellt. Erst wenn sich nachweisen lässt, dass Ego tatsächlich erwerbstätigkeitsvermittelte Netzwerkbeziehungen, beispielsweise zu Kollegen unterhält, und aus diesen Netzwerkbeziehungen soziales Kapital verfügbar ist, wäre der unterstellte Kausalmechanismus nachgewiesen. Der Kausalmechanismus für einen Effekt von sozialem Kapital auf Erwerbstätigkeit ist aber ein anderer. Hier wäre zu prüfen, ob verfügbares Sozialkapital auch tatsächlich eingesetzt wird, um beispielsweise eine Phase der Erwerbslosigkeit zu überwinden. Die Nutzung sozialen Kapitals über konkrete Kontakte erfolgt dann durch den Abruf konkreter Ressourcen wie Informationen über Arbeitsstellen oder finanzieller Unterstützung.

9 Mobilisierungsbeispiele des sozialen Kapitals

Dieses Kapitel ist empirischen Analysen vorbehalten, die sich auf die Nutzung sozialen Kapitals beziehen. In der Verfolgung von Handlungszielen ist soziales Kapital eine Lebensbedingung, die dafür sorgt, dass Handlungsalternativen zur Wahl stehen und Handlungen überhaupt durchgeführt werden können. Entsprechend sind die Analysemodelle dieses Kapitels auf die Mobilisierung sozialen Kapitals ausgerichtet. Es wird angenommen, dass diese universelle Kapitalart in praktisch allen sozialen Handlungssituationen zielführend ist, die das physische Wohlbefinden und/oder die soziale Anerkennung steigern. Analysen zum Ertrag des sozialen Kapitals sind bisher zu zahlreichen Handlungssituationen aus verschiedenen Forschungsfeldern vorgelegt worden (zum Beispiel in den Überblicksbänden Blockland und Savage 2008; Castiglione et al. 2008; Franzen und Freitag 2007; Lin und Erickson 2008).

Fraglich ist jedoch, welche Dimensionen sozialen Kapitals allgemein und situationsunabhängig nützlich sind und welche wertvoll für die Zielerreichung in bestimmten Handlungssituationen sind (Flap 1999, S. 15). Diese Frage kann jedoch nur geklärt werden, wenn unterschiedliche Handlungssituationen analysiert werden. Für die Auswahl der Handlungssituationen zur Demonstration der Wirkung sozialen Kapitals spielen zwei Gesichtspunkte eine Rolle. Zum einen sind die beiden Handlungsziele – physisches Wohlbefinden und soziale Anerkennung – gleichermaßen zu berücksichtigen. Zum anderen werden Situationen berücksichtigt, in denen insbesondere die Sozialkapitaldimensionen benötigt werden, die relativ knapp und ungleich über Bevölkerungsgruppen verteilt sind. Die empirischen Analysen der Kapitel sieben und acht haben gezeigt, dass diese Eigenschaften auf das Prestigesozialkapital und vor allem auf das politische und Öffentlichkeitssozialkapital zutreffen.

Im ersten Abschnitt wird die nutzenstiftende Wirkung sozialen Kapitals in prekären Situationen analysiert, die zum Beispiel aus Arbeitslosigkeit resultieren. Solche Lebensumstände sind durch einen Mangel materiellen Wohlstands gekennzeichnet, so dass materielle Sozialkapitalkomponenten wie Prestigesozialkapital und Sozialkapital spezieller Fähigkeiten Abhilfe schaffen können. Im zweiten Abschnitt wird die produktive Kraft sozialen Kapitals in Situationen freiwilligen Engagements von Bürgern in Interessenorganisationen untersucht. Dieser Handlungsrahmen ist stärker von sozialer Anerkennung als Handlungsziel geprägt. Zugleich sollte sich in solchen Lebensumständen verstärkt die politisch-öffentliche Sozialkapitaldimension entfalten. Am Ende des Kapitels werden die Ergebnisse der Mobilisierungsbeispiele sozialen Kapitals zusammengefasst.

9.1 Soziales Kapital und Arbeitslosigkeit

Im ersten Mobilisierungsbeispiel des sozialen Kapitals bildet die Situation prekären materiellen Wohlstands infolge von Arbeitslosigkeit den Handlungsrahmen. Diese Lebenssituation weist einen starken Bezug zum allgemeinen Handlungsziel des physischen Wohlbefindens der weiter oben entwickelten theoretischen Grundlagen des Sozialkapital-Modells auf. Die Situation prekären materiellen Wohlstands infolge von Arbeitslosigkeit oder Erwerbsunfähigkeit geht zumeist mit Einkommenskürzungen, unsicheren Zukunftsaussichten aber auch dem Verlust an Ansehen und damit einem sozialen Abstieg einher. Diese Lebensumstände haben für praktisch alle befragten Personen einen realen Bezug und sind nachvollziehbar. Das bedeutet, dass die Befragten entweder bereits in eine solche Lebenssituation geraten sind oder dass sie sich zumindest vorstellen können bzw. dass es ihnen plausibel erscheint, in eine solche Lebenssituation zu geraten. Arbeitsplatzverluste und Arbeitsplatzsorgen kommen in Marktwirtschaften häufig vor. In der analysierten ostdeutschen Großstadt sind diese Sorgen besonders ausgeprägt. So geben weit mehr als die Hälfte der Erwerbstätigen (57 %) an, dass sie sich um den Arbeitsplatz sorgen (Petermann und Täfler 2006, S. 22 f.). Zugleich wird die Schaffung von Arbeitsplätzen seit Jahren als die dringendste öffentliche Aufgabe in der Stadt angesehen. 84 % der Befragten geben an, dass diese Aufgabe von der Stadt zu lösen sei (Petermann und Täfler 2006, S. 53). Damit äußert sich eine Mehrheit der Befragten besorgt über eine mögliche, durch sozialen Abstieg gekennzeichnete Lebenssituation, auch wenn sich real nur eine Minderheit in einer solchen Situation befindet.

In der bedrohlichen und nachvollziehbaren Situation infolge eines Arbeitsplatzverlustes wird Ego versuchen, seinen materiellen Wohlstand zu sichern. Er wird sozialstaatliche Leistungen, wie beispielsweise Arbeitslosengeld, Verdienstausfall, Sozialhilfe, Vermittlungs- und Weiterbildungsbemühungen der Arbeitsagentur, in Anspruch nehmen. Auf diese sozialstaatlichen Leistungen hat er zumeist einen Rechtsanspruch. Im Rahmen des Sozialkapital-Modells ist nun von Interesse, wie Ego über sozialstaatliche Leistungen hinaus unterstützt werden kann, um die prekäre Lebenssituation zu meistern. Einerseits kann sich Ego Informationen, Tipps und Ratschläge geben lassen. Informationen zu Vergünstigungen für Arbeitslose bzw. in Not Geratene, zu seinen Ansprüchen auf Versorgungsleistungen durch sozialstaatliche oder gemeinnützige Einrichtungen helfen ihm, sich in der neuen Lebenssituation zurechtzufinden. Informationen über Arbeitgeber, Stellenangebote, Berufsberatungsmöglichkeiten, Weiterbildungsprogramme oder Referenzangebote können seine Bemühungen um eine Arbeitsstelle mittelbar oder unmittelbar för-

9.1 Soziales Kapital und Arbeitslosigkeit

dern. Andererseits kann Ego zusätzliche und freiwillige finanzielle Unterstützungen aus seinem persönlichen Netzwerk erhalten. Solche Finanzhilfen können dauerhaft gewährt werden oder kurzzeitige Engpässe überbrücken. Die Rolle des sozialen Kapitals soll für beide Unterstützungsarten bei der Bewältigung prekärer Lebenssituationen untersucht werden. Zwei Fragen sollen geklärt werden: Ist Hilfe und Unterstützung für Akteure mit umfangreichem Sozialkapital wahrscheinlicher als für sozialkapitalarme Akteure? Welche Sozialkapitaldimensionen sind für die informationelle und für finanzielle Unterstützung hilfreich und welche nicht?

Die beiden zu untersuchenden Unterstützungsarten können als Absicherung des sozialen Status verstanden werden. Die einschlägige Forschung zu sozialer Mobilität hat umfangreiche Erkenntnisse über die Wirkung sozialer Beziehungen beim beruflichen Aufstieg (Burt 1992; Lin 1982, 2001; Wegener 1989) und insbesondere bei der Arbeitsplatzsuche (De Graaf und Flap 1988; Franzen und Hangartner 2006; Granovetter 1973; Voss 2007) hervorgebracht. Soziale Mobilität repräsentiert eines der prominentesten Forschungsfelder sozialen Kapitals. Das klassische Blau-Duncan-Modell (1967), in dem Berufsstatus durch Bildung und soziale Herkunft erklärt wird, erweiterte Lin (1982, 2001) um persönliche Kontakte als intervenierende Variablen. Es zeigt sich eine signifikante Verbesserung, wobei insbesondere der Status der Kontaktperson eine wichtige Erklärungsvariable ist. Zudem spielt die Beziehungsstärke eine große Rolle, wobei schwache Beziehungen zu statushöheren Berufspositionen führen. Replikationsstudien zeigen zwar Unterschiede zwischen Ländern, können aber die grundlegenden Zusammenhänge bestätigen (De Graaf und Flap (1988) berichten über Ergebnisse aus den USA, den Niederlanden und Deutschland; Lin (2001) für China; Schmelzer (2005) für die DDR bzw. Ostdeutschland).[1]

Burt (1992) hat nachgewiesen, dass soziales Kapital in Form von strukturellen Löchern bzw. nicht-redundanten Beziehungen in persönlichen Netzwerken den Karriereweg von Managern positiv beeinflusst. Granovetter (1974) stellt fest, dass 65 % der Stellenvermittlung über persönliche Kontakte verlief und nicht über andere Suchmethoden wie Arbeitsvermittlung, Stellenanzeigen oder Blindbewerbungen. Bestanden diese persönlichen Kontakte aus schwachen Beziehungen, dann war die Vermittlung erfolgreicher, führte zu höheren Einkommen und zu höherer Arbeitszufriedenheit.[2] Es zeigt sich, dass Netzwerkverbindungen eine positive Wirkung auf den Karriereprozess haben und diese Wirkung für schwache oder nicht-redundante Beziehungen am größten ist. Diese Beziehungen bilden zumeist Brücken zwischen sonst unverbundenen aber in sich kohäsiven Gruppen oder Gemeinschaften. Sie leisten damit einen Beitrag zur Integration von Gruppen in einer Gesellschaft (Wegener 1987, S. 284). Diese Beziehungen sind erfolgreich, weil sie neue,

---

[1] Für einen Überblick über zahlreiche Studien zum Zusammenhang von sozialem Kapital und sozialer Mobilität, insbesondere über die Wirkung schwacher und starker Beziehungen, siehe Lin 2001, S. 82 ff.

[2] Während dies vor allem in Marktwirtschaften gilt, weist Schmelzer (2005) für die DDR nach, dass starke Beziehungen genau wie schwache Beziehungen höhere Einkommensniveaus als andere Allokationswege der Arbeitsplatzvermittlung ermöglichen.

vielfältigere Ressourcen in die sonst abgeschlossenen Gruppen einbringen (Granovetter 1973; Burt 1992). Lin setzt die Beziehungsstärke mit unterschiedlichen Handlungszielen in Verbindung. Die Stärke der starken Beziehungen liegt darin, den Status Quo abzusichern, während die Stärke der schwachen Beziehungen beim Erwerb zusätzlicher Ressourcen zur Geltung kommt (Lin 2001, S. 59 ff.). Schließlich belegen die empirischen Befunde in Smith (2005), dass der zugrundeliegende soziale Austausch Vertrauenselemente beinhaltet und über Reputationen gesteuert wird.

Dennoch sind einige Fragen in diesem Forschungsgebiet unbeantwortet geblieben. Erstens sind die meisten Untersuchungen selektiv auf die Aufwärtsmobilität im Karriereprozess von Erwerbstätigen ausgerichtet. Es wird untersucht, ob soziale Kontakte die Vermittlung in die aktuelle Berufsposition geleistet haben. Trifft dies zu, wird analysiert, inwiefern die Stärke des vermittelnden Kontakts eine Rolle spielt. Nun zeigen neuere Studien zu Erwerbsverläufen, dass ein großer Teil beruflicher Karrieren vielfältige Brüche aufweist (Dundler und Müller 2006; Falk 2005; Müller 2008). Insbesondere Phasen der Arbeitslosigkeit, der Weiterbildung, der Elternzeit, der Teilzeitarbeit oder prekärer Beschäftigungsverhältnisse, wie zum Beispiel geringfügige Beschäftigung oder Zeitarbeit, bringen ein Absinken des materiellen Wohlstands mit sich, der sich im Verlust des bisherigen Einkommens und dem Bezug von Transferleistungen manifestiert und zu prekären Lebenssituationen führen kann (Vogel 2006). Daraus ergibt sich die Frage nach den Auswirkungen sozialer Ressourcen und Kontakte in Situationen, in denen prekäre Beschäftigung zu individuellen sozialen Krisen führt. Untersuchungen, in wie weit soziales Kapital bei Erwerbslosigkeit zu neuer Erwerbstätigkeit führt, sind vergleichsweise rar (vgl. etwa Korpi 2001 für Schweden, Smith 2005 für die USA und Sprengers, Tazelaar und Flap 1988 für die Niederlande). Dabei stellen Analysen zur Nützlichkeit sozialen Kapitals bei Arbeitslosigkeit einen wesentlich härteren Test dar, weil der Informationsfluss im persönlichen Netzwerk kaum erhöht werden kann, wenn aktiv nach einer neuen Arbeitsstelle gesucht wird (Korpi 2001, S. 158). Die Beschränkung auf den vermittelnden Kontakt verdeckt auch die Anstrengungen, die Ego unternommen hat, in seinem persönlichen Netzwerk nach Arbeitsangeboten zu suchen (Korpi 2001, S. 159). Zweitens findet der allgemeine Nutzen sozialen Kapitals für soziale Mobilität breite empirische Bestätigung. Die spezifischen Befunde zur Beziehungsstärke sind aber ambivalent (vgl. Lin 2001, S. 82 ff.). Korpi (2001, S. 160) zufolge liegt das an den Umständen der Suche nach einer Arbeitsstelle. Starke Beziehungen sind für Arbeitslose nützlicher, weil es sich um eine Bedarfssituation handelt, in der Arbeitsstellenangebote zu einer bestimmten Zeit benötigt werden, und weil starke Beziehungen eine größere Motivation zur Unterstützung haben. Schwache Beziehungen sind für Erwerbstätige nützlicher, weil sie in weitere soziale Kreise hineinreichen und insbesondere Informationen über bessere Arbeitsstellen übermitteln. Drittens bringt der enge Fokus auf den beruflichen Karriereprozess eine Verengung auf die Vermittlungsleistung als Handlung mit sich. Aber gerade in prekären Lebenssituationen sind die Bedürftigen auf andere Unterstützungen, wie zum Beispiel finanzielle Unterstützung, angewiesen. Viertens haben die Forschungen zu sozialem Kapital und beruflicher Mobilität viele interessante Ergebnisse über den Nutzen persönlicher Netzwerke und insbesondere über den Einfluss der Stärke und Redundanz sozialer Beziehungen hervorgebracht. Kaum Berücksichtigung fand hingegen die Frage, welchen Einfluss die verschiedenen Dimensionen mobilisierbarer sozialer Ressourcen auf die soziale Mobilität oder in prekären Lebenssituationen haben. Am ehesten wurde das Berufsprestige der Kontaktperson als Proxy für die sozialen Ressourcen als weiterer Aspekt der sozialen Beziehung herangezogen (Flap und De Graaf 1986; Lin 2001). Interessant ist in diesem Zusammenhang die Arbeit von Wegener (1989), in der ein dreidimensionales Konzept sozialer Ressourcen verwendet wird. Er betont, dass „es vor allen Dingen nicht gesagt [ist], dass die Verfügbarkeit über soziale Ressourcen *in allen ihren Dimensionen* mit der sozialen Statusdimension (oder irgendeiner anderen externen Dimension) kovariiert" (Wegener 1989, S. 274; Hervorhebung im Original).

Schließlich besteht ein Kausalitätsproblem für einen Zusammenhang zwischen Sozialkapital und Erwerbstätigkeit, das bereits im vorigen Kapitel angesprochen wurde. Es wäre fruchtlos, als Mobilisierung sozialen Kapitals ein Modell zu schätzen, dass den Zusammenhang zwischen sozialem Kapital und Egos Erwerbstätigkeit herstellt. Ein solcher Zusammenhang ist möglicherweise nicht kausal, sondern nur eine Scheinkorrelation (Mouw 2003). Mouw versucht das Kausalproblem zu lösen, indem er empirisch die Teilschritte der Kausalkette von sozialem Kapital über informelle Suchkanäle nach Arbeitsstellen und Arbeitsmarkt-Outcomes (Löhne) untersucht. Kausal müssten soziale Ressourcen eine höhere Wahrscheinlichkeit bewirken, den Arbeitsplatz über informelle Kontakte zu erhalten. Mouw stellt in seinen Analysen keine signifikanten Zusammenhänge zwischen sozialem Kapital und der Nutzung informeller Suchkanäle, wohl aber zwischen sozialem Kapital und (höheren) Löhnen fest. Er folgert daraus einen Scheineffekt des Sozialkapitals. Die Strategie, die Kausalitätsproblematik über die Prüfung ursächlicher Mechanismen zumindest teilweise zu lösen, wird auch in diesem Abschnitt verfolgt, indem die Mobilisierung sozialen Kapitals auf informationelle und finanzielle Unterstützung bei Erwerbslosigkeit untersucht wird und nicht auf Erwerbslosigkeit bzw. Erwerbstätigkeit.

Mit der Mobilisierungshypothese H5 ist postuliert worden, dass soziales Kapital generell nützlich ist. Dies wird empirisch anhand der Daten der Bürgerumfrage Halle 2005 für Informationen und finanzielle Unterstützung bei Arbeitslosigkeit überprüft. Allerdings ist mit der Dimensionshypothese H6 zu erwarten, dass unterschiedliche Sozialkapitaldimensionen für informationelle Hilfen und für finanzielle Hilfen wirken. Informationen erhalten vor allem die Akteure, die über Sozialkapital spezieller Fähigkeiten und/oder über Prestige- und Bildungssozialkapital verfügen. Diese beiden Sozialkapitaldimensionen bilden instrumentelle Komponenten sozialen Kapitals, wobei sich das Sozialkapital spezieller Fähigkeiten eher auf konkrete Hilfen bezieht und das Prestige- und Bildungssozialkapital eher die allgemeineren ökonomischen, personalen und positionellen Ressourcen der Alteri darstellt (vgl. Abschn. 6.3). Dagegen sollten die Dimensionen Unterstützungssozialkapital und politisches und Öffentlichkeitssozialkapital keine Wirkung entfalten. Unterstützungssozialkapital bezieht sich auf die emotionale Komponente des sozialen Kapitals. Zwar wird es insbesondere in Krisensituationen aktiviert – und eine prekäre Lebenssituation infolge von Arbeitslosigkeit ist eine Krisensituation –, aber es beinhaltet eine starke vertraulich-emotionale Komponente, die bei der Suche nach Ratschlägen, Tipps und Informationen in diesem Fall keine Rolle spielt. Politisches und Öffentlichkeitssozialkapital bietet zwar mitunter weitreichende Kontakte in den politischen Bereich und die mediale Öffentlichkeit, die vorteilhaft für die Informationssuche bei Arbeitslosigkeit sein können. Allerdings sind diese Kontakte stark auf diese Bereiche begrenzt und dürften für die gezielte Informationssuche beim überwiegenden Teil der Bevölkerung eher zu begrenzt und damit unbedeutend sein.

Finanzielle Unterstützung erhalten vor allem Akteure, die über umfangreiches Unterstützungssozialkapital und/oder Prestige- und Bildungssozialkapital verfügen. Freiwillige finanzielle Unterstützung bedarf vor allem vertraulich-verpflichtender Bande wie sie nur in der Dimension des Unterstützungssozialkapitals vorhanden ist. Deshalb wird vor allem diese Dimension bei finanzieller Unterstützung mobilisiert. Aber auch die Finanzkraft der Alteri ist ausschlaggebend. So wird beim informellen Geldtransfer auch die Dimension des Prestige- und Bildungssozialkapitals angesprochen. Dagegen wird die Mobilisierung des Sozialkapitals spezieller Fähigkeiten und des politischen und Öffentlichkeitssozialkapitals keinen zusätzlichen Nutzen erbringen. Für das Borgen oder Verschenken von Geld sind einerseits keine besonderen Fähigkeiten erforderlich und andererseits verfügen weitreichende Kontakte in Politik und Medienwelt nicht über das hierfür notwendige Vertrauens- und Verpflichtungspotenzial.

Die spezifischen Wirkungen sozialer Ressourcen auf informationelle und finanzielle Unterstützung in prekären Lebenssituationen werden für sozialstrukturell bedeutende Lebensbedingungen wie die Ausstattung mit ökonomischem, personalem und positionellem Kapital[3], Lebensphasen und stadträumliche Kontexte kontrolliert. Diese städtische Bevölkerungsgruppen differenzierenden Faktoren werden als Hintergrundmerkmale in den folgenden Analysen berücksichtigt, ohne dass explizite Wirkungszusammenhänge formuliert werden.

Im konkreten Analyserahmen der Bürgerumfrage Halle 2005 ist es möglich, den Nutzen der vier Sozialkapitaldimensionen für die beiden Unterstützungsarten der Informationsweitergabe und der finanziellen Hilfen in prekären Lebenssituationen zu berechnen. Um alle befragten Personen in die Analyse der Mobilisierung sozialen Kapitals einzubeziehen und der Selektionsproblematik vorzubeugen, wird nach erwarteten Unterstützungsleistungen bei Arbeitslosigkeit von persönlichen Beziehungen, aber auch von formellen Beratungsdiensten und Hilfevereinen gefragt. 52,1 % der befragten Personen erwarten, Unterstützung durch Informationen zu erhalten. Nur geringfügig kleiner (49,8 %) ist der Anteil der Personen, die mit finanzieller Unterstützung rechnen. Im Prinzip erhofft sich jeweils eine Hälfte der Bevölkerung informationelle oder finanzielle Hilfe.[4] Ob die Unter-

---

[3] Diewald (2003, S. 215) argumentiert, dass Klassenpositionen, Status, Prestige und Einkommen Ressourcen darstellen, „die allgemein für die Wahrung von Lebenschancen und den Umgang mit Belastungen Vorteile bieten".

[4] Da es sich um hypothetische Situationen handelt, können diese Anteile in realen Situationen in verschiedene Richtungen abweichen: Personen können real unterstützt werden, obwohl sie nicht mit Unterstützung gerechnet haben und Personen können real nicht unterstützt werden, obwohl sie mit Unterstützung gerechnet haben.

stützungen erwartet werden oder nicht, wird mit zwei Logit-Modellen geprüft. Die unabhängigen Variablen sind bereits beschrieben worden: Im Abschn. 8.2 die Sozialkapitaldimensionen und im Abschn. 8.1 die Ressourcenausstattung, die Lebensphasen und die stadträumlichen Kontexte.

Neben den interessierenden Sozialkapitaldimensionen sind Ressourcenausstattung, Lebensphasen, Stadträume und weitere Lebensbedingungen als Kontrollvariablen in die Regressionsmodelle aufgenommen worden. Im ersten Regressionsmodell wird geschätzt, ob man bei Arbeitslosigkeit mit Informationen unterstützt wird. In der Tab. 9.1 sind neben den Regressionskoeffizienten und Standardfehlern auch die geschätzten Unterstützungschancen angegeben. Diese Chancen beziehen sich auf die Referenzgruppe erwerbstätiger Männer mittleren Alters und mit mittlerer Ressourcenausstattung, die in der Innenstadt in einem durchschnittlich großen Haushalt ohne Kinder wohnen. Für diese Referenzgruppe beträgt die Wahrscheinlichkeit informationeller Unterstützung 51 %. Sie liegt damit nur knapp unter dem Durchschnittswert aller Befragten.

Die Koeffizienten aller vier Dimensionen sozialen Kapitals sind positiv, aber nur zwei sind signifikant von null verschieden. Wie vorhergesagt, ist die Wahrscheinlichkeit größer, Informationen zu erhalten, wenn ein Akteur über Sozialkapital spezieller Fähigkeiten und über Prestige- und Bildungssozialkapital verfügt. Demgegenüber haben Unterstützungssozialkapital und politisches und Öffentlichkeitssozialkapital keine signifikanten Effekte. Die Effektstärken der signifikanten Sozialkapitaldimensionen fallen moderat aus. Ändert sich das soziale Kapital um eine Standardabweichung vom Mittelwert nimmt die Chance, Informationen zu erhalten, um 3 (PBK) bzw. 4 Prozentpunkte (KSF) zu. Damit ist nachgewiesen, dass nicht allein die schwachen Beziehungen bei informationeller Unterstützung hilfreich sind, sondern dass auch die Art mobilisierbarer Ressourcen eine entscheidende Rolle spielt. Betont werden muss, dass diese Effekte unabhängig von der Ressourcenausstattung bestehen. Das soziale Kapital wirkt sich damit unabhängig von ökonomischen, personalen und positionellen Kapitalien positiv auf die Informationsbeschaffung aus. Es entwickelt damit einen kompensierenden oder positiv verstärkenden Effekt der Ressourcenausstattung. Damit können für dieses Modell die Mobilitätshypothese H5 und die Dimensionshypothese H6 bestätigt werden.

Bemerkenswert sind die signifikanten Effekte der Bildung und des Alters. Für Abiturienten steigt die Wahrscheinlichkeit informationeller Unterstützung auf 59 %, während Personen ohne berufliche Qualifikation nur zu 40 % mit Hilfe rechnen. Nimmt das Alter um eine Standardabweichung (rund 16 Jahre) zu, sinkt das Unterstützungsniveau ebenfalls auf 40 %.[5] Damit entfalten die personalen Ressourcen und das Lebensalter eine stärkere Wirkung als die beiden Sozialkapitaldimensionen. Zugleich sind andere Ressourcen oder soziale und stadträumliche Kontexte irrelevant für die Bereitstellung von Informationen.

---

[5] Alternativ wurde geprüft, ob es sich hierbei um einen Kohorteneffekt handelt. Allerdings zeigt sich für die sechs Geburtskohorten (in Dekaden) eine nahezu lineare Abnahme. Zudem unterscheiden sich die drei jüngeren Kohorten nicht signifikant voneinander. Dies deutet stärker auf den erwarteten Lebensphaseneffekt als auf einen Kohorteneffekt hin.

Tab. 9.1 Logit-Modell der informationellen Unterstützung

Variable	Koeff. (b)	StandardFehler	Geschätzte Chance
Konstante	0,046	0,177	0,511
Soziales Kapital			
Unterstützungssozialkapital	0,058	0,044	0,528
Sozialkapital spezieller Fähigkeiten	0,091**	0,032	0,549
Prestige- und Bildungssozialkapital	0,091*	0,044	0,540
Politisches und Öffentlichkeitssozialkapital	0,050	0,056	0,522
Ökonomisches Kapital			
Niedriges HH-Einkommen bis 1200 €	0,051	0,113	0,524
Hohes HH-Einkommen über 2100 €	−0,015	0,110	0,508
Niedrige Wohnfläche pro Kopf bis 28,4 qm	0,058	0,110	0,526
Hohe Wohnfläche pro Kopf über 39,4 qm	−0,172	0,109	0,469
Personales Kapital			
Höhere Schulbildung über 10 Klassen	0,337**	0,105	0,595
Ohne abgeschlossene berufliche Qualifikation	−0,445*	0,181	0,401
Hohe berufliche Qualifikation	−0,021	0,116	0,506
Positionelles Kapital			
Keine oder sehr niedrige Stellung im Beruf	0,036	0,164	0,520
Eher niedrige Stellung im Beruf	0,215	0,114	0,565
Hohe Stellung im Beruf	0,092	0,125	0,534
Lebensphasen bedingte soziale Kontexte			
Noch nicht erwerbstätig	0,200	0,206	0,561
Nicht erwerbstätig	0,097	0,133	0,536
Nicht mehr erwerbstätig	−0,110	0,146	0,484
Haushaltsgröße (zentriert)	−0,049	0,063	0,499
Kinderhaushalt	−0,009	0,129	0,509
Alter (zentriert)	−0,027***	0,005	0,399
Kurze Wohndauer bis zu 5 Jahren	−0,157	0,161	0,472
Seit der Geburt in der Stadt wohnhaft	0,017	0,090	0,516
Stadträumlicher Kontext			
Gründerzeitviertel	0,174	0,172	0,555
Genossenschaftsviertel	−0,036	0,155	0,502
Dorflagen und Eigenheimgebiete	−0,095	0,138	0,488
Großwohnsiedlungen	0,004	0,132	0,512
Weitere Lebensbedingung			
Geschlecht (1=Frau)	0,031	0,085	0,519

9.1 Soziales Kapital und Arbeitslosigkeit

Tab. 9.1 (Fortsetzung)

Variable	Koeff. (b)	StandardFehler	Geschätzte Chance
Modellstatistik			
n	2.724		
Freiheitsgrade	27		
LR-χ^2	276,22***		
McFadden Pseudo-R^2	0,074		

Die Signifikanzniveaus der Koeffizienten sind mit * für $\alpha \leq 0{,}05$, ** für $\alpha \leq 0{,}01$ und *** für $\alpha \leq 0{,}001$ gekennzeichnet.

Die geschätzte Chance ergibt sich ausgehend von der Referenzgruppe für die Sozialkapitaldimensionen, die Haushaltsgröße und das Alter aus der Zunahme um die jeweilige Standardabweichung und für alle anderen Variablen aus der Zunahme um eine Einheit.

Die Insignifikanz ökonomischen und positionellen Kapitals deutet an, dass Informationen bei Arbeitslosigkeit offensichtlich nicht unmittelbar gegen Geld oder Status getauscht werden können. Vielmehr muss dem Informationsfluss Beziehungsarbeit vorausgegangen sein. Die Irrelevanz insbesondere des Erwerbsstatus lässt sich dahingehend interpretieren, dass die Analyse nicht bedarfskonfundiert ist. Erwerbslose Personen verhalten sich nicht anders als Personen mit einem anderen Erwerbsstatus, obwohl die erfragte Lebenssituation für erstere eher real als hypothetisch ist. Schließlich verweist die Insignifikanz des stadträumlichen Kontextes auf die Bedeutungslosigkeit der lokalen Gemeinschaft. Die untersuchten Stadtteile weisen eine zu geringe Varianz in der Bereitstellung von Informationen auf. Informationsbeschaffung ist somit ein individuelles Phänomen, das von der Einbindung in ein persönliches Netzwerk stärker profitiert als vom Milieu der Stadtteilbevölkerung.

Das zweite Modell zeigt die Regression auf die Erwartung, finanzielle Unterstützung bei Arbeitslosigkeit zu erhalten (Tab. 9.2). Es enthält die gleichen erklärenden Variablen wie das Modell in Tab. 9.1 und auch die Referenzgruppe – erwerbstätige Männer mittleren Alters und mit mittlerer Ressourcenausstattung, die in der Innenstadt in einem durchschnittlich großen Haushalt ohne Kinder wohnen – ist die gleiche. Für diese Referenzgruppe beträgt die Wahrscheinlichkeit finanzieller Unterstützung 42 %. Dieser Wert liegt somit 8 Prozentpunkte unter dem Durchschnittswert aller Befragten.

Drei der vier Sozialkapitaldimensionen haben einen signifikant positiven Einfluss auf die Chance finanzieller Unterstützung. Lediglich das politische und Öffentlichkeitssozialkapital weist nur einen tendenziell positiven Effekt auf. Damit kann zunächst der Schluss gezogen werden, dass verfügbares Sozialkapital in allen Dimensionen finanzielle Unterstützung zumindest nicht behindert. Mit dieser Erkenntnis bestätigt sich bereits die Mobilisierungshypothese H5. Die Dimensionshypothese H6 ist dahingehend präzisiert worden, dass die Dimensionen Unterstützungssozialkapital und Prestige- und Bildungssozialkapital aufgrund der Vertrauensbasis respektive der Finanzkraft im Besonderen für finanzielle Hilfen nützlich sind. Dies bestätigt sich. So erhöht mobilisierbares Unterstützungssozialkapital um 6 Prozentpunkte und Prestige- und Bildungssozialkapital um knapp 4 Prozentpunkte die Chance auf finanzielle Unterstützung. Unerwartet ist dagegen der signifikant

Tab. 9.2 Logit-Modell der finanziellen Unterstützung

Variable	Koeff. (b)	Standardfehler	Geschätzte Chance
Konstante	−0,323	0,178	0,420
Soziales Kapital			
Unterstützungssozialkapital	0,203***	0,046	0,497
Sozialkapital spezieller Fähigkeiten	0,075*	0,033	0,451
Prestige- und Bildungssozialkapital	0,122**	0,044	0,458
Politisches und Öffentlichkeitssozialkapital	0,093	0,056	0,439
Ökonomisches Kapital			
Niedriges HH-Einkommen bis 1200 €	0,227*	0,113	0,476
Hohes HH-Einkommen über 2100 €	0,043	0,111	0,430
Niedrige Wohnfläche pro Kopf bis 28,4 qm	−0,001	0,111	0,420
Hohe Wohnfläche pro Kopf über 39,4 qm	0,254*	0,110	0,483
Personales Kapital			
Höhere Schulbildung über 10 Klassen	0,017	0,106	0,424
Ohne abgeschlossene berufliche Qualifikation	−0,093	0,179	0,397
Hohe berufliche Qualifikation	0,034	0,116	0,428
Positionelles Kapital			
Keine oder sehr niedrige Stellung im Beruf	0,310	0,164	0,497
Eher niedrige Stellung im Beruf	0,174	0,115	0,463
Hohe Stellung im Beruf	0,001	0,125	0,420
Lebensphasen bedingte soziale Kontexte			
Noch nicht erwerbstätig	−0,106	0,202	0,394
Nicht erwerbstätig	0,042	0,135	0,430
Nicht mehr erwerbstätig	0,231	0,149	0,477
Haushaltsgröße (zentriert)	0,045	0,063	0,431
Kinderhaushalt	0,065	0,129	0,436
Alter (zentriert)	−0,031***	0,005	0,302
Kurze Wohndauer bis zu 5 Jahren	0,178	0,163	0,464
Seit der Geburt in der Stadt wohnhaft	−0,104	0,091	0,395
Stadträumlicher Kontext			
Gründerzeitviertel	−0,136	0,169	0,387
Genossenschaftsviertel	0,261	0,156	0,484
Dorflagen und Eigenheimgebiete	−0,013	0,138	0,417
Großwohnsiedlung	0,059	0,133	0,434
Weitere Lebensbedingung			
Geschlecht (1=Frau)	−0,001	0,085	0,420

9.1 Soziales Kapital und Arbeitslosigkeit

Tab. 9.2 (Fortsetzung)

Variable	Koeff. (b)	Standardfehler	Geschätzte Chance
Modellstatistik			
n	2.724		
Freiheitsgrade	27		
LR-χ^2	326,75***		
McFadden Pseudo-R^2	0,087		

Die Signifikanzniveaus der Koeffizienten sind mit * für $\alpha \leq 0{,}05$, ** für $\alpha \leq 0{,}01$ und *** für $\alpha \leq 0{,}001$ gekennzeichnet.

Die geschätzte Chance ergibt sich ausgehend von der Referenzgruppe für die Sozialkapitaldimensionen, die Haushaltsgröße und das Alter aus der Zunahme um die jeweilige Standardabweichung und für alle anderen Variablen aus der Zunahme um eine Einheit.

positive Einfluss des Sozialkapitals spezieller Fähigkeiten, der die Chance um gut 3 Prozentpunkte erhöht. Es muss aber hervorgehoben werden, dass die Einflüsse sozialen Kapitals nur moderate Effektstärken aufweisen. Insgesamt können mit dieser zweiten Analyse die Mobilitätshypothese H5 und die Dimensionshypothese H6 bestätigt werden.

Neben den Sozialkapitaldimensionen hat vor allem das Lebensalter und das ökonomische Kapital einen Einfluss auf die Wahrscheinlichkeit finanzieller Hilfen. Wie bereits bei der informationellen Unterstützung hat das Lebensalter einen starken negativen Effekt. Mit einer Zunahme des Alters um rund 16 Jahre (Standardabweichung des Alters) sinkt die Chance von 42 % auf nur noch 30 %.[6] Dieser Effekt kann damit erklärt werden, dass Personen mit steigendem Alter eher selbst für Notfälle vorsorgen können, aber eben auch über weniger Sozialkapital verfügen als jüngere Personen. Das ökonomische Kapital zeigt den zunächst wenig überraschenden Befund, dass Personen mit geringem Einkommen in höherem Maße mit finanzieller Unterstützung rechnen. Wenn sich für Personen in ohnehin prekären Umständen die Lage verschlimmert, dann bleibt ihnen oftmals gar nichts anderes übrig, als auf Unterstützung aus dem sozialen Umfeld zu hoffen. Dies gilt insbesondere dann, wenn der Bedarf erkennbar und nachvollziehbar ist. Aus einer solchen Perspektive mag dann verwundern, warum Personen mit Vermögen (gemessen als Pro-Kopf-Wohnfläche) ebenso mit verstärkten finanziellen Hilfen im Notfall rechnen. Aber auch das ist plausibel, weil vermögende, ressourcenreiche Personen über mehr Sozialkapital verfügen und eher in der Lage sind darzustellen, wie sie gewährte Kredite zurückzahlen können.

Die Sozialkapitaldimensionen weisen nur moderate Effekte im Vergleich zum Lebensalter (beide Unterstützungsarten) sowie zum personalen Kapital (informationelle Hilfen) und zum ökonomischen Kapital (finanzielle Hilfen) auf. Dennoch ist die Bedeutung dieser Kapitalsorte herauszustellen, weil ein großer Teil der sozialstrukturellen Lebensbedingungen wie die weitere Ressourcenausstattung, ökonomisches und positionelles Kapital bei

---

[6] Eine vertiefende Analyse zeigt, dass der Effekt nicht linear verläuft. Während sich Personen bis 45 Jahre nicht signifikant unterscheiden, rechnen ältere Personen mit deutlich weniger finanzieller Unterstützung. Dies deutet eher auf einen Lebensaltereffekt und nicht auf einen Kohorteneffekt hin.

den Informationen sowie personales und positionelles Kapital bei den Finanzen, die Lebensphasen bedingten sozialen Kontexte und die Stadträume keine einschränkenden oder ermöglichenden Wirkungen entfalten. Soziales Kapital hat als einzige Ressource einen konstant positiven Einfluss, auch wenn für unterschiedliche Hilfen verschiedene Dimensionen sozialen Kapitals angesprochen werden. Mit den signifikanten Effekten der Sozialkapitaldimensionen kann auch ein Glied in der Kausalkette zwischen Sozialkapital und Arbeitsmarkt-Outcomes (Erwerbslosigkeit/-tätigkeit) belegt werden.

Zum Abschluss der Analysen zur Unterstützung bei Arbeitslosigkeit soll das Problem der doppelten Konditionalität der abhängigen Variablen diskutiert werden. Zum Einen müssen sich die Befragten in die Lage versetzen, arbeitslos zu sein, und sich dazu noch vorstellen, ob und welche Unterstützung sie suchen würden. Dies ist dem Umstand geschuldet, dass möglichst alle Befragten in die Analysen einbezogen werden. Es gibt jedoch Anzeichen, dass sich viele Befragte der Problematik von Arbeitslosigkeit bewusst sind. So wird Arbeitslosigkeit als eines der dringlichsten Probleme in Halle wahrgenommen. Ein zweites Anzeichen für eine glaubwürdige und zuverlässige Beantwortung der Unterstützungsfragen ergibt sich aus der Insignifikanz des Erwerbsstatus in den Modellen. Erwerbstätige Personen, für die diese Situation hypothetisch ist, und erwerbslose Personen, für die diese Situation real ist, unterscheiden sich nicht in ihren Angaben über erwartete Unterstützungen. Um hypothetischen Fragen und der doppelten Konditionalität aus dem Weg zu gehen, sollten sich zukünftige Analysen auf retrospektive Angaben zu gesuchten und gewährten Unterstützungen Betroffener beschränken.

9.2 Soziales Kapital und freiwilliges Engagement

In diesem Abschnitt werden Analysen zum zweiten Mobilisierungsbeispiel sozialen Kapitals analysiert, das sich auf das freiwillige Engagement von Personen in Interessenorganisationen bezieht. In diesem Mobilisierungsbeispiel rückt das allgemeine Handlungsziel sozialer Anerkennung in den Vordergrund. Gemeinwohlorientierte freiwillige und aktive Mitarbeit in Interessenorganisationen erzeugt gruppenorientierten, gemeinschaftlichen oder gesellschaftlichen Nutzen, für den im privaten Kreis und gelegentlich auch öffentlich Respekt und Anerkennung gezollt wird (Wilson 2000, S. 218). Entsprechend wird in diesen Handlungssituationen nicht nur das Bedürfnis nach physischem Wohlbefinden, sondern auch der Wunsch nach sozialer Anerkennung befriedigt. Dabei ist es nebensächlich, von welchen Personen die Anerkennung gezollt wird. Dies kann sowohl von den Personen kommen, die unmittelbar vom Engagement Egos profitieren, als auch von Personen, die von Egos gemeinwohlorientiertem Engagement erfahren. Wenn mit dem Engagement Partikularinteressen von spezifischen Gruppen verfolgt werden, sind Polarisierungen möglich und freiwillig Engagierte erfahren gleichzeitig Anerkennung und Missbilligung von unterschiedlichen Bevölkerungsgruppen. Beispielsweise stellt die Mitarbeit im muslimischen Moscheeverein Anerkennung von Mitgliedern der eigenen Religionsgemeinschaft bereit und kann zugleich von der nicht-muslimischen Nachbarschaft des Vereins mit Argwohn und Missbilligung bedacht werden.

9.2 Soziales Kapital und freiwilliges Engagement

Das freiwillige Engagement in Interessenorganisationen steht prinzipiell allen offen und kann von nahezu jeder Person ausgeübt werden. Es ist eine Handlung, die für praktisch alle befragten Personen einen realen Bezug hat und nachvollziehbar ist. Damit ist sie für Analysen der Mobilisierung sozialen Kapitals in städtischen Bevölkerungsgruppen geeignet. Drittens spielt die Dimension des politischen und Öffentlichkeitssozialkapitals eine wichtige Rolle für freiwilliges Engagement. Wie die Ergebnisse zum Zugang zu sozialem Kapital gezeigt haben, ist politisches und Öffentlichkeitssozialkapital eine äußerst knappe und stark ungleich verteilte Sozialkapitaldimension. Die Analyse freiwilligen Engagements ist somit ein besonders lohnendes Untersuchungsobjekt, um zu zeigen, wie diese Dimension ihre Wirkung entfaltet.

Die Mobilisierung des sozialen Kapitals in dieser Handlungssituation erfolgt, indem Ego durch soziale Beziehungen darüber informiert wird, wo und wie man sich engagieren kann und indem Ego sein soziales Kapital in den Dienst der Interessenorganisation stellt, zum Beispiel durch Lobbyarbeit, Steigerung der Bekanntheit oder für die Sponsorensuche. Zwei Fragen sollen geklärt werden: Ist freiwilliges Engagement durch die Mobilisierung umfangreichen Sozialkapitals wahrscheinlicher als ohne Mobilisierung? Welche Sozialkapitaldimensionen sind für freiwilliges Engagement besonders hilfreich und welche nicht? Zur Beantwortung der Fragen wird zunächst freiwilliges Engagement definiert und in die Zivilgesellschaftsdebatte eingeordnet. Daran schließen sich der Stand der Forschung zu Struktur und Motiven freiwilligen Engagements in Deutschland an. Sodann werden die Dimensionshypothese sozialen Kapitals und weitere Erklärungsfaktoren freiwilligen Engagement erläutert. Schließlich wird das empirische Analysemodell vorgestellt und interpretiert.

9.2.1 Freiwilliges Engagement und Zivilgesellschaft

In Anlehnung an Wilson (2000, S. 215 f.) wird unter freiwilligem Engagement eine Form freiwilligen, institutionalisierten, nicht an Bezahlung orientierten, dauerhaften bzw. regelmäßig wiederholten, pro-aktiven Hilfsverhaltens verstanden, für das Zeit, Energie und Anstrengungen zu verausgaben sind. Mit freiwilligem Engagement wird ein gemeinwohlfördernder Effekt verbunden, d. h. es muss zum Nutzen anderer Personen, Gruppen oder Organisationen beitragen. Mit anderen Worten trägt freiwilliges Engagement zur Erstellung eines Kollektivgutes bei, „that makes ‚society' better" (Wilson und Musick 1997, S. 700). Je stärker diese Aspekte ausgeprägt sind, desto offensichtlicher wird soziales Handeln als freiwilliges Engagement beschreibbar.

Gleichwohl kann man um Grenzfälle streiten (Corsten und Kauppert 2007, S. 347 f.). Freiwilligkeit setzt voraus, dass es keine vertraglichen, familiären oder freundschaftlichen Verpflichtungen gibt (Tilly und Tilly 1994, S. 291). Die Freiwilligkeit der Handlung kann mitunter nicht gegeben sein, wenn einer Person beruflich nahegelegt wird, sich in diesem Verein oder jener Organisation zu engagieren. In der Regel wird freiwilliges Engagement im institutionell gefassten Rahmen von Gruppen, Organisationen, Vereinen, Verbänden,

Einrichtungen, Initiativen, Projekten und Ähnlichem ausgeübt. Allerdings sind die Grenzen zwischen informellen Gemeinschaften und formal organisierten Vereinen mitunter fließend (vgl. Abschn. 2.4).[7] Engagement involviert eine aktive Mitarbeit. Als freiwilliges Engagement gelten nur solche Tätigkeiten, die über die rein formale Mitgliedschaft in Interessenorganisationen hinausgehen, denn die zahlreichen passiven Mitgliedschaften in Gewerkschaften, Sportvereinen, Religionsgemeinschaften und anderen Massenorganisationen würden das Engagement stark überschätzen. Das Engagement wird größtenteils unentgeltlich oder gegen Aufwandsentschädigungen, Honorare oder geringfügige Bezahlungen ausgeführt. In der Regel werden Tätigkeiten ausgeschlossen, die unter Erwerbsarbeit fallen. Das schließt natürlich nicht aus, dass entlohnte Vereinsangestellte ihrer Arbeit mit einem besonderen Engagement und intrinsischer Motivation nachgehen. Mit der Dauerhaftigkeit des Engagement und regelmäßig wiederholten Handlungen werden einmalige, projektförmige Einsätze wie Bürgerinitiativen oder Katastrophenhilfe zu strittigen Grenzfällen. Ausgeschlossen ist aber spontanes, reaktives Hilfeverhalten etwa nach einem Unfall.

Schließlich umfasst freiwilliges Engagement nicht nur den „Dienst am Andern" (Putnam 2002b, S. 260) in der Form ehrenamtlicher Tätigkeiten oder bürgerschaftlichen Engagements, in denen die Gemeinwohlorientierung offensichtlich ist. Vielmehr wird mit freiwilligem Engagement die Trennlinie zwischen „Vereinen zum Zweck des Privatvergnügens ihrer Mitglieder" und Organisationen mit „öffentlichem Anliegen" aufgehoben, weil beide Formen zum Gemeinwohl beitragen können[8], sowohl als nicht-intendierte Effekte des Handelns auf privater Ebene als auch durch explizite soziale und politische Einflussnahme (Putnam 2000, S. 22). Gemeinwohlfördernde Effekte freiwilligen Engagements sind in die Binnenwirkung und in externe Effekte zu trennen. Vereine bestehen vorrangig aufgrund des Binnenbezugs auf gemeinschaftliche Zwecke und Tätigkeiten, während Verbände die Interessen ihrer Mitglieder nach Außen gegen Andere durchsetzen wollen (Offe 2002, S. 277).

Die Analyse der mobilisierenden Wirkung sozialen Kapitals auf freiwilliges Engagement in Interessenorganisationen schließt an die Kommunitarismus- und Zivilgesellschaftsdebatte an (Enquetekommission „Zukunft des Bürgerschaftlichen Engagements" Deutscher Bundestag 2002; Etzioni 1993; Haus 2002; Klein et al. 2004; Putnam 1993, 2000, 2001). Freiwilliges Engagement in Interessenorganisationen wird neben Vertrauen und sozialen Netzwerken als ein Schlüsselphänomen der Zivilgesellschaft erachtet. Zivilgesellschaft ist ein gesellschaftspolitisches Leitbild, das auf der Verantwortungsteilung zwischen Staat,

---

[7] Andere Definitionen schließen informelles freiwilliges Engagement für Personen außerhalb des eigenen Haushalts ein, wie beispielsweise Gartenarbeiten, Pflegedienste oder Babysitten (Bühlmann und Freitag 2007; Putnam 2000; Wilson 2000). Diese Engagementformen werden jedoch ausgeschlossen, um Konfundierungseffekte in der empirischen Analyse zu vermeiden.

[8] Die schwache Formulierung eines möglichen Gemeinwohleffekts berücksichtigt die Kritik an der üblicherweise impliziten und ungeprüften Annahme des gemeinwohlfördernden Effekts von freiwilligem Engagement. So betont Jungbauer-Gans (2002b, S. 205), dass zwischen positiven und negativen Externalitäten des Engagements zu differenzieren ist, denn einige Organisationsformen dienen eher der Verstärkung sozial ungleich verteilter Ressourcen als der Kompensation von Defiziten.

9.2 Soziales Kapital und freiwilliges Engagement

Wirtschaft und Drittem Sektor beruht. Unter dem Begriff Zivilgesellschaft oder auch Bürgergesellschaft wird in den Politikwissenschaften etwas verhandelt, das in der Soziologie unter den Forschungsfeldern Vereine und Verbände, Öffentlichkeit, politische Sozialisation und soziale Kohäsion bzw. gesellschaftliche Integration behandelt wird. In der Zivilgesellschaftsdebatte ist bürgerschaftliches Engagement ein Kernelement kooperativer Demokratie (Holtkamp et al. 2006). Der demokratische Staat kooperiert bei der Umsetzung seiner Aufgaben mit zivilgesellschaftlichen Akteuren. Die Akteure der Zivilgesellschaft sind selbstorganisierte Initiativen, Vereine, Bewegungen, Netzwerke und Organisationen (Geißel et al. 2004, S. 7). Die Handlungslogik zivilgesellschaftlicher Akteure basiert auf der Bezugnahme auf allgemeine Anliegen, Handeln im öffentlichen Raum, Selbstorganisation, Selbstständigkeit und Gewaltverzicht in der Austragung von Konflikten (Gosewinkel et al. 2004, S. 11).

Die Zivilgesellschaft wird als konfliktarme, kohäsive und solidarische Gesellschaft betrachtet. Mit Zivil- oder Bürgergesellschaft sind bürgerschaftliche Praktiken auf freiwilliger Basis jenseits von staatlicher Herrschaft, Marktwirtschaft und Privatsphäre gemeint (Geißel et al. 2004; Haus 2005, S. 26). Zivilgesellschaft bezieht sich auf soziales Zusammenleben, das nicht einfach hergestellt oder gemacht werden kann (Haus 2005, S. 26). Sie hat entscheidende Bedeutung für die Handlungsfähigkeit moderner Demokratien und für soziale gesellschaftliche Integration (Foley und Edwards 1999, S. 144; Haus 2005, S. 26). Handlungsfähige, lebendige Demokratien basieren auf der Interessenmobilisierung von Gruppen, Gemeinschaften und Organisationen. Bereits Tocqueville (1985) hat darauf hingewiesen, dass einzelne Personen fast nichts erreichen können, wohl aber ist dies einer Gemeinschaft möglich, in der sich die Mitglieder freiwillig beistehen. Andererseits ist Vertrauen in Institutionen ebenfalls demokratieförderlich, da Menschen bereit sein müssen, demokratische, von Repräsentanten gefällte Entscheidungen zu tragen (Paxton 1999, S. 103). Zivilgesellschaft wird als zentral für die soziale und politische Integration moderner Gesellschaften angesehen, weil sie Integrationsprobleme lösen kann, die aus neuen sozialen Ungleichheiten und kulturellen Unterschieden erwachsen (Geißel et al. 2004, S. 7). Zugleich entfalten Vereine Verhaltenstugenden, die für Mitglieder auch weit über ihre aktive Mitgliedschaft hinaus bestehen und zivilisierend wirken (Offe 2002, S. 277 f.).

In der Zivilgesellschaftsdebatte nimmt soziales Kapital einen hohen Stellenwert ein, obwohl Begriff und Rolle sozialen Kapitals nicht klar umrissen sind. Kommunitaristen ist vorzuwerfen, dass sie die Mitgliedschaft in Interessenvereinigungen, ehrenamtliche Tätigkeiten und bürgerschaftliches Engagement eher als Quelle des sozialen Kapitals ansehen und weniger als ein Indikator der Präsenz des sozialen Kapitals erachten (Foley und Edwards 1999, S. 148). Realistischerweise wird eine Wechselwirkung zwischen Zivilgesellschaft und sozialem Kapital angenommen. Einerseits ist Engagementbereitschaft auf Vertrauen und soziale Netzwerke – also soziales Kapital – angewiesen. Selbst in der Diskussion um sozialkapitalrelevante Auswirkungen auf demokratische Entwicklungen wird heute eingeräumt, dass soziales Kapital eher individuell gebildet wird, weil gesellschaftliche Institutionen einen Bindungsverlust erleiden (Haus 2005, S. 27). Anderseits bedarf soziales Kapital einer demokratischen Öffentlichkeit und identitätsstiftender Institutionen, "damit soziales Kapital überbrückenden Charakter annimmt" (Haus 2005, S. 26). Mit dem weiter oben entwickelten Konzept persönlichen Sozialkapitals ist davon auszugehen, dass individuelles soziales Kapital freiwilliges Engagement fördert und sich aus diesem Engagement kollektive Folgen wie etwa Normen des Vertrauens und der Kooperation oder eine demokratische Zivilgesellschaft ergeben. Entsprechend befasst sich die folgende Analyse der mobilisierenden Wirkung sozialen Kapitals auf freiwilliges Engagement in Interessenorganisationen eingehender mit dem ersten Aspekt des Wechselverhältnisses von Zivilgesellschaft und sozialem Kapital. Zuvor werden jedoch allgemeine empirische Befunde zum freiwilligen Engagement vorgestellt.

9.2.2 Strukturen und Motivationen freiwilligen Engagements

Putnam (1995a, b, 2000, 2002b) und andere Befürworter der Zivilgesellschaft beklagen den Niedergang des freiwilligen Engagements in den USA in den letzten Jahrzehnten und belegen diesen Trend mit dem Rückgang der Mitgliederzahlen in nationalen Freiwilligenorganisationen, der Beteiligung an öffentlichen Versammlungen über Gemeindeangelegenheiten, der Beteiligung an Vereinsversammlungen, der Kirchgangshäufigkeit und auch der privaten Gastfreundschaft. Auch in Deutschland ist seit Jahren ein anhaltender Mitgliederschwund in Kirchen, Gewerkschaften, Parteien und Großverbänden bei gleichzeitiger Erhöhung der Zahl der Vereine und der Mitglieder in Vereinen zu beobachten (Anheier und Toepler 2002). Dieser Trend bedeutet aber nicht, dass freiwilliges Engagement verschwindet. Vielmehr vollzieht sich ein Wandel der Organisationsstrukturen freiwilligen Engagements, wobei die großen Massenverbände und Religionsgemeinschaften an Bedeutung verlieren, während Anzahl und Mitgliedschaften von nicht-staatlichen Organisationen (NGOs), nicht-profitorientierten Organisationen (NPOs) und generell neuen Organisationsformen wie Bürgerinitiativen, Selbsthilfegruppen und Nachbarschaftshilfen steigen (Hacket und Mutz 2002, S. 42).

Freiwilliges Engagement unterliegt einem Strukturwandel hin zu zeitlich befristetem Engagement in informellen Strukturen. Jung (1994, S. 55) konstatiert: „Es gibt eine wesentlich geringer gewordene Bereitschaft, sich in dauerhafter und kontinuierlicher Form zu engagieren, insbesondere dann, wenn es sich bei den Engagements um Aktivitäten handelt, die ein Eintreten für übergeordnete, der Allgemeinheit dienende Ziele bedeuten. In Umkehrung dazu gibt es aber eine deutlich gestiegene Bereitschaft in quantitativer und qualitativer Form für ein Bürgerengagement in neuen, primär informellen Strukturen, möglichst ohne Rechtsform mit egoistischen, interessenpartikularistischen Komponenten, bei denen sich die Mitglieder vielfach in ad-hoc Zusammenschlüssen nur für eine bestimmte Zeit und räumlich begrenzt zusammenfinden". Diese zeitliche Ungebundenheit steht im Zusammenhang mit den oben erwähnten biographischen Brüchen im Lebenslauf. „Je nach biographischer Passung kombinieren Menschen Erwerbs- oder Familienarbeit mit Tätigkeiten des bürgerschaftlichen Engagements in je unterschiedlicher Weise" (Hacket und Mutz 2002, S. 42).

9.2 Soziales Kapital und freiwilliges Engagement

Die empirischen Befunde der Freiwilligensurveys (FWS), der allgemeinen Bevölkerungsumfrage in den Sozialwissenschaften (ALLBUS), des sozio-ökonomischen Panels (SOEP) und anderer Studien zur Entwicklung des freiwilligen Engagements in Deutschland zeigen zwar eine Veränderung der Formen, nicht aber des Umfangs freiwilligen Engagements an (Dathe 2005; Gensicke et al. 2006; Jungbauer-Gans 2002b; Offe und Fuchs 2001, S. 432 ff.). So lässt sich mit den Trenddaten des ALLBUS die Zunahme unkonventioneller politischer Partizipation belegen (Hadjar und Becker 2007). Ebenfalls mit ALLBUS-Daten weist Jungbauer-Gans (2002b) nach, dass seit den 1990er Jahren der Organisationsgrad der Gewerkschaften sinkt. Es ist aber fraglich, ob dies auf gemeinschaftliche Gründe (z. B. auf abnehmende Solidarität und sinkende gemeinschaftliche Orientierung) oder eher auf wirtschaftliche Gründe (z. B. Massenarbeitslosigkeit) zurückzuführen ist. Ein Indiz für letztere Gründe liegt in der Zunahme des Vertrauens in Gewerkschaften. Die ALLBUS-Daten belegen ferner, dass die Mitgliedschaftsraten in politischen Parteien seit den 1990er Jahren ebenfalls leicht rückläufig sind. Rückgänge der Mitgliedschaften in Berufsverbänden und Vereinen lassen sich dagegen nicht belegen. Die Mitgliederzahlen von neueren, spontanen und eher kurzlebigen Organisationsformen (z. B. Bürgerinitiativen) sind sehr gering. Jungbauer-Gans vermutet für solche Organisationen, „dass in einer Momentaufnahme nur ein Bruchteil der jemals aktiven oder der aktivierbaren Personen erfasst wird" (2002b, S. 204). Auch wenn der Strukturwandel des freiwilligen Engagements in Deutschland empirisch belegt ist, gibt es doch kaum Studien, in denen die Entwicklung des freiwilligen Engagements erklärt wird (Jungbauer-Gans 2002b).

Zum aktuellen Stand des freiwilligen Engagements in Deutschland existieren mehrere empirische Befunde. Laut Freiwilligensurvey 2004 sind 36 % der deutschsprachigen Bevölkerung ab 14 Jahren freiwillig engagiert und weitere 34 % zwar aktiv, aber ohne freiwillige oder ehrenamtliche Aufgaben (Gensicke 2006, S. 10). Diese überraschend hohe Zahl lässt sich damit erklären, dass die erfragten freiweilligen Tätigkeiten einen „Teil der Gemeinschaftsaktivität im persönlichen Lebensumfeld" (Rosenbladt 2000, S. 47) darstellen und somit zwar gemeinwohlorientiert sind, aber über den im politischen Sinne interessanteren, aber engeren Begriff der Tätigkeiten bürgerschaftlichen Engagements in Interessenorganisationen wie Vereinen und Verbänden deutlich hinaus gehen. Eine Analyse des Sozio-ökonomischen Panels beziffert das ehrenamtliche Engagement ebenfalls auf etwa ein Drittel der Befragten im Jahr 1996 (Ehrlinghagen et al. 1999). Nach der Zeitbudgetstudie des Statistischen Bundesamtes von 1992 beträgt dagegen die Quote der freiwillig Engagierten in institutionellen und diakonischen Einrichtungen etwa 17 % (Blanke et al. 1996). Und auch in einer international vergleichend angelegten Studie wird die Verbreitung von Freiwilligenarbeit in Deutschland auf 18 % beziffert (Gaskin et al. 1996).[9] „Die Schwankungsbreite der Ergebnisse zeigt, dass es erheblich von der Definition des freiwilligen Engagements und der Gestaltung und Formulierung des Fragebogens abhängt, wie hoch der zu beziffernde Anteil der freiwillig tätigen Bevölkerung ist" (Jungbauer-Gans 2002b, S. 200 f.).

---

[9] Im Vergleich von zehn europäischen Ländern liegt Deutschland damit unter dem Durchschnitt von 27 %.

Trotz der definitions- und operationalisierungsbedingten Schwankungsbreite des freiwilligen Engagements kommen die meisten empirischen Studien zu dem Ergebnis, dass sich nur eine Minderheit in Deutschland aktiv in Interessenorganisationen beteiligt. Entsprechend sind Zweifel angebracht, wenn eine Norm der Zivilgesellschaft oder ein weit verbreiteter Bürgersinn als Motivation für freiwilliges Engagement herangezogen werden. Die auch normativ geführte Zivilgesellschaftsdebatte neigt dazu, „den Akteur vom gewünschten Resultat und nicht von seinem empirischen Werden her zu verstehen" (Corsten und Kauppert 2007, S. 346 f.). Beim freiwilligen Engagement muss die Motivation zur Teilnahme von der gesellschaftlichen Wirkung getrennt werden. Die Definition freiwilligen Engagements setzt nicht voraus, dass altruistische Motive im Spiel sein müssen. Man kann sich aus rein egoistischen Motiven, aus streitsüchtigem Geltungsbedürfnis oder einfach aus Spaß engagieren. Dies hat aber nichts mit gemeinwohlorientierten Wirkungen von Vereinigungen zu tun (Offe 2002, S. 277).

Es ist zu erwarten, dass Motive für freiwilliges Engagement meistens gebündelt auftreten. Prinzipiell lassen sich drei Grundmotive feststellen: altruistisch-moralische, geselligkeitsorientiert-hedonistische und gestaltungsorientiert-instrumentelle Motive. Zu den altruistisch-moralischen Motiven gehören etwa Solidaritäts- und Mitgefühle für benachteiligte Menschen, insbesondere Arme und Not Leidende. Engagement wird ausgeübt, weil man etwas für das Gemeinwohl tun und anderen Menschen helfen will. Moralische Motive bauen auf religiöse, ethische oder politische Pflichten und Wertvorstellungen. Die Arbeit im Dienst der Gemeinschaft wird mit sozialer Anerkennung „entlohnt". Geselligkeitsorientiert-hedonistische Motive sind etwa die Suche nach einer sinnvollen Beschäftigung und Freizeitnutzung oder das Bedürfnis nach Kontakten bzw. das Kennenlernen interessanter oder sympathischer Menschen. Zudem belegen jüngere Untersuchungen zum Ehrenamt und bürgerschaftlichen Engagement, dass die Tätigkeit Spaß machen soll (Hacket und Mutz 2002). Gestaltungsorientiert-instrumentelle Motive sind auf das Erlangen neuer Erfahrungen, Fähigkeiten, Problemlösungskompetenzen, aktive Partizipation, Mitbestimmung, Selbstverwirklichung sowie die Vertretung berechtigter eigener Interessen gerichtet (Anheier und Toepler 2002, S. 36 f.). Freiwilliges Engagement entspringt damit einer „elementare[n] Sorge um sich" (Corsten und Kauppert 2007, S. 361), die als Befriedigung des Bedürfnisses nach physischem Wohlbefinden interpretiert werden kann.[10] Während sich altruistisch-moralische und geselligkeitsorientiert-hedonistische Motive eher gegenseitig ausschließen, kann im gestaltungsorientiert-instrumentellen Motiv das Leitmotiv freiwilligen Engagements gesehen werden, das jeweils durch eines der beiden anderen Motive ergänzt wird.

Dieses Muster der drei Grundmotive wird empirisch im Freiwilligensurvey 2004 bestätigt. Dort werden sowohl allgemeinere Motive für freiwilliges Engagement als auch Erwartungen an die freiwillig ausgeübte Tätigkeit erfragt (Gensicke 2006, S. 14; Gensicke

---

[10] Diese Motive sind zentral für Analysen, die der generellen Frage nachgehen, welche Bevölkerungsgruppen sich eher engagieren als andere. Darüber hinaus unterscheiden sich die spezifischen Formen des Engagements in ihren jeweiligen „fokussierten" Motiven (Corsten und Kauppert 2007).

et al. 2006, S. 81 ff.). An erster Stelle der drei am häufigsten genannten Motive steht der Wunsch nach gesellschaftlicher Mitgestaltung. Der Aussage, durch das persönliche Engagement die Gesellschaft zumindest im Kleinen mitgestalten zu wollen, stimmen 66 % voll und ganz und weitere 29 % teilweise zu. An zweiter Stelle folgt der Wunsch nach Kontakt. 60 % (voll und ganz) und 35 % (teilweise) der Befragten wollen durch das Engagement vor allem mit anderen Menschen zusammenkommen. Mit etwas geringerer Zustimmung (44 und 40 %) wird im Engagement eine Aufgabe gesehen, die gemacht werden muss und für die sich jedoch schwer jemand findet (Gensicke 2006, S. 14). Eine Faktorenanalyse belegt, dass das altruistisch-moralische Motiv (eine Aufgabe, die gemacht werden muss) und das geselligkeitsorientiert-hedonistische Motiv (mit anderen Menschen zusammenkommen) auf unterschiedlichen Faktoren laden, aber diese beiden Faktoren gleichzeitig durch das gestaltungsorientiert-instrumentelle Motiv (die Gesellschaft zumindest im Kleinen mitgestalten) geprägt sind (Gensicke et al. 2006, S. 84 f.). Die Struktur der drei Motive wird ebenso durch die Erwartungen an die freiwillige Tätigkeit bestätigt. Die zehn erfragten Erwartungen bündeln sich zur Gemeinwohlorientierung (altruistisch-moralisches Motiv), Geselligkeitsorientierung (geselligkeitsorientiert-hedonistisches Motiv) und Interessenorientierung (gestaltungsorientiert-instrumentelles Motiv), wobei sich wiederum das gestaltungsorientiert-instrumentelle Motiv nur mäßig von den beiden anderen Erwartungsmustern abgrenzt (Gensicke et al. 2006, S. 87 f.).[11]

Auch wenn sich die unterschiedlichen Motivlagen empirisch belegen lassen, ist der Zusammenhang zwischen Motiven und freiwilligem Engagement nur schwach ausgeprägt und inkonsistent in der Wirkungsrichtung. Der nur unzuverlässig bestimmbare Einfluss von Motiven hat mehrere Ursachen. So spielen für verschiedene Arten freiwilligen Engagements unterschiedliche Motive eine Rolle (vgl. die empirischen Ergebnisse bei Gensicke et al. 2006, S. 89 ff.). Andererseits verbinden verschiedene Bevölkerungsgruppen unterschiedliche Motive mit der gleichen Form freiwilligen Engagements. Schließlich sind Motive und Normen außerhalb von Gemeinschaften, die deren Berücksichtigung und Einhaltung überwachen, ineffektiv (Wilson 2000, S. 219). Motive sagen eher etwas über die Bedeutung aus, die Personen mit freiwilligem Engagement verbinden, als über das tatsächliche Engagement von Akteuren.

9.2.3 Lebensbedingungen und freiwilliges Engagement

Ressourcen und soziale Netzwerke sind neben den Motiven zwei weitere Faktoren, die die sozialwissenschaftliche Diskussion um bürgerschaftliches Engagement bestimmen (Verba et al. 1995). „Unter den Personen, die Freiwilligenarbeit leisten, müsste man demnach

---

[11] Für einen Wandel der Motive fehlen empirische Belege. Es wird die Zunahme von hedonistischen Motiven (Spaß haben) bei gleichzeitigem Bedeutungsverlust von verpflichtenden und religiös-moralischen Motiven sowie der Stabilität von altruistischen Motiven vermutet (Anheier und Toepler 2002).

überdurchschnittlich viele ressourcenstarke und zum sozialen Engagement motivierte, gut in aktivitätsfördernde Netzwerke eingebundene Bürger finden" (Gabriel et al. 2004, S. 340). Dies trifft empirisch weitestgehend zu. So belegt der Freiwilligensurvey (FWS) 2004, dass freiwilliges Engagement in engem Zusammenhang mit der sozialen Integration einer Person, bestimmten Werthaltungen und dem sozialen Status steht (Gensicke 2006, S. 12 f.). In ähnlicher Weise werden in der soziologischen Forschung mit altruistischen Normen, sozialen Netzwerken sowie Wissen und Fähigkeiten drei Erklärungen für freiwilliges Engagement diskutiert (Ruiter und De Graaf 2006), die unter kulturelles Kapital, soziales Kapital und Humankapital zusammengefasst werden (Wilson und Musick 1997). Das theoretische Rahmenwerk sozialen Ressourcenaustauschs zum Aufbau und zur Nutzung sozialen Kapitals (vgl. Kap. 3 und 4) kann für die Erklärung, welche Akteure sich freiwillig engagieren, angewandt werden. Darauf weisen Belege hin, aus denen hervor geht, dass Akteure Kosten und Nutzen des freiwilligen Engagements abwägen. Mit einem Stigma behaftetes freiwilliges Engagement, etwa die AIDS-Infizierten-Hilfe, wird von weniger Personen ausgeübt. Zugleich engagieren sich viele Personen freiwillig, wenn ihre Interessen in besonderem Maße vertreten werden, etwa Eltern von Schulkindern im Elternbeirat (Wilson 2000, S. 222). Im Folgenden wird dargestellt, wie die Ressourcenausstattung und weitere Lebensbedingungen diesen Austausch beeinflussen.

Zuerst wird die Rolle des sozialen Kapitals betrachtet. Gaskin und Smith (1997) stellten in ihrer ländervergleichenden Studie einerseits fest, dass große Teile der Bevölkerung nur sehr wenig oder gar nichts über die Möglichkeiten und Potenziale bürgerschaftlichen Engagements wissen. Andererseits haben 44 % der Befragten durch Familien- und Freundschaftsbeziehungen, 27 % durch die Mitgliedschaft in einer Interessenorganisation und 13 % durch die Mitgliedschaft in einer religiösen Gemeinschaft von den Möglichkeiten bürgerschaftlichen Engagements erfahren. Man kann zu Recht annehmen, dass die Rekrutierung für freiwilliges Engagement über persönliche Kontakte und damit über soziales Kapital erfolgt. Das freiwillige Engagement nimmt insbesondere dann stark zu, wenn Personen einen großen Freundes- und Bekanntenkreis haben (Gensicke 2006, S. 12 f.).

Trotz der Erkenntnis, dass soziales Kapital eine bedeutende Rolle für freiwilliges Engagement einnimmt, mangelt es an Studien über diesen Zusammenhang, weil soziales Kapital meist über die Mitgliedschaft in ganz spezifischen (z. B. religiösen oder nachbarschaftlichen) Gemeinschaften untersucht wird. Nicht beachtet wird weder die Einbettung Egos in sein gesamtes persönliches Netzwerk mit Verwandten, Freunden, Bekannten, Nachbarn und Arbeitskollegen noch die spezifischen sozialen Ressourcen, die über diese Netzwerke vermittelt werden. Auch wenn soziale Netzwerke wichtige theoretische Argumente für die Vorhersage freiwilligen Engagements bereithalten, betonen Ruiter und De Graaf (2006), dass es den meisten empirischen Studien an aktuellen Netzwerkdaten mangelt. Die folgende Analyse soll Einsichten vermitteln, diese Forschungslücke zu schließen.

Der Einfluss sozialen Kapitals auf freiwilliges Engagement wird über mehrere soziale Mechanismen vermittelt. Personen, die stark in soziale Netzwerke eingebunden und Mitglieder in mehreren Organisationen sind, werden sich eher freiwillig engagieren, weil sie über ihre sozialen Netzwerke stärker umworben und motiviert werden (Ruiter und De

9.2 Soziales Kapital und freiwilliges Engagement

Graaf 2006; Wilson 2000, S. 223) bzw. direkt gefragt werden (Brady et al. 1999, S. 158). Auch stellt soziales Kapital Ressourcen, wie Informationen, Reputation, Vertrauen und gemeinschaftliche Arbeitskraft, bereit, die freiwilliges Engagement ermöglichen und erleichtern (Smith 1994, S. 253; Wilson 2000, S. 224). Freiwilliges Engagement beinhaltet meistens kollektive Handlungen. Soziales Kapital stellt Ressourcen für kollektive Handlungen bereit, denn es kann Trittbrettfahrerprobleme von Kollektivgütern lösen. Akteure, die in soziale Netzwerke eingebunden sind, werden eher zur Erstellung von Kollektivgüter beitragen und entsprechend stärker in freiwilliges Engagement involviert sein (Wilson und Musick 1997, S. 695). Damit ist ein positiver Effekt mobilisierbaren sozialen Kapitals auf die Ausübung freiwilligen Engagements zu erwarten, wie er mit der 5. Hypothese postuliert wurde. Empirisch lässt sich ein positiver Effekt informeller sozialer Interaktionen auf freiwilliges Engagement belegen (Wilson und Musick 1997).

Die Dimensionshypothese H6 beinhaltet die situationsspezifische Wirkung der Sozialkapitaldimensionen. Es ist zu erwarten, dass insbesondere das politische und Öffentlichkeitssozialkapital eine ausschlaggebende Bedeutung für freiwilliges Engagement hat.[12] Wie die Analysen des siebten und achten Kapitels gezeigt haben, nimmt die Dimension des politischen und Öffentlichkeitssozialkapitals eine besondere Stellung innerhalb der verschiedenen Sozialkapitaldimensionen ein. Es ist die am wenigsten verbreitete Sozialkapitaldimension und wird als einzige vorrangig durch die losen, bindungsarmen Kontakte des Bekanntenkreises aufgebaut. Offensichtlich ist diese Sozialkapitaldimension in nicht ausreichendem Maße im engeren Kern vertrauensvoller und starker Sozialbeziehungen des egozentrierten Netzwerks vorhanden. Andererseits liegt die knappe Verteilung dieser sozialen Ressource am begrenzten Zugang. So ist die Anzahl der Personen relativ klein, die in einer Partei Mitglied sind, im Rathaus oder in bzw. für Medienanstalten arbeiten. Genau dieser Personenkreis ist in starkem Maße daran beteiligt, für Ego den Weg in das freiwillige Engagement in Interessenorganisationen zu ebnen. Die stärkere Bedeutung des politischen und Öffentlichkeitssozialkapital gegenüber den anderen Sozialkapitaldimensionen für freiwilliges Engagement lässt sich darauf zurückführen, dass diese sozialen Ressourcen sich in einer öffentlich-gesellschaftspolitischen Sphäre bewegen, die Möglichkeiten und Potenziale freiwilligen Engagements stärker aufzeigen als andere Sozialkapitaldimensionen.[13] Soziale Anerkennung für freiwilliges Engagement wird dagegen aus allen Netzwerkbereichen und damit aus allen Sozialkapitaldimensionen bereitgestellt. Die sechste Hypothese wird dahingehend spezifiziert, dass insbesondere politisches und Öffentlichkeitssozialkapital förderlich für freiwilliges Engagement ist.

---

[12] Von besonderem Vorteil ist an dieser Stelle die Untersuchung städtischer Bevölkerungen, weil das Konzept kommunaler Selbstverwaltung nicht nur Kommunen als lokale Elemente des Staates begreift, sondern auch als eine gesellschaftliche Sphäre versteht, in der das Bürgertum die Angelegenheiten des örtlichen Gemeinwesens eigenverantwortlich gestaltet (Wollmann 2002, S. 329).

[13] Es gibt darüber so gut wie keine empirischen Befunde. Lediglich McAdam und Paulsen (1993) fanden heraus, dass nicht die Anzahl der sozialen Beziehungen, sondern nur die Beziehungen mit bürgerrechtsnahen sozialen Ressourcen Bedeutung für das Engagement in Bürgerrechtsinitiativen haben.

In welchem Ausmaß sich Ego freiwillig engagiert, hängt neben den Dimensionen des sozialen Kapitals maßgeblich von seiner Ressourcenausstattung, seiner Lebensphase und seinem stadträumlichen Kontext ab. Freiwilliges Engagement ist eine produktive Handlung. Die Produktivität der freiwilligen Arbeit wird wie die Produktivität der Erwerbsarbeit von den Ressourcen und insbesondere von den Qualifikationen der Akteure bestimmt. Ökonomisches, personales und positionelles Kapital zeigen den Status eines Akteurs an, der ihn für freiwilliges Engagement qualifiziert und für Interessenorganisationen attraktiv macht. Ressourcenreiche Bevölkerungsgruppen sind auch mit organisatorischen (Vereins-)Praktiken besser vertraut (Offe und Fuchs 2001, S. 443). So sind Einkommen, Bildung und berufliche Stellung Determinanten, die sich positiv auf die Wahrscheinlichkeit des freiwilligen Engagements auswirken (Offe 2002, S. 279; Offe und Fuchs 2001, S. 443; Smith 1994, S. 248 ff.; Wilson 2000, S. 219 ff.; Wilson und Musick 1997, S. 698). Bezüglich des Einkommens kann aber auch argumentiert werden, dass ressourcenreiche erwerbstätige Akteure sich weniger freiwillig engagieren, weil ihre Opportunitätskosten höher liegen (Offe und Fuchs 2001, S. 443). Empirische Befunde belegen aber einen relativ konstanten positiven Effekt des Einkommens auf freiwilliges Engagement (Gensicke et al. 2006, S. 74 ff.; Smith 1994, S. 248; Oorschot und Arts 2005; Wilson und Musick 1997).[14] Bildung erhöht die Wahrscheinlichkeit freiwilligen Engagements, weil mit höherer Bildung Handlungskompetenzen, kognitive und Kooperation begünstigende Fähigkeiten, hierbei insbesondere Problembewusstsein und Empathie, aber auch Selbstvertrauen steigen. Zudem sind Bildungseinrichtungen Fokusse, die Formen informellen Engagements begünstigen (Offe und Fuchs 2001, S. 447). Zugleich werden mit der Bildung „individualistische und wettbewerbsorientierte Dispositionen verstärkt" womit die „Bereitschaft zum Engagement […] unterminiert" wird (Offe und Fuchs 2001, S. 448). Empirische Befunde zeigen, dass sich besser gebildete Personen stärker engagieren (Gabriel et al. 2004, S. 348 f.; Gensicke 2006, S. 12 f. und Offe und Fuchs 2001, S. 448 für Deutschland, Bühlmann und Freitag 2007 für die Schweiz).[15] In den ländervergleichenden Studien von Ruiter und De Graaf (2006) sowie van Oorschot und Arts (2005) korreliert höhere Bildung ebenfalls mit freiwilligem Engagement. Smith (1994, S. 248) weist den positiven Effekt in einem vergleichenden Überblick vieler empirischer Studien nach. Schlozman und Kollegen (1999, S. 446 ff.) können mit US-Daten zeigen, dass der positive Bildungseffekt sowohl auf eigener Initiative und Tätigkeit als auch auf Rekrutierungsmaßnahmen der (politischen) Interessenorganisationen beruht, während der Einkommenseffekt relativ einseitig nur durch gezielte Rekrutierungsanstrengungen der Interessenorganisationen zustande kommt.

---

[14] Untersucht man aber Einkommenseffekte auf die geleisteten Stunden freiwilligen Engagements, weisen gemischte Befunde keinen eindeutigen Effekt aus (Wilson 2000, S. 221 f.).

[15] Gensicke weist zudem nach, dass innerhalb der Gruppe der freiwillig Engagierten mit zunehmender Anzahl der Tätigkeiten stetig die Anteile der Personen mit großem Freundes- und Bekanntenkreis, mit hohen Kreativitäts- und Engagementwerten, mit höherem Bildungsabschluss und mit höherer beruflicher Position zunehmen. So steht „[N]eben sozial-integrativen Merkmalen und Werthaltungen […] auch der soziale Status in einem engen Zusammenhang mit der Position einer Person auf der Engagement-Skala" (Gensicke 2006, S. 13).

9.2 Soziales Kapital und freiwilliges Engagement

Bezüglich der Ressourcenausstattung zeigt sich beim freiwilligen Engagement insbesondere die Zeit als starke Determinante. Freiwilligenengagement konkurriert mit anderen Freizeitaktivitäten (Gensicke 2000) und auch mit Erwerbszeit (Wilson 2000). Allerdings sind zeitliche Gelegenheiten oftmals an Restriktionen anderer Ressourcen gekoppelt, so dass nicht ohne weiteres diejenigen, deren verfügbare Zeit nicht durch Erwerbstätigkeit eingeengt ist, zugleich freiwillig engagiert sind. Arbeitslosigkeit und soziale Unsicherheit wirken sich stark negativ auf das Engagement aus (Offe 2002, S. 279), wofür es empirische Bestätigungen gibt (Gabriel et al. 2004, S. 348 f.). Dagegen kann Erwerbstätigkeit trotz der zeitlichen Konkurrenz mit Freiwilligentätigkeit freiwilliges Engagement befördern, weil Erwerbsarbeit eine Form sozialer Integration ist, bei der im Umgang mit anderen Menschen zivilgesellschaftliche Fähigkeiten erworben werden, wie sich sprachlich gut auszudrücken oder Sitzungen zu organisieren und zu leiten (Wilson 2000, S. 220). Gegensätzliche Argumente finden sich für den Übergang von der Erwerbsarbeit in den Ruhestand. Ein höheres Engagement lässt sich mit der verfügbaren Zeit und dem psychischen und sozialen Nutzen begründen, der statt durch die Erwerbsarbeit nun durch die Freiwilligenarbeit erzielt wird. Andererseits verliert man die soziale Integration, die Erwerbsarbeit geboten hat (Wilson 2000, S. 226).

Für weitere Komponenten der Lebensphase, Alter und Haushaltsgröße, sind die Wirkungen unklar (Offe 2002, S. 280). Alter kann einen positiven Effekt haben, weil viele ältere Engagierte einfach mit ihrer freiwillig engagierten Tätigkeit gealtert sind. Auch lässt sich vermuten, dass jüngere Personen aufgrund einer starken Optionsvielfalt der Freizeitgestaltung sich weniger stark freiwillig engagieren. Empirisch zeigt sich sowohl ein kurvenförmiger Alterseffekt, wobei Personen mittleren Alters sich am aktivsten engagieren (Offe und Fuchs 2001, S. 452 ff.; Ruiter und De Graaf 2006), als auch ein stärkeres Engagement älterer Personen, wie empirische Befunde der deutschen Zeitbudgetstudie zeigen (Gabriel et al. 2004, S. 348 f.). Dagegen belegen Wilson und Musick (1997) einen progressiv negativen Effekt des Alters.

Der stadträumliche Kontext bewirkt eine Selbstverstärkung des Rekrutierungseffekts über soziale Netzwerke. Damit ist gemeint, dass sich Personen eher engagieren, wenn sie in einer Stadt leben, in der es viele engagementbereite Einwohner gibt. In einer solchen Umgebung gibt es ein größeres Potenzial für soziale Beziehungen zu bereits engagierten Personen. Auch das ökonomische Entwicklungsniveau trägt positiv zum freiwilligen Engagement bei, weil es „die Ausdifferenzierung und Segmentierung gesellschaftlicher Interessen und Strukturen [fördert], um welche sich eine Vielzahl von Vereinigungen mit individuellen Beteiligungsmöglichkeiten formieren. Darüber hinaus gewähren die zumindest bei einer großen Mehrheit der Bevölkerung gestillten materiellen Bedürfnisse mehr Zeit und Ressourcen für unbezahlte Aktivitäten in Vereinen" (Bühlmann und Freitag 2007, S. 167). Räumliche Kontextbedingungen sind ferner mit bestimmten Wertesystemen verknüpft, wobei sich aus international vergleichender Perspektive insbesondere die religiöse – und damit eine altruistische – Grundhaltung als ein bedeutender Faktor für freiwilliges Engagement herausgestellt hat (Anheier und Salamon 1999; Ruiter und De Graaf 2006). Da Engagementbereitschaft, ökonomisches Entwicklungsniveau und Religiosität in westdeutschen Städten stärker ausgeprägt sind, kann ein deutliches West-Ost-Gefälle freiwilligen Engagements erwartet werden (vgl. Offe 2002, S. 279). Zudem lässt sich das West-Ost-Gefälle mit einer stärkeren Versorgungsmentalität der ostdeutschen Bürger erklären. Öffentliche bzw. gemeinschaftliche Belange sind nicht Sache der Bürger, sondern kommunaler oder staatlicher Institutionen. Fatalerweise bewirken die enormen Transferleistungen von West nach Ost eher eine Einstellung, die eigenes Engagement erübrigt. Kommunale, gemeinschaftliche Leistungen werden zwar eingefordert, erbracht werden sollen die Leistungen aber durch die Stadtverwaltung oder staatliche Institutionen. Ferner lässt sich ein West-Ost-Gefälle als Folge repressiver Politik in der DDR gegenüber nicht-staatlichen und deshalb suspekten Institutionen erwarten (Janmaat 2006), wobei fraglich ist, ob diese Unterschiede noch Jahre nach dem Ende des DDR-Regimes fortbestehen (Offe und Fuchs 2001, S. 465). In Deutschland gibt es beim freiwilligen Engagement ein geringes Süd-Nord-Gefälle und ein stärkeres West-Ost-Gefälle (Gensicke 2006, S. 11; Gensicke et al. 2006, S. 67 f.).

Urbane Kontexte bieten einerseits vielfältigere und differenziertere Möglichkeiten des freiwilligen Engagements an (Bühlmann und Freitag 2007, S. 167; Offe und Fuchs 2001, S. 471). Andererseits kann argumentiert werden, dass in urbaneren Kontexten mehr Kollektivgüter quasi professionell von kommunaler oder staatlicher Seite bereitgestellt werden[16] und dass die Bewohner nicht unmittelbar von allen Ortsangelegenheiten betroffen sind, so dass freiwilliges Engagement weniger gefordert ist. Auch treten in diesen Kontexten wegen der größeren Einwohnerzahl eher Koordinationsschwierigkeiten der für freiwilliges Engagement typischen kollektiven Handlungen auf. Zudem nimmt in urbaneren Kontexten die Anonymität zu, wodurch die Rekrutierung erschwert wird. Entsprechend sollte sich die Gemeindegröße negativ auf freiwilliges Engagement auswirken (Offe 2002, S. 280; Offe und Fuchs 2001, S. 472 ff.), was sich auch empirisch bestätigt (Gaskin und Smith 1997).

Unklar ist die Wirkung des Geschlechts (Offe 2002, S. 280; Wilson 2000, S. 227). Frauen sind freiwillig engagierter als Männer aufgrund stärkerer empathischer und altruistischer Dispositionen und aufgrund größerer zeitlicher Freiheit nicht-erwerbstätiger Frauen (Offe und Fuchs 2001, S. 477 ff.). Andererseits wird argumentiert, dass Frauen wegen der größeren Konzentration auf den häuslichen Bereich weniger freiwillig engagiert sind (Offe und Fuchs 2001, S. 477). Empirische Befunde fallen entsprechend unterschiedlich aus: Gensicke und Kollegen (2006, S. 76), Ruiter und De Graaf (2006) sowie van Oorschot und Arts (2005) belegen, dass Männer engagierter als Frauen sind. Bühlmann und Freitag (2007) sowie Thoits und Hewitt (2001) belegen den gegenteiligen Effekt. Wilson und Musick (1997) können keinen direkten Effekt nachweisen. Allerdings gibt es einen indirekten, über Humankapital, kulturelles und soziales Kapital vermittelten Effekt, wonach Frauen stärker freiwillig engagiert sind. Gallaghers (1994) Ergebnisse zeigen, dass Männer mehr

---

[16] Dieses Argument schließt an die Diskussion um die Rolle staatlicher Institutionen an. Die Crowding-out-Hypothese postuliert eine Reduktion der Engagementbereitschaft, weil in Wohlfahrtsstaaten zunehmend Angelegenheiten der Zivilgesellschaft von staatlichen Institutionen geregelt und kontrolliert werden. Andererseits kann der Staat – oder die Stadt – eine stabile, fortschrittliche und zuverlässige Umgebung schaffen, in der eine Zivilgesellschaft entstehen und gedeihen kann (Woolcock 1998, S. 157).

freiwilligen Organisationen angehören, aber nicht mehr Zeit für freiwilliges Engagement aufwenden als Frauen.

9.2.4 Empirische Analyse freiwilligen Engagements

Für die empirische Analyse freiwilligen Engagements wird auf die Bevölkerungsbefragung 2005 des Teilprojekts A4 des Sonderforschungsbereichs 580 zurückgegriffen (vgl. Abschn. 7.1). Als Indikator des freiwilligen Engagements wurde die Anzahl der Betätigungsbereiche herangezogen. Zunächst wurde nach der Mitgliedschaft in 12 verschiedenen Interessenorganisationen gefragt. Organisationsmitglieder wurden sodann gefragt, ob sie aktiv in der jeweils genannten Interessenorganisation mitarbeiten. Das freiwillige Engagement bezieht sich demnach nur auf aktiv mitarbeitende Mitglieder. Zu den 12 Interessenorganisationen gehören Religionsgemeinschaften (44,1 % Mitglieder und 7,8 % engagierte Mitglieder), berufliche Interessenverbände (11,3 %; 4,1 %), politische Parteien bzw. Vereinigungen (3,9 %; 2,1 %), Gewerkschaften (14,4 %; 2,8 %), Bürgerinitiativen (3,1 %; 2,0 %), Sportvereine (29,4 %; 13,5 %), kulturelle oder andere Freizeitvereine (17,8 %; 9,7 %), Nachbarschaftsvereine (3,2 %; 2,3 %), Selbsthilfegruppen (2,2 %; 1,1 %), soziale Vereine oder Wohlfahrtsverbände (12,6 %; 5,4 %), Jugendvereine oder Jugendorganisationen (3,0 %; 2,2 %) sowie Natur- und Umweltschutzverbände (5,7 %; 1,8 %). Das freiwillige Engagement ist damit sehr breit gestreut und vielfältig strukturiert. Am größten ist das freiwillige Engagement in Sportvereinen, Kultur- und Freizeitvereinen sowie Religionsgemeinschaften. In den anderen Interessenorganisationen ist die aktive Mitarbeit im Vergleich zur Gesamtbevölkerung nur marginal.

Aus den Angaben zur aktiven Mitarbeit der Mitglieder wird ein ungewichteter Summenindex über die 12 Interessenorganisationen gebildet, mit dem praktisch die Varietät in unterschiedlichen Engagementbereichen und nicht die Intensität des tatsächlichen Engagements gemessen wird. Theoretisch hat der Summenindex eine Spannweite von 0 (kein freiwilliges Engagement) bis 12 (freiwilliges Engagement in allen Interessenorganisationen); empirisch reicht die Verteilung von 0 bis 5. Die absolute Mehrheit von 64,9 % engagiert sich in keiner der 12 Interessenorganisationen. Die insgesamt rund 35 % der Engagierten beschränken sich zumeist auf eine Interessenorganisation (22,1 %). Mit zunehmender Anzahl der Interessenorganisationen nimmt die Anzahl der Engagierten rapide ab. In zwei Interessenorganisationen engagieren sich noch 8,6 % und in drei Interessenorganisationen nur noch 3 %.[17] Der über alle befragten Personen (n = 1.508) berechnete Summenindex des freiwilligen Engagements von Mitgliedern in Interessenorganisationen schwankt um einen Mittelwert von 0,54. Dieser Summenindex ist die abhängige Variable des Logit-Modells in Tab. 9.3. Mit diesem Modell wird die Anzahl der freiwilligen Engagements in 12 Interessenorganisationen geschätzt.

---

[17] Die Verteilung der freiwillig Engagierten ist mit den Daten des Freiwilligensurveys 2004 vergleichbar. Im FWS 2004 sind 36 % freiwillig engagiert, darunter 21 % in einer Gemeinschaftsaktivität, 9 % in zwei Gemeinschaftsaktivitäten und 6 % in drei und mehr Tätigkeiten (Gensicke 2006, S. 13).

Tab. 9.3 Logit-Modell des freiwilligen Engagements

Variable	Koeff. (b)	Standardfehler	Geschätzte Anzahl
Konstante	−3,301***	0,184	0,427
Soziales Kapital			
Unterstützungssozialkapital	0,102	0,076	0,476
Sozialkapital spezieller Fähigkeiten	0,157***	0,052	0,526
Bildungssozialkapital	0,119	0,063	0,491
Prestigesozialkapital	0,014	0,055	0,435
Politisches und Öffentlichkeitssozialkapital	0,315***	0,057	0,581
Ökonomisches Kapital			
Niedriges HH-Einkommen bis 1500 €	0,100	0,146	0,470
Hohes HH-Einkommen über 3000 €	−0,211	0,129	0,348
Personales Kapital			
Bildung bis 10 Klassen	−0,047	0,147	0,408
Bildung über 13 Klassen	0,008	0,135	0,430
Positionelles Kapital			
Keine oder niedrige Stellung im Beruf	−0,138	0,159	0,373
Hohe Stellung im Beruf	−0,013	0,119	0,421
Lebensphasen bedingte soziale Kontexte			
Noch nicht erwerbstätig	−0,071	0,221	0,398
Nicht erwerbstätig	−0,241	0,238	0,338
Nicht mehr erwerbstätig	−0,282	0,194	0,324
Haushaltsgröße (zentriert)	0,038	0,063	0,446
Kinderhaushalt	0,028	0,157	0,438
Alter (zentriert)	0,013*	0,006	0,522
Stadträumlicher Kontext			
Mittelstadt-West	0,129	0,131	0,483
Großstadt-Ost	−0,286	0,150	0,323
Mittelstadt-Ost	−0,053	0,155	0,405
Weitere Lebensbedingungen			
Geschlecht (1 = Frau)	0,282**	0,102	0,559
Netzwerkdichte	0,248*	0,109	0,541
Modellstatistik			
Nenner (= Anzahl der Items)	12		
n	816		
Freiheitsgrade	22		
LR-χ^2	167,422***		
McFadden Pseudo-R^2	0,098		

Die Signifikanzniveaus der Koeffizienten sind mit * für α ≤ 0,05, ** für α ≤ 0,01 und *** für α ≤ 0,001 gekennzeichnet.
Die geschätzte Anzahl ergibt sich ausgehend von der Referenzgruppe für die Sozialkapitaldimensionen, die Haushaltsgröße und das Alter aus der Zunahme um die jeweilige Standardabweichung und für alle anderen Variablen aus der Zunahme um eine Einheit.

9.2 Soziales Kapital und freiwilliges Engagement

Unter der Berücksichtigung zahlreicher Kontrollvariablen haben das politische und Öffentlichkeitssozialkapital und das Sozialkapital spezieller Fähigkeiten jeweils einen signifikant positiven Effekt auf das freiwillige Engagement. Damit wird bereits die Mobilisierungshypothese H5 bestätigt. Akteure arbeiten vor allem dann aktiv in Interessenorganisationen mit, wenn sie aus ihren sozialen Beziehungen spezielle Fähigkeiten, Kompetenzen und Fachwissen mobilisieren können und wenn sie über Kontakte in den politischen Bereich sowie zu den Medien verfügen. Des Weiteren haben die drei anderen Sozialkapitaldimensionen keine signifikanten, wohl aber tendenziell positive Effekte auf das freiwillige Engagement. Für diese Handlungssituation zeigt sich, dass Sozialkapital spezifisch wirkt, weil nur bestimmte Dimensionen eine Wirkung entfalten, zugleich aber die weiteren Sozialkapitaldimensionen zumindest nicht schädlich sind oder behindernd wirken. Die Dimensionshypothese H6 wird durch die Analyse des freiwilligen Engagements bestätigt.

Zwar sind soziale Ressourcen nicht aber ökonomische, personale und positionelle Ressourcen für freiwilliges Engagement ausschlaggebend, denn der Bildungsabschluss, das Haushaltseinkommen und die Stellung im Beruf haben insignifikante und damit praktisch bedeutungslose Effekte auf das freiwillige Engagement von Personen. Damit stellen sich nicht die üblichen positiven Effekte ein. Dies kann eine Folge des positiven Effekts sozialer Ressourcen sein. Da diese beim Erwerb von anderen Kapitalsorten abhängen, können sie als Mediatoren herkömmliche Ressourceneffekte auf das freiwillige Engagement vermitteln. Wie in bisherigen Analysen zum freiwilligen Engagement zeigen sich auch Einflüsse der Lebensphasen. Insbesondere mit dem Alter steigt die Bereitschaft zu aktiver Vereinstätigkeit.[18] Erwerbsstatus und Haushaltsstruktur haben dagegen keine signifikanten Effekte auf das freiwillige Engagement. Ein Einfluss des stadträumlichen Kontextes auf freiwilliges Engagement besteht nicht. Die Effekte der Stadttypen bezeugen weder einen signifikanten Ost-West-Unterschied noch Differenzen zwischen Groß- und Mittelstädten. Zwar können keine Verallgemeinerungen auf die Grundgesamtheit gezogen werden, aber die Daten zeigen, dass in der Tendenz die Einwohner der westdeutschen Städte engagierter sind als die Einwohner der ostdeutschen Städte bzw. die Einwohner der Mittelstädte engagierter als die Einwohner der Großstädte.

Schließlich ist noch festzuhalten, dass sich Männer signifikant stärker engagieren als Frauen. Dieser Befund bestätigt bisherige Erkenntnisse der Untersuchungen zum freiwilligen Engagement. Bemerkenswerter ist, dass sich Personen mit dichten egozentrierten Netzwerken eher in Interessenorganisationen engagieren als Personen mit losen Netzwerken. Dieses Ergebnis passt zur Argumentation, dass mit freiwilligem Engagement eine Handlungssituation untersucht wird, die vor allem den Wunsch nach sozialer Anerkennung befriedigt. Die Kohäsion in dichten informellen privaten Netzwerken schafft ein

---

[18] Eine vertiefende Analyse zeigt, dass sich insbesondere die 26- bis 35-Jährigen signifikant weniger als andere Altersgruppen freiwillig engagieren. Dieses Ergebnis passt zur Lebensphasenerklärung, denn gerade Personen in der Rush-Hour des Lebens (Eintritt in die Erwerbstätigkeit, Familiengründung) haben am wenigsten Zeit für zusätzliche Aufgaben. Eine Erklärung über Geburtskohorten (es ist die Kohorte der 1970–1979 Geborenen) bietet sich dagegen nicht an.

Umfeld, in dem viele Personen soziale Anerkennung geben können. Entsprechend hoch sind die Anstrengungen, dieses Potenzial durch gemeinschaftliches Engagement auszuschöpfen.

Auch wenn aus der Forschung zum freiwilligen Engagement bekannt war, dass soziale Netzwerke eine wichtige Informationsquelle sind, hat die Analyse gezeigt, dass eine Differenzierung nach Sozialkapitaldimensionen sinnvoll ist. Während das politische und Öffentlichkeitssozialkapital und das Sozialkapital spezieller Fähigkeiten einen positiven Erklärungsbeitrag liefern, bleiben andere Dimensionen wirkungslos. An diese wichtige Erkenntnis anknüpfend, sollten weitere Untersuchungen nach der Art freiwilligen Engagements differenzieren. Denn die spezifischen Wirkungen sozialer Ressourcen hängen vom jeweils spezifischen freiwilligen Engagement ab (Wilson 2000, S. 224).

9.3 Zusammenfassung

Ziel dieses Kapitels war es, die Nutzung sozialen Kapitals mit empirischen Analysen zu testen. Die Auswahl von zwei Mobilisierungsbeispielen erfolgte in erster Linie anhand der beiden zentralen Bedürfnisse physisches Wohlbefinden und soziale Anerkennung, die durch soziales Handeln befriedigt werden können. Es sollte hauptsächlich geprüft werden, ob die Verfügbarkeit sozialen Kapitals die Zielerreichung erleichtert und ob in spezifischen Handlungssituationen unterschiedliche Dimensionen sozialen Kapitals wirken. Die Auswahl der Beispiele war von dem Gedanken geleitet, die Wirksamkeit von knappen und ungleich verteilten Sozialkapitaldimensionen zu überprüfen.

Mit dem ersten Mobilisierungsbeispiel aus der sozialen Mobilitätsforschung wurde die potenzielle Verfügbarkeit informationeller und finanzieller Unterstützung bei Arbeitslosigkeit untersucht. Mit dem zweiten Mobilisierungsbeispiel aus der Zivilgesellschaftsforschung wurde das freiwillige Engagement in Interessenorganisationen analysiert. Unter Kontrolle sozialstruktureller Lebensbedingungen (Ressourcenausstattung, Lebensphasen, Stadträume) konnten signifikant positive Effekte einzelner Sozialkapitaldimensionen nachgewiesen werden, womit eindrucksvoll die Mobilisierungshypothese H5 bestätigt wird. Auch die spezifischeren Dimensionshypothesen für die drei untersuchten Handlungssituationen konnten bestätigt werden. So wird finanzielle Unterstützung bei Arbeitslosigkeit durch Unterstützungssozialkapital, Prestige- und Bildungssozialkapital und Sozialkapital spezieller Fähigkeiten gefördert. Informationelle Unterstützung bei Arbeitslosigkeit wird durch Prestige- und Bildungssozialkapital und Sozialkapital spezieller Fähigkeiten bereitgestellt. Hingegen engagieren sich Personen freiwillig, wenn sie über politisches und Öffentlichkeitssozialkapital und Sozialkapital spezieller Fähigkeiten verfügen.

Aus den empirischen Ergebnissen lassen sich mehrere Schlüsse ziehen. Erstens werden Handlungen, die insbesondere auf den Erhalt und die Steigerung des physischen Wohlbefindens gerichtet sind, durch soziales Kapital gefördert, das auf ressourcenreiche Alteri gerichtet ist. Involvieren diese Handlungen zweitens ein höheres materielles Schadenspotenzial, wie bei der finanziellen Unterstützung, wird soziales Kapital aktiviert, das insbe-

9.3 Zusammenfassung

sondere starke Vertrauenselemente enthält. Drittens werden zivilgesellschaftlich relevante Handlungen durch soziales Kapital begünstigt, das Ressourcen aus dem weiteren gesellschaftlichen Kontext zur Verfügung stellt. Viertens ist das Sozialkapital spezieller Fähigkeiten relativ universell einsetzbar und damit stark situationsunspezifisch. Es muss eingeräumt werden, dass diese Dimension in den drei Analysemodellen jeweils den schwächsten signifikanten Sozialkapitaleffekt aufweist. Schließlich hat sich gezeigt, dass die Effekte aller Sozialkapitaldimensionen positive oder keine, aber nie negative Wirkungen entfalten. Eine „dark side" sozialen Kapitals kann mit den untersuchten Daten städtischer Bevölkerungen also nicht nachgewiesen werden.

Die Mobilisierungsbeispiele sozialen Kapitals haben insofern ihren Zweck erfüllt, als dass die produktive Komponente sozialen Kapitals bei der Befriedigung materieller und sozialer Handlungsziele empirisch überprüft werden konnte. Dennoch können gegen Datenmaterial und Analysestrategie Einwände erhoben werden, deren Lösung zukünftigen Analysen vorbehalten ist. Ein Manko des Datenmaterials zur Unterstützung bei Arbeitslosigkeit liegt im hypothetischen Charakter der Handlungssituation. Zwar konnte dargestellt werden, dass diese Handlungssituation von der überwiegenden Mehrheit der Befragten nachvollzogen wird, aber für eine Analyse realer Krisensituationen bedarf es eines darauf zugeschnittenen Forschungs- und Befragungsdesigns. Die Querschnittsdaten beider verwendeter Datensätze stellen einen weiteren Nachteil dar. Erst Paneldaten können absichern, ob den aufgespürten Korrelationen tatsächlich kausale Effekte zugrunde liegen. Longitudinale Daten waren aber in der vorgeschlagenen Operationalisierung sozialen Kapitals nicht verfügbar.

Schließlich werden soziale Ressourcen und andere sozialstrukturelle Lebensbedingungen als Ursachen für informelle Hilfen in Krisensituationen und für freiwilliges Engagement angesehen. Die Analysen zum Erwerb haben aber gezeigt, dass soziales Kapital selbst durch diese weiteren sozialstrukturellen Lebensbedingungen beeinflusst wird. Zukünftige Analysen könnten den Gesamtprozess von Erwerb und Nutzung sozialen Kapitals abbilden, etwa über Interaktionseffekte oder Strukturgleichungsmodelle.

10

Zusammenfassung der Ergebnisse und Ausblick

Zum Abschluss werden die gewonnenen theoretischen und empirischen Erkenntnisse als Antworten auf die eingangs gestellten Forschungsfragen zusammengetragen. Ziel dieser Arbeit war die theoretisch fundierte Erklärung und empirische Beschreibung der Sozialstruktur persönlichen Sozialkapitals. Ausgangspunkt war ein Verständnis sozialen Kapitals als Ressourcen, die durch soziale Netzwerke vermittelt werden. Die sozialen Netzwerke zwischen Personen bilden eine Struktur, die einen einfachen, schnellen, vertrauensvollen Austausch von Gütern, Dienstleistungen, Informationen und Emotionen ermöglicht. Auf dieser Basis sind individuelle und kollektive Handlungen möglich, die ohne soziales Kapital eher scheitern können oder nicht in Angriff genommen werden. Die Sozialkapitalforschung lässt sich damit auf zwei zentrale soziologische Diskussionsstränge beziehen.

Der Ressourcencharakter und die Wirkung auf Lebenschancen bieten Anschluss an die Sozialstrukturanalyse. Soziales Kapital erweitert die sozialstrukturelle Modellierung einer Gesellschaft. Es ist neben der meritokratischen Triade eine weitere Ressource, die Gesellschaft vertikal strukturiert. Soziales Kapital ist eine Lebensbedingung, die durch das Eingehen von sozialen Beziehungen Wirkungen in der Verfolgung von Lebenszielen entfaltet. Unter dieser Annahme wurde untersucht, wie das Konzept persönlichen Sozialkapitals mit Sozialstrukturansätzen verknüpft werden kann. Die Ambivalenzen von Akkumulation und Kompensation als Wechselwirkungen mit anderen Lebensbedingungen deuten daraufhin, dass soziales Kapital eine eigenständige Dimension von Sozialstrukturkonzeptionen ist. Zugleich ist Sterbling (1998, S. 206) darin zuzustimmen, dass die Rolle sozialen Kapitals für Strukturierungsprinzipien entwickelter westlicher Gesellschaften nicht überstrapaziert werden sollte.

Das Konzept persönlichen Sozialkapitals ist darüber hinaus an die soziologische Diskussion über effiziente Verhaltenskoordination anschlussfähig. Die Austauschhandlungen innerhalb stabiler sozialer Netzwerkstrukturen werden als eine Lösungsmöglichkeit für das Problem sozialer Ordnung interpretiert. Effiziente Verhaltenskoordination entsteht, wenn sich Akteure kollektiv rational verhalten und individuellen Opportunismusanreizen nicht nachgeben. Dies kann erreicht werden, wenn die Akteure in dauerhafte soziale

Beziehungen und soziale Netzwerke eingebettet sind, die auf vertrauensvollen, kooperativen Handlungen basieren. Es wurde gezeigt, dass dauerhafte soziale Beziehungen und soziale Netzwerke die strukturelle Grundlage sozialen Kapitals bilden und dass vertrauensvolles, kooperatives, kollektiv rationales Handeln die Handlungskomponente des sozialen Kapitals ist. Die Komponenten effizienter Verhaltenskoordination sind somit im sozialen Kapital angelegt.

Das Konzept des persönlichen Sozialkapitals stellt für diese zwei soziologischen Diskussionsstränge eine fruchtbare Weiterentwicklung dar. Dies war Grund genug, um vier zentrale Fragestellungen zu bearbeiten. Erstens wurde herausgearbeitet, welcher Begriff und welche Eigenschaften mit sozialem Kapital verbunden sind. Zweitens wurden Aufbau und Nutzung persönlichen Sozialkapitals theoretisch modelliert und empirisch geprüft. Drittens wurde die Relevanz von Stadträumen für das Sozialkapital untersucht. Viertens wurde eine Differenzierung von Dimensionen sozialen Kapitals vorgenommen, um zu untersuchen, ob der multidimensionale Charakter sozialen Kapitals zu gegensätzlichen Wirkungen führt.

10.1 Begriff und Eigenschaften sozialen Kapitals

Es gibt aufgrund der zahlreichen Anwendungsfelder des Sozialkapitalkonzepts keine einheitlich verwendete Begriffsdefinition. Dies ist problematisch, weil sich Ursachen und Wirkungen sozialen Kapitals nicht mehr klar trennen lassen. Um das Definitionsproblem zu lösen und die Bedeutung des Begriffs zu erfassen, ist der Bezug auf die Kapitaltheorie sinnvoll. In Analogie zum herkömmlichen Kapitalbegriff sind mit sozialem Kapital soziale, also gemeinschaftliche oder gesellschaftliche Produktionsmittel gemeint. Diese Produktionsmittel sind die über eine soziale Struktur verfügbaren Ressourcen der Alteri. Anders als bei anderen Kapitalarten gibt es keinen Einzelakteur als Kapitalbesitzer. Vielmehr besitzt die soziale Struktur, also die sozialen Verbindungen zwischen Akteuren, das soziale Kapital. Gleichwohl kann ein individueller Akteur als Nutznießer „seines" sozialen Kapitals angesehen werden.

Analog zur Kapitaltheorie werden Erwerb und Verwertung unterschieden. Der Aufbau sozialer Beziehungen und die Beziehungspflege gehören zum Erwerb sozialen Kapitals. Erwerbsbemühungen sind vor allem mit zeitlichem Aufwand verbunden, dem „sich mit jemandem beschäftigen". Soziales Kapital wird somit durch Veränderungen von Beziehungen geschaffen (Coleman 1988, S. S100). Während bei anderen Kapitalarten immer eine mehr oder weniger bewusste Investitionsentscheidung erfolgt, ergibt sich ein Teil der sozialen Beziehungen als nicht-intendierte Folge alltäglicher Handlungen. Soziales Kapital ist Nutzen bringend, wenn durch die soziale Struktur über Ressourcen verfügt wird, die anderweitig nur mit größerem Aufwand, höheren Kosten, weniger zielführend oder möglicherweise gar nicht zur Verfügung stehen. Dies ist der Fall, wenn praktische Hilfen, gesuchte und nützliche Informationen aber auch emotionale Unterstützungen über ein Beziehungsnetzwerk verfügbar sind, die den Lebensalltag erleichtern oder helfen, bestimmte kritische Lebenssituationen zu überstehen.

Ein weiteres Spezifikum sozialen Kapitals ist der soziale Austausch als handlungstheoretische Basis. Insbesondere der diffuse, nicht-kontraktuelle Charakter des sozialen Austauschs und die Abhängigkeit von hilfsbereiten Beziehungspartnern erschwert den zielführenden Erwerb sozialen Kapitals, um ganz bestimmte Nutzen stiftende Prozesse auszulösen. Die Einbindung in eine soziale Struktur und die Unbestimmtheit des sozialen Austauschs führen dazu, dass soziales Kapital nur eingeschränkt fungibel ist. Außerhalb der bestehenden sozialen Beziehungsstruktur ist es praktisch wertlos. Zudem lassen sich Übertragungen von Handlungsrechten an sozialem Kapital empirisch kaum beobachten.

Mit dieser Begriffsbestimmung lassen sich individuelle und kollektive Folgen sozialen Kapitals unterscheiden. Der Einsatz sozialen Kapitals führt zu unmittelbaren individuellen Folgen. Ein Akteur profitiert von seinem Netzwerk, wenn er benötigte Unterstützungen oder Informationen erhält. Eine andere individuelle Folge ist die Abhängigkeit von Beziehungspartnern, die insbesondere in kleinen Netzwerken stark einschränkend wirkt. Kollektive Folgen sozialen Kapitals sind kooperative Normen und Vertrauen. Diese sozialen Phänomene haben ihrerseits sozial erwünschte Konsequenzen, wie zum Beispiel Demokratie und Wirtschaftswachstum, aber auch sozial unerwünschte Konsequenzen, wie zum Beispiel Intoleranz, Gewalt und eingeschränkte soziale Mobilität.

10.2 Aufbau und Nutzung persönlichen Sozialkapitals

Das zweite Ziel war, sowohl beide Teilaspekte in einem allgemeinen theoretischen Modell abzubilden, als auch die Prozesse nach einem einheitlichen Erklärungskern zu modellieren. Der zeitliche Verlauf von Aufbau und Nutzung sozialen Kapitals, seine handlungstheoretischen Grundlagen und seine sozialstrukturelle Bedingtheit wurden in den Kapiteln drei bis fünf erörtert.

Der einheitliche Erklärungskern ist die Handlungskomponente auf Grundlage der RREEMM-Heuristik. Aufbau und Nutzung sozialen Kapitals basieren auf sozialem Ressourcenaustausch zwischen Akteuren. Sozialer Ressourcenaustausch ist durch zeitlich versetzte Leistung und Gegenleistung gekennzeichnet. Insbesondere das diffuse Versprechen zur Gegenleistung ohne Spezifizierung von Art, Menge und Zeitpunkt erfordert ein hohes Maß an Vertrauen zwischen den Handlungspartnern. Das Problem sozialer Ordnung stellt sich im Sozialkapital-Modell als Vertrauensproblem des sozialen Austauschs dar. Gelöst wird das Problem durch Reputationseffekte. Sie bieten sowohl Informationen aus vergangenen Handlungen mit dem Alteri oder mit dritten Akteuren als auch Sanktionierungspotenzial für zukünftige Handlungen. Mit dem Reputationsmechanismus wird Vertrauen vor der Handlung erleichtert, durch die Handlung evaluiert und nach der Handlung angepasst. Vertrauen wird in Ketten sukzessiver Austauschhandlungen ausgebaut, die in soziale Beziehungen und persönliche Netzwerke und damit in die strukturelle Komponente sozialen Kapitals münden. Natürlich hängt der soziale Ressourcenaustausch nicht nur vom Vertrauen, sondern auch von Nutzen- und Kostenargumenten ab. Wegen der diffusen zukünftigen Gegenleistung sind Handlungspartner nützlich, die ein breites Ressourcenspektrum bieten können. Hingegen können Transaktionskosten gesenkt werden, wenn sich die Handlungspartner ähnlich sind.

Während sich Vertrauen, Nutzen und Kosten auf die Auswahl eines Handlungspartners für den Ressourcenaustausch auswirken, sind die Möglichkeiten zum Ressourcenaustausch sozialstrukturell bedingt. In Kapitel vier wurde daraufhin das Sozialkapital-Modell um eine Strukturkomponente erweitert, indem der soziale Austausch mit sozialstrukturellen Lebensbedingungen verknüpft wird. Diese strukturellen Handlungsbedingungen sind Egos Ressourcenausstattung und soziale Kontexte, die das raumzeitliche Aufeinandertreffen der Akteure steuern. Die Verknüpfung von Handlungs- und Strukturkomponenten des Sozialkapital-Modells erfolgt über soziale Produktionsfunktionen.

Die Ressourcenausstattung bestimmt den Handlungsspielraum im Sozialkapital-Modell. Es konnte gezeigt werden, dass insbesondere die Ausstattung mit ökonomischem, personalem und positionellem Kapital und mit verfügbarer Zeit die Handlungschancen im Modell erhöht. Dieser Zusammenhang wurde in der Akkumulationsthese postuliert. Da es sich bei Aufbau und Nutzung sozialen Kapitals um Interaktionen zwischen Akteuren handelt, spielt nicht nur die Ressourcenausstattung, sondern auch die empirische Ressourcenverteilung eine Rolle. Weil insbesondere knappe und wertvolle Ressourcen ungleich verteilt sind, ergeben sich unterschiedliche Handlungschancen für Akteure mit wenigen, durchschnittlichen und vielen Ressourcen. Während ressourcenarme Akteure nur Handlungspartner mit gleicher oder besserer Ressourcenausstattung finden, gilt für ressourcenreiche Akteure das Gegenteil. Folge dieser Restriktion in den Handlungsgelegenheiten ressourcenarmer und ressourcenreicher Akteure ist ein gegen die Akkumulationsthese nivellierend wirkender Effekt, der mit der Kompensationsthese postuliert wurde.

Zweiter Bestandteil der Strukturkomponente sind soziale Kontexte, die über Gelegenheitsstrukturen, institutionelle Regeln und Identifikationen das raumzeitliche Aufeinandertreffen der Akteure steuern. Da soziale Kontexte jeweils spezifische Wirkungen im Sozialkapital-Modell entfalten, spielen auf einer allgemeineren Ebene Lebensphasen und Lebensräume als Bedingungen von Interaktionen eine Rolle. Durch Alter, Haushaltsformen und Teilnahme am Erwerbsleben indizierte Lebensphasen strukturieren den sozialen Alltag und tragen dazu bei, dass bestimmte Kontakte gefördert und andere Kontakte verhindert werden. Diese Kontakte sind wiederum die Basis für soziales Kapital, womit sich die Lebensphasenthese formulieren lässt. Regionen, Städte oder Stadtteile als Lebensräume bieten oder verhindern Chancen des Aufeinandertreffens, weil sich in Räumen öffentliche Kontaktgelegenheiten strukturieren. Zur sozialwirksamen Raumstruktur wird die Raumthese postuliert.

Die Modellierung von Erwerb und Nutzung persönlichen Sozialkapitals kann über Phasen erfolgen, die als verkettete Handlungen sozialstrukturell bedingten Ressourcenaustauschs dargestellt werden können. In der Erwerbsphase wird Ego Zeit und Kapitalien verausgaben, um soziales Kapital aufzubauen. Er wird Leistungen für Alter gegen dessen vages Versprechen einer zukünftigen Gegenleistung erbringen. In der Nutzungsphase wird das Versprechen eingelöst und die Gegenleistung von Alter eingefordert. Aus diesem Sozialkapital-Modell lassen sich für den Zugang und die Mobilisierung sozialen Kapitals empirisch prüfbare Hypothesen ableiten. Der Zugang zu sozialem Kapital wird durch die Ressourcenausstattung gefördert (Akkumulationshypothese H1), wobei der lineare Effekt für ressourcenreiche und ressourcenarme Akteure abgefedert wird (Kompensationshypo-

10.2 Aufbau und Nutzung persönlichen Sozialkapitals

these H2). Lebensphasen regulieren den Kontakt zu anderen Personen, wobei jüngere Personen, erwerbstätige Personen oder Personen in Ausbildung sowie Personen aus Mehrgenerationen-Haushalten mehr Gelegenheiten haben, soziales Kapital aufzubauen, und damit entsprechend besseren Zugang zu sozialem Kapital haben (Lebensphasenhypothese H3). Schließlich wird der Zugang zu sozialem Kapital über die Gelegenheitsstrukturen von Stadträumen beeinflusst. Tendenziell haben Bewohner westdeutscher Großstädte und von Gründerzeitvierteln das größte Potenzial (Stadtraumhypothese H4). Um die Nutzen stiftende Wirkung nicht einzelner Beziehungen, sondern des Sozialkapitals insgesamt abzuschätzen, wird in beispielhaften Handlungssituationen die Mobilisierungshypothese H5 postuliert. Bestandteil der Dimensionshypothese H6 ist die Erwartung, dass einzelne Dimensionen sozialen Kapitals situationsspezifisch wirken.

Die Hypothesen werden anhand zweier Befragungen empirisch geprüft. Eine Telefonbefragung von rund 1.500 Personen in vier Städten und eine schriftliche Befragung von knapp 3.500 Personen in einer Großstadt nutzen jeweils einen Ressourcengenerator zur Erhebung sozialen Kapitals. Der Zugang zu einzelnen sozialen Ressourcen unterliegt einer großen Schwankungsbreite zwischen 14–95 %. Vor allem soziale Unterstützungsressourcen, die eine emotionale und expressive Komponente aufweisen, stehen der überwiegenden Mehrheit zur Verfügung (80–90 %). Es folgen Nennungen des allgemeinen Bildungssozialkapitals. Mehr als 70 % der Befragten haben Zugang zu diesen Ressourcen. 60–75 % der Befragten können auf soziale Ressourcen zugreifen, die auf sehr spezifischen Kompetenzen, Wissensvorräten und Fähigkeiten aufbauen. Etwa die Hälfte der Befragten (40–65 %) verfügt über soziale Ressourcen, die das ökonomische und positionelle Kapital der Alteri involvieren. Knapp sind Kontakte, die in die Sphären der (Kommunal-)Politik und der Herstellung einer allgemeinen Öffentlichkeit durch die Medien hineinreichen (unter 40 %). Unter den zahlreichen verschiedenen Ressourcenzugängen sind vor allem die sozialen Ressourcen knapp und distinkt, die einerseits in der Leistungsgesellschaft wertvoll sind, nämlich der Zugang zu ökonomischem und positionsbezogenem Kapital, und die andererseits in der Zivilgesellschaft benötigt werden, um in politischen Prozessen erfolgreich etwas zu bewegen, nämlich der Zugang zu politischem und Öffentlichkeitssozialkapital. Die kumulativen Verteilungen über alle Ressourcenzugänge zeigen, dass sich knappe soziale Ressourcen nicht zufällig über die Befragten verteilen. Es besteht vielmehr eine Tendenz, dass Befragte, die über eine knappe soziale Ressource verfügen auch über andere knappe Ressourcenzugänge verfügen.

Der Zugang zu sozialem Kapital wird maßgeblich durch die Ressourcenausstattung Egos bestimmt. Dabei zeigt sich eindrucksvoll eine Bestätigung der Akkumulationshypothese H1. Mit ökonomischem, personalem und positionellem Kapital wird der Zugang zu sozialen Ressourcen wesentlich erleichtert. Dieser Effekt ist auch robust gegen die Verwendung unterschiedlicher Indikatoren für die Ressourcenausstattung, wie ein Vergleich der Analysen zwischen den beiden Datensätzen ergibt. Gleichwohl ist die Hypothesenbestätigung wenig überraschend, weil sich die Ergebnisse in vorliegende Befunde einreihen. Die Bestätigung der Kompensationshypothese H2 ist nicht derart eindeutig. Erst unter Berücksichtigung von Sozialkapitaldimensionen und unterstützenden Personenkreisen ergibt sich eine überwiegende Bestätigung in beiden verwendeten Datensätzen. Weil die Hypothese

H2 neuartig ist, liegen relativ wenig vergleichbare Befunde vor. Im Zusammenspiel der Akkumulationshypothese und der Kompensationshypothese kann dargestellt werden, dass neben dem starken positiven Effekt der Ressourcenausstattung ein vergleichsweise schwacher Abfederungsmechanismus wirkt. Das Zusammenspiel beider Wirkungen kann erklären, warum sich in den zahlreichen Untersuchungen zum Zugang zu sozialen Ressourcen nicht immer ein Akkumulationseffekt einstellt. So zeigen beispielsweise die eigenen Analysen, dass insbesondere Unterstützungssozialkapital kaum von der sonstigen Ressourcenausstattung Egos profitiert. Anderseits kann für das Bildungs- und Prestigesozialkapital zwar eine akkumulierende, aber keine kompensierende Wirkung der Ressourcenausstattung nachgewiesen werden. Insbesondere für diese Dimension steht persönliches Sozialkapital nicht im Kontrast zu sozialstrukturellen Klassen- und Schichtansätzen. Insgesamt zeigen die Ergebnisse zur Ressourcenausstattung, dass soziales Kapital zur Perpetuierung sozialer Ungleichheit beiträgt. Soziales Kapital ist ebenso eine vertikal strukturierende Lebensbedingung wie die Kapitalien der meritokratischen Triade. Entsprechend sollte diese Dimension in Sozialstrukturanalysen zur Beschreibung und Erklärung sozialer Ungleichheit zukünftig stärker berücksichtigt werden.

Die Ergebnisse zur Lebensphasenhypothese H3 sind auf den ersten Blick nicht eindeutig, weil mit einem Datensatz die Hypothese bestätigt und mit dem anderen Datensatz die Hypothese widerlegt wird. Erst die Inspektion der einzelnen Komponenten der Lebensphasen zeigt, dass lediglich die Haushaltsgröße unterschiedliche Effekte aufweist, Erwerbsstatus und Alter aber in die vorhergesagte Richtung wirken. Es zeigt sich deutlich, dass Ausbildungs- und Arbeitsplätze als Kontexte den Zugang zu sozialem Kapital erleichtern, während mit zunehmendem Alter der Ressourcenzugang erschwert wird. Der widersprüchliche Effekt der Haushaltsgröße kommt offensichtlich durch spezifische Wirkungen in einzelnen Sozialkapitaldimensionen zustande. Typischerweise unterscheidet sich die Wirkung der Haushaltsgröße zwischen dem Prestige- und Bildungssozialkapital einerseits und den weiteren Dimensionen andererseits. Während größere Haushalte in den meisten Dimensionen gleich gute oder gar bessere Ressourcenzugänge haben, weisen diese Haushalte beim Prestige- und Bildungssozialkapital schlechtere Ressourcenzugänge auf. Man kann also davon ausgehen, dass Haushaltsgröße zwar die vermuteten umfangreicheren Kontaktgelegenheiten bietet, aber diese Kontakte selektiv im Zugang zu bestimmten Ressourcendimensionen sind. Warum diese Besonderheit selektiver Zugänge gerade für vielseitig verwendbare Ressourcendimensionen wie das Prestige- und Bildungssozialkapital zutrifft, müssen weitere Untersuchungen ergründen.

10.3 Stadtraum und persönliches Sozialkapital

Die dritte Fragestellung behandelt die Bedeutung städtischer Räume für das Sozialkapital-Modell. Ausgangspunkt ist die Raumthese, wonach Knappheit und Ungleichheit der Raumqualitäten für den Aufbau und die Nutzung sozialen Kapitals eine wesentliche Rolle spielen. Mit Raumqualitäten sind ganz allgemein materielle Strukturen (öffentliche Räu-

10.3 Stadtraum und persönliches Sozialkapital

me und infrastrukturelle Ausstattung), Bevölkerungsstrukturen, durch kulturhistorische, wirtschaftliche und soziale Entwicklungen geprägte institutionalisierte und normative Regulationssysteme sowie identitätsstiftende Raumsymbole gemeint. Die restriktiven Wirkungen der Raumqualitäten auf das Sozialkapital-Modell unterscheiden sich zwischen verschiedenen Raumbezügen. Mit Städten in Regionen und Stadtteilen sind zwei räumliche Bezüge ausführlich untersucht worden.

So sind regional differenzierte kulturelle Traditionen, Lebenserfahrungen, wirtschaftliche Entwicklungen und Muster politischer Orientierungen Teil der deutschen Kultur. Besonders gravierend sind die Ost-West-Differenzen. Sie sind geprägt durch die unterschiedlichen wirtschaftlichen, gesellschaftspolitischen und demokratischen Entwicklungen beider ehemaliger deutscher Staaten. Sozialkapital relevante Ost-West-Unterschiede sind in der größeren Eigenständigkeit und Eigenverantwortung der westdeutschen Bevölkerungsgruppen sowie deren stärkeren Tendenzen zur Selbstentfaltung und politischer Teilhabe zu sehen.

Zwischen Groß-, Mittel- und Kleinstädten wirken vor allem wirtschaftspolitische Prozesse und gesellschaftliche Siedlungs-, Interaktions- und Handlungsstrukturen differenzierend. Für das Sozialkapital-Modell sind vor allem die räumliche Dimension mit siedlungsstrukturellen Indikatoren wie Größe, Dichte, Infrastrukturangebot, Zentralität, die wirtschaftliche Dimension mit Indikatoren der Wirtschafts- und Arbeitsmarktstruktur sowie die soziale Dimension mit Indikatoren der sozio-ökonomischen Struktur und Vielfalt der Bewohner relevant. Großstädte unterscheiden sich systematisch von Mittelstädten durch mehrheitlich bessere Gelegenheitsstrukturen und damit mehr Handlungsoptionen.

Innerhalb einer Stadt unterscheiden sich Stadtteile hinsichtlich ihrer städtebaulich-physischen Struktur und hinsichtlich ihrer Bevölkerungszusammensetzung, wobei sich typischerweise Quartiers- und Konzentrationseffekte in den Stadtteilen überschneiden. Ressourcenreiche Akteure konzentrieren sich in nutzungsgemischten, infrastrukturell gut ausgestatteten, zentralen oder zumindest gut erreichbaren Stadtteilen, während sich ressourcenarme Akteure in Stadtteilen mit geringer Nutzungsvielfalt, schlechterer Bausubstanz und Erreichbarkeit, aber nicht zwangsläufig wenigen institutionellen Einrichtungen und Angeboten konzentrieren. Stadtteile mit gemischter Raumnutzung, vielfältigen Einrichtungen und Angeboten zur sozialen Betätigung, zentraler Lage und ressourcenreichen Bewohnern bieten mehr Handlungsoptionen im Sozialkapital-Modell.

Entsprechend den beiden räumlichen Bezügen wurde die Stadtraumhypothese H4 mit einem Datensatz zwischen vier Städten aus zwei unterschiedlichen Regionen und mit dem zweiten Datensatz innerhalb einer Stadt zwischen fünf verschiedenen Stadtteiltypen getestet. Es bestätigt sich die Teilhypothese, dass Bewohner der westdeutschen Großstadt den besten Zugang zu sozialem Kapital haben. Dieser Effekt ist hauptsächlich auf den Ost-West-Unterschied zurückzuführen. Die Differenzen zwischen Groß- und Mittelstädten wirken sich dagegen kaum signifikant aus. Auch die Teilhypothese zu Unterschieden zwischen den fünf Stadtteiltypen kann bestätigt werden. Wie erwartet, heben sich Gründerzeitviertel signifikant positiv und Großwohnsiedlungen signifikant negativ von anderen Stadtteiltypen beim Zugang zu sozialem Kapital ab. Zwischen Innenstadtgebieten,

Genossenschaftsvierteln sowie Dorf- und Eigenheimgebieten gibt es nur marginale Unterschiede. Damit kommt dem stadträumlichen Kontext über die Ressourcenausstattung und die sozialen Kontexte hinaus eine eigenständige Bedeutung für den Erwerb sozialen Kapitals zu. Persönliches Sozialkapital wird nicht nur dadurch strukturiert, wer man ist, sondern auch, wo man wohnt und lebt.

10.4 Messung und Dimensionen persönlichen Sozialkapitals

Eine große Herausforderung ist die Operationalisierung sozialen Kapitals. Eine strikte Umsetzung der Definition des sozialen Kapitals würde ein komplexes Messinstrument ergeben, das alle potenziellen konkreten Alteri und alle potenziellen konkreten Ressourcen berücksichtigt. Die Umsetzung eines solchen Messinstruments ist sowohl forschungsökonomisch als auch alltagspraktisch nicht zu verantworten. Stattdessen wird ein Messinstrument entwickelt, das unter der Prämisse, soziale Ressourcen zu untersuchen, Einschränkungen bei der Messung potenzieller Alteri vornimmt. Unter der Annahme, dass für Unterstützungen aus dem persönlichen Netzwerk oftmals nur ein Helfer ausreicht und der Grenznutzen weiterer Alteri rapide abnimmt, werden die potenziellen Alteri auf drei Personenkreise reduziert, die sich in ihrer Handlungsbereitschaft stark unterscheiden, und zwar abnehmend vom Familienkreis über den Freundeskreis zum Bekanntenkreis.

Im Mittelpunkt stand aber die Identifizierung in sich relativ homogener Ressourcendimensionen. So gibt es vier Dimensionen, die allgemein nützlich und wertvoll für die Zielerreichung in bestimmten Lebensbereichen sind. Zwei Dimensionen beinhalten konkretere Austauschhandlungen. Das Unterstützungssozialkapital umfasst Handlungen mit vertraulich-emotionaler Komponente, während das Sozialkapital spezieller Fähigkeiten Handlungen mit einer starken instrumentellen Komponente umfasst. Die beiden anderen Dimensionen richten sich auf allgemein einsetzbare Ressourcen. Prestige- und Bildungssozialkapital zielt dabei auf ökonomische und personale Ressourcen der Alteri und das politische und Öffentlichkeitssozialkapital auf Kontakte, die aus dem engeren Gemeinschaftskontext hinaus führen.

Empirisch lassen sich diese vier Dimensionen weitgehend bestätigen. Einzige Ausnahme ist das Prestige- und Bildungssozialkapital, das in einem der beiden Datensätze in zwei separate, aber inhaltlich interpretierbare Dimensionen zerfällt. Am weitesten ist das Unterstützungssozialkapital verbreitet. Im Durchschnitt verfügen die Befragten über 85–90 % dieser Sozialkapitaldimension. Weniger zugänglich, aber immer noch für viele Akteure erreichbar sind das Sozialkapital spezieller Fähigkeiten (61–69 %) und das Prestige- und Bildungssozialkapital (56–71 %). Eine knappe soziale Ressource ist das politische und Öffentlichkeitssozialkapital. Befragte verfügen durchschnittlich über 21–40 % dieser Sozialkapitaldimension. Wichtigster Personenkreis für die ersten drei Sozialkapitaldimensionen ist der Familienkreis. Er stellt signifikant mehr Unterstützungssozialkapital, Sozialkapital spezieller Fähigkeiten sowie Prestige- und Bildungssozialkapital bereit als der Freundeskreis und vor allem mehr als der Bekanntenkreis. Lediglich beim politischen und

Öffentlichkeitssozialkapital kehrt sich diese Reihenfolge um. Auf niedrigem Niveau ist der Bekanntenkreis am wichtigsten, gefolgt vom Freundeskreis und schließlich vom Familienkreis. Überraschend ist der Befund, dass knappes Prestige- und Bildungssozialkapital eine Dimension ist, die durch Verwandtschaft und Freundschaft und damit durch starke, bindende und vertrauensvolle anstatt durch schwache und Brücken bildende Beziehungen zugänglich ist.

In den empirischen Analysemodellen sozialen Kapitals, die sowohl die Dimensionen als auch die Personenkreise berücksichtigen, werden die vier Hypothesen zum Zugang zu sozialem Kapital überwiegend bestätigt. Die Ressourcenausstattung, die Lebensphasen bedingten sozialen Kontexte und die stadträumlichen Kontexte beeinflussen alle vier Sozialkapitaldimensionen, auch wenn es teilweise beträchtliche Unterschiede in der praktischen Relevanz gibt. Eine Ausnahme ist die kompensierende Wirkung der Ressourcenausstattung auf das Prestigesozialkapital. Diese Wirkung konnte als einzige in beiden analysierten Datensätzen nicht nachgewiesen werden. Eine zweite Ausnahme ist die Wirkung der Stadtraumhypothese auf den Zugang zu Unterstützungssozialkapital. Für diese Dimension gibt es keine Unterschiede zwischen Mittel- und Großstädten oder zwischen west- und ostdeutschen Städten.

Darüber hinaus wurde getestet, ob die Verfügbarkeit unterschiedlicher Ressourcen positive, neutrale oder gar negative Effekte auf spezielle Handlungsziele hat. Wegener (1989, S. 274 f.) macht darauf aufmerksam, dass soziale Ressourcen nicht nur direkten Einfluss ausüben, sondern auch situationsabhängig wirken können. Die Wirkungen der Sozialkapitaldimensionen wurden in den empirischen Modellen der Mobilisierung sozialen Kapitals getestet. Keine Sozialkapitaldimension entfaltete eine negative Wirkung auf die untersuchten Handlungen, womit die Mobilisierungshypothese H5 bestätigt wird. Situationsabhängig waren die Wirkungen positiv oder neutral, wobei jede der vier Dimensionen in mindestens einer Handlungssituation eine positive Wirkung entfaltete. Damit wird die Dimensionshypothese H6 bestätigt. Sozialkapital spezieller Fähigkeiten hatte in allen drei untersuchten Handlungssituationen einen signifikant positiven Effekt. Mit anderen Worten ist diese Dimension sozialen Kapitals eher situationsunspezifisch in der Wirkung. Die anderen drei Dimensionen hatten dagegen jeweils situationsspezifische positive oder neutrale Wirkungen.

10.5 Ausblick

Zum Schluss sollen mögliche theoretische und empirische Weiterentwicklungen des Sozialkapital-Modells angedeutet werden. Die Strukturkomponente basiert im Wesentlichen auf der Ressourcenausstattung, Lebensphasen bedingten sozialen Kontexten und stadträumlichen Kontexten. Die Ressourcenausstattung wurde quasi mit der meritokratischen Triade gleichgesetzt. Empirisch hat sich die restriktive Wirkung ökonomischen, personalen und positionellen Kapitals im Sozialkapital-Modell bestätigt. Ausgehend von diesen Basiskapitalien kann die Ressourcenausstattung um weitere Ressourcen Egos erweitert werden. Im zweiten Kapitel wurde beispielsweise auf symbolisches und politisches Kapital verwiesen, aber auch bestimmte Rechte, über die Ego verfügt und die außerhalb der beruflichen Position gelten, können Wirkungen auf soziales Kapital entfalten. Auch die kontextuellen Gelegenheiten sind vielfältiger als die durch Lebensphasen und Lebensräume bedingten. Soziale Kontexte bestehen jenseits von Erwerbsposition und Haushaltsstruktur, zum Beispiel als unterschiedliche Arten kultureller oder gastronomischer Einrichtungen. Begegnungen in diesen Kontexten sind zwar weniger institutionalisiert, können aber dennoch zum Ressourcenaustausch und damit zu Aufbau und Nutzung sozialen Kapitals beitragen. Zur kontextuellen Struktur gehören neben den Lokalitäten auch die Zeitfenster, die tages- oder wochenweise für soziale Kontakte zur Verfügung stehen (Flap 1999, S. 17). Ebenso wenig berücksichtigt wurden formale Institutionen und Regeln für die Entwicklung informeller Beziehungen. Beispielsweise hat der Zugang zu bestimmten sozialen Ressourcen geringere Bedeutung, wenn sozialpolitische Regelungen wohlfahrtsstaatliche Unterstützung im Bedarfsfall sichern. Ferner sind ermöglichende bzw. befähigende institutionelle Regeln eher offen für kooperatives Verhalten als zwingende bzw. einengende institutionelle Regeln (Adler und Borys 1996).

Weiterentwicklungen sind nicht nur für die gesamte Strukturkomponente, sondern auch für die einzelnen Teilaspekte des Aufbaus und der Nutzung sozialen Kapitals möglich. Aufgrund der Querschnittsdaten konnte lediglich der Zugang zum gesamten persönlichen Sozialkapital zu einem Zeitpunkt analysiert werden. Für eine längsschnittlich untersuchte Erwerbsphase bietet es sich an, vorhandenes Sozialkapital zum Zeitpunkt t_0 als Ressourcenausstattung zu berücksichtigen. Dies ist aber nur möglich, wenn sich vorhandenes und aufzubauendes Sozialkapital zweifelsfrei trennen lassen. Für den Zugang zu sozialem Kapital wurde die Kompensationshypothese H2 als eine theoretische Weiterentwicklung an der Schnittstelle von Ressourcenausstattung und Kontexteffekten getestet. Um den s-kurvenförmigen Zusammenhang zwischen Ressourcenausstattung und sozialem Kapital zu testen, können beispielsweise so genannte Spline-Regressionen berechnet werden, mit denen die Wirkung der Ressourcenausstattung abschnittsweise linear spezifiziert wird.

Für den Nutzungsaspekt bieten sich ebenfalls mehrere theoretische und empirische Weiterentwicklungen an. Beispielsweise können die unterstellten abstrakten Handlungsziele durch Handlungsmotivationen ergänzt werden, wie es auf theoretischer Ebene beim freiwilligen Engagement exemplifiziert wurde. Empirisch können Handlungsmotivationen als zusätzliche Erklärungsfaktoren hinzugezogen werden. Mit dem Fokus auf soziale Ressourcen statt der konkreten unterstützenden Beziehung kann eine „Fehleranalyse" der Sozialkapitalnutzung vorgenommen werden. Statt nur zu untersuchen, ob irgendeine soziale Beziehung Ressourcen für Ego zur Verfügung stellt, sind qualifiziertere Untersuchungen mit dem Sozialkapital-Modell möglich. So kann analysiert werden, ob die bestmögliche Sozialbeziehung mit den zielführendsten sozialen Ressourcen oder nur irgendein Kontakt einen Nutzen für Ego stiftet. Dies setzt aber eine stärkere Verknüpfung von Ressourcen und konkreten Alteri sowie eine entsprechende Erhebung voraus. Der Ressourcengenerator muss dazu mit zeitaufwendigen Abfragen ego-zentrierter Netzwerke kombiniert werden. Mit einer solchen messtheoretischen Erweiterung kann die tatsächliche Nutzung

10.5 Ausblick

sozialer Ressourcen von einem oder mehreren bestimmten Alteri vor dem Hintergrund des vorhandenen gesamten Repertoires sozialer Ressourcen untersucht werden. Zusätzlich eröffnen sich mit dem derart erweiterten Instrumentarium Chancen, der Frage nach den Abhängigkeiten Egos von bestimmten Alteri nachzugehen. Diese Frage wurde bisher ausgeblendet. Mit ihr sind aber mögliche einschränkende oder gar negative Wirkungen sozialen Kapitals verbunden.

Erwerbs- und Nutzungsphasen zusammen bilden die dynamische Entwicklung sozialen Kapitals ab. Der zeitliche Verlauf dieser Phasen wurde jedoch nicht empirisch geprüft, weil dafür notwendige Längsschnittdaten des Ressourcengenerators in Kombination mit weiteren ego-zentrierten Netzwerkdaten nicht verfügbar waren. Zum zeitlichen Aspekt von Aufbau und Nutzung persönlichen Sozialkapitals ließen sich mit solchen Daten entsprechende Verlaufshypothesen formulieren und testen.

Literatur

Abels, Heinz, Michael-Sebastian Honig, Irmhild Saake, und Ansgar Weymann. 2008. *Lebensphasen. Eine Einführung.* Wiesbaden: VS Verlag für Sozialwissenschaften.
Abraham, Martin, und Per Kropp. 2000. Die institutionelle und soziale Einbettung von Suchprozessen für wirtschaftliche Transaktionen: Das Beispiel der Wohnungssuche. In *Normen und Institutionen,* Hrsg. Regina Metze, Kurt Mühler, und Karl-Dieter Opp, 415–431. Leipzig: Leipziger Universitätsverlag.
Adam, Frane, und Borut Roncevic. 2003. Social capital: Recent debates and research trends. *Social Science Information* 42 (2): 155–183.
Adler, Paul S., und Bryan Borys. 1996. Two types of bureaucracy: Enabling and coercive. *Administrative Science Quarterly* 41 (1): 61–89.
Adler, Paul S., und Seok-Woo Kwon. 2000. Social capital: The good, the bad and the ugly. In *Knowledge and social capital: Foundations and applications,* Hrsg. Eric L. Lesser, 89–115. Boston: Butterworth-Heinemann.
Adler, Paul S., und Seok-Woo Kwon. 2002. Social capital: Prospects for a new concept. *Academy of Management Review* 27:17–40.
Adloff, Frank, und Steffen Mau, Hrsg. 2005. *Vom Geben und Nehmen. Zur Soziologie der Reziprozität.* Frankfurt a. M.: Campus.
Alisch, Monika, und Jens S. Dangschat. 1998. *Armut und soziale Integration. Strategien sozialer Stadtentwicklung und lokaler Nachhaltigkeit.* Opladen: Leske + Budrich.
Allmendinger, Jutta, Christian Ebner, und Rita Nikolai. 2007. Soziale Beziehungen und Bildungserwerb. In *Sozialkapital. Grundlagen und Anwendungen,* Hrsg. Axel Franzen und Markus Freitag, 487–513 (Sonderheft 47 der KZfSS). Wiesbaden: VS Verlag für Sozialwissenschaften.
Andreß, Hans-Jürgen, Gero Lipsmeier, und Kurt Salentin. 1995. Soziale Isolation und mangelnde soziale Unterstützung im unteren Einkommensbereich? Vergleichende Analysen mit Umfragedaten. *Zeitschrift für Soziologie* 24 (4): 300–315.
Angelusz, Robert, und Robert Tardos. 2001. Change and stability in social network resources: The case of hungary under transformation. In *Social capital: Theory and research,* Hrsg. Karen Cook, Nan Lin, und Ronald S. Burt, 297–323. New York: de Gruyter.
Angelusz, Robert, und Robert Tardos. 2008. Assessing social capital and attainment dynamics: Position generator applications in hungary, 1987–2003. In *Social capital. An international research program,* Hrsg. Nan Lin und Bonnie Erickson, 394–420. Oxford: Oxford University Press.
Anheier, Helmut K., und Lester M. Salamon. 1999. Volunteering in cross-national perspective: Initial comparisons. *Law and Contemporary Problems* 62:43–65.
Anheier, Helmut K., und Stefan Toepler. 2002. Bürgerschaftliches Engagement in Europa. Überblick und gesellschaftspolitische Einordnung. *Aus Politik und Zeitgeschichte* B9/2002:31–38.
Arbeitsgruppe Regionale Standards, Hrsg. 2005. *Regionale Standards.* Mannheim: GESIS.

Baas, Stephan. 2008. Soziale Netzwerke verschiedener Lebensformen im Längsschnitt. In *Familiale Beziehungen, Familienalltag und soziale Netzwerke*, Hrsg. Walter Bien und Jan H. Marbach, 147–183. Wiesbaden: VS.

Bahrdt, Hans Paul. 1974. *Die moderne Großstadt. Soziologische Überlegungen zum Städtebau*. Hamburg: Wegner.

Baltes, Paul B., und Jacqui Smith. 1999. Multilevel and systemic analyses of old age. Theoretical and empirical evidence for a fourth age. In *Handbook of theories of aging*, Hrsg. Vern L. Bengtson und K. Warner Schaie, 153–173. New York: Springer.

Bartelski, Andrzej S. 2010. Social capital resource generator studies. http://gaag.home.xs4all.nl/work/RG-studies.pdf. Zugegriffen: 10. Sept. 2012.

Baumert, Jürgen, Eckhard Kliemei, Michael Neubrand, Manfred Prenzel, Ulrich Schiefele, Wolfgang Schneider, Petra Stanat, Klaus-Jürgen Tillmann, und Manfred Weiß, Hrsg. 2001. *PISA 2000: Basiskompetenzen von Schülerinnen und Schülern im internationalen Vergleich*. Opladen: Leske + Budrich.

Beck, Ulrich. 1986. *Risikogesellschaft. Auf dem Weg in eine andere Moderne*. Frankfurt a. M.: Suhrkamp.

Becker, Gary S. 1982. *Der ökonomische Ansatz zur Erklärung menschlichen Verhaltens*. Tübingen: Mohr.

Becker, Gary S. 1993. *Human capital. A theoretical and empirical analysis, with special reference to education*. 3. Aufl. Chicago: University of Chicago Press.

Becker, Gary S. 1996. *Accounting for tastes*. Cambridge: Harvard University Press.

Berger, Johannes. 2004. Über den Ursprung der Ungleichheit unter den Menschen. Zur Vergangenheit und Gegenwart einer soziologischen Schlüsselfrage. *Zeitschrift für Soziologie* 33 (5): 354–374.

Berger, Peter A., und Stefan Hradil, Hrsg. 1990. *Lebenslagen, Lebensläufe, Lebensstile*. Sonderbd. 7 der sozialen Welt. Göttingen: Schwartz.

Berger, Roger, und Katharina Schmitt. 2005. Vertrauen bei Internetauktionen und die Rolle von Reputation, Information, Treuhandangebot und Preisniveau. *Kölner Zeitschrift für Soziologie und Sozialpsychologie* 57 (1): 86–111.

Bernard, H. Russell, Peter Killworth, David Kronenfeld, und Sailer Lee. 1984. The problem of informant accuracy: The validity of retrospective data. *Annual Review of Anthropology* 13:495–517.

Bernhard von Rosenbladt. 2000. *Freiwilliges Engagement in Deutschland. Freiwilligensurvey 1999. Ergebnisse der Repräsentativerhebung zu Ehrenamt, Freiwilligenarbeit und bürgerschaftlichem Engagement in Deutschland*. Bd. 194,1 (Schriftenreihe des Bundesministeriums für Familie, Senioren, Frauen und Jugend). Stuttgart: Kohlhammer.

Bertels, Lothar. 1997. *Die dreiteilige Großstadt als Heimat. Ein Szenarium*. Opladen: Leske + Budrich.

Bertram, Hans. 1992. Regionale Disparitäten, soziale Lage und Lebensführungen. In *Zwischen Bewusstsein und Sein: Die Vermittlung „objektiver" Lebensbedingungen und „subjektiver" Lebensweisen*, Hrsg. Stefan Hradil, 123–150. Opladen: Leske + Budrich.

Bertram, Hans. 1995. Regionale Vielfalt und Lebensformen. In *Familie im Brennpunkt von Wissenschaft und Forschung. Rosemarie Nave-Herz zum 60. Geburtstag gewidmet*, Hrsg. Nauck Bernhard und Corinna Onnen-Isemann, 123–147. Neuwied: Luchterhand.

Bertram, Hans. 1999. Regional diversity and familial forms of life – structural and social conditions of child socialization. In *Growing up in times of social change*, Hrsg. Rainer K. Silberreisen, und Alexander von Eye, 3–30. Berlin: de Gruyter.

Bertram, Hans. 2000. Arbeit, Familie und Bindungen. In *Geschichte und Zukunft der Arbeit*, Hrsg. Jürgen Kocka, und Claus Offe, 308–343. Stuttgart: Enke.

Besier, Gerhard. 2007. Das Ost-West-Verhältnis in Deutschland. Ein Volk mit unterschiedlichen Einstellungen, Verhaltensweisen und Kulturen. In *15 Jahre deutsche Einheit: Was ist geworden?* Bd. 4, Hrsg. Gerhard Bersier und Katarzyna Stoklosa, 25–41 (Reihe: Mittel- und Ostmitteleuropastudien). Münster: LIT-Verlag.

Bian, Yanjie. 2008. The formation of social capital among Chinese urbanites: Theoretical explanation and empirical evidence. In *Social capital. An international research program*, Hrsg. Lin Nan und Bonnie Erickson, 81–104. Oxford: Oxford University Press.

Bidart, Claire, und Daniel Lavenu. 2005. Evolutions of personal networks and life events. *Social Networks* 27:359–376.

BIK Aschpurwis + Behrens. 2001. *BIK-Regionen. Ballungsräume, Stadtregionen, Mittel-/Unterzentrengebiete. Methodenbeschreibung zur Aktualisierung 2000*. Hamburg: BIK.

Bittman, Michael, und James Mahmud Rice. 2000. The rush hour: The character of leisure time and gender equity. *Social Forces* 79 (1): 165–189.

Blanke, Karin, Manfred Ehling, und Norbert Schwarz. 1996. *Zeit im Blickfeld. Ergebnisse einer repräsentativen Zeitbudgeterhebung. Schriftenreihe des Bundesministeriums für Familie, Senioren, Frauen und Jugend*. Bd. 121. Stuttgart: Kohlhammer.

Blau, Peter M. 1964. *Exchange and power in social life*. New York: Wiley.

Blau, Peter M. 1976. Konsultation unter Kollegen. In *Elementare Soziologie*, Hrsg. Wolfgang Conrad und Wolfgang Streeck, 102–116. Reinbek: Rowohlt.

Blau, Peter M. 1978. Parameter sozialer Strukturen. In *Theorien sozialer Strukturen. Ansätze und Probleme*, Hrsg. Peter M. Blau, 203–233. Opladen: Westdeutscher Verlag.

Blau, Peter M. 1987. Contrasting theoretical perspectives. *The micro-macro-link*, Hrsg. Jeffrey C. Alexander, Bernhard Giesen, Richard Münch, und Neil J. Smelser, 71–85. Berkeley: University of California Press.

Blau, Peter M. 1994. *Structural contexts of opportunities*. Chicago: University of Chicago Press.

Blau, Peter M., und Otis D. Duncan. 1967. *The American occupational structure*. New York: Wiley.

Blokland, Talja, und Mike Savage, Hrsg. 2008. *Networked urbanism: Social capital in the city*. Aldershot: Ashgate.

Blossfeld, Hans-Peter, und Johannes Huinink. 2001. Lebensverlaufsforschung als sozialwissenschaftliche Forschungsperspektive: Themen, Konzepte, Methoden und Probleme. *BIOS* 14 (2): 5–31.

Böhnke, Petra. 2008. Are the poor socially integrated? The link between poverty and social support in different welfare regimes. *Journal of Social Policy* 18 (2): 133–150.

Boisjoly, Johanne, Greg J. Duncan, und Sandra Hofferth. 1995. Access to social capital. *Journal of Family Issues* 16 (5): 609–631.

Boissevain, Jeremy F. 1974. *Friends of friends: Networks, manipulators, and coalitions*. Oxford: Blackwell.

Böltken, Ferdinand. 2005. Die siedlungsstrukturellen Gebietstypen im Raumbeobachtungssystem des Bundesamtes für Bauwesen und Raumordnung. In *Regionale Standards*, Hrsg. Arbeitsgruppe Regionale Standards, 73–110. Mannheim: GESIS.

Bolton, Gary, und Axel Ockenfels. 2000. ERC – A theory of equity, reciprocity, and competition. *American Economic Review* 90:167–193.

Boudon, Raymond. 1980. *Die Logik des gesellschaftlichen Handelns. Eine Einführung in die soziologische Denk- und Arbeitsweise*. Neuwied: Luchterhand.

Bourdieu, Pierre. 1982. *Die feinen Unterschiede. Kritik der gesellschaftlichen Urteilskraft*. Frankfurt a. M.: Suhrkamp.

Bourdieu, Pierre. 1983a. Ökonomisches Kapital, kulturelles Kapital, soziales Kapital. In *Soziale Ungleichheiten*, Hrsg. Reinhard Kreckel, 183–198. Göttingen: Schwartz.

Bourdieu, Pierre. 1983b. *Zur Soziologie der symbolischen Formen*. Frankfurt a. M.: Suhrkamp.

Bourdieu, Pierre. 1986. The forms of capital. In *Handbook of theory and research for the sociology of education*, Hrsg. John G. Richardson, 241–260. New York: Greenwood.

Bourdieu, Pierre. 1991. Physischer, sozialer und angeeigneter physischer Raum. In *Stadt-Räume*, Hrsg. Martin Wentz, 25–34. Frankfurt a. M.: Campus.

Bourdieu, Pierre, und Loïc J. D. Wacquant. 1996. *Reflexive Anthropologie*. Frankfurt a. M.: Suhrkamp.

Brady, Henry, Kay Lehman Schlozman, und Sidney Verba. 1999. Prospecting for participants: Rational expectations and the recruitment of political activists. *American Political Science Review* 93:153–169.

Brauer, Kai. 2005. *Bowling Together. Clan, Clique, Community und die Strukturprinzipien des Sozialkapitals*. Wiesbaden: VS.

Braun, Norman. 1997. A rational choice model of network status. *Social Networks* 19:129–142.

Braun, Sebastian. 2001. Putnam und Bourdieu und das soziale Kapital in Deutschland. Der rhetorische Kurswert einer sozialwissenschaftlichen Kategorie. *Leviathan* 29:337–354.

Braun, Sebastian. 2002. Soziales Kapital, sozialer Zusammenhalt und soziale Ungleichheit. *Aus Politik und Zeitgeschichte* B29–30:6–12.

Breckner, Ingrid. 1995. Wohnungsarmut als Aspekt der Lebenslage. In *Neue Armut,* Hrsg. Bieback Karl-Jürgen Bieback und Helga Milz, 260–283. Frankfurt a. M.: Campus.

Bühler, Christoph. 2007. Soziales Kapital und Fertilität. In *Sozialkapital. Grundlagen und Anwendungen,* Hrsg. Axel Franzen und Markus Freitag, 397–419 (Sonderheft 47 der KZfSS). Wiesbaden: VS Verlag für Sozialwissenschaften.

Bühler, Christoph, und Dimiter Philipov. 2005. Social capital related to fertility: Theoretical foundations and empirical evidence from Bulgaria. *Vienna Yearbook of Population Research* 2005:53–82.

Bühler, Christoph, und Ewa Fratczak. 2007. Learning from others and receiving support: The impact of personal networks on fertility intentions in Poland. *European Societies* 9:359–382.

Bühlmann, Marc und Markus Freitag. 2007. Freiwilligentätigkeit als Sozialkapital. Eine empirische Analyse zu den Rahmenbedingungen bürgerschaftlichen Vereinsengagements. In *Sozialkapital. Grundlagen und Anwendungen,* Hrsg. Axel Franzen und Markus Freitag, 163–182 (Sonderheft 47 der KZfSS). Wiesbaden: VS Verlag für Sozialwissenschaften.

Bundesministerium für Familie, Senioren, Frauen und Jugend (BMFSFJ). 2006. *Familie zwischen Flexibilität und Verlässlichkeit. Perspektiven für eine lebenslaufbezogene Familienpolitik*. Siebter Familienbericht. Deutscher Bundestag, Drucksache 16/1360.

Burger, Martijn J., und Vincent Buskens. 2009. Social context and network formation: An experimental study. *Social Networks* 31:63–75.

Burt, Ronald S. 1980. Models of network structure. *Annual Review of Sociology* 6:79–141.

Burt, Ronald S. 1983. Network data from archival records. In *Applied network analysis: A methodological introduction,* Hrsg. Ronald S. Burt und Michael J. Minor, 158–174. Beverly Hills: Sage.

Burt, Ronald S. 1984. Network items and the general social survey. *Social Networks* 6:293–339.

Burt, Ronald S. 1992. *Structural holes. The social structure of competition*. Cambridge: Harvard University Press.

Burzan, Nicole. 2007. *Soziale Ungleichheit. Eine Einführung in die zentralen Theorien*. 3. überarbeitete Aufl. Wiesbaden: VS.

Busschbach, Jooske T. van. 1996. *Uit het Oog, uit het Hart? Stabiliteit en Veranderingen in Persoonlijke Relaties*. (Aus dem Auge, aus dem Sinn? Stabilität und Veränderungen in persönlichen Beziehungen) Amsterdam: Thesis.

Camerer, Colin F. 1997. Progress in behavioral game theory. *Journal of Economic Perspectives* 11:167–188.

Cameron, A. Colin und Pravin K. Trivedi. 1986. Econometric models based on count data: Comparisons and applications of some estimators and tests. *Journal of Applied Econometrics* 1:29–53.

Campbell, Karen E., und Barrett A. Lee. 1991. Name generators in surveys of personal networks. *Social Networks* 13:203–221.

Castiglione, Dario, Jan W. Deth van, und Guglielmo Wolleb. 2008. *The handbook of social capital*. Oxford: Oxford University Press.

Cohen, Stephen S., und Gary Fields. 2000. Social capital and capital gains in silicon valley. In *Knowledge and social capital: Foundations and applications,* Hrsg. Eric L. Lesser, 179–200. Boston: Butterworth-Heinemann.

Cohen, Jacob, Patricia Cohen, Stephen G. West, und Leona S. Aiken. 2003. *Applied multiple regression/correlation analysis for the behavioral sciences*. 3. Aufl. Mauwau: Erlbaum.

Coleman, James S. 1978. Soziale Struktur und Handlungstheorie. In *Theorien sozialer Strukturen: Ansätze und Probleme*, Hrsg. Peter M. Blau, 76–92. Opladen: Westdeutscher Verlag.

Coleman, James S. 1988. Social capital in the creation of human capital. *American Journal of Sociology* 94 (Supplement):S95–S120.

Coleman, James S. 1995. *Grundlagen der Sozialtheorie. Handlungen und Handlungssysteme*. Bd. 1. München: Oldenbourg.

Cornwell, Benjamin, Edward O. Laumann, und L. Phillip Schumm. 2008. The social connectedness of older adults: A national profile. *American Sociological Review* 73:185–203.

Corsten, Michael, und Michael Kauppert. 2007. Wir-Sinn und fokussierte Motive. Zur biographischen Genese bürgerschaftlichen Engagements. *Zeitschrift für Soziologie* 36 (5): 346–363.

Crow, Graham. 2004. Social networks and social exclusion: An overview of the debate. In *Social networks and social exclusion. Sociological and policy perspectives*, Hrsg. Chris Phillipson, Graham Allan, und David Morgan, 7–19. Aldershot: Ashgate.

Cusack, Thomas R. 1999. Social capital, institutional structures, and democratic performance: A comparative study of German local governments. *European Journal of Political Research* 35:1–34.

Dangschat, Jens S. 1996. Raum als Dimension sozialer Ungleichheit und Ort als Bühne der Lebensstilisierung? – Zum Raumbezug sozialer Ungleichheit und von Lebensstilen. In *Lebensstil zwischen Sozialstrukturanalyse und Kulturwissenschaft*, Hrsg. Otto G. Schwenk, 99–135. Opladen: Leske + Budrich.

Dangschat, Jens S., und Ben Diettrich. 1999. Regulation, Nach-Fordismus und „Global Cities" – Ursachen der Armut. In *Modernisierte Stadt – Gespaltene Gesellschaft. Ursachen von Armut und sozialer Ausgrenzung*, Hrsg. Jens S. Dangschat, 73–112. Opladen: Leske + Budrich.

Dangschat, Jens S., und Alexander Hamendinger. 2007. Lebensstile, soziale Lagen und Siedlungsstrukturen – Einführung. In *Lebensstile, soziale Lagen und Siedlungsstrukturen*, Hrsg. Jens S. Dangschat und Alexander Hamendinger, 2–20. Hannover: Akademie für Raumforschung und Landesplanung.

Dasgupta, Partha. 1988. Trust as a commodity. In *Trust: Making and breaking cooperative relations*, Hrsg. Diego Gambetta, 49–72. Oxford: Blackwell.

Dathe, Dietmar. 2005. Bürgerschaftliches Engagement. In *Berichterstattung zur sozioökonomischen Entwicklung in Deutschland*, Hrsg. Soziologisches Forschungsinstitut, 455–480. Wiesbaden: VS Verlag für Sozialwissenschaften.

Däumer, Roland. 1997. *Vom demokratischen Zentralismus zur Selbstverwaltung. Verwaltungen und Vertretungen kleiner kreisangehöriger Gemeinden in Ostdeutschland im Transformationsprozess*. Hamburg: Kovac.

Degenne, Alain, Marie-Odile Lebeaux, und Yannick Lemel. 2004. Does social capital offset social and economic inequalities? Social capital in everyday life. In *Creation and returns of social capital. A new research program*, Hrsg. Henk Flap und Beate Völker, 51–73. London: Routledge.

De Graaf, Nan, und Henk D. Flap. 1988. With a little help from my friends, social resources as an explanation of occupational status and income in the Netherlands, the United States and West Germany. *Social Forces* 67:453–472.

Deth, Jan W. van. 2001. Ein amerikanischer Eisberg: Sozialkapital und die Erzeugung politischer Verdrossenheit. *Politische Vierteljahresschrift* 42:275–281.

Deth, Jan W. van. 2003. Measuring social capital: Orthodoxies and continuing controversies. *International Journal of Social Research Methodology* 6:79–92.

Diekmann, Andreas. 1993. Sozialkapital und das Kooperationsproblem in sozialen Dilemmata. *Analyse und Kritik* 15 (1): 22–35.

Diekmann, Andreas. 1998. *Empirische Sozialforschung. Grundlagen, Methoden, Anwendungen*. Reinbek bei Hamburg: Rowohlt.

Diekmann, Andreas. 2004. The power of reciprocity. Fairness, reciprocity, and stakes in variants of the dictator game. *Journal of Conflict Resolution* 48 (4): 487–505.

Diewald, Martin. 1986. Sozialkontakte und Hilfeleistungen in informellen Netzwerken. In *Haushaltsproduktion und Netzwerkhilfe*, Hrsg. Wolfgang Glatzer und Regina Berger-Schmitt, 51–84. Frankfurt a. M.: Campus.

Diewald, Martin. 1995. „Kollektiv", „Vitamin B" oder „Nische"? Persönliche Netzwerke in der DDR. *Lebensverläufe in der DDR und danach*, Hrsg. Johannes Huinink, et al. 223–260. Berlin: Akademie Verlag.

Diewald, Martin. 2003. Kapital oder Kompensation? Erwerbsbiographien von Männern und die sozialen Beziehungen zu Verwandten und Freunden. *Berliner Journal für Soziologie* 13 (2): 213–238.

Diewald, Martin. 2007. Arbeitsmarktungleichheiten und die Verfügbarkeit von Sozialkapital. In *Sozialkapital. Grundlagen und Anwendungen*, Hrsg. Axel Franzen und Markus Freitag, 183–210 (Sonderheft 47 der KZfSS). Wiesbaden: VS Verlag für Sozialwissenschaften.

Diewald, Martin, und Jörg Lüdicke. 2007. Akzentuierung oder Kompensation? Zum Zusammenhang von Sozialkapital, sozialer Ungleichheit und subjektiver Lebensqualität. In *Soziale Netzwerke und soziale Ungleichheit. Zur Rolle von Sozialkapital in modernen Gesellschaften*, Hrsg. Jörg Lüdicke und Martin Diewald, 11–51. Wiesbaden: VS Verlag für Sozialwissenschaften.

DiMaggio, Paul, und Hugh Louch. 1998. Socially embedded consumer transactions: For what kind of purchases do people most often use networks? *American Sociological Review* 63 (5): 619–637.

DiPrete, Thomas A., und Gregory M. Eirich. 2006. Cumulative advantage as a mechanism for inequality: A review of theoretical and empirical developments. *Annual Review of Sociology* 32:271–297.

Dohle, Karen. 2002. Soziales Kapital von Grundschülern und ihr Schulerfolg in der Oberschule. In *Zur Genese von Bildungsentscheidungen: Eine empirische Studie in Berlin und Brandenburg*, Hrsg. Hans Merkens und Anne Wessel, 174–185. Baltmannsweiler: Hohengehren.

Döring, Jörg, und Tristan Thielmann, Hrsg. 2008. *Spatial Turn. Das Raumparadigma in den Kultur- und Sozialwissenschaften*. Bielefeld: transcript.

Duesenberry, James S. 1960. Comment on „An Economic Analysis Of Fertility". *Demographic and economic change in developed countries*, Hrsg. Universities-National Bureau Committee for Economic Research, 231–240. Princeton: Princeton University Press.

Duijn, Marijtje A. J. van, Jooske T. van Busschbach, und Tom A. B. Snijders. 1999. Multilevel analysis of personal networks as dependent variables. *Social Networks* 21:187–209.

Dundler, Agnes, und Dana Müller. 2006. Erwerbsverläufe im Wandel. Ein Leben ohne Arbeitslosigkeit – nur noch Fiktion? *IAB-Kurzbericht* 27.

Durkheim, Emile. 1988 [1893]. *Über soziale Arbeitsteilung. Studie über die Organisation höherer Gesellschaften*. 2. Aufl. Frankfurt a. M.: Suhrkamp.

Edwards, Bob, und Michael W. Foley. 1998. Civil society and social capital beyond Putnam. *American Behavioral Scientist* 42 (1): 124–139.

Ehrlinghagen, Marcel, Karin Rinne, und Johannes Schwarze. 1999. Ehrenamt statt Arbeitsamt? Sozio-ökonomische Determinanten ehrenamtlichen Engagements in Deutschland. *WSI Mitteilungen* 4:246–255.

Ekeh, Peter. 1974. *Social exchange theory: The two traditions*. Cambridge: Harvard University Press.

Elder, Glen H. Jr. 1985. Perspectives on the life course. In *Life course dynamics*, Hrsg. Glen H. Elder Jr., 23–59. Ithaca: Cornell University Press.

Elder, Glen H. Jr., und Michael J. Shanahan. 2006. The life course and human development. In *The handbook of child psychology*, Hrsg. William Damon und Richard M. Lerner, 665–715. New York: Wiley.

Elster, Jon. 1987. *Subversion und Rationalität*. Frankfurt a. M.: Campus.

Engstler, Heribert, Sonja Menning, Elke Hoffmann, und Clemens Tesch-Römer. 2004. Die Zeitverwendung älterer Menschen. In *Alltag in Deutschland. Analysen zur Zeitverwendung*. Bd. 43, Hrsg. Statistisches Bundesamt (Forum der Bundesstatistik), 216–246. Wiesbaden: Statistisches Bundesamt.

Enquetekommission „Zukunft des Bürgerschaftlichen Engagements" Deutscher Bundestag. 2002. *Bürgerschaftliches Engagement: Auf dem Weg in eine zukunftsfähige Bürgergesellschaft*. Opladen: Leske + Budrich.

Erickson, Bonnie H. 2003. Social networks: The value of variety. *Contexts* 2:25–31.

Erickson, Bonnie H. 2004. The distribution of gendered social capital in Canada. In *Creation and returns of social capital*, Hrsg. Henk Flap und Beate Völker, 27–50. London: Routledge.

Esser, Hartmut. 1991. Der Austausch kompletter Netzwerke. Freundschaftswahl als „Rational Choice". In *Modellierung sozialer Prozesse*, Hrsg. Hartmut Esser und Klaus G. Troitzsch, 773–809. Bonn: Informationszentrum Sozialwissenschaften.

Esser, Hartmut. 1993. *Soziologie. Allgemeine Grundlagen*. Frankfurt a. M.: Campus.

Esser, Hartmut. 1999. *Soziologie. Spezielle Grundlagen. Situationslogik und Handeln*. Bd. 1. Frankfurt a. M.: Campus.

Esser, Hartmut. 2000. *Soziologie. Spezielle Grundlagen. Opportunitäten und Restriktionen*. Bd. 4. Frankfurt a. M.: Campus.

Esser, Hartmut. 2001. *Soziologie. Spezielle Grundlagen. Sinn und Kultur*. Bd. 6. Frankfurt a. M.: Campus.

Etzioni, Amitai. 1993. *The spirit of community. Rights, responsibilities, and the communitarian agenda*. New York: Crown.

Euler, Mark. 2004. *Soziales Kapital: Ein Brückenschlag zwischen Individuum und Gesellschaft*. Oldenburg: BIS.

Europäische, Union. 2007. *State of European cities report. Adding value to the European Urban Audit*. European Union – Regional Policy.

Evers, Adalbert. 2002. Bürgergesellschaft und soziales Kapital. Die politische Leerstelle im Konzept Robert Putnams. In *Bürgergesellschaft, soziales Kapital und lokale Politik. Theoretische Analysen und empirische Befunde*, Hrsg. Michael Haus, 59–75. Opladen: Leske + Budrich.

Fahrmeir, Ludwig, und Gerhard Tutz. 1994. *Multivariate statistical modelling based on generalized linear models*. New York: Springer.

Falk, Susanne. 2005. *Geschlechtsspezifische Ungleichheit im Erwerbsverlauf. Analysen für den deutschen Arbeitsmarkt*. Wiesbaden: VS Verlag für Sozialwissenschaften.

Fehr, Ernst, und Simon Gächter. 2000. Fairness and retaliation. The economics of reciprocity. *Journal of Economic Perspectives* 14:159–181.

Fehr, Ernst, und Klaus Schmidt. 1999. A theory of fairness, competition, and cooperation. *Quarterly Journal of Economics* 114:817–868.

Feld, Scott L. 1981. The focused organization of social ties. *American Journal of Sociology* 86 (5): 1015–1035.

Fernandez-Kelly, M. Patricia. 1995. Social and cultural capital in the urban ghetto: Implications for the economic sociology of immigration. In *The economic sociology of immigration: Essays on networks, ethnicity, and entrepreneurship*, Hrsg. Alejandro Portes, 213–247. New York: Sage.

Fischer, Claude S. 1982. *To dwell among friends. Personal networks in town and city*. Chicago: University of Chicago Press.

Flap, Henk. 1999. Creation and returns of social capital: A new research program. *Tocqueville Review* 20 (1): 5–26.

Flap, Henk D., und Nan D. de Graaf. 1986. Social capital and attained occupational status. *The Netherlands Journal of Sociology* 22:145–161.

Flap, Henk, Tom Snijders, Beate Völker, und Martin van der Gaag. 2003. Measurement instruments for social capital of individuals. http://www.xs4all.nl/~gaag/work/SSND.pdf. Zugegriffen: 15. Okt. 2008.

Foa, Edna B., und Uriel G. Foa. 1980. Resource theory. Interpersonal behavior as exchange. In *Social exchange. Advances in theory and research*, Hrsg. Kenneth J. Gergen, Martin S. Greenberg, und Richard H. Willis, 77–94. New York: Plenum.

Foley, Michael W., und Bob Edwards. 1999. Is it time to disinvest in social capital? *Journal of Public Policy* 19 (2): 141–173.

Frank, Robert H. 1990. Rethinking rational choice. *Beyond the marketplace. Rethinking economy and society*, Hrsg. Roger Friedland und A. F. Robertson, 53–87. New York: de Gruyter.

Franz, Peter. 1986. Der „Constrained Choice"-Ansatz als gemeinsamer Nenner individualistischer Ansätze in der Soziologie. *Kölner Zeitschrift für Soziologie und Sozialpsychologie* 38:32–54.

Franzen, Axel, und Markus Freitag, Hrsg. 2007. *Sozialkapital. Grundlagen und Anwendungen* (Sonderheft 47 der KZfSS). Wiesbaden: VS Verlag für Sozialwissenschaften.

Franzen, Axel, und Dominik Hangartner. 2006. Social networks and labour market outcomes: The non-monetary benefits of social capital. *European Sociological Review* 22:353–368.

Friedrichs, Jürgen. 1998. Die Individualisierungs-These. Eine Explikation im Rahmen der Rational-Choice-Theorie. In *Die Individualisierungs-These*, Hrsg. Jürgen Friedrichs, 33–48. Opladen: Leske + Budrich.

Friedrichs, Jürgen, und Jörg Blasius. 2000. *Leben in benachteiligten Wohngebieten*. Opladen: Leske + Budrich.

Friedrichs, Jürgen und Dietrich Oberwittler. 2007. Soziales Kapital in Wohngebieten. In *Sozialkapital. Grundlagen und Anwendungen,* Hrsg. Axel Franzen und Markus Freitag, 450–486 (Sonderheft 47 der KZfSS). Wiesbaden: VS Verlag für Sozialwissenschaften.

Friedrichs, Jürgen, Hartmut Häußermann, und Walter Siebel. 1986. *Süd-Nord-Gefälle in der Bundesrepublik? Sozialwissenschaftliche Analysen*. Opladen: Westdeutscher Verlag.

Fukuyama, Francis. 1995. Social capital and the global economy. *Foreign Affairs* 74 (5): 89–103.

Fukuyama, Francis. 1996. *Trust: The social virtues and the creation of prosperity*. New York: Free Press.

Fukuyama, Francis. 1999. *The great disruption. Human nature and the reconstitution of social order*. New York: Free Press.

Gaag, Martin P. J. van der, und Tom A. B. Snijders. 2005. The resource generator: Social capital quantification with concrete items. *Social Networks* 27 (1): 1–29.

Gabriel, Oscar W., Volker Kunz, Sigrid Roßteutscher, und Jan W. van Deth. 2002. *Sozialkapital und Demokratie. Zivilgesellschaftliche Ressourcen im Vergleich*. Wien: WUV Universitätsverlag.

Gabriel, Oscar W., Eva-Maria Trüdinger, und Kerstin Völkl. 2004. Bürgerengagement in Form von ehrenamtlicher Tätigkeit und sozialen Hilfsleistungen. In *Alltag in Deutschland. Analysen zur Zeitverwendung*. (Forum der Bundesstatistik, Bd. 43), Hrsg. Statistisches Bundesamt, 337–356. Wiesbaden: Statistisches Bundesamt.

Galaskiewicz, Joseph, Stanley Wasserman, Barbara Rauschenbach, Wolfgang Bielefeld, und Patti Mullaney. 1985. The influence of corporate power, social status, and market position on corporate interlocks in a regional network. *Social Forces* 64 (2): 403–431.

Gallagher, Sally. 1994. Doing their share: Comparing patterns of help given by older and younger adults. *Journal of Marriage and the Family* 56:567–578.

Gaskin, Katherine, und Justin Davis Smith. 1997. *A new civil Europe? A study of the extent and role of volunteering*. London: The Volunteer Center UK.

Gaskin, Katherine, Justin Davis Smith, und Irmtraut Paulwitz. 1996. *Ein neues bürgerschaftliches Europa. Eine Untersuchung zur Verbreitung und Rolle von Volunteering in zehn Ländern*. Freiburg: Robert-Bosch-Stiftung.

Gatzweiler, Hans-Peter, und Eleonore Irmen. 1997. Die Entwicklung der Regionen in der Bundesrepublik Deutschland. In *Die Städte in den 90er Jahren. Demographische, ökonomische und soziale Entwicklungen*, Hrsg. Jürgen Friedrichs, 37–66. Opladen: Westdeutscher Verlag.

Geiling, Heiko. 2003. Über soziale Integration in der Stadt. In *Probleme sozialer Integration. Agis-Forschungen zum gesellschaftlichen Strukturwandel*, Hrsg. Heiko Geiling, 91–103. Münster: LIT.

Geiling, Heiko. 2007. Problem sozialer Integration, Identität und Machtverhältnisse in einer Großwohnsiedlung. In *Lebensstile, soziale Lagen und Siedlungsstruktur*, Hrsg. Jens S. Dangschat und Alexander Hamendinger, 91–110. Hannover: Akademie für Raumforschung und Landesplanung.

Geißel, Brigitte, Katja Pähle, und Heinz Sahner, Hrsg. 2003. *Lokale politische Eliten. Mittelungen des SFB 580*. Heft 7. Jena: Friedrich-Schiller-Universität.

Geißel, Brigitte, Kristine Kern, Ansgar Klein, und Maria Berger. 2004. Einleitung: Integration, Zivilgesellschaft und Sozialkapital. In *Zivilgesellschaft und Sozialkapital. Herausforderungen politischer und sozialer Integration,* Hrsg. Ansgar Klein, Kristine Kern, Brigitte Geißel, und Maria Berger, 7–15. Wiesbaden: VS Verlag für Sozialwissenschaften.

Geißler, Rainer. 1996. Kein Abschied von Klasse und Schicht. Ideologische Gefahren der deutschen Sozialstrukturanalyse. *Kölner Zeitschrift für Soziologie und Sozialpsychologie* 48 (2): 319–338.

Geißler, Rainer. 2006. *Die Sozialstruktur Deutschlands. Zur gesellschaftlichen Entwicklung mit einer Bilanz zur Wiedervereinigung*. 4. überarbeitete und aktualisierte Aufl. Wiesbaden: VS Verlag für Sozialwissenschaften.

Gensicke, Thomas. 2000. Freiwilliges Engagement in den alten und neuen Bundesländern. *Freiwilliges Engagement in Deutschland. Freiwilligensurvey 1999. Ergebnisse der Repräsentativhebung zu Ehrenamt, Freiwilligenarbeit und bürgerschaftlichem Engagement. Zugangswege zum freiwilligen Engagement und Engagementpotenzial in den neuen und alten Bundesländern*. Bd. 2. Hrsg. Bundesministerium für Familie, Senioren, Frauen und Jugend, 22–113. Stuttgart, Kohlhammer.

Gensicke, Thomas. 2006. Bürgerschaftliches Engagement in Deutschland. *Aus Politik und Zeitgeschichte* 12:9–16.

Gensicke, Thomas, Sibylle Picot, und Sabine Geiss. 2006. *Freiwilliges Engagement in Deutschland 1999–2004. Empirische Studien zum bürgerschaftlichen Engagement*. Wiesbaden: VS Verlag für Sozialwissenschaften.

Giddens, Anthony. 1988. *Die Konstitution der Gesellschaft. Grundzüge einer Theorie der Strukturierung*. Frankfurt a. M.: Campus.

Goffman, Erving. 1977. *Rahmen-Analyse: Ein Versuch über die Organisation von Alltagserfahrungen*. Frankfurt a. M.: Suhrkamp.

Gosewinkel, Dieter, Dieter Rucht, Wolfgang van den Daele, und Jürgen Kocka, Hrsg. 2004. *Zivilgesellschaft – national und transnational* (WZB-Jahrbuch 2003). Berlin: edition sigma.

Gouldner, Alvin W. 1960. The norm of reciprocity: A preliminary statement. *American Sociological Review* 25:161–178.

Granovetter, Mark S. 1973. The strength of weak ties. *American Journal of Sociology* 78 (6): 1360–1380.

Granovetter, Mark S. 1974. *Getting a job*. Cambridge: Harvard University Press.

Granovetter, Mark S. 1983. The strength of weak ties: A network theory revisited. In *Sociological theory,* Hrsg. Randall Collins, 201–233. San Francisco: Jossey-Bass.

Granovetter, Mark. 1985. Economic action and social structure: The problem of embeddedness. *American Journal of Sociology* 91:481–510.

Granovetter, Mark. 1992. Problems of explanation in economic sociology. In *Networks and organizations,* Hrsg. Nitin Nohria und Robert G. Eccles, 25–56. Boston: Harvard Business School Press.

Granovetter, Mark. 1995. *Getting a job*. 2. Aufl. Chicago: University of Chicago Press.

Groves, Robert. 2006. Nonresponse rates and nonresponse bias in household surveys. *Public Opinion Quarterly* 70 (5): 646–675.

Habich, Roland, und Annette Spellerberg. 2008. Lebensbedingungen im regionalen Vergleich. In *Datenreport 2008. Ein Sozialbericht für die Bundesrepublik Deutschland,* Hrsg. Statistisches Bundesamt, Gesellschaft Sozialwissenschaftlicher Infrastruktureinrichtungen und Wissenschaftszentrum Berlin für Sozialforschung, 323–329. Bonn: Bundeszentrale für politische Bildung.

Hacket, Anne, und Gerd Mutz. 2002. Empirische Befunde zum bürgerschaftlichen Engagement. *Aus Politik und Zeitgeschichte* B9:39–46.

Hadjar, Andreas, und Rolf Becker. 2007. Unkonventionelle politische Partizipation im Zeitverlauf. Hat die Bildungsexpansion zu einer politischen Mobilisierung beigetragen? *Kölner Zeitschrift für Soziologie und Sozialpsychologie* 59 (3): 410–439.

Hägerstrand, Torsten. 1970. What about people in regional science? *Papers of the Regional Science Association* 24:7–21.

Hägerstrand, Torsten. 1975. Survival and arena. On the lifehistory of individuals in relation to their Geographical Environment. *The Monadnock* 49:9–29.

Hamm, Bernd. 2000. Nachbarschaft. In *Großstadt. Soziologische Stichworte,* Hrsg. Hartmut Häußermann, 173–182. Opladen: Leske + Budrich.

Hanifan, Lyda Judson. 1916. The rural school community center. *Annals of the American Academy of Political and Social Science* 67:130–138.

Hannemann, Christine. 2002. Miteinander Kegeln: Soziales Kapital in ostdeutschen Kleinstädten. In *Bürgergesellschaft, soziales Kapital und lokale Politik: Theoretische Analysen und empirische Befunde,* Hrsg. Michael Haus, 255–273. Opladen: Leske + Budrich.

Harth, Annette, Gitta Scheller, und Wulf Tessin, Hrsg. 2000. *Stadt und soziale Ungleichheit.* Opladen: Leske + Budrich.

Hartmann, Peter H. 1999. *Lebensstilforschung. Darstellung, Kritik und Weiterentwicklung.* Opladen: Leske + Budrich.

Häuberer, Julia. 2008. Social capital as resources in social networks, Sociologický Webzin 6:14–16. http://www.socioweb.cz/index.php?disp=temata&shw=313&lst=121. Zugegriffen: 22. Juni 2012.

Häuberer, Julia. 2011. *Social capital theory. Towards a methodological foundation.* Wiesbaden: VS Verlag für Sozialwissenschaften.

Haug, Sonja. 1997. *Soziales Kapital: Ein kritischer Überblick über den aktuellen Forschungsstand.* Mannheim: Mannheimer Zentrum für Europäische Sozialforschung (MZES).

Haus, Michael, Hrsg. 2002. *Bürgergesellschaft, soziales Kapital und lokale Politik. Theoretische Analysen und empirische Befunde.* Opladen: Leske + Budrich.

Haus, Michael. 2005. Zivilgesellschaft und soziales Kapital im städtischen Raum. *Aus Politik und Zeitgeschichte* 3:25–31.

Häußermann, Hartmut. 2000. Sozialräumliche Struktur und der Prozess der Ausgrenzung: Quartierseffekte. Papier für den ARL-Arbeitskreis „Lebensstile, soziale Lagen und Siedlungsstruktur".

Häußermann, Hartmut. 2003. Armut in der Großstadt. Die Stadtstruktur verstärkt soziale Ungleichheit. *Informationen zur Raumentwicklung* 3/4:147–159.

Häußermann, Hartmut. 2007. Segregation – Partizipation – Gentrifikation. Zur Bedeutung von kulturellem Kapital in der Stadterneuerung. In *Lebensstile, soziale Lagen und Siedlungsstruktur,* Hrsg. Jens S. Dangschat und Alexander Hamendinger, 161–181. Hannover: Akademie für Raumforschung und Landesplanung.

Häußermann, Hartmut, und Rainer Neef, Hrsg. 1996. *Stadtentwicklung in Ostdeutschland.* Opladen: Westdeutscher Verlag.

Häußermann, Hartmut, und Walter Siebel. 1987. *Neue Urbanität.* Frankfurt a. M.: Suhrkamp.

Heidenreich, Martin. 2003. Die Debatte um die Wissensgesellschaft. In *Wissenschaft in der Wissensgesellschaft,* Hrsg. Stefan Böschen und Ingo Schultz-Schaeffer, 25–51. Opladen: Westdeutscher Verlag.

Heitmeyer, Wilhelm, und Reimund Anhut, Hrsg. 2000. *Bedrohte Stadtgesellschaft. Soziale Desintegrationsprozesse und ethnisch-kulturelle Konfliktkonstellationen.* Weinheim: Juventa.

Helbig, Marcel, Alexander Walter, Stefanie Jainz, und Claudia Elie. 2006. Das Ego-Netzwerk und der Einfluss auf das subjektive Wohlbefinden. In *Angewandte soziale Netzwerkanalyse: Ergebnisse studentischer Projekte,* Hrsg. Marina Hennig, 233–274. Hamburg: Kovac.

Herlyn, Ulfert. 1998. Milieus. In *Großstadt. Soziologische Stichworte,* Hrsg. Hartmut Häußermann, 151–161. Opladen: Leske + Budrich.

Herlyn, Ulfert, Ulrich Lakemann, und Barbara Lettko. 1991. *Armut und Milieu. Benachteiligte Bewohner in großstädtischen Quartieren.* Basel: Birkhäuser.

Herrmann-Pillath, Carsten, und Jan J. Lies. 2001. Sozialkapital: Begriffsbestimmung, Messung, Bereitstellung. *Wirtschaftswissenschaftliches Studium* 30 (7): 362–366.

Hill, Paul B. 1988. Unterschiedliche Operationalisierungen von egozentrierten Netzwerken und ihr Erklärungsbeitrag in Kausalmodellen. *ZUMA-Nachrichten* 22:45–57.

Hirschman, Albert O. 1970. *Exit, voice, and loyalty. Responses to decline in firms, organizations, and states.* Cambridge: Harvard University Press.

Hitzler, Roland. 1994. Reflexive Individualisierung. Zur subjektiven Aneignung von Lebensstilen. In *Sinnbasteln. Beiträge zur Soziologie der Lebensstile*, Hrsg. Rudolf Richter, 36–47. Wien: Böhlau.

Hobbes, Thomas. 1994 [1651]. *Leviathan: oder Stoff, Form und Gewalt eines kirchlichen und bürgerlichen Staates.* Frankfurt a. M.: Suhrkamp.

Hofferth, Sandra L., Johanne Boisjoly, und Greg J. Duncan. 1999. The development of social capital. *Rationality and Society* 11 (1): 79–110.

Hoffmeyer-Zlotnik, Jürgen H. P. 1987. Egozentrierte Netzwerke in Massenumfragen: ein ZUMA-Methodenforschungsprojekt. *ZUMA-Nachrichten* 20:37–43.

Hoffmeyer-Zlotnik, Jürgen H. P. 2000. *Regionalisierung sozialwissenschaftlicher Umfragedaten. Siedlungsstruktur und Wohnquartier.* Wiesbaden: Westdeutscher Verlag.

Hoffmeyer-Zlotnik, Jürgen H. P. 2003. „Stellung im Beruf" als Ersatz für eine Berufsklassifikation zur Ermittlung von sozialem Prestige. *ZUMA-Nachrichten* 53:114–127.

Hollstein, Betina. 2001. *Grenzen sozialer Integration. Zur Konzeption informeller Beziehungen und Netzwerke.* Opladen: Leske + Budrich.

Holtkamp, Lars, Jörg Bogumil, und Leo Kißler. 2006. *Kooperative Demokratie. Das politische Potenzial von Bürgerengagement.* Frankfurt a. M.: Campus.

Holz, Erlend. 2004. Alltag in Armut: Zeitverwendung von Familien mit und ohne Armutsrisiko. In *Alltag in Deutschland. Analysen zur Zeitverwendung*, Hrsg. Statistisches Bundesamt, 39–66 (Forum der Bundesstatistik Bd. 43). Wiesbaden: Statistisches Bundesamt.

Homans, George C. 1950. *The human group.* New York: Harcourt.

Hradil, Stefan. 1987. *Sozialstrukturanalyse in einer fortgeschrittenen Gesellschaft.* Opladen: Leske+Budrich.

Hradil, Stefan. 1999. *Soziale Ungleichheit in Deutschland.* 7. Aufl. Opladen: Leske + Budrich.

Hurrelmann, Klaus. 2007. *Lebensphase Jugend: Eine Einführung in die sozialwissenschaftliche Jugendforschung.* 9. aktualisierte Aufl. Weinheim: Juventa.

Ioannides, Yannis M., und Linda Datcher Loury. 2004. Job information, networks, neighborhood effects, and inequality. *Journal of Economic Literature* 42:1056–1093.

Jacobs, Jane. 1963. *Tod und Leben großer amerikanischer Städte.* Berlin: Ullstein.

Janmaat, Jan Germen. 2006. Civic culture in Western and Eastern Europe. *European Journal of Sociology* 47 (3): 363–393.

Jansen, Dorothea. 2000. Netzwerke und soziales Kapital. Methoden zur Analyse struktureller Einbettung. In *Soziale Netzwerke. Konzepte und Methoden der sozialwissenschaftlichen Netzwerkforschung*, Hrsg. Johannes Weyer, 35–62. München: Oldenbourg.

Joas, Hans, und Wolfgang Knöbl. 2004. *Sozialtheorie. Zwanzig einführende Vorlesungen.* Frankfurt a. M.: Suhrkamp.

Johnson, Catherine A. 2008. Access to social capital and the structure of inequality in Ulanbaatar, Mongolia. In *Social capital. An international research program*, Hrsg. Nan Lin und Bonnie Erickson, 380–393. Oxford: Oxford University Press.

Jung, Helmut. 1994. Wertewandel im freiwilligen Bürgerengagement. In *Ehrenamt – Krise oder Formwandel?*, Hrsg. Akademie für politische Bildung/Bayerisches Staatsministerium für Arbeit und Sozialordnung, Familie, Frauen und Gesundheit, 21–64. Tutzing: Akademie für politische Bildung.

Jungbauer-Gans, Monika. 2002a. *Soziale Ungleichheit, Netzwerkbeziehungen und Gesundheit.* Wiesbaden: Westdeutscher Verlag.

Jungbauer-Gans, Monika. 2002b. Schwindet das soziale Kapital? *Soziale Welt* 53:189–208.

Jungbauer-Gans, Monika. 2004. Einfluss des sozialen und kulturellen Kapitals auf die Lesekompetenz. Ein Vergleich der PISA 2000-Daten aus Deutschland, Frankreich und der Schweiz. *Zeitschrift für Soziologie* 33 (5): 375-397.

Kalmijn, Matthijs. 2003. Shared friendship networks and the life course: An analysis of survey data on married and cohabiting couples. *Social Networks* 25:231-249.

Kana'Iaupuni, Shawn Malia, Katharine M. Donato, Theresa Thompson-Colon, und Melissa Stainback. 2005. Counting on kin: Social networks, social support, and child health status. *Social Forces* 83 (3): 1137-1164.

Kappelhoff, Peter. 1989. Persönliche Netzwerke als soziales Kapital. In *Frauen in Beruf, Haushalt und Öffentlichkeit: Ergebnisse des Schleswig-Holstein-Surveys 1989,* Hrsg. Franz Urban Pappi, 38-52. Kiel: Institut für Soziologie der Christian-Albrechts-Universität.

Kapphan, Andreas. 2002. *Das arme Berlin: Sozialräumliche Polarisierung, Armutskonzentration und Ausgrenzung in den 1990er Jahren.* Opladen: Leske + Budrich.

Keim, Karl-Dieter. 2000. Ausgrenzung und Milieu: Über die Lebensbewältigung von Bewohnerinnen und Bewohnern städtischer Problemgebiete. In *Stadt und soziale Ungleichheit,* Hrsg. Annette Harth, Gitta Scheller, und Wulf Tessin, 248-273. Opladen: Leske + Budrich.

Killworth, Peter D., Eugene C. Johnsen, H. Russell Bernard, Gene Ann Shelley, und Christopher McCarthy. 1990. Estimating the size of personal networks. *Social Networks* 12:289-312.

Klee, Andreas. 2001. *Der Raumbezug von Lebensstilen in der Stadt. Ein Diskurs über eine schwierige Beziehung mit empirischen Befunden aus der Stadt Nürnberg.* Passau: LIS.

Klee, Andreas. 2003. Lebensstile, Kultur und Raum. Anmerkungen zum Raumbezug soziokultureller Gesellschaftsformationen. *Geographische Zeitschrift* 91 (2): 63-74.

Klein, Ansgar, Kristine Kern, Brigitte Geißel, und Maria Berger, Hrsg. 2004. *Zivilgesellschaft und Sozialkapital. Herausforderungen politischer und sozialer Integration.* Wiesbaden: VS.

Kleinhans, Reinout, Hugo Priemus, und Godfried Engbersen. 2007. Understanding social capital in recently restructured urban neighbourhoods: Two case studies in Rotterdam. *Urban Studies* 44:1069-1091.

Klocke, Andreas. 1993. *Sozialer Wandel, Sozialstruktur und Lebensstile in der Bundesrepublik Deutschland.* Frankfurt a. M.: Lang.

Klocke, Andreas, und Ulrich Becker. 2004. Geschlechtsspezifische Wirkungen sozialer Ressourcen auf die Gesundheit im Jugendalter? *Zeitschrift für Soziologie der Erziehung und Sozialisation* 24 (3): 231-245.

Knoke, David, und Naomi J. Kaufman. 1990. Organizational power. In *Political networks. The structural perspective,* Hrsg. David Knoke, 85-117. Cambridge: Cambridge University Press.

Kohler, Ulrich. 2005. Statusinkonsistenz und Entstrukturierung von Lebenslagen. *Kölner Zeitschrift für Soziologie und Sozialpsychologie* 57:230-253.

Kohli, Martin. 1985. Die Institutionalisierung des Lebenslaufs. Historische Befunde und theoretische Argumente. *Kölner Zeitschrift für Soziologie und Sozialpsychologie* 37:1-29.

Kohli, Martin, und Harald Künemund, Hrsg. 2005. *Die zweite Lebenshälfte. Gesellschaftliche Lage und Partizipation im Spiegel des Alters-Survey.* 2. Aufl. Wiesbaden: VS.

Kolankiewicz, George. 1996. Social capital and social change. *British Journal of Sociology* 47 (3): 427-441.

Korpi, Tomas. 2001. Good friends in bad times? Social networks and job search among the unemployed in Sweden. *Acta Sociologica* 44 (2): 157-170.

Kraemer, Klaus. 1998. Entwertete Sicherheiten. Kulturelles Kapital im Zeichen verkürzter Halbwertszeiten. In *Verlust der Sicherheit? Lebensstile zwischen Multioptionalität und Knappheit,* Hrsg. Frank Hillebrandt, Georg Kneer, und Klaus Kraemer, 103-136. Opladen: Westdeutscher Verlag.

Kreckel, Reinhard. 1983. *Soziale Ungleichheiten. Sonderbd. 2 der Sozialen Welt.* Göttingen: Schwartz.

Kreckel, Reinhard. 1990. Klassenbegriff und Ungleichheitsforschung. *Lebenslagen, Lebensläufe, Lebensstile,* Hrsg. Peter A. Berger und Stefan Hradil, 51-79 (Soziale Welt Sonderbd. 7). Göttingen: Schwartz.

Kreckel, Reinhard. 1998. Klassentheorie am Ende der Klassengesellschaft. In *Alte Ungleichheiten – Neue Spaltungen*, Hrsg. Peter A. Berger und Michael Vester, 31–48. Opladen: Leske + Budrich.

Kronauer, Martin. 2007. Quartiere der Armen: Hilfe gegen soziale Ausgrenzung oder zusätzliche Benachteiligung? In *Lebensstile, soziale Lagen und Siedlungsstruktur*, Hrsg. Jens S. Dangschat und Alexander Hamendinger, 72–90. Hannover: Akademie für Raumforschung und Landesplanung.

Kunz, Volker. 2000. Kulturelle Variablen, organisationale Netzwerke und demokratische Staatsstrukturen als Determinanten der wirtschaftlichen Entwicklung im internationalen Vergleich. *Kölner Zeitschrift für Soziologie und Sozialpsychologie* 52:195–225.

Lang, Frieder R. 2003. Die Gestaltung und Regulation sozialer Beziehungen im Lebenslauf: Eine entwicklungspsychologische Perspektive. *Berliner Journal für Soziologie* 13 (2): 175–195.

Lang, Frieder R., und Franz J. Neyer. 2004. Kooperationsnetzwerke und Karrieren an deutschen Hochschulen. *Kölner Zeitschrift für Soziologie und Sozialpsychologie* 56 (3): 520–538.

Lannoo, Steven. 2009. Social capital from an individual perspective. An investigation into the influences of urbanization and the tenure of private resources on the social resources of individuals. Vortragspapier für die Konferenz „The Social Differentiation of Trust and Social Capital" in Aalborg (Dänemark). Gent: Universität Gent.

Lannoo, Steven, Pieter-Paul Verhaeghe, Bart Vandeputte, und Carl Devos. 2011. Differences in social capital between urban and rural environments. *Journal of Urban Affairs*. doi:10.1111/j.1467-9906.2011.00592.x.

Läpple, Dieter. 1991. Essay über den Raum. *Stadt und Raum. Soziologische Analysen*, Hrsg. Hartmut Häußermann, et al., 157–207. Pfaffenweiler: Centaurus.

Läpple, Dieter, und Gerd Walter. 2007. Stadtquartiere und gesellschaftliche Integrationsmuster. In *Lebensstile, soziale Lagen und Siedlungsstruktur*, Hrsg. Jens S. Dangschat und Alexander Hamendinger, 111–138. Hannover: Akademie für Raumforschung und Landesplanung.

Laumann, Edward O. 1966. *Prestige and association in an urban community. An analysis of an urban stratification system*. Indianapolis: Bobbs-Merrill.

Laumann, Edward O. 1973. *Bonds of pluralism: The form and substance of urban social networks*. New York: Wiley.

Laumann, Edward O., und Franz U. Pappi. 1976. *Networks of collective action: A perspective on community influence systems*. New York: Academic.

Laumann, Edward O., Peter V. Marsden, und David Prensky. 1989. The boundary specification problem in network analysis. In *Research methods in social network analysis*, Hrsg. Linton C. Freeman, Douglas R. White, und A. Kimball Romney, 61–87. Fairfax: George Mason University Press.

Lawler, Edward J. 2001. An affect theory of social exchange. *American Journal of Sociology* 107:321–352.

Lazarsfeld, Paul F., und Robert K. Merton. 1954. Friendship as social process: A substantive and methodological analysis. In *The varied sociology of Paul F. Lazarsfeld*, Hrsg. Patricia L. Kendall, 298–348. New York: Columbia University Press.

Lesser, Eric L. 2000. Leveraging social capital in organizations. In *Knowledge and social capital: Foundations and applications*, Hrsg. Eric L. Lesser, 3–16. Boston: Butterworth-Heinemann.

Liao, Tim Futing. 1994. *Interpreting probability models. Logit, probit, and other generalized linear models. Quantitive applications in the social sciences*. Bd. 101. Thousand Oaks: Sage.

Lin, Nan. 1982. Social resources and instrumental action. In *Social structure and network analysis*, Hrsg. Peter V. Marsden und Nan Lin, 131–145. Beverly Hills: Sage.

Lin, Nan. 1990. Social resources and social mobility: A structural theory of status attainment. In *Social mobility and social structure*, Hrsg. Ronald L. Breiger, 247–271. Cambridge: Cambridge University Press.

Lin, Nan. 2000. Inequality in social capital. *Contemporary Sociology* 29:785–795.

Lin, Nan. 2001. *Social capital. A theory of social structure and action*. Cambridge: Cambridge University Press.

Lin, Nan, und Mary Dumin. 1986. Access to occupations through social ties. *Social Networks* 8:365–385.
Lin, Nan, und Bonnie Erickson, Hrsg. 2008. *Social capital. An international research program.* Oxford: Oxford University Press.
Lin, Nan, Walter M. Ensel, und John C. Vaughn. 1981. Social resources and strength of ties: Structural factors in occupational status attainment. *American Sociological Review* 46:393–405.
Lin, Nan, Karen Cook, und Ronald S. Burt, Hrsg. 2001a. *Social capital: Theory and research.* New York: de Gruyter.
Lin, Nan, Yang-chih Fu, und Ray-May Hsung. 2001b. The position generator: Measurement techniques for investigations of social capital. In *Social capital: Theory and research,* Hrsg. Nan Lin, Karen Cook, und Ronald S. Burt, 57–81. New York: de Gruyter.
Lindenberg, Siegwart. 1981. Erklärung als Modellbau: Zur soziologischen Nutzung von Nutzentheorien. In *Soziologie in der Gesellschaft: Referate aus den Veranstaltungen der Sektionen der Deutschen Gesellschaft für Soziologie, der Ad-hoc-Gruppen und des Berufsverbandes der Deutschen Soziologen beim 20. Deutschen Soziologentag Bremen, 16. bis 19. Sept. 1980,* Hrsg. Werner Schulte, 20–35. Bremen: Universität Bremen.
Lindenberg, Siegwart. 1985. An assessment of the new political economy: Its potential for the social sciences and for sociology in particular. *Sociological Theory* 3:99–114.
Lindenberg, Siegwart. 1989. Social production functions, deficits, and social revolution. *Rationality and Society* 1 (1): 51–77.
Lindenberg, Siegwart. 1990. Rationalität und Kultur. In *Sozialstruktur und Kultur,* Hrsg. Hans Haferkamp, 249–287. Frankfurt a. M.: Suhrkamp.
Lindenberg, Siegwart. 1993. The method of decreasing abstraction. In *Rational choice theory. Advocacy and critique,* Hrsg. James S. Coleman und Thomas J. Fararo, 3–20. Newbury Park: Sage.
Lippl, Bodo. 2007. Soziales Engagement und politische Partizipation in Europa. In *Sozialkapital. Grundlagen und Anwendungen,* Hrsg. Axel Franzen und Markus Freitag, 420–449 (Sonderheft 47 der KZfSS). Wiesbaden: VS Verlag für Sozialwissenschaften.
Lohmann, Henning. 2010. Nicht-Linearität und Nicht-Additivität in der multiplen Regression: Interaktionseffekte, Polynome und Splines. In *Handbuch der sozialwissenschaftlichen Datenanalyse,* Hrsg. Christof Wolf und Henning Best, 677–706. Wiesbaden: VS Verlag für Sozialwissenschaften.
Long, J. Scott. 1997. *Regression models for categorical and limited dependent variables.* Thousand Oaks: Sage.
Loury, Glenn. 1987. Why should we care about group inequality? *Social Philosophy and Policy* 5:249–271.
Löw, Martina. 2001. *Raumsoziologie.* Frankfurt a. M.: Suhrkamp.
Lüdemann, Christian. 2006. Kriminalitätsfurcht im urbanen Raum. Eine Mehrebenenanalyse zu individuellen und sozialräumlichen Determinanten verschiedener Dimensionen von Kriminalitätsfurcht. *Kölner Zeitschrift für Soziologie und Sozialpsychologie* 58 (2): 285–306.
Marcuse, Peter, und Ronald van Kempen. 2002. *Of states and cities. The partitioning of urban space.* Oxford: Oxford University Press.
Marsden, Peter V. 1990. Network data and measurement. *Annual Review of Sociology* 16:435–463.
Marsden, Peter V., und Karen E. Campbell. 1984. Measuring Tie Strength. *Social Forces* 63 (2): 482–501.
Marx, Karl. 1989 [1883]. *Das Kapital. Kritik der politischen Ökonomie. Marx-Engels-Gesamtausgabe MEGA, II. Abteilung: „Das Kapital" und Vorarbeiten.* Bd. 8. Berlin: Dietz.
Maslow, Abraham H. 1989. *Motivation und Persönlichkeit.* Reinbek bei Hamburg: Rowohlt.
McAdam, Doug, und Ronnelle Paulsen. 1993. Specifying the relationship between social ties and activism. *American Journal of Sociology* 99:640–667.
McCarty, Christopher, Peter D. Killworth, H. Russell Bernard, Eugene C. Johnsen, und Gene A. Shelley. 2001. Comparing two methods for estimating social network size. *Human Organization* 60 (1): 28–39.

McDonald, Steve, und Christine A. Mair. 2010. Social capital across the life course: Age and gendered patterns of network resources. *Sociological Forum* 25 (2): 335–359.

McPherson, J. Miller, und Lynn Smith-Lovin. 1987. Homophily in voluntary organizations: Status distance and the composition of face-to-face groups. *American Sociological Review* 52:370–379.

McPherson, Miller, Lynn Smith-Lovin, und James M. Cook. 2001. Birds of a feather: Homophily in social networks. *Annual Review of Sociology* 27:415–444.

Meulemann, Heiner. 2002. Werte und Wertewandel im vereinten Deutschland. *Aus Politik und Zeitgeschichte* B37–38:13–22.

Mewes, Jan. 2010. *Ungleiche Netzwerke – vernetzte Ungleichheit. Persönliche Beziehungen im Kontext von Bildung und Status*. Wiesbaden: VS Verlag für Sozialwissenschaften.

Mitchell, J. Clyde. 1969. The Concept and Use of Social Networks. In *Social networks in urban situations. Analyses of personal relationships in central African towns*, Hrsg. J. Clyde Mitchell, 1–50. Manchester: Manchester University Press.

Mollenhorst, Gerald, Rene Bekkers, und Beate Völker. 2005. Hulpeloos in de stad? Verschillen tussen stads- en plattelandsbewoners in het aantal informele helpers. *Mens en Maatschappij* 80:159–178.

Mollenhorst, Gerald, Beate Völker, und Henk Flap. 2008. Social contexts and personal relationships: The effect of meeting opportunities on similarity for relationships of different strength. *Social Networks* 30:60–68.

Mouw, Ted. 2003. Social capital and finding a job: Do contacts matter? *American Sociological Review* 68 (6): 868–898.

Müller, Hans-Peter. 1989. Lebensstile. Ein neues Paradigma der Differenzierungs- und Ungleichheitsforschung? *Kölner Zeitschrift für Soziologie und Sozialpsychologie* 41 (1): 53–71.

Müller, Hans-Peter. 1992. *Sozialstruktur und Lebensstile. Der neuere theoretische Diskurs über soziale Ungleichheit*. Frankfurt a. M.: Suhrkamp.

Müller, Wolfgang. 1993. Risiko und Ungewißheit. In *Handwörterbuch der Betriebswirtschaft*, Hrsg. Waldemar Wittmann, Werner Kern, Richard Köhler, Hans-Ulrich Küpper und Klaus v. Wysocki, Spalten 3813–3825. Teilbd. 3. 5., völlig neu gestaltete Aufl. Stuttgart: Schäffer-Poeschel.

Müller, Walter. 1996. Ungleichheitsstrukturen im vereinten Deutschland. In *Soziale Ungleichheit. Neue Befunde zu Strukturen, Bewusstsein und Politik*, Hrsg. Walter Müller, 13–42. Opladen: Leske + Budrich.

Müller, Walter. 2001. Zum Verhältnis von Bildung und Beruf in Deutschland. Entkopplung oder zunehmende Strukturierung? In *Die Erwerbsgesellschaft. Neue Ungleichheiten und Unsicherheiten*, Hrsg. Peter A. Berger und Dirk Konietzka, 29–63. Opladen: Leske + Budrich.

Müller, Dana. 2008. Der Traum einer kontinuierlichen Beschäftigung - Erwerbsunterbrechungen bei Männern und Frauen. In *Flexibilisierung. Folgen für Arbeit und Familie*, Hrsg. Marc Szydlik, 47–67. Wiesbaden: VS Verlag für Sozialwissenschaften.

Mutschler, Roland. 1995. Wohnungsnot und Armut. In *Neue Armut*, Hrsg. Karl-Jürgen Bieback und Helga Milz, 235–259. Frankfurt a. M.: Campus.

Narayan, Deepa, und Michael F. Cassidy. 2001. A dimensional approach to measuring social capital: Development and validation of a social capital inventory. *Current Sociology* 49 (2): 59–102.

Newton, Kenneth. 2001. Trust, social capital, civil society, and democracy. *International Political Science Review* 22 (2): 201–214.

Noller, Peter. 2000. Globalisierung, Raum und Gesellschaft: Elemente einer modernen Soziologie des Raumes. *Berliner Journal für Soziologie* 10 (1): 21–48.

O'Connell, Michael. 2003. Anti ‚Social Capital'. Civic values versus economic equality in the EU. *European Sociological Review* 19 (3): 241–248.

Offe, Claus. 2002. Reproduktionsbedingungen des Sozialvermögens. *Bürgerschaftliches Engagement und Zivilgesellschaft*, Hrsg. Enquetekommission „Zukunft des Bürgerschaftlichen Engagements" Deutscher Bundestag, 273–282. Opladen: Leske + Budrich.

Offe, Claus, und Susanne Fuchs. 2001. Schwund des Sozialkapitals? Der Fall Deutschland. In *Gesellschaft und Gemeinsinn*, Hrsg. Robert D. Putnam, 417–511. Gütersloh: Bertelsmann Stiftung.

Oliver, Melvin L. 1988. The urban black community as network: Toward a social network perspective. *The Sociological Quarterly* 29 (4): 623–645.

Olson, Mancur. 1968. *Die Logik des kollektiven Handelns.* Tübingen: Mohr.

Oorschot, Wim van, und Wil Arts. 2005. The social capital of European welfare states: The crowding out hypothesis revisited. *Journal of European Social Policy* 15 (1): 5–26.

O'Rand, Angela M. 2006. Stratification and the life course: Life course capital, life course risks, and social inequality. *Handbook of aging and the social sciences,* Hrsg. Robert H. Binstock, Linda K. George, Stephen J. Cutler, Jon Hendricks, und James H. Schultz, 146–162. Burlington: Academic.

Ostrom, Elinor. 1994. Constituting social capital and collective action. *Journal of Theoretical Politics* 6 (4): 527–562.

Ostrom, Elinor, und T. K. Ahn. 2003. *Foundations of social capital.* Cheltenham: Edward Elgar.

Otte, Gunnar. 2005. Entwicklung und Test einer integrativen Typologie der Lebensführung für die Bundesrepublik Deutschland. *Zeitschrift für Soziologie* 34:442–467.

Pahl, Raymond. 1975. *Whose city?* Harmondsworth: Penguin.

Pappi, Franz Urban, und Gunter Wolf. 1984. Wahrnehmung und Realität sozialer Netzwerke. In *Soziale Realität im Interview,* Hrsg. Heiner Meulemann und Karl-Heinz Reuband, 281–300. Frankfurt a. M.: Campus.

Parsons, Talcott. 1968 [1937]. *The structure of social action. A study in social theory with special reference to a group of recent European writers.* New York: Free Press.

Paxton, Pamela. 1999. Is social capital declining in the United States? A multiple indicator assessment. *American Journal of Sociology* 105:88–127.

Paxton, Pamela. 2002. Social capital and democracy: An interdependent relationship. *American Sociological Review* 67:254–267.

Petermann, Sören. 2001. *Soziale Vernetzung städtischer und ländlicher Bevölkerungen am Beispiel der Stadt Halle. Abschlussbericht und Codebuch. Der Hallesche Graureiher 2001–2. Forschungsberichte des Instituts für Soziologie.* Halle: Martin-Luther-Universität Halle-Wittenberg.

Petermann, Sören. 2002. *Persönliche Netzwerke in Stadt und Land: Siedlungsstruktur und soziale Unterstützungsnetzwerke im Raum Halle/Saale.* Wiesbaden: Westdeutscher Verlag.

Petermann, Sören unter Mitarbeit von Susanne Täfler. 2004. *Bürgerumfrage Halle 2003. Der Hallesche Graureiher 2004–3. Forschungsberichte des Instituts für Soziologie.* Martin-Luther-Universität Halle-Wittenberg.

Petermann, Sören unter Mitarbeit von Susanne Täfler. 2006. *Bürgerumfrage Halle 2005. Der Hallesche Graureiher 2006–3. Forschungsberichte des Instituts für Soziologie.* Martin-Luther-Universität Halle-Wittenberg.

Pfenning, Uwe. 1995. *Soziale Netzwerke in der Forschungspraxis: Zur theoretischen Perspektive, Vergleichbarkeit und Standardisierung von Erhebungsverfahren sozialer Netzwerke. Zur Validität und Reliabilität von egozentrierten Netz- und Namensgeneratoren.* Darmstadt: DDD.

Pfenning, Astrid, und Uwe Pfenning. 1987. Egozentrierte Netzwerke: Verschiedene Instrumente – verschiedene Ergebnisse? *ZUMA-Nachrichten* 11 (21): 64–77.

Popielarz, Pamela A., und J. Miller McPherson. 1995. On the edge or in between – Niche position, niche overlap, and the duration of voluntary association memberships. *American Journal of Sociology* 101 (3): 698–720.

Portes, Alejandro. 1998. Social capital: Its origins and applications in modern sociology. *Annual Review of Sociology* 24:1–24.

Portes, Alejandro, und Julia Sensenbrenner. 1993. Embeddedness and immigration: Notes on the social determinants of economic action. *American Journal of Sociology* 98:1320–1350.

Portes, Alejandro, und Patricia Landolt. 1996. The downside of social capital. *The American Prospect* 94:18–21, 94.

Preisendörfer, Peter, und Thomas Voss. 1988. Arbeitsmarkt und soziale Netzwerke. Die Bedeutung sozialer Kontakte beim Zugang zu Arbeitsplätzen. *Soziale Welt* 39 (1): 104–119.

Prosch, Bernhard. 2006. *Kooperation durch soziale Einbettung und Strukturveränderung. Ergebnisse eines Forschungsprogramms experimenteller Spiele.* Nürnberg: Habilitationsschrift.
Putnam, Robert D. 1993. *Making democracy work: Civic traditions in modern Italy.* Princeton: Princeton University Press.
Putnam, Robert D. 1995a. Bowling alone: America's declining social capital. *Journal of Democracy* 6:65–78.
Putnam, Robert D. 1995b. Tuning in, tuning out: The strange disappearance of social capital in America. *PS (American Political Science Association)* 28 (4): 664–683.
Putnam, Robert D. 2000. *Bowling alone. The collapse and revivial of American community.* New York: Simon & Schuster.
Putnam, Robert D., Hrsg. 2001. *Gesellschaft und Gemeinsinn. Sozialkapital im internationalen Vergleich.* Gütersloh: Bertelsmann Stiftung.
Putnam, Robert D. 2002a. *Democracies in flux: The evolution of social capital in contemporary societies.* Oxford: Oxford University Press.
Putnam, Robert D. 2002b. Soziales Kapital in der Bundesrepublik Deutschland und in den USA. *Bürgerschaftliches Engagement und Zivilgesellschaft*, hrsg. Enquetekommission „Zukunft des Bürgerschaftlichen Engagements" Deutscher Bundestag, 257–271. Opladen: Leske + Budrich.
Putnam, Robert D., und Kristin A. Goss. 2001. Einleitung. In *Gesellschaft und Gemeinsinn,* Hrsg. Robert D. Putnam, 15–43. Gütersloh: Bertelsmann Stiftung.
Rabe-Hesketh, Sophia, und Anders Skrondal. 2005. *Multilevel and longitudinal modeling using Stata.* College Station: Stata.
Rapoport, Anatol. 1974. Prisoner's dilemma – Recollections and observation. In *Game theory as a theory of conflict resolution,* Hrsg. Anatol Rapoport, 17–34. Dordrecht: Reidel.
Raub, Werner. 1999. Vertrauen in dauerhaften Zweierbeziehungen: Soziale Integration durch aufgeklärtes Eigeninteresse. In *Soziale Integration,* Hrsg. Jürgen Friedrichs und Wolfgang Jagodzinski, 239–268 (Sonderheft 39 der Kölner Zeitschrift für Soziologie und Sozialpsychologie). Opladen: Westdeutscher Verlag.
Raub, Werner, und Thomas Voss. 1981. *Individuelles Handeln und gesellschaftliche Folgen.* Darmstadt: Luchterhand.
Raub, Werner, und Jeroen Weesie. 1990. Reputation and efficiency in social interactions: An example of network effects. *American Journal of Sociology* 96:626–654.
Raub, Werner, und Jeroen Weesie. 1991. The Management of Matches: Decentralized mechanisms for cooperative relations with applications to organizations and households. ISCORE Paper 1. Utrecht: Universität Utrecht.
Raub, Werner, und Jeroen Weesie. 2000. Cooperation via hostages. *Analyse und Kritik* 22:19–43.
Rawls, John. 1993. *Eine Theorie der Gerechtigkeit.* Frankfurt a. M.: Suhrkamp.
Rehbein, Boike, und Gernot Saalmann. 2009. Kapital (capital). In *Bourdieu. Handbuch. Leben-Werk-Wirkung,* Hrsg. Gerhard Fröhlich und Boike Rehbein, 134–140. Stuttgart: Metzler.
Rook, Karen S. 1984. The negative side of social interaction: Impact on psychological well-being. *Journal of Personality and Social Psychology* 46:1097–1108.
Rössel, Jörg. 2005. *Plurale Sozialstrukturanalyse. Eine handlungstheoretische Rekonstruktion der Grundbegriffe der Sozialstrukturanalyse.* Wiesbaden: VS.
Ruiter, Stijn, und Nan D. De Graaf. 2006. National context, religiosity, and volunteering: Results from 53 countries. *American Sociological Review* 71:191–210.
Rusbult, Caryl E., und John M. Martz. 1995. Remaining in an abusive relationship: An investment model analysis of nonvoluntary commitment. *Personality and Social Psychology Bulletin* 21:558–571.
Sackmann, Reinhold. 2003. Institutionalisierte Lebensläufe in der Krise. In *Entstaatlichung und soziale Sicherheit. Verhandlungen des 31. Kongresses der Deutschen Gesellschaft für Soziologie in Leipzig 2002,* Hrsg. Jutta Allmendinger, 565–582. Opladen: Leske + Budrich.

Sahner, Heinz. 2004. Einheitlichkeit der Lebensverhältnisse: Transformationsprozesse in Ostdeutschland. Das Land Sachsen-Anhalt im Vergleich. In *Verfassungshandbuch Sachsen-Anhalt*, Hrsg. Michael Kilian, 613–642. Baden-Baden: Nomos.

Sampson, Robert J., Jeffrey D. Morenoff, und Thomas Gannon-Rowley. 2002. Assessing „neighbor-hood Effects": Social processes and new directions in research. *Annual Review of Sociology* 28:443–478.

Sandefur, Rebecca L., und Edward O. Laumann. 1998. A paradigm for social capital. *Rationality and Society* 10:481–501.

Scheller, Gitta. 2002. Individualisierungsprozesse in den neuen Bundesländern. Zur Freisetzung aus den Arbeitskollektiven. *Aus Politik und Zeitgeschichte* B37–38:23–29.

Schenk, Michael. 1983. Das Konzept des sozialen Netzwerks. In *Gruppensoziologie: Perspektiven und Materialien,* Hrsg. Friedhelm Neidhart, 88–104 (Sonderheft 25 der KZfSS). Opladen: Westdeutscher Verlag.

Scheuch, Erwin K., und Ute Scheuch. 1992. *Cliquen, Klüngel und Karrieren: Über den Verfall der politischen Parteien. Eine Studie.* Reinbek: Rowohlt.

Schlozman, Kay Lehman, Sidney Verba, und Henry E. Brady. 1999. Civic participation and the equality problem. In *Civic engagement in American democracy,* Hrsg. Theda Skocpol und Morris P. Fiorina, 431–459. Washington: Brookings Institution.

Schmelzer, Paul. 2005. Netzwerkveränderung als Folge der Transformation? Weak Ties und Strong Ties in Ostdeutschland vor und nach der Wende. *Berliner Journal für Soziologie* 15 (1): 73–86.

Schmid, Michael. 2004. *Rationales Handeln und soziale Prozesse. Beiträge zur soziologischen Theoriebildung.* Wiesbaden: VS Verlag für Sozialwissenschaften.

Schneider, Nicole, und Annette Spellerberg. 1999. *Lebensstile, Wohnbedürfnisse und räumliche Mobilität.* Opladen: Leske + Budrich.

Schweizer, Thomas. 1996. *Muster sozialer Ordnung: Netzwerkanalyse als Fundament der Sozialethnologie.* Berlin: Reimer.

Sennett, Richard. 1998. *Der flexible Mensch: Die Kultur des neuen Kapitalismus.* Berlin: Berlin Verlag.

SFB 580–Teilprojekt A4. 2005. *Methodenbericht der Bevölkerungsbefragung 2005.* Martin-Luther-Universität Halle-Wittenberg: Institut für Soziologie.

Siebel, Walter. 1996. Armut und soziale Integration. *Planerin. SRL-Mitteilungen für Stadt-, Regional- und Landesplanung* 2/1996:59–62.

Siebel, Walter. 2001. Segregation und Integration. Voraussetzungen für die Integration von Zuwanderern. *Wohn:wandel: Szenarien, Prognosen, Optionen zur Zukunft des Wohnens,* Hrsg. Schader-Stiftung, 228–242. Darmstadt: Schader-Stiftung.

Simmel, Georg. 1992. Die Kreuzung sozialer Kreise. In *Soziologie. Untersuchungen über die Formen der Vergesellschaftung.* Bd. 11, Hrsg. Georg Simmel, 456–511 (Georg Simmel Gesamtausgabe. Herausgegeben von Otthein Rammstedt). Frankfurt a. M.: Suhrkamp.

Skrobanek, Jan, und Solvejg Jobst. 2006. „Begrenzung" durch kulturelles Kapital? Zu Bedingungen regionaler Mobilität im Kontext der Kapitalientheorie Pierre Bourdieus. *Berliner Journal für Soziologie* 16 (2): 227–243.

Smith, David Horton. 1994. Determinants of voluntary association participation and volunteering: A literature review. *Nonprofit and Voluntary Sector Quarterly* 23:243–263.

Smith, Sandra Susan. 2005. „Don't Put My Name On It": Social capital activation and job-finding assistance among the black urban poor. *American Journal of Sociology* 111 (1): 1–57.

Snijders, Chris. 1996. *Trust and commitments.* Amsterdam: Thesis.

Snijders, Tom A. B. 1999. Prologue to the measurement of social capital. *The Tocqueville Review* 20 (1): 27–44.

Sodeur, Wolfgang, und Jürgen H. P. Hoffmeyer-Zlotnik. 2005. Regionalisierung von statistischen Daten: Eine Einführung. In *Regionale Standards,* Hrsg. Arbeitsgruppe Regionale Standards, 8–16. Mannheim: GESIS.

Sonderen, Eric van, Johan Ormel, Els Brilman, und Chiquit van Linden van den Heuvell. 1990. Personal network delineation: A comparison of the exchange, affective and role-relation approach. In *Social networks and research: Substantive issues and methodological questions*, Hrsg. Cornelius P. M. Knipscheer und Toni C. Antonucci, 101–120. Amsterdam: Swets und Zeitlinger.
Spellerberg, Annette. 1996. *Soziale Differenzierung durch Lebensstile. Eine empirische Untersuchung zur Lebensqualität in West- und Ostdeutschland*. Berlin: edition sigma.
Spellerberg, Annette. 2007. Lebensstile im sozialräumlichen Kontext: Wohnlagen und Wunschlagen. *Lebensstile, soziale Lagen und Siedlungsstrukturen*. Bd. 230, Hrsg. Jens S. Dangschat und Alexander Hamendinger, 182–204 (ARL-Schriftenreihe Forschungs- und Sitzungsberichte). Hannover: ARL.
Sprengers, Maarten, Frits Tazelaar, und Henk Flap. 1988. Social resources, situational constraints, and reemployment. *Netherlands Journal of Sociology* 24:98–116.
Stack, Carol. 1974. *All Our Kin*. New York: Harper & Row.
Stadt Halle (Saale). 2006a. *Statistisches Jahrbuch 2005*. Halle: Stadt Halle.
Stadt Halle (Saale). 2006b. *Mietspiegel 2006*. Halle: Stadt Halle.
Statistisches Bundesamt. 2011. *Statistisches Jahrbuch 2011 für die Bundesrepublik Deutschland*. Wiesbaden: Statistisches Bundesamt.
Stecher, Ludwig. 2001. *Die Wirkung sozialer Beziehungen: Empirische Ergebnisse zur Bedeutung sozialen Kapitals für die Entwicklung von Kindern und Jugendlichen*. Weinheim: Juventa.
Stegbauer, Christian. 2002. *Reziprozität. Einführung in soziale Formen der Gegenseitigkeit*. Wiesbaden: Westdeutscher Verlag.
Sterbling, Anton. 1998. Zur Wirkung unsichtbarer Hebel. Überlegungen zur Rolle des „sozialen Kapitals" in fortgeschrittenen westlichen Gesellschaften. In *Alte Ungleichheiten - Neue Spaltungen*, Hrsg. Peter A. Berger und Michael Vester, 189–209. Opladen: Leske + Budrich.
Stigler, George, und Gary S. Becker. 1977. De Gustibus Non Est Disputantum. *American Economic Review* 67:76–90.
Stocké, Volker. 2005. Determinanten und Konsequenzen von Nonresponse in egozentrierten Netzwerkstudien. *ZA-Informationen* 56:18–49.
Strubelt, Wendelin, Joachim Genosko, Hans Bertram, Jürgen Friedrichs, Paul Gans, Hartmut Häußermann, Ulfert Herlyn, und Heinz Sahner, Hrsg. 1996. *Städte und Regionen: Räumliche Folgen des Transformationsprozesses*. Opladen: Leske + Budrich.
Szydlik, Marc. 2004. Wer erbt mehr? Erbschaften, Sozialstruktur und Alterssicherung. *Kölner Zeitschrift für Soziologie und Sozialpsychologie* 56 (4): 609–629.
Täube, Volker G. 2003. Measuring the social capital of brokerage roles. *Connections* 25 (3): 51–74.
Teachman, Jay D., Kathleen Paasch, und Karen Carver. 1997. Social capital and the generation of human capital. *Social Forces* 75 (4): 1–17.
Thoits, Peggy A., und Lyndi N. Hewitt. 2001. Volunteer work and well-being. *Journal of Health and Social Behavior* 42:115–131.
Tilly, Chris, und Charles Tilly. 1994. Capitals work and labor markets. In *Handbook of economic sociology*, Hrsg. Neil J. Smelser und Richard Swedberg, 283–313. Princeton: Princeton University Press.
Tocqueville Alexis de. 1985 [1840]. *Über die Demokratie in Amerika*. Stuttgart: Reclam.
Tönnies, Ferdinand. 1920. *Gemeinschaft und Gesellschaft: Grundbegriffe der reinen Soziologie*. 3. durchgesehene Aufl. Berlin: Karl Curtius.
Tönnies, Gerd. 2005. Sozialräumliche Polarisierung in den Städten – Lebensstile, soziale Lagen und Quartiersentwicklung. In *Soziale Integration als Herausforderung für kommunale und regionale Akteure*, Hrsg. Heiko Geiling, 73–102. Frankfurt a. M.: Lang.
Uslaner, Eric M. 2003. Trust and civic engagement in east and west. In *Social capital and the transition to democracy*, Hrsg. Gabriel Badescu und Eric M. Uslaner, 81–94. London: Routledge.

Veiel, Hans O. F. 1985. Dimensions of social support: A conceptual framework for research. *Social Psychatry* 20:156–162.

Verba, Sidney, Kay Lehman Schlozman, und Henry Brady. 1995. *Voice and equality: Civic voluntarism in American politics.* Cambridge: Harvard University Press.

Verbrugge, Lois M. 1977. The structure of adult friendship choices. *Social Forces* 56:576–597.

Vester, Michael, Peter von Oertzen, Heiko Geiling, Thomas Herrmann, und Dagmar Müller. 2006. *Soziale Milieus im gesellschaftlichen Strukturwandel: Zwischen Integration und Ausgrenzung.* Frankfurt a. M.: Suhrkamp.

Vogel, Berthold. 2006. Sicher-prekär. In *Deutschland. Eine gespaltene Gesellschaft,* Hrsg. Stephan Lessenich und Frank Nullmeier, 73–91. Frankfurt a. M.: Campus.

Völker, Beate. 1995. „*Should auld acquaintance be forgot...?" Institutions of communism, the transition to capitalism, and personal networks: The case of East Germany.* Amsterdam: Thesis.

Völker, Beate, und Henk Flap. 1999. Getting ahead in the GDR: Social capital and status attainment under communism. *Acta Sociologica* 41 (1): 17–34.

Völker, Beate, Fenne Pinkster, und Henk Flap. 2008. Inequality in social capital between migrants and natives in the Netherlands. In *Migration und Integration,* Hrsg. Frank Kalter, 325–350 (Sonderheft 48 der KZfSS). Wiesbaden: VS Verlag für Sozialwissenschaften.

Voss, Thomas. 2007. Netzwerke als soziales Kapital im Arbeitsmarkt. In *Sozialkapital. Grundlagen und Anwendungen,* Hrsg. Axel Franzen und Markus Freitag, 321–342 (Sonderheft 47 der KZfSS). Wiesbaden: VS Verlag für Sozialwissenschaften.

Wahl, Hans-Werner, und Christoph Rott. 2002. Konzepte und Definition der Hochaltrigkeit. *Expertisen zum Vierten Altenbericht. Das hohe Alter – Konzepte, Forschungsfelder, Lebensqualität.* Bd. 1, Hrsg. Deutsches Zentrum für Altersfragen, 5–96. Hannover: Vincentz.

Warren, Mark R., J. Phillip Thompson, und Susan Saegert. 1999. Social capital and poor communities: A framework for analysis. Paper präsentiert auf der Konferenz social capital and poor communities: Building and using social assets to combat poverty. New York.

Wasserman, Stanley, und Katherine Faust. 1994. *Social network analysis: Methods and applications.* Cambridge: Cambridge University Press.

Weber, Max. 1990. *Wirtschaft und Gesellschaft: Grundriß der verstehenden Soziologie.* 5. Aufl. Tübingen: Mohr.

Webster, Cynthia M., Linton C. Freeman, und Christa G. Aufdemberg. 2001. The impact of social context on interaction patterns. *Journal of Social Structure* 2.

Weesie, Jeroen, Albert Verbeek, und Henk Flap. 1991. An economic theory of social networks. In *Modellierung sozialer Prozesse,* Hrsg. Hartmut Esser und Klaus G. Troitzsch, 623–662. Bonn: Informationszentrum Sozialwissenschaften.

Wegener, Bernd. 1987. Vom Nutzen entfernter Bekannter. *Kölner Zeitschrift für Soziologie und Sozialpsychologie* 39:278–301.

Wegener, Bernd. 1989. Soziale Beziehungen im Karriereprozeß. *Kölner Zeitschrift für Soziologie und Sozialpsychologie* 41:270–297.

Weick, Stefan. 2004. Lebensbedingungen, Lebensqualität und Zeitverwendung. In *Alltag in Deutschland. Analysen zur Zeitverwendung,* Hrsg. Statistisches Bundesamt, 412–430 (Forum der Bundesstatistik Bd. 43). Wiesbaden: Statistisches Bundesamt.

Wellman, Barry. 1979. The community question: The intimate networks of east yorkers. *American Journal of Sociology* 84 (5): 1201–1231.

Wellman, Barry. 1983. Network analysis: Some basic principles. In *Sociological theory,* Hrsg. Randall Collins, 155–200. San Francisco: Jossey-Bass.

Wellman, Barry. 2007. The network is personal: Introduction to a special issue of social networks (editorial). *Social Networks* 29:349–356.

Wellman, Barry, und Robert Hiscott. 1985. From social support to social network. In *Social support: Theory, research and applications*, Hrsg. Irwin G. Sarason und Barbara R. Sarason, 205–222. Drodrecht: Nijhoff.

Wellman, Barry, und Scot Wortley. 1990. Different strokes from different folks: Community ties and social support. *American Journal of Sociology* 96 (3): 558–588.

Wellman, Barry, Renita uk-Lin Wong, David Tindall, und Nancy Nazer. 1997. A decade of network change: Turnover, persistence, and stability in personal communities. *Social Networks* 19:27–50.

Wellmann, Barry, Bernie Hogan, Kristen Berg, Jeffrey Boase, Juan-Antonio Carrasco, Rochelle Côte, Jennifer Kayahara, Tracy L. M. Kennedy, und Phuoc Tran. 2006. Connected lives: The project. In *Networked neighbourhoods. The connected community in context*, Hrsg. Patrick Purcell, 161–216. Berlin: Springer.

Williamson, Oliver E. 1975. *Markets and hierarchies*. New York: Free Press.

Williamson, Oliver E. 1985. *The economic institutions of capitalism*. New York: Free Press.

Willmott, Peter. 1987. *Friendship networks and social support*. London: PSI.

Willke, Helmut. 1998. *Systemisches Wissensmanagement*. Stuttgart: UTB/Lucius & Lucius.

Wilson, John. 2000. Volunteering. *Annual Review of Sociology* 26:215–240.

Wilson, William Julius. 1996. *When work disappears. The world of the new urban poor*. New York: Knopf.

Wilson, John, und Marc Musick. 1997. Who cares? Toward an integrated theory of volunteer work. *American Sociological Review* 62:694–713.

Windolf, Paul. 2005. Was ist Finanzmarkt-Kapitalismus? In *Finanzmarkt-Kapitalismus – Analysen zum Wandel von Produktionsregimen*, Hrsg. Paul Windolf, 20–57 (Sonderheft 45 der KZfSS). Wiesbaden: VS Verlag für Sozialwissenschaften.

Wippler, Reinhard, und Siegwart Lindenberg. 1987. Collective phenomena and rational choice. *The micro-macro-link*, Hrsg. Jeffrey C. Alexander, Bernhard Giesen, Richard Münch, und Neil J. Smelser, 135–152. Berkeley: University of California Press.

Wittenberg, Reinhard. 1991. *Grundlagen computerunterstützter Datenanalyse*. Stuttgart: Fischer.

Wolf, Christof. 1996. *Gleich und gleich gesellt sich: Individuelle und strukturelle Einflüsse auf die Entstehung von Freundschaften*. Hamburg: Kovac.

Wolf, Christof. 2006. Egozentrierte Netzwerke. Erhebungsverfahren und Datenqualität. In *Methoden der Sozialforschung*, Hrsg. Diekmann Andreas, 244–273 (Sonderheft 44 der KZfSS). Wiesbaden: VS Verlag für Sozialwissenschaften.

Wolf, Christof, und Henning Best. 2010. Lineare Regressionsanalyse. In *Handbuch der sozialwissenschaftlichen Datenanalyse*, Hrsg. Christof Wolf und Henning Best, 607–638. Wiesbaden: VS Verlag für Sozialwissenschaften.

Woll, Artur. 1996. *Allgemeine Volkswirtschaftslehre*. 12., überarb. u. erg. Aufl. München: Vahlen.

Wollmann, Hellmut. 2002. Zur „Doppelstruktur" der lokalen Ebene: Zwischen politischer Kommune und („zivil"-)gesellschaftlicher Gemeinde. In *Bürgergesellschaft, soziales Kapital und lokale Politik. Theoretische Analysen und empirische Befunde*, Hrsg. Michael Haus, 328–339. Opladen: Leske + Budrich.

Wrong, Dennis. 1961. The oversocialized conception of man in modern society. *American Sociological Review* 26:183–193.

Woolcock, Michael. 1998. Social capital and economic development: Toward a theoretical synthesis and policy framework. *Theory and Society* 27:151–208.

Zapf, Wolfgang, Sigrid Breuer, Jürgen Hampel, Peter Krause, Hans-Michael Mohr, und Erich Wiegand. 1987. *Individualisierung und Sicherheit. Untersuchungen zur Lebensqualität in der Bundesrepublik Deutschland*. München: Beck.

Druck: KN Digital Printforce GmbH · Schockenriedstraße 37 · 70565 Stuttgart